Die

Visionen der hl. Elisabeth

und die

Schriften der Aebte Ekbert und Emecho

von Schönau.

Nach den Original-Handschriften herausgegeben

von

F. W. E. ROTH.

Mit historischem Abrisse des Lebens der hl. Elisabeth, der Aebte Ekbert und Emecho von Schönau.

Ein Beitrag zur Mystik und Kirchengeschichte.

BRÜNN 1884.

Druck der Raigerner Benedictiner Buchdruckerei. — Verlag der „Studien aus dem Benedictiner- und Cistercienser-Orden."

Liber visionum secundus.
ENIGMA EST
misedia dei nri. & afflu-
enter apposuit gram sup
gram diligentibus se.
Scdm multitudinem
bonitatis sue multipli-
cavit consolationes su-
as in ancilla sua. sicut
precedentis libri ser-
mo declarat.

Aus Ms. A. fol 39v. — Initial u. Zeile 1 u. 2 zinnoberroth; ▨ = blau; ▨ = grün.

Magnus es dne deus nr. excelsus & inmensus. non respiciens psonam hominu. nec attendens vultum potentiu.

Aus Ms. D. fol 139r. — M zinnob.

Auf Stein gezeichnet von Dr. Emil Pfeiffer.

P. T.

REVERENDISSIMIS

AC

REVERENDIS PATRIBUS

ORDINIS S. BENEDICTI

ECKEBERTI

IN SAECULARI TRIUMPHO

A. D.

MDCCCLXXXIV.

OPERA

DEVOTISSIMUS EDITOR VOVET.

D. D. D.

Vorwort.

Während meiner Beschäftigung mit dem Studium der Nassauischen Geschichtsquellen ward ich auf die Schriften der hl. Elisabeth von Schönau aufmerksam. Das Interessante der Sache veranlasste mich, immer tiefer in die betreffende Literatur einzudringen, mir möglichst alle Bücher über diesen Gegenstand zu verschaffen und das Betreffende zu notiren. Den Werth und das Abweichende der auf der Wiesbadener Landesbibliothek bewahrten Handschriften der Schriften Elisabeths von den vorhandenen Ausgaben hatte ich 1878 bald erkannt, als mir diese Manuscripte zum ersten Male nach meiner Rückkehr nach Wiesbaden vorgelegt wurden. Seitdem habe ich jede freie Stunde benützt. eine Ausgabe der Werke Elisabeths vorzubereiten. Keiner der Nassauer Schriftsteller hat sich bisher mit der Herausgabe der Schriften Elisabeths beschäftigt, daher erscheint den mangelhaften Drucken der Schriften gegenüber eine neue vollständige und correcte Ausgabe gewiss gerechtfertigt. Im Streben, etwas Vollständiges und Monumentales hervorzubringen, habe ich mir keine Mühe und Kosten verdriessen lassen, über die vorhandenen Handschriften Erkundigungen einzuziehen und die einschlägige Literatur vollständig zu benützen. Ich glaube eine ganze Reihe dunkler Fragen über Elisabeth weiter als meine Vorgänger gebracht, manche geradezu erschöpft zu haben. Die historische Einleitung soll auf das Leben und Wirken Elisabeths aufmerksam machen. Zur Bearbeitung einer eingehenden Lebensbeschreibung Elisabeths möge diese Ausgabe den Grund legen und vorarbeiten, desshalb ist auch die zahlreiche Literatur so ausführlich und selbst unter Anführung der betreffenden Stellen aufgeführt, dass ein künftiger Bearbeiter sich vieler Mühe überhoben sehen wird. Wir haben uns hierbei nicht des Abschreibens von Citaten aus andern Schriften oder Sammelwerken beflissen, sondern jedes erwähnte Werk uns selbst verschafft. Die Art und Weise vieler Autoren mit Citaten, die oft nicht einmal selbst eingesehen worden, zu prangen, halten wir für verderblich und irreführend. — Wir tragen zum Schlusse noch eine Pflicht ab, indem wir uns für Unterstützung unserer Arbeit folgenden Personen und Bibliotheks-Vorständen gegenüber in verbindlichster Weise bedanken. Es ist dieses vor Allen der gelehrte Oberbibliothekar der Wiesbadener Landesbibliothek, Herr Dr. A. v. d. Linde, der uns die beiden Wiesbadener Handschriften, sowie sämmtliche durch ihre Einträge merkwürdigen Schönauer Codices und Incunabeln zur Verfügung stellte und die weitläufigste Benützung der Wiesbadener Bibliothek gestattete, Herr Dr. Velke, Oberbibliothekar der Stadtbibliothek in Mainz, der uns die Schätze dieser zahlreichen Bibliothek zu öfternmalen eröffnete und uns in gefälligster Weise entgegen kam, sodann sind zu erwähnen die Bemühungen der k. Staats-Bibliothek in München, der königl. Regierung in Trier, des hochwürdigen Herrn Regens des bischöflichen Seminars daselbst, der Bibliotheks-Verwaltungen zu Frankfurt am Main und Darmstadt, der Universitäts-Bibliotheken zu Halle, Leipzig und Bonn, der Bibliotheken zu Wien, Paris, Wolfenbüttel, der Dombibliothek in Merseburg und des bischöflichen Seminars in Mainz. Als Privatpersonen, denen ich zu besonderem Danke mich verpflichtet machte, sind: Herr Pfarrer Rudersdorf in Schönau, Herr Professor D. Nebe zu Rossleben a. Harz, Herr Dr. med. Emil Pfeiffer in Wiesbaden und Herr Dr. Hermanni zu St. Goarshausen am Rhein zu nennen.[1])

Wiesbaden, den 1. August 1883.

F. W. E. Roth,
Herausgeber der „fontes rerum Nassoicarum."

---

[1]) Allen den Lesern, die die Oertlichkeiten nicht näher kennen, bemerke ich, dass Schönau ein Kloster des Benedictiner- und Benedictinerinnen-Ordens bei Nastätten im nass. Amte St. Goarshausen war, ersteres 1803, letzteres bereits 1606 aufgehoben ward.

§ 1. Das Kloster Schönau.

Die Gründung des Klosters Schönau [1]) hängt mit der ältesten Geschichte des Hauses Lurenburg-Nassau zusammen. Eine alte Ueberlieferung, im 16. Jahrhundert in Reimen verfasst und auf einem Altarblatte der Kirche zu Schönau geschrieben, berichtet uns von dem Tode eines Grafen Drutwin. Dieser Drutwin stand mit Herzog Hermann von Alemanien in Verbindung, er war dessen Vasall und Kriegsgenosse. Herzog Hermann († 10. Dec. 949) besass eine besondere Verehrung zu dem hl. Florinus, dessen Stift in Coblenz er beschenkte, nachdem dasselbe seinen Patron (die Gottesmutter) mit dem hl. Florin vertauscht hatte. Von Herzog Hermann erhielt Drutwin Reliquien des hl. Florin und brachte solche in eine von ihm erbaute Capelle auf der Höhe des Berges Lichtborn, wo dieselben sich bald zahlreichen Zulaufes des Volkes in Folge ihrer Wunderkraft erfreuten. Einst war Drutwin in eine Fehde verwickelt gewesen, seine Gegner hatte er besiegt, gefangen und grosse Beute gemacht, als er auf der Rückkehr in der Nähe des Dorfes Strüth von einem ihm auflauernden Bauer erschossen ward. Die wenigen Stunden vor seinem Tode benützte Drutwin noch

---

[1]) Schönau erscheint urkundlich als Sconowa, Sconaugia, Sconovia, Schonaw, Schönaw und bedeutet „die schöne Au," oúa, oúua, awa, ist so viel als Insel (Graff, Lexer, Benecke, Müller, Zarncke, Wörterbücher s. v.) Daraus ward latinisirt: Sconaugia, Sconaugea. Die Lage bestimmte den Namen. Die Zusammensetzung mit ova findet sich häufig: Geilnau = geile (üppige) Au, Lindau am Bodensee = Lindenau, Ascowa = Eschau (Kleinmayern, Juvavia 138, Pertz, 12, 72, Neugar, episcop. Constant. 69), Bouchaugia = Buchau, Insel im Federsee (Pertz 7, 121, 2, 109, Dümge, regg. Bad. Anhang Nr. 6), Erlowa = Erlau (Graff, Wörterbuch, 1, 462), Hasilowa = Haslau (mon. boica 29a 190, fontes rerum Austriac. 8, 250). —

dazu, anzuordnen, dass für sein Seelenheil ein Kloster auf der Stelle, wo er erschossen worden, aus seinem Gute erbaut werde; zugleich schenkte er der künftigen Stiftung die auf dem Feldzuge gemachte Beute und die in der Lichtborner Capelle ruhenden Reliquien. Drutwin heisst von Lurenburg in dieser Reimsage, mit der wir die Angaben einer in Beilage Nr. 4 gedruckten Tradition des 15. Jahrhunderts verbunden haben. Drutwins Lebenszeit gehört in den Zeitraum von rund 910 bis circa 960, sein Tod in die Zeit von 956—964. Aus unbekannten Gründen unterblieb Drutwins Wunsch, auf der Stelle seines Todes ein Kloster erstehen zu sehen, lange Zeit. Ein späterer Nachkomme Drutwins, Dudo IV, von 1076 bis nach 1117 in Urkunden erscheinend, realisirte seinen Plan. Er wandte sich vor 1089 an die damals reiche und angesehene Benedictiner-Abtei St. Salvator zu Schaffhausen in der Schweiz.[1]) und schenkte sich und das Seine diesem Kloster. Bald reute den Grafen diese That, im Jahre 1089 sah sich Papst Urban II. am 13. April von Rom aus genöthigt, in die aus Dudos Zurücknahme seiner Schenkung entstandenen Anstände einzugreifen. Er schrieb an Bischof Gebehard von Constanz, der Abt Sigefrid von Schaffhausen habe sich beschwert, ein Mann Namens Tuoto habe. postquam se suaque omnia super altare domini salvatoris et omnium sanctorum in Scaphusa obtulerat, instinctu diaboli apostatando diese Schenkung dem Kloster wieder zu entfremden gesucht. Er ersucht den Tuto kirchlich zu mahnen, hievon abzustehen, oder im andern Falle ihn zu excommuniciren. (Jaffé, monum. Bambergensia in bibliotheca rerum germanicarum tom. 5. p. 144.) Die jedenfalls hierauf erfolgte Mahnung Dudo's hatte keinen Erfolg. Auf Beschwerden des Klosters Schaffhausen hin schrieb 1092 am 28. Januar von Anagni aus Papst Urban II. an Gebehard, Bischof von Constanz und die Herzöge Welfo und Berthold von Baiern, der Abt von St. Salvator schreibe ihm, ein Mann mit Namen Tuoto habe dem irdischen Leben entsagt und

---

[1]) Das Kloster Allerheiligen in Schaffhausen ward von Graf Eberhard v. Nellenburg im Jahre 1052 gestiftet. Eberhard war Vater des Erzbischofs Udo von Trier, daher erklären sich die Beziehungen der Trierer Erzbischöfe zu Schaffhausen. cf. Wegeler, Jul. Dr., Die Prämonstratenser-Abtei Rommersdorf. Nach einer Handschrift und Urkundensammlung des Weihbischofs W. A. Günther bearbeitet. — Coblenz (Johannes Schuth) 1882. 8⁰. p. 4. Die ersten Mönche in Rommersdorf waren ebenfalls Benedictiner aus Schaffhausen. —

sich und seine Habe ihrem Kloster vermacht. Auf dessen Gut habe der Abt ein schönes Kloster erbaut und das klösterliche Leben eingerichtet. Tuoto drohe das Gut wieder an sich zu reissen, und das Kloster zu zerstören. Er ersucht den Tuoto vor diesem Gottesraub zu bewahren, dem Abte beizustehen und den Tuoto kirchlich zu mahnen (Jaffé a. a. O. p. 161). — Diese Mahnung, und wahrscheinlich auch die Verwendung bei dem Erzbischofe von Trier hatte zur Folge, dass Dudo nachgab. Im Anfange des Sommers 1117 reiste Erzbischof Bruno von Trier (geweiht am 6. Jan. 1102. [Beyer, Urkb. 1, 492, Brower, annal. 2, 2]) nach Schwaben, am 2. oder 4. Juli d. J. weihte er die Kirche des Nonnenklosters Berau in der Nähe von St. Blasien auf dem Schwarzwalde, ebenso einen Altar in der Hauptkirche zu Zürich ein. Auf Bitte des Abtes Adalbert von Schaffhausen schenkte Bruno mehrere Reliquien Trierer Heiligen und überredete zugleich den Grafen Dudo, das von ihm gegründete Kloster Lichtborn dem Allerheiligen-Kloster Schaffhausen zu übergeben. Dudo übergab in der That als Vogt zu Lipporn im Einrich der Abtei St. Salvator zu Schaffhausen in Constanzer Diöcese den Ort Lipporn mit der dortigen Kirche und allem dazu gehörigen Gut an Weilern, Hörigen, Weinbergen, Wäldern, Wiesen, Weiden etc. zu Eigenthum, und zwar für sein und seiner Vorfahren Seelenheil (Schliephake, Gesch. v. Nassau, 1, 153 und 196). Die Ursache, warum Erzbischof Bruno hier Schaffhausen begünstigte, war die, dass Verwandte desselben theilweise diese Abtei gegründet hatten, Bruno suchte derselben einen Zuwachs zu verschaffen, indem er zugleich die Streitigkeiten zwischen Schaffhausen und Dudo beilegte. Ob in Lichtborn bei der ecclesia bereits Mönche aus Schaffhausen sich vor 1117 niedergelassen, steht nicht fest, wahrscheinlich hinderte Dudo den Klosterbau. Die Angaben in der Urkunde Papst Urban II. von 1092 sind offenbar übertrieben. Lichtborn erhielt jetzt einen Convent aus Schaffhausen, Benedictiner. Die Sage in der Gegend von Schönau lässt die ersten Bewohner aus der Schweiz dahin gekommen sein. 1117 überwies Erzbischof Bruno auf Bitte Dudos und Adalberts von Schaffhausen der neuen Stiftung den Zehnten in Meilingen, und erklärte dieselbe für eine unter Schaffhausen stehende Probstei. Der hl. Florin ward Patron der Kirche und Stiftung, er erscheint als solcher bereits in

Bruno's Urkunde von 1117.[1]) Aus unbekannten Gründen trat neuer Zwiespalt zwischen Schaffhausen und Dudo ein. Letzterer starb um 1118, urkundlich in dem Zeitraume von 1117—1120. Vogel, Beschreibung von Nassau p. 297 setzt sein Vorkommen bis 1124, übersah aber die Urk. bei Eccard. corpus hist. medii aevi 2, 200, die mit der bei Jaffé, a. a. 0, 365 identisch ist, auch datirt er Brunos Urkunde für Lipporn falsch, indem er Brunos Regierungszeit (1102—1124) und nicht das feststehende Jahr 1117 annimmt. Im Jahre 1120 am 3. Jan. schrieb Papst Calixtus II. an Udalrich Bischof und die Canonici in Constanz, das Kloster Schaffhausen beschwere sich über die Vorenthaltung des von Tuto an Schaffhausen geschenkten praedium und ersucht um Zurückgabe. Tuto sei in apostasiam gefallen und so gestorben. (Jaffé a. a. o. p. 365.) — Graf Dudo war ohne Leibeserben gestorben; die Uebergabe seines Gutes an Schaffhausen passt zu diesem Umstande trefflich, dass dieser Tuto der Urkk. bei Jaffé der Graf Dudo ist, ist kaum zu bezweifeln. Die Verhandlungen über Lichtborn werfen zugleich ein eigenthümliches Licht auf die Herkunft Dudos und seiner Vorfahren; die Lurenburger sind offenbar nichts anders, als eine seit dem 10. Jahrhundert an der Lahn, und ihm Einrich durch die Freigebigkeit der deutschen Könige ansässiges und daselbst mit Gütern ausgestattetes, nicht einheimisches, sondern aus der Schweiz oder Schwaben stammendes Geschlecht, das durch Geschlechtsverbindung mit den Hattonen nach und nach an deren Stelle trat. —

Wie sich Dudos Nachkommen dem Kloster Schaffhausen gegenüber in der Sache benommen, ist nicht überliefert, die Probstei Lichtborn aber blieb gestört. Wie sich das Verhältniss

---

[1]) Die ältesten Kirchen sind dem Erlöser (Salvator), der Mutter Christi, dem hl. Michael, Johann Baptista, den Aposteln und Martyrern, darunter vielfach dem hl. Martin geweiht. Kirchen, die einen Bekenner zum Patron haben, besitzen in den meisten Fällen kein hohes Alter, eine Ausnahme bildet St. Martin. Ende des 12. Jahrhunderts schrieb der Lütticher Archidiacon Hernand einem Freunde in Laon: in possessione ecclesiarum nullus Martino ditior invenitur preter matrem Christi et clavigerum coeli. (Mabillon, analecta vetera ed. nova 1723, 481.) — Auch der hl. Petrus erscheint oft als Patron. Die einem und dem nämlichen Heiligen geweihten Kirchen liegen oft in Folge von Reliquienversetzung auf einer Linie in der Nähe, indem die eine der andern ihre Reliquien mittheilte, so St. Florin in Coblenz und St. Florin in Schönau. Nach Brewer, vaterländ. Chronik 1, p. 286 befand sich ein silberner Arm mit Reliquien eines Armes von St. Florin in der Schatzkammer des Apostelstiftes in Cöln. —

zwischen beiden Theilen löste, entzieht sich unserer Kenntniss: Schaffhausen machte in der Folge keine Ansprüche mehr.[1]) Dagegen gründeten die Lurenburger in der Nähe Lichtborns ein Benedictiner-Kloster mit Namen Schönau, angeblich auf der Stelle, wo Drutwin erschossen ward. Bedeutungsvoll für die Beziehungen Erzbischof Brunos von Trier zu Schaffhausen kam diese Stiftung noch im Todesjahre Brunos († 1124), nach anderen Angaben 1125 (nach Trierer Styl) zu Stande.[2]) Bruno hatte jedenfalls seinen ganzen Einfluss aufgeboten, die Sache zu ordnen, vielleicht ist die Gründung Schönaus geradezu das Sühneobject zwischen beiden Parteien. Ob der in Lichtborn gewesene Convent nach Schönau überging, oder die Mönche aus einem andern Kloster kamen, wissen wir nicht; als Thatsache steht jedoch fest, dass die Güter Lipporns und der von Bruno geschenkte Zehnten in Meilingen an Schönau kam. Leider fehlt die Stiftungs-Urkunde Schönaus, und war bereits zu Kremers Zeiten (1776) nicht mehr vorhanden. Als Stifter gilt Graf Ruprecht von Lurenburg, doch scheint auch der Abt Hildelin, ein Edler, Antheil an der Gründung gehabt zu haben. Das 1462 für das Nonnenkloster Schönau geschriebene Calendarium

---

[1]) Als 1132 Schönau an Mainz gegeben wurde, scheint doch noch ein Abhängigkeitsverhältnis zwischen Schönau und Schaffhausen fortbestanden zu haben. Für die zu Schönau gehörenden Bauern war Schaffhausen im Mittelalter der Oberhof. 1407 erklärten die Schöffen in einem Weisthum: Item haben die Scheffen geweist ihren Oberhoff zu Schaffhausen mit solchem unterscheiden, welche Parthey ausheischet, die solte den Scheffen bestellen einen Karn und dafür spannen einen Füllen, der neue Ingespannt sij und mit Hanen-Dorn beschlagen seye, und sie gesund liefferen gegen Schaafhausen und herwieder, und wann dem Füllen ein Eisen abfält, da sollen sie über Wacht (ob Nacht?) verbleiben, und da sollen sie den Scheffen wohl gütlich thun (Rettung der Freiheiten und Rechte des Klosters Schönau (1753 Folio) p. 12 der Beilagen.

[2]) Brower sagt zu 1125. Quo tempore Trevirorum dioecesis novo rursus et percelebri Schonaugiensi monasterio aucta est, id in Lurenburgensium comitum praedio trans Rhenum, sedecim contra Bingam millibus passuum Einrichae tractu ab Hilduwino locuplete viro inchoatum a Ruberto Lurenburgensi comite postea perfectum atque b. Florino, cuius sacris insignitum cineribus, dicatum est. Hildelinus autem primus abbas monasterio praefuit, qui ad teli inde iactum aliud item virginibus eodem nomine domicilium constituit, in quo sanctimoniae et coelestium instinctuum foecurda nec non admirandae pietatis laude cantata virgo Elizabeth de Schonaugia postea claruit. — cf. Serario-Joannis 1, 546, 6. zu 1132. und die auf Trithem beruhenden Annales ordinis S. Benedicti occidentalium monachorum patriarchae etc. auctore domno Johanne Mabillon etc. tomus sextus. — Lutetiae Parisiorum 1739, folio p. 195. — Bucelinus, Germanii, sacra (1655) p. 79. — Fundatum a. C. 1125 ab Hildelino quodam viro nobila qui in eodem numini se devovens, eiusdem postea primus abbas extitit. — Nass. Annal. 8. p. 157 Note. — Bei Bucelinus heisst Hildelin: dynasta.

(siehe Anlage Nr. 6) erwähnt zum VII Ydus Aprilis der fundatorum, entweder ist darunter Rupert und Hildelin zu verstehen oder die Erinnerung an Drutwin und Dudo sowie Lipporn spricht sich darin aus. Im Jahre 1132 unter Kaiser Lothar im 7. Jahre dessen Regierung, nicht 1130 wie Trithem, chron. Sponheim. hat, bestätigte Erzbischof Adalbert von Mainz das von Graf Rupert von Lurenburg auf dessen Grund und Boden gestiftete, und dem hl. Martin in Mainz (Domstift) übergebene Kloster Schönau. Zur Erinnerung hieran solle der Abt auf St. Martinstag alljährig ein mundum corporale darbringen, der Graf von Lurenburg aber die Schirmherrlichkeit besitzen. Eigenthümlich ist hier, dass sich Schönau dem Domstifte in Mainz unterstellte, erhielt es vielleicht seinen Convent aus einem der Benedictinerklöster bei Mainz und nicht aus Lipporn-Schaffhausen oder hing dieses mit den schwankenden Grenzen zwischen der Mainzer und Trierer Erzdiöcese zusammen, so dass Schönau im 12. Jahrhundert zur Diöcese Mainz zählte? Der erste Abt ward der Mitstifter Hildelin. Die Kirche (Mutterkirche) Lipporn ward mit der St. Peterskirche in dem nahen Welterode einem Priester als Pfarrkirche übergeben; als solcher erscheint 1145 Adalbero. Wie in Lipporn, so ward auch in Schönau der hl. Florin Patron, die Reliquien waren demnach von Lipporn transferirt worden. Im Jahre 1213 erscheint in einer Urkunde bei Günther, cod. Rhenomosellan. 2, 112 auch ein Patron St. Jacob von Schönau, so dass sich dieses vereinzelte Auftreten nicht anders als durch das Vorhandensein des bereits frühe gegründeten und dem hl. Jacob geweihten Sieghauses in Schönau erklären lässt. St. Florin war jedoch stets Patron. —

Der Ausbau der Gebäude der neuen Gründung ging langsam vorwärts; dieselbe hatte offenbar in der rauhen Gegend im Anfange mit Noth zu kämpfen. Abt Hildelin wandte sich daher an den Erzbischof Adalbero von Trier. Dieser übergab um 1144 auf Bitte des Priesters Adalbero in Welterode die auf dem Grund und Boden Schönaus gelegene Kirche Welterode dem Kloster, dasselbe solle daselbst den Gottesdienst besorgen, taufen und beerdigen lassen. Die Urkunde ist Datumslos und von Kremer. orig. Nass. 2, 162 nach 1132 angesetzt. Im Jahre 1211 bestätigte Erzbischof Johann von Trier diese Schenkung der Kirchen in

Welterode und Lipporn ans Kloster; der oben erwähnte Priester Adalbero ward zugleich der Wohlthäter Schönaus, er schenkte ein Gut in Wehre ans Kloster zum Ausbau desselben. (Siehe Anlage Nr. 9.) 1145 waren beide Kirchen in Welterode und Lipporn in Händen Adalberos als Seelsorgers vereinigt. Die Urkunde nennt als Personal Schönaus den Abt Hildelin, den Prior Godefrid, den claustralis prior Ricwin (offenbar als Prior des Nonnenklosters), mehrere Priester, Acolithen, Schüler und Conversen; Schönau besass wahrscheinlich damals bereits eine innere und äussere Schule, erstere zur Ausbildung von Mönchen des Ordens, letztere für sonstige Bildungszwecke. In dieser Weise vollzog sich die Einrichtung Schönaus bis zur Zeit Elisabeths.

Bei dem Mönchskloster entstand kurz nach der Gründung desselben ein Nonnenkloster des Ordens, nur durch eine Strasse von demselben getrennt. Das Stiftungsgut war der Hof Essrod. Das Nonnenkloster stand unter Aufsicht des Männerklosters und war von einem Prior nebst einer Meisterin verwaltet. Näheres über den Stifter ist unbekannt. Das Kloster blieb stets klein, erlangte aber einen bedeutenden Ruf durch Elisabeth von Schönau, seine Meisterin. Die Zucht in Schönau war strenge;[1]) 1493 stellten 6 daher berufene Nonnen die Zucht auf dem Rupertsberge bei Bingen wieder her. 1503 war durch die herrschende Pest der Convent stark gelichtet worden; die Reformation und der Druck, den die Nassauische Regierung den Klöstern in ihrem Gebiete auflegte und das Verwandeln in reformirte adelige Stifte anstrebte, schadete auch dem Schönauer Nonnenkloster. Um 1590

---

[1]) Mitte des 13. Jahrhunderts stand Schönau unter der Visitatur Arnsteins und Gronaus. Am Schlusse des Registers der aus Schönau stammenden Handschrift Nr. 6 Folio, pergam. saec. 12. exeunt. steht eine Urk. eingeschrieben. Erzbischof A. von Trier schreibt dem Abte von Arinstein und dem zu Grunauwin, das Geschäft der Visitatur in Schönau auszuüben, quod abbatem ipsum et suos fratres in statu inveneritis competenti, de sororibus autem multos articulos regule contrarias invenistis, super quibus vestre ordinacioni recusaverunt obedire. Tue igitur devocioni precipiendo mandamus, quatinus tam nostra quam dicti abbatis auctoritate rebelles compescas districtione, qua videbitur expedire, de agris vero et possessionibus ius ipsi abbati conservari procures, contradictores per censuram ecclesiasticam cohercendo. Datum Erinbreichtstein anno domini M°. CC°. l. VIII. VII° kal. Junii.

befand sich Schönau in Verfall.[1]) 1606 hob die Nassauische Regierung das Kloster »wegen des ärgerlichen Umgangs derer Nonnen mit denen Mönchen und Mönchen-Closters Bedienten« auf, und überwies die Güter dem Mönchkloster, die Gebäude wurden abgebrochen und verfielen; 1630 bestand kein Gebäude mehr im Wesen. Als Meisterinnen sind zu nennen: Elisabeth, die zweite Meisterin, 1157—1164; Irmengardis, vorher in Kepell, ohne Jahrangabe (Nass. Annal. 16, 125, Tod zum 14. Juni). Als Prior wirkte Wigand, ohne Jahresangabe (Tod zum 27. Mai, ibid. 16, 118). — Andere Meisterinnen gibt das Seelbuch an. (Siehe »Studien und Mittheilungen aus dem Benedictiner-Orden,« Jahrgang 1883.) —

---

[1]) Oudinus im commentar, de scriptoribus ecclesiasticis gibt auf Grundlage des Miraeus (p. 254) an, das Nonnenkloster Schönau sei um 1590 vel 1600 ob scandalum exstirpata worden. (2, col. 1479.) — Cf. auch Brower, metropolis 2, 611, Vogel 640 und die Rettung der Freiheiten des Klosters Schönau (1753 Folio). p. 353, 394, 425. Die letzte Meisterin war Margaretha Unzin.

§ 2. Meine Reise nach dem ehemaligen Kloster Schönau.

Jahre lang regte sich in mir der Wunsch, die Stätte, die einestheils mit der ältesten Hausgeschichte Nassau's, andertheils mit dem Wirken einer so hervorragenden Persönlichkeit, wie Elisabeth, zusammenhängt, zu sehen. Aber wie so vieles im Leben aufgeschoben wird, so erging es auch mit diesem Plane, der erst mitten in der Bearbeitung dieser Abhandlung über Elisabeth verwirklicht ward. Ist es an und für sich schon schwierig, einen Ort, der vom Verkehre so entlegen ist, aufzusuchen, so ist auf der andern Seite jede Mittheilung über denselben für die Nachwelt interessant. — Es war in der Frühe des 26. Mai 1883, als ich in Begleitung eines rheinischen Freundes, Herrn Dr. F. W. Hermanni zu St. Goarshausen, jetzt zu Rödelheim bei Frankfurt am Main, von St. Goarshausen aufbrach. In steilem Aufstieg über schroffes Schiefergestein ward die Höhe gewonnen, über Patersberg, Rettershayn (im Volksmunde Reitershain), Lipporn und Strüth gelangten wir in circa 3½ Stunden zum »Kloster« Schönau, dessen Prospect mitten in Wiesen, rings von Bergen und Hügeln umgeben, in idyllischer Lage dem Namen einer »schönen Au« alle Ehre macht. Strüth liegt von Schönau in Schussweite. Die Gebäude Schönaus, nicht mehr von allen Seiten von den alten Einfassungsmauern umgeben, sind von dem Herrn Pfarrer, einem Förster, einem Arzte und einem Lehrer bewohnt, auch bergen dieselben eine Zeugdruckerei und Färberei, das Pfortenhaus eine Wirthschaft »zur schönen Au.« Das Portal in der Umfassungsmauer ist entfernt und durch einen modernen Holzüberbau ersetzt. Der aus dem vorigen Jahrhundert stammende Abtsbau ist ein stattliches Gebäude, das mit dem Kreuzgang, dem Oratorium, dem Capitelsaal, der Kirche ein zusammenhängendes Ganze bildet. Südlich liegt der Abtsbau, nördlich die Kirche. hieran stösst östlich der Kirchhof, westlich der Kreuzgang. Der Abtsbau ist ein zweistöckiges Gebäude mit doppelter Freitreppe und zopfigem Portale in rothem Sandstein, im oberen Stockwerke befindet sich die Pfarrerswohnung. Hier sieht man an der durchlaufenden Stuccaturarbeit der Decken, dass mehrere der jetzigen Räume früher ein Ganzes bildeten und späterhin erst durch Einsetzen von Wänden in Zimmer getheilt wurden. Es ward mir erzählt, um das Kloster habe jährlich ein Krammarkt stattgefunden (ein solcher wird jetzt noch am 30. Juli abgehalten) derselbe ist in einem Vertrage von 1788 noch erwähnt. Die Beamten aus Miehlen hätten sich dann nebst anderen vornehmen Besuchern in dem Abtsbau einlogirt, die geringeren Besucher in dem Pforten- und Hirtenhause. Man habe in den Sälen des Abtbaues getanzt, ein Pfarrer habe von diesem Unwesen entrüstet die Wände einsetzen lassen.[1])

Der Herr Pfarrer zeigte uns die lebensgrossen Portraits in halber Figur der hl. Scholastica (gute deutsche Arbeit saec. 16, gut erhalten) und die minder werthvolle, gleich grosse, aber niederdeutsche und weniger gut erhaltene Darstellung des heil. Benedict, beide in schwarzen Holzrahmen mit vergoldeten Rosetten, Im Hausflur des Abtsbaues befindet sich als Crucifix aufgenagelt der in farbigem Leinengarn gestickte Kreuzbalken eines Messgewandes, gut erhaltene allegorische Arbeit des 15. Jahrhunderts einer bessern Verwendung würdig.

Vom Erdgeschosse des Abtsbaues gelangt man durch eine Thüre in den östlichen Flügel des Kreuzganges, derselbe besitzt Rundbogenfenster mit Sandsteingewänden von missverstandener gothischer Gliederung, verwendet ist der graue Sandstein, der Boden mit grossen Schieferplatten bedeckt, die Decke Balkenlage, darüber die Zellen der Mönche, jetzt theilweise Lehrerwohnung.

---

[1]) Schönau feierte alljährig auf St. Jacobstag seine Kirchweihe, die bereits zu Elisabeths Zeiten erscheint, es fand ein Markt mit einer weltlichen Festlichkeit statt. cf. Rettung d. Freiheiten p. 81, 161, 328, 329, 368, Urkb. 113, 114.

Wo der nördliche und der östliche Arm des Kreuzganges zusammenstossen, befindet sich neben einer lebensgrossen zopfigen Bildsäule des hl. Benedict eine Thüre, die einen Corridor öffnet. Innerhalb des letzteren geht es rechts in den ehemaligen Capitelsaal, dessen Decke innerhalb der Stuccaturarbeit noch ein beschädigtes Gemälde, Scenen aus dem alten Testamente vorstellend, zeigt, jetzt Holzremise. Nebenan befindet sich die Sacristei, durch eine Spitzbogenthür zugänglich, dann die Thüre zur Kirche, eine Treppe führt in das obere Stockwerk, das Oratorium und zu den Zellen der Mönche. Wir treten in den Chor der Kirche. Die Fenster gegen Norden sind romanisch, die in der Südwand nach dem anstossenden Dormitorium zu spitzbogig. Der aus dem vorigen Jahrhundert stammende, dem hl. Florin geweihte Hochaltar ist eine kräftige Holzarbeit, zopfig mit geschweiftem Aufsatze. Links zeigt sich ein vergittertes Sacramentshäuschen, derbe Arbeit des 15. oder 16. Jahrhunderts, das einen Glaskasten mit dem Schädel Elisabeths enthält, auf der rechten Seite des Altars steht eine lebensgrosse Holzstatue Elisabeths, den Aebtissinnenstab in der Hand, weiss angestrichen; man hält in Schönau dieses Bild für die hl. Ursula. An der linken Seite des Altars sind in die Wand 3 Grabsteine eingemauert. Der erste nach dem Schiffe der Kirche zu hat die Umschrift: Anno domini 1733. 3. Januarii obiit in domino reverendissimus et amplissimus dominus Engelbertus . . . (hier am untern Rande verstossen) abbas . . . anno aet. 75., reg. 13., iub. sacerdot. 1. R. I. P. — Lebensgrosse, im Geiste der Spätgothik gehaltene Halbrelief-Darstellung, rother Sandstein, Minuskelschrift. Der zweite Gedenkstein, eine schwarze Marmorplatte mit Goldschrift und Chronostichon, schwer entzifferbar, da verblichen, erinnert an einen Abt Benedictus. Mit dem dritten Steine, einem rothen Sandsteine, dicht neben dem Altare, hat es eine sonderbare Bewandtnis. Derselbe ist der Denkstein des Abtes Jodocus Mehl. Die auf demselben befindliche Inschrift ist nicht mehr überall lesbar, doch so viel zu erkennen, dass dieser Abt, als er den Grabstein seines Vorgängers (Laurentius Knopfaeus) auf dem Hofe Sauerthal abholte und auf dem Steine, der auf dem Wagen lag, sass, herabfiel und ihn der Stein erschlug. Das Gleiche berichtet Bucelinus, Germania topo-graphica 2, 189, der diese Nachricht offenbar aus Schönau selbst hatte. Das Wappen des

Abtes sind 3 Rosetten, — Die beiden Reihen Chorstühle von Eichenholz entstammen dem 16. Jahrhundert. Der Chor ist der älteste Theil der Kirche und blieb beim Brande von 1723 offenbar unbeschädigt. Das Schiff der Kirche dagegen scheint nach dem Brande neu erbaut vielleicht auch erweitert worden zu sein, es ist auf beiden Seiten breiter als der Chor. Ueber dem Triumphbogen befindet sich eine Reliefdarstellung der Auffahrt des heil. Florinus in Gipsmasse, sehr breit und hoch, schöne aber zopfige Arbeit des vorigen Jahrhunderts, unten das Spruchband: *GlorIose Confessor Christi FLorine sanCta InterCessione suCCurre faMVLis* tibi servientibus: wahrscheinlich auf 1727 deutend. Das Schiff hat 2 Altäre, links den Muttergottesaltar, rechts den der heil. Elisabeth von Schönau. Letzterer ist in imitirtem rothen Marmor gearbeitet und besitzt ein Altarblatt: Elisabeth im Nonnenhabit, darüber ein Engel, oben mehrere Engel mit dem Spruchbande: Ne timeas. Die Malerei ist von effectreichem Ausdrucke, aber stark nachgedunkelt, scheint dem vorigen Jahrhundert anzugehören, könnte aber auch älter sein. Auf der rechten Seite befinden sich 2 Beichtstühle mit den Brustbildern von St. Peter und Maria Magdalena in ³/₄ Lebensgrösse als Aufsätze von gebranntem Thon und bemalt, sodann die Marmorkanzel. Die Orgel ist neu, über derselben ist ein altes, dem vorigen Jahrhundert entstammendes Klosterwappen (Holzschnitzerei) angebracht. Das von einem Pelikan gehaltene Wappenschild zeigt im weissen Felde eine roth und weisse Querbinde, im Oberfeld einen Stern, unten Mitra und Abtsstab. Auf der Evangelienseite befinden sich drei Statuen von Holz, weiss angestrichen, lebensgross, mit rothen Unterschriften an den Postamenten: St. Elisabetha Schonaugiensis mit dem Aebtissinnenstabe, St. Wendelinus, St. Martinus, dazwischen eine in Holz geschnitzte Reliefdarstellung Marias in bauschigem Kleide, alte Arbeit. Das meiste im Schiffe der Kirche ist neuerdings gut restaurirt und neue gebrannte Fenster eingesetzt worden. Das helle und luftige Schiff hat nach Norden zu ebenfalls Rundbogenfenster, die noch mit der Nordwand aus älterer Zeit zu stammen scheinen. Als Baustein diente für Schiff, Chor und Kreuzgang der in der Gegend heimische Schiefer. An der Nordseite der Kirche befand sich bis vor Kurzem eine Capelle, angeblich der heil. Elisabeth von Schönau geweiht, aber wahrscheinlicher eine

Michaelscapelle mit Kerner. Der im Boden noch erkennbare Umfang dieser Capelle ist unbedeutend. An die Kirche stösst gegen Osten der Kirchhof; derselbe besitzt zwei ältere Grabsteine von Basalt in Gestalt von Kreuzen. Der eine gedenkt des am 24. April 1644 gestorbenen Jacobus Neichen, Pater Cellerarius des Klosters, der andere des Henricus Oberzier, † 1689, 29. Februar, Mönch daselbst. Gegen Norden sind die Einfassungsmauern des Klosterberings noch erhalten; innerhalb derselben wachsen Feldfrüchte. Vom Kreuzgange aus gelangt man zu diesem Felde, das offenbar früher den Küchengarten des Klosters bildete. Der westliche und südliche Theil des Kreuzganges sind entfernt, im Viereck desselben wächst Gras. Der Oberstock des Kreuzganges hat viereckige Fenster, die in der Symmetrie nicht zu denen des Schiffes der Kirche passen.

Kehren wir zur Kirche zurück, so nimmt der Glasschrein mit dem Schädel der hl. Elisabeth unsere völlige Theilnahme in Anspruch. Galt doch meine Reise namentlich auch diesem Stücke, zudem ein gelehrter Freund mir oft und viel von einer uralten Authentik auf dem Hinterhaupte des Schädels gesprochen hatte. Leider fühlte ich mich in Bezug auf das Alter dieser angeblichen Authentik enttäuscht. Der Schädel besitzt ein sehr breites Vorderhaupt und schmales Hinterhaupt, auf dem Hinterhaupte steht von einer Hand des 17.—18. Jahrhunderts in Zinnoberschrift: Caput Elisabethae virginis | Abbatissae Schonaugiensis in zwei Zeilen. Der Kiefer und die anderen Theile des Schädels sollen stückweise nach und nach abgebrochen und als Reliquien in Crucifixen in dem nahen Espenschied eingesetzt worden sein. Das Gebein des Schädels ist eisenhart und hell von Farbe, letzteres deutet das lange Liegen in der Erde an. Innere und äussere Gründe sprechen zwar für die Echtheit des Schädels, doch wird sich die Echtheit ebensowenig antasten als die Unechtheitserklärung widerlegen lassen. Die Geschichte des Schädels ist neu; 1630 hören wir das Erstemal von ihm, dann 1690; im Anfange dieses Jahrhunderts bildete er eine sonderbare Zierde des Pults des Schönauer Pfarrers, bis Herr Pfarrer Rudersdorf ihm in der Kirche in dem besonders gefertigten Glasschrein einen schicklicheren Platz anwies. Interessant ist wenigstens, dass man in Schönau und der ganzen Gegend den Schädel für echt hält. Eine Verehrung als Reliquie wird demselben nicht zu Theil, da ein besonderes Fest hierzu fehlt. Von einem Grabmale Elisabeths ist nichts mehr zu sehen.

Die Sacristei enthält interessante aber zopfige Gypsarbeiten an den Wänden, eine jetzt versiegte Wasserleitung mit Marmorbecken und Bleimund, vielleicht noch Arbeit des 16. Jahrhunderts. Das Inventar ist meist neu, ein kostbares Messgewand mit werthvollem Kreuzbalken in farbiger Leinenstickerei, dem obenerwähnten ähnlich, Arbeit des 15. Jahrhunderts, ist bemerkenswerth: Christus am Kreuze, darunter 4 Personen, oben Engel, das Blut der Fusswunde fliesst in einen Topf. — In der Kirche befinden sich in den Altären noch Reliquien und Schädel des hl. Florin und der 11.000 Jungfrauen; von Reliquien der hl. Verena oder des heil. Caesarius weis man daselbst nichts. Eine Feierlichkeit auf den 18. Juni, als Todestag Elisabeths, ist ganz unbekannt, die wenigen Stiftungen sind neueren Datums. Als Herr Pfarrer Rudersdorf vor circa 22 Jahren nach Schönau kam, wusste man von Elisabeth fast nichts; es ist das Verdienst dieses Geistlichen, ihr Andenken beim Volke wieder erneuert zu haben. Von Urkunden oder Acten ist nichts mehr im Kloster vorhanden; etliche Urkunden neuerer Zeit sollen in Welterode im Pfarrhause sein. Das Haus war bei meiner Anwesenheit durch die Versetzung des protest. Pfarrers daselbst geschlossen. Die 1690 von den Bollandisten noch gesehene Elisabethencapelle am Wege ist verschwunden, man kennt selbst deren Lage nicht mehr. — Ueber der Thüre der östlich gelegenen ehemaligen Kellerei, jetzt Färberei, befindet sich ein eingemauerter Stein, den hl. Benedict mit seinen Insignien: Glas, Rabe und Brot, darunter ein verwittertes Wappen, beides Arbeit des 17. Jahrhunderts, vorstellend. Der zopfige Dachreiter der Kirche entstammt dem vorigen Jahrhundert und birgt neue Glocken; einen Thurm hat die Kirche nicht. — Im Sommer 1723 brannte es in dem nahen Strüth; die Mönche liefen, da sie daselbst einen Hof hatten, zum Löschen herbei. Indessen zündeten die Funken im Kloster selbst und legten einen grossen Theil der Gebäude mit Kirchendach und Dachreiter in Asche. Abt Engelbert liess die Gebäude neu aufführen. [1]) Bedeutende Fischweiher befanden

---

[1]) Nach Fabritius, bina sanctarum Elisabetharum p. 18, entstand der Brand durch eine unvorsichtigerweise geworfene Bombe (Bombarda), die im Strohdache eines nahen Hauses zündete, im November 1723.

sich in der Nähe des Klosters, ein Damm hielt denselben das Wasser des durchfliessenden Mühlbaches zurück; die Spuren dieser Weiher hat der Wiesenbau mehr oder weniger verwischt. Das Klostergut ward nach der Säcularisation sequestrirt und verpachtet, sogar das innerhalb der Ringmauern; das Pfarrgut besteht nur aus einer Wiese.

In etwa 30 Schritten Entfernung von der Südmauer des Klosters stand das Nonnenkloster Schönau, der Umfang der Gebäude, noch ungefähr an einer Vertiefung der Wiesen zu erkennen, ist gering; eine eigentliche Kirche scheint das Klösterchen nicht besessen zu haben, sondern nur eine Capelle. An das Kloster erinnert noch das »Nonnenbörnchen,« auch sollen vor mehreren Jahren beim Ebnen der Wiesen in der Nähe Röhren, Gewölbe, Rosenkränze und Medaillen gefunden worden sein; wohin jedoch diese Gegenstände gelangten, konnten wir nicht in Erfahrung bringen.

§ 3. Die Handschriften der Werke Elisabeths.

a) Sammelcodices.

1. Cod. Ms. A. Nr. 3 in Wiesbaden. — Pergament, 155 Blatt, deren 2 durch Papier ersetzt sind, ein kleines Blatt Pergament in 8° entstammt entweder einem verlorenen Codex saec. 13. oder ward für die Handschrift besonders geschrieben und eingeheftet. Folio, Ende des 12. Jahrhunderts von einer oder zwei Händen geschrieben, von anderer Hand corrigirt und rubricirt. Die Handschrift entstammt dem Nonnenkloster Schönau und ist offenbar unter den Aebten Ekbert und Emecho geschrieben. 1609 kam dieselbe bei Aufhebung des Nonnenklosters an das Mönchkloster Schönau, 1803 bei der Säcularisation in die Landesbibliothek in Wiesbaden. Während des 30jährigen Krieges war diese und Ms. B. in Gefahr zu verkommen: der Convent war 1632 nach Wesel geflüchtet und hatte in der Eile die Handschriften im Stiche lassen müssen. Der protestantische Pfarrer M. Johann Plebanus (Völker) von Welterod bei Schönau sagt in einem Briefe an die Nassauische Regierung 1634: (von der hrscht. A.) »Dieses Buch ist zweimall in ipso originali (!) in dem Kloster gewesen, einmahl in Papier, dick in einem kleinen Folio, dass andermall in Pergament; vnd diess ist dass vornembst. Auch die beste Antiquitet, so die Mönch in dem Kloster haben. Es sind grose guldene Buchstaben darinnen, vnd liegt uff einem jeden ein rott leibferbiegt (= fleischfarbenes) daffet Pläcklein.« (Offenbar geschah dieses zum Schutze der nach alter Sitte gelegten nicht, wie jetzt üblich, gestellten Handschriften). Plebanus fährt dann fort: »Anno superiore 1632 den 14. Januarii,

da die Mönch aus dem Kloster entlauffen müsen, weill sie von den Schwedischen Reuttern höchlich bedrangt worden, vnd alles auffgeschlagen, verderbt vnd verwüstet wurd, hatt Nassauw-Sarbrückischer Ambtman zu Nassauw G. (Gottfried) Emmerich mich gebetten, dass ich mit Ihm in dass Kloster reitten, vnd weill mir die Bücher vnd Sachen bekant, daran sowoll der Obrigkeitt, als den Mönchen gelegen wär, Ich besehen woll, ob noch ettwas zu bekommen vnd a totali interitu zu vindicieren wär, da hab uff der Abtei, da alle Bücher zerstreuwet auff der Erden lagen, Ich endlich dieses Buch, dass sonsten niemand geachtet hatt, oder vielleicht wegen der güldenen Buchstaben zerschnitten wär worden, cum gaudio uffgehoben vnd Herrn Ambtman sartum tectum zugestellet, der es auch so woll als Ich dem Abbati angezeigt.« — (Widmann, Nassauische Chronisten des Mittelalters. 1882. Gymnasial-Programm p. 4 nach Ms. B. 35 im Staatsarchive zu Wiesbaden.) — Die Fürsorge der Nassauischen Regierung und des Pfarrers Plebanus für die beiden Handschriften (Ms. A. und Ms. B.) lag offenbar in dem Schutzverhältnisse des Hauses Nassau zu der Abtei Schönau, in dem Streben, deren Eigenthum zu erhalten, sowie der Absicht, die Abtei auf protestantischer Grundlage zu reformiren. Plebanus sollte als heftiger Katholikenfeind hierbei seinen Eifer bezeigen; derselbe hatte 1613 mit Hilfe der Nassauischen Regierung die protestantische Religionsübung in Schönau eingeführt und die Kirche 9 Wochen lang im Besitze gehabt. (Bericht des Plebanus von 1613 im Staatsarchive zu Wiesbaden nach Widmann. a. a. O. p. 4. Note.) — Die Handschriften Ms. A und Ms. B. erhielt Schönau nach Herstellung der Sicherheit wieder zugestellt. — Eine nähere Beschreibung der Handschrift Ms. A ebenso von Ms. B. gibt Dr. A. v. d. Linde in dessen Buche: Die Handschriften der Landesbibliothek in Wiesbaden (Wiesbaden 1877. 8⁰) p., 100 ff. die Handschriften Ms. A. und Ms. B. sind signirt als Nr. 3 und 4. Die daselbst gegebene Beschreibung ist in allen Stücken richtig, nur sind die beiden letzten Blätter als unbeschrieben und eingefügt von Dr. A. v. d. Linde nicht mitgezählt; derselbe gibt daher richtig 153 Blatt an.

Die Handschrift hat 28 Zeilen auf der Seite, das Pergament ist stark und etwas gelblich. Eine Paginirung ist nicht vorhanden. Das Ganze umschliesst ein mit braunem Leder überzogener

Holzband, in das ein sehr einfaches Muster gepresst ist; die Zeitperiode des Einbandes dürfte das 15--16. Jahrhundert sein. Die Schliessenbänder sind von farbigem Leinengarn geflochten, die in Messingstifte eingreifenden an den Schliessenbändern befestigten, jedenfalls einem früheren Einband angehörigen, werthvollen Schliessen zeigen noch Spuren ehemaliger Vergoldung und besitzen ein einfaches Muster in Email (grün, blau, weiss). Die Deckel sind innen mit weissen Pergamentblättern beklebt, auf dem vordern Deckel trug eine Hand des 15. Jahrhunderts ein: Iste liber pertinet monialibus ad monasterium Schonaugie; auf dem Rückdeckel steht ein Lobgesang mit Neumen und ein schwer lesbares lateinisch-deutsches Gedicht zum Lobe Elisabeths von einer Hand des 16. Jahrhunderts, dessen Text wir hier abdrucken lassen:

. . . (ein Wort unlesbar) vulgo schonaugenses refulgens speculum
Nam laudibus inmensis de toto seculo.
O Schonau habe eynen frissen mut
Hauristi gratiam; Dine kindergin
Sint mit togende gut, illius gratias.

In paläographischer Beziehung ist folgendes über die Handschrift zu bemerken. Es erscheint das geschwänzte e häufig und ist im Drucke durch Cursiv *e* angedeutet, zugleich zeigt sich der Querstrich auf dem i, als Interpunktion fungiren der Punkt, das Semicolon und das Fragezeigen. Der grösste Theil der Schrift ist von e i n e r Hand, gegen Ende erscheint eine andere Hand mit engerer Schrift, mehr Abkürzungen und braunerer Tinte. Die Tinte, deren sich die erste Hand bediente, ist ein glänzendes Schwarz. Die Buchstaben sind mittelgross, aber sehr deutlich und regelmässig ausgeführt, die Abkürzungen die üblichen und leicht zu lösen. Zur Rectificirung des Textes diente ein Corrector, der Einzelnes radirte und verbesserte; ein Rubrikator und ein Illuminator sorgten für den Schmuck der herrlichen, als Denkmal rheinischer Arbeit höchst merkwürdigen Handschrift. Ausser den rothgeschriebenen Ueberschriften der einzelnen Bücher und vielen kleinen Initialen in Zinnoberschrift finden sich mehrere Initialen in prächtigster Ausführung; 2 Hände lassen sich unterscheiden, die eine lieferte nur 2 Initialen, die prächtigsten des ganzen Codex, ein P. am Anfange des lib. I. der Visionen und ein V.

am Anfange des liber über die hl. Ursula, von der gleichen Hand scheint auch das blattgrosse Bild vor dem liber viarum dei gefertigt zu sein. Diese Hand bedient sich verschiedener Farben, darunter auch grau, braun, weiss, blau und der Goldtinte. Die zweite Hand lieferte nur Initialen in Blau, Roth und Grün; sind die Initialen von der ersteren Hand wirklich Malereien, so sind dieses nur Federzeichnungen, mit dem Pinsel ausgefüllt. Diese Initialen haben Aehnlichkeit mit denen in Ms. D., welches als Sammelband ein prächtiges Psalterium des 12. Jahrhunderts enthält. Für die Geschichte der Kunstübung in Schönau sind diese Initialen von hohem Werthe. Der Schreiber der Handschrift ist nirgends genannt, ohne Zweifel war das Männerkloster Schönau der Ort ihrer Anfertigung. Der Text ist zwar ein correcter, an manchen Stellen befinden sich jedoch Schreibfehler und verkehrte Lesarten, die dem Auge des Correctors entgingen. Die ganze Anordnung, die Correcturen und manche Einschiebsel in den Text geben an, dass Ms. A. das Original des Verfassers ist und unter ihm oder nach seinem Concepte hergestellt ward; die Handschrift ist auch von allen die prächtigste, älteste und vollständigste. —[1])

Der Text ist in Capitel eingetheilt. Folio 1v beginnt derselbe mit den Worten: Incipit prologus Eckeberti abbatis in visiones. Dieser Prolog fehlt mit Ausnahme der Wiener Handschrift Cod. Palat. Vindob. No. 488 allen andern Handschriften. Blatt 2r folgt das erste Buch der Visionen: Incipit liber. Ein farbiger Initial F. in Gold, aber klein, eröffnet den Text, ein grosser, prächtiger Initial P. in Gold, Blau, Roth, Grün, Braun und Weiss in schöner Verschlingung, der schönste des ganzen Ms. befindet sich auf Folio 2v. Die Capitelzahlen stehen am Rande des Textes oder auf leeren Stellen innerhalb desselben in Zinnoberschrift. Blatt 39v fängt das liber visionum secundus mit einem schönen Initial B. in Roth, Blau und Grün an. Das dritte Buch der Visionen beginnt Blatt 53v mit einem Initial A. von gleicher Arbeit und Farben. Folio 83v erscheint ein blattgrosses Bild, dessen nähere Beschreibung wir im Texte geben. Folio 117r fängt das liber revel. de sacro exercitu, mit einem Initial V. an, der von gleicher

---

[1]) Siehe das von Herrn Dr. Emil Pfeiffer in Wiesbaden auf Stein gezeichnete Facsimile auf der beigegebenen Schrifttafel.

Arbeit wie der obige Initial P. ist. Den Buchstaben bilden zwei verschlungene Drachen in Roth und Gold, innerhalb desselben stehen zwei Frauenspersonen, die zur Linken trägt ein grünes Untergewand und blaues Obergewand, eine Palme in der Hand, auf dem Haupte eine goldene Krone, die zur Rechten stehende Frauensperson trägt ein goldenes Stirnband, ebenfalls die Palme, die Farbe der Kleider ist jedoch umgekehrt, wie bei der Ersten. Offenbar haben diese beiden Figuren Bezug auf den Text, sie stellen vielleicht die hl. Verena als Martyrin und die hl. Elisabeth vor. Beide Personen sehen sich an und haben die Rechte erhoben. — Folio 131r folgt mit dem Initial V. in Roth, Grün und Blau die epistola Eckeberti ad cognatos und zum Schlusse die Briefe Elisabeths. Siehe den Text. —

Die Handschrift bietet in der Reihenfolge der einzelnen Werke Elisabeths die Merkwürdigkeit, dass dieselben nach der stufenweisen Entwicklung der Thätigkeit Elisabeths chronologisch geordnet sind. Die Bücher 1—3 der Visionen enthalten die reinigenden Gesichte, die ersten Anfänge der Sehergabe, die vollendete Sehergabe und die Gabe der Schrifterklärung. Im liber viarum dei, das hierauf folgt, erscheint Elisabeth bereits als Lehrerin des Volkes, als Ermahnerin von Erzbischöfen, in dem Buche de sacro exercitu als vielbefragte Erklärerin, als auf dem höchsten Gipfel ihres Ansehens stehend. Am Schlusse der Handschrift fand jedoch diese chronologische Anordnung eine Aenderung, indem das Schreiben über den Tod Elisabeths zuerst steht, dann die Briefe Elisabeths folgen. Diesen chronologischen Widerspruch machte man bei Anlage des Cod. Palat. Vindob. No. 488 und des Ms. B. im 15. Jahrhundert in der Weise gut, dass die Briefe zuerst, dann das Schreiben de obitu stehen. —

Den ersten Anstoss zur Fertigung der Handschrift dürfte Abt Ekbert gegeben haben. im Prologe der Visionen nennt er sich Abt und Aufzeichner der Visionen seiner Schwester. Die Herstellung von Ms. A. mag das Nonnenkloster bedeutende finanzielle Opfer gekostet haben, die Anschaffung des trefflichen Pergaments, die Schrift und Illuminirung nahmen für die damalige Zeit bedeutende Mittel in Anspruch, aber es galt ein Denkmal der Schriften Elisabeths der Nachwelt zu hinterlassen, und dafür scheute Schönau auch solche Opfer nicht. —

2. Ms. B. No. 4 in Wiesbaden, Folio, Papier mit einer verzierten Henkelkanne als Wasserzeichen, Holzband des ausgehenden 15. oder anfangenden 16. Jahrhunderts mit rothem Leder überzogen. Der Einband trug ehedem 8 rautenförmige Eckbeschläge und 2 Buckel von Messing, jetzt verschwunden. Interessant und auch bei andern Handschriften, z. B. Nr. 15 der Landesbibliothek, auch bei Incunabeln, soweit solche aus Schönau stammen, erscheinend, ist die Pressung des Einbandes, als Muster erscheint die heraldische Lilie, benützt ist zum Abdrucke das Siegel Schönaus, einen Kelch darstellend mit der Umschrift: S. Florinus in Sconau; in einem länglichen Viereck erscheint der Name Hermannus abgedruckt, offenbar auf einen Abt hindeutend. Auf dem Vordeckel ist innen ein Stück Pergamenthandschrift des 13. Jahrhunderts geklebt, worauf wiederum blaugefärbtes Papier gesetzt ist: auf diesem erscheint als Zeichnung mitten Christus in einem parabolischen Rande sitzend, die Rechte segnend erhebend, die Linke hält ein Buch, oben links deutet ein Knabe auf die rothe Schrift: Matheus an dem unten sich befindlichen Spruchbande, rechts befindet sich der Adler des hl. Johannes; unter dem Christus sehen wir 3 Bilder, links ein Löwe, mitten ein Engel und Elisabeth. Auf dem Spruchbande steht: Angelus; Felix Elisabeth virgo, rechts nebenan der Ochse des hl. Lucas mit dem Spruchbande: Sanctus Lucas. Das Ganze ist mit der Feder gezeichnet, und mehr durch die Hindeutung auf die Visionen Elisabeths, als durch Kunstwerth anziehend. Auf dem Vorsatzblatte steht: 1549. Iste liber pertinet sororibus in Schonauw, ordini sancti Benedicti Treverensis dioces. in monasterio beatissime virg. Marie et S. E. von der Hand, die den Codex schrieb. Unter diesen Eintrag schrieb eine Hand des 17. Jahrhunderts mit schwärzerer Tinte: Nunc transeo ad monasterium S. Florini in Schönauw sub anno 1609. Auf der Rückseite des Vorsatzblattes steht: Liber S. Florini vulgo Schonauw anno 1651. 9. Octobris. Demnach kam die Handschrift 1609 an das Mönchkloster Schönau, in welchem Jahre dasselbe offenbar auch die Güter des Nonnenklosters zu Eigenthum erhielt. —

Die Handschrift ist Abschrift von Ms. A., wie oben bemerkt, stehen jedoch die Briefe Elisabeths nicht wie in Ms. A. vor, sondern nach dem Briefe de obitu an die Andernacher. —

War es bei Ms. A. darum zu thun, die von Ekbert geschriebenen Visionen Elisabeths nebst sonstigen auf sie bezüglichen Schriftstücken in einer ihrem Ansehen entsprechenden und ausgestatteten Ausgabe zu besitzen, so ging die Absicht bei Anlegung dieses Codex Ms. B. dahin, die in Ms. A. dem 15. Jahrhundert und späterer Zeit schwerer lesbare Ausgabe in einem mehr zeitgemässen Gewande erscheinen zu lassen. Wir sehen ferner aus der Herstellung eines zweiten Sammelcodex der Werke Elisabeths, dass die Verehrung für dieselbe in Schönau nicht erkaltet war, das beschauliche Leben der Nonnen erbaute sich stets noch an ihren Visionen, vielleicht dienten dieselben geradezu zu gelegentlichen Lectionen im Capitel. Immerhin legen diese Momente ein bedeutungsvolles Zeugnis für die strenge Zucht, die in Schönaus Mauern herrschte, ab; in einer Zeit, wo so manches Nonnenkloster Benedictinerordens wegen aufgelöster Zucht seinem Ende entgegensah, wich Schönau nicht von der strengen Clausur und Befolgung der Ordensregel ab. Zwischen 1460 und 1470 waren Gronau und beide Schönau unter Erzbischof Jacob (von Baden) von Trier reformirt worden (Hontheim, prodr. hist. Trevir. 1, 854),[1] 1493 wurden Schönauer Nonnen auf den Rupertsberg berufen, um daselbst die Zucht wieder herzustellen. So sehr hatte der Geist Elisabeths nachgewirkt, dass die spätern Nachfolgerinnen derselben sich ähnlich zeigen wollten und sogar noch Mittel fanden, ihre Werke in einer gewiss dem Kloster keinen geringen Kostenaufwand bereitenden neuen Ausgabe herauszugeben. Es muss in dem Männer- wie in dem Frauenkloster Schönau Ende des 15. Jahrhunderts eine besondere Blüthe geherrscht haben, die noch theilweise vorhandene Bibliothek des Klosters an Handschriften und alten Drucken mit ihren reich illuminirten Schätzen und den prächtigen Einbänden legt ein beredtes Zeugniss hiefür ab. — Bei Herstellung der Handschrift suchte man aber auch den zu verherrlichen, der die Visionen schrieb, den Abt Ekbert und seinen Nachfolger Emecho, indem man auf Ekbert bezügliche Stücke und mehrere Werkchen Emecho's dem Codex am Schlusse einverleibte. Den Schreiber des Ms. B. kennen wir nicht, offenbar war er ein Schönauer Mönch. Aus seiner Arbeit ersehen wir,

[1]) Zu bemerken ist, dass nach Brower, annal. 2, 313 Schönau erst 1496 reformirt ward. Jedenfalls hat aber die Zeit 1460—1470 den Vorzug.

dass das richtige Lesen der Schriften des 12. Jahrhunderts seine Sache nicht in allen Fällen war, vielerlei verlesene Stellen geben Zeugniss hiervon, an andern Stellen wollte der Schreiber den Text von Ms. Nr. 3 verbessern, und verdarb ihn. Er legte seine Arbeit in 2 Columnen an, während Ms. Nr. 3 einreihige Zeilen besitzt; den einzelnen Capiteln fügte er Summarien-Ueberschriften bei, hängte ein Register derselben an, beides hatte sich im Laufe der Zeit gebildet, ward einem andern Codex entnommen, oder erst von dem Schreiber zu diesem Zwecke verfasst. Der Codex ist von einer Hand geschrieben und gehört dem Ende des 15. Jahrhunderts an; zur Verzierung dienen rothe Ueberschriften und Initialen in Roth, Blau, auch Grün, die auf Kunstwerth keinen Anspruch machen. Spätere Hände besserten den Text an verschiedenen Stellen. Von Werth für die Textrecension ist der Umstand, dass der Schreiber von Ms. Nr. 4. das Ms. Nr. 3. bei seiner Arbeit zu Grunde legte, Ms. A. galt demnach noch im 15. Jahrhundert in Schönau als das Original. — Elisabeths Schriften verbreiteten sich durch ihr Ansehen bald, wurden vielfach abgeschrieben und im ganzen Mittelalter gerne gelesen. Hierbei waltete der merkwürdige Umstand, dass die Visionen, die ihre Lebensbeschreibung bilden, am wenigsten verbreitet sind, am häufigsten findet sich in Handschriften das Buch über die hl. Ursula, nebstdem das Buch der Wege Gottes. Sammel-Codices wie die beiden Ms. Nr. 3 und Ms. Nr. 4 scheinen nur wenige angelegt worden zu sein: wir können nur einen der auf unsere Zeit gekommenen bezeichnen. Es ist solcher

3. eine Handschrift in der k. k. Hofbibliothek in Wien.[1]) Unsere dorthin gerichtete Anfrage hatte der Vorstand dieser Bibliothek, Herr Birk, unterm 10. Mai 1883 in gewogenster Weise die Güte zu beantworten. Wir entnehmen der Beschreibung des Codex das Folgende. Erwähnt ist die Handschrift im Archiv für ältere deutsche Geschichtskunde 2, 501, signirt H. e. 100 nach Schwandners Catalog 1, S. 505. nach den gedruckten tabulae

[1]) Die Wiener Ms. sind im Archive d. Gesellschaft f. ältere deutsche Geschichtskunde, 2, p. 501, 535, das Ms. in Halle ibid. 6, p. 207, das in Leipzig ibid. 6, 216 erwähnt. Wenn aber bei dem Ms. der Leipziger Universitätsbibliothek p. 216 auf Mencken script. 2, praef. Nr. 26, 27 verwiesen wird, so ist das eine Verwechslung der hl. Elisabeth von Schönau mit der hl. Elisabeth von Thüringen.

codicum manuscriptorum als Nr. 488, jetzt signirt als Cod. Palat. Vindob. 488 (olim hist. eccles. 100). Die Handschrift ist ein ehrwürdiger Quartcodex aus dem 13. Jahrhundert, 172 Pergamentblätter stark, er ist Sammelcodex und enthält:

1. Folio 1^r—49^r Jacobus de Vitriaco vita B. Marie Ogniacensis, sodann etliche Gedichte: super passionem undecim millium virginum.

2. Die Schriften Elisabeths Folio 49^v—172^v. — Nach dem Capitelsverzeichniss des ersten Buches (mit 78 numerirten und 79 rubricirten Capiteln) beginnt die Vorrede Egberts Folio 49^v—51^v und dann das erste Buch der Visionen: Fuit in diebus Eugenii pape mit dem Schlusse auf Folio 80^r: spiritu paraclito in secula seculorum Amen. — Hierauf folgt das Verzeichniss der 32 Capitel des zweiten Buches, welches auf Folio 81^r mit den Worten: Benigna est misericordia domini nostri beginnt und schliesst: Tantum temporis, quantum est a commemoratione nativitatis mee usque ad dominice annuntiationis sollempnitatem. — Hieran reiht sich das Verzeichniss der 31 Capitel des dritten Buches der Visionen, welches Folio 94^v beginnt: Assumpsit me spiritus domini und Folio 120^r schliesst: et inde firmaretur mulier, unde infirmatus est vir.

Hierauf folgt das Register des liber viarum dei als viertes Buch, welches Folio 120^v mit den Worten: Factum est in exordio quinti anni beginnt und Folio 146^v schliesst: Quod autem vobis dico, ceteris omnibus dico. — Ohne ausdrückliche Bezeichnung als fünftes Buch, aber als solches mitgezählt, folgt Folio 146^v: Incipit revelatio de sacro exercitu virginum Coloniensium, mit den Worten beginnend: Vobis, qui pios affectus und schliessend auf Folio 155^v: Benigno et misericordi domino sit honor et gloria in secula seculorum Amen. Angehängt ist ein Stück: de sancto Potentino martyre et consortiis eius, welches auf Folio 157^v mit den Worten: regni desiderabilis et permanentis in secula seculorum Amen endet.

Auf derselben Blattseite beginnt das liber VI. de epistolis, quas pronuntiavit etc. mit den Worten: Ex episcopatu Metensi de abbatia, que est in Busindorf beginnend und Folio 166^r schliessend: Qui est benedictus in secula seculorum Amen. Hieran reiht sich als Epilog Ekberts Epistel an die Nonnen in Andernach über den Tod Elisabeths, welcher auf Folio 172^{v} mit den Worten: qui in omnibus miserationibus suis sit benedictus in secula seculorum Amen, das Ganze schliesst.

Wir gewinnen aus dieser Beschreibung das Resultat, dass Cod. Vindob. Nr. 488 eine genaue Abschrift von Nr. 3 ist, wobei die obenerwähnte chronologische Anordnung eingehalten ward, dass die Briefe Elisabeths vor dem Schreiben Ekberts an die Andernacher stehen. In der Anordnung der Bücher stimmt der Wiener Codex sonst genau mit Ms. A. überein, nur scheint in der Anordnung der Briefe etwas anders in der Reihenfolge verfahren zu sein. Für welches Kloster dieser herrliche alte Codex geschrieben ward, war nicht zu ermitteln.

Eine zweite Classe der Sammelcodices bilden diejenigen Handschriften, die mehrere Werke Elisabeths in sich vereinigen. Wir zählen als solche auf:

4. Ms. lat. 2873 der Nationalbibliothek in Paris,[1]) früher Eigenthum des Carmeliterklosters (Convent des Carmes) in Paris. Pergament, Ende des 12. Jahrhunderts, Grösse 220 Millimeter. Sammelband, auf Folio 66 beginnen die Werke Elisabeths: Incipit prefaciuncula Elisabeth ancille Christi de Sconaugia. Fuit in diebus Eugenii etc. . . . . MCLII cepit videre visiones. — Liber eiusdem de temptacionibus inimici, quas primo sustinuit et de revelationibus divinis, quas postmodum vidit (Ueberschrift), — beginnt: Promptum in me est frater per omnia; schliesst auf Folio 75: Scio, quod pre timoris magnitudine sustinere non poteris. Der Text umfasst demnach die beiden ersten der von Faber 1513 gedruckten Bücher der Pariser Ausgabe und stimmt in der Eintheilung mit Ms. A. nicht überein. — Genau nach der Pariser

---

[1]) Die Pariser Handschriften Elisabeths in der Nationalbibliothek sind erwähnt im Archive der Gesellschaft für ältere deutsche Geschichtskunde 7, p. 44. Nr. 2873. Elisabethae Schon. visionum libri V. (Carm. Paris) saec. XIII. — ibid. 7, p. 58, Nr. 5279 Ms. in Paris. Visiones S. Elisabeth Schonaugiensis (Colb.) s. XIV. — Ueber die in England vorhandenen Ms. cf. ibid. 7, p. 94, Nr. 1833 Ms. in S. Johns Colledge in Oxford. 1. Epist. Visionis Elisabethae. — p. 99. Nr. 2014. Handschrift des Sir Thomas Phillipps: Visiones Elisabethae, vita S. Eligii (cf. 2141). — ibid. 7, 120 ist die Münchener Handschrift (Ms. C.) erwähnt. Nr. 324 membr. in München s. XIII. Gebenonis prioris in Eberbach prophetia S. Hildegardis. — Visio S. Elisabeth. — Die beiden Wiesbadener Handschriften sind im Archiv, 11, p. 515 beschrieben von Bethmann. Elisabethae Schonaug. visiones. Sehr schöne Handschrift s. XII. ex. folio, aus Kloster Schönau. — Elisabethae Schonaug. visiones. chartac. folio s. XV. ebendaher.

Ausgabe folgt das liber viarum dei mit der Ueberschrift: Hic est liber viarum dei, qui annuntiatus est etc. mit dem Eingange: Factum est in exordio quinti anni etc. Der Text umfasst 10 Reden, die zehnte auf Folio 98: de via infantium endigt auf Folio 99 mit den Worten: O quam amabilis est pater vester, quam preciosum est premium vestrum et regnum celorum, quod vobis prestare dignetur filius, qui manet in patre et pater in filio manens cum spiritu sancto in secula seculorum. Explicit liber viarum dei. Hec adiuratio conscriptoris sermonum istorum. Gerade wie im Pariser Drucke Folio 138^{v}. Dieser Schluss ist dem Ms. A und dem Wiener Codex 488 fremd. Folio 99 folgt: Visio Elisabeth ancille domini, quam vidit in Sconaugiensi cenobio de resurrectione virginis M. matris domini. In Anno, quo mihi per angelum domini annunciabatur liber viarum dei, in die, quo octavam assumptionis etc. beginnend. Schliesst Folio 100^{v} mit: ceteris omnibus dico. — In Fabers Ausgabe als Anfang von lib. IV. gedruckt. — Folio 100^{v} folgt die: Sermo Elisabet de XI^{m} virginum aliisque martiribus passis inter eas Colonie. Beginnt: Vobis, qui pios affectus ad ea, que etc. und schliesst: quod vobis prestare dignetur, qui nunc est et semper erit et regni eius non erit finis. — Der Text umfasst also das bei Faber gedruckte Buch über die hl. Ursula unter Zufügung der daselbst ebenfalls angehängten 2 Briefe an den Abt von Deutz und das Kloster sanctarum virginum in Köln. — Folio 109 schliesst sich hieran an ohne Rubrik ein Brief Elisabeths: Domino G. venerabili abbati ecclesie dei. que est in Tuitio, humilis ancilla Christi E. Sconaugiensis sal. et orationes. Consolamini et gaudete. Derselbe schliesst auf Folio 109^{v} mit: ipsa autem die obtuli supra easdem reliquias revelationes Elizabeth, quas ostendit illi dominus de exitu sancte Ursule regine, dem Abdrucke bei Faber ed. 1513 Folio 142^{v} und 143^{r} entsprechend. Offenbar lag dem Jacob Faber dieses oder ein gleichartiges Manuscript zu seiner Ausgabe (Paris 1513) vor.

5. Ms. lat. 5279 in der Nationalbibliothek zu Paris. Aus der Colbert'schen Bibliothek, früher offenbar einer Cistercienserabtei in der Normandie gehörig, 12. Jahrhundert, Grösse 0. 377 m. Enthält Heiligenleben. Folio 136 beginnt: Incipiunt visiones Elysabeth ancille Christi, quas vidit in Sconaugiensi cenobio. Fuit in diebus Eugenii pape secundi in Treverensi episcopatu . . .

MCLII cepit videre visiones. Promptum in me est frater per omnia etc. Schliesst Folio 140^{v}: quod pre timoris magnitudine subsistere non poteris. — Es folgt der liber viarum dei: Hic est liber viarum dei, qui annunciatus est etc. mit den Worten beginnend: Factum est in exordio quinti anni visitacionis mee jam appropinquante die festo Pentecostes etc. Das Manuscript ist eingetheilt und schliesst wie Nr. 2873. Schluss: (Folio 153) Explicit liber viarum dei. Hec est adiuratio conscriptoris etc. Dann folgt: Visio Elysabeth ancille domini, wie in 2873 Folio 99 und die Sermo Elysabeth de undecim milibus etc. wie in 2873 Folio 100^{v} auf Folio 154. Der Schluss des Manuscripts fehlt, dasselbe bricht ab mit den Worten: Et ait nequaquam, sed post longum tempus ille advenit et cum consummasset hos ser . . . Dem Inhalte nach ist 4 und 5 aus gleicher Quelle geflossen.

6. Ms. lat. 18201 in der Nationalbibliothek in Paris. Aus St. Martin des Champs, früher in der Abtei Chaalis, Ende des 12. Jahrhunderts. 258 Mm. Gross. Folio 3 beginnt: Hic est liber viarum dei, qui annunciatus est ab angelo etc. Visio prima: Factum est in exordio quinti anni etc. Schliesst Folio 25: quod vobis prestare dignetur filius, qui manet cum patre et pater in filio manens cum spiritu sancto in secula seculorum Amen. Explicit liber viarum dei. Hec est adiuratio conscriptoris. — Folio 25^{v} folgt die: Visio Helizabeth ancille domini, quam vidit in Sconaugiensi cenobio de resurrectione matris domini nostri Jesu Christi. In anno, quo michi per angelum domini etc. schliesst Folio 26^{v}: quod autem vobis dico, ceteris omnibus dico. — Hieran reiht sich: Sermo Helizabeth de XI^{m} virg. aliisque martiribus passis inter eas Colonie. Vobis, qui pios affectus etc. Schliesst Folio 44^{v} sortis municipatum capiamus, prestante domino nostro Jesu Christo, qui cum patre et spiritu sancto vivit et gloriatur deus in secula seculorum Amen. Explicit passio sanctarum virginum. — Es folgt ein Ueberblick (recueil) über die Visionen, »sans rubrique, qui parait avoir été composé par un Cistercien.« Beginnt: Omnis, qui de testimonio caritatis novit agere etc.

7. Ms lat. 17641 in der Nationalbibliothek zu Paris. Ende des 14. Jahrhunderts. Grösse 300 Mm. Aus dem Kloster des Célestins de Paris. Folio 41 beginnt: Incipit liber viarum dei. Factum est in exordio etc. Schliesst Folio 56^{v}: quod vobis

preparare dignetur filius, qui manet in patre et pater in filio manens cum spiritu sancto in secula seculorum Amen. Adiuratio conscriptoris. — Es folgt: Visio Elizabeth ancille domini, quam vidit in Sconaugiensi cenobio de resurrectione b. virg. matris domini Jhesu. In anno, quo michi per angelum etc. Folio 57^{v} schliesst das Stück mit: Quod vobis dico, omnibus dico. Explicit liber viarum dei. — Diese Notizen verdanke ich dem freundlichen Wohlwollen des Bibliothekars der Nationalbibliothek in Paris M. L. Delisle.

8. Cod. lat. 324. der Staatsbibliothek in München, von uns als Ms. C. bezeichnet. Die Verwaltung dieser Bibliothek hatte die dankenswerthe Gefälligkeit, mir diese Handschrift auf mehrere Wochen durch Vermittlung des Herrn Oberbibliothekars Dr. A. v. d. Linde auf hiesige Bibliothek zur Benützung zu entleihen. Wir lassen eine genaue Beschreibung des Codex folgen. Pergament in 4^{0}, einspaltig geschrieben, 24 Zeilen auf der Seite, mit rothen Initialen und Summarien, von mehreren Händen des 13. Jahrh. geschrieben, 179 neugezählte Blätter. Auf Folio 1^{r} steht oben der Eintrag einer Hand des 15. Jahrh.: Iste liber est patrum de Cesarea (Cistercienserkloster Kaisersheim in Baiern). Darunter von einer Hand des 17. Jahrh. Msc. lat. 324. Die gleiche Nummer auf Folio 1^{r}. unten am Rande: 536. Holzband saec. 15. in Schweinsleder mit Schutzklappe und Schliessen. Eine Hand des 16. Jahrh. schrieb auf den Vordeckel: Prophetiae et visiones S^{cae} Hildegardis, der Rest der Schrift ist durch das in Kupfer gestochene Emblem der ehemaligen bairischen Bibliothek verklebt. Die Schrift zeigt das geschwänzte e nicht mehr. — Der Sammelband enthält:

1. Incipit epistola Gebenonis prioris in Ebirbach. Anfang: Honorabilibus viris semper in Christo diligendis magistro Reinmundo scolastico et magistro Reinhero etc. — Dann Prolog und Gebeno's Werk.

2. Folio 82^{r} Incipit epistola Symonis cognati beate Elizabeth de Sconaugia de ipsa beata Elizabeth — cf. Anlage Nr. 2. — Folio 83^{r} Hic est liber viarum dei, qui etc. Ohne Capitelzählung, aber in der Eintheilung mit Ms. A. übereinstimmend. Beginnt: Factum est etc. Schluss: in secula seculorum.

Folio 112^r: Visio Elisabeth ancille domini, quam vidit in Sconaugiensi cenobio de resurrectione beate virginis matris domini. Beginnt: In anno, quo michi etc. (lib. 2. cap. 31 bis Schluss von Ms. A.), schliesst: sollempnitatem. Dann erst folgt der Schluss des liber viarum dei: Cum essent pene etc. Schluss: ceteris omnibus dico.

3. Folio 114^r: Sermo Elisabeth de XI milibus virginum aliisque etc. Anfang: Vobis, qui pios etc. Schluss: seculorum Amen. Dann folgen als Uebergang 3 Zeilen, hierauf Folio 124^v der Brief Elisabeths Nr. 5 an Abt G. von Deuz, Brief Nr. 4: Quedam parva scintilla etc., Brief Nr. 6 an Abt G. von Deuz der Brief an Hildegardis: Congratulare (wie in lib. 2 revelat.), dann: Nativitatis dominice (Cap. 4 aus lib. revel. 3), schliesst: abisset, dann der Anfang des liber 3 revel.: Assumpsit me (cap. 1—3 lib. 3 revel.), Schluss: domino nostro Amen. Den Schluss bildet ein Brief an Abt V. von Laach, der in ähnlicher Form das Cap. 5 des lib. 3 revel. bildet. — Siehe den Text.

4. Super disputatione Christiani et Judei incipit proemium. Folio 133^r beginnt: Severo mitissimo patri et domino Anshelmo sancte Cantuariensis ecclesie archiepiscopo servus suus ac filius frater Kiselbertus Westmonasterii cenobii procurator et servus prosperam in hac vita etc. — Theologischer Tractat in Briefform, theilweise von anderer Hand geschrieben. Schluss: Homo Christus expectatio gentium, cui honor et imperium per infinita secula seculorum Amen.

Probst Giselbert, Benedictiner, lebte unter König Heinrich IV um 1090, er war Schüler Anshelms. — cf. Trithem de script. eccles. ed. 1494 F. 53^v.

5. Folio 157^v. Brief: Domino Guillelmo abbati sancti Theoderici frater Bernardus. Beginnt: Opusculum de gratia et libero arbitrio, quod illa etc. Schluss: eternam habebunt. Dann das liber domini Bernardi abbatis de gratia et libero arbitrio. Loquente me coram aliquando etc. (Dieses Werk kannte Trithem. de script. eccles. ed. 1494 p. 54^v und erwähnt dessen gleichlautenden Anfang. Dasselbe ist in der Pariser Ausgabe der Werke Bernards de 1513 Folio 247 und in der Pariser Ausgabe von 1836, tom: 2, 18 gedruckt.) — Schlussschrift in der Handschrift auf Folio 179^v: Explicit liber domini Bernhardi abbatis Clare-

vallensis de gratia et libero arbitrio, hierauf kurzes Inhaltsverzeichnis dieses Werkes des hl. Bernard. — Auch diese Handschrift zeigt in der Eintheilung mehr Aehnlichkeit mit den 4 erwähnten Pariser Handschriften und Fabers Druck als mit der von Ms. A.

9. Ms. Pergam. 4°. Nr. 96 der Dombibliothek zu Merseburg. 23 Cm. hoch. 16 Cm. breit, 26zeilig, einspaltig, mit kleinen rothen Initialen und Summarien. 132 Blatt. Ende des 12. oder Anfangs des 13. Jahrh. von mehreren Händen geschrieben.[1]) Als poläographische Details sind zu bemerken das Vorhandensein des Querstrichs auf dem i und das spärlich erscheinende geschwänzte e. Kein Eintrag in diesem prächtigen leider am Anfange und Ende etwas beschädigten Codex gibt die Herkunft desselben an. Doch stammt derselbe offenbar aus dem Kloster Reinhausen. Der Codex zeichnet sich durch gute Lesarten aus, die wir theilweise im Texte benützen. Der Inhalt ist folgender:

1. Folio 1 r leer, folio 1 v Incipit liber visionum Elizabeth ancille Christi (roth). Fuit in diebus Eugenii pape etc. Schluss folio 45 r: et spiritu paraclito in secula seculorum Amen. Liber primus explicit. — Ekberts Prolog in Ms. A. und B. fehlt in dem Merseburger Codex, den wir im Texte als Ms. F. bezeichnen. Eine Capiteleintheilung fehlt in dem Codex. Die Cap. I—LVI. inclus. von Ms. A. stimmen mit dem Texte in Ms. F. bis auf Einzelnes überein, auf Cap. LVI von Ms. A. folgt in Ms. F. Cap. VI und VII. von lib. III. in Ms. A. Sedebam die quadam etc. — — sedentes. Das hierauf in Ms. F. folgende fehlt überhaupt in Ms. A. und B. und ist in der Note eingefügt. Dann folgen in Ms. F. die Cap. LVII. LVIII. LIX von lib. I.; Cap. 8 von lib. 3 in Ms. A. (In die natalis domini etc. — revocavit) cap. LX. LXI. LXII. von lib. I.; Cap. 9 von lib. 3. (In festivitate etc. — inmiserunt), cap. 10 von lib. 3. (de eo. quod etc. — cum scientia). cap. LXIII, LXIIII, LXV. LXVI. LXVII von lib. I.: Cap. 13 von lib. 3 (Questionem mihi etc. — acceperam). Cap. LXVII, LXVIII, LXIX. LXXI von lib. I.; Cap. 14 von lib. 3 (In die resurrectionis etc. — cognoscibilis sit). cap. LXXII. LXXIII. LXXIIII. LXXV. LXXVI. LXXVII. LXXVIII. LXXIX von lib. 1 mit den Schlus-

[1]) Das Ms. wird im Archiv 8, p. 667 ins 14. Jahrh. gesetzt. —

worten: in secula seculorum Amen. Liber primus explicit. Das liber I in Ms. F. bildet also eine Vermengung der Capitel von liber I in Ms. A mit mehreren Capiteln von lib. 3 in Ms. A. — Schliesst folio 45 r. —

2. Folio 45 r. Incipit prohennium libri secundi. Mit einer Einleitung, die Ms. A. nicht kennt, siehe die Note im Texte. Dann folgen die 13 ersten Capitel von lib. II in Ms. A. ebenfalls ohne Capiteleintheilung. Es folgt nun Cap. 18 von lib. II. in Ms. A. (in festivitate beati Laurentii etc. — acceperunt), dann die Capitel XIIII, XV, XVI, XVII von lib. 2 in Ms. A. Mitten im Texte von Cap. XIII bricht der Codex mit den Worten: non penitebit ab, da eine Weiterschrift nicht in der Absicht des Schreibers gelegen haben mag. Unmittelbar daran reiht sich an.

3. Folio 54 v. Hic est liber viarum dei, qui annunciatus est ab angelo dei altissimi Elyzabeth ancille Christi et dei vivi etc. Ohne Capitelabtheilung. Den ganzen liber viarum dei umfassend. Schliesst folio 91 r mit den Worten: Quod autem vobis dico, ceteris omnibus dico. — Folio 90 v hat der Codex Ms. F. noch folgende dem hl. Hieronymus nachgebildete Stelle nach Cap. 19: Adiuro per dominum et per angelum eius omnem, qui transscripserit librum istum, ut diligenter eum emendet, et hanc adiurationem codici suo asscribat. Dann folgt wie in Ms. A. Cum essent etc. bis zum Schlusse. In dieser Beziehung nähert sich Ms. F. mehr dem Texte des Ms., das dem Pariser Drucke zu Grunde liegt.

4. Revelatio de resurrectione sancte Marie aus lib. II. cap. XXI von Ms. A. folio 91 r—92 v schliesst: annunciationis sollempnitatem. —

5. Incipiunt revelationes de exercitu sanctarum undecim milium virginum et aliorum sanctorum, qui cum eis Colonie passi sunt (roth). Folio 92 v. — 105 r. Anfang folio 93 r: Vobis qui pios etc. — in secula seculorum Amen.

6. Folio 105 r Epistole Elyzabeth divinitus inspiratione ad diversas personas vel ecclesias misse (roth). Beginnt wie der Druck: Post hec transactis diebus etc. Enthält die Briefe: Ad sorores Col. — Abbati in Tuitio — Petitio monachi (in Busendorf). — Episcopo Treverensi. — Abbati de Busindorp. — Cuidam

famulo dei. — Sororibus in A. (Andernach). — An die Nonnen in Bonn (Dietkirchen). —

7. Folio 110 [r]. Visio sororis Hildegardis contra Kataros. Mense Julio aspiciens etc. — hec scripture commendassem. Eigenthümlicherweise erscheint hier Hildegards Schreiben über die Katharer als an Elisabeth gerichtet, während es doch allgemein als auf die Anfrage der Mainzer Domherrn wegen der Catharer gerichtet, betrachtet wird. cf. Schmelzeis, Leben und Wirken der hl. Hildegardis p. 278. 1163. baten die Domherrn in Mainz um Uebersendung der Schriften Hildegardis gegen die Katharer, was jedenfalls mit dem Auftreten der Letztern in Mainz zusammenhing. Der Brief der Domherrn ist aus Cod. I. in Wiesbaden (mit der Kette) in Pitra, analecta sacra 8, 347 abgedruckt. Gleich darauf folgt in diesem Buche p. 348 der Brief Hildegards: De Catharis, aber ohne Vermerk, dass derselbe die Antwort auf die Anfrage der Domherrn sei. Allerdings erscheint die Sache beim ersten Anblick so, eher noch liegt ein Irrthum in der Anordnung der Briefe für Cod. 1. vor. Wahrscheinlich schrieb Elisabeth, veranlasst durch das ins Jahr 1163 fallende Auftreten der Katharer zu Cöln an Hildegardis wegen derselben. Hildegardis schrieb hierauf obige, auch in Pitra a. a. o. p. 348 gedruckte Antwort. Elisabeth antwortete ihrerseits wiederum hierauf. Von dem Schreiben Hildegards hatten die Mainzer Domherrn offenbar Kunde erhalten, dachten sich dasselbe als Schrift zur Abwehr der Katharer verfasst und baten um Abschrift. Hildegard schickte hierauf Abschrift ihres Briefes. Damit stimmt überein, dass Card. Pitra den Brief der Domherrn ins Jahr 1173 setzen will, dieses passt zu dem Auftreten der Katharer in Mainz, die Ekbert als Abt bekämpfte, ganz gut. 1163 waren noch keine Katharer am Mittelrhein. Hildegards Ansichten über die Katharer decken sich mit denen Ekberts in dessen Sermones ziemlich.

8. Folio 113[r] Responsio Elyzabeth de eisdem kataris. Congratulare mecum etc. — in fide catholica. — Auch in Ms. A. lib. 3. cap. 20—28 enthalten.

9. Epistola Elyzabeth ad Reinhardum abbatem de Reinhusin. Cum accepissem etc. — in omnia. Folio 117[r]—119[r] — Fehlt in der Briefsammlung von Ms. A.

10. Epistola Ecberti ad eundem abbatem. Domino R. venerando abbati de Reinhusen etc. — orationum vestrarum. Folio 119ʳ—120ʳ. Dieser Brief gehört offenbar ins Jahr 1164, kurz vor Elisabeths Tod. Ekbert ward 1155 Geistlicher in Rom, in dem Briefe gibt er seinen Eintritt in den Orden als vor 9 Jahren geschehen an. Der in diesem Briefe genannte cognatus Ekberts ist jedenfalls dessen Bruder, der beim Tode Elisabeths anwesend war. Dieser Probst von Kloster Pölde in Thüringen ist wahrscheinlich Ruotherus, der 1163 erscheint (Neues Lausitzisches Magazin 30. 1. 39). Dass im Kloster Pölde Schriften Elisabeths vorhanden waren, geht aus den Jahrbüchern dieses Klosters bei Pertz. mon. script. 16. hervor. Die Angaben daselbst p. 90 zu 1158 über Elisabeth stimmen mit denen in ihren Schriften überein. Siehe die Literaturzusammenstellung s. v. Annales Palidenses. Verfasser dieser Jahrbücher war Theodor um 1182. Ueber Kloster Pölde cf. Leuckfeld, antiquitates Pöldenses.

11. Epistola Ecberti ad Reinoldum Coloniensem electum. Viro inclito etc. — honorande. Vale. folio 120ʳ—127ʳ; der von Flaccius und Wolf benützte Brief.

12. Incipit ordo passionis sanctarum undecim milium virginum. Anno ab incarnationis etc. — secula seculorum Amen. Als Anlage 4. gedruckt. Der Text stimmt vielfach wörtlich mit dem von Elisabeths Ursulalegende überein und erweist sich als eine Bearbeitung (theilweise gekürzt, theilweise nach anderen Quellen erweitert) derselben. Am Schlusse dieser Abhandlung steht folio 131ʳ: Anno Dominicae incarnationis M⁰. CLX⁰. V⁰I. X⁰IIII. kal. Julii felix Elyzabeth, magistra sororum sancte Marie sanctique Florini in Sconaugia feliciter obiit Amen. (rothe Schrift.)

13. Den freien Raum des Codex benutzte folio 131ᵛ eine spätere Hand zum Eintrage des: Miraculum sancti Magni martiris. Miraculum inauditum, quod evenit moderno tempore etc. Schluss: Acta sunt hec anno incarnationis dominice M⁰. XXI. indictione quarta, regnante Heinrico secundo. Hec littere date sunt nobis a domino Peregrino Coloniensi episcopo, domini Herberti successore venerando.

b) Einzelcodices.

10. Cod. 426 in Wien (nach Schwandner H. e. bb. signirt, ol. Hist. eccles. 66) Pergament-Codex von 22 Blättern in Folio aus dem 15. Jahrhundert. Enthält die: Passio sanctarum undecim milium virginum auf Folio 1 v — Folio 10 v, auf Folio 10 v—22 v die Revelatio über die hl. Ursula, welche beginnt: Vobis, qui pios affectus etc. und schliesst: Benigno et misericordi domino sit honor et gloria et gratiarum actio in secula seculorum Amen.

11. Cod. 3828 (olim Lunelac. Q. 10. bei Schwandner ebenfalls als L. Q. 10 signirt) Miscellancodex auf Papier von 281 Blättern in Quart, enthält Folio 113 r—121 v, abgerechnet eine kleine Auslassung aus Versehen des Schreibers, die gleiche Revelatio über die hl. Ursula, zugleich mit folgenden Briefen Elisabeths: Ad abbatem Tuiciensem et fratres eius: ad sorores ss. virginum in Colonia; ad abbatem Tuiciensem und schliesst mit der bei Faber (Folio 142 v—143 r gedruckten Visio Egberti. Diese Handschrift ähnelt mithin den Pariser Handschriften und dem Drucke Fabers. Die Subscriptio lautet: Explicit revelatio venerabilis virginis Elisabeth Schonaugiensis cenobii de passione et gestis exercitus beate Ursule et sodalium eius, scripta per fratrem Jacobum Keser de Wratislavia professum in monasterio sancti Michahelis archangeli Mennsee (Kloster Monsee) finita anno domini M. CCCCLXVI., in die sanctorum martirum Marci et Marcellini.

12. Cod. Ms. Nr. 314 in der Universitätsbibliothek zu Bonn, saec. 15, auf 267 Blättern in Quarto, von 28 Zeilen, mit rothen Summarien und Initialien, von mehreren Händen geschrieben. Stammt: e libris gymnasii Confluentini. Der Sammelband enthält unter Anderm folio 94—104 den liber viarum dei. Ueberschrift: Anno domini MCLXI. in partibus Saxonie sancta monialis Elizabet de Sconaugia mirabiles visiones vidit, inter quas angelus familiaris ei librum, qui dicitur viarum dei annuntiavit, et diem translacionis sacrosancti corporis beate virginis in celum demonstravit. Insuper multas revelaciones de virginali collegio sanctarum XI^{m} virginum Colonie quiescentium a deo recepit tempore illo, quo corpora predictarum virginum colligebantur, prout iam interius patebit. — Beginnt: Vobis, qui pios affectus: schliesst: Benigno et misericordi domino honor et gloria et graciarum actio

in secula seculorum Amen.[1] — Die Schlussschrift lautet: Continiuntur quedam revelaciones de XI. milibus virginibus venerabilis Elizabet sancta monialis de Schonaygia, devote satis lege ergo: Gloriosa Ursula cum sodalibus tuis ora pro scriptore. — Diese Notizen verdanke ich dem freundlichen Entgegenkommen der k. Universitätsbibliotheks-Verwaltung in Bonn.[1])

13. Ms. 339 in Wien (olim Sal. (Salzburg) 11) auf Pergament in folio, ehedem in der Dombibliothek in Salzburg: Revelatio nominum et corporum quorundam de XI milibus virginum. Beginnt: Vobis, qui pios etc. (Archiv für ältere deutsche Geschichtskunde 10. p. 542 erwähnt).

14. Sermo Elizabethae de XI^m virginibus aliisque martyribus passis Colonie. Ms. Nr. 1833 in bibl. Mss. collegii S. Joannis Baptistae in Oxonia (Oxford in England). Erwähnt in Catalogi librorum manuscriptorum Angliae et Hiberniae in unum collecti, cum indice alphabetico. Oxoniae 1697 folio p. 61. — Diese Hdschft. ist einerlei mit der von der A. v. d. Linde in dessen Handschriftenkatalog erwähnten.

15. Ms. Nr. 361 in der Universitätsbibliothek in Bonn, aus dem 15. Jahrhundert, zweispaltig geschrieben, Papier, mit blau und rothen Initialen, 368 Blatt in Quart.[2]) »E libris gymnasii Confluentini.« Sammelband, der auf Folio 254—266 den liber viarum dei enthält. Ueberschrift: Hic est liber viarum dei, qui annunciatus est ab angelo dei altissimi Elizabeth ancille Christi et dei vivi in quinto anno visitationis eius — — et erat in anno dominice incarnationis mill (esimo) cent (esimo) quinq(uagesimo) VI°. Anfang: Factum est in exordio etc.: Schluss: Quod nobis prestare dignetur filius, qui manet in patre et pater in filio manens cum spiritu sancto in secula seculorum Amen.

16. Ein Ms. Co l. Papier in Quart. 15. Jahrh., ehedem auf dem Rupertsberge bei Bingen, jetzt in Mainz in Privatbesitz.

---

[1]) Die Bonner Elisabeth-Codices sind verzeichnet in der Schrift: Natalicia regis augustissimi Friderici Guilelmi IIII. universitatis Fridericiae Guilelmiae Rhenanae conservatoris clementissimi ab eadem universitate die XV. mensis Octobris anni CIↃIↃCCCLX in aula magna hora XI publice concelebranda ex officio indicit Fridericus Ritschelius, eloquentiae professor p. o. Praecedit Catalogi chirographorum in bibliotheca academica Bonnensi servatorum fasciculus III. Bonnae, litteris Caroli Georgii. 4°.

[2]) Archiv 11, 739.

Liber sancti Ruperti apud Pinguiam, ord. S. B. Sammelband von Heiligenleben, von drei Händen geschrieben, mit roth und blauen Initialen und rothen Summarien. Enthält folio 43^r—58^r den liber viarum dei: Factum est in exordio quinti anni, Schluss wie bei Nr. 13. Von der Nonne Ernestine Wilhelmine v. Ritterich im Kloster Eibingen ward diese Handschrift nach ihrem Wohnsitze Hattenheim im Rheingau im Jahre 1815 verschleppt, nach dem Tode (am 8. Jan. 1836) bei der Versteigerung ihres Nachlasses am 10. Feb. 1836 durch einen Mainzer Bürger um 4 fl. erstanden, der solche noch besitzt. Abschrift des liber viarum dei aus Ms. A., durch Lesefehler entstellt.

Die dritte Gruppe bilden die noch weniger zahlreichen Handschriften der eigentlichen Visionen Elisabeths.

16. Ms. Nr. 210 in der Universitätsbibliothek zu Leipzig, eine schöne Pergamenthandschrift etwa aus der Mitte des 13. Jahrhunderts, sorgfältig in 2 Columnen geschrieben. Sammelband, der folgendes enthält:

1. Folio 1^r—63^r Ambrosii Hexaemeron.

2. Folio 63—82 Eiusdem libri VII de sacramentis.

3. Visiones Elisabethe magistre sororum sancte Marie virginis sanctique Florini in Sconaugia. Premittuntur capitum argumenta. Ueberschrift: Incipiunt visiones Elizabeth magistre sororum sancte etc. wie oben. Anfang: Fuit in diebus Eugenii pape in finibus Treverensis dyoceseos in cenobio, cui nomen Sconaugia sub regimine Hildelini abbatis adolescentula etc. Schluss: et magnifica gloria in eterna secula seculorum Amen. Anno dominice incarnationis MCLVI. XIIII. kal. Julii felix Elysabeth magistra sororum sancte Marie virg. sanctique Florini in Sconaugia feliciter obiit. Amen.

4. Visiones Tundali, folio 147^r—160^r.

5. Excerpta historica inde ab incursu Langobardorum in Italiam etc. — Folio 161^r—168^v.

6. Vita beate Marie Magdalene, folio 169^r—175^v.

7. Sermo beati Johannis Crisostomi de prerogativis et gratiis sancti Pauli, folio 175^v—183^r.

Der Text der Visionen weicht in der Anordnung und auch sonst von Fabers Ausgabe ab, eine Eintheilung der Bücher besitzt derselbe nicht. — Diese Angaben danke ich dem freundlichen

Entgegenkommen des Herrn Geh. Hofraths Prof. Dr. Ludolf Krehl, Oberbibliothekar in Leipzig.

18. Ms. S. c. 6 (l.) membr. in der Universitätsbibliothek in Halle in 8°.[1]) Bücher- uud Capiteleintheilung besitzt das Ms. der Visiones Elisabethe Schonaugiensis Blatt 1—73r) nicht. Dasselbe enthält noch die vollständige Visio Tungdali und einige Sermones, besteht aus 109 Pergamenblättern und entstammt dem 13. Jahrhundert. Die Visionen schliessen: qui in cunctis miseracionibus suis sit benedictus in secula seculorum Amen. — Das Buch trägt den Eintrag: Liber sancte Marie de loco dei, quem qui furatur, anathema sit et moriatur, ohne dass wir angeben könnten, welches Kloster hierunter verstanden ist.

19. Ms. in der Burgundischen Bibliothek zu Brüssel, Sammelband, Papier, saec. 15. exeunt. Nr. 8763—8774. 8°. Enthält: Visiones Elyzabeth de Schonaugia in dioc. Trev. 1156. Dieses Ms. ist jedenfalls der liber viarum dei, der 1156 beginnt. — Passio 11.000 virginum. — Jubilus de S. Ursula: O vernantes Christi rose etc. — cf. Archiv der Gesellschaft 8, p. 516.

20. Ms. der Revelationes b. Elizabeth im Provinzialarchiv zu Königsberg. Nr. 358 Sammelband. cf. Archiv 11, 691.

21. Ms. in der Stadtbibl. zu Trier Nr. 771 (654) Papier saec. 15. 8°. Sammelband. Darin: Visio b. Elisabeth Schonaug. — cf. Archiv. 7, p. 598.

22. Ms. de 1458 auf Papier in der Gymnasialbibliothek in Köln Nr. 214. Revelationes Elisabeth et Hildegardis. cf. Archiv. 11, p. 741 und v. d. Linde, die Handschriften der Landesbibl. in Wiesbaden p. 94.

23. Ms. zu Bonn in Privatbesitz, saec. 15. Folio. Sammelband, enthält Visiones s. Elisabethe und die Legenda S. Lubentii.

24. Ms. in der Bibliotheca Bodleiana in England. E. a. Nr. 2287, 13. Visiones sanctimonialis Elizabeth et de laude b. Marie virginis. Erwähnt in Catalogi librorum manuscriptorum Angliae et Hiberniae etc. Oxoniae 1697. Folio p. 128. Das letztere Stück de laude S. Marie virginis ist offenbar das Capitel über die assumptio Marie.

---

[1]) Archiv, 11, 727.

25. Ms. revelat. Elizabethe virginis sacre. Georgiani monasterii dioecesis Trevirensis. erwähnt ebendaselbst p. 241r.

26. Ms. Nr. 2014 zu Cheltenham bei Sir Thomas Phillipps Erben. Visiones Elisabethae.

27. Ms. saec. XIII. im Britischen Museum Nr. 15, 723, enthaltend die Bücher 1—3 der Visionen. cf. Neues Archiv, 4, p. 354.

28. Ms. in Zwettl (Cisterciensersstift in Oesterreich unter der Ens) Nr. 236. Monialis Elisabethae revelatio de assumtione B. M. virginis una cum vita eiusdem virginis gloriose. Archiv. 8, 728.

29. Ms. in der Giessener Universitätsbibliothek Nr. DCCXCVII. saec. 15. 4⁰. Visio sancte Elisabeth de assumpt. virg. Marie. cf. Adrian. catal. Mstorum bibl. acad. Giessensis (1840) p. 240. —

Die Wiener Hdschft. 2245 (nach Schwandner 1, 505 signirt Univ. 633) in 12⁰ auf Pergament, 12. Jahrh. mit 83 Blatt enthält das in der Beilage 1 gegebene und von Wien aus mitgetheilte Stück. das mit dem lib. 2 vis. zusammenhängt.

30. Ein Ms. in Köln in Privatbesitz, das die Visionen und die Legende sci Florini enthält, saec. 15. aus Schönau. — Zeit und Umstände werden noch manches Mspt. der Schriften Elisabeths, namentlich in Frankreich und Oesterreich. zum Vorschein gelangen lassen. wenn auch jede Hoffnung aufhört, dass der Text des Ms. A. in irgend hervorragender Weise dadurch gewinnen dürfte. — Weitere Mspte, jetzt unbekannt wo. sind erwähnt von Crombach. Ursula vindicata p. 718. Crombach sagt: Sed quoniam non ignorabam. viros quosdam eruditissimos subdubitasse. num haec a S. Elisabetha manarit narratio. autographum censui consulendum esse. quod in superiore Wesalia. dum eo profectus Mammeae Augustae sepulcrum inquiro, reperi apud abbatem Schoenaugiénsem Casparum Schwan virum religiosissimum. is mihi illud Egberti abbatis manu, ut ipse testabatur, exaratum. legendum tradidit. in cuius fronte inveni pulcherrimam praefationem hactenus ineditam. in qua iuratus modum explicat, quem in dictando libro S. Elisabeth observavit. Dieses von Crombach vor 1647 in Oberwesel. wo Schönau einen Hof hatte. gesehene und wohl von Schönau dahin geflüchtete Ms. war von dem Ms. A. verschieden, da Crombachs Abdruck sowohl der praefatio als des liber de s. Ursula sich zwar dem Texte von Ms. A. nähert,

aber auch wieder abweicht. Es scheint, dass auch das Männerkloster Schönau einen mit Ms. A. übereinstimmenden Gesammtcodex besass und dass dieser dem Crombach und früher schon dem Carol. de Visch (1630) vorlag (cf. Literatur sub voce). Seit 1647 hört jede Nachricht von dem Codex auf. Eigenthümlich ist, dass Plebanus nicht diesen Codex, sondern nur Ms. A. und Ms. B. erwähnt und auffand. Es wäre aber möglich, dass Schönau den verschollenen Codex als angebliches Autograph Ekberts früher schon der Wirren des 30jährigen Kriegs wegen nach Oberwesel in den Klosterhof flüchtete. Ob die Franzosen um 1794 den Codex entführten oder derselbe bei der Säcularisation entkam, ist unbekannt. Den Codex erwähnt Crombach nochmals p. 734, Note 1.

Einen andern Codex sah Crombach in Würzburg. Er sagt p. 734 Note 1. Reperi postea in membranaceo codice vetusto Herbipolensi trecentorum fere annorum, quem mihi exhibuit cl. d. Hermannus Mylius. Die Universitätsbibliothek in Würzburg besitzt keinen derartigen Codex, derselbe mag sich in der Dombibliothek befunden haben. Ein weiteres Ms. sah Crombach nach p. 734. Aliam figuram invenit in Leodiensi codice P. Roberti, quam adiunxi etc. Ebenso besass das Prämonstratenserkloster Weier einen Codex nach Crombach 741 und 745 Note, der mehrere Zusätze für die Ursulalegende bietet. Eine Hdschft. der Ursulalegende befand oder befindet sich in der Karthause bei Utrecht, die Bollandisten benützten dieselbe für ihre Ausgabe der Ursulalegende in Acta sanct. October 9, p. 163—173. cf. ibid. p. 165. — Ziegelbauer, de re literaria 2, p. 512 erwähnt eines Ms. in der Abtei Gladbach, enthaltend den liber de XI mil. virg. und p. 515 ein Ms. im Kloster Monsee: Sermones de concept. b. M. V. de XI. milibus virginum, doch dürfte dieses Ms. mit Nr. 11 dem cod. Vindob. 3828, der aus Monsee stammt, einerlei sein. Eine Hdschft., die mehr oder weniger mit der Ursulalegende Elisabeths zusammenhängt, sah Abt Gerbert 1759 im Kloster Muri (cf. Reisen, p. 52 deutsche Ausgabe). Verschollen sind ferner die Mss. aus Eberbach. Dasselbe besass: historia nova XI milium virginum und vita Elizabeth de Schonaugia, wahrscheinlich die Visionen lib. 1—3. (Notizen im Handschriften-Catalog Eberbachs de 1502 im Ocul. mem. 2, 100^{r} Nr. 7.) Eberbach stand im Verkehr mit Schönau und hatte jedenfalls dort die Werke in vollständiger Fassung erhalten.

Die Handschriften der Schriften Elisabeths theilen sich demnach in zwei Gruppen der Textrecension, in die durch Ms. A., Ms. B., Ms. Nr. 3 in Wien und Ms. Nr. 15, 723 im britischen Museum vertretene längere Fassung der eigentlichen Visionen, und in eine zweite Gruppe, die nur einen Theil der Visionen enthalten, wovon wiederum vollständigere und minder reiche Mss. existiren. Die Frage, ob Gruppe I. die ursprünglichere Fassung oder eine Ueberarbeitung und Ergänzung ist, oder wir in den Handschriften der Gruppe II. den echten ursprünglichen Text besitzen, lässt sich durch die Kritik nicht mehr beantworten, da nur mündliche Quellen benützt sind, doch spricht dafür, dass das den andern Handschriften zu Grunde liegende Ms. A. die eigentliche und ursprüngliche Fassung ist, zudem die Handschrift aus Scönau als der lautersten Quelle der Visionen stammt. — Vergegenwärtigen wir uns die Art und Weise der mittelalterlichen Schreiber, so finden wir, dass dieselben mehr nach dem Sinne und Willkür als der Vorlage schrieben, vieles für ihre Zwecke unwesentlich erscheinende wegliessen, Zusätze machten, anders eintheilten. Im Hinblick auf diese Schwankungen finden wir es natürlich, dass im Laufe von Jahrhunderten der Text der Visionen sich in den Handschriften verminderte und nur Schönau nebst einigen andern Klöstern den ursprünglichen Text besass.[1])

---

[1]) Der Anfertigung des Prachtcodex Ms. A. als monumentales Unternehmen für die Erhaltung der Schriften Elisabeths gingen jedenfalls Abschriften für andere Klöster voraus. Diese wurden nach Ekberts Arbeit hergestellt und sind wohl die Quelle der abweichenden und doch auch wieder übereinstimmenden Mss., wovon Ms. F. eins der besten sein dürfte. Als der Prachtcodex zwischen 1165—1181 geschrieben ward, erlaubte man sich noch Aenderungen, z. B. Weglassung der adiuratio conscriptoris am Ende des liber viarum dei, wohl noch Anderes von unwesentlicher Bedeutung. In diesem Sinne wären allerdings die meisten von Ms. A. abweichenden Codices eine auf der ersten Fassung Ekberts mehr oder weniger beruhende Recension, dabei bleibt aber Ms. A. doch die Originalarbeit Ekberts. Wie leicht war es aber auch möglich, dass ein Kloster nur das erste Buch Vis. erhielt und sich so die Faber vorgelegene Handschrift bildete.

§. 4. Die Ausgaben der Werke Elisabeths.

Die erste Ausgabe der Werke Elisabeths sowie des Schreibens Ekberts an die Nonnen von St. Thomas in Andernach soll in Paris 1500 bei Henricus Stephanus in 8⁰ erschienen sein,[1]) wir bekamen solche nie zu Gesicht, vielleicht beruht die Angabe auf einer Verwechslung mit der Pariser Ausgabe von 1513. —

Diese zweite (oder erste) Ausgabe besorgte Jacob Faber de Estaples (Stapulensis) im Jahre 1513 in folio bei Henricus Stephanus zu Paris. Diese Ausgabe ist keineswegs selten, sie führt den Titel: Liber trium virorum et trium spiritualium virginum. Dann folgen 6 Holzschnitte in 2 Columnen. Die erste Spalte zeigt den Hirten des Hermas mit diesem zur Seite, den Uguetinus, dem ein Engel erscheint, den F. Robertus mit dem aufgeschlagenen Buche in der Hand, einen Engel zur Seite, die zweite Spalte die hl. Hildegardis in Nonnentracht, eine Kirche in der Rechten, ein Buch in der Linken, darunter die hl. Elizabeth, ebenfalls den Engel zur Seite, die hl. Mechtildis, von dem Erlöser begleitet. Darunter steht: Studium Piorum. Auf Blatt 1 v beginnt die Vorrede: Adelaidi virgini, devotae Christi famulae, deo sacratarum virginum coenobii sanctae Hildegardis spirituali matri:

---

[1]) Diese Ausgabe erwähnt 1722 Oudinus, comment. de script. eccles. 2, 1548: Antea etiam hic Egberti liber [de transitu] editus fuerat Parisiis cum revelationibus sanctae Elisabethae, quibus iunctus fuerat, anno MD ab Henrico Stephano Roberti parente litteris clarissimo. — Fabricius in der bibl. erwähnt 2, p. 78 ebenfalls die Ausgabe von 1500 und schreibt sie dem Faber zu. p. 92 nennt er auch die Ausgabe von 1513. — Pez erwähnt bibl. ascetica 7, praef. ebenfalls die Pariser Ausgabe von 1500. —

Jacobus Faber. Faber widmete seine Ausgabe der Meisterin Adelheid (de Ottenstein) auf dem Rupertsberge. In der Vorrede führt er aus: Nam cum in claustro vestro archetypos sanctae virginis Hildegardis legissem, multa cum benignitate vestra et vestrorum venerabilium patrum monasterii sancti Joannis in Rhingavia exemplaribus donatus sum, unde hoc opus bona pro parte desumptum est, id imprimis reverendiss. patre d. Frederico eius loci abbate, et d. Egidio et Joanne Curvelo vestrae aedis custodibus et rei sacrae administratoribus religiosissimis viris ac patribus me plurimum hortantibus, ut libri sanctae virginis Hildegardis in publicam lucem prodirent. Te insuper ad id celerius exequendum per epistolam meipsum stimulante et cunctatiorem emissionis increpante moram. Par igitur fuit, ut beneficii vices rependerem iis, a quibus beneficium percepi, et vobis virginibus et illis patribus hospitibus quidem meis aliquando promissum exsolverem. Ad quas etiam potius quam ad vos loci sancte Hildegardis habitatrices et ad Sconaugienses virginea opus dirigerem, in quarum utrarumque locis lux divina olim copiose radiavit et adhuc sic deo placitum acceptumque sit irradiat? — Die Vorrede ist datirt: Parisiis his festis Paschalibus. Anno a resurrectione domini supercoelestis et superamabilis sponsi MDXIII. — Eine zweite Widmungsvorrede ist gerichtet an d. Machardo de Hatstein primariae Moguntinensis ecclesiae insigni canonico, D. Quiliano Vesthusenno et Volgatio Pratensi amicis chariss. S. Faber äussert sich auf Bitte der Genannten über die Lebensumstände der Personen, deren Werke er herausgab. Ueber Elisabeth sagt er folgendes: Elizabeth Germana fuit, divinas visiones patiebatur, sed plurimum cum fortibus extasibus, aliquando sine extasi. Est enim extasis recessus quidam mentis et quaedam a corpore avocatio, ut spirituale aliquod spectaculum cerni possit, quae in bonis a bonis fit spiritibus, et in malis curiosis et elusis a malignis, haec infra naturam,, illa supra naturam. Est praeterea extasis contra naturam, quae ab infirmitate nascitur, quae et lipothymia, id est defectio animi cordisque dicitur, de qua medici studiose tractant. Verum harum trium extasium prima sanitate melior, secunda egritudine deterior, tertium solum humana egritudo est. Scripsit librum revelationum suarum; librum viarum dei; de glorioso martyrio undecim milium virginum Coloniensium: epistolas multas. Quae etiam inter scripta ecclesiasticorum scriptorum sunt relata. Faber hatte demnach den Rupertsberg besucht und daselbst die Handschriften der hl. Hildegardis benützt, der Gedanke liegt nahe, dass er auch in Schönau war und die dortigen Handschriften abschrieb. Wir geben zu, dass Faber in Schönau war oder Erkundigungen von daher über Elisabeth eingezogen hat, wie er Schönau wirklich in seiner Vorrede neben Rupertsberg erwähnt, aus den Schönauer Codices stammt jedoch sein Abdruck keineswegs. Seine Angaben über Elisabeth bieten nichts Persönliches, sondern nur Allgemeines. Auf die Vorreden folgt das Register über das ganze Sammelwerk, beides füllt 12 unpaginirte Blätter. Das Sammelwerk enthält:

1. Folio 1ʳ—17ʳ. Hermae discipuli Pauli liber.

2. Folio 17ʳ—19ʳ. Libellus de visione Ugetini monachi. —

3. Folio 19ʳ—24ᵛ. Incipit liber sermonum domini Jhesu Christi, quos locutus est in servo suo. (d. i. Robert.) —

4. Folio 24ᵛ—27ᵛ. Liber visionum, quas dedit videre dominus Jhesus servo suo (d. i. Robort.). —

5. Folio. 28ʳ—43ʳ. Sanctae Hildegardis virginis operis, quod appelavit Scivias. Liber primus. — Liber secundus folio 43ʳ—74ʳ. — Liber tertius folio 74ʳ—118ᵛ.

6. Folio 119ʳ—150. Prologus Egberti abbatis in librum Elizabeth virginis coenobitae Sconaugiensis — beginnt: Fuit in diebus etc. schliesst: initium erat huiusmodi. — Dann folgt mit den Summarienüberschriften der einzelnen Capitel. Das erste Buch: Petis a me etc. Es folgen als 2 Bücher Revelationen das erste Buch der Ms. A. B. und des Cod. Vindobon. Buch II. und III. der Revelationen fehlen ganz. Abgedruckt sind der liber viarum dei, die Ursulalegende, die Briefe Elisabeths und Ekberts Schreiben de obitu.

7. Mechtildis virginis spiritualis gratie libri primi prologus. — De annuciatione beatissimae Mariae virginis, de corde dei et laude eius. — Die Schlussworte des Sammelbandes lauten: Emissum Parisiis ex officina Henrici Stephani chalcographi e regione scholae decretorum anno mil. ccccc. XIII. sexto Nonas Junias. — Wir haben hier nur die Ausgabe, soweit sie die Schriften Elisabeths enthält und die Quelle des Abdruckes zu besprechen. Was Fabers Text betrifft, so bietet er dem Ms. A. gegenüber eine

ganz andere Eintheilung der Capitel und Bücher. Diese Sache ist von Wichtigkeit zur Beurtheilung der Textrecension von Ms. A. Am meisten mit Ms. A. stimmt der Abdruck des liber viarum dei, des Schreibens de obitu und der Briefe Elisabeths, die Ursulalegende und die Visionen weichen am meisten in Lesarten, Zusätzen, Weglassungen und Eintheilung ab. Es fehlen dem Drucke Stellen, andre, die derselbe hat, entbehrt das Ms. A. Faber hatte den Plan, eine Sammlung Hdschten., die sich mit Visionen befassten, herauszugeben, er hatte von Hildegardis und Elisabeth gehört und war nach dem Rupertsberge gereist, wo er gastliche Aufnahme und Unterstützung fand, den grossen Hildegardiscodex las, aber auch mit Exemplaren (Einzelcodices) der Schriften Hildegardis vom Abte Friedrich auf Johannisberg, dem geistlichen Vater der Nonnen auf dem Rupertsberg beschenkt ward. Diese Hdschten nahm er jedenfallls zu seiner Ausgabe des Scivias nach Paris mit. Vielleicht hatte er auch auf dem Rupertsberge von Elisabeths Schriften gehört, Schönau besucht oder von da Erkundigungen über Elisabeth eingezogen. Das Schönauer Ms. A. oder den von Crombach benützten jetzt verschollenen Elisabethcodex, wahrscheinlich eine Abschrift von Ms. A. kannte er nicht, da auch Crombachs Abdruck der Ursulalegende in seiner Ursula vindicata ebenso wenig wie Ms. A. zu Fabers editio stimmt. Entweder benützte Faber einen Codex des Rupertsbergs oder des Johannisbergs und dafür spricht der Umstand, dass er das Schreiben de obitu und fast alle der in Ms. A. enthaltenen Briefe Elisabeths abdruckte, oder er fand seine Vorlage in Frankreich. Dafür spricht wieder, dass Rupertsberg und Johannisberg jedenfalls einen auf dem Ms. A. als der Schönauer Textrecension beruhenden Codex besasssen, der Text des Faber jedoch abweicht, die Nationalbibliothek zu Paris aber heute noch Codices (siehe oben) besitzt, die mit Fabers Abdruck gleiche Eintheilung und Recension haben. Ein deutscher Codex, der mit Fabers Abdruck in dieser Weise in allen Stücken sich deckt, ist mir unbekannt. Es wäre möglich, dass Faber ein deutsches Ms., das des Rupertsbergs oder Johannisbergs, benützte, demselben das Schreiben de obitu und die Briefe entnahm, für die andern Schriften Elisabeths aber eine französische Vorlade (etwa Nr. 4) abdruckte. Alt waren die dem Faber vorgelegenen Hdschften, jedenfalls nicht, da sein Abdruck über den einzelnen Capiteln Summarien hat, Hdschten. dieser Art aber vor dem 15. Jahrhundert nicht vorkommen. Die ältesten Hdschten. haben noch keine Summarien, wie ja auch die Capiteleintheilung in Ms. A. dem 15. Jahrhundert angehört und eingefügt ist. Wie es kam, dass Faber die Bücher vis II. und III. nicht abdruckte, ist schwer zu sagen. Entweder hatte er nicht die Absicht des Abdrucks oder seine Hdscht. enthielt solche nicht. Die Bücher II. und III. der Visionen hatten wie die wenigen Hdschten. derselben (Ms. A. Ms. B. der Wiener Codex und ein Codex in London, theilweise auch Ms. C. und Ms. F.) beweisen, im Mittelalter nicht die Verbreitung gefunden wie lib. vis I., was mit deren mehr theologischen Inhalt zusammenhängen mag. Ein Rückschluss, als seien die Bücher II. und III. spätere Arbeit, von Emecho oder Simon. mithin unächt, ist damit ausgeschlossen, dass liber II. und III. die nämlichen Redewendungen und die ganze Anlage besitzen, wie liber I., dass aber liber I.—II. der Visionen in Ms. A. nicht einmal alle Visionen und Erzählungen enthalten, beweist das Ms. F. das mehr als Ms. A hat. Siehe die Anmerkung zu p. 28. Wir können unmöglich aus dem Weglassen der lib. II. und III. in Fabers Abdruck auf das Unterschieben derselben schliessen, da es oft erscheint, dass in älteren Zeiten defecte Hdschten. gedruckt wurden, Manches im Abdrucke weggelassen ward und erst unserer Zeit es vorbehalten blieb, die Originalfassungen zu veröffentlichen. Wir sind der Ansicht, dass liber II. und III. die ächte entweder gleichzeitige Arbeit oder eine spätere Umarbeitung Ekberts sind, dass Faber in seinen Vorlagen die beiden Bücher nicht vorfand oder weglies. Auch fehlt in Fabers Abdruck die Vorrede Ekberts: Omnes, qui lecturi sunt am Anfange des liber vis I. Faber fand dieselbe nicht in seiner Vorlage, oder unterdrückte solche; diese Vorrede existirte aber bereits 1181, wie wir sogleich sehen werden. —

Aehnlich wie der Eberbacher Prior Gebeno die Werke Hildegardis benützte, um aus denselben eine gut gelungene Compilation unter seinem Namen zu verbreiten, ist dieses auch mit Elisabeths Schriften der Fall. Ein englischer Mönch Roger soll zwar, wie man dem Karl de Visch 1630 in Schönau erzählte, Elisabeth besucht und ihre Revelationen aufgezeichnet haben, Ekbert habe solche dann neu herausgegeben, eine Angabe, die an starker Unwahrscheinlichkeit leidet. In der That ist es umgekehrt. Roger erhielt die Schriften Elisabeths, darunter nur die Visionen und die Ursulalegende, verfertigte als Mönch des Klosters Fordans (Fordunensis monachus) eine Hdscht., der er als librarius seinen Namen und die Jahrzahl 1181 unterschrieb. Die Praefatio Ekberts: Omnes, qui lecturi sunt, fügte er bei, lies also Ekbert als Verfasser gelten. Die Schriftsteller über Roger (siehe Literatur) geben nicht genau an, ob dessen Arbeit ein oder drei Bücher Visionen enthielt, sie nennen nur ein Buch Visionen mit dem Anfange: Omnes qui etc., die Ursulalegende sowie ein Encomium b. Mariae (in einem Buche), das vielleicht mit der assumptio Mariae Elisabeths einerlei ist, im ganzen drei Bücher. Ob Roger nur lib. I. und II. des Faber'schen Abdrucks, zusammen lib. I. von Ms. A. kannte und abschrieb, lässt sich nicht mehr feststellen, möglich wäre dieses immerhin, sowie dass Faber eine derartige Hdscht. benützte, der jedoch die Vorrede: Omnes, qui fehlte. Aber auch dieses gibt keinen Rückschluss, dass liber II. und III. unächt sind, kannte ja Roger den liber viarum dei nicht und doch existirte dasselbe nach Ekberts Schreiben an den Abt Reinhard von Reinhausen zu Elisabeths Zeiten bereits und befand sich im Kloster Pölden. Das Ms. des Roger ward in England, Frankreich, namentlich der Normandie, durch Abschreiben stark verbreitet, jedenfalls aber durch Auslassungen und Verschiebungen der Capitel verschlechtert. So entstand eine Textrecension, die von der Schönauer stark abweicht. — Diese rasche Verbreitung der Schriften Elisabeths lag in den damaligen Verhältnissen. Im Cistercienserorden hielt man auf Grund der Existens des Cistercienserklosters Schönau bei Heidelberg unsre Elisabeth für eine Cistercienserin. Diese Angabe findet sich noch in vielen Schriften des 18. und selbst des 19. Jahrhunderts und trug dazu bei, Elisabeths Ansehen und Schriften, zudem als Arbeit eines Cisterciensers, zu verbreiten.

Nach und nach blieb Ekberts Vorrede: Omnes qui weg, nach der Subscriptio Rogers galt derselbe als Verfasser. So entstand eine Mythe, indem Einer den Andern ausschrieb, die in den meisten englischen und französischen Sammelwerken s. v. Elisabeth sich breit macht, aber allen Grundes entbehrt. (Siehe Literatur.) Roger war und blieb nur der Abschreiber und Verbreiter der Visionen und Ursulalegende, welche letztere in England als mit Ursula sich beschäftigend einen fruchtbaren Boden finden musste. Dass Rogers Arbeit meist nur in England und Frankreich als Textrecension verbreitet war, in Deutschland aber mehr die auf Ms. A. beruhende, schliessen wir daraus, dass Männer wie Trithem und Eysengrein beim Anführen der Visionen Elisabeths stets 3 Bücher erwähnen. Rogers Arbeit als Zeitgenosse Ekberts um 1181 wirft aber auch auf die Visionen und die Ursulalegende ein eigenthümliches Licht. Die Visionen hatten damals bereits ihren Weg nach England gefunden, von einer Fälschung und Unterschiebung durch Emecho oder Abt Simon von Schönau kann also keine Rede sein. Dagegen leugnen wir nicht die Möglichkeit, dass Rogers Arbeit nur lib. I. vis. enthielt und lib. II und III nicht die ursprüngliche Arbeit Ekberts, sondern eine bei oder nach Lebzeiten Elisabeths verfasste Ergänzung Ekberts sind, dass aber die Visionen, die diesen Büchern zu Grunde liegen, ächt und auch von Elisabeth herrühren, darüber ist kein Zweifel. Rogers Name erscheint 1181 in einer Handschrift. 1694 sandte Smitius ecclesiae Anglicanae minister ein Verzeichnis von Leben der Heiligen an die Bollandisten, darunter einer passio S. Ursulae, die in der Londoner Bibliothek als Otho A. 12 sich befinde, geschrieben von Roger Fordunensis monachus 1181. cf. Acta sanct. Oct. 9, 94. B. Es wäre interessant, wenn ein englischer Forscher diese Handschrift aufsuchte und ihren Inhalt angäbe, da solche jedenfalls auch die von Roger abgeschriebenen Visionen enthält und über die fraglichen Bücher II und III vis. den besten Aufschluss als 1181 bereits vorhanden geben könnte. Leider sind die Schriftsteller des Mittelalters bei Angaben der Schriften Elisabeths zu ungenau und entbehren aller näheren Angaben über den Umfang der Visionen, erst Trithem gibt drei Bücher an. Wir glauben den Beweis erbracht zu haben, dass die Visionen, der liber viarum dei und die Ursulalegende die ächte und unbezweifelte Arbeit Ekberts sind und halten dafür, dass auch liber vis. II und III von Ekbert herrühren, zudem man bei Anfertigung des cod. Vindob. 488 und des Londoner Ms. alle drei Bücher für ächt hielt und abschrieb, sowie dieselben für Ms. C. und Ms. F. excerpierte. Der Grund der Verschiedenheit anderer Ms. ist in der Leichtfertigkeit der librarii des Mittelalters zu suchen. Die Adiuratio conscriptoris am Ende des liber viarum dei ist auch ächt, wenn solche auch in Ms. A. fehlt, man fügte in den aus Schönau mitgetheilten Abschriften diese Notiz bei, um zum Abschreiben und Verbreiten des opus anzuspornen, auch kann dieses Zusatz sein, der in der Vorlage für Ms. A. stand, aber beim Copieren wegblieb.

Während St. Brigitta's Prophezeiungen im 16. und 17. Jahrhundert oft gedruckt wurden (man sehe die vielen Ausgaben im Serapeum 24, 90–94 und die allein in der Stockholmer Bibliothek [p. 93—94] sich befinden), fanden die Visionen und Schriften Elisabeths in diesen Jahrhunderten keineswegs die Verbreitung als Belehrungsmittel wie im Mittelalter. Eine zweite Gesammtausgabe der Schriften Elisabeths erschien 1628 in Cöln in Klein Folio als Corpus revelationum mit Doppeltitel, der zweite Titel lautet: Revelationes | SS. Virginum | Hildegardis | et Elizabethae | Schonaugiensis | Ordinis S. Benedicti | In Martyrologium Romanum relatarum. | Ex Antiquis Monumentis Editae | Una cum variis Elogiis ipsius Ecclesiae | et Doctorum Virorum. | Buchdruckerzeichen | Coloniae Agrippinae. | Ex officina Bernardi Gvaltheri Bibliopolae | M. DC. XXIIX. | Cum facultate Superiorum. [1]) |

Die Ausgabe enthält meist nur das Scivias der Hildegardis und die Schriften Elisabeths, aber auch die der heiligen Brigitte von Schweden. Nach den Bollandisten besorgten dieselbe die Brigittermönche in Köln. Bietet Fabers Ausgabe einen correct gedruckten Text mit vielen berechtigten und guten Lesarten, neben sehr viel Falschem, das Faber in seiner Vorlage fand und mit Kritik nicht verbessern konnte, in seiner Kritik jedoch vielfach das Wahre fand, so ist die Kölner Ausgabe keineswegs »ex antiquis monumentis« im Sinne von Handschriften, sondern ein durch

---

[1]) Der Text der Schriften Elisabeths beginnt S. 167 mit dem prologus Egberti abbatis in librum visionum Elizabethae virginis cenobitae Schoenaugiensis. Das erste Buch hat nur XVI Capitel, deren letztes beginnt: In decollatione sancti Joannis Baptistae coepi videre grandem etc. Liber II beginnt: In exaltatione sanctae crucis etc. mit 22 Cap. Schluss: subsistere non poteris. S. 187 beginnt der liber viarum dei als Buch III. mit 18 Capiteln. Schluss: codici suo adscribat. — Dann liber IV. Ursulalegende mit Visio Elizabeth ancillae domini, quam vidit in Sconaugiensi coenobio de assumptione virginis Mariae matris domini. 6 Capitel, wovon 3—6 in Ms. A. fehlen. — Liber V. die Briefe enthaltend, nur 14. — liber VI. de obitu Elizabeth virginis. 12 Cap.

Druckfehler und zahlreiche Auslassungen entstellter Abdruck der Pariser Ausgabe. Drucker waren Bötzers Erben. Das einzige, was die Ausgabe mehr hat, ist die Aufzählung einer Reihe von Citaten aus Autoren über Elisabeth (elogia) und das Lobgedicht: Salve felix etc. auf Elisabeth, die in der Einleitung beigefügt sind. — Diesen bereits sehr verschlechterten Text druckten die Bollandisten für die Acta sanct. Juni III., pr. 610 sq. wieder ab. Diese gewissenhaften und gelehrten Herausgeber benützten leider bei Herstellung ihrer Ausgabe zum 18. Juni keinerlei Handschriften, sondern druckten den alten Text, freilich unter Emendationen, neu ab, fügten eine Einleitung und wertvollen Commentar bei, gedruckt wurden die Visionen, der liber viarum dei theilweise, von den Briefen nur einer, dagegen druckten die Bollandisten den Brief Elisabeths an Hildegardis aus Trithems chron. Hirs. ab, da derselbe in der Pariser und Kölner Ausgabe fehlte, die Ursulalegende blieb als angeblich unächt ganz weg. Die Noten der Bollandisten machen diese Ausgabe sehr brauchbar. —

Den Text der Bollandisten mit deren Einleitung und Noten nahm Migne in seine Patrologie (latina) tomus CXCV auf. Keine dieser 4 Gesammtausgaben macht Anspruch auf den einer guten und vollständigen Textrecension. Ein eigenthümliches Geschick waltete über den Schriften Elisabeths, bereits 1513 gedruckt fand keiner der spätern Herausgeber es der Mühe werth, eine Handschrift zu vergleichen oder zu prüfen, ob der abgedruckte Text auch der ursprüngliche sei. Die Codices in Schönau und deren Genossen in den Bibliotheken Europas blieben unbeachtet, man druckte drei Jahrhunderte den Text einer defecten oder nicht ganz benützten Handschrift nach und machte ihn immer schlechter. Mehrere Stimmen erhoben sich zwar seit 1630 für das Abweichende der Ausgaben von den Handschriften, aber keine, selbst bis in die neueste Zeit, weiss das Abweichende von Handschriften und Drucken zu erklären.

Eine italienische Uebersetzung der Visionen erschien nach Fabricius, bibl. 2, p. 92 und Marx, Geschichte des Erzstifts Trier 2, 1, p. 497 in Venedig 1589 in 8vo. Wir haben diese Ausgabe nie gesehen und wissen daher nicht, ob die Ausgabe die Visionen allein oder auch andere Schriften Elisabeths enthält. Eine Auswahl der Visionen in französischer Uebersetzung erschien 1864 in 32°: Revélations choises de saint Elisabeth de Schonau (1129 bis 1165) (!). traduites pour la première fois en francais par le traducteur des oeuvres de Catharine Emmerich. Tournai (Casterman) 1864. —

Von Sonderausgaben existiren folgende:

Eine Ausgabe des vielgelesenen liber viarum dei kam 1558. zu Venedig 8vo. heraus: Visionum Elisabeth Virginis coenobite in Monasterio de Sconaugia treverensis diocesis liber III. (qui dicitur liber viarum dei.) Diesem Buche ist meist angebunden das zu Venedig im gleichen Jahre erschienene liber gratiae spiritualis visionum et revelationum beatae Mechtildis virginis. — Auch in dieser Ausgabe sind die Visionen Elisabeths nur als liber I. vis. in 2 Abtheilungen gerade wie im Pariser Druck gerechnet. — P. Hermann Crombach gab in seiner Ursula vindicata. Cöln 1647. folio die Ursulalegende nach einem jetzt verlorenen Schönauer Pergamencodex. dem angeblichen Autograf Ekberts heraus und fügte einige Ergänzungen aus dem Manuscripte des Klosters Weier bei. Crombachs Text ist gut und correct. er ward von dem Jesuiten de Buck für den Abdruck in acta sanct. October 9. benützt. —

Einen Auszug sowohl der Revelationen. des liber viarum dei. der visio de assumptione und der Ursulalegende gab nach einem Augsburger und Ingolstädter Ms. Eusebius Amort in seinem 1743 zu Venedig in 4° erschienenen Werke: de revelationibus, visionibus et apparitionibus privatis etc. pag. 162—185. —

Ein weiterer Separatabdruck der Ursulalegende befindet sich wie bemerkt in Acta sanct. ed. Bolland. October 9. —

Einen Abdruck vermuthen wir auch in Dr. A. Heuser. Bibliotheca mystica et ascetica continens praecipua auctorum medii aevi opuscula. Köln 1854. welches Werk auch die Visionen der hl. Mechtild enthält. uns aber nicht zugänglich war. —

Eigenthümlicherweise ist nie eine deutsche Uebersetzung zum Vorschein gekommen. weder eine mittelalterliche noch eine neuere. — Dagegen fanden die Visionen ihren Weg nach Island cf. Sitzungsberichte der philosoph. philol. und historischen Classe der Akademie der Wissenschaften zu München 1883. 3. p. 401. (Maurer). Von 1203—1237 war Bischof von Holar in Nordisland Gudmundr Arason. ein eifriger Vorkämpfer der streng kirchlichen Richtung. Gudmundr hatte jedenfalls von Elisabeth und deren Visionen, namentlich der über die assumptio Mariae gehört und bat einen ihm befreundeten Kleriker, diese Schrift, sobald er solche in Norwegen erhalten, ihm nach Island zu senden. Der Kleriker schrieb dem Bischofe über die Vision folgenden Brief, den wir nach Prof. Maurers Uebersetzung hier einfügen und welcher in die Jahre 1226—1234 fällt. Dem würdigen Herrn Gudmund von Gottes Gnaden Bischof zu Holar auf Island sendet der sogenannte Kleriker einen wahrhaften Gruss in dem Urheber alles Heils. Der Herr Gott, welcher Jedem das Gute vergilt, das ein Jeder seinem Nächsten aus Liebe thut, sei Euer unaufhörlicher Lohn für Alles das Gute, das Ihr mir erwieset, als ich Euer Väterlichkeit nahe war. — — — Erinnert Euch heiliger Vater daran, was wir von der leiblichen Auferstehung der gebenedeiten Mutter Gottes gesprochen haben, woran ich mich erinnere in diesem meinem Briefe, indem ich Euch die Schrift abschreibe, welche bezeugt, wie es mit der Vision von ihrer Auferstehung zuging. Da seit der Geburt unseres Herrn Jesu Christi vergangen waren 1152 Jahre, in den Tagen des apostolischen Herrn Papst Eugenii secundi war eine Nonne Elisabeth mit Namen in dem Kloster, welches Skanogia heisst, und unter Treverisberg in Sachsen liegt. Ueber diesem Kloster stand eine Aebtissin, welche Hildelin[1]) hiess und welche wohl hütete, was sie von Gotteswegen zu regieren übernommen hatte. Die vorgenannte Schwester Elisabeth war eilfjährig in das Kloster getreten und lebte so ein klösterliches Leben, wie der allmächtige Gott und seine gebenedeite Mutter beide hiefür Zeugnis zu geben sie würdigten, denn zu der Zeit, da diese Nonne weitere eilf Jahre im Kloster zugebracht hatte, so dass sie 22 Jahre zählte, begnadigte Gott sie mit einem so unendlichen Troste, dass die heilige Mutter Gottes ihr oftmals erschien, mit ihr verschiedene Sätze und Bestimmungen der heiligen Schriften besprechend. — Es folgt nun eine genaue Ueber-

---

[1]) Saxland (Sachsen) ist nach den altisländischen Quellen Deutschland, Treverisberg soviel als Trier, Skanogia soviel als Schonau (Sconaugia), der altisländische Schreiber hielt den Namen Hildelin, da viele isländische Frauennamen auf in enden, für den der Aebtissin Schönaus, Doppelklöster kannte man im 13. Jahrhundert im Norden noch nicht und wusste sich man das Verhältnis nicht anders zu erklären, als dass man Hildelin zur Vorsteherin der Nonnen machte. —

setzung der Vision Elisabeths de assumptione b. Mariae virginis, wie sie sich in den meisten Codices als besondere Abhandlung findet. Nachdem erwähnt ist, dass das Kloster Schönau in der Stille am 14. kal. Sept. die assumptio Mariäs begieng, fährt der Brief fort: Diejenigen, welche dieses festum abhalten, sagt der Kleriker, welcher an den Herrn Bischof Gudmund schreibt, gebrauchen diesen Aufsatz als lectiones bei der Matutin, welcher hier übersetzt seht, dagegen das ganze übrige Officium wie bei der frühern Marienmesse (d. h. 15. Aug.). Nun bitte ich Eure selige Bischöflichkeit, dass Ihr meiner und meiner Brüder in Eueren heiligen Gebeten gedenket, uns Alle unter die Gewalt und das Verdienst der Herrin Maria empfehlend, damit Ihr und wir auf ewig theilhaftig werden mögen des himmlischen Lebens mit der mächtigen Freude der Beschauung Gottes. In Christo Valete! — Soweit der Brief. Die altisländische Aufzeichnung, die diesen Brief enthält, berichtet weiter, Gudmundr habe sich aus besonderer Liebe zur Mutter Christi über diesen Brief und Bericht sehr gefreut. Die Aufzeichnung erwähnt dann noch des Vincentius von Beauvais speculum historiale, das die Vision ins Jahr 1156 setze, was nicht gegen die Angabe der Vision zu 1152 verstosse. Es wird bemerkt, bereits der hl. Augustinus habe die Himmelfahrt Mariä mit Leib und Seele angenommen, die Aufnahme der Erzählung entschuldigt der Aufzeichner mit der besondern Verehrung, die Bischof Gudmundr stets zur Mutter Christi besessen. Ueber den Verfasser dieser auf die Verbreitung der Visionen Elisabeths das schönste Licht werfenden Uebersetzung cf. Maurer in Sitzungsberichte a. a. O. p. 402—414. Der Bericht selbst gehört einer Vita des Bischofs Gudmundr Arason von Holar an. —

Was nun zum Schlusse die gegenwärtige Ausgabe betrifft, so beruht solche auf den sorgfältigsten Textvergleichungen von Ms. A., Ms. B., Ms. C. Ms. F. des Pariser Drucks und der Abdrücke in Acta sanct. und Crombach Ursula vindicata. Zu Grunde gelegt wurde der Text von Ms. A. und Ms. B. nach einer sorgfältigen und gut collationirten Abschrift, und unter einer gelinden Kritik der Verstösse des Schreibers, gute Lesarten von Ms. C. und Ms. F. Crombach wurden sowohl im Texte als in dem kritischen Commentar benutzt und deren Verwendung jedesmal bemerkt. Grafische Eigenthümlichkeiten von Ms. A. wurden beibehalten, alle Verstösse in Ms. A. und Ms. B. in den Anmerkungen zwar bemerkt, aber im Texte richtig gestellt. Anfangs lag es in meinem Plane, noch mehr deutsche Handschriften (denn eine Benützung von Wiener und Pariser Ms. bietet Hindernisse) heranzuziehen, fand aber nach reichlicher Benützung von Ms. C. und Ms. F., dass Ms. A. der beste Text sei und nur an manchen Stellen kranke. Durch allzuviele Varianten wäre zudem die Ausgabe nur weitläufiger geworden. Mit Recht tadelt die Tübinger theologische Quartalschrift 1856 p. 112 das allzu ausgedehnte Variantenmachen, da die Lesarten durch die Unwissenheit und Leichtfertigkeit der librarii entstanden; das geistige Eigenthum war in deren Händen völlig vogelfrei, jeder schrieb nach dem Sinn, nicht nach der Vorlage. Wir geben mithin einen revidirten, lesbaren Text nebst kritischem Commentar zweier weiterer Codices, wem unter den deutschen Philologen dieser Text nicht genügt, mag sich einen bessern zurechtmachen. Die Anmerkungen der Bollandisten und Crombachs sind benützt, die Daten reducirt, die Bibelstellen so weit mir bekannt, nachgewiesen, weitere nachzuweisen überlasse ich suchenden Theologen. Die Interpunktion des Textes ist neu, doch wurde ein guter Theil der Interpunktion des Ms. A. in den Text aufgenommen. Die Chronologie ist nach Ekberts Angaben in Ms. A. widergegeben, da offenbar kein stilus trevirensis derselben zu Grunde liegt. Für die Textrecension des an Hildegardis geschriebenen Briefes Elisabeths ist der grosse Hildegardiscodex in Wiesbaden und Trithems Abdruck benützt. Mehrere Beilagen verleihen dem Ganzen Werth. Die Schriften Elisabeths erscheinen hier zum erstenmale in ihrer vollständigen Fassung nach der Schönauer Originalhandschrift, gerne hätten wir den von den Bollandisten in acta sanct. October 9. gedruckte liber de s. Ursula weggelassen, wären nicht auch hier nach dem Originalcodex Ms. A. Varianten vorhanden, auch wollten wir dieses wenig umfangreiche Stück in dieser Gesammtausgabe der Schriften Elisabeths nicht gerne missen. Ungedruckt und zum erstenmale edirt ist in unserer Ausgabe liber II und III der Visionen, die Legende de s. Potentino, und mehrere Briefe Elisabeths. —

§ 5. Die Literatur über Elisabeth von Schönau.

Acta sanctorum ed. Bolland. Juni tom. III. und October tom. IX. folio. — Ueber Hildegardis und Elisabeths Auftreten gegen die Catharer 1163 auch Acta sanct. April 2, 562, 3, 686, 687. —

Chronik des Dominikanerinnenstiftes Adelhausen zu Freiburg i. B. von Meiger. Handschrift im Stadtarchive zu Freiburg. 8°. saec. 15. (Abschrift apud me): Anno domini MCLIII. do starb der heilig vatter vnd süss lerer Sanctus Bernhardus, do er waz LXIII jar alt. In den selben zitten lepten vil heiliger vnd gelerter personen in der cristenheit: Petrus Lombardus, der daz bůch von den hohen sinnen gemachet hatt, vnd sin brůder Petrus Comestor, der die hystoria scolastica gemacht hatt. Hugo de sancto Victore: item in tützschen landen waz Sant Hildegardis ein closterfrow ze Pingen am rein ein grosse prophetin. vnd in Saxenland öch ein heilige closterfrow vnd prophetin Elizabeth von Schönow etc. — — Anno domini MCLVI do erschein ein crütz in dem mon, jn den selben tagen lebet in saxen land ein heilige closterfrow genant Elizabeth ein wissagin. —

De revelationibus, visionibus et apparitionibus privatis regulae tutae ex scriptura, conciliis, ss. patribus, aliisque optimis autoribus collectae, explicatae et exemplis illustratae R. D. Eusebio Amort, canonico regulari Lateranensi Pollingae etc. Augustae Vindelicorum. M.D .CC. XLIV. — 4°.

Nr. IX. p. 162. Revelationes S. Elisabethae virginis Schönaugiensis, ex codice Ms asservato ad S. Udalricum Augustae, ac scripto circa annum 1450. Hic est liber viarum dei, qui etc. Nur Auszug. — p. 167. Visio Elisabeth ancillae domini, quam vidit in Schönaugiensi coenobio de resurrectione b. V. Maria. In anno quo mihi etc. — p. 169. Sermo Elizabeth de undecim millibus virginum, aliisque martyribus passis inter eas Coloniae. Vobis, qui pios affectus etc. Bruchstück. — p. 180. Demonstratio falsitatum in his revelationibus contentarum. (Ursulalegende.) — p. 183. Aliae variae revelationes eiusdem S. Elisabethae. (Aus den Visionen.) p. 185. Crisis. Propositio I. Omnes revelationes Elisabethae von excedunt facultatem imaginitivam et phantasiam. (Wie in Acta SS. Oct. 9. 82—85 gedruckt).

Chronica Antonini. Prima pars Historiarum Domini Antonini Archipraesulis Florentini, in tomis tribus discretarum, solertiorique studio recognitarum, triplici cum eiusdem Indice nunc luculentius aedito et a mendis expurgato. Lugduni sub signo sphaerae apud Aegidium et Jacobum Huguetan fratres 1543. folio. Theil III. Tit. XIX. Cap. 11. folio XLIX v. (Vielfach mit Elisabeth von Thüringen vermischt). Habuit sancta ista multas a deo revelationes. Et inter cetera legitur, quod, dum ipsa Elizabeth quadam vice in spiritu esset rapta, vidit in loco valde remoto quoddam sepulchrum multo lumine circumfulsum quasi speciem mulieris in eo, quam circumstabat multitudo maxima angelorum etc. — Folgt ein Auszug aus der revelatio de resurrectione b. Marie virg. (Aus Jacobus de Voragine entnommen.) — Nec per hec detrahitur sanctitati Elizabeth, si non credatur, quod et sancti viri prophetie, quam ex phantasia sua trahunt in visionibus suis, ut patet in Nathan propheta. —

Arnold, Gottfried, Unpartheyische Kirchen- und Ketzer-Historie, von Anfang des Neuen Testaments biss auff das Jahr Christi 1688. — Franckfurt am Mayn bey Thomas Fritsch MDCXCIX. folio. 1, Buch 12, cap. 4, § 8 p. 364.: »Elisabeth, eine Abbatissin zu Schonhau bey Trier, hat auch um die helffte dieses seculi viel offenbarungen gehabt, deren man 3 Bücher von ihr hat, auch ein buch voll sendschreiben. Worunter denn, wie bey den meisten selbiger zeit, viel aberglauben und andere dinge vermenget worden, als da sie die historie von der hl. Ursula und den 11.000 Jungfrauen soll zu erst auffgebracht haben.« —

L'Art de vérifiier les dates. ed. III. Paris MDCC. LXXXIII.

folio 1, p. 66. St. Elisabeth, abbesse de Schonauge au diocese de Treves, morte le 18 Juni 1165. —

Aschbach, Josef, Dr., Allgemeines Kirchenlexikon oder alphabetisch geordnete Darstellung des Wissenswürdigsten aus der gesammten Theologie. — Frankfurt a. M. 1847. 8°. 2, p. 548—49. Aufsatz von Kaufmann. —

Bär, Hermann, Diplomatische Geschichte der Abtei Eberbach im Rheingau. — Herausgegeben von Dr. K. Rossel. — Wiesbaden 1855. 8°. 1. p. 450 Note ⁂. — Rossel erwähnt die bibliotheca script. ord. Cisterc. von C. de Visch Cöln 1656 und macht auf das Abweichende des Cölner Drucks von den Wiesbadener Codices aufmerksam. —

Baleus, Scriptorum illustrium maioris Brytannie, quam nunc Angliam et Scotiam vocant: Catalogus à Japheto per 3618 annos usque ad annum domini 1557. ex Berosa, Gennadio, Beda, Honorio, Bostono Buriensi, Frumentario, Capgrauo, Bostio, Burello, Trissa, Tritemio, Gesnero, Joanne Lelando, atque aliis authoribus collectus, et IX Centurias continens etc. autore Joanne Baleo, Sudouolgio Anglo etc. — Basileae, apud Joannem Oporinum. — Folio. p. 223: Rogerus Cisterciensis, Bernardinae sectae professor, in Fordano monasterio ad Axi fluminis ripas, hoc magnae caecitatis et Antichristianae dementiae tempore vixit, quo factus est sol niger, tanquam saccus cilicinus. (Apoc. 6.) Non doctis artibus et pietati, ut Lelandus habet, insolito quodam animi ardore, noctes atque dies invigilavit, sed fallaciis atque imposturis diabolicis, ut Christi gloriam obscuraret. In transmarinis partibus, ut ipse colligit, apud Belgas erat, quo tempore et ingens fama de Elisabetha Schonaugiensi monialium abbatissa per orbem evolavit. Hinc factum est, ut Rogerus revelationes eius, non a spiritu sancto, ut ille scribit, acceptas (cum sint blasphemiis et mendaciis plenae), sed ab impostore monacho recepit: et hac conditione, ut collectas (apertum mysterium) beneficio Guilhelmi Sauignensis abbatis in volumen redigeret. Disposuit ergo, et in formam redegit, ac Baldvuino Fordensi abbati dedicavit. Revelationes Elizabethae lib. 2. Omnes, qui lecturi sunt. — De 11 millibus Coloniensium virginum lib. I. Vobis, qui pios affectus. — Encomion d. Mariae lib. I. — Hoc tanquam parergon canonis versibus scriptum, primo adiecit operi, quod et per Sigmundum monachum ad Baldvinum misit. In libro Coloniensium virginum impudentissima sunt mendacia. Claruit anno domini 1180, sub praedicto rege Henrico secundo.

Magnum theatrum vitae humanae — authore Laurentio Beyerlinck (Venetiis MDCCVII ff. folio) tom. VI p. 69. c. Quod quidem etiam Elizabeth de Sconaugia deo dicatae virginis probatur exemplo. Quae (ut Sigebertus scribit) toto corpore ulceribus contabefacto iacens, nunquam ob hoc aliquam animi tristitiam vultu praetulit, multas interim futurorum revelationes accepit, acceptasque prodidit, ut facile dixerim, et ideo sanctam fuisse, quia patiens erat, et ideo patientem, quia sancta. Ecbertus et alii. — item tom. 3, p. 51 b. — item. 6, 1096. G. zum 18. Juni (S. Elizabetha Sconaugiensis, in dem Calendarium der Heiligen des Cistercienserordens). —

Allgemeine deutsche Biographie. 1877. Band 6. p. 46. Aufsatz von F. X. Kraus (auf Rettbergs Kirchengeschichte beruhend). —

Nouvelle Biographie générale depuis les temps les plus recules jusqu 'a nos iours etc. publieé par M. M. Firmin Didot frères, sous la direction de M. le Dr. Hoefler. — Tome quinzième. Paris MDCCCLVIII. 8⁰. p. 834. Élisabeth de Schnauge (Sainte), hagiographe allemande, née en 1138, morte le 18 juin 1165. Elle entra dès l'âge de douze ans dans le monastère des Bénédictines de Saint-Florin de Schnauge, sous la conduite de l'abbé Hildelin, qui gouvernait en même temps un monastère d' hommes de l' ordre de Saint-Benoît, situé proche de là. Quelques-uns ont prétendu, qu' Élisabeth avait été abbesse de son couvent, mais c'est sans fondement: elle n' exerça jamais d' autre autorité que celle, que lui avait acquise la grande considération que l' abbé Hildelin avait pour ses merites. Vers l' âge de vingt-trois ans, Élisabeth commença à avoir des extates et des visions. Son frère Egbert, au Lebert, chonoine de Bonn, et plus tard abbé de Saint-Florin, a écrit la vie d' Élisabeth, ainsi que les révélations faites par cette sainte: il en forma six livres, écrits dans un style simple. D' aprés Moréri, Richard et Giraud, et quelques autres écrivains ecclésiastiques tout ce, qu' Élisabeth a raconté sur le martyre de sainte Ursule et des prétendu onze mille vierges ne mérite aucune croyance, quoique Élisabeth dise, quelle en avait appris l' histoire de sainte Vérenne elle-même, dont le corps avait été apporté a Schnauge en 1156. par un ange et quelques saints. Dans les martyrologes imprimés avant le pontificat de Grégoire XIII on lisait: que sainte Elisabeth de Schnauge s' était rendue célèbre par ses révélations. Gregoire retrancha lui-même cette assertion, parce qu'il ne doutait point de la fausseté des détails donnés par la sainte sur l' origine, les noms et l' invention des onze mille vierges. Les cinq livres des Visions d' Élisabeth de Schnauge ont été imprimés a Paris avec les Révélations de sainte Hildegarde et de sainte Brigitte. Paris. 1513. in fol. etc.

Sanctae Hildegardis abbatissae in monte S. Roberti apud Naam fluvium, prope Bingam, sanctissimae virginis et prophetissae Epistolarum Liber: Continet varias epistolas summorum Pontificum. Imperatorum. Patriarcharum. Archiepiscoporum. Episcoporum. Ducum. Principum. et aliorum plurimorum vtriusque secularis et Ecclesiastici status Magnatum ad S. Hildegardim, et eiusdem sanctas ad easdem responsiones: Item eiusdem S. Hildegardis alia quaedam, quae sequens pagella indicabit. Ad confirmandam et stabiliendam Catholicam nostram fidem et religionem Christianam, moresque in Ecclesia instruendos et emendandos, apprime vtilia: Nunc primum in lucem edita. Psal. 93. Beatus homo, quem tu erudieris Domine, et de lege tua docueris eum. — Coloniae apud Haeredes Johannis Quentel et Geruuinum Calenium. Anno MDLXVI. Cum gratia et privilegio Imperatoriae Maiest. ad Decennium. 4⁰. 4 Blatt und 315 pag. — Herausgeber: Justus Blanckwalt. — Abgedruckt ist der Brief Elisabeths an Hildegardis. —

Bucelinus, Gabriel, Germania topo-, chrono-, stemmato-Graphica sacra et prophana. Ulm 1655 folio. — p. 87. ad 1165. Excedit e vivis et aeternaturis syderibus iungitur insignis illa Germaniae gemma S. Elisabeth nostra Schönaugiensis abbatissa, grandibus meritis commendata, quae orbi eventura prophetico spiritu incredibili cum fructû praenunciavit (der Rest auf Trithem beruhend). — Diese Bemerkung Bucelins lautet ähnlich wie der Eintrag eines Seelbuchs. —

Menologium Benedictinum etc. Augustae Vindelicorum 1656, folio. zum XIIII Kal. Julii: Elisabethae virginis et abbatissae

Schönaugiensis. p. 432. XIIII Cal. Julii. Schoenaugiae sanctae Elizabeth monasticae vitae observantia celebris. Tod zu 1165 (auf Trithem beruhend). —

Sacrarium Benedictinum, in quo magnus SS. Reliquiarum thesaurus describitur etc. opera et studio R. P. F. Gabrielis Bucelini MDCLVI. folio. O. O. — 2, p. 6. über Elisabeth und Ekbert (auf Trithem beruhend) p. 8, (über Elisbeths Tod auf Wion, lignum vitae beruhend), p. 189 über Elisabeth, p. 216. (item.) —

Annales Benedictini, quibus potiora monachorium (!) eiusdem ordinis merita ad compendium referuntur Authore R. P. F. Gabriele Bucelino etc. — Aug. Vindel. typis Joannis Praetorii. Anno 1656. Folio. — 1, p. 258. zu 1152. Conditur hoc ipso tempore celebre illud ab inhabitantibus deinceps mirae sanctitatis virginibus Schonaugiense coenobium, in quo exoritur sub prima eiusdem initia magna illa Elisabeth spiritu prophetico ventura praenuncians, et homines ad placandum iustifidelis iram scriptis suis admirandis potenter provocans. — ibid. 2, p. 8. zu 1165. Moritur felicissime prophetissa nostra admirabilis S. Elisabeth, abbatissa Schonaugiensis, postquam delphici oraculi vice maximis quibusque viris et pontificibus una haec virgo patuisset. Sed neque saeculo solum suo consuluit magna haec abbatissa, sed et serae saeculorum omnium posteritati, scripsitque latino sermone eundem divinitus edocta, ad ecclesiae universae ornamentum atque utilitatem: Viarum dei, opus subtilissimum atque utilissimum libros 4.; Revelationum diversarum libros 2; de undecim millibus virginibus S. Ursulae sociabus lib. I; Ad S. Hildegardam abbatissam lib. I., Ad fratrem suum Ekbertum abbatem lib. I; Contra haeresim Catharorum lib. I; Epistolorum ad diversos lib. I. Quam a morte etiam gravissimis miraculis numen commendavit et illustravit (Ex vita etc.). — Die oben genannte Schrift Elisabeths gegen die Catharer ist unbekannt und beruht wohl auf einer Verwechslung mit der gleichartigen Schrift Ekberts. —

Caesarii Heisterbacensis monachi ordinis Cisterciensis dialogus miraculorum. Textum ad quatuor codicum manuscriptorum editionisque principis fidem accurate recognovit Josephus Strange. Coloniae, Bonnae et Bruxellis MDCCCLI. 8°. 2. cap. XXX. p. 39. Tempore quodam, sicut ex relatione religiosorum didici, cum conventus sanctimonialium in Sconavia sequentiam: Ave praeclara maris stella. in quadam sollemnitate sanctae dei genitricis decantaret devotissime, venerabilis virgo Elizabeth. tunc ibidem magistra, mentis excessum passa, ad illum versiculum: Audi nos. nam te filius nihil negans honorat, vidit dominam nostram flexis genibus pro eodem conventu preces fnndentem. Ab illa enim die usque hodie ex institutione iam dictae Elizabeth idem conventus ad eundem versiculum. cum sequentia decantatur. veniam petere consuevit. —

Chalemot. Claudius: Series sanctorum et beatorum ac illustrium virorum sacri ordinis Cisterciensis. Nova editio. Parisiis 1670. 4°. —

Canisius, Petrus, Martyrologium. Der Kirchenkalender darinnen die Christlichen Feste vnnd Hayligen Gottes bayder Testament begriffen. etc. — Dillingen 1573. 4°. p. 150v.: Item selige gedechtnuss der Gotgeweichten junckfrawen Elisabeth zu Sconaugia. deren vil Göttliche gehaimnuss offenbart seind worden: von jugent an verliess sie die welt. dienete Got mit fasten vnd betten. mit hartem gaisslen cassteyet sie jhren junckfraewlichen vnd vnbefleckten leib. war wunderbarlich in der gedult. offt vnd krefftig von Gott haimgesucht. hat ein treflich Buch geschriben von göttlichen vnnd hailsamen ermanungen: war mit Christo jhrem breutigam gar veraint. vnnd volgte dem heyligen Geist ohn alle Widersprechung. Verschied entlich im friden, da sie 21 (!) jar alt war. — Dieses Urtheil ist lateinisch in der Cölner Ausgabe Folio 2r, bei Crombach, Ursula vindicata p 55 aufgenommen. —

Cave, Guillielmi, Scriptorum ecclesiasticorum historia litteraria. — Genf 1694. folio p. 470. (visionum seu revelationum libri III. et epistolarum liber unus. er kannte die Cölner Ausgabe). —

Chevalier, Ulysse, Répertoire des sources historiques du moyen age. — Paris 1878. gr. 8°. p. 634. — Erwähnt sind Henriquez, lilia Cisterc. (1633) 1, 211—14. — Du Pin. Bibliotheque (1699), 12, 2. 623. — Ziegelbauer 3, 499—500. — C. de Visch, bibl. Cisterc. (1649) p. 92 editio secunda 1656 p. 101. — Geburt zu 1129, Tod zu 1165 angesetzt. —

Chronicon Alberici, monachi trium fontium in Pertz, monum. script. 23, p. 683. — Anno 238. Passio sanctarum undecim milium virginum apud Coloniam mirabiliter facta, et quorundam aliorum, qui in eadem societate fuerunt, episcoporum et militum et ipsius pape Cyriaci memorati secundum visiones Elizabeth. De quarum sanctarum tempore et de revelatione huius historie omnes usque ad tempus istius Elizabeth errabant historiarum scriptores et cronographi. Ju eisdem etiam visionibus continetur, quis in hoc anno erat Coloniensis episcopus. Hoc modo verba sancte Ursule ad Elizabeth: Fuit, inquit, in Colonia tempore illo quidam sacer pontifex plenus spiritu sancto, qui quartus post beatum Maternum ecclesiam verbo dei gubernabat, nomine Aquilinus. Huic revelatus est totus ordo passionis nostre, cum reverteremur a Roma, et ipse corpora nostra sepelivit, et cetera (lib. revel. Nr. 20). Et post hec cito abstractus est ab hac vita mortali. De omnibus igitur aliis episcopis Coloniensibus, qui fuerunt a beato Materno usque ad Effratam, quem sanctus Servatius deposuit, nusquam nomina repperi preter Aquilinum memoratum. —

Ibid. p. 843 zu 1155. Elizabeth, ancilla Christi de Sconaugia, Treverensis dyocesis, librum viarum dei hoc anno inchoavit, qui erat quintus annus, ex quo visitata fuit a spiritu sancto et visiones videre cepit, et in sequenti anno librum ipsum consummavit. Sunt ibi decem sermones secundum decem fidelium distinctiones quasi per decem vias ad unum montem ascendentes, via contemplativorum prima, deinde via activorum, via martirum etc. —

Jsta vero Elizabet sermonem unum de assumptione gloriose virginis Marie satis brevem edidit, dicens sibi revelatum, quod ab assumptione eiusdem domine nostre die 40. hoc est 9. Kalendas Octobris, veraciter corpus eius resurrexit et cum gloria, qua decuit, angelis obsequentibus celos penetravit, et extunc certissimum esse, et corpore et anima eam in celestibus regnare. Dixit eidem Elizabet domina nostra, ab ea sciscitata, quod post ascensionem domini uno anno tantum super terram vixit et quantum temporis est ab ascensione domini usque ad eiusdem domine nostre assumptionem. —

Anno 1156 de undecim millibus virginibus et de societate

eorum vel de tempore passionis earum, de quo errabant omnes cronographi, facta est hoc anno supradicte Elizabeth revelatio talis: Ad domum monialium de Sconaugia misit abbas de Tuicio corpus unius illarum virginum cum corpore unius martiris inter illas inventi etc. — Si quis plane hanc revelationem legere desiderat, inveniet eam in Sconaugiensi cenobio, et in multis aliis tam Gallie quam Alemanie. — cf. Archiv für ältere deutsche Geschichtskunde 1851. 10, p. 174.: Wilmans: Ueber die Chronik. Alberichs p. 234. —

Annales Palidenses in Pertz, script. 16, p. 90. — Ad ann. 1158. — His etiam diebus in sexu fragili signa potentie sue deus ostendit in duabus ancillis suis Hildegarde videlicet in monte Roperti iuxta Pinguiam, et Elizabeth in Schonaugia, quas spiritu prophetie replevit, et multa eis genera visionum, que scripta habentur, per evangelium revelavit. Huic autem Elisabeth virgini in coenobio cum aliis sincere et laudabiliter conversanti, de erercitu sanctarum undecim milium revelationes ostense, necessario diligenter sunt a fidelibus advertende. Nam quibusdam et fere omnibus tempore Attile et ab ipso virgines passas estimantibus, ante ipsum secundum veri considerationem longo tempore fuisse inveniuntur, et cum lectio passionum de ipsis antiquitus conscriptarum sanctis virginibus viros interfuisse non dicat, ecce hoc tempore inter ipsarum sepulturam Ciriacus papa cum cardinali Vincentio plures quoque episopi clericique et laici, cum regina et ducissa, sed de sponsus sancte Ursule inventi sunt. Unde Colonienses mirati, in hac virgine Elisabeth fama Christi pietatis audita, de his per ipsam deum, cui preterita presentia et futura nota sunt, consulendum censuerunt, quos utique fides non fefellit, cum omnia hec ordinatim, qualiter acta sunt, certis et diffinitis responsionibus didicerunt. Ipsi quoque intimatum est, ante mundi finem exercitum totum sanctarum virginum revelandum. Huic etiam spiritu rapte, in prato quodam odorifero in tabernaculum extentum introducte, congeries librorum ostensa est ante diem iudicii in palam ventura, quorum unus, scilicet libellus viarum dei, omnibus fidelibus utilis, porrectus est ei per ipsam vevelandus. Has autem revelationes non suis meritis, sed gratie dei cum pavore adscribebat, adeo ut colloquens spiritualibus ad se venientibus exororet, ut huius temporis harum rerum novitates in ipsa dominus ad felicem terminum perducere dignaretur, quod etiam deo gratias factum est. Nam septimo anno regni Friderici imperatoris, qui est incarnationis Christi 1158mus revelationibus his inchoantibus 21° anno regni, qui est incarnationis 1172mo, ipsa cum humilitate bono proposito perseverans, felicium virginum choris adiungenda carne soluta est. (Der Verfasser schrieb bis 1181). —

Crombach, Vita et martyrium S. Ursulae et sociarum undecim milliun virginum etc. Ex antiquis monimentis bona fide descriptum, notabilibus argumentis, quibus historiae fides satis solide fundari posse videatur confirmatum, et in duos distinctum tomos auctore Hermanno Crombach societatis Jesu sacerdote. Permissu superiorum. Coloniae Agrippinae sumptibus Hermanni Mylii Birckm. 1647. Folio 1155 pagg. (Titel in Kupfer gestochen.) — p. 52—60.[1]) — Einen grossen Theil des Crombach'schen Werkes nahmen die Jesuiten in den 9. Band October der Acta sanct. ed. Bolland. auf, p. 74 ist Crombachs Ursula besprochen. — Crombachs Auctarium erschien 1669 in Cöln in 4°.

Primitiae Gentium, seu Historia SS. Trium Regum Magorum Evangelicorum, et Encomium quibus Praerogativae Eorum, genus, patria et exspectatio sideris ac Messiae profectio etc. autore Hermanno Crombach. Coloniae Agrippinae MDCLIV. — folio. — 1. p. 167. Citirt eine Stelle aus den Revelat. über die hl. 3 Könige. —

Disquisitionum magicarum libri sex in tres tomos partiti. Auctore Martino Delrio societatis Jesu presbytero, sacrae theologiae doctore et in academia Graetiensi S. S. professore etc. — Maguntiae. Apud Joannem Albinum. Anno MDCIII. folio. 2, p. 140. — Claruit S. Hildegardis in Germania anno 1180, cuius et aliae supersunt. Ed eodem tempore S. Elizabetha Sconaugiensis, cuius revelationes libris duobus complexus Rogerus, Cisterciensis Anglus, vir doctus et pius, quem, ut nullum sanctorum viru-

---

[1]) Ueber Crombach cf. Backer, Augustin et Alois de, Bibliothéque des écrivaius de la compagnie de Jésus etc. — Liege 1853. 8°. 1, sub voce. — Bibliotheca scriptorum societatis Jesu, opus inchoatum a R. P. Petro Ribadeneira, continuatum a R. P. Philippo Alegambe, (Herausgegeben und fortgesetzt bis 1675 von A. Sotuellus.) — Rom. 1676. Folio p. 335 über Crombach und dessen Ursula vindicata. — Chroniken der niederdeutschen Städte. Leipzig 1875. 8°. 1, pag. LXXXII. Hartzheim, bibliotheca Coloniensis, sub voce. Crombach war Professor der Moraltheorie am Jesuitencolleg in Cöln, geb. 1598 † 1680.

lentiae maledicentiaeque foetidi oris sui Dalaeus(!) immunen esse noluit in catalogo scriptorum Britan., quo libro nihil unquam legi scurrilius, mendacius, aut magis blasphemum. Miror, nondum ab aliquo Anglo catholico larvam morioni et scelerosissimo apostatae detractam. —

Ersch und Gruber, J. G., Allgemeine Encyclopädie der Wissenschaften und Künste. Leipzig 1840. 4⁰. Band 33, p. 347. Auf C. de Visch biblioth. ord. Cisterc. beruhend. Aufsatz von Fink. —

Eysengrein, Guillelmus, Catalogus testium veritatis locupletissimus. — Dilingae 1565. 4⁰. (Eine gegen des Flacius gleichbetiteltes Werk gerichtete kirchenfreundliche Schrift.) p. 100 ᵛ. — Diversarum quoque revelationum in variis materiis, causis et propositionibus tres libros, capitula CXLIIII continentes composuit. Suasorias orationes ad sui conventus sorores, ac simul eruditissimarum epistolarum volumen edidit. — Obiit XIIII Kalend. Juli anno salvatoris Christi MCLXI (!) — Eysengrein kannte eine auf Ms. A. beruhende Handschrift er zählt 144 Capitel, die Wiesbadener und die eine der Wiener Handschriften enthalten 142 Capitel Visionen in 3 Büchern. —

Fabricius, Joh. Alb., bibliotheca latina mediae et infimae latinitatis. — Passau 1754. 4⁰. — 2. p. 92. — S. Elisabeth virgo etc. — Visionum libri V. prodiere edente Jacobo Fabro Stapulensi Parisiis 1513 folio et cum visionibus amicae eius S. Hildegardis et S. Brigittae Colon. 1628 folio, Italice quoque Venetiis. 1589 4⁰. — Als Literatur über Ursula wird citirt: Launojus parte 4. ep. ult. — apud d. Reiserum p. 861. Usserius, antiquitat. eccles. Britanniae p. 323. seq. Voetius III. selectarum dissertationum pag. 474, sq. et d. Johannes Conradus Damhaverus tomo 2. homiliarum academicarum pag. 619. Johannis Davidis Koeleri. historische Münz-Belustigung tom. 2, pag. 260 seq. —

Bibliotheca ecclesiastica etc. auctore Alb. Fabricius. Hamburgi MDCCXIIX. folio (Aub. Miraei auctar. de script. eccles.) p. 66. Elizabetha virgo etc. (auf Trithem berahend.) Tod zu 1164. —

Fabricius, Bina | sanctarum | Elisabetharum | velvti | illvstrissimarvm saec. XII et XIII | testivm veritatis evangelicae | in Hassia | memoria. | Praeclaris rervm monvmentis | ac nvmmis declarata | dissertationis loco | praeside Jo. Georgio Liebknecht | etc. | In cathedra theologica | ad diem VII aprilis MDCCXXIX | pvblico ervditorvm examini | proposita | a | Jo Ph. Jacobo Fabricio | Goddelavio-Darmstadino. | Giessae | aere Mvlleriano. | — 4°. 2 Blatt Vorrede und 60 pagg. mit 1 Kupfer.[1]) —

Catalogus te | stium veritatis, qui ante nostram | aetatem Pontifici Romano, eiusque | erroribus reclamarunt: iam denuo longe quam | ante et emendatior et au | ctior editus. | — — | Cum praefatione Mathiae Flacii Illyrici etc. Argentoratae 1562. Folio. pag. 396. Elizabeth, germana etc., wie in Wolff, lectiones mem. s. daselbst. Die erste Ausgabe erschien mit etwas anderm Titel zu Basel 1556. 4°. anonym. Weitere Ausgaben sind: Lyon 1597, 4°. — Genf 1608, Folio. — Frankfurt 1666. 8°. — Frankfurt 1672. 4°. — Eine deutsche Uebersetzung erschien 1573 von Lautenbach Frankfurt a. M. Folio, siehe dass. — cf. auch Joh. Peter Niceron, Nachrichten von den Begebenheiten und Schriften berühmter Gelehrten, herausgegeben von Friedrich Eberhard Rambach. Halle 1761. 8°. 21, 154. —

Friedrich, J. Dr., Kirchengeschichte Deutschlands. — Bamberg 1867. 8°. 1, p. 141. —

(Fulbert) Bibliotheque générale des écrivains de l'ordre de saint Benoit etc. Bouillion 1777. 4 Bde. 4°. (Ex. in Darmstadt.) 1, p. 286. Elizabeth. —

(Gesner-Simler, Bibliotheca instituta et collecta a Conrado Gesnero etc. — Zürich (Froschover) 1583 Folio p. 213. — p. 735 über Roger Cisterciensis. — scripsit revelationes Elizabethae lib. 2. de 11. millibus Coloniensium virginum lib. 1., Encomion d. Mariae lib. I. Vixit 1180 auf Baleus beruhend. —

---

[1]) Die Abhandlung des Fabricius behandelt Elisabeth nur kurz. ausführlicher die hl. Elisabeth von Thüringen, er benützte für Letztere Mss., die das Leben derselben enthielten, verfasst von Dietrich von Thüringen. cf. auch Ersch und Gruber, Encyclopädie 33, 356. 5. Merkwürdig ist bei Fabricius das p. 4 aus einem Werke Mabillons abgedruckte Gedicht. Fabricius sagt: Est inter rariora Msta, quae possidemus (Mabillon) antiquius aliquod ex isthoc coenobio virgin. S. Bened. Schönaugiensi, cui haec praescripta leguntur: Diss Boich hoiret in das Junffern Cloister zu Schonauwe etc. in cuius fine sequens legitur Canticum Folio 303v, quod integrum addere non piget: Ess was eyn Schone Junffrauwe edel, die was sich woil gedan, In eynen schonen Gartten wolte sy spaceren gane etc. Wahrscheinlich war dieses Gedicht an Elisabeth gerichtet.

(Gualteri), chronici chronicum ecclesiastici. — Frankfurt 1614. 8⁰. 2, 1382. —

Gudbrandur Vigfusson, Dr., Biskupa sögur. 1878. 2, 1—184. — Enthält die Vita des Bischofs Gudmundr Arason von Holar in Island 1203—37 nach dem Stockholmer Codex 5 folio (um 1360 geschrieben) edirt. — cf. Biskupa 1, praef. XXIX—XXX. — praef. LVII und LXV. —

Gundling, Nicol. Hieron., Vollständige Historie der Gelahrheit (!) — Frankfurt und Leipzig 1734. 4⁰. 2, 2331. —

Ausführliches Heiligenlexikon, Darinnen das gottseelige Leben und der Tugend-Wandel, das standhaffte Leyden und Sterben, und die grossen Wunderwerke aller Heiligen Gottes — beschrieben werden. — Cölln und Franckfurt. 1719. 8⁰. p. 557. sub voce. —

Helfferich, A., Die christliche Mystik in ihrer Entwicklung und ihren Denkmalen. Gotha 1842. 2 Theile 8⁰.

Phoenix rediviscens, sive ordinis Cisterciensis scriptorum Angliae & Hispaniae series. Libri II. Authore P. F. Chrysostomo Henriquez Hortensi etc. — Bruxellae, typis Joannis Meerbecii, CIↃ.IↃ.C.XXV. — 4⁰ — p. 110. De Rogero Fordano Monacho. Rogerus natione Anglus ordinis Cisterciensis monachus in coenobio Fordano ad Axi fluminis ripas sub abbate Balduino. Hunc strenuum pietatis et doctrinae cultorem praedicat Lelandus. Postquam enim in patria bonis litteris foeliciter operam dedisset, ad Belgas transfretavit, studiorum suorum cursum nunquam intermittens, imo noctes atque dies infatigabili labore libris incumbens, quotidie se doctior fiebat. —

Iis temporibus per totam fere Europam percrebuit fama sanctae Elisabethae abbatissae sanctimonialium Cisterciensium, quae in coenobio Schonaugiensi deo famulabantur. Illa enim spiritu prophetico imbuta miras divinitus habuit revelationes. De illa ergo sanctissima abbatissa ad dei et sanctorum gloriam augendum iudicavit Rogerus, et maxime convenire existimavit, ut religiosus de religiosa fidele testimonium et tunc viventibus praeberet, et posteris credituris traderet. Itaque omnes sanctae huius Elisabethae revelationes beneficio maxime Guillelmi Savignensis abbatis excepit, et in unum volumen collegit, et praefato Balduino abbati suo totum opus consecrans in vulgus emisit, titulumque indidit: Revelationes sanctae Elisabethae libros duos. Omnes, qui lecturi sunt. —

De undecim millibus virginum Coloniae occisarum, librum unum. —

Encomium beatissimae virginis Mariae, librum unum. Et alia nonnulla. Claruit anno redemptionis humanae millesimo centesimo octuagesimo primo sub Henrico secundo. —

Henriquez, Chrysostomus, Fasciculus sanctorum ordinis Cisterciensis, complectens Cisterciensium ascetarum praeclarissima gesta, huius ordinis exordium, incrementum, progressum, praecipuarum abbatiarum per universum ordinem fundationes, ordinum militarium origines. Libri II. Coloniae Agrippinae ex officina Choliniana sumptibus Petri Cholini. 1631. 4⁰. —

— Lilia Cistercii sive sacrarum virginum Cisterciensium origo, instituta et res gestae. Duaci. 1633. 4⁰. —

— Kalendarium ordinis Cistersiensis etc. Bruxellis apud Hubertum Antonium sub Aquila aurea 1620. —

— Paradisum ordinis Cisterciensis etc. Ms. ibid. 320. —

— Chrysost., menologium Cistertiense notationibus illustratum, auctore R. P. Chrysostomo Henriquez, Hortensi, S. Th. magistro, ordinis Cistertiensis historiographo generali. — Antwerpiae, ex officina Plantiniana. 1630. Folio. p. 199, 217, 218 (Ein Stück der Revelationen über den Tod Marias nach Elisabeths Angabe abgedruckt). —

Historia ecclesiastica (Magdeburger Centuriatoren). — Basel 1624. Folio. 3, p. 855: Elisabeth, abbatissa Schonaugiensis, Trevirensis dioecesis. Eckberto fratri suasit, ut ex canonico monachus fieret. Multas habuit revelationes, multa miracula edidit. Obiit anno 1162 (!). Una fuit ex numero earum, quae praelatorum superbiam et avaritiam graviter reprehenderunt. Scripta, quae post se reliquit, haec sunt. Viarum dei: opus utile lib. I. — etc. wie Trithem de script. eccles. —

Bibliotheca Heilsbronnensis, catalogus librorum omnium tam manuscriptorum, quam impressorum, qui in celeberrimi monasterii Heilbronnensis bibliotheca publica adservantur etc. studio M. Joh. Lud. Hockeri. Norimbergae MDCCXXXI. (bildet Band II. des Heilbronnischen Antiquitätenschatzes). p. 60. Nr. 193. Liber viarum dei etc. folio. — LXIII. pag. Am Schlusse die adiuratio conscriptoris sermonum istorum — — codici suo adscribat (wie im Drucke). —

Nr. 156. Sammelband. 1. de S. Maria, an et quomodo mortua sit. Folio, pag. II. pagg. 11. — (Ist die Visio Elis. de assumptione Marie. —

Hübner, Johann. Kurze Fragen aus der Kirchen-Historie des Neuen Testaments. — Jena 1725. kl. 8°. 3. 1058 (Tod zu 1165, erwähnt 3 Bücher Visionen auf Cave beruhend). —

Iselin, Jacob, Christoff, Neu vermehrtes Historisch- und Geographisches Lexicon etc. — Basel 1726. Folio 2, 157: »Sie (Elisabeth) starb an. 1165 in dem 36. jahre ihres alters, nachdem sie ein Buch von den 11.000 Jungfrauen geschrieben und diese erbärmliche Legenden zu erst (?!) hervor gebracht hat, welches ihr aber keine grosse ehre bey verständigen leuthen machen kan.« — Die zweite Auflage erschien Basel 1729 in folio. —

Die Frauen. Culturgeschichtliche Schilderungen des Zustandes und Einflusses der Frauen in den verschiedenen Zonen und Zeitaltern von Dr. Gustav Klemm. Vierter Band. Dresden 1857. 8°. p. 156. Elisabeth, Aebtissin von Schönau etc. cf. p. 337. —

J. P. Lange, Zur Psychologie in der Theologie. Abhandlungen und Vorträge von . . . Heidelberg. 1874. 8°. p. 186. —

Laicus, Joh., Legende der Heiligen. Im Vereine mit Andern herausgegeben. — Mainz 1854. 12°. 2. p. 252—288: Die heilige Elisabeth, Aebtissin von Schönau. —

Lautenbach, Catalogus testium veritatis. | Historia der zeu | gen, Bekenner vnd Märterer, so Chri | stum vnd die Evangelische warheit biss hieher, auch etwa mitten im | Reich der finsternuss, wahrhafftig erkennet etc. — Durch Conradum Lautenbach von Mutisslar, Pfarherrn zu Hunaweiler. — Getruckt zu Franckfurt am Mayn, Anno MDLXXIII. Folio. — Folio 245 r—246 v: Elisabeth aus Teutschlandt. — Das Buch ist eine deutsche Uebersetzung des Catalogus testium veritatis des Flacius Illyricus, es enthält über Elisabeth Auszüge aus dem liber viarum dei, die als älteste deutsche Uebersetzung dieser Schrift interessant sind. — Lautenbach sagt: Elisabeth ein Teutsche Jungfraw, hat gelebt vmb das 1150 jhar nach der geburt Christi, das ist vor 400 jaren, vnd der Hildegardis gute bekanndtin gewesen, jre schrifften sind zu Paris sampt einer Vorred Fabri, vnnd dem buchlin Hermiss Hildegardis Bruder Roperti, vnd Mechtildis getruckt worden, inn demselbigen wirt von jr gmeldet, dass sie einen Prophetischen Geist gehabt, vnd das sie alles, was sie in schrifften hinder jr gelassen hat, in einem gesicht auss Gottes Mund vnd eingeben empfangen habe. Unter andern redet Gott durch die Engel die Prelaten also an: Das haupt der Kirchen gehabt sich kleglich, vnd seine glieder sind todt etc.

Polycarpi Leyseri poes. prof. ord. in acad. Helmstadiensi historia poetarum et poematum medii aevi decem, post annum a nato Christo CCCC seculorum centum et amplius codicum manuscriptorum ope etc. — Halae Magdeb MDCCXXI. — 8°. — p. 440. Rogerus Cisterciensis in Fordans moasterio ad Axi flumininis ripas. Claruit a. MCXXC vel a. MCXXCI. Scripsit encomium d. Mariae lib. I., quod tanquam parergon canonis versibus scriptum adiecit revelationibus Elizabethae. —

Die Handschriften der königlichen Landesbibliothek in Wiesbaden, verzeichnet von Dr. A. v. d. Linde. Bibliothekar. Wiesbaden. Hofbuchhandlung von Edmund Rodrian 1877. 8°. — p. 97—100. Die Visionen der hl. Elisabeth von Schönau. — Literatur. — Beschreibung der beiden Wiesbadener Handschriften (p. 100—105.) —

Spicilegium Romanum ed. Mai. Romaè MDCCCXXXIX. 8°. 10 Bde. tom. VI., p. 1. Catalogus pontificum Romanorum cum inserta temporum historia. p. 29 über Papst Cyriacus. Alibi tamen scribitur, quod praefatae virgines non hoc tempore passae fuerint, sed tempore Marciani imperatoris sub Caelestino papa, quod magis videtur esse tenendum, prout in ipsorum actibus habetur. De isto Cyriaco in chronicis Damasi, Hieronymi, Prosperi, Isidori Hispalensis, Sicardi episcopi Cremonensis et plurium aliorum nulla fit mentio. cf. auch praef. pag. VIII. — Der erste Zweifel gegen Elisabeths Angabe über Papst Cyriacus.

Manrique, Angelus. Cisterciensium seu verius ecclesiasticorum annalium a condito Cistercio tomi IV. — Lugduni 1642. — 59. Folio.

— Sanctorale Cisterciense. libri III. Burgis apud Joannem Baptistam Baressium. 1610. — Weitere Ausgaben 1715 Barchinonae und 1614 Vallisoleti. — Der zweite Band erschien zu Salamanca apud Susannam Muñoz 1620.

— Kalendarium Sanctorum ordinis Cisterciensis. Salamanca O. J. — Erwähnt in Henriquez, phoenix rediviscens 236—237.

— Laurea evangelica hecha de varios discursos predicables con tabla para todos los sanctos y dominicas de entre ano. — En Barcelona. 1608. 8°. lib. 3, cap. 7 über Elisabeth.

— Sanctoral Cisterciense. hecho de varios discursos predicables en todas las fiestas de nuestra Senora y otros Santos. — En Barcelona 1613. 8°.

— Laurea evangelica sive de laudibus S. P. Bernardi. libri III. Salmanca apud Arturum Taberniel 1604. — Zweite Auflage daselbst 1624, weitere Auflagen Barchinonae, Olisiponae, Cordubae und anderwärts; französisch Camberonae et Furnis.

Marx, J., Geschichte des Erzstiftes Trier etc. — Trier (Lintz) 1860. 8°. — 2. 2, p. 480—497. Das Frauenkloster zu Schönau und die hl. Elisabeth von Schönau.

Der Elisabeth von Schönau Visionen nach einer isländischen Quelle (Maurer) in Sitzungsberichte der philosoph-philologischen und historischen Classe der k. b. Akademie der Wissenschaften zu München. 1883. Heft III. München, 1883. 8°. p. 401—423.

Neues Göttingisches historisches Magazin von C. Meiners und L. T. Spittler. — Dritter Band. — Hannover. in der Helwing'schen Hofbuchhandlung. 1794. 8°. p. 649. III. Ueber die Offenbarungen der heiligen Elisabeth einer Klosterfrau des zwölften Jahrhunderts. — Aufsatz von Meiners, eine Parallele zwischen Hildegardis und Elisabeth. voll brauchbarer Ansichten.

Mencken, Joh. Burchard, Compendiöses Gelehrten-Lexicon etc. — Leipzig. 1715. 8°. p. 647. (Tod zu 1165 angesetzt.)

Micraelius, Johannes, historia ecclesiastica, edita cura Hartnacci. Danielis. — Lipsiae et Francofurti 1699. 4°. p. 487: Hildegardis quoque abbatissa in dioecesi Moguntina et Elisabetha virgo. utraque Germanica, et prophetiae dono conspicua. vehementes fuerunt in accusanda curia Romana. (Ein kirchenfeindliches Werk.)

Migne. patrol. (series latina) Band 197 col. 142. Insignem sane locum obtinet (Hildegardis) inter medii aevi fatidicas virgines: Elisabetham Schonaugiensem. Gertrudem. Brigittam. aliasque sequentibus saeculis eximio vaticiniorum dote insignes.

Quarum cum visionum ratione tum aetate Hildegardi proxima est Elisabetha, abbatissa (!) Schoenaugiensis 1129, † 1165 (!). Verum ab hac quoque eo differt etc.

Miraeus, bibliotheca ecclesiastica sive nomenclatores VII. veteres. — Antwerpen 1639. Folio p. 256. — Obiit ipsa (Elisabeth) anno aetatis tricesimo sexto Christi millesimo centesimo sexagasimo quarto.

— chronicon Cisterciensis ordinis. Coloniae. 1614. 8°.

— origines ordinum ac congregationum sub regula S. Augustini militantium. 8°. (Bei dem Exemplare in Wiesbaden fehlt der Titel) p. 327, 366.

Barnabas de Montalbo, chronicorum Cisterciensis ordinis libri quinque. Matriti apud Ludovicum Sanchez 1602. Folio. — Continuatio libri decem.

— De viris illustribus ordinis sancti patris nostri Benedicti. liber unus. — ibid. 252.

— Barnabe de, Primera poste de la Chronica del orden de Cister e instituto de San Bernerdo. En Madrid. 1602. Folio. 2, cap. 40 über Elisabeth.

Mosheim, Johann Lorenz von, Vollständige Kirchengeschichte des neuen Testamentes etc. (Heilbronn und Rothenburg ob der Tauber) 1772. 8°. 2, 580 Note y.

Chronique latine de Guillaume de Nangis de 1113 a 1300 avec Les continuations de cette chronique de 1300 a 1368. Novelle Édition par H. Gérard. Paris. M. DCCC. XLIII. 8°. 1, 55 zu MCLVIII. In partibus Saxoniae quaedam sanctimonialis Elizabeth mirabiles visiones de conceptione, nativitate et assumptione beatae dei genitricis et virginis Mariae vidit; vidit etiam de gloria undecim millium virginum.

Nebe, D., Die heilige Elisabeth und Egbert von Schönau. — Aufsatz in Annalen des Vereins für Nass. Alterthumskunde und Geschichtsforschung. — Wiesbaden. 1866. 8°. Band 8, p. 157 bis 292. — Die eingehendste und beste Arbeit über Elisabeth. Ekbert und Emecho.

Io. Gottfridi Olearii bibliotheca scriptorum ecclesiasticorum etc. Jenae. MDCCXI. 4°. p. 220. Elisabeth. (Bietet nichts Unbekanntes.)

Oudinus, Casim., Commentarius de scriptoribus ecclesiae antiquis. — Lipsiae 1722. 2. 1497: Eruditi homines volunt, has revelationum sive visionum libros tres una Egberti manu cum libro epistolarum compositos fuisse, quos sub nomine Elisabethae sororis suae germanae, evulgaverit post mortem, ut famam sanctitatis eius maiorem apud posteros redderet. Solebant enim monachi piis eiusmodi fraudibus imponere posteritati. Istud eo facilius fieri potuit, quod Elisabetha atque Egbertus tam proximi manserint, ut perpetuo simul essent, ac in duobus coenobiis unum velut coenobium constituerent. (!)

Pitsaeus, Joannes, Relatiorum historicarum de rebus Anglicis tom. 1. p. 57. His temporibus per totam fere Europam percrebuit fama Elisabethae abbatissae sanctimonialium, quae in coenobio Schoenaugiensi deo famulabatur. illa enim spiritu prophetico imbuta, miras divinitus habuit revelationes, de illa igitur sanctissima abbatissa ad dei et sanctorum gloriam agendum sibi iudicavit Rogerius et maxime convenire existimavit, ut religiosis de religiosa fidele testimonium et tum viventibus praeberet, et posteris credituris traderet. Itaque omnes huius S. Elisabethae revelationes beneficio maxime Wilhelmi Sauignensis abbatis accepit, in unum volumen collegit, et praefato Balduino abbati tuo totum opus consecrans, in vulgus emisit, titulumque praemisit. Revelationes S. Elisabethae libros duos, quarum initium est: Omnes, qui lecturi sunt, de undecim millibus virginum Coloniae occisarum librum unum. Claruit anno redemtionis humanae 1181 sceptrum Anglicani regni tenente Henrico secundo. —

Anton. Possevini Mantuani, societ. Jesu, apparatus sacer ad scriptores veteris et novi testamenti etc. — Coloniae Agrippinae 1608, Folio 1., p. 502 Elisabeth Schonaugiensis (erwähnt ist der liber viarum dei, die Ursulalegende, diversarum quoque revelationum tres libros, cap. 144 continentes (auf Eysengrein beruhend). Briefe, darunter einer an Hildegardis. — Exemplar in Darmstadt.) [1])

[1]) Die ältere Auflage dieses Buchs von 1606 Venetiis folio 2, p. 9. Helisabeth, abbatissa cenobii Schonaugiensis, ord. S. Benedicti, soror Eckeberti abbatis, quae sanctitate vitae celebris, libros revelationum divinitus acceptarum duos reliquit. Omnes, qui lecturi sunt. Alterum item praenotatum: viarum dei, utile opus: Factum est in exordio. De undecim millibus virginibus lib. I.: Vobis, qui pios. Ad fratrem suum Eckebertum lib. I.: Petis a me frater. Epistolarum ad diversos lib. I.: Ex episcopatu Metensi. Ad sanctam Hildegardem lib I. Vid. notas Baronii card. ad. martyrologium 18 die Junii. —

Potthast, bibliotheca mediae aevi historica. — Göttingen 8° p. 683 (Literaturangaben). —

Preger, Wilhelm, Geschichte der deutschen Mystik im Mittelalter. — Leipzig 1844. 8°. Die Schriften der Hildegard von Bingen und der Elisabeth von Schönau. p. 13—43. — Widerlegt von J. Ph. Schmelzeis. die Werke der heiligen Hildegardis und ihr neuester Kritiker in Historisch-politische Blätter. München 1875 Band 76. p. 604. — 628. Forts. p. 659—689. [1]) —

Rettberg, Friedrich Wilhelm, Kirchengeschichte Deutschlands. — Göttingen 1846. 8°. Band 1, p. 111. —

Panzer, Annales typographici. Norimbergae 1793—1803. 8. p. 6. No. 649. Liber trium virorum et trium spiritualium etc. (Pariser Ausgabe von 1513 nach Maittaire 2, p. 242.) —

Du Pin, Louis Ellies, Histoire des controverses et de Matieres ecclesiastiques traitées dans le douzieme siecle. — Paris 1699. 8°. 2, p. 623. Il ya trois livres de Visions ou de Revelations de cette Sainte et un Livre de Lettres imprimée a Cologne en 1628.—

Analecta sanctae Hildegardis opera spicilegio Solesmensi parata edidit Joannes Baptista card. Pitra. Typis sacri montis Casinensis MDCCCLXXXIII. gr. 8°. p. 560. erwähnt den |Brief Elisabeths an Hildegardis (Migne, patrol. 194, 216). welcher Abdruck stark abweicht. cf. ibid. p. 606. — cf. praef. XV. Absatz 2. — p. 455 der hymnus Hildegards: De undecim millibus virginibus. —

Fasciculus temporum omnes antiquorum | cronicas succincto complectens. ‖ Venalis in vico sancti ia ‖ cobi sub flore lilii. 4°. Schlussschrift: Opus completum in fasciculo temporum cum plu ‖ ribus additionibus in nullis antea libris positis videlicet ab initio pontificatus Inno ‖ centii octavi usque ad annum virginei partus M. D. XII. Sumptibus honesti viri Johan ‖ nis parvi bibliopole In vico divi Jacobi sub aurco Lilio Parisiis commorantis eo ‖ dem anno impressum. — Eine fortgesetzte Ausgabe des oft gedruckten fasciculus temporum des Rolewink von Laer. — Das Exemplar in der Wiesbadener Bibliothek hat folgende Einträge: Liber monasterii bte Marie virginis in Lacu (Laach). in qua continetur (saec.

---

[1]) Ueber Mystik cf. auch Ullmann, das Wesen des Christenthums und die Mystik, in: theologische Studien und Kritiken. 1852. 535—612. —

15. exeunt. Darunter: Biblioth. Saynens. verus possessor huius 1653). — Folio LXXVI. v steht: Visiones sancte Elizabeth hoc tempore fuerunt. —

Sartorius, Augustinus, Cistertium Bis Tertium seu historia elogialis, in qua sacerrimi ordinis Cisterciensis anno domini 1698 a sui origine sexies seu bis ter saecularis primordia recensentur. — Vetero-Pragae. 1700. folio. p. 221. —

— — Verteutschtes Cistercium Bis-tercium. (Vor 8 Jahren in lateinischer Sprache zum Druck befördert, anjetzo aber mit Beyfügung der Stiftungs-Historien der Clöster in ganz Teutschland vermehret.) Gedruckt zu Prag bey Wolffgang Wickhart 1708. 4°. —

Geschichte von Nassau von den ältesten Zeiten bis auf die Gegenwart auf der Grundlage urkundlicher Quellenforschung. Von Dr. F. W. Th. Schliephake. — Wiesbaden 1866, 1, p. 175.—

Das Leben und Wirken der Heiligen Hildegardis nach den Quellen dargestellt von J. Ph. Schmelzeis, Pfarrer zu Eibingen im Rheingau. Nebst einem Anhang Hildegard'scher Lieder mit ihren Melodien. — Freiburg im Breisgau. 1879. 8°. p. 251—256. (Hildegards Briefwechsel mit der hl. Elisabeth von Schönau.) —

Serario-Joannis, rerum Moguntiacarum scriptores. Frankfurt 1724. folio. 1, 198. (Führt des Delrius Worte an. cf. ibid.)—

Chronicon eccles. Nicolai de Siegen ed. Wegele. 8°. p. 325. Cenobium S. Florini in diocesi Trevirensi ordinis s. Benedicti construitur a. d. 1130. —

Eckebertus secundus abbas monasterii s. Florini, nacione Teutonicus, vir in divinis scripturis studiosus et eruditus et non minus conversacione quam vita et sciencia venerabilis, frater germanus beate Elisabeth virginis abbatisse Schonaugiensis fuit. Hic prius fuit canonicus Bonnensis, qui ad Schonaugiam a sorore vocatus atque provocatus primo monachus ac deinde abbas factus est. Hic plura conscripsit in eodem monasterio S. Florini, quod et Schonaugia nuncupatur. Claruit a. d. 1160. — in Thüringische Geschichtsquellen II. Band. Jena 1855. —

Jon Sigurdsson, diplomatarium islandicum 1, 366 u. 509. Enthält den Brief des ungenannten Klerikers an Bischof Gudmundr von Holar, aber der Bericht über Elisabeths Vision ist weggelassen (1, p. 509—10). Der Herausgeber setzt den Brief ins

Jahr 1234, hat aber auch wieder Bedenken gegen diese späte Datirung (Gudmundr starb in diesem Jahre.) — Andre Literatur in Sitzungsberichte der k. b. Akademie 1883. 3, p. 402—405.) (philos.-philol.-histor. Abtheil.). — Leider können wir den altisländischen Originalbrief nicht aus Mangel an Schrift abdrucken. —

Adels Spiegel. Historischer Ausfürlicher Bericht: Was Adel sey und heisse. Woher er komme. Wie mancherley er sey. Vnd Was denselben ziere und erhalte, auch hingegen verstelle und schwäche etc. durch M. Cyriacum Spangenberg. — Gedruckt zu Schmalkalden, bey Michel Schmück. MDXCI. — folio 1. f. 426: Elisabeth, Eptisin zu Schonaw bey Trier, hat viel Orationes, Sermon vnd vermanungen geschrieben, auch ein Büchlein von Göttlichen Wegen. Sie hat der geistlichen hoffart und vnördentliches leben hart angegrieffen, ist gestorben Anno 1162(!). —

(G. Ter Stegen), Auserlesene Lebensbeschreibungen Heiliger Seelen. In welchen . . . . hauptsächlich angemerket werden die innere Führungen Gottes über Sie und die mannigfaltige Austheilungen seiner Gnaden in Ihnen: . . . . aus verschiedenen glaubwürdigen Urkunden . . . . 3. Edition. Essen. (Z. Baedeker) 1786. 4⁰. — 3. XXIV. Stück: in sich haltend das Leben der Elisabeth von Schönau p. 509—526. —

Theologisches Universal-Lexikon zum Handgebrauche für Geistliche und gebildete Nichttheologen. — Elberfeld 1874. 8⁰. 1. p. 218 sub voce. —

Twysden. Rogerius, Historiae Anglicanae scriptores X. Londini. 1652. folio. —

Die Landes- und Kirchen-Geschichte des Herzogthums Nassau von den ältesten Zeiten bis zur Reformation in übersichtlichem Zusammenhang erzählt von A. Ullrich. — 2. Auflage. Wiesbaden 1862. 8⁰. p. 200—209, 317, Note 59, 60. —

Bernardus de Villapando, lignum vitae ordinis Cisterciensis. —

— — De viris illustribus ordinis Cisterciensis. — ibid. 280. —

Vincentius Bellovacensis, speculum historiale in Pertz. mon. script. 24. p. 164. — 1153. In partibus Saxonie sanctimonialis Elisabeth mirabiles visiones vidit, inter quas etiam angelus familiaris ei librum, qui dicitur viarum dei, annunciavit, etiam diem translationis sacrosancti corporis beatissime virginis in celum demonstravit, sicut in loco congruo superius narratum est. — Diese Stelle ging in das von Potthast herausgegebene chronicon Henrici de Herfordia zu 1154 p. 158 und den hierauf beruhenden Corner p. 707 über. —

Bibliotheca scriptorum sacri ordinis Cisterciensis elogiis plurimorum maxime illustrium adornata opere et studio R. D. Caroli de Visch. prioris coenobii b. Mariae de Dunis. s. theol. professoris. Editio secunda. — Coloniae Agrippinae apud Joannem Bisaeum Bibliopolam Anno MDCLVI. 4⁰. nicht folio: die erste Ausgabe erschien Cöln 1649. p. 101. B. Elizabeth de Sconaugia divinis revelationibus et quibusdam etiam scriptis clara, quae a Chrysostomo Henriquez in menologio 18. Junii et aliis nonnullis scriptoribus monialis fuisse Cisterciensis scribitur, talis revera non fuit. sed Benedictina nigri ordinis. ut clare ostendam infra verbo Sconaugia. etc. —

p. 295. Schonaugia (de Visch unterscheidet die 3 Klöster Schönau. Visch war 1630 Lector zu Eberbach im Rheingau, in quo Schönau anno 1630. dum Ebirbaci lectorem agerem. 5 solum erant religiosi cum abbate. inter quos et Ebirbacenses nostros magna satis intercedebat familiaritas. quae causa fuit. quod ipsum monasterium subinde visitaverim etc. — Nach Visch waren die beiden Klöster Schönau nur durch eine Strasse getrennt. Das Nonnenkloster ward bald nach der Aufhebung abgebrochen. 1630 stand kein Gebäude mehr ganz da. Elisabeth war 1140 Nonne in Schönau. Der Tod Elisabeths ist zu 1146 (ob Druckfehler statt 1164?) 14 Kalendas Julii angegeben. Visch sagt: sepultaque fuit in choro monasterii sancti Florini, non longe ab altari virginibus omnibus sacro, ubi et frater eius iam sepulturam suam elegerat, attamen reliquiae eius postea (wann ?) exhumatae in magna lapidea tumba repositae sunt. in qua anno supradicto 1630 adhuc quiescebant. in sacello quodam vicino monachorum choro, ubi easdem ipse reverenter conspexi. — Caeterum vita haec per Eckbertum conscripta in dicto monasterio adhuc studiose asservatur, quam eiusdem loci prior mihi legendam aliquando concessit, estque in 7 libros divisa quorum priores duo continent varias visiones, et revelationes, quibus virgo sanctissima Elizabetha divinitus illustrata fuit, una cum expositionibus earundem, 3. de coelesti Hierusalem inscribitur, 4. dicitur liber viarum domini, agens generaliter de omnibus hominibus, quomodo scilicet in singulis statibus vivere debeant. 5. continet revelationes de sancto exercitu undecim millium. 6. complectitur varias epistolas, quas non humana (quia indocta erat), sed divina inspiratione pronunciavit, dei et sancti angeli verba loquens, 7. authoris habet prolixam epistolam ad quasdem cognatas suas de obitu huius B. Elizabeth, ubi inter alia refertur, biennio ante mortem eius voces in coelo auditas esse, ex quibus eadem mors certo cognoscendi potuit. Libris his omnibus subiungitur in eodem volumine officium parvum de sancta Elizabeth de Schonaugia, compositum ab Emecho abbate item Schonaugiae sancti Florini, viro pio et religioso, de quo sequentes leguntur versus:

Mon erit aequalis tibi nunc Schonaugia talis,
Flos erat egregius, requiescat spiritus eius. —

Quod autem ad Eckbertum attinet, scripsit etiam opusculum contra cattaros haereticos. Item aliud contra Judaeos de Christo et matre eius. Quae omnia etiam in eodem extant antiquo codice membranaceo. —

p. 291 sagt de Visch: Rogerius, Fordani monasterii in Anglia monachus, quem strenuum pietatis et doctrinae cultorem praedicat Lelandus, excitatus fama sanctitatis beatae Elizabeth de Schonaugia, abbatissae ordinis sancti Benedicti in Germania, de licentia abbatis sui Balduini in Belgium transfretavit, indeque Germaniam profectus, eandem visitavit, omnesque eius visiones et revelationes beneficio maxime Guillielmi Savigniacensis abbatis excepit, et in duos libros redegit, quos in Angliam reversus, praefato Balduino, abbati suo, consecrans in vulgus emisit titulumque indidit: Revelationes sanctae Elizabethae libros duos. Quorum initium erat: Omnes, qui lecturi sunt etc. Scripsit praeterea: De undecim millibus virginibus Coloniae occisarum librum unum secundum revelationes scilicet, quas de iis habuerat B. Elizabeth. Item libellum quendam encomiorum B. B. virginis Mariae et alia nonnulla. — Caeterum hos tres priores libros a Rogerio conscriptos postea recognovit Eckbertus abbas Schonaugiae sancti Florini, frater germanus ipsius B. Elizabeth et 4. alios iisdem adiecit, quorum autographum vidi aliquando in dicto Schonaugaei monasterio. — — Porro Harpffeld. cent. 12. c. 30. folio 371 et alii authores feri communiter censent, hunc esse Rogerium, cuius mentionem faciunt Baronius in notis ad martyrologium Romanum 21. Octobris et Molanus in additionibus ad Usuardum eodem die asserentes, illum scripsisse historiam undecim millium virginum. Seguinus tamen in bibliotheca sua putat, Rogerium a Baronio citatum fuisse abbatem primum Ellantii in Galliis. —

Franciscus Vivarius. De viris illustribus ordinis Cisterciensis; liber unus. —

Vogel. Historische Topographie des Herzogthums Nassau von C. D. Vogel. — Herborn (gedruckt bei J. C. Kempf) 1836. 8⁰. p. 84. —

— — Beschreibung des Herzogthums Nassau von C. D. Vogel. — Wiesbaden (Wilh. Beyerle) 1843. 8⁰. p. 640. — (Tod zu 1165). —

Jacobus de Voragine. legenda aurea. — Cöln (Conrad von Hoemburch) 1478. folio. — Wir benützen das Exemplar aus Schönau, jetzt in der Landesbibliothek in Wiesbaden.[1]) — Folio 205 r de assumptione gloriose virg.: In revelationibus sancte Elisabeth legitur, quod dum, dabei sind die Revelationen Elisabeths II., cap: 31. 32 über den Tod Marias zu Grunde gelegt. Ferner benützte Jacobus de Voragine Folio 268 v in dem Capitel de undecim milibus virginum Elisabeths Ursulalegende, zur Herstellung des Textes dienten aber auch noch andere abweichende Quellen.

H. J. Wetzer und B. Welte, Kirchen-Lexikon oder Encyclopädie der kath. Theologie. — Freiburg in B. 1860. Gr. 8⁰. 3. 531. — Ueber Ursulalegende ibid. 11, 482 f. —

Chorvs sanctorvm omnivm. Zwelff Bücher Historien Aller Heiligen Gottes (on alle die ausserweleten, welcher Namen allein im Hymel angeschrieben sind) aus den alten, guten, vnd bewe-

---

[1]) Das Wiesbadener Exemplar trägt auf dem Vordeckel den Eintrag einer Hand des 17. Jahrhunderts: D. Jodocus Lebers 1643 in Schoenau. An den untern Rand des Registers schrieb eine Hand des 17. Jahrhunderts: Liber S. Florini in Schönau. Das Exemplar ist handschriftlich foliirt und die Folienzahlen im Register eingefügt. Auf Folio 205 r steht zwischen den Columnen des Textes, wo von den Revelationen Elisabeths die Rede ist, von einer Hand des 17. Jahrhunderts: Elisabethae revelat. — Am Schlusse des Texts vor dem Register trug eine Hand des 17. Jahrhunderts ein: Jodocus Lebers, sacellanus S. Brigidae; illi deservio Ao 1642 in Schoenau ad S. Florinum. Folio 1 v des Registers schrieb eine Hand des 15. Jahrhunderts: Item de ymagine salvatoris scilicet Veronice etc. Zu diesem Eintrage passt, dass Ms. D. eine Abbildung des Veronicahauptes hat, das Fest scheint am Ende des 15. Jahrhunderts in Schönau eingeführt worden zu sein. —

reten Schrifften vnserer Gottseligen Vorfaren, mit trew vnd vleis beschrieben durch Georgivm Wicelivm. — Cöln. 1554. Folio. p. 290. Zur selbigen Zeit (Hildegardis) hat auch gelebt die prophetische Elizabeth von Schonaug, dero epistel auch doselbst (Rupertsberg) furhanden, wie ich dis alles selbst mit augen gesehen. —

Arnoldi Wion, Lignum vitae, ornamentum et decus Ecclesiae, in quinque libros divisum, in quibus totius S. religionis D. Benedicti initia, viri dignitate, doctrina, sanctitate ac principatu clari, describuntur etc. Accessit dilucidatio, quomodo principes Austriaci originem ducant ex Anicia Romana familia, quae erat D. Benedicti. Venetiis (Georg Angelerius) 1595. 4⁰. 2. Bände.

— — Lignum vitae ‖ Baum des Lebens. ‖ History des gantzen Or ‖ dens S. Benedicti ‖ Der Erste Theil. ‖ Erstlich von D. Arnoldo Wion. ‖ In Latein beschriben ‖ Nun aber durch F. Ca ‖ rolum Stengelium ‖ In die Teutsche sprach ‖ gebracht ‖ A. MDCVII ‖ — Gedruckt tzue Augspurg ‖ in verlegung Dominici ‖ Custodis. — 4⁰. 2, p. 462. S. Elisabeth Aebtissin und Prophetin das 87. Capittel. — Letstlich ist sie gestorben klar an Wunderzeichen im Herrn 1165 jhres Alters im 36. den 18. Brachmonats vnnd in jhres Bruders Closter by S. Florin in mitten des Chors begraben worden. — 2, 69. Von der Menge der Heiligen dess Ordens S. Benedicti. (eine Art deutsches Brevier): den 18. Junii: Zv Schönaw der heiligen Jungkfrawen vnd Aebtissen Elizabeth in Zucht dess Closterlebens fürtrefflich, welcher vil heimliche ding von Gott seind geoffenbart worden. (Nach dem martirol. roman. übersetzt.) — Lateinisch steht die erstere Stelle auch in der Cölner Ausgabe Folio 2 r ung bei Crombach p. 55. —

Wolff, Johan., J. C. Lectionum memorabilium et reconditarum centenarii XVI. — Lauingae 1600. Folio. p. 362. Ex visionibus virginis Elizabethae Germanae. — Elizabeth virgo Germana floruit circa annum 1150 et fuit divae Hildegardis familiaris. Scripta eius sunt Parisiis cum praefatione Fabri opusculis Hermis, Hildegardis, fratris Roberti et Mechtildis impressa. In eis illi propheticus spiritus tribuitur, quod quaecunque scripta reliquerit, in visione a deo dicta revelataque acceperat. Inter alia praelatos sic deus, referente angelo, per os eius alloquitur: Haec dicit dominus: Ecce ego mitto angelum meum — — papa, ut supra (lib. viar.

dei cap. 15.) — Eine zweite Auflage von Wolffs Buch erschien in 2 Foliobänden zu Frankfurt a. M. 1671. cf. Meusel, bibliotheca historica 1, 1. 286. —

Yepes. Antonius. Coronica general de la orden de San Benito. Valladolid. o. J. Folio. — Lateinisch erschienen die Bände I. II. Cöln 1648—1650. Folio. —

Grosses vollständiges Universal-Lexicon Aller Wissenschaften und Künste etc. — Halle und Leipzig, Johann Heinrich Zedler, Anno 1734. Folio. Siebenter Band col. 841. S. Elisabeth. Literatur: Mersaeus, annal. episc. Trevir. p. 273. — Gaulart. catal. test. XV. p. 1493. —

Ziegelbauer, rei litterariae ordinis S. Benedicti, in IV. partes distributa opus eruditorum votis diu expetitum etc. a R. P. Magnoaldo Ziegelbauer. — Augustae Vind. et Herbipoli 1754. Folio. 4 Theile. — 1, p. 58. 2. 210. 3. 499 (auf Trithem beruhend, er schreibt gegen Oudins Urtheil, der die Visionen verwirft, Tod zu 1165) 3, p. 500 erwähnt Ziegelbauer - Legipontius die italienische Ausgabe der Revelationen Venetiis 1589 in 4°. —

Folgende Werke. die noch Stellen über Elisabeth enthalten könnten. waren mir nicht zugänglich:

Witte. B., historia virorum illustrium ordinis sancti Benedicti. Münster 1778. —

Jacob, bibliotheca illustrium foeminarum, que scriptis claduerunt. —

J. A. Schenz von Schemmerberg. compendium Benedictinum. Prag. 1736. —

Jacobus Forestus Bergomensis, de claris mulieribus Christianis. Paris 1521 oder Ferrara 1479. —

Bucelinus, Gabriel, Chronologia Benedictino-Mariana. 1671. 4°. —

Carol. Stengelius, imagines sanctorum ord. S. Benedicti. 1675. 4°. —

Oelrichs, commentarii de scriptoribus ecclesiasticis latinis. Lipsiae 1791. 8°. —

§ 6. Trithems Urtheile über Elisabeth.

Wir stellen hier die Urtheile Trithems, als des bedeutendsten der ältern Schriftsteller über Elisabeth als Quellen zusammen, um des öftern Citiren überhoben zu sein. Fast alle späteren Schriftsteller fussen auf Trithems Angaben.

Trithemius, liber de scriptoribus ecclesiasticis. 1494. Folio 61 r: Helicabet, monialis et abbatissa sororum coenobii Schonaugiensis, ordinis sancti Benedicti (sunt enim duo monasteria, unum monachorum, alterum monialium in fine Treverensis diocesis non longe a Rheno in Hircinia sylva constituta) soror Eckeberti abbatis, supradicti, virgo sanctissimae conversationis, que multas revelationes divinitus acceperat, quas ad aedificationem posteritatis litteris demandavit. E quibus legi ista:

1. Viarum dei utile opus li. I.: Factum est in exordio quinti.

2. De XI. M. virginum Coloniensium li. I.: Vobis, qui pios affectus.

3. Revelationum diversarum li. II.: Omnes, qui lecturi sunt.

4. Ad fratrem suum Eckebertum li. I. — Petis a me frater et ad hoc.

5. Epistolarum ad diversos li. I.: Ex episcopatu Metensi de ab.

6. Ad sanctam Hildegardem li. I.

Et alia similia. — Moritur sub Frederico imperatore primo anno domini mill. C. LXV. Indictione tertia decima, aetatis suae anno XXXVI, conversionis XXIIII, visitationis autem superni splendoris tertio decimo, XIIII. Calendas Julii, sepulta in ecclesia monachorum sancti Florini in medio chori. — Trithemius, catalogus illustrium virorum. Mainz. 1495 4°. p. 19 v: Helisabeth sanctimonialis femina, soror prefati abbatis Eckeberti, et abbatissa cenobii virginum Christi, quod eque Schonaugia dicitur et monasterio predicto virorum quasi contiguum esse cernitur, virgo sanctissime conversationis et ab infantia sua domino consecrata, multis et probatis revelationibus illustrari divinitus meruit, quas ad edificationem fidelium iussa litteris commendavit. E quibus legi subiecta: Opus pulcherrimum et non inutile, quod viarum dei prenotavit, in quo triplicem viam sanctorum descripsit, videlicet martyrum, confessorum et virginum li. I., de undecim milibus virginibus apud Coloniam Agrippinam sancto martyrio coronatis li. I., revelationum suarum li. II.; ad fratrem suum Eckebertum adhuc Bunnae canonicum li. I.; epistolarum ad diversos li. I.; ad sanctam Hildegardem virginem Christi epistolam unam. Moritur sub Frederico imperatore primo anno domini millesimo C. LXV. indictione — — (wie oben). — Florini martyris in medio chori: non sine maxima opinione sanctitatis.

Trithemius, opera pia et spiritualia ed. Bussaeus. Mainz. 1605. Folio. p. 56. cap. 120 (liber de viris illustribus ordinis sancti Benedicti): Elisabeth, monialis et abbatissa Schonaugiensis coenobii, dioecesis Treverensis, virgo sanctae conversationis, multas a deo revelationes habuit, quas ad utilitatem fidelium literis demandans, subiecta volumina composuit. Viarum dei notabile et utile opus, lib. I.; de revelatione XI. millium virginum Coloniensium li. I.; revelationum suarum lib. 3. epistolas etiam non paucas ad diversos. Non mihi insultet praesentium lector futurus, quod foeminas in scriptorum illustrium catalogo posuerim, quod non sine veterum exemplo fecisse putandus sum, etc. — — — Claruit autem beata Elisabeth eodem tempore, quo Hildegardis, cui amicissima fuit, cuius monasterium vix tribus milliaribus ab ea distat. Vitae eius seriem in tertio libro breviter exponemus (p. 113, wo ihr Tod zu 1165 angesetzt ist und eine Beschreibung des Lebens und Wirkens sowie ihrer ekstasischen Zustände gegeben wird). — Moritur ante quam Hildegardis decederet, anno domini millesimo centesimo sexagesimo quinto, indictione 13., aetatis suae anno 36, 14 Calendas Junii, in ecclesia sancti Florini sepulta.

Trithemius, chronicon Sponheimense (opera ed. Freher. Frankfurt (Wechel) 1601 folio) p. 245. — MCLXIII. His temporibus per novem continuos annos corpora sanctarum undecim mille virginum et aliorum sanctorum, qui cum eis passi sunt, in suburbio Coloniensis civitatis inventa et de terra levata sunt, quorum multa in sarcophagis posita, nomina, titulos et dignitates eorum ostendebant, multa etiam sine nominibus inventa fuerunt, e quibus S. Helizabeth monialis et magistra in Schonaw multorum nomina et merita et dignitates angelica revelatione didicit, et ad Gerlacum Tuiciensis monasterii abbatem nostri ordinis scripsit. —

MCLXIIII. Anno Crafftonis abbatis huius coenobii 13. S. Helizabeth, virgo monialis nostri ordinis et magistra in Schonau, transivit ex hoc mundo ad dominum Jesum, quem puro semper corde amavit, 14. Cal. Julii, anno aetatis suae 36., visitationis autem superni luminis in revelationibus sanctis 13, feria sexta, hora nona de mane. Hec sancta virgo anno etatis sue 23. angelica visitatione et allocutione meruit consolari, et exinde multas revelationes diminutas habuit, quas partim latino, partim teutonico sermone digessit. Sed frater eius, monachus in Schonau et postea abbas omnia scripta et revelationes sancte sororis ornatiori stylo in eam formam, qua nunc leguntur, redegit: fueruntque uno et eodem tempore haec duo preciosa lumina mundi, Hildegardis apud Bingas in monte sancti Ruperti, et Helizabeth in Schonau, quae ambae divinis revelationibus crebro visitatae, multa pro dei voluntate arcana ad hominum notitiam deduxerunt. —

Trithemius, chronicon Hirsaugiense (opera ed. Freher Frankfurt 1601 folio) p. 151.: MCLXII. Anno Ruperti abbatis primo currente, qui fuit dominicae nativitatis 1162, sancta et deo dilecta virgo Elisabeth, monialis nostri ordinis, magistra virginum Christi in Schonaugia, Treverensis dioecesis, soror Eckberti abbatis ibidem in coenobio monachorum, de quo supra fecimus mentionem, anno aetatis suae sexto et tricesimo, conversionis ad ordinem quarto et vigesimo, visitationis autem coelestis gratiae tercio decimo, vocante domino nostro Jesu Christo, ex hoc mundo transivit ad ipsum sponsum suum, quem puro semper corde amavit, sepulta in monasterio virorum ibidem in ecclesia principali ad aquilonem, cuius vitam, conversationem, miracula et revelationes frater eius praefatus abbas Eckbertus ad multorum aedificationem descripsit. Haec virgo cum esset annorum duodecim, ad monasterium pauperum virginum Christi in Schonaugia domino deo sub regula s. patris nostri Benedicti et magisterio Hildelini primi abbatis et fundatoris utriusque coenobii, monachorum videlicet et monialium, syncere famulantium a parentibus tradita fuit, ubi tam sancte quam pure, tam religiose vixit, ut multis mirandis revelationibus divinitus meruerit crebrius in hac mortalitate consolari. — Anno namque conversationis suae undecimo, qui fuit aetatis tertius et vicesimus, manus domini super eam facta est, et coepit mirabiles habere visiones, chorisque interesse angelicis, et arcana mentium divinitus illustrata revelare. Et quandiu deinceps vixit, divinis revelationibus recreata fuit, et hoc maxime diebus dominicis, et in festis sanctorum, tempore divinorum in choro, ubi maior omnium fervebat devotio. — Modus autem visionum, seu revelationum is erat. Cadebat super eam quaedam passio praecordiorum, ita ut lapsa repente in ecstasin velut exanimis perduraret, quieta iacens, vel sedens immobilis, nullusque in ea sentiri halitus posset. Quo durante excessu, spiritus rapiebatur ad diversa loca, et angelicis interea locutionibus informabatur. Tandem vero post longum excessum resumpto spiritu sanctissima verba proferebat, aliquando in lingua teuthonica, quae illi patria fuit, aliquando vero in latina, cum latini sermonis pene nullam haberet intelligentiam. Spiritus enim, qui loquebatur in ea, ut voluit, verba formavit. Tota vita eius quasi longum quoddam martyrium fuit, quippe quae sub regulari disciplina constituta, iugum dominicum multiplici flagello passionum longo tempore portavit. Manus enim domini super eam semper fuit extenta, et flagellum pii conditoris nunquam ei defuit, premens nimium et conterens debile corpus infirmitate continua. Quae quamvis languoribus vexaretur continuis, semper tamen patiens, semper hilaris et tranquilla mente et corpore extitit; psalmis, orationibus, ieiuniis lachrymisque et voluntaria castigatione se macerans, sacrificium acceptabile domino immolavit. Divinis autem revelationibus informata, plura ad aedificationem fidelium scripsit, de quibus nos subiecta legimus: Viarum dei, pulchrum et necessarium opus, in quo plures ponuntur sermones de via contemplativorum, activorum, matyrum, coniugatorum et continentium, quod sic incipit: F a c t u m e s t i n a n n o q u i n t o v i s i t a t i o n n i s m e e etc. Item de historia, origine, inventione et nominibus undecim millium virginum opusculum edidit, angelica revelatione informata, quod sic incipit: Vobis, qui pios affectus ad ea, que sancta sunt, geritis, ego Elisabeth famula ancillarum domini, quae sunt in Schonaugia, aperio ea, quae mihi per gratiam dei revelata sunt. Item diversarum revelationum in variis materiis, causis et propositionibus tres libros composuit, capitula centum quatuor et quadraginta continentes, in quibus multa pulchra et utilia descripsit, quorum primus sic incipit: Petis a me frater, et ad hoc venisti, ut enarrem tibi misericordias domini. Secundus vero sic: Benigna est misericordia dei nostri. Tertius autem sic: Assumpsit me angelus domini in spiritu in locum celsitudinis magne.[1]) Item ad interrogata multorum plures conscripsit epistolas responsales, inter quas una satis prolixa extat ad Hildegardem, magistram sororum apud Bingios, quam ex certa consideratione de verbo ad verbum inserere nobis placuit huic operi nostro, ut sequitur: Domine Hildegardi. (Nun folgt der Brief Elisabeths an Hildegard aus lib. vis. 2; schliesst: Gratia domini nostri Jesu Christi vobis cumsit. Amen.)[1])

---

[1]) Diese Angaben stimmen mit Ms. A. überein, doch erwähnt Trithem nicht der Vorrede Ekberts: Omnes, qui lecturi sunt, die in Ms. A. Ms. B. dem Wiener sowie in dem verlorenen von Crombach benutzten Schönauer Codex enthalten war, er entnahm seine Mittheilungen daher keinem Schönauer aber einem auf Ms. A. beruhenden Codex.

§ 7. Die Lebensumstände Elisabeths.

Elisabeth war am Mittelrhein ums Jahr 1129 geboren. ihr Vater hies nach Zedler, grosses, vollständiges Universallexikon 7, col 292 Hartwig. sonst ist über deren Eltern und Heimath nichts Näheres bekannt.[1]) Ihre Familie scheint eine weitverzweigte gewesen zu sein. Elisabeth besass neben Ekbert noch einen Bruder, den spätern Probst in Kl. Pölden, offenbar Ruother, und mehrere Schwestern. deren eine aus der Ferne zu ihren Exequien herbeigerufen ward. Verwandte besass sie ferner im Kl. St. Thomas bei Andernach und in Schönau selbst, da ihr als Meisterin eine Verwandte folgte. (Schreiben de obitu.) Elisabeth war aus edler Familie, der Benedictinerorden nahm damals meist nur Edle auf; lies jedenfalls aber nur solche zu geistlichen Aemtern in den Klöstern zu. Man könnte schliessen, Bonn sei die Heimath Elisabeths, da Ekbert vor seinem Eintritt ins Kloster Abschied von seinen Verwandten daselbst nimmt, aber diese Verwandten können so gut in Bonn ansässig gewesen sein, als sich auch erst daselbst angesiedelt haben. Ebenso wenig entscheiden die Be-

[1]) Dass Elisabeth von edler Herkunft war, geht schon daraus hervor, dass ihr mütterlicher Grossoheim Bischof Ekebert oder Eggebert von Münster, zugleich Pathe Ekberts des Abts, war. Sein Geschlecht ist leider unbekannt. Bischof Ekbert von Münster (episcopus Mimigardevordensis) regierte von 1117 —1132 (Todestag nach Böhmer fontes 3, 420 und der Westphälischen Zeitschrift 3. 227 am 9 Jan. Tag seiner Memorie in Schönau am 22. Jan. siehe Schönauer Seelbuch Studien 1883, 2 p. 358) und starb zu Cöln, wo er vor seiner Wahl Domdecan gewesen war. cf. H. A. Erhard, Geschichte Münsters. Nach den Quellen bearbeitet. Münster 1832, 8⁰ p. 81. — H. A. Erhard, Regesta historiae Westfaliae. Münster 1851. 4⁰. 2, p. 4 Nr. 1500, 7, Nr. 1539. — Auch leuchtet die edle Herkunft daraus ein, dass das Cassiusstift, das Ekbert aufnahm, im Geiste der Zeit nur Edlen den Zutritt gewährte.

ziehungen Ekberts zu Erzbischof Arnold von Cöln einem Grafen von Wied für die Herrschaft Wied als Heimath. Ebenso gut könnte nach den Beziehungen Ekberts zu Reinald von Dassel derselbe ein Sachse sein. Wir nehmen den Mittelrhein als Hauptwirkungsstätte der Familie: Bonn, Andernach, Dietkirchen und Schönau an und lassen die Frage nach der engern Heimath offen. Nach dem Zeugnisse ihres Neffen Simon, spätern Abts von Schönau kam Elisabeth als Kind, nach den Visionen als solches von 12 Jahren um 1141 ins Kloster Schönau, erhielt daselbst Unterricht und Erziehung und ward wahrscheinlich im Alter von 18 Jahren (1147) eingekleidet. Im Alter von 23 Jahren (1152) begannen ihre Gesichte. Elisabeth war eine von Natur aus zärtliche, kränkliche Natur, die Anlage zur Extase besass, die sich später zu einem Zustande des magnetischen Hellsehens entwickelte. Elisabeth war abgeschlossen von der Welt auf ihr inneres Seelenleben angewiesen, das sich nur mit der Strenge der Ordensregel, mit Gebeten und Betrachtungen im Geiste des Ordens beschäftigen konnte. Wie beim Weibe das Seelenleben gegenüber dem objectiven reflectirenden Bewusstsein des Mannes vorwaltet und sich hieraus das Vorherrschen des weiblichen Ahnungsvermögens, unter Umständen auch das visionäre Vermögen ergibt, das sich zur prophetischen Extase, selbst zur somnambulen Extase unter krankhaften Steigerungen der Thätigkeiten des Nervensystem ausbilden kann, so geschah es auch mit Elisabeth. Das Versenken des Geistes in die Geheimnisse der Religion ward ihrem Seelenleben zur andern Natur, die sich in religiöse Schwärmerei bis zum extasischen Hellsehen und Verzückungen ausbildete. Diese Verzückungen hatte Elisabeth nach ihren Visionen meist zur Zeit des Gottesdienstes, da dieser gerade am meisten durch die gesteigerte Andacht und Betrachtung ihr Seelenleben in Anspruch nahm. In diesem Zustande sah Elisabeth ihre Gedanken verkörpert, sie sah überirdische Dinge, hatte Gespräche mit dem Engel Gottes, den Heiligen, mit Maria; Christus erschien ihr sogar im Geiste. An den Heiligenfesten sind es gewöhnlich diejenigen Heiligen, deren Fest begangen wird, die sich ihr vergegenwärtigen. Durch das anhaltende Lesen der hl. Schriften, besonders der ihr in ihrem geheimnissvollen Texte jedenfalls besonders zusagenden Apocalypse sowie der Psalmen, vermischte sie diese Erscheinungen mit Stellen der hl. Schriften und unterstützte die Gesichte durch letztere, auch legte sie dunkle Schriftstellen aus, nachdem sie angeblich Gesichte darüber gehabt und Gespräche mit Heiligen geführt hatte. Ihre Visionen sind zweierlei Art, die während des Wachens und die im Traume. Letztere hängen offenbar in ihrer Beurtheilung mit dem Dogma vom prophetischen Traume zusammen, was ich den Theologen überlasse. Ob Elisabeth, was uns ihre Visionen sagen, wirklich im Traume sah, oder nur so deutete, ist dunkel. Ueber Traumdeutung handeln Schindler, der Aberglaube des Mittelalters. Breslau 1850 p. 245—48 und Brecher, Das Transcendentale. Wien 1858 ohne zu befriedigen. Nur selten benützte Elisabeth ihre Träume zur Prophezeiung, so dass eine eigentliche Traumdeutung nicht stattfand. Die Visionen Elisabeths haben folgenden Charakter. Sie sah im Geiste während der Arbeit und des Gebets, das ist der geringste Grad ihrer Gesichte, sie sah Gegenstände nur mit dem Auge des Geistes, dann wieder verschärft mit dem Auge des Geistes und des Körpers zugleich. In höherem Grade der Erregung, namentlich zur Zeit der Nüchternheit, fiel sie in Verzückungen, dabei war ihr Leib unempfindlich, der Fall zu Boden war nicht empfunden. (lib. vis. 1, cap. 67.) In diesem Zustande war ihr Körper starr, der Wille konnte nicht siegen, denselben aufzurichten, erst mit Gewalt erfolgte dieses. (lib. vis. 1. cap. 3) Sie sah das Leiden Christi, frug übernatürliche Sachen, worauf ihr der Engel keine Antwort gab, und sie sich damit tröstete, dass dieses zum jüngsten Gerichte gehöre. Sie empfand auch Schmerzen während ihrer Visionen, ward vom Engel bestraft. (lib. vis. 1, cap. 78), so dass sie die Schmerzen mehrere Tage fühlte, dann ward sie auch während der Vision gesund und ging zum hl. Abendmahl. (lib. vis. 1, cap. 66.) Ihre Gesichte haben aber auch wieder einen sehr irdischen Charakter, keineswegs den der Offenbarung Gottes. Elisabeth kommt häufig in ihren Gesichten mit den Worten der hl. Schrift in Conflict, oft sieht sie das Gegentheil, das die hl. Schrift sagt, cf. Acta sanct. Oct. 9. 84 B. häufiger sind aber auch wieder ihre Visionen den Worten der hl. Schrift entsprechend. Gerade wie ein schwaches Weib hat sie Vertrauen in ihre Visionen und preist solche für göttliche Eingebungen an, auf der andern Seite misstraut sie deren Angaben und wünscht die Sache vom Engel nochmals erläutert, indem sie ihre Einwände vorbringt. Noch auf dem Todesbette hat sie Sorge um Anerkennung ihrer Revelationen als göttliche Offenbarungen, auch in dem Schreiben an Hildegardis spricht sie sich gegen die Zweifler aus. cf. Acta sanct. Oct. 9, 84. C. D. Der durch ihre Fragen beleidigte Engel wendet sich seiner höhern leidenschaftslosen Natur zuwider erzürnt von Elisabeth ab, erscheint nicht mehr und kehrt erst später durch sie versöhnt wieder. Auch ihre Heiligen zeigen sehr irdische Züge und Leidenschaften, ein Apostel, dessen Dienst Elisabeth versäumt, antwortete ihr nicht. (lib. vis. 1, cap. 33). Die Heiligen, mit denen die Nonne in ihren Gesichten verkehrte, waren die im Orden des hl. Benedict besonders Verehrten, dieselben besassen in Schönau einen besondern Cultus, der durch Elisabeths Einfluss jedenfalls noch an Ausdehnung zunahm, vielleicht ward Codex Ms. D. mit seiner Menge von Gebeten zu diesen Heiligen auf ihre Veranlassung verfasst und geschrieben. Elisabeth bedient sich bei ihren Visionen eines Mittlers in Gestalt des Engels oder der Heiligen, um die angeblichen Offenbarungen Gottes zu erfahren, sie hält Gespräche mit demselben über die heilige Schrift, deren Ausspruch gilt ihr als Ausspruch Gottes. Ganz anders Hildegardis Elisabeths grosse Zeitgenossin. Dieselbe vernimmt schallende Stimmen direct vom Himmel, sie sieht das wahre Licht und preist ihre Worte als göttliche Dictate, sie bedarf keines Mittlers im Verkehre mit Gott. Elisabeths Visionen haben aber auch, ein wichtiger Moment gegen alle Angriffe, als seien dieselben von Ekbert untergeschoben, einen entschieden frauenhaften Charakter. Vor allem das innere Seelenleben, das aus ihnen spricht, das fantasiereiche Träumen, das Halbträumen während des Tags, das Extase, die melancholischen Schmerzen, hysterischen Verzückungen, wie solches alles nur dem Weibe eigen ist. cf. Acta sanct. Oct. 9, p. 82—83. — Sodann kommen in Betracht die weibliche Neugierde für alles Gesehene und Gehörte, die die Visionen aussprechen, der oft naive Sinn derselben. Dieses alles schützt die Visionen, deren einfache Angaben zu wahrheitsgetreu sind, um Machwerk eines Mannes zu sein, vor allen Angriffen der Unächtheit. —

Eine andere Frage ist die, welchen Antheil hatte Elisabeth an der Aufzeichnung der Visionen und was kommt Ekbert hierbei zu. Betrachten wir den Bildungsstand Elisabeths näher, so hatte dieselbe im Kloster jedenfalls soviel Latein gelernt, um den Psalter und die hl. Schrift verstehen zu können, und sich in dieser Sprache einigermassen deutlich zu machen. Das Verstehen des Lateins sowie das Schreiben von Büchern war zu Elisabeths Zeiten in Nonnenklöstern des Ordens des hl. Benedict keine Seltenheit, wir dürfen beides daher auch bei ihr voraussetzen. Beispiele bei Sanftl, dissertatio in aureum ac pervetustum ss. evangeliorum codicem msc. monasterii S. Emmerami. Ratisbonae. 1786. 4°. pag. 23 note a. — Beiträge zur älteren Literatur oder Merkwürdigkeiten der herzogl. öffentlichen Bibliothek zu Gotha. Herausgegeben von Fr. Jacobs und F. A. Ukert. Drittes Heft. Leipzig 1836 p. 24 No. 28. — Schönemann, hundert Merkwürdigkeiten der herzogl. Bibliothek zu Wolfenbüttel. Hannover 1849. 8°. p. 36, No. 44 (ein cod. saec. 12. S. Augustini sermones von der Nonne Ermengardis im St. Adrianskloster zu Lamspringe eigenhändig geschrieben). — Serapeum 24. 19. — Wattenbach, Geschichtsquellen 164. 173. 338. 394 (über die feine Bildung der Frauen). — Nach Mabillon, acta sanct. 1, 668 schrieben Nonnen Bücher. cf. auch Blume. Iter Italicum. Halle. 1836. 8°. 4. p. 117 ff. — Heeren, Geschichte des Studiums der classischen Literatur seit dem Wiederaufleben der Wissenschaften. Göttingen 1797. 8°. 1, p. 211. — Herm. Hugo, de prima scribendi origine ed. C. H. Trotz. Trajecti ad Rhenum 1738. 8°. p. 500. — Funccius, de scriptura veterum p. 245. — Pfeiffer, von Bücherhandschriften p. 97. — Pez, thesaurus novus. 1. p. 20. — Ueber das Scriptorium in Klöstern F. Savage, librarian 3, 33. — Pertz, script. 2, 95. — Die Uebungen der Frauen im Schreiben geschahen im Mittelalter auf Wachstafeln (Eneit, 16. 454 und S. Weinhold, die deutschen Frauen im Mittelalter p. 93). Noch im 11. Jahrh. waren die Wachstafeln allgemein im Gebrauche. cf. Mabillon, annal. ord. s. Bened. 1, p. 352. — (Bessel), chron. Gottwicense. 1. p. 11. — Der tabulae erwähnt Elisabeth in ihren Visionen. (lib. vis. 1. cap. 67). Wahrscheinlich geschah die Aufzeichnung ihrer Gesichte zuerst auf Wachstafeln durch ihr vertraute Nonnen des Klosters in deutscher und lateinischer Sprache. Dieses stimmt mit Ekberts Angaben in der Vorrede zu den Visionen überein. Jedenfalls fand Ekbert, als er von Bonn zum Aufzeichnen ihrer Visionen herbeikam, solche Aufzeichnungen bereits vor und benützte solche, anderes ward aus dem Gedächtnisse erzählt und von Ekbert benützt. Dass Elisabeths Visionen noch bei ihren Lebzeiten aufgezeichnet wurden, gibt Elisabeth mehrmals an, das geschriebene Buch war in ihrem Bette versteckt und ward dem Abte übergeben. (lib. vis. 1, cap. 78). An der Wahrheit dieser einfachen Angaben lässt sich billig nicht zweifeln. Elisabeth ist daher als erste Aufzeichnerin ihrer Visionen anzusehen. Zwar geben die Visionen an, dass Elisabeth keine gelehrte Bildung gehabt, die Ueberschrift ihrer Briefe nennt sie illiterata oder indocta. Doch ist entweder unter gelehrter Bildung die eines Mönchs zu verstehen und nicht ein minderer Grad der Kenntniss der lateinischen Sprache und Schrift, oder man hielt in Schönau ihre Kenntnisse ebenfalls für göttliches Wirken. Dieses fand bei den Zeitgenossen Anklang. Auch Simon, ihr Neffe, erwähnt ihre Ungelehrtheit, ebenso Ekbert in seinem Briefe an Abt Reinhard von Reinhausen. Die von Elisabeth und deren Vertrauten aufgezeichneten oder ihrem Bruder Ekbert erzählten Visionen brachte Letzterer in gefälligere Sprache, in eleganteren Stil, wie Trithem angibt. Wie Hildegardis sich des Abts Wibert Gemblacensis († 1145) 2 Jahre lang als Schreiber ihrer Briefe, ebenso der Nonne Hiltrudis von Sponheim, der Richardis, Schwester Erzbischofs Hartwig von Bremen bediente, so hatte Elisabeth eine Stütze zur Aufzeichnung ihrer Gesichte und zum Schreiben ihrer Briefe an vertrauten Nonnen und ihrem Bruder Ekbert. cf. v. d. L., die Handschriften der K. Landesbibliothek in Wiesbaden. p. 43 Note 1. am Schlusse für Hildegardis. Eine andere Frage ist die, ob Ekbert die Visionen so schrieb, wie Elisabeth dieselben aufgezeichnet und erzählt hatte, oder sich Erweiterungen erlaubte. Wir glauben aus Gründen der Verehrung für seine Schwester, aus Gründen des Gehorsams gegen Abt Hildelin und aus Gründen, dass alle Visionen e i n e n Charakter tragen, von Ekbert als Veränderer der Aufzeichnungen und Erzählungen Elisabeths alle Schuld abwälzen zu müssen. Ekbert glaubte an den göttlichen Ursprung der Revelationen, ein Betrug lag ihm bei der Niederschrift ferne.

Die Anreger der Visionen waren Abt Ekbert, die Nonnen in Schönau, Vorfälle daselbst, Anfragen des Abts Gerlach von Deuz, Anfragen bei Ekbert durch Propst Ulrich von Steinfeld und jedenfalls zahlreiche Briefe an Elisabeth. Dass man aber schon zu Elisabeths Zeiten an der Aechtheit ihrer Visionen als Offenbarungen zweifelte, beweist der Brief des Abts Reinhard von Reinhausen an Ekbert, den derselbe mit stichhaltigen Gründen widerlegte (cf. Briefe Ekberts). Trotz der für Visionen begeisterten Zeit hatte Elisabeth viele Anfechtungen zu erleiden, selbst der Clerus äusserte sich gegen sie, es erfolgte Spott über ihre angebliche Sehergabe, es wurden falsche Briefe in ihrem Namen verbreitet und dieselbe beschuldigt, über das jüngste Gericht geschrieben zu haben. Gegen diese Angriffe vertheidigte sich Elisabeth in einem längern Schreiben an Hildegardis. Die nähern Details lassen sich leider jetzt nicht mehr feststellen. Eine Hauptanregerin der Schriften Elisabeths waren die ihrer grossen Zeitgenossin Hildegardis.[1]) Elisabeth besuchte Hildegardis auf dem Rupertsberge um 1156 vor Beginn ihres liber viarum dei, richtete 2 Briefe an dieselbe und scheint ihr Liber viarum dei dem Scivias der Hildegardis nachgebildet zu haben. Vielleicht finden sich bei näherer Untersuchung auch weitere Uebereinstimmungen des liber viarum mit dem Scivias. In ihren Auslegungen der hl. Schrift wandte sich Elisabeth häufig an ihren Bruder Ekbert, dieser wies mehrmals diese Anfragen von sich, er sei kein Doctor d. h. Schriftverständiger und doch gab er stets seiner Schwester Anfragen über theologische Deutungen an den Engel auf. Elisabeth scheint körperliche Qual durch die Visionen erlitten zu haben, an verschiedenen Stellen beschwert sie sich über Nöthigung zu Visionen durch andere Personen, jedenfalls ihren Bruder und Abt Gerlach von Deuz: ihr Widerwillen gibt sich deutlich kund, aber sie gibt nach, da die Sache eine gute war. Als Ekbert sie über den hl. Potentin befragte, weigerte sich Elisabeth anfangs, ebenso

---

[1]) Die chronologische Reihenfolge der Schriften Hildegardis ist folgende: Scivias (1141—50). — Liber vitae meritorum (1158—62). — Liber divinorum operum (1163—70). — Expositiones evangeliorum (vor 1157). — Lingua ignota Lieder (vor 1153). — Vita S. Disibodi (1170—72). — Vita s. Ruperti (1172), — Liber simplicis medicinae (1150—57). — Liber epistolarum (1146—79). — Elisabeth konnte nur von Hildegardis Schriften das Scivias für ihre Schriften benützen, die andern Werke Hildegardis kamen für ihre Arbeiten, die 1158 abschliessen, zu spät und gerade darin, dass die übrigen Schriften Hildegardis in Elisabeths Schriften nicht benützt sind, liegt ein Beweis der Gleichzeitigkeit ihrer Abfassung unter Elisabeth und Ekbert, zudem das Mittelalter im Entlehnen nicht blöde war, zudem beide Frauen ein Band an einander knüpfte, das der Mystik. —

veröffentlichte sie aus Furcht vor bösen Zungen der Welt die Ursulalegende nur auf Andringen von Vertrauten. —

Die Entwicklung Elisabeths zu ihrer Thätigkeit war eine stufenweise und gerade darin liegt ein Merkmal der Aechtheit der Visionen. Nach den versuchenden Gesichten des Teufels, die Elisabeth durch Gebet abwandte, stellten sich Erscheinungen des Engels und der Heiligen ein, die sich Jahre lang fortsetzten und als Gespräche mit dem Engel und den Heiligen über himmlische Dinge mit Visionen, die sich nur mit Auslegung der hl. Schrift befassten, abwechselten. Dieses ist die erste Periode des Wirkens Elisabeths, ihr Kloster war ihre innere Welt, ihr Seelenleben die Anschauung höherer Dinge. In der zweiten durch den liber viarum dei vertretenen Periode tritt Elisabeth im Verkehr mit den Heiligen erstarkt, bereits als nach Aussen wirkende Lehrerin des Volkes auf, sie legt allen Ständen Ermahnungen und Belehrungen ans Herz, wie solche schöner und erhabener kein Sittenlehrer geben kann. —

In der dritten Periode erscheint Elisabeth als Deuterin der Reliquien der neuaufgefundenen Heiligen bei Cöln, ihre Sehergabe stand damals im höchsten Ansehen und ward im Geiste der Zeit und der Kirche benutzt, um den neugefundenen Heiligen zu einem ausgebreiteten Cultus zu verhelfen. In gleicher Weise gibt Elisabeth Aufklärungen über den hl. Potentinus. Elisabeth machte auch Reisen wie Hildegardis, aber unbedeutende. Sie besuchte Hildegardis und war vielleicht in Cöln und Mainz gewesen. Mit den Würdeträgern in Mainz, Cöln und Trier stand sie wie mit verschiedenen Aebten, Aebtissinnen, Mönchen und Nonnen im Verkehr. Die Frucht dieses Verkehrs waren eine Reihe Briefe an solche Personen. Hierin spricht sich ein tiefer und bewegter Schmerz über die Gebrechen der Zeit und deren Heilung aus. Es war ein grosses Unternehmen für die selbstbeschränkte Elisabeth, den Erzbischöfen von Cöln, Mainz und Trier eindringliche Worte der Umkehr am Ende ihres liber viarum dei zugerufen zu haben. Wir erkennen hierin den höchsten Gipfel ihres Ansehens, des eigenen Selbstvertrauens, mit Hülfe Gottes die Gebrechen der Zeit zu bessern. —

Elisabeth hing entgegen der Hildegardis dem kaiserlich gesinnten Papste Victor IV. an. Dieses beruhte auf dem Einflusse

Ekberts auf sie. Ekbert hatte mit Reinald von Dassel studirt, ihr Lehrer war der Philosoph Adam (cf. Ekberts Brief an Reinald v. Cöln). Bereits mit Erzbischof Arnold II. v. Cöln einem Anhänger König Conrads II. und Kaiser Friedrichs I. stand Ekbert in Beziehung, welches Verhältniss auf Reinald überging. Reinald hatte eine Lostrennung der deutschen Kirche von Rom vor, eine Richtung, die sich auch versteckt in Ekberts Briefen an Reinald ausspricht. Die Schreiben über diesen Plan bei Goldast. constit. imp. 1, 265, Hontheim, hist. dipl. Trevir. 1, 581, sowie Hahn, coll. mon. ined. 1, 122 sind ächt. cf. Ficker, Rainald v. Dassel 18. Anm. 3. Archiv der Gesellschaft 4. 418. 426. 428. Archiv 8. 464. Dagegen wollte Reinald keinen Umsturz der hierarchischen Verhältnisse seiner Zeit, sondern eine Sicherung des kaiserlichen Einflusses auf die Besetzung des apostolischen Stuhles und Ausschluss desselben bei Ernennung der deutschen Bischöfe erreichen. cf. Ennen, Geschichte von Cöln 1. 390—391. Trier sollte den Primat erhalten. Ueber die Sache Ennen 1. 72 ff. 320. 719 und Hillesheim, Vorlesungen über Cöln. Geschichte.

Unter dem Einflusse des Schismas entstand der liber viarum dei, der Brief Ekberts an Reinald und der Brief Elisabeths an die Erzbischöfe von Mainz, Cöln und Trier, der Brief an Hildegardis und Hillin von Trier. Auch scheinen die Verfolgungen Elisabeths durch Cleriker, die Anfertigung falscher Briefe mit dieser Spaltung zusammenzuhängen, man verfolgte Elisabeth seitens päpstlich Gesinnter als kaiserlich Gesinnte. Elisabeths Ansichten im liber viarum dei stimmen mit dem kaiserlichen Rundschreiben an die deutschen Fürsten überein, ihr Brief an Hillin von Trier ist jedenfalls um 1158 geschrieben, kurz nach dem Reichstage von Bisanz. Auch Ekbert hält an dem Primat der Trierer Kirche fest. cf. Ficker, 19, Absatz 2. Wahrscheinlich ist Elisabeths Brief an Hillin gerichtet worden, als derselbe Papst der deutschen Kirche werden sollte, aber zweideutig sich zwischen Papst und Kaiser hielt. cf. Ficker, pag. 20. Auf diese Art erklärt sich die ganz ungewöhnliche Sprache Elisabeths als gegen einen schismatischen Papst für den kaiserlich gesinnten gerichtet und bietet keine Schwierigkeit mehr.

Nebstdem beschäftigte sich Elisabeth mit der Frage der geistigen und körperlichen assumptio Mariae. Versuche dieser

Lehre Eingang zu verschaffen, gehen bis auf Augustinus zurück. Ueber die assumptio Mariae cf. Spicileg. Solesmense tom II. praef. XXXI. von Pitra (Paris 1855 8°). — Dionysius Areopogita ed. Balthasar Corderius S. Jesu Paris 1615, folio, dessen Schriften Hugo von St. Victor, Albertus Magnus, Thomas v. Aquin, Dionysius Carthusianus benützte. — Opera Dionysii veteris et novae translationis etc. Strassburg 1502—03. cf. Hoffmann bibliogr. Lexicon. — Herzog, Realencyclopädie 9, p. 92 (erklärt die Schriften des Dionysius für unächt 3, 414—418) Die assumptio Mariae von Elisabeth ist als ein Versuch, diese Lehre zu verbreiten, anzusehen, die Lehre selbst galt nur als pia sententia der Gläubigen, nicht als Dogma.

Auch die hl. Birgitta hat diese Lehre. In der Ausgabe: Der H. Wittfrawen | BIRGITTAE | Von Schweden | Himmlische Offenbarungen, | Gesichte, Erscheinungen, Entzuckungen, Hinnehmungen, vnd Prophezeyen etc. | Erster Theil, | Aus dem letzten Lateinischen Exemplar, getruckt zu Rom | bey Ludwig Grigano im Johr dess Herren 1628. | Jetzt zum andernmal verteuschet nach dem Farnesianisch- vnd | Vaticanischen geschriebenen Text | Durch P. ANDREAM Megerle S. Birgitten | Ordens Priester. | Getruckt zu Cölln. | In Verlag vnd Truckerey Wilhelm Friessems Buchhändlers | im Ertz Engel Gabriel in der Tranckgassen. | ANNO M. DC. LXIV. | 4°. pag. 26 ff. VII Buch heisst es: Nachdem mein Sohn gen Himmel gefahren, hab ich (Maria) in der Welt gelebt noch fünfzehn Johr, vnd so viel zeit drüber, als da ist von desselben meines Sohns Himmelfahrt an biss auff meinen Tod. Vnd alsdann bin ich todt in diesem Grab gelegen fünffzehn Tag. Darnach ward ich auffgenommen in den Himmel mit vnendlicher Ehr vnd frewde etc. Nur ihr und Christi menschlicher Leib sei im Himmel sonst keiner. — Ob Birgitte dieses aus Elisabeths Revel. hat oder aus andern Quellen, lässt sich nicht nachweisen. —

Ums Jahr 1157 ward Elisabeth zur Meisterin ihres Klosters gewählt. In weiter Ferne angesehen, empfing sie Besuche (siehe Briefe Elisabeths). Eine Vision konnte nicht fortgesetzt werden, wegen der Gäste. (lib. vis. 3. cap. 17). Ihre Beziehungen benützte sie als Freundin von Reliquien, solche sich für das Kloster zu verschaffen, wie auch wohl die erst nach ihrem Tode stattgefundene Erwerbung von Reliquien der hl. drei Könige für die denselben geweihte Schönauer Nonnenkapelle von ihr ausgegangen sein dürfte. cf. Anlage Nr. 10. —

Elisabeth stand in ihrem 36. Lebensjahre, als sich Anzeigen des nahenden Todes einstellten. Die Krankheit zog sich länger hinaus, eine Zeit, die Elisabeth zu ermahnenden Reden an die Mönche und Nonnen des Klosters, an ihren Bruder, an die herbeigekommenen fremden Personen benutzte. Am 18. Juni starb Elisabeth, ihr Tod ist der einer Heiligen, bewundernswerth durch Geduld, auffallend durch die Klarheit des Geistes, den Reichthum der Gedanken und Reden, die wunderbare Erhaltung ohne Speise und Trank. Höchst lesenswerth sind die Umstände bei und nach ihrem Tode. Nochmals spiegelt sich in diesen Umständen der Charakter Elisabeths ab. Die demüthige Dienerin des Herrn bittet die Nonnen und Anwesenden um Vergebung für Alles, was sie vielleicht je Unrechtes ihnen widerfahren liess, aber auch im Bewusstsein ihres Werthes richtet sie mahnende Worte an ihren Vorgesetzten, den Abt Hildelin, ermahnt die Mönche zum Psalmenbeten und ihren Bruder zum Verbleiben im Kloster, sie ordnet die Nachfolge ihrer Verwandten als Meisterin an. Alle diese Umstände berichten von dem achtbaren innigen Verhältnisse, in dem das Klosterpersonal zu ihr stand. Ihren Todestag geben die Seelbücher von Schönau und Arnstein zum 18. Juni an. Das erstere in den Studien aus dem Benedictinerorden 1883, II., pag. 365 gedruckt sagt: XIIII. kal. Julii. O. felix Elisabeth magistra sororum celle nostre, virgo famosa in mirabilibus dei. Beachtenswerth sind die Worte felix und cella, letzteres auf die Kleinheit des Klosters hindeutend. Das Seelbuch von Arnstein gibt zum 18. Juni an: Elizabetis magistre in Schonaugia. (Nass. Annal. 16. 127). — Das Todesjahr ist von den Schriftstellern meist zu 1165 angegeben, ob nach Trierer Stil? Das wahre Todesjahr ist aber 1164. Beweise hiefür bieten die Angaben in dem Schreiben de obitu und des Ms. B. am Schlusse der Schriften Elisabeths (zweimal). Das Todesjahr 1164 geht aber auch aus folgenden bisher unbemerkt gebliebenen Einträgen der Schönauer Hdschft. Nr. 30 der Wiesbadener Landesbibliothek hervor. In dem in dieser Hdschft. enthaltenen Seelbuch des Benedictinerordens steht zu XIIII. kal. Julii mit rother Schrift: Elisabet abbatisse monasterii beate Marie virginis in Sconaugea, que allegatur in rationali divinorum de assumptione beate Marie virg. et Vincentius in speculo historiali. Que obiit MCLXIIII. (Hand saec 15 exeunt.)

In der gleichen Hdscht. steht p. 15 ᵛ unter den Heiligen des Ordens (Sanctimoniales et abbatisse ord. S. Benedicti): Elisabet abbatissa monasterii beate Marie in Sconaugea, que conscribi fecit librum visionum suarum a fratre suo Eckeberto abbate secundo in Sconaw ad sanctum Florinum, que obiit XIIII. kal. Julii anno domini MCLXIIII. folio 28 ᵛ steht unter den abbatisse et virgines canonisate (des Benedictinerordens): Sancta Elisabet abbatissa in Sconaugia XIIII. kal. Julii MCLXIIII., de qua rationale divinorum, item Cesarius monacus et alii plures historie. — Eine Hand des 15. Jahrh. änderte in dem Schönauer Exemplare der Werke Trithems (Druck von Peter Friedberg, Mainz. 4⁰.) jetzt auf der Landesbibliothek in Wiesbaden, die Zahl MCLXV. in MCLXIIII. und das Wort martyris in confessoris (sc. Florini). — Trithem hat als Todesjahr 1165. im chron. Sponheim. jedoch 1164, gleiche Zahl 1164 hat der Pariser Druck. Visch gibt in der Bibliotheca script. ord. Cisterciensis 1146 an, offenbar Druckfehler für 1164. Auf die genaue Angabe des Schreibens de obitu des Jahres XIII. ist viel Gewicht zu legen, eigenthümlich bleibt aber Ekberts Angabe des Freitags als Todestag an gleicher Stelle. Die Angaben in den Collectaneen des Secretärs Pfeiffer zur Nass. Genealogie (saec. 16—17) im Staatsarchive zu Wiesbaden f. 35, in denen unter einer Abschrift der Schönauer Reimsage steht: 14 kalendas Julii. Beata Elisabeth Schonauiensis obiit an. M . P XXV. und einem zwischen M und P eingeflickten C. hat keinerlei Werth. Der Schreiber wollte MCLXXV schreiben, welches auch eine andere Hand mit arabischen Ziffern darüber setzte (1175). Wenn eine Hand hiezu bemerkt: Diss ist das uhralte Epitaphium zu Schonau vber dem stein, so an der wand in der Höhe eingemauert,« so ist diese Inschrift sonst nirgends bezeugt und schwerlich auch richtig wiedergegeben. Das Todesjahr 1175 hat als Angabe keinen Werth (Widmann, nass. Chronisten p. 8). — Nach Sartorius, Cistertium p. 216 sollen beim Tode der portugiesischen Nonne Elisabeth im Kloster de Castris derselben St. Ursula und die 11.000 erschienen sein, eine Angabe, die wenn sie irgendwo bezeugt ist, eher für Elisabeth von Schönau passen dürfte. Elisabeths sterbliche Ueberreste wurden in St. Florin beim Hochaltare beerdigt, später erhoben und in einer besonderen Elisabethcapelle beigesetzt. 1630 sah Visch diese Capelle, dieselbe war aber 1690 der Gebeine beraubt. Die Bollandisten sagen Acta sanct. Juni 3, p. 606. C. Qui ex nostra ad S. Goaris residentia nutu serenissimi principis Ernesti landgravii Hassiae nuper pie defuncti et sui superioris P. Nicolai Grass illuc excurrit mense Octobri 1690 P. Joannes Helm. Inde nobis refert superesse virorum monasterium, destructo per Suecos eo, quod feminae incolebant, istic autem a dextro ecclesiae latere sacellum esse, S. Elisabethae nunc dictum, cum duobus altaribus, in cuius sacelli parietem inmissum ex parte est vetus sepulcrum, quod olim confractum ab hereticis, uncinis ferreis commissum iterum est, habeturque in honore aeque ac altarium unum ab illa nuncupatum. In ipso sepulcro ossa nulla relicta solum effugerunt scrutantium sacrilegas manus paucula una cum capite, quae serico involutae exponuntur ad venerationem. Similiter nullum superest veteris epitaphii vestigium, sed ipsum quidam nobis misit, sicut invenerat scriptum post vitam hoc tenore:

Virgo prophetarum similis, quae summa polorum
Mente deo (adhaerens) perspexerat, hic locat ossa
Elisabeth vive, gaudens in lumine vitae,
Quam praegaudasti speciali munere Christi.

Woher die Bollandisten diese Grabinschrift erhielten, steht nicht fest, an der Echtheit derselben ist jedoch schwerlich zu zweifeln. — Ein allgemeines Urtheil über Elisabeths Wirken fasst sich wohl in Folgendem zusammen. Ihr Leben ähnelt dem anderer durch ihr Wirken begnadigter Personen, z. B. der hl. Mechtildis in der letzten Hälfte des 13. Jahrh. Auch diese hatte Visionen ascetischer Art, die ein Freund niedershrieb, da sie es weigerte. Auch bei ihr finden wir die Körperschwäche und einen frühen Tod. Elisabeths Gesichte waren zwar keineswegs göttliche Offenbarungen, sondern menschlicher Art, aber der Ausfluss einer reinen Frömmigkeit, die verbunden mit ausserordentlichen Gaben des Geistes in ihr eine Gnade Gottes waren und nur gnadenreich wirkten. Es ist ein eigenthümliches Walten Gottes in der Geschichte der Jahrhunderte, dass in den Zeiten des Niedergangs Geister entstehen, die der sinkenden Sache aufhelfen. Als im 12. Jahrh. der apostolische Stuhl an schismatischen Spaltungen, der Weltclerus an Verweltlichung, das Volk unter beidem litt, traten als Gegengewicht in den rheinischen Gebieten zwei Frauen auf, Hildegardis und Elisabeth, die den herrschenden Uebelständen entgegen wirkten. Während Hildegardis eine Rolle als Rathgeberin des Kaisers und Papstes spielte, wirkte die bescheidenere Elisabeth in den Ständen, denen sie näher stand, dem Clerus und Volke und erhob sich nur einigemale über dieses Niveau. Elisabeth ist eine historische Erscheinung, von reichversprechendem aber durch körperliche Umstände und frühen Tod abgekürzten Wirken, so gut wie Hildegardis, Lidugisis in der Niederlande, die hl. Brigitte von Schweden im 14. Jahrh., die hl. Katharina v. Siena, in Folge deren Offenbarungen Papst Gregor XI. von Avignon nach Rom zurüchkehrte, und die visionären Frauen des 15. Jahrh., Jéan d'Arc, Piereth Bretonne, Marie d'Avignon und Katharine de la Rochelle. Elisabeth gehört mit zu den grossen Frauen, die in der Kirche das innere Leben pflegten im Gegensatze zu der Erstarrung und Verweltlichung durch äussere Satzungen, in der grossen Geschichte, die das christliche Weib nach dieser Seite hin hat, gebührt Elisabeth eine Ehrenstelle. Reicht dieselbe auch nicht in Tiefe der Gedanken, Grossartigkeit der Auffassung, mystischer Wiedergabe, Fülle der Bilder an Hildegardis heran, so sind ihre Visionen und Schriften auch wiederum leichter verständlich und zugänglich als die Schriften Hildegardis, ihre Werthschätzung im Mittelalter kennzeichnet sich hinreichlich durch die Menge der Handschriften derselben. Die Visionen Elisabeths zeigen viele Natürlichkeit in Sprache und Auffassung entgegen der geschraubten Belehrungssucht der Revelationen der hl. Brigitta. Mit Hildegardis ist Elisabeth die Hauptvertreterin der mittelrheinischen Mystik, gross als Nonne und Meisterin durch religiöses Leben im Geiste des hl. Benedict, reich als geistvolle Schwärmerin auf religiösem Gebiete, bewundert und erhaben als Lehrerin aller Stände, fruchtbar an Gedanken, eine Merkwürdigkeit ihrer Zeit, als solche von ihrer Zeit anerkannt und geschätzt, selbst von kirchenfeindlicher Seite, einem Flacius, Wolff und den Magdeburger Centuriatoren als Grösse, wenn auch falsch verstanden gegen die Kirche, erkannt und benutzt. Elisabeth war ein Kind ihrer Zeit, sie litt an deren Gebrechen, an der Reliquiensucht, Leichtgläubigkeit, Vorliebe für Legenden und

Visionen, dem Streite des Mönchthums gegen das Weltpriesterthum, aber mit allen diesen Fragen beschäftigte sie sich von ganzem Herzen und in der guten Ueberzeugung für die wahre Kirche, so dass der Contrast der Zeit nicht besonders hervortritt. Die Kirche hat ekstasische Frauen in ihrem Wirken gewähren lassen, ihre Visionen jedoch in allen Fällen einer Kritik unterworfen, Elisabeth zwar nicht durch Heiligsprechung geehrt, aber auch ihr segensreiches Wirken nicht verkannt, indem sie die Aufnahme in das Martyrologium romanum als Heilige stillschweigend guthiess.

§ 8. Die Schriften Elisabeths von Schönau.

Wir reden hier von Schriften Elisabeths, obgleich nicht feststeht, dass dieselbe solche geschrieben, aus dem Grunde, weil Elisabeth das Material zu denselben lieferte und die directe Urheberin der Aufzeichnungen war. Wir halten uns in der Besprechung der Schriften an die Reihenfolge, die Ms. A. besitzt.

1. Die Visionen Elisabeths. Dieselben bilden eine Art Biographie Elisabeths nach chronologischer Ordnung einen Zeitraum von 8 Jahren (1152—1160) umfassend, nicht allein reich zur Beurtheilung Elisabeths und Ekberts selbst, sondern auch manche culturhistorisch interessante Stelle über das innere Leben in den Klöstern während des 12. Jahrhunderts enthaltend, zudem eine wahre Fundgrube für Symbolik und theologisch-philosophische Anschauungen des 12. Jahrhunderts. Auf einen unbefangenen Leser machen die Visionen den Eindruck des Selbsterlebten, die Angaben sind einfach und daher glaubwürdig, die wenigen eingestreuten Angaben über Ereignisse von Richtigkeit, das Ganze macht den Eindruck eines zeitgenössischen Berichts. Als Urheberin der den Visionen zu Grunde liegenden Aufzeichnungen haben wir in §. 7 Elisabeth und vertraute Nonnen kennen gelernt, als Ausarbeiter in der jetzigen Gestalt nennt sich im Eingange der Visionen und im Schreiben de obitu Ekbert. Eigenthümlich ist, dass am Ende von liber I vis. der Engel zu Elisabeth sagt, diese Visionen werde sie nicht eher als vor ihrem Tode sehen, wozu die Angabe im Schreiben de obitu stimmt

und dass auf diese Visionen dennoch andere im liber II und III folgen. Dieser scheinbare Widerspruch klärt sich aber auf, indem hiermit nur ganz bestimmte Visionen gemeint waren und Elisabeth auch späterhin Visionen hatte, die in lib. II und III enthalten sind. Die Bücher II und III fehlen den meisten Handschriften, dass dieselben aber ebenfalls Ekbert zum Verfasser haben, geht aus der Gleichheit der Redewendungen in den drei Büchern hervor, nur will es uns erscheinen, als seien die Visionen in lib. II und III künstlicher und dunkler, reicher an Schrifterklärungen, reicher an theologischer Gelehrsamkeit als die einfacheren Visionen von lib. I. Auch entbehren lib. II und III aller chronologischen Angaben, zugleich bleibt eigenthümlich das Einschalten zweier Briefe an Hildegardis im Contexte der Visionen. Nach Angabe Ekberts im Schreiben de obitu, das in das Jahr 1164—65 fällt, existirten damals bereits die Schriften Elisabeths, darunter auch die Visionen. Falsche Angaben dieser Art durfte sich Ekbert seinen Verwandten gegenüber nicht erlauben. Ein zweiter Beweis, dass Ekbert und nicht Emecho oder Simon Verfasser der Visionen und Schriften sein kann, liegt darin, dass der englische Mönch Roger 1181 bereits eine Abschrift der Visionen und der Ursulalegende anfertigte, jedenfalls aber eine Reihe von Jahren darauf gehen musste, die Visionen schriftlich in ein englisches Kloster zu verbreiten. Nach den Angaben der Schriftsteller begann Rogers Arbeit genau wie Ms. A mit der praefatio: Omnes qui etc. Auch war Elisabeths Ruf zu Emechos Zeiten schon so auf Grund ihrer geschriebenen Visionen verbreitet, dass an eine Unterschiebung der Schriften durch Emecho nicht zu denken ist. Ekbert ist und bleibt demnach der wahre Verfasser. Ob aber die Visionen, wie sie in M. A uns vorliegen, ursprüngliche Textrecension Ekberts sind und derselbe nicht eine Ueberarbeitung in späterer Zeit vornahm, ist schwer zu entscheiden, immerhin ist Ms. A. der älteste bekannte Codex und ein Original. —

Ekbert begann die Visionen als Mönch, die Vorrede: Omnes qui lecturi sunt schrieb er aber als Abt Schönaus. Demnach 1165—84. Untersucht man nämlich Ms. A. genauer, so bildet Blatt 1, das diese Vorrede auf der Rückseite enthält, zwar nichts besonders Auffallendes, bei näherer Betrachtung zeigt sich aber eine wesentliche Verschiedenheit in Schrift und Liniirung. In dem ganzen Codex sind die Linien mit Feder und Tinte gezogen, auf folio 1^v mit einem stumpfen Instrumente nur eingedrückt, auch ist die Schrift etwas anders als die, welche folio 2^r die Visionen anfängt. Wir denken uns dieses so: Der Schreiber von Ms. A. begann seine Arbeit mit der Einleitung Ekberts: Fuit in diebus etc. folio 2^r und liess nach Sitte des 12. Jahrhunderts Blatt 1 frei, liniirte solches aber auch als Schutzblatt nicht. Später wollte Ekbert sich als Verfasser der Schriften nennen und benützte den freien Raum auf folio 1^v zum Eintrag seiner Vorrede, in der er sich Abt nennt und allen Anfechtungen an die Visionen nochmals entgegnete. Zu diesem Behufe ward die Rückseite von folio 1^r liniirt. Es wird dadurch auch klar, warum die Schrift der Vorrede: Omnes, qui etc. mitten auf folio 1^v abbricht und die Einleitung: Fuit in diebus etc. erst folio 2^r beginnt. Dass es aber dem Schreiber des Ms. A. um Verschwendung von Pergament nicht zu thun war, ersehen wir aus der ganzen Anlage des Ms. A. folio 2^v reiht sich der Anfang der Visionen: Petis a me genau an die Einleitung: Fuit in diebus, ebenso liber II an I, III an II an. Es geht auch daraus hervor, dass diese Vorrede später eingefügt ist, da lib. vis. I. bereits eine Einleitung: Fuit in diebus etc. hatte. Aber unzweifelhaft ist die Vorrede Schrift des 12. Jahrhunderts, die Hand erscheint etwas schwerfälliger als die im Codex. —

Wir schliessen aus dem Vorhergehenden, dass Ekbert die Visionen als Mönch begann und als Abt vollendete, indem er zum Schlusse diese Vorrede einfügte, und zwar geschah dieses zwischen dem Jahre 1165—1181, indem 1181 bereits dem Roger Anglus ein Codex vorlag, der jenes Vorwort: Omnes, qui lecturi sunt besass. Wir haben damit auch die Anfertigungszeit des Codex Ms. A. bestimmt und somit die Originalität der Herstellung unter Ekbert selbst.

2. D a s B u c h d e r W e g e G o t t e s. (liber viarum dei.) In der Anlage dem Scivias nachgebildet. Auch dieser Schrift liegen Visionen Elisabeths zu Grunde, die Ekbert in schwungvoller Weise benützte, den verschiedenen Ständen Lehren zum bessern Leben ans Herz zu legen. Die in diesem Buche ausgesprochenen Ansichten decken sich mit denen in Ekberts Brief an Rainald v.

Cöln. Ekbert schrieb dieses Buch mit Wissen Elisabeths noch in deren Lebzeiten, in seinem Briefe an Abt Reinhard von Reinhausen gibt er an, der liber viarum dei liege in Pölden. (cf. Ekberts Briefe.) Das Ganze kennzeichnet den weitblickenden Weltmann, der sich in allen Schichten des Volkes umgesehen und weiss, was jedem Stande noththut. Auch hier spiegelt sich Ekberts Abneigung gegen die Catharer, das Weltpriesterthum, das Schisma in der Kirche und die Gebrechen der Zeit wieder. Die stark anstössigen Stellen über das geschlechtliche Leben der coniugati fallen jedenfalls Ekbert allein zur Last, derselbe machte als Mann hieraus kein Hehl, ähnliches findet sich auch in Hildegardis Schriften. Die Schrift zeigt den gewandten Redner, sie ist eine Parallele zu den Sermones contra Catharos in Eintheilung und Abfassung, ganz wie die Sermones schliesst dieselbe mit einer adiuratio conscriptoris, die dem Ms. A und B. fehlt, jedenfalls aber auch für das liber viarum dei vorhanden war und als Eigenthümlichkeit Ekberts für die Aechtheit desselben als dessen Arbeit bemerkenswerth ist. Die Ursachen der kirchenfeindlichen Stellen in dieser Schrift haben wir oben schon in §. 7 beleuchtet. Dieser Angriffe wegen nahmen die Bollandisten die Schrift nicht ganz in die acta sanct. Juni III auf. In Folge dieser Stellen hat die Schrift viele Anzweifler gefunden und galt als unächt und untergeschoben, da Elisabeth nicht so habe gegen den apostolischen Stuhl schreiben dürfen. Obige Gründe und das Alter des Ms. A. widerlegen diese Scheingründe.

Es ist ein eigenthümlicher Zug, dass die Schriften der hl. Brigitta (1. cap. 41 gegen den apostolischen Stuhl, 3. 4 gegen die Bischöfe) der hl. Katharina v. Siena, hl. Mechtildis eine Abneigung gegen den apostolischen Stuhl und die Bischöfe enthalten und reich an derartigen Angriffen sind (Lautenbach, catal. test. veritatis folio CCCXXXIX^{v} und CCCXL^{r}). Vergegenwärtigt man sich jedoch die Zeitlage und den politischen Standpunkt des Verfassers des liber viarum, so fallen alle Zweifel an der Aechtheit und das Auffallende der Angriffe weg. Die Schrift ist nach 1156 abgefasst, genauer 1160—63. Auch hier ist versucht, das Buch als göttliche Offenbarung hinzustellen, der Engel übergab dasselbe geradezu an Elisabeth. Die dem Buche zu Grunde liegenden Visionen erscheinen uns einfacher und natürlicher als die in lib.

vis. II—III, vielfach finden sich Anklänge an die Apocalypse als Lieblingslectüre Elisabeths. Die Einkleidung der Visionen entspricht ganz dem Geiste des 12. Jahrhunderts. Das Buch fand im Mittelalter starke Verbreitung[1]) und ist fast in allen Elisabeth-Codices enthalten. —

3. Die Revelationen über die hl. Ursula und die Elftausend Jungfrauen zu Köln. — Wir können uns hier nicht mit einer Untersuchung der älteren Ursulalegende vor Elisabeths Zeit und dem Ursprunge der Sage beschäftigen und verweisen auf Anlage Nr. 13, enthaltend die von uns gesammelte jedoch keineswegs vollständige Ursulaliteratur. Um die von Elisabeth neugeschaffene Legende zu beurtheilen, müssen wir uns den Stand der Geschichtsschreibung und des religiösen Geistes im 12. Jahrhundert vergegenwärtigen. Die Geschichtsschreibung war damals mehr und mehr aus den Klöstern gewichen, die früher geübte Benützung authentischer Quellen hatte namentlich für ältere Zeiten vager unkritischer Bearbeitung in Gestalt der Legende Platz gemacht, wenige hervorragende Geschichtsschreiber der Zeit ausgenommen. Wunder- und Sagensucht war an Stelle der Kritik getreten, wozu die Kreuzzüge viel beitrugen. Das Volk hatte sich vielfach von der Kirche und deren Dienern entfremdet, es fand seine religiöse Befriedigung in mysteriösem Reliquiendienst, in dem Erzählen wunderbarer Visionen und Träume, namentlich solcher der Frauen, ein Gegensatz des inneren Seelenlebens gegen die äussern Satzungen der Kirche. (cf. Wattenbach. Deutschlands Geschichtsquellen im Mittelalter. Berlin 1874. 2. 174.) Die Erhebungen und Uebertragungen der Reliquien als kostbarste Schätze mehrten sich, damit die Zahl der neu aufkommenden Heiligen und der oft wunderbar lautenden Legenden aus alter und neuer Zeit. Auch das Unglaubliche solcher Legenden fand Glauben, das historisch Anstössige, die kühnsten Geschichts-

---

[1]) Es wäre eine interessante Arbeit nachzuweisen, wie spätere Mystiker auf Elisabeths Ansichten fussen. Bei der hl. Brigitte von Schweden scheint dieses der Fall zu sein. Auch sie hat nebst der assumptio Marie den Vergleich, wo das Buch der guten und bösen Werke auf der Wage vom Engel gewogen wird. cf. revel. Birgittae 4, 7. — Auch der Dominikanerorden, der Hauptpfleger der Mystik nahm sich der Visionen Elisabeths an, die Revelationen der Anna v. Munzingen im 15. Jahrh. zu Freiburg im Kl. Adelhausen nennen wenigstens ebenso das von Elisabeth geschilderte vita contemplativa und activa. —

verrenkungen keinen Anstoss. Die Stifter. Klöster und grössere Kirchen sahen in den Ansammlungen hervorragender Reliquien nicht allein ein Mittel. das gläubige Volk auf sich aufmerksam zu machen. sondern benützten die eingeführten Wallfahrten zu diesen Reliquien durch die zahlreichen angeblichen Wunder. die solche wirkten. zu einer recht einträglichen Subsistensquelle. ohne gerade viel dabei zu denken. als dieses sei wahre Uebung der Religion Christi und diese Erwerbsquelle eine keineswegs unlautere. Mitte des 12. Jahrhunderts war dieser Wunderglaube so recht im Schwunge. die Thebaische Legion war erhoben. ihr folgte die Uebertragung der angeblichen heiligen drei Könige aus Mailand nach Köln am 23. Juli 1164. kurz nach Elisabeths Tod. Die Tache selbst war aber vorher schon im Gange. denn am 12. Juni 1164 schrieb Erzbischof Reinald nach Köln aus Italien. er wolle dem Domcapitel die Gebeine der heiligen drei Könige senden und bittet um deren gebührenden Empfang (Brewer. vaterländ. Chronik 1, 690). Elisabeth oder Ekbert waren es wohl, die auch für die den hl. drei Königen geweihte Kapelle des Nonnenklosters Schönau Reliquien der hl. drei Könige zu erwerben wussten. die nach Elisabeths Tod nach Schönau gelangen. cf. Anlage 10. —

In den Jahren 1114—1139 hatte Gotfrid Manumetensis. ein Engländer. eine Ursulalegende auf Grund älterer Ueberlieferungen oder Aufzeichnungen geschrieben. cf. Acta sanct. Oct. 9. 95 F. Die Legende erscheint hier noch in reinerer Form ohne Ausschmückungen. es war offenbar dem Verfasser auf Grund heimatlicher Ueberlieferungen darum zu thun. diese Legende zu erhalten und zu verbreiten. Ob diese Legende oder die: Regnantibus domino der Elisabeth bekannt war und die von ihr nachgesehene ist. lässt sich nicht feststellen. von letzterer ist es anzunehmen als der mehr verbreiteten. — Im Jahre 1156 bekam die Ursulalegende einen Anstoss. der zu ihrer Ausbildung und Erweiterung durch Ausschmückungen nichthistorischer Art beitrug. Man hatte in diesem Jahre vor den Mauern Kölns auf dem sogenannten Blutfelde zahlreiche Gebeine von Männern und Frauen gefunden und ausgegraben. Die Veranlassung zu dieser Ausgrabung ist unbekannt. Man erinnerte sich dabei an die von Köln stets genährte Ursulalegende. der Schritt lag nahe. diese Gebeine für die der erschlagenen Frauen und Jungfrauen der hl. Ursula und Genossinen zu halten und zu identificiren. Man suchte möglichst viele der Gebeine auszugraben. Die Sache fand an Abt Gerlach des Heribertusklosters zu Deuz einen warmen Befürworter. Derselbe stand bis 1161 diesem Kloster vor. Ein thätiger Helfershelfer war der Glöckner Theodorich. Die Entdecker der Gebeine legten zahlreiche Täfelchen vor, die angeblich die Namen der Erschlagenen enthielten. Ekbert hatte wohl durch seine Beziehungen zu Köln Kunde von der Sache erhalten und theilte diese seiner Schwester mit. Abt Gerlach nährte bei Beiden die Sache. Bereits 1156 brachte Ekbert aus Köln die Reliquien der hl. Constantia nach Schönau. Bei Elisabeth wirkte der Reliquienfund derart anregend, dass sich dieselbe ganz der Identificirung der gefundenen Gebeine mit denen der Elftausend hingab. Ob sie dieses aus sich oder aus Anregung Ekberts und Gerlachs that, wissen wir nicht. Das aber steht fest, dass Elisabeth im Eingange ihrer betreffenden Visionen angibt, sie habe die Veröffentlichung ihrer Gesichte auf Andringen hervorragender Männer unternommen. Elisabeth hatte jedenfalls von älteren Ueberlieferungen über Ursula gehört und benützte solche. Sie hatte Visionen über die Sache, die von Ekbert in das der Zeit entsprechende Gewand gekleidet wurden. Ein einfacher Fundbericht konnte der Sache keinen Vorschub leisten, wohl aber eine Benützung der Visionen Elisabeths als Erzählung der Heiligen, die derselben erschienen waren. Hier ist es eine neuerstandene Heilige, Verena, von der früher bekannten dieses Namens verschieden, die dem Ganzen den Stempel höherer Offenbarung aufdrücken musste. Dieselbe erscheint nach Uebertragung ihrer Gebeine nach Schönau der Elisabeth und berichtet derselben in Visionen den ganzen Hergang beim Tode der hl. Ursula und ihrer Gefährtinnen, des Papstes Ciriacus, verschiedener Bischöfe und Martirer. Manche Angaben fanden allerdings bei Elisabeth Anstoss, der aber als Offenbarungen bald schwinden musste. Die unglaublichsten Dinge werden in diesem Gewande berichtet, historische Thatsachen und Personen geradezu erfunden, oder aus den verschiedensten Jahrhunderten ohne historische Prüfung zusammengeworfen. Die Verhältnisse kirchlicher Einrichtungen des 12. Jahrhunderts übertrug man auf die Zeiten des 3. Jahrhunderts, darunter die Existens von Erzbischöfen, Königen von England und Cardinälen. Dieses kennzeichnet die Ursulalegende völlig als Machwerk, keineswegs als Offenbarung. Man übersah die Schwierigkeiten einer Reise von zahlreichen Jungfrauen über das Meer und die Alpen. Bei den Zeitgenossen fanden diese Schwierigkeiten keine Beachtung und daher auch keinen Anstoss. Wenige kannten solche und wenn sie erkannt worden wären, würden sie solchen begnadigten Personen gegenüber unschwer in die Wagschale gefallen sein. Dazu kam nach die Denkungsart des Jahrhunderts. Man schätzte damals nichts höher als ein jungfräuliches Leben, eine so stattliche Anzahl von enthaltsamen Jungfrauen, geradezu Martirer ihrer bewahrten Unschuld musste einen besonderen Reiz ausüben und der Verbreitung der Sage vorarbeiten. Im Voraus beseitigt der Schreiber der Legende alle Angriffe, er kannte die schwachen Seiten seiner Erzählung nur zur Genüge, die Begleitung der Jungfrauen durch Männer und Anderes, das gegen die vorhandenen Geschichtsbücher verstiess. Einen Papst, der einen bekannten Tod gestorben, durfte er nicht mit Ursula den Martirertod sterben lassen, das hätte die Glaubwürdigkeit vermindert, daher entstand der seiner Würde entsagende Papst Ciriacus, eine Erfindung der Ursulalegende. Der Schreiber wusste dieses, Elisabeth sah den Papstcatalog ihres Klosters nach, wusste sich aber durch Einwände zu beruhigen. Trotzdem figurirt der räthselhafte Papst Ciriacus auf Grund der Ursulalegende in einem im 16. Jahrhundert zu Schönau abgefassten Papstcatalog. cf. Anlage No. 5. Den Umstand, dass viele Jahrhunderte lang es Kirchen zu Ehren St. Ursula also auch Reliquien derselben gab, suchte Elisabeth durch die Angabe zu entwerthen, ihr Leib sei bisher nie ganz erhoben werden, nach Crombach p. 487 ward ihr bereits erhobener Leib, bei Kriegsgefahr wieder beerdigt und damals von Neuem gefunden. Den nach Schönau verbrachten Reliquien aus der Zahl der Elftausend suchte Elisabeth als ächten Gebeinen Anerkennung zu verschaffen, fand aber im Laufe der Zeit Rivalen, die die gleichen Heiligen theilweise zu besitzen behaupteten. Das Memorienbuch vou S. Severin in Köln (bei Lacomblet, Archiv 3, p. 149) sagt zum 23. Jan. Emerentiane v. Macharii mr. Eine Hand des 14. Jahrh. fügte bei: Cuius caput hic habemus in ecclesia sancti Severini. (cf. auch Elisabeths Brief Nr. 17.).

Nach Nass. Annal. 9, 334 befanden sich Reliquien der hl. Cordula in Marienstadt, der in Wiesbaden im Museum bewahrte Altar aus diesem Kloster zeigt wenigstens unter anderen Bildern der Elftausend auch das der hl. Cordula; die Reliquien sind aber verschwunden. —

Das Material zu der Ursulalegende bot ausser Elisabeths Phantasie ein von dem Abte Gerlach oder dem Aedituus Theodorich zu Köln verfasster Fundbericht mit den Namen der erhobenen Heiligen, dessen Angaben mit denen Elisabeths sich decken. cf. Crombach p. 490.[1]) Nur zum kleinen Theil benützte Elisabeth oder Ekbert die ältere Passio: Regnante domino, dabei Bücher über Chronologie, Papstcataloge, das Martirologium des Usuard, wohl auch den Otto Frisingensis. Mit Elisabeth wirkte Abt Hildelin für Uebertragung von Reliquien nach Schönau. cf. Crombach p. 662. Dasselbe erhielt damals die hl. Verena, den hl. Caesarius. die hl. Constantia, die hl. Albina, welche letztere sich nach Crombach p. 746 um 1647 noch in Schönau befand. In dem dem 12. Jahrhundert angehörigen Seelbuch des Nonnenklosters sind diese Heiligen als mit Festen versehen eingetragen, fehlen aber theilweise wiederum in dem 1462 für das Kloster geschriebenen Kalendarium. In anderen Klöstern folgte man der gleichen Richtung. Schlecht stimmt aber zum Auffindungsjahr 1156 die Nachricht in den Dissibodenberger Annalen bei Böhmer fontes 3. 211, dass 1143 das Kloster Gebeine der Elftausend erhielt. (Imposite sunt ipso tumulo [St. Dissibods] tria corpora de collegio sanctarum undecim milium virginum in loculis ligneis et quedam de Thebea legione.) Entweder sind diese Reliquien älteren Ursprungs oder die Nachricht gehört nach 1156. Für so wichtig hielt man in Köln die Auffindung der Gebeine, dass Erzbischof Reinald von Köln (1159—1167) sich nach Crombach p. 487 der Sache annahm und dem Abte Gerlach Auftrag ertheilte, der Erhebung der Gebeine beizuwohnen. Crombach fand diese Nachricht in einem Ms. zu Deuz. Oder sollte der weitsichtige Erzbischof

---

[1]) Die in Crombach Ursula vindicata und Acta sanct. Oct. 9, 243—245 aus einem Deuzer Codex gedruckte Abhandlung: Incipiunt revelaciones titulorum vel nominum ss. virginum auctore Theodorico aedituo Tuitiensi ist auch in Lacombet, Archiv für Geschichte des Niederrheins 5, [1865] aus der gleichen Deuzer Hdschft. p. 292—299 [jedoch mit anderm Schlusse als in Crombach und Acta sanct.] gedruckt. Das Ms. ist Autograf Theodorichs cf. ibid.

die Sache durchschaut und die ohne Aufsicht Arbeitenden überwachen und damit Fälschungen habe vorbeugen wollen? Denn es gab damals schon Anfertiger falscher Reliquien und Inschriften. —

Durch Elisabeths Ursulalegende ward die ältere Fassung derselben: Regnantibus (bei Kessel, Ursula p. 168—195 gedruckt) verdrängt und die erstere im ganzen Mittelalter die herrschende, da dieselbe dem Geiste der Zeit entsprach. —

Fragen wir nach dem wahren Verfasser der Legende, so ist derselbe zwar nirgends in derselben genannt, ohne Zweifel aber Ekbert. Dieses geht aus der Gleichartigkeit mit den anderen Revelationen Elisabeths, die Ekbert niederschrieb, hervor, auch nennt Ekbert im liber viarum dei die 11.000 Jungfrauen, cf. Acta sanct. Oct. 9. 83. E. Ein weiterer Beweis dafür ist, dass Ekberts Ansichten in seinen Sermones contra Catharos, wo er über die älteren Bischöfe von Trier und Cöln spricht, sich mit den Angaben in der Ursulalegende hierüber decken. Roger war auch hier nur der Abschreiber, nicht der Verfasser. Es ist ganz unwahrscheinlich, dass ein englischer Cistercienser nach Schönau kam, diese Revelationen aus dem Munde Elisabeths vernahm und zur Ursulalegende verarbeitete.

Man hat vielfach die Ursulalegende als absichtliche Fälschung, um den Catharern am Mittelrheine entgegenzuarbeiten, angesehen. Eine absichtliche Fälschung ist die Legende nicht, wohl aber ein gutgemeintes Machwerk im Geiste der Zeit. Wie aber eine derartige Legende ein Gegengewicht gegen die Catharer bilden sollte, verstehen wir nicht, im Gegentheil wäre dieses neue Gelegenheit zu Angriffen auf die Kirche gewesen, auch standen die Catharer selbst auf mystischem Grunde. Wir halten davon, dass Ekbert die Fundberichte und die Angaben seiner Schwester ernst nahm, für glaubwürdig hielt und solche in entsprechendem Tone und passender Einkleidung verbreitete, in diesem Sinne ist er kein Betrüger, sondern eher selbst der Betrogene. Er dachte der Kirche und seinem Kloster einen wichtigen Dienst zu thun, indem er die Auffindung der Reliquien zur Aufstellung neuer Heiligen und Anfertigung einer Legende benützte, zugleich aber auch seinem Kloster zur Anerkennung der dahin verbrachten Gebeine verhalf. Vergegenwärtigen wir uns auch hier den Stand der Kenntnisse eines

Mannes wie Ekbert. Derselbe konnte unmöglich eine ächte christliche Inschrift von einer gemachten unterscheiden. die ihm zugänglichen Geschichtsbücher vermogten ihn von der Nichtexistens von Cardinälen und Erzbischöfen im dritten Jahrhundert nicht überzeugen. dass in der Schweiz eine hl. Verena bereits verehrt ward, konnte derselbe nicht wissen, die Quellen über Ursula waren damals so unlauter. wie solche heute noch sind, jedenfalls aber demselben nicht so zugänglich wie uns. Hätte Ekbert diese Mängel seiner Arbeit wirklich erkannt. so hätte er anders geschrieben, so aber handelte er aus reiner Unkenntnis. Dass derselbe das Monogramm Christi für den Namen einer Frau Axpara erklärt, können wir demselben nicht verübeln. Eine Leichtgläubigkeit ist der Papst Ciriacus, wie auch die anderen Verstösse. Ekbert und Elisabeth sind jedenfalls bei Anfertigung der Legende von allem Verdachte des absichtlichen Betruges freizusprechen, sie handelten in völliger Ueberzeugung im Geiste ihrer Zeit. Wir dagegen mit unserer durch die Jahrhunderte geläuterten Kenntniss der Geschichte. mit unserer darauf beruhenden abstracteren Anschauung auch der Heiligenlegenden, stehen auf anderm Grund und Boden. wir kennen die Merkmale ächter christlicher Inschriften. kennen richtige Papstverzeichnisse. besitzen die Quellen über Ursula und wissen auch die ungefähre Herkunft der von Köln stets genährten Localsage. Und trotzdem, wie lange bewegte sich Papst Ciriacus unter den Päpsten. Bischof Pantulus unter den Bischöfen von Basel? Neben dieser geringen Kentniss des Alterthums zeigen sich aber auch wieder in der Legende Züge besseren Wissens. Die Unmöglichkeit des Todes der hl. Ursula durch die Hunnen wird klargestellt. —

Die gefundenen Inschriften sind keine christlichen. sondern Fälschungen. die den Ausgräbern und den damit verbundenen Personen zur Last fallen. Dieselben fanden bei Elisabeth und Ekbert aus Unkenntnis allen Glauben. Elisabeths Ursulalegende fand im Mittelalter als beliebte Lectüre weite Verbreitung, sie ist die gelesenste ihrer Schriften. Warme Vertheidiger fand dieselbe an Roger. dem Chronisten Albericus zu Troisfontaines. Robertus Altissiodorensis, an Harthertus, dem Nachfolger Gerlachs als Abt von Deuz, der die Erhebung der Gebeine fortsetzte. cf. Crombach p. 1123. Durch Elisabeth war die Ursulafrage einmal angeregt.

desshalb dauerten die Erhebungen im 13., 14. und 15. Jahrhundert fort. Die Legende ward auf Grund der Elisabeths von Hermannus Steinfeldensis in den Jahren 1184—1187 nach dessen eigener Angabe (Acta sanct. Oct. 9. 185) erweitert und stark ausgeschmückt. Die zwei Bücher Revelationen de S. Ursula des Hermann von Steinfeld sind zu verschiedenen Zeiten abgefasst, Buch I. im Jahre 1184, Buch II. 1187 nach eigener Angabe des Verfassers. cf. Acta sanct. October 9. 90. E. cf. über Hermann auch Acta sanct. April 1. 711. Derselbe hatte durch Verkehr mit Schönau Elisabeths Arbeit erhalten und gerade dieser Umstand spricht für Ekbert als Verfasser und nicht Roger, aber auch gegen den Verdacht späterer Fälschung. Hermann starb 1233. Ein englischer Librarius mit Namen Richard. keineswegs ein Abt. schrieb wiederum diese zwei Bücher Revelationen des Hermann ab und galt so nach seiner Schlussschrift für den Verfasser. cf. Acta sanct. October 9. 93 A. und Crombach. Ursula p. 62. Die Angaben des Baleus. Pitseus und Tanner bibliotheca sind falsch [1]) und Verwechslung mit dem Richard Mönch im Kl. Arnberg oder Wedinghausen in Westfalen um 1190—1200. cf. Caesarius v. Heisterbach lib. 12, cap. 47 pag. 413. Das Buch des Hermann ist in Acta sanct. Oktober 9, p. 173—207 sowie in Crombach gedruckt. Seiner Arbeit gegenüber erscheint Theodorichs Catalog der gefundenen Heiligen sehr dürftig. Auch sonst existirt eine Anzahl Bearbeitungen der Legende, die auf Elisabeths Arbeit beruhen. Die Bollandisten besitzen nach Acta sanct. Oct. 9, 94 eine Ursulalegende. die mit den Worten beginnt: Fuit in Britanniae finibus

---

[1]) Ueber Richardus den Prämonstratenser cf. Oudin. comment. 2, col. 1521—22. Opusculum de vita beatae Usulae esstat editum olim in legenda Angliae, quod fabulis sctet innumeris, absurdamque refert historiam. Narrationem hanc de passione sanctarum undecim millium virginum scripsit Richardus Praemonstratensis, dum Anglia relicta in agrum Coloniensem, abiecto onere abbatiali secessit in abbatiam Arnsbergensem circa annum 1180, quam Joannes Crombach societatis Jesu edendam curavit Coloniae Agrippinae 1647 etc. — Hoc autem opus accepit Crombacius ex legenda sanctorum Angliae, olim Londini anno 1516 in folio impressa, quam compilavit circa annum 1460 Joannes Capgravius monachus, Anglus, ordinis Eremitarum divi Augustini monachus, de quo postea ad annum 1450 loquemur. Citirt [le Paige] bibliotheca Praemonstratensis lib 2. folio 514. — Richardus Palfzedius dist; 6, exemplo 100. — Conradus Gesner, bibliotheca, p. 726. — Antonius Possevinus apparatus sacer 2, 325. — Thomas James in ecloga Oxonia Cantabrigiensi in indice theologorum pag. 51. — Aubertus Miraeus, brevis chronicon ordinis Praemonstratensis. — Gerardus Vossius, de hist. lat. cap. 52. —

rex quidem Dinotus etc. Eine solche Benützung der Legende, oft unter wörtlicher Anführung, ist auch die in den Anlagen gedruckte Passio des Ms. F. zu Merseburg. Dagegen haben des Tundalus Revelationen nichts mit den 11.000 gmein (1158—59). cf. Vincentius Belluacensis speculum historiale 37, 88. — Die Legende diente dazu, eine ganze Literatur heraufzubeschwören, eine Litanei der 11.000 anzufertigen. in der auch Elisabeth zum 18. Juni erscheint, dieselbe mit den abentheuerlichsten und verrenktesten Namen zu füllen, manche Namen erscheinen unter andern Bezeichnungen mehrmals, alle sind gemacht. Siehe den von Crombach und den Bollandisten acta sanct. Oct. 9. 258 edirten Catalog. — Bereits im Mittelalter fand jedoch die Legende und namentlich der unächte Papst Ciriacus seine Anzweifler. Der erste derselben war Bernardus Guido seu de Castris episcopus Lodevensis, ein Dominicaner und Verfasser der bei Martène und Durand, Thesaurus novus 4 gedruckten Beschlüsse der Generalcapitel des Dominicanerordens. Derselbe schrieb um 1320 einen Papstcatalog und starb 1331 am 31. Dec. cf. A. Mai spicilegium Romanum 6 p. VIII. und 29. Siehe Literatur s. voce. Diese Arbeit ist citirt im magnum chronicum Belgicum bei Pistorius-Struve, script. rerum german. 3, 16. cf. Acta sanct. Oct. 9, p. 82 B. Auch Rolewink von Laer Verfasser des oft gedruckten fasciculus temporum bezweifelt die Existens des Papstes Ciriacus und stützte sich hierbei auf das 1418 vom Bielefelder Decan Gobelinus Persona geschriebene Cosmodr. (Meibom, script. rer. Germ. 1. 55 ff. 199. 200.) Gobelins Worte sind: Sed error iste surrexit, ut dicitur, de quadam femina, nescio an inclusa an monacha. que erat apud Schoenaugiam, tempore Friderici primi circa annum domini 1156, que asseruit, talia et multa alia sibi divinis revelationibus patefacta, cuiusmodi revelationes assertas ego perlegi et in multis contrariantur libris chronicis et historicis.

Ihm folgte um 1489 Arnobius in seiner Schrift adversus gentes lib. I., die Strömung der Reformation war der Legende keineswegs zuträglich, es folgten im 16. Jahrhundert als Anfechter Aventin, Baleus; Beatus Rhenanus bezweifelt die Sache, Baronius verwarf dieselbe und den Papst Ciriacus geradezu. Im 17. Jahrhundert erklärten sich dagegen Molinaeus, die Magdeburger Centuriatoren, Aubert Miraeus, Papebroch, Meibom, Bartholomäus

Petri, theilweise sogar Fleien. cf. Crombach. p. 144—189. Dagegen fand der Papst Ciriacus auch seine Vertheidiger. cf. Acta sanct. October 9. 201 E—F. Der wärmste Vertheidiger der Legende war der Jesuit Hermann Crombach, der um 1647 die gelehrtesten und eines bessern Gegenstandes würdigen Forschungen anstellte, seine Ursula vindicata ist ein beredtes Zeugnis seiner Belesenheit und Geistesschärfe, leider ist die Sache durch Crombachs Vertheidigung eher unklarer, jedenfalls durch das beigebrachte Material auch reicher an Angriffen geworden, die nicht ausblieben. Crombach antwortete in seinem Auctarium einem starken Quartbande 1669 seinen Gegnern. Crombach sucht mit Scheingründen für die Sache zu begeistern, seine Arbeit konnte jedoch die Bollandisten nicht von der Glaubwürdigkeit der Legende überzeugen, desshalb unterblieb der Abdruck in der Ausgabe der Acta sanct. Juni III, ebenso lies Migne in seiner Patrologia 195 dieselbe weg, erst die Jesuiten druckten die Legende im Band 9 des October p. 163 —173 neu ab und fügten einen gelehrten Commentar bei. In diesem Jahrhundert begann der Kampf aufs Neue. Siehe die Ursula-Literatur Beilage 13.

Wir halten als Urtheil fest, dass die Ursulalegende ein gutgemeintes und gut gelungenes Machwerk ist, das dem Glauben der Leser die abentheuerlichsten Dinge zumuthet, eine Ausgeburt der Fantasie Elisabeths, ohne allen historischen Werth, aber ein Denkmal von historischem Interesse. Die Kirche hat zwar Lectionen aus der Legende in ihr Breviarium aufgenommen, aber nur als piae lectiones, nicht als Glaubensartikel. —

Der Ursulalegende ist in Ms. A. und B. ohne weitere Auszeichnung im Texte eine Legende des hl. Potentinus und Castor angehängt, die auch in Ms. 488 in Wien erscheint und bisher ungedruckt blieb. Die Legende ist in Form eines Schreibens Ekberts an den Probst Ulrich von Steinfeld gehalten. Ekbert schrieb dieselbe als Mönch zwischen 1160—1165, da Ulrich 1160 Probst ward und Ekbert um 1165 zur Würde eines Abtes gelangte. Auch hier sind Visionen Elisabeths benützt. Die Legende bildet ein Gegenstück zu der Ursulalegende und beweist durch ihre Gleichartigkeit mit letzterer wiederum die Autorschaft Ekberts an der Ursulalegende. Auch sie weicht von der sonst üblichen Fassung der Legende des hl. Potentins ab. Ueber den hl.

Potentinus, Felicius und Simplicius cf. Acta sanct. Juni 3, p. 575. über den hl. Castor, Schüler des hl. Maximin auch ibid. 13. Febr. Die Gebeine des hl. Potentin sollen im 10. Jahrhundert nach dem Kloster Steinfeld gekommen sein. Dieses Kloster war zuerst ein Benedictinerkloster, ward 1121 von Sprinkirsbach aus mit regulirten Chorherrn, später mit Prämonstratensern besetzt. Patrone desselben waren Potentinus und dessen Gefährten. Der Stifter Steinfelds Sibodo hatte von Carden aus Reliquien des hl. Potentinus erhalten. cf. Dr. Georg Bärsch. Das Prämonstratenser-Mönchskloster Steinfeld in der Eifel. Schleiden 1857. 8⁰. p. 2. Der als Kämpfer gegen die Catharer und durch seinen Brief an den hl. Bernard über dieselben bekannte Everwin aus dem alten Geschlechte der von Helfenstein war Probst zu Steinfeld und starb 1160 (Hartzheim, bibl. Colon. p. 76). Sein Nachfolger Ulrich ist derjenige, an den Ekberts Schreiben gerichtet ist, er regte durch eine Anfrage bei Ekbert die Legende an. Mit Genehmigung Erzbischof Rudigers (915—930) kamen auch die Gebeine des hl. Simplicius und Felicius aus Carden nach Steinfeld. Die Legende ist jedenfalls geeignet den weitverbreiteten Ruf Elisabeths als Deuterin von Reliquien zu zeigen, sonst ist sie ein Machwerk ohne geschichtlichen Werth wie die Ursulalegende. —

Ein Irrthum aber ist es, wenn unserer Elisabeth auch die Deutung der Funde der Bopparder Reliquien zugeschrieben werden, eine Verwechslung mit Elisabeth von Thüringen. cf. Crombach, 1091—1095. —

4. Die Briefe Elisabeths. — Nach dem Beispiele St. Bernards und Hildegardis schrieb Elisabeth auch Briefe. Was Inhalt und Form derselben betrifft, so finden dieselben keinen Anstand, im Gegentheil decken sich manche Angaben derselben mit den Visionen. Jedenfalls ächt ist der Brief an Hildegardis, der einer Antwort gewürdigt ward (Anlage Nr. 11) und auch im grossen Hildegardis-Codex zu Wiesbaden enthalten ist. Er ist der bedeutendste aller Briefe Elisabeths und zu ihrer Beurtheilung von Werth. Dieselbe beklagt sich, man habe falsche Briefe unter ihrem Namen verbreitet. Für die Beurtheilung der übrigen Briefe ist diese Bemerkung sehr wichtig, da die uns erhaltenen Briefe andre Beschaffenheit als die fälschlich verbreiteten besitzen. Entgegen den Briefen Hildegardis sind die der Elisabeth mehr an

untergeordnete Personen gerichtet, zwei derselben ausgenommen. Die Ansichten vom contemplativen Leben decken sich mit denen im liber viarum dei. Auffallend ist, dass manche Briefe z. B. die an Hildegardis und an den Erzbischof Hillin v. Trier mehr Schwung zeigen als andere, die einfacher in der Sprache sind. Dieses rührt aber wohl daher, dass erstere Ekbert, letztere lateinkundige Nonnen des Klosters schrieben, letztere sind auch die mehr familiären Briefe. Auch hier erscheint Elisabeth überall als Anregerin und Ermahnerin, als Auslegerin, aber sie schwingt auch die Geisel der Drohung und das selbst gegen Erzbischöfe. Leider ist die in Ms. A. enthaltene Briefsammlung unvollständig, zwei weitere Briefe entstammen dem Ms. C. und Ms. F. Wie in den Schriften Elisabeths spricht sich auch hier ein tiefer Schmerz über die Verderbnis der Zeit aus, in dem Briefe an Hildegardis schildert dieselbe ihr Leiden und freut sich über das von ihr durch Busspredigten gewirkte Gute in bescheidener Weise. Die meisten Briefe fallen in die Zeit 1154—1164, manche erst nach 1156, als Elisabeth Meisterin geworden war. Fleury gibt in seiner historia ecclesiastica 17. p. 278 als Abfassungszeit die Zeit um 1162 an. Wir haben versucht die Zeit der Abfassung der einzelnen Briefe zu bestimmen und verweisen auf die Anmerkungen des Textes. —

§ 9. Die Verehrung Elisabeths als Heilige.

Der Ruf Elisabeths hatte sich im Mittelalter weithin verbreitet. ihre Schriften wurden gerne gelesen und weithin vermehrt. Namentlich unterzog sich der Cistercienserorden dieser Aufgabe. Man hielt Elisabeth für eine Cisterciensenserin und verwechselte das gleichnamige Cistercienserkloster bei Heidelberg mit dem Nonnenkloster Benedictinerordens in Nassau. Eine Menge Schriftsteller über den Cistercienserorden behandeln Elisabeth als diesem Orden angehörig. Die Bollandisten sagen Juni 3, 604: Qui Elisabetham hanc una cum S. Hildegarde ordini Cisterciensi ascripserunt. Henriquez et Libanorius aliique nonnulli decepti fuerunt ambiguitate nominis pluribus alibi monasteriis communis propter communem etymologiae rationem. Talium unum virginum in Franconia fuit. alterum virorum in dioecesi Moguntina. — — De Elisabetha eiusque laudatoribus ad annum 1221 cap. 7. miratur Manrique. quomodo ascribi Cisterciensibus potuerit etc. — Barnabas de Montalbo 1. — ebenso Angelus Manrique. laurea evangelica lib. 3. disc. 7 nennen Elisabeth eine Cisterciensserin. Letzterer sagt: Hanc plures Benedictinam tantum appellant. nec sub qua reformatione floruerit, exprimunt. sed eam Cisterciensem fuisse, testatus Rogerus Anglus Cisterciensis. qui eius vitam duobus libris complexus est. quam refert Martinus Delrius, disquisit. magic. lib. 4. cap. 1. quaest. 3, sect. X. (Henriquez, Menologium

200). — Vieles trug zur Verbreitung ihrer Schriften die Arbeit des englischen Cisterciensers Roger Fordanus (1181) bei, der als Verfasser der Visionen und der Ursulalegende galt. —

Bewunderte man auch die Schriften Elisabeths, so ward derselben, soviel bekannt, im Mittelalter keine kirchliche Verehrung zu Theil. Das Nonnenkloster Schönau nahm ihren Todestag mit rother Schrift in sein Seelbuch auf, feierte aber denselben nur als Memorie, nicht als Heiligenfest. Auch in dem 1462 für das Nonnenkloster geschriebenen Calendarium (Ms. Nr. 43 der Landesbibliothek zu Wiesbaden, cf. Anlage Nr. 6) erscheint ihr Tag nicht als kirchliches Fest. Arnstein nahm ihren Todestag als Memorie auf. Gleiches geschah wohl in benachbarten Klöstern. Dass Elisabeth heilig oder nur selig gesprochen ward, ist unbekannt. Der Abt Trithem nennt die Elisabeth bald sancta, bald nur felix. In keinem Martyrologium des Mittelalters erscheint unseres Wissens Elisabeth als Heilige oder Selige. Erst das 16. Jahrhundert ging in dieser Sache einen Schritt weiter. Als die Karthäuser 1515 eine neue verbesserte Ausgabe des Usuardus besorgten, führten sie den Namen Elisabeths ein, sie stützten sich dabei wahrscheinlich auf die 1513 in Paris erschienenen Schriften Elisabeths. Vielleicht gab diese Ausgabe geradezu den Anstoss zu der Aufnahme. Die Ausgabe des Usuards von 1521 bemerkt am Rande zum 28. Juni: Beatae memoriae Elisabeth virginis, sanctimonialis in Schonaugia, cui multa secreta a domino revelata sunt, circa annum MCLXI. Molanus nahm obige Worte in seine Ausgabe des Usuards 1562, die er auf Grund der Karthäuserausgabe herstellte, auf, lies aber in den Ausgaben 1573 und 1583 die Anfangs- und Schlussworte weg, seine Worte lauten: Schonaugie obiit Elizabeth, virgo sanctimonialis, cui multa secreta a domino sunt revelata. Auf Grund der ersten Ausgabe des Molanus ward Elisabeths Name in das unter Papst Gregor XIII 1584 hergestellte martirologium Romanum mit den Worten eingetragen: Schonaugiae sanctae Elizabethae virginis, monasticae vitae observantia celebris. Eigenthümlich ist hier die Bezeichnung sancta sowie das Weglassen der Revelationen. Vielleicht fand man in Rom Anstoss an den Revelationen über die Ursulalegende und hielt dieselbe für unächt oder zweifelhaft. Die kirchenfeindlichen Stellen des liber viarum dei, die Flacius kurz vorher zum Zeugnisse gegen die Kirche benützt hatte, waren es vielleicht auch, die diesen Wegfall veranlassten, die Stellen in den Schriften Brigittas, Mechtilds und der Katharina von Siena hatten jedoch nicht die kirchliche Sanctification gehindert; vielleicht stand Rom noch unter dem frischen Eindruck des Flacius'schen Werks. Durch die Aufnahme Elisabeths ins römische Martirolog gewann ihre kirchliche Verehrung an allgemeinerer Ausbreitung, ihr Fest ward sub ritu duplici mit Officium und missa de communi virginum gefeiert. Das lateinische Martirolog Arnolds de Wion nahm dieselbe zum 18. Juni auf: Schonaugiae S. Elizabethae virginis et abbatisae, monasticae vitae observantia celebris, cui multa secreta a deo sunt revelata. Migravit e vita anno domini 1165 aetatis suae 36, conversionis 24, visitationis divinae 13, sepulta est in monasterio S. Florini. Deutsch gingen diese Worte in die von Stengel 1607 besorgte Uebersetzung des Wion'schen Martirolog (lignum vitae) über. Peter Canisius hatte Elisabeth bereits 1573 in sein deutsches Martirolog aufgenommen, irrte aber in der Zahl des Todes und des Alters (21 Jahre statt 36). —

Die Cistercienser nahmen die Elisabeth zum 18. Juni in ihr Calendarium auf. Miraeus, origines ordinum p. 336 sagt: S. Elisabethae Sconaugiensis und p. 327, wo dieselbe als Cistercienserheilige aufgeführt ist: S. Elisabetha virgo Sconaugiae, in dioecesi Vormatiensi (!), obiit anno 1165, Romano martyrologio adscripta. Der historiographus generalis des Cistercienserordens Chrysostomus Henriquez führte Elisabeth in sein 1630 erschienenes menologium des Ordens p. 199 mit den Worten ein: 18. Juni. In Germania sancta Elisabeth abbatissa Sconaugiae, ordinis Cisterciensis, spiritu prophetico egregiis virtutibus, admirandis signis et doctissimis scriptis celeberrima, quae ab angelo domini crebrius visitari et mirabiliter instrui meruit. Cuius eximiae virtutes, ac praeclarissima merita miraculis multis tam in vita quam post mortem, ad eius invocationem editis innotuerunt. Von den hier erwähnten Wundern ist sonst nichts bekannt. Dagegen fehlt Elisabeths Name in dem 1678 zu Paris erschienenen Cistercienserbreviarium. — Elisabeths Name fehlt im proprium Moguntinum, ob auch im proprium Trevirense, wissen wir nicht, da uns keine derartige Ausgabe vorlag. Jetzt führt nur die Limburger Diocese Elisabeth in ihrem proprium auf. Das von dem Limburger Bischofe Peter Josef Blum 1854 zu Frankfurt a. M. in 8⁰ herausgegebene Proprium: Officia propria ad usum cleri civitatis et dioecesis Limburgensis etc. sagt p. 184 zum 18. Juni: In festo S. Elisabeth Schonaugiensis virginis. Duplex. Omnia de communi virginum. — — Lectio IV. Sanctissima Christi sponsa Elisabeth, abbatissa sanctimonialium in Schonaugia, ordinis S. Benedicti, cum esset annorum aetatis trium et viginti, angelica visitatione atque allocutione crebrius meruit consolari, et exinde revelationes et visiones multas coepit habere divinitus, quas partim latino, partim sermone patrio conscripsit ad aedificationem plurimorum. Verum frater eius Egbertus tunc quidem monachus, postea vero abbas monasterii S. Florini martyris in Schonaugia, vir doctissimus, qui quum Bonnensis ecclesiae esset canonicus, epistolis sanctae sororis crebro pulsatus, mundum pro Christi amore deseruit, huius scripta et revelationes ornatiori stylo in eam formam, qua hodie leguntur, redegit. — Lectio V. — Quum Gerlachus, abbas Tuitiensis prope Coloniam, divina revelatione admonitus, multa corpora ss. martyrum de collegio undecim millium virginum temporibus Hunnorum, ut fertur, apud Coloniam pro fide Christi interemptorum, partim in sarcophagis reposita cum nominibus et titulis suarum dignitatum, partim sine omni inscriptione reperisset: horum complurium nomina S. Elisabeth revelatione divina didicit, et per epistolas Gerlaco ad interrogationes uniuscuiusque ostendit. Scripsit etiam epistolam prophetantem ad sanctam Hildegardem, quacum in amoris Christi vinculo erat. Tandem anno millessimo centesimo sexagesimo quinto die decimo quarto Calendas Julii aetatis suae anno trigesimo sexto, conversionis suae ad religionem quarto et vigesimo migravit in celum, cuius venerabile corpus in abside aquilonari ecclesiae monachorum Schonaugiae cum honore sepultum est. —

Ueber den in Schönau selbst gefeierten Gottesdienst zu Ehren Elisabeth wissen wir nichts anzugeben. Ihr Name erscheint in einer Schönauer Allerheiligenlitanei saec. 12—13 (Anlage 7) als Eintrag des 13. und in einer andern saec. 15 (Beilage 8) als solcher saec. 15. Ueber das zu Ehren Elisabeths in Schönau übliche Officium siehe unter Abt Emecho. Weiter als 1630 lässt sich der dortige Elisabethenaltar nicht zurückführen, jedenfalls existirte er aber früher. Als der Jesuit Helm im October 1690 in Schönau war, sah er diesen Altar. (Acta sanct. Juni 3, p. 604.) Das Mönchkloster Schönau besass neben der Kirche zur rechten Hand eine eigene Elisabethencapelle mit 2 Altären, in der Wand der Capelle befand sich das Grab Elisabeths, einer der Altäre war der Elisabethenaltar (1690), heute ist der Elisabethenaltar in der Kirche zu Schönau der rechts vom Beschauer, das Auge zum Hochaltar gerichtet. Stellt man sich mitten in die heutige Schönauer Kirche, so ist die früher erwähnte jetzt abgerissene und für 2 Altäre zudem zu kleine Capelle links von der Kirche nach dem Friedhofe zu, vom Chor aus gesehen rechts. Diese Capelle war jedenfalls eine Michelscapelle als Beinhaus dienend und keine Eilsabethencapelle, obgleich man dieselbe in Schönau ausdrücklich als Elisabethencapelle bezeichnet. Vielleicht war die Sache auch so, dass das Schiff der heutigen Kirche in Schönau als gothischer Bau (wie der Chor heute noch theilweise gothisch) in 3 schmale Schiffe getheilt war, dann war das Seitenschiff zur Rechten die fragliche Elisabethencapelle. Als man 1723 nach dem Brande das Schiff neu aufbaute, nahm man vielleicht die Pfeiler, die die Seitenschiffe vom Hauptschiffe trennten, weg, so dass die Kirche jetzt nur einschiffig jedoch mit 2 Ausbiegungen zur Rechten und Linken erscheint. Rechts befindet sich heute noch der Elisabethenaltar und ist wohl die Stelle, wo derselbe auch 1690 stand. Damit ist die Notiz pag. XX Zeile 22 als falsch zu streichen. Die Stelle des heutigen Hochaltars in Schönau ist demnach die erste, die des heutigen Elisabethenaltars die zweite Grabstätte Elisabeths, wann aber diese Uebetragung der Gebeine stattfand, ist unbekannt.

Auch heute findet keine kirchliche Verehrung Elisabeths mehr in Schönau statt. Ob je Wallfahrten zu den Reliquien existirten, möchten wir bezweifeln, die abgesonderte Lage des Klosters bot hierzu wenigstens keine gute Gelegenheit. Es wäre eine recht schöne Aufgabe des Diocesanbischofs, etwas für die Verehrung der Reliquien (Schädel) in Schönau und Einführung eines kirchlichen Memorienfestes als Localcultus zu thun. —

Die Visionen der hl. Elisabeth von Schönau.

(Folio 1 v) Incipit prologus Eckberti abbatis in visiones.[1]) — Omnes, qui lecturi sunt verba libri istius, hoc indubitanter[2]) sciant, quoniam sermones angeli dei, quos hic perhibetur habuisse ad ancillam dei Elisabeth, quosdam quidem ex toto proferebat latino sermone, quosdam autem omnino teutonica loquela, quosdam vero ex parte latine, et ex parte verbis teutonice lingue pronuntiabat. Ego autem Eckebertus, germanus ancille dei mirificentia[3]) dei ad cenobium Sconaugiense de Bunna attractus, et primum quidem monachus, deinde autem[4]) gratia dei ad abbatiam vocatus, conscripsi omnia hec, et aliā, que de revelationibus eius leguntur, ita quidem, ut ubi erant latina verba angeli immutata relinquerem, ubi vero teutonica erant, in latinum transferrem, prout expressius potui, nihil mea presumptione adiungens, nihil favoris humani, nihil terreni commodi querens, testis mihi est deus, cui nuda et aperta sunt omnia. Explicit prologus.[5]) —

(Folio 2 r) Incipit liber.[6]) (I.) Fuit in diebus Eugenii pape in finibus Trevirensis dioceseos, in cenobio, cui nomen Sconaugia, sub regimine Hildelini abbatis adolescentula quedam monastice professionis nomine Elisabeth. Que cum inter religiosas feminas undecimum in monasterio ageret annum, habens etatis annos viginti tres,[7]) in anno dominice incarnationis mill. CLII,[8]) visitata est a domino, et erat manus eius cum illa, faciens in ea iuxta antiquas miserationes suas opera magne admirationis et digna memoria. Datum quippe[9]) est ei mente excedere, et videre visiones secretorum domini, que ab oculis mortalium abscondita sunt. Id autem non sine evidenti miraculo contingebat. Frequenter enim et quasi ex consuetudine in diebus dominicis aliisque[10]) festivitatibus circa horas, in quibus maxime fidelium fervet devotio, cecidit super eam passio quedam precordiorum, et anxiata est vehementer.

tandemque velut exanimis requievit, ita ut nullus aliquando[1]) in ea halitus aut vitalis motus sentiri potuisset. Post longum vero excessum[2]) resumpto paulatim spiritu, subito verba quedam divinissima[3]) latino sermone proferebat, que neque per alium aliquando didicerat, neque per se ipsam adinvenire[4]) poterat, utpote[5]) inerudita et latine locutionis nullam vel minimam[6]) habens periciam. Sepius etiam canonice scripture testimonia, aliaque divinarum laudum verba con (folio 2 v) gruentia his, que per spiritum viderat, absque omni premeditatione pronuntiavit. Quoniam igitur omnia, que circa ipsam gesta sunt, ad gloriam dei et ad edificationem fidelium pertinere visa sunt, in presenti libello ex magna parte conscripta sunt iuxta narrationem ipsius, qua[7]) uni ex fratribus suis de ordine clericorum, quem pre ceteris familiarem habebat, singula exposuit.[8]) Cum enim ab inquirentibus multa occultaret, eo quod esset timorata valde et humillima spiritu, huic diligenter omnia investiganti et memorie ea tradere cupienti germanitatis et dilectionis gratia, et abbatis iussione cuncta familiariter enarrare coacta est. Narrationis autem illius[9]) inicium erat huiusmodi. —

Petis a me frater,[10]) et ad hoc venisti, ut enarrem tibi misericordias domini, quas secundum beneplacitum gratie sue operari dignatus est in me. Promptum quidem est in me[11]) per omnia dilectioni tue satisfacere, nam et hoc ipsum diu desideravit anima mea, ut daretur mihi conferre tecum de omnibus his,[12]) ac tuum au (folio 3 r) dire iudicium. Sed queso modicum sustine, et attende[13]) multiplices angustias cordis mei, que supra quam credi potest me coartant. Si verbum istud, de quo audisti, in commune prodierit, sicut per quosdam incautos fratres, novit[14]) deus, contra voluntatem meam ex parte iam prodiit, quis putas de me sermo erit in populo? Dicent forte nonnulli, alicuius me sanctitatis esse, ac meis meritis gratiam dei attribuent,[15]) existimantes aliquid me[16]) esse, cum nihil sim. Alii vero cogitabunt, intra se dicentes: Hec si esset dei famula, sileret utique, et non sineret magnificari[17]) nomen suum in terra, nescientes, qualibus stimulis urgeri soleo ad dicendum. Non deerunt etiam, qui dicant muliebria figmenta esse omnia, que audierint de me, vel forsitan a sathana me illusam iudicabunt. His et aliis modis karissime in ore hominum ventilari me oportebit. Et unde hoc mihi ut alicui hominum innotescam, que elegi esse in abscondito, et que certe nec dignam me arbitror, ut ad intuendum[18]) me quisquam oculos suos attollat? Illud quoque non parum angustias meas adauget, quod domino abbati conplacuit, ut scriptis verba mea commendentur. Ego enim, quid sum, ut memorie tradantur ea, que sunt de me? Nonne et hoc arrogantie[19]) poterit attribui?[20]) Sed dicunt mihi quidam ex sapientibus, quia non propter me solam hec fecit mihi dominus, sed aliorum quoque edificationi per ista (folio 3 v) providit, eo quod ad fidei confirmationem aliquatenus attinere videantur,[1]) et ad consolationem eorum, qui tribulato sunt corde propter dominum. Et idcirco pro eiusmodi causis, que predicte sunt, opera dei silentio pretereunda non putant.[2]) Et ita quidem esse, ut dicunt, ex parte credo, propter quedam, que nunc tibi[3]) indicabo. Accidit aliquociens, cum in corde meo posuissem[4]) celare ea, que ostensa mihi erant a domino, tanta precordiorum tortura me arripi, ut morti proximam me[5]) existimarem. At ubi his, qui erant circa me, quid vidissem, aperui, continuo alleviata sum. Sed fateor, quia nec sic[6]) adhuc omnino certificata sum, quid potissimum agere debeam. Nam et tacere magnalia dei periculosum michi esse intelligo,[7]) et loqui periculosius fore pertimesco. Minus enim discretionis me habere cognosco, quam ut sufficiam discernere, quid ex his, que mihi revelantur, dici conveniat, quid vero silentio honorari oporteat. Et ecce inter hec omnia in periculo delinquendi posita sum. Propter hoc dilecte mi non cessant ab oculis meis lacrime, et anxiatur spiritus meus iugiter in me. Sed ecce ad introitum tuum consolari cepit anima mea, et facta est tranquillitas magna in me. Benedictus dominus, quia suscipere dignatus est orationem ancille sue, qua diebus multis eum de tuo adventu deprecata sum. Et nunc, quia domini voluntate ad me de longinquo directus es, non (folio 4 r) abscondam cor meum a te, sed ea, que sunt de me bona et mala, tibi aperiam.[8]) Deinde, quid fieri conveniat, in tua et domni abbatis discretione positum sit. Gratias ago domino ego pauperum eius minima, quoniam a die, quo[9]) sub regulari institutione cepi vivere, usque ad[10]) hanc horam ita confirmata est super me manus domini, ut nunquam sagittas eius in corpore meo portare desierim. Egritudines mee varie et diuturne non solum me vexaverunt, sed et omnes sorores, que in circuitu mei sunt. Det illis dominus misericordiam, quia onus calamitatis mee materno affectu mecum portaverunt. Aliquando et medicamina infirmitatibus meis adhibuerunt, sed eo amplius infirmata sum, et audivi in visione nocturna vocem dicentem michi: Deus autem noster in celo omnia, quecunque voluit, fecit.[11]) Unde ammoneri me[12]) intellexi, ut non medelis hominum, sed voluntati creatoris mei corpus meum committerem, et ita quidem feci. Cumque sepe tanto languore[13]) obruerer, ut nullius membri, excepta lingua, compos essem, sine arrogantia dixerim, non minus in psalmis ruminandis sedula permanebam. Sed cum et linguam paralisis michi[14]) subduceret, lingue officium mente supplevi. Quantas autem cum infirmitatibus meis rerum necessariarum penurias sustinuerim, longum est enumerare. Ipse nosti, quia et domus nostre possessio modica est, et elongati sunt a me, qui debuerant (folio 4 v) misereri super me. Sed pater orphanorum dominus sollicitus est mei, per cuius gratiam[15]) gaudium magnum est cordi meo omnis mea contritio. Per omnia benedictus sit consolator humilium deus.[1]) Sed ne diutius te protraham, nunc ad ea, de quibus potissimum interrogas, sermonem convertam. —

(II.) — Factum est in die sancto Pentecosten,[2]) convenientibus ad dominicam cenam sororibus, ego occasione quadam detenta sum, ut divini illius ac vivifici sacramenti particeps non fierem.[3]) Unde illius diei solempnitas non me, ut solebat, exhilaravit. sed in quadam obscuritate animi tota die permanebam. Postera[4]) etiam die, et tota illa ebdomada, in eadem obscuritate tristis incedebam, nec potui ab animo excutere tristiciam. Ascendebant in cor meum plus solito omnia delicta mea,[5]) et magnificabam singula apud me, et ita mihimet ipsi[6]) dolores accumulavi.[7]) Crescente igitur paulatim apud me hac non bona tristicia, adeo mente obscurata sum, ut quocunque me verterem, in tenebris ambulare me[8]) estimarem, lucis comparatione, quam antea in me senseram. Inter hec tanto etiam[9]) tedio afficiebar, ut nihil esset, quod non fastidiret anima mea. Moleste mihi erant ipse orationes, que summe delicie mee esse consueverant. Psalterium, quod iocundum semper mihi fuerat, quandoque vix uno psalmo perlecto (folio 5 r), longe a me proieci. Iterum[10]) recogitans ac mecum ammirans, quid mihi accidisset, resumpsi illud, legi,[11]) sed rursus mente concidi. Omnes enim vires suas effudit[12]) in me adversarius meus. Nam etiam in fide hesitare me[13]) fecit ille perfidus, ita ut de redemptore nostro dubie cogitarem, dicens intra me: Quisnam ille fuit, qui tantum se humiliavit propter homines? Nunquid vera esse potuerunt omnia, que scripta sunt de illo? Verti me alio et dixi: Bonus tamen erat ille, quisquis fuit, de quo tot bona predicantur. De beata[14]) advocata nostra similiter dubie cogitabam, cum eius memoriam agerent sorores. Et quid mirum frater? Pene omnis sensus meus subversus erat in me. Aliquociens autem ad me ipsam rediens, temptari me intellexi, ac fortiter reluctabar, meosque familiares, ut pro me orarent ammonui, sed tanto fortius insistebat adversarius meus, ita me perturbans, ut etiam tederet me vivere.[15]) Cibum et potum pre tedio sumere non potui nisi tenuissime, et ibam deficiens et tabescens toto corpore. Novissime autem id michi inspiravit ille perfidus, ut vite mee ipsa finem imponerem, atque ita erumnas meas, quas diu sustinueram, terminarem. Sed in hac temptatione pessima non dormitavit super me, qui custodit Israhel. Non enim permisit, ut dominaretur michi iniquitas hec maxima, sed dedit michi intelligere maliciam insidiatoris mei, et subito me (folio 5 v) avertit a cogitatione hac. Quam copiosus es in misericordia domine, qui de tantis periculis eruis confidentes in te. Confiteor[16]) tibi pater, quia nisi tu[17]) adiuvisses me, paulominus[18]) habitasset in inferno anima mea. —

(III.) — Et hec quidem ita se habebant circa me usque ad festum beati Maximini,[1]) quod est quarto kalendas Junii. Illo die ad completorium vidi in capella nostra fantasma parvulum, quasi cuculla monachi indutum. Statim autem dicto completorio irruit super me gravissima infirmitas. et rogavi magistram, ut assumptis sororibus veniret mecum in capitolium ibique orationes funderent super me. Cunque ibi prosternere me vellem ante crucifixum, ita diriguerunt ossa mea, ut nullatenus genua flectere potuissem. Ego itaque[2]) mihi ipsi vim faciens, graviter me proieci ad[3]) terram. et iacebam miserabiliter[4]) tremens et palpitans capite et pedibus, omnibusque membris. Cunque surrexissem ab oratione, allatum est evangelium. et legere me fecerunt passionem domini. et adiuvabant me, quoniam inbecillis eram ad legendum. Dum autem legeremus, apparuit mihi idem fantasma, ut prius. et legentibus nobis locum illum, ubi dicit evangelista: I n t r a v i t a u t e m S a t h a n a s i n J u d a m, q u i c o g n o m i n a t u r S c a r i o t h,[5]) cepit exultare et risum movere. Dicebam autem sororibus, ut pessimum illum abigerent, et mirabantur (folio 6 r), de quo loquerer eis. Perlecto autem evangelio evanuit. —

(IIII.) — Post hec in matutinis stabat coram me. in humana effigie, statura brevis, et spissus, et horribilis aspectu, facies eius ignea, lingua flammea. et longe ab ore eiecta,[6]) manus eius et pedes similes unguibus avium rapacissimarum. In hac specie sepcies illo die[7]) michi apparuit, et semel in specie canis teterrimi. Sequenti die[8]) mane astitit lecto meo, et cum suo quodam iuramento minatus est mihi, quod in dentes me percussurus esset calceo, quem in manu tenere videbatur. Post hec paulo ante missam iterum se michi obtulit in specie tauri magni et horrendi, dilatans super me os suum quasi ad deglutiendum me, et cymbalum in collo gestare videbatur. —

(V.) — Deinde cum inchoaretur missa de beata virgine domina nostra, sabbatum enim erat, collapsa sum in extasim, et apertum est cor meum. et vidi super aerem istum rotam magni luminis similem lune plene, sed quasi duplo maiorem. Et introspexi per medium rote, ac vidi similitudinem regalis femine, stantem in sublimi quasi candidissimis indutam vestimentis, ac purpureo amictu circumdatam. Continuo intellexi, hanc esse sublimem celi reginam, matrem salvatoris nostri, cuius semper desideravi aspectum. Cunque intenderem in eam cum desiderio, procidit[9]) in faciem suam ter adorans coram divino quodam lumine, quod erat ante illam. Quarta autem (folio 6 v) vice, cum se humiliasset, longam moram in iacendo facere visa est. Ut autem surrexit, convertit ad me faciem, et modicum progressa est in inferiorem aerem contra me, habens duos comites gloriosos, unum a dextris, et unum a sinistris. Qui a dextris erat, cuculla monachi indutus esse videbatur, candidissima tamen, et baculum monastici patris manu gestare visus est. Unde menti mee incidit, hunc esse venerabilem patrem nostrum beatum Benedictum. Qui autem a sinistris erat, iuvenis decorus videbatur, candida et crispanti coma spectabilis. Stans autem domina mea signo crucis me consignavit, et hec verba menti mee nescio qualiter inseruit: Ne timueris, quia nihil tibi ista nocebunt. Vocis quidem sonitum non audivi, sed tantummodo labiorum eius motum distincte aspexi.

(VI.) — Post hec regressa est ad interiora luminis sui, et ego devotissime adorans sequebar eam laudibus tredecim versiculorum, quos in consuetudine habeo. Et his dictis, ab extasi reversa sum, et continuo refeci spiritum meum [1]) hostia salutari. Tunc rogavi sacerdotem, ut invocaret nomen domini super me. Qui cum inchoaret letaniam, rursum in extasim veni. Iterum autem vidi [2]) dominam meam stantem secus altare in veste, qualis est casula sacerdotalis, et habebat in capite diadema gloriosum, quasi quatuor gemmis preciosis insignitum, eratque ei (folio 7 r) circumscripta angelica illa salutatio: A v e M a r i a g r a t i a p l e n a [3]) d o m i n u s t e c u m. [4])

(VII.) — Eodem die ad vesperam rursum vidi malignum illum in specie tauri, pendentem coram [5]) me in aëre. Et paulo post respexi consolatricem meam in celesti lumine, ut prius, munientem me crucis signaculo. Postera die [6]) que erat dominica, iterum se mihi presentavit insidiator meus in specie tauri, ut prius. Tunc quia nimis vexaverat me horrenda visio illa, dixi ei confidenter: Si vere tu es ille malignus, precipio tibi in nomine domini, ut cito transfigures te, [7]) et in hac specie ultra mihi non appareas. Continuo disparuit, et respexi vallem quandam horribilem plenam fumo et flamma nigra, et exibat inde grex caprarum turpissimus. Die illa ad vesperam lux magna in celo michi apparuit, et de medio eius columba miro candore et quasi flammeo splendore venusta elapsa est, nescio, quid rubeum in ore demonstrans. Et ut subito gyrum fecit in aëre, iterum se recepit in lucem. Ego autem cum veneratione eam prosequens, orationes de spiritu sancto dicebam, quoniam in specie columbe eum apparuisse audieram. Post hec ad completorium, cum starem ante crucem ac devotissime eam salutarem, ostensa est mihi in celo crux [8]) magna aurei fulgoris ita splendida, ut etiam reverberaret oculos cordis mei, quibus eam intuebar.

(VIII.) — Die altera [9]) mane cum starem sola in capitolio et ora (folio 7 v) rem, iterum se mihi obtulit adversarius meus, stans coram me in specie delicati clerici, quasi indutus camisia candida. Et expavi quidem, sed tamen in oratione perseverans, nichil segnius egi, quo magis eum confunderem. Expleta autem oratione, [10]) ascendi in dormitorium, et illuc me subsecutus est.

Discessi inde in capellam,[1]) et veni stare inter duas sorores orantes. Illuc etiam me subsecutus est, et stabat coram me, in turpi quodam gestu illudens mihi, nec potui avertere ab eo mentis oculum, quo eum intuebar. Tunc nequitiam eius ultra non ferens, dixi ei audacter: Precipio tibi in nomine patris et filii et spiritus sancti, ut cito ab huiusmodi gestu cesses, et talem nequitiam mihi ultra non ostendas. Continuo habitum priorem dimisit, et stabat reverenter quasi indutus veste religiosa. Deinde exivi sedere in conventum sororum, et illuc me insecutus est, et stans arrisit mihi. Cum ergo tunc disparuisset, ultra mihi non apparuit. Deinde, cum audita missa communicassem, et ad prandium accessissem, pre nimia vexatione vix cibum attigi. Post prandium autem subito elangui, nec remansit in me quicquam virium, et ita coartabar undique, ut nullum membrorum meorum esset absque passione. Tunc astantibus circa me sororibus[2]) vix linguam movi, ut significarem eis, quod allatis reliquiis dicerent super me passionem domini et orationes. (folio 8[r]) Dum autem orarent, sensi guttur meum quasi manu cuiuspiam fortiter stringi, ita ut pene halitus meus intercluderetur. Cum ergo transisset hora illa, de cetero maiorem pacem habui a temptatore meo per gratiam domini, qui novit suos de temptatione eripere. Quod, ut arbitror ita impetratum est a domino.

(IX.) — Convenerunt sorores ac domini fratres videntes augustias anime mee, ac decreverunt, ut septem continuis diebus communes preces funderent, et se affligerent coram domino pro me, ac singulis diebus singulas missas pro augustiis meis celebrarent. Cunque inter septem missas una de spiritu sancto in quinta feria[3]) esset decantanda, cum magno desiderio diem illum expectabam, sperans aliquid consolationis tunc me recepturam. Venit desiderata dies, et fratribus divina celebrantibus, iacebam in oratione cum sororibus. Et dilatatum est cor meum, et vidi lucem grandem in celo, et ecce columba magne[4]) pulchritudinis, qualem et antea videram de luce egrediens, pervenit usque ad me.[5]) Et ut tribus vicibus se capiti meo expansis alis circumtulit, mox ad superna convolavit.

(X.) — Post hec in sexta feria,[6]) cum diceretur missa de[7]) cruce[8]) et iacerem prostrata:[9]) gloriosum crucis signum in celo michi ostensum est, quasi a sinistris divine maiestatis.

(XI.) — In sabbato autem cum celebraretur officium de gloriosa virgine, vidi iterum illam in superna claritate coram maiestate magna adorantem. Cumque (folio 8[v]) ministri altaris laudes eius devote concinentes ad eum versiculum in sequentia: Ave preclara, processissent, qui est: Ora virgo nos illo pane celi dignos effici, procidit in faciem suam, totamque se in orationem[10]) prostravit, sicque permanebat, quousque evangelium inchoaretur. Ab illo die usque ad hec tempora singulis fere[1]) sabbatis, et quandoque aliis diebus, cum de ea officium celebraretur, eandem visionem videre consuevi. Eadem die post Nonam,[2]) cum starem in capitulo[3]) et amarissime flerem propter somnia quedam, in quibus animam meam valde molestaverat nequitia insidiatoris mei, rogabam dominam meam devotissime, ut si forte nociture mihi non essent ille molestie, aliquid mihi consolationis exhibere dignaretur. Et ecce subito lux illa celestis emicuit, et progressa est inde[4]) consolatrix mea. Et cum paululum descendisset, contra me stabat. Et ego intendens in eam, motum labiorum eius diligenter observabam, et cognovi, quod nominaret me nomine meo Elisabeth, et amplius non adiecit. Quod ego pro consolatione recipiens, gratias egi illi, et recessit a me.

(XII.) — Accidit quadam vice, cum frequenter se mihi offerret columba illa,[5]) de qua dixi, ut apud me ipsam dubitarem de illa, et quererem a domno abbate, utrum posset Sathanas transfigurare se in columbam. Qui cum negaret, se unquam hoc legisse, et ego dubia permanerem, aspexi (folio 9^r^) quadam die crucem, quam videre soleo, et venit ex adverso columba eadem, et resedit in ea. Sic ergo certificata sum, non esse hoc Sathanam, quoniam inimicus crucis est.

(XIII.) — In vigilia beati Johannis Baptiste,[6]) dum divinum celebraretur officium, fui in oratione, ac dicebam quinquaginta psalmos, et alias quasdam orationes in laudem illius venerandi prescursoris domini. Cumque orationes pene complevissem, subito lux magna refulsit in celo, et in medio eius quasi species viri gloriosi in vestitu candido apparuit, stans contra ortum solis. Et post pusillum convertit ad me faciem blandam et valde amabilem, quasi volens conspici a me. Habebat autem coronam aurei fulgoris in capite valde radiantem, et in parte anteriori quasi purpureo colore insignitam. In dextera eius tanti fulgoris palma apparuit, ut pre nimia eius claritate vix cetera, que iuxta erant, possem discernere. Intellexi igitur, hunc esse gloriosum illum martirem, cui serviebamus. Post hec in matutinis, cum diceremus: T e d e u m l a u d a m u s, eodem modo mihi apparuit, et reclinans me ad parietem, vix ab extasi me continui. Cumque iterum disparuisset, lux illa, in qua eum videram, subito in duas partes scindi visa est, et emicuit quasi fulgur[7]) omnino intolerabile mihi ad videndum, et dixi: Sufficit mihi domine gratia tua, parce infirmitati mee, et relaxa michi claritatem hanc nimiam, quia sustinere eam non valeo. (Folio 9^v^) Continuo sublata est, et loco eius stella clarissima apparuit. Rursus in die, tempore divini[8]) sacrificii, vir dei similiter mihi apparuit.

(XIIII). — Die tercio post hec, festo[9]) beatorum martirum Johannis et Pauli[10]) tempore matutino, dum ad honorem eorum legerem quinquaginta psalmos, vidi illos in amplissima luce valde coniunctim stantes contra orientem, et ad me terga vertentes. Cunque explevissem orationes,[1]) rogavi illos diligentissime, ut ad me faciem convertere dignarentur. Et conversi sunt ad me. Habebant autem et ipsi signa victorie atque martirii, videlicet fulgidas in manibus palmas et coronas in capitibus valde radiantes, et rubore signatas in fronte. Talibus enim insigniis decorati videntur sancti martires, quandocunque mihi apparere[2]) dignantur.

(XV.). — In festivitate beatorum apostolorum Petri et Pauli [3]) in prima vespera collapsa sum in extasim, et vidi gloriosos illos principes in splendore magni luminis stantes cum signis victoriosi martirii. Et conversis ad me vultibus[4]) descenderunt in regionem huius nostri aëris, antec dente eos beata virgine matre domini Jesu. Stans autem Petrus signum crucis fecit super me, et salutabam eum dicens: Tu es pastor ovium, princeps apostolorum, et cetera. Paulum quoque intuens, hec eius verba arripui: Bonum certamen certavi,[5]) cursum consummavi,[6]) et cetera. Cunque reversi essent in regionem luminis, ego ab extasi respiravi. In die ad mis (folio 10 r) sam, dum imponeretur[7]) officium, vidi columbam descendentem de celo, et usque ad dextrum cornu altaris pervenit, ibique resedit. Quantitas eius ut turturis, et supra nivem candor eius. Cunque domnus abbas inter ceteras collectas diceret illam, que est: Deus, cui omne cor patet, et usque ad verbum illud processisset, quod est:[8]) Purifica per infusionem sancti spiritus cogitationes cordis nostri, advolavit, ac sese capiti eius ter circumtulit, ac reversa est ad locum, ubi antea consederat.[9]) Cum autem diceretur: Sanctus, accessit, ac resedit in corporali, et quasi rubeum aliquid ex ore eius dependere videbatur. Cunque finita missa inter sorores ad communicandum accederem, et oculos carnis ad eam deflecterem, videre eam non potui. Aversis autem oculis vidi eam, et pre timore, quem ex ea habui, statim, ut communicaveram, in extasim veni, moxque respiravi. Et exinde quicunque sanctorum alicuius celebritatis apud nos sunt, singuli in suis festivitatibus mihi per gratiam domini in celesti lumine apparuerunt, videlicet Kylianus martir [10]) cum sociis suis, deinde septem fratres.[11]) —

(XVI.). — Post hec[12]) et pater noster beatus Benedictus,[13]) qui etiam contra me in aërem exire visus est. Deinde beata Margareta,[14]) immenso candore notabilis, et signis victorie gloriosa. In divisione apostolorum[15]) omnes michi apparuerunt, sed seorsum ab aliis Petrus et Paulus stare videbantur. Post hec Alexium confessorem [16]) vidi, nescio, quid magni decoris habentem a pectore usque ad subumbili (folio 10 v) cum. —

(XVII.) In vigilia beate Marie Magdalene [17]) ad vesperam vidi illam cum corona lucidissima, et simul cum ea matrem domini.

Stabant autem contra se quasi colloquentes ad invicem, et post pusillum converse sunt ad orientem. In die ad missam, dum orarem positis in terra genibus, vidi in aëre quasi prope terram duos viros splendidos [1]) sedentes contra se. et in medio eorum lucidum quiddam quasi formam habens sepulchri. et ecce mulier similis ei, quam in sero videram, accessit, et stabat diligenter inspiciens eandem sepulchri speciem. Dum autem staret, accessit retro eam iuvenis candidissimo amictu circumdatus, nigram habens comam ac barbe lanuginem, et faciem supra modum speciosam. Moxque illa ad eum conversa ibat in occursum eius, et stabat quasi interrogans aliquid ab eo. Tunc cepi anxie cogitare intra me, quisnam esset ille iuvenis. Cumque magno desiderio sciendi hoc estuarem, subito in dextera eius crux aurea [2]) apparuit. Vnde mox coniectabam, quoniam ipse esset is, qui surgens a mortuis primo Marie apparuit. Eadem die ad vesperam, cum non possem interesse conventui propter invalitudinem, sedebam in capitolio cum magistra, et eramus in psalmis vespertinis. Erat autem pluvie tempus, et vidi irim fulgidam solo mentis intuitu. Exterioribus enim oculis faciem celi ab eo loco, in quo eram, intueri non poteram. Et dixi domino in corde meo: Obsecro domine, ut, quod nunc sola mente video, etiam oculo carnis aspi (folio 11 r) ciam, quo magis de hac visione spiritali certificer. Non enim mihi ipsi satiš credebam. Et post paululum sorores de capella exeuntes, constiterunt in claustro aspicientes in celum. Mirante autem magistra, quid aspicerent, dixi: Irim, ut credo, vident, quam et ego iam ante [3]) mentis intuitu vidi. Exeuntes ergo ad eas, vidimus eam et nos.

(XVIII.) — In vigilia sancti Jacobi apostoli [4]) post prandium languere cepi graviter, nec tamen usque ad extasim infirmata sum. Et vidi lucem, quam videre soleo, quasi super ecclesiam beati Florini, ubi domini fratres nostri manent. Erat autem in sequenti die [5]) ibi dedicationis festivitas celebranda. Et vidi quasi scalam in modum radiantis auri splendidam de luce illa descendentem usque ad altare maius, quod est in sanctuario. Cumque aspicerem, vidi adolescentes duos per eam descendentes usque ad altare. Qui autem preibat, turibulum aureum in manu gestare videbatur. Post hos autem et alii duo descenderunt. Denique magna multitudo descendit, et versa vice ascenderunt. Erantque ita ascendentes et descendentes a Nona prioris diei usque ad Nonam sequentis diéi. Tamdiu enim continue in hac visione permansi. Apparuit autem et beatus Jacobus circa summitatem scale stans cum beata Christina virgine, et virgo virginum cum eis. In die autem circa tempus dominici sacrificii ad hec inferiora nostre habitationis descendere visus est. Vidi autem eo die claritatem magnam circa prefatum (folio 11 v) altare, et omnia, que gerebantur illic. Nam et operimentum altaris, quale esset cognovi, et magistre nostre indicavi. Ipsa autem directo illuc nuntio, comperit ita esse, ut dixi.

(XIX.) — In vinculis sancti Petri[1]) rursus eum vidi in eadem specie, qua et antea mihi apparuerat. Post hec Stephanum protomartirem die inventionis sue,[2]) deinde Oswaldum regem[3]) deinde Afram martirem[4]) cum duabus pedissequis[5]) suis, deinde beatum Ciriacum.[6]) Deinde beatum Laurentium in vigilia eius.[7]) Erat autem ei tam densa lux undique circumfusa,[8]) ut etiam palpari posse videretur. Palme et corone eius fulgor tantus erat, ut et[9]) quodam modo reverberaret oculos cordis mei, sicut radiantis auri splendor oculos carnis solet repercutere. Habebat autem stolam splendidam a sinistro humero usque ad dextrum latus protensam. Et interrogavi magistram, quid sibi hoc vellet, et dixit michi, signum diaconatus eius hoc esse. Stabat autem cum eo et beata virgo sicut cum supradictis omnibus, habebatque ipse faciem ad me blande conversam, quousque desiderium meum implevit. Hanc enim gratiam omnes mihi solent exhibere.

(XX.) — Factum est in[10]) dominica nocte, que erat prima post festum beati Jacobi,[11]) elangui toto corpore, et formicare[12]) ceperunt primo[13]) summitates manuum et pedum meorum, et tota denique caro mea, et erupit undique sudor de me. Factumque est cor meum (folio 12 r) quasi ferro scinderetur in duas partes. Et ecce rota flammea grandis in celo emicuit, cuius visio magnas mihi incussit angustias, et continuo disparuit. Post hec in eodem loco quasi ostium apertum est, et introspexi per illud, ac vidi lucem longe excellentiorem illa, quam videre consueveram, et multa milia sanctorum in ea. Stabant autem in circuitu maiestatis magne, secundum huiusmodi ordinem dispositi. Erant in quadam fronte illius circuitus viri quidam magnifici, et excellentes valde,[14]) adornati palmis et coronis copiose radiantibus, et titulo passionis in fronte signati. Et intellexi tam ex numero[15]) eorum, quam ex singulari gloria, quam pre aliis habebant, hos esse venerabiles apostolos Christi. Ad dexteram autem eorum copiosus quidam exercitus eisdem insigniis gloriosus astabat.[16]) Post hos et alii viri splendidi constiterunt, sed martirii signum in eis non apparuit. Ad sinistram vero apostolorum sacer ordo virginum effulgebat decoratus martirii insigniis. Post has et alter chorus insignium puellarum, coronatarum quidem, sed absque signis martirii. Deinde et alie reverende mulieres cum velaminibus[17]) candidis apparebant, atque ita ex his omnibus circuitus ille completus est. Alius quoque magne claritatis circuitus infra illum apparuit, quem intellexi esse sanctorum angelorum. In medio autem omnium gloriam maiestatis immense, quam (folio 12 v) effari omnino non possum, cuius thronum gloriosum yris fulgida ambiebat. A dextris autem maiestatis vidi similem filio hominis in summa gloria residentem. A sinistris vero signum crucis vehementer radiosum apparuit. Cumque hec omnia trementi corde aspicerem, hoc quoque adicere dignatus est dominus, ut mihi indignissime peccatrici de gloria sue ineffabilis trinitatis modo quodam, quem explicare non audeo,[1]) hoc significaret, quoniam vere una divinitas in personis trina est, et tres persone una divina substantia. A dextris autem filii hominis regina angelorum et domina regnorum in solio quasi sydereo immenso lumine circumfusa residebat.[2]) Ad sinistram quoque predicte crucis viginti quatuor honorabiles viri versis ad eam vultibus in uno ordine consederunt. Vidi non procul ab eis duos arietes grandes et preclaros stantes ante signum crucis,[3]) et sustinentes in humeris suis rotam nimie claritatis, et mire magnitudinis. His omnibus ita perspectis, in hec verba prorupi dicens: Levate oculos cordis vestri ad deificum lumen, attendite et videte gloriam et maiestatem domini. Mane post hec hora tercia vehementius infirmata sum, quam in sero. Et venit unus ex fratribus ad fenestram, et rogavi eum, ut missam dé sancta trinitate celebraret, et annuit. Statim autem ut missam imposuit, cecidi[4]) in extasim. Et rursum vidi predictam visionem, sed manifestius. (folio 13 [a]) Eadem hora vidi predictum fratrem, qui assistebat altari, multo lumine circumfusum,[5]) et halitum eius in modum candidi fumi ex ore ipsius sursum ascendentem. —

(XXI.) — In proxima dominica, videlicet[6]) in inventione sancti Stephani,[7]) eodem modo infirmata sum, et vidi eandem visionem, sed eo amplius, quod[8]) tunc vidi ante thronum dei agnum stantem valde amabilem, et habentem crucem auream quasi dorso infixam. Sed et quatuor evangelistas tunc vidi in illis formis, quas eis sacra scriptura attribuit. Erant autem a dextris beate virginis in ordine dispositi, ita ut versus ipsam facies haberent conversas. Eram autem celans apud me huiuscemodi visiones amplius quam septem diebus. Cumque posuissem constanter in corde meo nemini eas revelare, gravissima cordis tortione arrepta[9]) sum, ita ut morituram me estimarem. Instabant itaque mihi sorores studiose flagitantes, ut, que videram, eis revelarem. Cunque extorsissent a me, statim a passione convalui. Et[10]) ne iam dicta amplius repetam, scito, quod huiusmodi visiones, quas in predictis dominicis vidi, singulis dominicis, que postea evenerunt, vel bis, vel ter, vel etiam amplius videre consuevi, ante tamen corruens in extasim, sicut ipse propriis oculis iam aspexisti.[11]) —

(XXII.) — In quartá feria ante assumptionem beate Marie[12]) post completorium stabam in capella, et oravi dominum ex totis pre (folio 13 [v]) cordiis meis dicens: Domine deus meus, ecce animam meam et corpus meum tue iniuncte[13]) dextere, tue sancte et individue trinitati commendo, tibi omnes angustias meas domine committo, quoniam valde anxiatur spiritus meus super his, que operatus es mecum, eo quod tanta gratia omnino[1]) indignam me esse cognoscam.[2]) Tu scis domine mi, quod nunquam talia a te postulare presumpsi. Sed nunc, quoniam ex gratuita bonitate tua ita magnificasti misericordiam tuam mecum, obsecro te, quatinus ita de cetero me conserves, ut nullo delicto meo a gratia tua merear excidere, neque me ille tristicie spiritus ultra apprehendat, quo iam absorpta fuissem, nisi tu domine subvenisses. Cum hec et his similia perorassem, iamque ad stratum meum redirem, subito hec verba ori meo inciderunt: O virgo cave, ne iterum cadas, ne aliquid deterius tibi contingat, quia bonus pastor curam habet de ovibus suis. Sequenti die[3]) in meridie subito impulsu cor meum percussum est, et hec verba accepi: Noli timere filia, quia dominus consolator tuus corripit omnem filium, quem recipit. Eodem die ad vesperam, cum effudissem cor meum ante dominam meam cum multis lacrimis, iterum accidit, ut ex inproviso hec verba in ore meo volverem: Gaude et letare,[4]) quia divina clementia eripuit te de periculo corporis et anime. —

(XXIII.) — Post hec in vigilia assumptionis,[5]) cum devotissime orassem, subito incidit ori meo, ut dicerem: Hec sunt verba consolatoria, que lingua nova loqui (folio 14 v) tur, quia necesse est consolari animam turbulosam. Tunc rursum more meo infirmata sum, et veniens in extasim vidi visionem, quam dominicis diebus videre soleo. Vidi autem inter cetera dominam meam consurgentem de solio suo glorioso, et egredientem de magna illa luce, quam velut per ostium vidi, comitante eam[6]) triplici illa multitudine feminarum, quam in circuitū[7]) consistere videram. Proxime autem incedebant, que martirii titulum in fronte gerebant. Post has ille, quas videram coronatas sine signo.[8]) Tercio loco velaminibus albis decorate. Ad dexteram autem ipsius vir quidam gloriosus et amabilis incedebat, sacerdotali stola insignis. Cumque per modicum tempus ita in inferiori aëre cum hoc sacro exercitu apparuisset, rursus in lumine, de quo exisse visa fuerat, cum ingenti laude et gaudio excepta est. Cunque expergefacta fuissem ab hac visione, continuo hec verba arripui: O gloriosum lumen, in quo assidue assistunt omnes sancti amicti stolis albis, et dant gloriam de mercede sua sedenti super thronum, viventi in secula seculorum. Rursus in die ad missam, cum essem in spiritu, eademque viderem, que et antea, volvebam in animo verba hec: O gloriosa trinitas, que sedes in sede maiestatis tue, et inspicis abyssos, et dinumeras cogitationes uniuscuiusque hominis. His adieci: Ave Maria decus virginum, domina gentium, regina angelorum. Post hec expergiscens, in hec verba pro (folio 14 v) rupi: Te sanctum dominum,[9]) et cetera cum versu. Et adieci: Dominus aperit[10]) nobis ianuam vite, si volumus certare contra durissimum diabolum. Omnia autem, que dicta sunt, in die nativitatis domine[11]) nostre similiter vidi.

(XXIV.) — In sabbato post assumptionem [1]) verba hec ex inproviso arripui: Dominus legifer noster, dominus rex noster, qui nos vocavit in ammirabile lumen suum, ut si volumus penitentiam agere de malis actibus, accipiamus bravium, quod in stadio acquiritur. Nolite negligere verba hec, quia expediunt animabus vestris. Attendite diligenter, quomodo creator ammonet creaturam suam. Post hec adieci: Ego consolabor vos, dicit dominus, et dabo vobis contra tristiciam gaudium spirituale,[2]) et ponam in corda vestra timorem simul et amorem. Si me timueritis, et mandata mea servaveritis, veri discipuli mei eritis: Item Moneo vos,[3]) ut diligatis invicem, cogitare debetis, quomodo deus prior dilexit nos,[4]) quando non pepercit unigenito filio suo, sed tradidit illum pro nobis [5]) in oblationem, ut dragma illa, que perierat, reperiretur. Ergo ad nos pertinet hoc proverbium: Si diligimus [6]) deum, et habuerimus perfectam caritatem, et fraternam dilectionem in alterutrum, inveniemus dragmam illam, que perierat. Iterum moneo vos, ut habeatis perfectam caritatem dei et proximi, quia caritas est summum donum, amplum bonum, [7]) in quo pendet totus ordo perfectorum. Super omnia autem habete caritatem, quod (folio 15 r) est vinculum perfectionis, et pax Christi exultet in cordibus vestris, in qua et vocati estis in uno corpore, et grati estote, verbum Christi habitet in vobis habundanter. Item: Omnibus, qui hic volunt vivere secundum seculum, et non abstrahunt corpora sua a carnalibus desideriis, sed cupiunt adimplere omnia, que pertinent in [8]) hunc mundum, valde metuendum est, quod dicitur: *Nolite diligere mundum, et ea, que in mundo sunt, sed agite penitentiam de pravis operibus, quia ecce tempus prope est. Vigilate itaque, quia nescitis diem neque horam, quando dominus venturus sit.*[9])

(XXV.) — In decollatione sancti Johannis Baptiste [10]) multum infirmata sum, et cepi videre grandem illam lucem, quam velut per ostium videre soleo, atque ex hoc anxia prostravi me totam in orationes, et veni in extasim, et vidi beatum Johannem eodem modo, quo antea eum videram, et dixi in spiritu meo: Benedicat nos deus pater, custodiat nos Jesus Christus, illuminet nos spiritus sanctus, et cetera. Et subiunxi: O clavis David, et cetera. Et adieci: Iste est Johannes, quem manus domini consecravit matris in visceribus, cuius nos precibus adiuvari supplices deposcimus. Post hec surgens ab extasi, potum sumpsi, sed nichil virium recepi. Et reclinans me in sinum magistre iterum veni in extasim, et vidi eadem, que videram, iterumque ad me rediens, hec verba arripui: [11]) Adiuva me domine deus meus, et cetera. Dicunt etiam me dixisse: Ne magnitudo revelationum extollat me, et non (folio 15 v) amplius. In die ad Terciam iterum facta in extasi, introspexi quasi per ostium et[1]) lucem illam magnam, quam videre soleo, et dominam meam surgentem de solio suo, et venientem contra me in exteriorem hanc lucem, eratque cum ea beatus ille precursor domini. Ego áutem orabam devotissime, eorumque patrociniis me et omnes familiares meos atque locum nostrum studiose committebam, simulque hoc petii, ut si me[2]) exaudirent, aliquod michi preberent exauditionis indicium. Continuo redierunt ad lucem, unde exierant et coram maiestate magna prociderunt in facies suas quasi orantes, simulque cum eis infinita agmina circumstantium. Tunc ego ab extasi expergiscens, in hec verba prorupi, dicens: Tibi laus, tibi gloria, tibi gratiarum actio, o beata et benedicta et gloriosa trinitas. Ora pro nobis beata virgo Maria, ut digni efficiamur promissione[3]) Christi. Omnes sancti angeli dei orent pro nobis in conspectu domini. Inter natos mulierum non surrexit maior Johanne Baptista, et cetera. Mirifica misericordias tuas deus, quí salvos facis sperantes in te.[4]) —

(XXVI.) — In exaltatione sancte crucis[5]) sepe in extasim veni, et vidi gloriosum illud signum crucis nimii fulgoris[6]) non tantum in illa secreta regione lucis, sed et foris in inferiori quadam luce palam ostensum mihi est.[7]) —

(XXVII.) — In festo sancti Michahelis[8]) in prima vespera, cum essem in extasi, vidi ante thronum maiestatis domini tres viros valde gloriosos stantes, quorum, qui medius erat, excellentior aliis appa (folio 16 r) rebat, et turibulum aureum in dextera tenere videbatur, et dixi, cum redirem ad me: Stetit angelus iuxta aram templi, et cetera.[9]) In die ad missam vidi rursus eundem virum excellentiorem cum insigni vexillo incedentem, comitante eum turba copiosa. Ibant[10]) autem in circuitu throni, et cum venissent ante conspectum maiestatis, prociderunt in facies suas, atque ita tribus vicibus factum est. In eadem missa cum accederent sorores ad communicandum, et ego adhuc a longe sederem propter inbecillitatem, introspexi in calicem, et vidi veram[11]) speciem sanguinis, et cum infunderent[12]) vinum, distincte aspexi differentiam sanguinis et eius, quod affusum est, donec commixta sunt, ut unus color sanguinis appareret. Die, nescio quo, simile accidit. Videbam, sicut mos mihi est, omnia, que foris circa altare gerebantur[13]) in tempore misse. Et dum sacerdos calicem benediceret,[14]) ecce columba, quam videre soleo in altari, pedetemtim accedens, caput calici inmersit, et continuo species sanguinis apparuit. Et nunc quidem rarum mihi non est videre huiusmodi. —

(XXVIII.) — Factum est etiam[15]) in una dierum, ut veniret quidam ex fratribus, ferens in pixide divinum sacramentum dominici corporis ad opus cuiusdam sororis infirme. Cumque staremus in circuitu eius, ego et quedam sorores mecum loquentes [1]) cum eo, aspexi pixidem et cogitabam intra me de dignitate sacramenti illius, et subito cor meum dissolu (folio 16 [v]) tum est, ita ut vix me continerem ab extasi. Et ecce claritas magna refulsit in pixide, et introspexi, cum tamen adhuc esset clausa, et apparuit species vere carnis in ea. Dicens quidem ista contremisco, sicut et tunc videns contremui. Testis autem mihi est deus [2]) quia nihil in omnibus his fingendo aut propriam gloriam querendo locuta sum. —

(XXIX.) — Rogasti me per epistolam, frater, de patronis tuis, scilicet martiribus Bonnensis ecclesie: Cassio et Florentio, ut in die natalis [3]) eorum aliquid servitii illis exhiberem, si forte et ipsi dignarentur se mihi ostendere, et feci quidem, prout potui. Nam ad honorem eorum quinquaginta psalmos legi illo die post matutinas,[4]) cum etiam insidiator meus candelam, quam manu tenebam, extinxit. Post hec autem circa horam terciam veni in extasim sine dolore, et vidi tres viros splendidos in regione luminis, et decoratos palmis et coronis in fronte rubore signatis. Stabant autem duo ex eis coniuncti ad invicem, et paululum segregati a tercio. Sequenti die [5]) ad vesperam cum solito more essem in extasi,[6]) sabbatum enim erat, rogavi dominum, ut iterum illos tuos patronos mihi ostenderet, quoniam moleste ferebam, quod non distincte agnoveram, qui essent illi duo, de quibus rogaveras, quoniam tres videram. Et distulit dominus exaudire me per tempus, ita ut metuerem, contra voluntatem domini id me postulasse. Et dixi tremens: Domine, si est (folio 17 [r]) voluntas tua, ut fiat, quod petii, fiat, sin autem, non fiat. Et continuo vidi duos viros amabiles valde de cetu martirum [7]) procedentes cum signis supra memoratis, et venerunt stare in medium ante conspectum throni. Et ego cum leticia expergiscens, continuo hec verba arripui: Isti sunt due olive et duo candelabra lucentia ante dominum dominatorem universe terre. —

(XXX.) — Post hec in festo sanctarum virginum undecim milium,[8]) vidi copiosam multitudinem virginum, que omnes erant insignes palmis victorie, et coronis in fronte signatis, ac decora cesarie spectabiles. —

(XXXI.) — In vigilia omnium sanctorum [9]) ad vesperam diu in agone laboravi, et dum vehementi dolore coartarer, signum crucifixi domini pectori meo fortiter astrinxi, et tandem veniens in extasim quievi. Tunc insolito more visum est mihi, quasi raperetur spiritus meus in sublime, et vidi ostium apertum in celo, et tantam sanctorum multitudinem, quantam nunquam ante [10]) videram. Illud quoque, quod de sancta trinitate tibi me dixisse memini, tunc mihi secundo intimatum [11]) est. In ipso autem die sollempnitatis [12]) ad vesperam, cum iterum inciperem infirmari et preparari ad extasim, vidi coram me stantem quasi puerum amabilem valde, indutum veste alba et precinctum, et dixi: Quis es domine mi? Et annuit capite,[1]) ut tacerem, et dixi:[2]) Angelus domini (folio 17 v) bonus, qui fuit cum Jacob, ipse sit mecum in terra peregrinationis mee, et benedicat vias meas deus meus. Et continuo post hec fui in extasi, et visa sum mihi in sublime extolli,[3]) et audivi voces canentium carmen iocundissimum. —

(XXXII.) — Post hec in die, quo secundum morem ecclesie fidelium defunctorum[4]) communis memoria agebatur, in tempore divini sacrificii vidi quasi versus austrum montem excelsum valde, et iuxta illum vallem profundam horribilem nimis. Erat enim[5]) plena atris ignibus quasi obtectis et non valentibus emittere flammam in altum. Illic tortores spiritus innumerabiles vidi et animas potestati illorum traditas, que horrendo et flebili modo ab illis concutiebantur, trahebantur, et supra modum infinitis modis[6]) vexabantur. Formas quidem neque in his neque in illis discrevi, hoc tantum intellexi, quoniam[7]) hi quidem torquebant, ille vero torquebantur. Vidi autem procul hinc versus orientem edificium valde gloriosum,[8]) quasi tribus muris circumdatum, et varie distinctiones mansionum in eo, et splendor lucis inmense omnia illustrabat. In circuitu autem eius arborum et herbarum et florum iocundissima amenitas apparebat. Locus autem, qui medius videbatur inter hoc edificium et vallem predictam, spinis asperrimis et quasi ambustis totus videbatur occupatus. Cumque hec aspicerem ecce (folio 18 r) copiosa multitudo candide plebis de valle consurgens, per medium invii illius dumeti cum magna festinatione, et multo conatu ad edificium predictum tendere visa est, tandemque perveniens introivit. Quidam autem ex eis extra sentes viam elegerunt, et absque labore pervenerunt. Factus est autem hic transitus pluribus vicibus et per intervalla. —

(XXXIII.) — Nolo etiam ignorare te frater,[9]) de quodam ex amicis nostris, quem tanquam patrem dileximus[10]), quoniam in die anniversarii eius, cum fecissem quedam pro eius liberatione, que mihi per visionem demonstrata fuerant, vidi illum tempore sacrificii in veste candida stantem coram me, et cum eo decorum quendam iuvenem albis indutum et precinctum. Cunque devote elevasset manus et oculos in celum coram me, quasi gratias agens, conversus a me ibat cum comite itineris sui usque ad edificium illud, quod supra tibi descripsi. Et[11]) ego vias eorum observans, videre eos non cessavi, quousque introierunt illuc. De visionibus sanctorum, quid amplius tibi dicam, nisi quod singuli in suis nataliciis, ut dictum est, animam meam consolari dignati sunt, preter unum ex apostolis, cui minus attente servieram propter infirmitatem. —

(XXXIV.) — Vidi in adventu domini edificium quoddam preclarum uno muro circumdatum, et in medio eius turrim tante celsitudinis, ut cacumen eius (folio 18 v) celos penetrare videretur. Cumque pluribus vicibus id ita mihi appareret, accidit in una dominica, cum ad me redirem ab extasi, ut subito orationem huiuscemodi arriperem: Domine Jesu Christe pie et exaudibilis, ostende michi indigne famule tue, que sit ista civitas, quam demonstrasti mihi. Et continuo hec verba responsionis in ore meo posita sunt. Hec est Jerusalem celestis, que edificatur ut civitas, cuius cacumen pertinet ad celos.[1]) —

(XXXV.) — Post hec imminente festivitate natalis domini,[2]) biduo ante festum diem preparabar ad laborem, quem habitura eram. Quociens enim in mentem mihi venit future sollempnitatis dignitas, anxiabar, et dissolute sunt pene omnes vires mee, quasi ventura essem in extasim. Cum venisset autem vespera sollempnitatis, post multos labores agonis mei tandem ad quietem extasis deveni. Sensi autem, me quasi in sublime elevari, et vidi ostium apertum in celo, et venerabile illud archanum, quod in festivitate omnium sanctorum videram, iam tercio tunc demonstratum michi est. Cumque delectata fuissem in multitudine dulcedinis dei mei, tandem ad me ipsam rediens, in hec verba continuo prorupi: Desiderans desideravi videre dominum deum salvatorem meum, et vidi, et ecce salva facta est anima mea. Eram autem pernoctans in oratione, nec potui corpus meum dare sopori pre nimia (folio 19 r) claritate lucis, quam tota nocte intuebar. Ostium enim illud, quod antea sine mentis excessu intueri non poteram, continue apertum vidi in magna iocundidate, et lux eius quasi decuplo clarior apparuit, quam in preteritis visionibus. Cum autem iam[3]) fieret apparatus ad celebrationem prioris misse, que inter matutinale officium erat decantanda, vidi radium magne claritatis desursum ab eodem ostio usque ad altare oratorii protendi. Cumque inchoaretur liber generationis, ecce gloriosa regina celorum multo exercitu angelorum comitata per eundem radium descendens venit, et astitit a dextris sacerdotis, habens coronam magni ac iocundissimi fulgoris in capite. Cumque finito evangelio secundum consuetudinem antiphona illa decantaretur, que est: O mundi domina, elevata est cum suo comitatu, et per predictum radium lucis regressa est ad sedem suam. Ego autem, cum toto illo tempore iacerem in extasi, tamen devotissime eam invocare non cessavi. Erant autem duo splendidi iuvenes, qui per predictum radium descenderant, commorantes circa ministros altaris a principio misse usque ad finem. In secunda quoque missa alii duo. Stabat autem horum alter quidem ad latus sacerdotis, alter vero iuxta diaconum, cum annuntiaret evangelium. Et de eo quidem, qui erat secus diaconum, cogitabam intra me, quoniam ipse esset unus (folio 19 v) ex diaconis nostris, qui interfuit misse, essetque indutus alba, quod quidem non erat, et staret ad ministrandum. Sed tamen ex hoc eram dubia, quoniam hic albus et crispus videbatur, ille vero niger erat. Tunc[1]) convertit ad me faciem, quasi indignans, et continuo verba hec cordi meo infixa sunt: Ego sum angelus testamenti. Inter hec omnia et columbam vidi assidentem sacrificio dominico[2]) super altare. —

(XXXVI.) — Sequenti die[3]) tempore divini officii vidi beatum Stephanum prothomartirem in superna claritate splendidum valde, et insignem signis martirii et diaconatus. Eodem die ad vesperam vidi beatum Johannem evangelistam stantem in conspectu throni candidissimo amictu et stola aurea more sacerdotali decoratum. Respexi autem ad eum locum, in quo quatuor evangelistas videre consueveram, et tria quidem animalia vidi, locus autem aquile vacuus apparuit. —

(XXXVII.) — Die Innocentum[4]) tempore divini sacrificii vidi montem excelsum et splendidum, et in cacumine eius agnum candidum et amabilem valde, habentem signum dominice crucis in dorso. Sequebatur autem eum multitudo martirum copiosa cum palmis et coronis rubore signatis. Et cogitabam quidem apud me, hos esse beatos illos infantes, qui occisi sunt pro domino Jesu, sed hoc in illis mirabar, quod nulla infantie signa in eis apparuerunt. Omnes enim iuvenilis etatis plenitudinem habere (folio 20 r) videbantur. —

(XXXVIII.) — In circumcisione domini[5]) et in Epiphania visiones dominice diei vidi, sed evidentius in Epiphania[6]) et maiorem difficultatem in extasi sustinui. Tunc etiam in prima vespera vidi tres reges coronatos, stantes ante thronum, et accedentes adoraverunt flexis genibus ante filium hominis, et tollentes coronas de capitibus suis, obtulerunt eas in manus ipsius, rursusque eas ab ipso receperunt. In die ad missam, rursus eosdem tres vidi adorantes coram domino Jesu, et munuscula nescio que lucida in manus eius dare visi sunt.

(XXXIX.) — In purificatione sancte Marie[7]) ad missam ante evangelium languere cepi graviter, et perlecto evangelio statim in extasim veni, et vidi, et ecce domina nostra per radium lucis descendens venit et astitit a dextris sacerdotis, et iuxta eam vir grandevus et venerabilis, barbam habens canam et prolixam. Cumque sorores obtulissent luminaria in manus sacerdotis, regressa est ad superna, et ecce copiosus exercitus insignium puellarum cum splendidis luminaribus venit in occursum eius, factaque aliquantula mora in extrinseca hac luce cum ipsa regresse sunt ad altiora, sequentes eam cum gaudio. Eodem die ad vesperam, cum essem in extasi, iterumque eam viderem in superna gloria, invocavi devotissime auxilium eius, et cum omni diligentia me et caros meos illi commisi, et in fine orationis adieci dicens: Domina mea, quid de te sperabo? Et respon (folio 20 v) dere visa est: Bonam gratiam de me speraré potes tu et omnes, qui fiduciam habent in me. Mirificavit[1]) deus misericordias suas in me etiam frater mi ex quo nuper a me discessisti, et hec fecit mihi. —

(XL.) — Accidit in prima dominica sollempnis ieiunii[2]) in prima vespera, ut caderet super me repentinus corporis languor, ut solet, et veni in mentis excessum. Et vidi rotam candidam in aëre mira velocitate circueuntem,[3]) et in summitate eius aviculam candidam cum magna difficultate sese tenentem, ut non circumferretur impetu rote. Et aliquociens quidem paululum a summitate ad inferiora delapsa est, iterumque renisa est, ut esset in summo. Atque in hunc modum diu laborabat, vicissim labens et resurgens. Post hec vidi montem excelsum et amenum valde, et super illum delata est rota, iterumque ibi circumferebatur, ut prius, et avicula ei adherens in suo labore perseverabat. Eram autem vehementer ammirans, quid ista porténderent, et cum magno desiderio postulavi a domino intelligentiam visionis. Et accepto aliquantulo intellectu, redii ab extasi, moxque hec verba ex inproviso arripui. A r t a e t a n g u s t a e s t v i a, q u e d u c i t a d v i t a m.[4]) Domine, quis ibit eam? Et subiunxi: Ille, qui custodit vitam suam a carnalibus desideriis, et non habet dolum in lingua sua. Et adieci: Domine, quid faciam ego? Et rursus hec verba responsionis inciderunt ori meo: (folio 21 r) Si vis ambulare, sicut ego ambulavi, considera vestigia mea, et noli avertere ad dexteram neque ad sinistram, sed sequere me, et sic pervenies, quia dixi: E g o s u m v i a, v e r i t a s e t v i t a, s i q u i s i n t r o i e r i t p e r m e, s a l v a b i t u r, e t p a s c u a i n v e n i e t.[5]) Post hec in secunda feria[6]) rursus in extasim veni, et vidi predictam visionem, ut prius, sed eo amplius, quod et scalam vidi supra rotam stantem, que tante celsitudinis erat, ut cacumen eius celos penetrare videretur. Postes eius laterales petrini videbantur et trianguli,[7]) ascensoria vero diversissimis ac pulcherrimis coloribus ab invicem differebant. Id autem in memoria retinui, quod primum eorum candidum erat tanquam nix, secundum vero rubicundum tanquam ferrum ignitum.[8]) Post hec die altera rursus vidi omnia, que predicta sunt, et iuxta rotam speciem viri stantem, cuius caput aureum videbatur, et capilli eius similes lane candide et munde. Oculi eius lucidissimi et decori valde, pectus et brachia, que in modum crucis tenebat expansa, purissimum quendam nitorem habebant ad similitudinem argenti nitidissimi. Habebat autem in dextera ramum arboris viridem et iocundum aspectu, in sinistra vero lucidam rotam yris varietate distinctam. Venter eius eneus, femora ex calibe, crura ferrea, pedes vero terrei videbantur. Hec omnia multociens in tempore ieiunii michi apparuerunt. Factum est autem in dominica, (folio 21 v) que erat proxima post[1]) festum beati Gregorii,[2]) cum essem in extasi, et viderem visiones, quas in dominicis diebus videre consuevi, vidi egregium illum doctorem in supernis plenum gloria[3]) et claritate amabili, ad similitudinem glorie sanctissimorum episcoporum Martini et Nicholai. Habebat autem in capite, quemadmodum et illos habuisse videram, diadema quoddam venerabile, qualia a pontificibus gestari dicuntur. Eadem quoque hora vidi predictam visionem, et estuabam desiderio magno, cupiens intelligere, que videbam, precipue, quid significaret illa hominis species, nam de ceteris intelligebam aliquid. Postulavi igitur[4]) a beato illo viro dei devotissime, ut impetraret mihi a domino intelligentiam visionis, quam desiderabam, et conversus ad me hec verba michi respondit: Non potes intelligere, quid ista significent, sed dic doctoribus, qui legunt scripturas; ipsi sciunt. Nunc igitur, amantissime frater, hunc tibi queso laborem assume, ut scripturas divinas scruteris, et congruam ex eis interpretationem visionis huius coneris invenire. Tibi enim fortassis[5]) a domino reservata est. —

(XLI). — Ante annuntiationem dominicam septem diebus[6]) egrotavi, et incidi in lectum toto corpore languens, ita ut pene nichil refectionis corpori meo possem adhibere. Permansi autem in hac invalitudi (folio 22 r) ne usque ad diem tercium[7]) ante festivitatem.[8]) Eo die circa Nonam cepi habere in ore meo liquorem tanquam favum mellis, cuius dulcore ita refecta sum, quasi cibum sufficientem accepissem, et confortata sum toto corpore, et emisi sudorem copiosum, in quo permanebam usque in sequentem diem.[9]) Et circa tempus misse cepi gravissime angustiari, et post nimios ac miserandos labores corporis veni in mentis excessum, et visum est mihi, quasi abstraheretur spiritus meus a corpore, ac sublevaretur in altum. Vidi autem in illo excessu meo celos apertos, et dominum Jesum cum infinitis milibus sanctorum venientem in regionem aëris huius. Et non erat ei species neque decor, sed tanquam recenter crucifixus fuisset, sic miserandus apparuit. Cunque demonstrasset universo mundo crucem, in qua pependerat, et vulnera passionis sue quasi recenti cruore madentia, clamabat voce magna ac nimium terribili dicens: Talia propter te sustinui, tu vero, quid pro me sustinuisti? —

(XLII.) — Assistebant autem ei duo diversa agmina innumere plebis, unum a dextris, alterum a sinistris. Et his quidem, qui erant a dextris, lux inmensa circumfusa videbatur, inter quos precipua apparuit virgo virginum gloriosa Maria. Ibi diversitates omnium ecclesiasticorum graduum distincte perspexi, inter quos et venerabilem patrem nostrum beatum Benedictum cum sua (folio 22 v) monachali turba dinoscere delectata sum. His autem. qui erant a sinistris, tenebre dense et horribiles circumfuse erant, ita ut eorum diversitates discernere vix potuissem. Erat autem huius miserime plebis princeps magnus ille et horrendus rex superbie, cui proximi assistebant Judas et Pilatus, et crucifixores domini. Heu! quantos ex clero, quantos etiam nostri ordinis viros et mulieres plenos confusione illic dinoscebam. Cumque omnia perspexissem, dixit iudex omnium ad eos, qui erant a dextris: Venite benedicti patris mei, percipite regnum, quod vobis paratum est ab origine mundi.[1]) Ad eos vero, qui erant a sinistris: Ite maledicti in ignem eternum, qui paratus est diabolo et angelis eius.[2]) Et continuo hi cum iocundissima alacritate ad lucidas mansiones dominum subsecuti sunt. Illi vero tristicia et confusione pleni, cum suo principe in profundissimas tenebras dimersi sunt. Continuo post hec reddita sum mihi, et cum fletu copioso primum in hec verba prorupi: Libera me domine de morte eterna in die illa tremenda, quando celi movendi sunt et terra. Et adieci: Credo, quod redemptor meus vivit, et in novissimo die de terra surrectura sum, et in carne mea videbo deum salvatorem meum. In ipso autem die festivitatis, cum iterum essem in excessu meo, in tempore divini sacrificii presentata est oculis meis passio salvatoris nostri, qualiter ab impiis (folio 23 r) veste nudatus flagellatus est, et ad ultimum cruci affixus. Non autem omnia, que circa eum in passione gesta sunt, singillatim tunc vidi quemadmodum postea in Parasceve. Cumque hec videre cessarem, vidi dominam meam in superna claritate stantem, et cuiusdam rei revelationem ab ea accepi, quam nolo adhuc fieri manifestam.[3]) —

(XLIII.) — Post hec in festivitate Palmarum[4]) in priori vespera, cum dicerent sorores responsorium: Ingressus Pilatus, et usque ad hoc verbum processissent: Crucifigatur,[5]) stabam inter eas, et subito in extasim cecidi[6]) cum magna corporis mei concussione, et vidi salvatorem quasi in cruce pendentem. Rursus in matutinis similiter mihi accidit. In die ad missam, cum inchoaretur passio domini, iterum in extasim veni. Tunc vidi procul montem quendam amenum, et descendebat ab eo salvator sedens in asino, et veniebat versus civitatem quandam[7]) magnam. In ipsa autem radice montis occurrit ei turba hominum parvorum et magnorum cum virentibus arborum ramis, et exuentes vestimenta sua plurimi ex eis straverunt ea in via, qua incedebat, et ibant cum eo exultantes usque ad portam civitatis. Eratque ibi turba magna, et dabant ei locum, et venit per medium eorum usque ad templum, et descendens introivit, et ultra eum non vidi, et redii ad me ipsam. —

(XLIV.) — Rogaveram fratres nostros diligenter, ut illo die officium Palmarum celebrarent in prato, (folio 23 v) quod est ante conspectum nostrum, et non potuerunt propter inundationem rivulorum, sed retro ecclesiam, ubi videri[1]) a nobis non poterat, id peregerunt. Et respexit dominus desiderium ancille sue, et vidi oculis mentis omnia, que illic gesta sunt ab eis. —

(XLV.) Post hec in cena domini[2]) ad missam vidi, sicut soleo, omnia, que circa altare gerebantur, et dum sacerdos canonem diceret, et calicem in conspectu dei exaltaret, vidi supra calicem dominum Jesum quasi in cruce pendentem, et de latere eius et pedibus sanguis in calicem defluere videbatur. —

(XLVI.) — Cum autem vespertinum tempus immineret, cepi graviter languere, et deficiebant omnes vires corporis mei, et posuerunt me sorores in capitolio,[3]) ubi mandatum ablutionis celebrature[4]) erant. Cunque inchoaretur antiphona, que est: Ante diem festum, ego in uberrimas lacrimas confestim erupi, et cepi agonizare, et post magnos labores quievi in extasi. Tunc vidi dominum in eadem civitate, quam in die Palmarum introierat, sedentem cum discipulis suis in domo quasi ad cenandum. Cunque aspicerem, surrexit a cena, et ponens vestimenta sua, precinxit se linteo, et accipiens pelvim incurvavit genua ante Petrum, et subito Petrus exilivit, et stabat quasi territus, et dominus, sicut erat inclinatus, loqui ad eum visus est, et post pusillum rursus ille resedit. Et dominus singulorum pedes lavit, iterumque resumpto vestimento suo, recubuit, et sedebat quasi loquens ad illos. Post hec surrexit, et egressus est cum illis de civi (folio 24 r) tate, et ibat versus montem illum, a quo eum descendisse[5]) videram. Et his quidem ita perspectis, redii ad me, et continuo amplius anxiari cepi quam antea, ita ut mori me estimarent. Cunque dicerent letaniam super me, veni iterum in extasim. Tunc vidi, quomodo relictis discipulis secessit ab eis dominus, et positis in terra[6]) genibus, procubuit ad orationem quasi in angustiis magnis constitutus. Vidi et preciosas illas guttas sanguinis de sanctissima carne eius decurrentes in terram. Et post orationem rediit ad discipulos, quos etiam dormitantes vidi, et cum allocutus eos fuisset, iterum rediit ad orationem, atque hoc[7]) ter factum est. Tunc ego ad me ipsam rediens, statim hec verba in ore meo habui: Factus est[8]) Jesus in agonia, prolixius oravit, et factus est sudor eius sicut[9]) gutte sanguinis decurrentis ab eo[10]) in terram. Et adieci: In monte oliveti oravi ad patrem meum: Pater si fieri potest, transeat a me calix iste.[11]) Et post pusillum redii in extasim. Et vidi, et ecce dominus ab oratione rediens assumptis discipulis venit in ortum. —

(XLVII.). — Et post pusillum venit Judas cum cohorte armata, et accedens osculatus est eum. Hi autem, qui cum eo erant, retrorsum abeuntes ceciderunt in terram, et surgentes comprehenderunt eum, et usque ad civitatem vinctum miserabiliter pertraxerunt. Discipulos autem ad latibula sua discurrere[1]) vidi. Tunc redii ab extasi cum huiusmodi verbis: Amicus meus osculi me tradidit signo dicens: Quem oscula (folio 24 v) tus fuero, ipse est, tenete eum.[2]) Post hec tota nocte illa, sive dormirem, sive vigilarem, videbam, qualiter impii illi dominum blasphemabant verberando, conspuendo, colaphis et alapis cedendo. Et quidem in extasim non veni, sed totus sensus meus illic erat, et ad nihil aliud poteram intendere, ita ut pene insensata viderer. Mane autem hora tercia cum multa fatigatione veni in extasim, in qua permansi usque circa[3]) horam sextam. Tunc[4]) vidi, quomodo induerunt eum tunicam purpuream, et clamidem coccineam circumdederunt ei, et imponentes capiti eius coronam spineam illuserunt ei. Et post hec exuentes eum vestimentis illis, induerunt eum vestibus suis et imposuerunt ei crucem, et duxerunt extra civitatem in locum quendam quasi aratum et nichil viroris habentem. Ibi eum denudantes levaverunt in crucem et affixerunt.[5]) Similiter et aliis duobus fecerunt. Tunc expergefacta sum, et cum acrimis uberrimis in hec verba prorupi: Christus dominus factus est obediens usque ad mortem. Et adieci: Vita in ligno moritur, linfernus ex morsu[6]) despoliatur. —

(XLVIII.) — Deinde post modicum tempus ceperunt fratres officium diei[7]) celebrare, et cum processissent usque ad lectionem passionis, cepi agonizare et artari supra omnem modum, ita ut nulli hominum possim eloqui. Certe frater mi, si universa caro mea per partes discerperetur, videtur mihi, quod levius ferrem. Tandem autem in extasim (folio 25 r) veniens vidi iterum dominum in cruce, iamque in illa hora emisit spiritum, et inclinata est cervix eius, concidit amabile caput, complicata sunt genua, et omnia membra eius deorsum resederunt, sicque herebat exanime corpus, miseratione dignum super omnia, que humanus oculus miserabilia vidit. Et quis putas, frater, interim erat dolor anime mee, cum viderem tantas passiones, tamque indignas despectiones viri optimi et innocentis, qui nihil quidem pro se, sed pro nobis omnia gratis sustinuit? Sed et matrem domini mei plenam merore et magna dignam miseratione vidi assistentem cruci cum discipulo, quem diligebat Jesus. Novissime autem hoc quoque vidi, qualiter unus ex impiis accurrens lanceam lateri eius infixit, et continuo copiosus sanguis pariter cum aqua emanavit. Et ecce caligo densa et horribilis super universam terram orta est, et saxa per agros terribiliter concurrere et collidi et scindi visa sunt. Cumque quievisset illa perturbatio, ecce quidam venerabiles viri accedentes solverunt corpus a cruce, et detulerunt illud cum veneratione in hortum quendam viridem et iocundum, et circumposita ei munda sindone, locaverunt illud in monumento. Tunc demum ego resumpto spiritu cum fletu amarissimo huiusmodi querelam arripui: Recessit pastor noster fons aque vive, in cuius transitu sol obscuratus est, et cetera. Et adieci: Ave Maria con (folio 25 v) sors martirum, transgladiata crucifixi nati sanguine. Et adieci: Sepulto domino signatum est monumentum, et cetera. —

(XLIX.) — Post hec in sabbato ad vesperam, cum essem in extasi, apparuerunt mihi venerabiles quedam matrone quasi gestantes aromata.

(L.) — In die sancto Pasce,[1]) cum iam dilucesceret, sedebam in loco orationis et legebam in psalmis. Cumque iam ad finem psalmorum appropinquarem, veni in extasim, et vidi hortum, in quo erat monumentum, et lapidem ab hostio eius sublatum, et angelos assidentes, et ecce matrona quedam veniens accessit ad monumentum plorans, et introspexit, et non invento ibi corpore, quasi mesta paululum recessit. Occurrit autem ei dominus, moxque illa substitit, quasi interrogans aliquid ab eo. Et post pusillum conversa est, ut rediret ad monumentum, iterumque subito se convertit quasi vocata ab illo, et currens procidit ad pedes eius. Cunque ipse disparuisset, surgens illa velociter cucurrit usque ad domum, ubi erant discipuli congregati, et nuntiavit eis. Continuo post hec, cum paululum respirassem, vidi duas matronas venientes ad sepulchrum cum aromatibus, et ut viderunt angelos, substiterunt quasi stupefacte. Post hec cum timore propius accesserunt. Factaque ibi parva mora, discesserunt. Occurrit autem et illis dominus in via, moxque ille accurentes prociderunt coram eo, et tenuerunt pedes eius. Hoc autem nequaquam de predicta illa matrona visum michi est. Post hec, cum celebraretur missa, vidi duos discipulos (folio 26 v) properantes ad sepulchrum, quorum alter quidem senior, alter autem videbatur esse iunior. Et hic quidem, cum cicius pervenisset ad sepulchrum, non introivit. Senior vero, cum pervenisset, statim introivit, postea vero et alter. Et quid amplius requiris frater? Omnia pene, que[2]) circa tempus illud gesta fuisse in evangeliis leguntur, mihi demonstrata sunt. Nam et hoc vidi, qualiter duobus euntibus ab Jerusalem in Emaus dominus in specie peregrini se adiunxit, et quomodo, cum pervenissent ad castellum et se fingeret discessurum ab eis, detinuerunt eum et perduxerunt in domum, et cum sederet ad cenandum, et benedixisset panem ac fregisset, statim locus eius, in quo sederat, vacuus apparuit. Statimque illi surgentes venerunt cum festinatione ad discipulos et nuntiaverunt eis in domo, in qua erant congregati. Eadem autem hora, qua eis hec annuntiabant, apparuit dominus stans in medio eorum. Post hec illud quoque vidi, qualiter manducavit cum[3]) illis, eratque in mensa discus unus habens piscem, et alter continens favum mellis. Erant autem vestimenta eius, in quibus eum post resurrectionem vidi. candidissima, et species vultus eius hilaris valde, ac tante claritatis, ut vix eam discernere possem. —

(LI.) — In die ascensionis domini [1]) ad missam, cum essem in excessu meo, vidi congregatos in domo discipulos, et matrem domini cum eis. Et intravit ad eos dominus, et cum accepisset cibum cum eis, eduxit illos [2]) de civitate usque in montem. Et vidi, (folio 26 v) qualiter coram eis elevatus est, et venit in occursum eius multitudo angelorum, et sublatus [3]) est in celum. Cumque illi starent et aspicerent in celum, apparuerunt duo splendidi iuvenes desuper venientes, et allocuti sunt eos. Statimque illi regressi sunt in civitatem, et collegerunt se in domum, unde egressi fuerant. Tunc ego ad me ipsam redii cum huiuscemodi verbis: E d u x i t d o m i n u s d i s c i p u l o s s u o s f o r a s i n B e t h a n i a m. [4]) et cetera, que secuntur in evangelio, et illud: O rex glorie domine virtutum, qui triumphator hodie super omnes celos ascendisti, et cetera. —

(LII.) — Post hec in die Pentecosten [5]) ante celebrationem misse. cum essem in extasi, vidi rursus discipulos congregatos in domo supra memorata. et matrem salvatoris inter eos. Et factum est. dum sederent, apparuit supra singulos eorum quasi flamma ignis desursum descendens in impetu vehementi. Et continuo omnes unanimiter consurgentes, egressi sunt cum hilaritate et fiducia magna annuntiare verbum dei in populo. [6]) Hec cum ita pervidissem. reddita sum michi. moxque hec verba assumpsi: Spiritus sanctus procedens a throno. apostolorum pectora invisibiliter penetravit, et cetera. Cumque inchoaretur officium misse. rursus in extasim veni. et vidi quasi fulgidissimum radium lucis de celo usque ad altare porrectum. Et venit per medium eius columba speciosa, quam videre soleo, ferens in ore quiddam rubrum quasi flamma ignis grandiusculum, quam solebat. Et primum quidem super (folio 27 r) verticem sacerdotis expansis alis se tenuit, ibique ex eo. quod in ore gestabat, quasi stillam unam deposuit. Ministris quoque altaris, qui erant induti ad legendum, similiter fecit. et post hec consedit in altari. Cumque redissem ab extasi, dixi magistre nostre. ut commoneret sorores ad devotionem orationis. sperans id ipsum. quod et postea evenit. Cunque finita missa accederemus ad communicandum. elapsa sum de manibus sororum. quibus innitebar, et corrui graviter in extasim. Et dum singillatim communicarent. vidi columbam predictam advolantem. et ex eo, quod in ore gestabat. per singulas distribuentem. —

(LIII.) — He sunt, frater. miserationes domini. quas in primo anno [7]) visitationis mee operatus est in me. In hac autem secundi anni revolutione eadem fere, que anno priore in festivitatibus sanctorum circa me accidere solebant, eveniunt, et non nulla preter hec, que propter incredulos ex magna parte silentio preterimus. Aliquociens autem alteriusmodi verba, quam solebant, revertenti mihi ab extasi in ore ponuntur, ita ut in loquendo non meum sequar arbitrium, sed domini, qui per os meum manifestas facit visiones, quas per modestiam a sororibus celare consueveram. Nam in festivitate beati Laurentii[1]) visionem, quam videram, his verbis manifestavi: Vidi quendam nobilissimum diaconum Laurentium ante fores stantem et palmam habentem, et corona eius rubea, et conversus est (folio 27 v) ad me blande inspiciens. Similiter in assumptione beatissime domine nostre,[2]) cum ab excessu meo redirem, huiuscemodi sermonem coram omnibus subito arripui dicens: Vidi supra celum celi ad orientem multa milia sanctorum coronatorum, estimavi plus quam centum quadraginta quatuor milia, qui omnes coronati sunt coronis aureis, unusquisque secundum suam professionem, et in medio eorum thronum excelsum valde gloriosum, et in medio throni sedentem, cuius facies terribilis erat, et ex eo et de throno exibat splendor magnus quasi fulgur coruscans, ita ut pre nimia luce vix potuissem oculos levare, et circa thronum angelos multos, et quatuor animalia, hi omnes circumsteterunt, et procidentes adoraverunt sedentem super thronum dicentes: Gloria et honor et benedictio sedenti super thronum viventi in secula seculorum. Post hec adieci: Salve sancta, salve pia et nobilis virgo Maria, tu enim mitis, tu suavis, tu adiutrix et consolatrix omnium in te confidentium. Adiuva me domina mea Maria, quoniam in te confidit anima mea, ora pro me unigenitum tuum, redemptorem nostrum, ut perficiat in me opus misericordie sue. —

(LIV.) — In festivitate omnium sanctorum[3]) post extasim in hec verba os meum apertum est: Venit angelus domini ad me, et rapuit spiritum meum a corpore meo, et subito veni cum illo, et duxit me in altum ante ostium, quod est in conspectu domini, et introspexi, et vidi multa milia sanctorum coronatorum, astantes et ministrantes deo, et in circuitu throni quatuor (folio 28 r) animalia. Angeli vero et archangeli, Cherubin quoque et Seraphin steterunt ante thronum dei, et procidentes adoraverunt, et clara voce dixerunt: Sanctus, sanctus, sanctus, dominus deus omnipotens, qui erat et qui est, et qui venturus est. Similiter et viginti quatuor seniores ceciderunt in facies suas, et adoraverunt viventem in secula seculorum. —

(LV.) — Habeo et aliquid, quod de Bonnensis ecclesie consecratione, que nuper facta est, tibi referam. Sicut insinuasti mihi per epistolam, oravi dominum, et aperuit mihi, ut solet, oculos meos in priori vespera exaltationis sancte crucis[4]) et inter cetera, que mihi demonstrata sunt, vidi radium copiose lucis de celo usque ad ecclesiam illam descendentem totamque inmensa claritate illustrantem. Nec non et angelorum multitudinem in eodem radio descendentem vidi, ac toto tempore dedicationis inter ministros ecclesie conversantem. Tanta autem maiestate omnia replebantur, ut non absque pavore intueri possem, que gerebantur illic. Fui autem in hac visione continue a vespertino tempore precedentis diei usque ad horam illam, in qua dedicationis officium consummatum est. Vidi autem inter cetera, que illic agebantur, te frater, pulpito in matutinis astantem, et unam ex lectionibus legentem.[1]) —

(LVI.) — Accidit, ut quedam sororum nostrarum, que morantur in Dirstein[2]) migraret a vita. Nuntiata igitur nobis morte eius, dum secundum consuetudinem pro remedio anime (folio 28 v) eius afflictionem susciperemus,[3]) vidi angelum domini stantem secus magistram nostram, cuius ministerio opus dei perficiebatur. Eadem quoque hora et beatissimam dominam nostram vidi quasi in regione inferioris aëris stantem, et respicientem ad nos. Completa autem afflictione nostra, elevatus est angelus usque ad eam, et pariter ad superna redierunt.[4]) —

(LVII.) — Factum est in vigilia nativitatis domini[5]) tempore matutini sacrificii, dum essem in oratione, aperuit dominus oculos meos, et vidi in spiritu virum, cuius desideravi presentiam, a longe properantem ad spectandum agonem passionis mee. Qui cum iam instante vespertino tempore advenisset, mox irruit super me passio valida et acerba vehementer, et supra, quam credi potest, fatigata sum in ea. Dum ergo orarent supra[6]) me sorores cum lacrimis, circa orationis finem vidi angelum domini desursum venientem quasi in adiutorium mihi. Et cum stetisset coram me, dixi illi: Domine mi, lassa sum ad sustinendum. Et ait ad me: Confortare, consolare, noli deficere in via. Et post pusillum requievit caro mea in extasi. Et sustulit me in spiritu in sublime, et contemplata sum iocunditatem, quam preparavit deus diligentibus se, quemadmodum et anno priore. Cunque post longum excessum redirem ad me, continuo verba hec ori meo affluxerunt: Descendit de celis missus ab arce patris introivit per aurem[7]) virginis in regionem nostram indutus stola purpurea, et exi (folio 29 r) vit per auream portam lux et decus universe fabrice mundi. Et illud: De illa occulta habitatione sua descendit filius dei, venit querere et salvare eos, qui eum de toto corde desiderabant. Et illud: Venit angelus domini ad me, et rapuit spiritum meum, et cetera, sicut in festivitate omnium sanctorum prosecuta sum. Post hec benedixi dominum dicens: Gratias ago tibi domine, quia misisti ad me angelum tuum, qui consolatus est me in tribulatione mea, quia tu solus laborem et dolorem consideras. Tempore matutino ad singularum missarum sollempnia similem laborem sustinui. —

(LVIII.) — In die vero ad maiorem missam, cum essem rursus in excessu meo, ac devotissime pro communi correctione ecclesie dominum exorarem, in fine orationis postulavi a domino, ut indicare mihi dignaretur, quenam esset voluntas eius super clero et monialibus non bona gradientibus via. Cumque oratione completa, iam ad me redire inciperem, astitit mihi angelus meus, et dixi ad eum: O dulcissime atque amantissime iuvenis, responde mihi ad ea, que interrogavi a domino. Et dixit ad me: Clama et dic genti peccatrici, populo pleno peccato: Ve, ve vobis, qui habitatis sub potestate diaboli, quiescite agere perverse, discite benefacere. Sin autem, ecce ego dominus mitto angelum meum percutientem inter vos. Nisi conversi fueritis a viis vestris iniquis, et egeritis penitentiam ab operibus pravis, ego dominus complebo indignationem meam in vobis. Nunc et illud silere non possum, quanta dignatio (folio 29 v) ne domina mea cor meum letificavit. Dum essem in prefato excessu meo, vidi illam a longe in domo quadam quasi iacentem in lectulo et contrectantem manibus infantulum speciosum et amabilem nimis.[1]) Quem cum circumligasset fasciis albissimis, deposuit in presepio, quod secus ipsam esse videbatur, et post pusillum recipiens eum in sinu suo reclinavit. —

(LIX.) — Continuo post hec vidi illam in regno claritatis tanquam reginam et dominam. Invocavi igitur eam solito more, et specialiter pro quodam familiari meo ipsam exoravi. Erat ille in ordine diaconatus[2]) et frequenter eum exhortata fueram, ut ad sacrum ordinem sacerdocii ascendere non differret. Ille vero diversas causas timoris sui pretendens, tam arduam rem aggredi nondum se audere fatebatur. In illa igitur invocatione mea, dum eiusdem rei mentionem coram domina mea facerem, hec verba michi respondit: Dic servo meo: Noli timere, fac, quod facturus es, et redde rationem de servitio meo, quod mihi facere debueras et non fecisti. —

(LX.) In festivitate sancti Johannis evangeliste[3]) tempore divini officii, dum essem in lectulo meo propter infirmitatem, ibidem facta est manus domini super me, et vidi amabilem illum sacerdotem domini in conspectu throni stantem. Effudi itaque orationes meas apud ipsum, ac petii, ut ipso impetrante[4]) mihi daretur videre aliquid eorum, que ei in terra posito demonstrata sunt. Et continuo vidi quatuor animalia ibidem assistentia secundum eum modum, quo (folio 30 r) in Ezechiele descripta sunt, et rotam quadriformem coram eis. Post hec, cum iam ad me ipsam reditura essem, vidi duos angelos terribiles et plenos indignatione secundum faciem in inferiori aëre consistentes, habebatque unus eorum gladium terribilem in dextera extentum quasi ad percutiendum. Et dixi ductori meo: Domine mi, qui sunt isti? Qui ait: Habent postatem nocere terre. —

(LXI.) — Post hec in die innocentum [1]) vidi turbam magnam iuvenum candidorum in monte excelso deambulantem, cum insigniis martirii, quos precedebat agnus candidus crucis signum baiolans. Et aio ad ductorem meum: Domine, qui sunt isti, quos video hic? Et respondit: Sunt innocentes et inmaculati, qui secuntur agnum, quocunque ierit. Et dixi: Domine, quare isti plus, quam alii? Et ille: Non solum isti, sed sunt et alii, qui sunt innocentes et inmaculati etiam et virgines electi in Christo, qui secuntur agnum, quocunque ierit. Rursum ego: Quare agnum plus, quam aliud animal? At ille subiecit: Quia innocens agnus inmaculâtus et electus occisus est pro salute humani generis. In circumcisione dominica multam benigni salvatoris dignationem circa me experta sum. —

(LXII). — In Epiphania quoque multiplicavit dominus gratiam suam in me, et vidi in spiritu dominam meam et parvulum eius quasi in domo quadam longe posita commorantes. Et ecce tres viri regalem habentes decorem introierunt illuc, et flexis genibus adoraverunt (folio 30 [v]) coram puero. Unus autem ex illis proferens nummisma aureum magnum quasi imagine regia signatum obtulit in manus ipsius. Similiter et alii duo accedentes, munera sua in vasculis quibusdam reverenter obtulerunt. Post hec et nuptie ille, que facte sunt in Chana Galilee, representate mihi sunt, et vidi rursus illic salvatorem cum Maria, matre sua, inter convivas discumbentem, et ydrias sex ibidem positas. Insuper et virginei corporis sui ablutionem, que in Jordane celebrata est, dominus ancille sue presentare aspernatus non est. Vidi enim, qualiter cum sancto baptista suo in aquas beati fluminis descendit, et baptizatus est ab eo, et qualiter columba de celo descendens venit et requievit in vertice ipsius. Et ego ab hac visione expergiscens, in hec verba os meum aperui: In columbe specie spiritus sanctus visus est, paterna vox audita est: H i c e s t f i l i u s m e u s d i l e c t u s, i n q u o m i c h i b e n e c o m p l a c u i, i p s u m a u d i t e. [2]) —

(LXIII.) — Post hec in festivitate purificationis [3]) in prima vespera novum quiddam et insuetum fecit michi deus. Cum enim essem in excessu meo solito more, et orarem in spiritu ad dominum, ac dominam meam, quam per spiritum intuebar, salutarem, et devotas coram ipsa preces effunderem, omnem orationis mee tenorem sorores, que erant in circuitu mei, palam audierunt. Ego vero, cum redissem ad me, credere nolebam narrantibus hec, quousque eadem verba, quibus in oratione usa fueram, per or (folio 31 [r]) dinem replicuerunt. —

Factum est, ut quedam soror annosa infirmaretur apud nos infirmitate, qua et mortua est. Accidit autem tercia die ante mortem eius subito aggravari infirmitatem, ita ut iam morituram eam estimaremus, et accurrentes letaniam inchoavimus super eam. Irruit igitur ibidem super me passio gravissima, et collapsa sum in terram, et aggregate[1]) sunt circa me sorores cum orationibus. Cunque per modicum tempus velut exanimis iacuissem, subito expergefacta sum et dixi: Inungite eam. Nondum enim oleo inuncta fuerat. Hoc dicto, statim[2]) fui in spiritu. Rursus autem post pusillum expergiscens, antequam plene ad me ipsam redirem, audientibus cunctis visionem, quam videram, pronuntiavi, dicens: Domina nostra cum patre nostro beato Benedicto descenderat, et nescio, quam ob causam statim ad superna redierunt. Et nunc affuerunt hic spiritus maligni quamplures, quorum adhuc quidam veluti canes in circuitu nostri ambulant, et tanquam vultures in tectis consident. Stabant autem secus lectum sororis nostre duo angeli, qui dixerunt ad illos: Discedite hinc, soror ista adhuc vivendi spacium accepit. Cum hec dixissem, et ex integro ad me ipsam redissem, nesciebam, me revelasse visionem, et advocans magistram secreto cepi narrare ei, que videram. Illa autem eadem omnia se ex ore meo audisse confitebatur. Post hec die tercia cum eadem (folio 31 v) soror migraret a vita, in hora transitus eius vidi per spiritum eosdem duos angelos ei assistentes,[3]) et egredientem de corpore animam excipientes. Quorsum autem illam detulerint, revelatum mihi non est. Cumque essemus orantes in circuitu funeris, vidi angelum speciosum quasi pusille stature in summitate feretri sedentem, qui etiam motus inde non est, cum usque ad ecclesiam fratrum asportaretur, et usque ad tempus sepulture affuit. —

(LXV.) — Post hec et me febris valida apprehendit, et desideravi unctionis sacramentum. Eo autem tempore domnus abbas profectus fuerat ad loca vicina, et expectabam adventum eius. Quodam autem vespere circa crepusculum, sedente magistra coram me, accessit vir quidam venerabilis, et stetit in conspectu meo et existimabam, ipsum esse domnum abbatem, et letata sum. Cunque arguerem tarditatem eius, et morum duriciam, benigne suscepit correptionem, et consolatus est me dicens, nondum me esse morituram. Rogavi igitur, ut dominicam orationem et symbolum recitaret coram me, et postea me inungeret. Quod cum fecisset, et ego ad singula verba ei per intervalla respondissem, totum unctionis ritum complere visus est in me, et data mihi benedictione abscessit.[4]) Interrogavit igitur me magistra, que verba mea omnia audierat, cum quo sermonem habuissem. Et dixi: Nonne dominus abbas presens fuit et inunxit me? Illa autem neminem illic se (folio 32 r) vidisse testata est. Tunc igitur primum intellexi, visionem spiritualem me vidisse. —

(LXVI.) — Post hec imminente festivitate annuntiationis,[5]) incidi in languorem gravissimum, et biduo ante diem festum in infirmitate iacebam. In ipso autem festivitatis die mane ita aggravatus est languor meus. ut venirent ad stratum meum sorores ac dicerent letaniam super me. Cunque discessure essent a me, interrogabant, an eo die communicare vellem, sicut et ipse facture erant. Ego autem rennui, dicens, non me aliquibus dignis operibus ad hoc esse preparatam. sicut ipsas, propter invalitudinem corporis. Que cum inde contristarentur ac discederent a me, venit angelus domini et stans coram me. posuit manum suam in capite meo. et ait: Surge et sta supra pedes tuos. liberata es ab infirmitatibus tuis. Accede ad communicandum. confortare et esto robusta. Ad hec verba subito omnis languor fugit a me, et per universum corpus meum suavissime alleviata sum. Hoc quoque adiecit: Possibile quidem fuerat domino passiones. quas hactenus sustinuisti. leniores[1]) tibi efficere, sed quo melius tibi crederetur. affligi ita te voluit. Continuo igitur apprehensis indumentis meis. surrexi de stratu meo. et descendi cum integris viribus et colore vivido. et veni hilariter in conventum sororum, mirantibus universis. et feci. quod mandaverat mihi. Eodem die ipsa quoque annuntiatio dominica mihi presentata est. Vidi enim in spiritu dominam meam quasi in conclavi quodam stantem ad orationem et subito apparuit coram ea angelus magne claritatis velut alloquens eam. Illa autem viso eo (folio 32 v) expavescere visa est. et post mutuam collocutionem reverenter ad eum se inclinavit. moxque ille disparuit. —

(LXVII.) — Ante festivitatem Palmarum die priori iam instante vespertino tempore stabam sola in oratorio. et eram intenta orationibus. Et ecce radius copiosi luminis repente de celo effusus est super me. faciens mihi estum. quemadmodum sol, quando splendet in virtute sua. Et cecidi prona in terram cum impetu vehementi. et veni in mentis excessum. Sorores itaque venientes concurrebant ad me. volentes sublevare caput meum a terra, ut pulvillos[2]) supponerent. et nullo nisu levare illud potuerunt. Et post pusillum venit angelus domini. et erexit me velociter, et statuit me supra pedes meos dicens: O homo surge et sta supra pedes tuos. et loquar tecum. et noli[3]) timere. quia ego tecum sum omnibus diebus vite tue. Viriliter age et confortetur cor tuum, et sustine dominum. Et dices prevaricatoribus terre: Sicut olim gentes crucifixerunt me. sic cottidie crucifigor inter illos. qui prevaricati sunt me in cordibus suis. Avertunt enim facies suas a me, et cor eorum longe est a me, ne videant. et ne recogitent, qualiter passus sum. et quomodo liberavi eos in sanguine meo. Et dices ad eos: Redite prevaricatores ad dominum deum vestrum, quia benignus et misericors est, qui non vult mortem peccatoris, sed magis, ut convertatur et vivat. Hec cum dixisset, abiit. Ego autem signum feci sororibus, ut allatis tabulis verba ista scripto exciperent. Non enim aliud quicquam loqui poteram, quousque omnia secundum narrationem meam conscripta sunt. —

(LXVIII.) — Rursus in ipsa (folio 33 r) die Palmarum [1]) tempore divini officii, cum similiter cecidissem, erexit me angelus, dicens: O homo cogita, quid sis, quia pulvis et cinis es, et vile figmentum. Audi me, qui loquor tecum. Hec dicit dominus: Plena est terra iniquitate, et hic populus non populus meus, sed populus perversarius mihi est. Obduratum est cor eorum, nec capiunt, et intelligere non poterunt verba, que locutus sum, sed recedunt[2]) a me. Ve illis, quia[3]) oppressi sunt a diabolo et obediunt illi, et inhonorant faciem meam cum pravis operibus suis, et obliti sunt deum factorem suum. Et dixi: Domine mi, nescio, quid dicam vel quid faciam, quia indocta sum in scripturis divinis. Et dixit mihi: Sufficit tibi gratia mea. Qui enim habet, dabitur illi, et qui non habet, id, quod habet, auferetur ab eo. —

(LXIX.) — Post hec in secunda feria,[4]) cum interessem matutinis, posuit dominus verbum in ore meo. Et subito dixi: Ve vobis ypochrite, qui absconditis aurum et argentum. Hoc est verbum dei et lex divina, que est preciosior auro et argento, ut appareatis hominibus religiosi et innocentes, intrinsecus autem pleni estis ingenio malo, et in[5]) inmundiciis vestris introeuntes ad sancta sanctorum, quod est altare dei, ad communicandum. Vere dominus avertit faciem suam, ne videat holocaustomata et sacrificia vestra. Tunc infeliciores estis his, qui aspiciunt vos quasi speculum, cum considerant opera vestra mala, et scandalizantur in vobis. Procul dubio scitote, quia lex peribit primum a sacerdotibus et senioribus populi in hoc tempore. —

(LXX.) — Item in quarta feria,[6]) cum sola essem in capitolio, cecidi in extasim. Et dixit angelus domini ad me: Et tu fili hominis (folio 33 v) dices ad eos, qui habitant in terra. Audite populi! Deus deorum locutus est: P e n i t e n t i a m a g i t e, p r o p e e s t e n i m r e g n u m d e i,[7]) et convertimini ad me in toto corde vestro, et ego dominus convertar ad vos et reconciliabor vobis. Quod si nolueritis, et me ad iracundiam provocaveritis, in peccatis vestris moriemini, et mors devorabit vos subito et quasi nescientes, et miserabiliores eritis omni creatura, etiam brutis animalibus, quia dum mortua fuerint, nihil ultra mali patiuntur. Vos autem cruciabimini in igne eterno, u b i e r i t f l e t u s o c u l o r u m e t s t r i d o r d e n t i u m s i n e f i n e.[8]) Et dixi: Domine, nescio loqui, et tarda sum ad loquendum. Et dixit: Aperi os tuum, et ego dicam, et qui audit te, audit et me. —

(LXXI.) In sabbato sancto ante Pasca[9]) ibam ad capitolium et collapsa sum in limite[10]) capelle, et circumfulsit me lux, et assistens mihi angelus domini ait: O miserrimi, qui thesaurizatis vobis thesauros in infernalibus penis. Nescitis quod nobiles, quod potentes peribunt in die iudicii, quod divites et sapientes lugebunt? O mundi gloria res misera, ve illis, qui diligunt eam. Ego clamavi, dicit dominus, et iterum clamo, et quis est, qui me audierit, et consenserit consiliis meis? Et quando clamavi, clamavi et dixi: Si quis sitit, veniat ad me et bibat, et de ventre eius fluent aque vive.[1]) O homo, quicunque es, dic tu, ecce ego, et dicet tibi: Abnega temetipsum, et factus obediens et humilis corde, veni et sequere me, et ego probabo, si sis verax, an non, et tu consistens et perseverans noli deficere in certamine. Qui enim (folio 34 r) bene certaverit usque in finem, hic salvus erit. —

(LXXII.) — In una Paschalium dierum in meridie, cum vellem quiescere, astitit lectulo meo angelus domini, et dixit ad me: Noli contristari de his, que tibi solent evenire, sufficit tibi gratia mea, quia non te deseram, si tu ipsa velis. Obediens esse stude cum omni humilitate cordis, et leticia. Esto patiens contra omnia adversa, noli te extollere in superbiam, sed semper humiliare, ut exalteris, nullum despicias, nullum contempnas, in omnibus bonum exemplum monstra. Dilige dominum deum tuum ex toto corde tuo, et proximum tuum tanquam[2]) te ipsam, et quod dedi tibi, dato tu aliis, ut et ipsi reficiantur, quia tu non haberes, nisi datum tibi fuisset desuper. Preter hec et alia plura tanquam pater filiam benigne instruendo, adiecit, que propter intervenientem soporem heu! a memoria mea elapsa sunt. —

(LXXIII.) — In festivitate sancti Marci evangeliste[3]) vidi ostium apertum in celo, et ex eo splendor magnus super me effusus est, et corrui subito in terram. Cumque essem in excessu, vidi ante thronum dei, quemadmodum et in festivitate beati Johannis evangeliste videram, quator animalia, singula habentia facies quatuor, quas in hunc modum dispositas consideravi. Facies hominis erat in anteriori parte, que ad thronum respiciebat, in posteriori vero facies aquile. In dextera facies leonis, in sinistra autem facies vituli. Habebant et alas senas, quarum due supra capita singulorum erecte invicem coniungebantur. Due vero expanse erant, ita ut uniuscuiusque una ala alterius tangeret alam, duabus vero velabant (folio 34 v) corpora sua. Erant autem plena oculis ante et retro. Apparuit et rota grandis et lucida, stans coram eis ante thronum quasi complexa quatuor rotas, que ita invicem connexe erant, ut unaqueque duas sibi vicinas ex parte complecteretur, et omnis maiorem intrinsecus circulis suis contingebatur.[4]) Erat autem spacium quoddam inter ipsas quatuor circa medium punctum maioris[5]) rubicundum quasi flamma ignis, et ex eo quasi scintillule quedam exire videbantur, ac dispergi omnes rotas, et quasi vivificari videbantur ex illo. Unde in eadem hora menti mee illud occurrit: Spiritus vite erat in rotis. Cunque aspicerem, discesserunt ab invicem animalia in quatuor partes, et singula eorum singule rote antecedebant.[1]) —

(LXXIV.) — (Folio 35 r) Die quadam dominica, dum apud fratres missa celebraretur, prospexi forte per fenestram cupiens audire fratres concinentes gloriam deo. Stabat autem forte in via vir quidam vociferans ad alium et dicens: Ubi nunc tantum moraris diabole? Et continuo vidi Sathanam in specie nigri ac deformis vituli stantem secus illum. Qua in re commoneantur fideles, ab huiuscemodi malignis sermonibus abstinere. —

(LXXV.) — In die Pentecosten[2]) suspensa quidem erant apud nos missarum sollempnia pro comitis excommunicatione, sed non tamen consolationem suam dominus ab ancillis suis suspendit. Venit enim unus ex sacerdotibus ad nos, ferens in capsella sacramentum dominici corporis, unde secundum morem eramus communicature. Qui cum intromissus esset, et capsellam super altare, quod intrinsecus apud nos est, deposuisset, vidi lucem magnam de celo egredientem, et directa est super illam in modum radii solaris, totamque illustravit. Sed et columba nivea per medium eiusdem lucis veniens advolare visa est, ac resedit iuxta illam. Venit et angelus domini, et quasi devotionis nostre testis, astitit secus[3]) altare, quousque omnes per ordinem communicavimus.

(LXXVI.) — In dominica[4]) nocte ante festum apostolorum Petri et Pauli, cum starem in loco orationis, et incicerem sentire consuetas passiones, pertimui valde, quia plurimum contrita fueram in nativitate sancti Johannis Baptiste, qui post triduanum languorem et duram fatigationem, quam in vigilia eius sustinui, mihi gloriosus apparuit. Volebam (folio 35 v) igitur illa vice, si quomodo possem, avertere, ne veniret super me passio, et recessi a loco, in quo stabam, volens exire de oratorio. Cunque paululum processissem, aggravata est super me passio, ita ut procedere non possem, vixque ad locum meum redii, et mox collapsa sum in terra. Continuo igitur[5]) astitit mihi angelus domini, et dixit nostro sermone: O misera, cur hac tam invita pateris? Quam multi sunt, qui libenter hec sustinerent, si daretur illis consequi hec, que tu consequeris. Si non in presenti hec pateris, illic utique patieris, ubi durius patiendum tibi est, antequam videre merearis, que nunc visura es. Et dixi: Domine mi, ex multa fragilitate mea provenit mihi inpatientia hec. Et si consolari me vis, domine, quid mihi ostendes? Et ait: Veni et vide et contemplare iocunditatem, que veniet tibi a deo tuo. Et statim in sublime extulit me in aërem excelsum, et introspexi per ostium claritatis, et vidi solito more gloriam beate civitatis dei. Rursus ad miserabile corpus reducta sum, et paululum respiravi. Iterum autem fui in spiritu, et vidi ante ostium illud predictum quasi stateram pendentem, et astabat illic angelus meus, habens librum unum, et Sathan habens librum alterum. Intellexi autem eum, quem habebat angelus, esse librum iusticiarum mearum, alterum vero esse librum delictorum meorum. Et imposuit uterque librum, quem habebat, in statera, et preponderare visus est liber delictorum. Stabat itaque angelus quasi mestus, et ait: Non ita erit, quoniam dolores plurimos et magnos pro delictis suis sustinuit, ac duras flagellationes sepe suscepit. Et cum plura (folio 36 r) huiuscemodi enumerasset, ait: Differenda sunt hec usque in crastinum. Mox reddita sum mihi, et cum lacrimis copiosis exclamavi: Ne [1]) intres in iudicium cum ancilla tua domine! sed exoro clementiam tuam, ut ante mea dimittas peccata, quam ad iudicium iudicare venias. Cumque nimia anxietate coartarer, obtulit iterum se angelus mihi, et dixi ei: Domine, quid faciam? Instrue me, domine mi. Qui ait: Esto obediens valde, humilis, patiens, et amabilis. Libenter sustine hec, que tibi eveniunt, amplectere cum dilectione hec, que operatur dominus tecum, et his, qui diligunt ea, et cunctis, qui tuis se orationibus commiserunt, et quibus promisso te obligasti, orationes impertire. Hec cum dixisset, abscessit. Ego autem nihilominus in corde meo fluctuans hec apud me cepi tractare, dicens: Nonne fiduciam multam semper habui in corpore domini mei Jesu Christi? Nonne hoc est omnium peccatorum remissio? Illuc certe confugiam. Rogavi igitur magistram, ut misso celeriter nuntio postularet a domno abbate, quatinus in die crastina missam de sancta trinitate celebraret, et divinum sacramentum afferret ad me. Metuebam enim, me esse morituram illo die propter verba angeli, que dixerat: Differenda sunt hec usque in crastinum. Cum igitur, sicut petieram, missam celebraret, in ipso tempore sacrificii veni in excessum mentis,[2]) et vidi rursus stateram, quam in vespere videram, et libros impositos. Venit ergo angelus fidelis procurator meus afferens quasi panem parvulum, quali in celebrationibus missarum sacerdotes utuntur, et superimposuit (folio 36 v) libro iusticiarum, et mox, quasi massam ingentem apposuisset, sic velociter preponderare visus est libro alterius lancis. Ego igitur [3]) cum leticia expergiscens exclamavi: Sancta trinitas, pater et filius et spiritus sanctus, in manus potentie tue, in manus misericordie tue commendo spiritum meum, sensum meum, consilium meum, cogitationes meas, et omne corpus meum, vitam meam, finem meum, et omnes actus meos, semper sit benedictio tua super me diebus ac noctibus, et perducat me clementia tua in vitam eternam. Hoc quoque adieci, quia communicatura eram: Domine non sum digna, ut intres sub tectum meum, sed salvam me fac et salva ero, quoniam laus mea tu es, non ad iudicium corpus et sanguinem tuum, sed ad remissionem omnium peccatorum meorum percipere merear. Eodem etiam tempore vidi in spiritu domnum abbatem in ecclesia fratrum salutare sacramentum devote conficientem, et columbam sacrificio assidentem, et claritatem luminis in circuitu. Post hec venit ad me afferens mihi, quod desideràveram, et communione sancta animam meam consolata sum. —

(LXXVII.) — Rursus in vigilia apostolorum ad vesperam post multas angustias vidi illos per spiritum in regione claritatis, et una[1]) cum eis matrem domini. Vidi autem et stateram eandem, quam et antea videram, et impositi sunt libri. Erat autem multitudo demonum circa lancem unam, et multitudo angelorum circa alteram, et equi ponderis esse videbantur. Tunc invocavi dominam meam et apostolos cum angustiis magnis, quia indubitanter morituram me existimabam,[2]) et re- (folio 37 r) gressi[3]) sunt paulisper introrsus. Cunque iterum apparuissent, et ego non cessarem invocare eos et alios quamplures sanctorum, preponderare visus est liber iusticie. Post hec cum spiritum attraherem, venit ad me angelus meus et dixit mihi: Datum est tibi spacium vivendi, emendatiorem fac vitam tuam. Et dixi: Domine mi, quid amplius faciam? Nonne cognoscis fragilitatem meam, et quoniam amplius laborare non possum, quam facio? Tunc erudivit me, et ad quandam carnis afflictionem me exhortatus est, de qua et ego apud me ipsam sepe tractaveram. Et ego ad me rediens, dixi: Solve iubente deo terrarum Petre catenas, et preter hec alias orationes ad ipsum. Et adieci: Sancte Paule apostole, predicator veritatis et doctor gentium intercede pro nobis ad deum, qui te elegit. Et ad hec addidi: Domine secundum actum meum noli me miseram et peccatricem iudicare, nihil dignum in conspectu tuo egi, ideo deprecor maiestatem tuam, ut tu deus deleas iniquitatem meam, quia de terra formasti me. Et hoc: Ne tradas bestiis animam confitentem tibi, et animas pauperum tuorum, ne obliviscaris in finem. In die ad missam rursus apparuerunt mihi apostoli, et pariter cum eis domina nostra. Tunc etiam per spiritum vidi fratres in ecclesia ministrantes, et domnum abbatem altari astantem et casule qualitatem sororibus indicavi. Eodem die, cum ad nos delatum esset divinum sacramentum, eandem visionem vidi, quam et in die Pentecosten.[4]) —

(LXXVIII.) — In festivitate beati Ciriaci, que erat in dominica die, cum sex diebus egrotassem eo languore, qui visiones rerum magnarum in me solet precedere, traxi egra membra[5]) de lectulo, et veni in locum secretum oratio- (folio 37 v) nis gratia. Cunque psalmis intenderem, aggravata sum passione vehementi, et veni in mentis excessum. Erat autem hora quasi tercia. Et ecce angelus domini veniens extulit me in sublime, ita ut omnes fines terre conspicerem. Et vidi quasi sagittas igneas hamatas ex omni parte de celo in terram cadentes secundum spissitudinem nivis. Tunc anxiata sum vehementer intra me, timens, hoc esse ignem, qui universam terram esset consumpturus. Et ait angelus ad me: Non est ignis, sicut putas, sed est ira dei, que ventura est in terram. Hec autem videre non cessavi usque ad horam sextam. Tunc paululum attraxi spiritum, et cepi redire ad me ipsam. Iterum autem venit angelus et stabat coram me dicens: Quare abscondis aurum in luto? Hoc est verbum dei, quod missum est per os tuum in terram, non ut abscondatur, sed ut manifestetur ad laudem et gloriam domini nostri, et ad salvationem populi sui. Hoc dicto elevavit super me flagellum, quod quasi in iracundia magna quinquies mihi amarissime inflixit, totidemque vicibus concussa sum toto corpore, ita ut obstupescerent de concussione mea omnes sorores, que in circuitu mihi erant. Post hec superapposuit[1]) ori meo digitum candidissime manus sue dicens: Eris tacens et non poteris loqui usque ad horam nonam, quando manifestabis ea, que operatus est dominus tecum. Illo igitur discedente ego quasi semimortua fere usque ad tempus None permansi. Novissime autem, cum me sublevassem, loqui penitus non potui, et feci sororibus signum, ut domnum abbatem advocarent. Qui cum venisset, iamque None signum insonaret, nondum soluta est lingua mea, (folio 38 r) et feci signum magistre nostre, que sola conscia erat secreti mei, ut afferret ad me, quod clam sub lectulo meo absconderam, videlicet partem libelli presentis, quam[2]) apud me frater reliqueras. Firmissime enim, sicut[3]) condixeramus, proposueram usque ad terminum vite mee occultare omnia scripta hec. Cum ergo[4]) allatum mihi libellum in manus domini abbatis offerrem, soluta est vinculum lingue mee in hec verba: Non nobis domine, non nobis, sed nomini tuo da gloriam. Post hec autem tribus diebus graviter langui toto corpore, quia concussa erat universa caro mea flagelli amaritudine. Quarta autem die cum effusione copiosi sudoris confortata sum. —

(LXXIX.) In assumptione beatissime domine nostre post communionem divini sacramenti graviter contremui, et ceciderunt omnes vires mee, et corrui in extasim, et vidi eandem visionem, quam et anno priore videram illo tempore. Salutavi autem dominam meam dicens: Beata es virgo Maria, dei genitrix, que credidisti domino, perfecta sunt in te, que dicta sunt tibi. Ecce exaltata es super choros angelorum. Et adieci: Super salutem et omnem pulchritudinem dilecta es a domino, et regina celorum vocari digna es, nam et chori angelorum consortes et concives tui. In tempore illo astitit mihi angelus domini, et intuens me pio et quasi compatientis vultu, allocutus est me dicens: Noli contristari, et ne turbetur cor tuum. Visiones sanctas, quas vides et habes quasi consuetudinem, ultra non videbis usque in diem obitus tui, sed semper conspice et attende iugiter lumen sanctum, lumen celicum. hoc tibi datum est usque ad finem (folio 38 v) vite tue. Deinde post hanc vitam lumen sempiternum, quod tibi prestare dignetur, qui in trinitate perfecta vivit et regnat deus per infinita secula seculorum. Et respondi: Amen. Et dixi ad eum: Nunquid domine evenit hoc propter negligentias meas?[1]) Et dixit: Non. Sed pater orphanorum misertus est tui, et operatus est tecum secundum gratiam misericordie sue.[2]) Cum igitur apud me contristarer in verbo illo, quod dixerat, visiones solitas non ultra me esse visuram, accepta inde occasione insidiator meus per somnia vexare me cepit. Videbar enim mihi in somnis fugere illum, et domini auxilium ac domine mee fugiendo invocare, et salutifere crucis signaculum illi obicere. Ille vero nichilominus acriter mihi instare videbatur. Cunque tribus continuis noctibus in hunc modum fatigarer, tercia nocte ab illa vexatione[3]) expergiscens consedi in stratu meo, et cum lacrimis copiosis huiusmodi querelam arripui: Domine, deus omnipotens tue maiestati, tue sanctissime trinitati querimoniam facio super hoc impiissimo insidiatore meo, qui tuo sancto nomini, quod et dormiens et vigilans semper invoco, nullam exhibet reverentiam, ut per ipsum adiuratus vexare me desistat. Crucem tuam domine sanctissimam, quam levo super eum, non veretur, ut fugiat a facie eius. Sed et sanctissime domine mee perpetue virgini Marie, quam semper invoco, et universis sanctis dei conqueror, quoniam et ipsis honorem (folio 39 r) nullum exhibet, neque eorum invocatione absterretur a me. Cum hec et similia perorassem, legi quindecim psalmos ad honorem domine nostre cum aliis quibusdam laudibus eius. Quibus expletis, postulavi ab ea diligentissime, quatinus impetraret mihi a domino, ut auferret a me impium illum, et de cetero pacem daret ancille sue. Vix orationem compleveram, et ecce vidi illum in specie capre fugientem a me, et in impetu vehementi domum orationis pertransiens, per fenestram elapsus est cum rugitu magno et horribili. Vnde et canes domus nostre excitati concurrerunt, et quasi novum aliquid cernerent, cum latratu magno longe eum prosecuti sunt. Ab illo ergo tempore maliciam eius non sensi per gratiam domini, qui novit suos de temptatione eripere. Et nunc congratulamini mihi ancille Christi, quia in consolationem vestram in his et huiusmodi quam pluribus magnificavit dominus misericordiam suam mecum, non ut meritorum estimator, sed ut gratie et consolationis sue largissimus erogator, in omnes, qui sperant super misericordiam eius. Ipsum igitur anima mea ex totis viribus glorifica, ipsum ama, in ipso exulta, ex hoc nunc et usque in seculum. Gloria et honor trinitati excelse, laus misericordi Christo regnanti cum deo patre et spiritu paraclito in secula seculorum. Amen.[4]) —

Liber visionnum secundus. [1])

(I.) — (Folio 39 v) Benigna est misericordia dei nostri, et affluenter apponit gratiam super gratiam diligentibus se. Secundum multitudinem bonitatis sue multiplicavit consolationes suas in ancilla sua, sicut precedentis libri sermo declarat. et ecce nihilominus adhuc manus eius ad consolandum extenta. Non enim cohibetur murmuratione eorum, qui magnos se estimantes et que videntur infirmiora spernentes, divitias bonitatis eius in illa subsannare non formidant. Quibus tamen metuendum est, ne cum murmuratore audituri sint verbum patris familias dicentis, an oculus tuus nequam est, quia ego bonus sum? Hoc illos scandalizat, quod in his diebus plurimum in sexu fragili misericordiam suam dominus magnificare dignatur. Sed cur[2]) in mentem non venit, quoniam simile factum est in diebus patrum nostrorum, quando viris socordie deditis, spiritu dei replete sunt mulieres sancte, ut prophetarent, populum dei strennue gubernarent, sive etiam de hostibus Israel gloriose triumpharent, quemadmodum Olda, Debora, Judith, Jahel, et huiusmodi? Et nunc (folio 40 r) quia in mentibus humilium aliquid edificationis hec habitura sperantur, ea quoque, que post prioris libri consummationem dominus in ancilla sua operari dignatus est, secundum narrationem oris eius premissis annectantur. —

(II.) — Movere autem fortasse poterit lectorem, quod in superioribus scriptum est, dictum esse ad illam ab angelo, quoniam visiones sanctas, quas vides, ultra non videbis usque ad diem obitus tui, cum constet, eam et post illud tempus vidisse visiones similes prioribus. Sed, ut arbitror in eo, quod ait sanctas, intelligi voluit specialiter visiones illas celestium secretorum, quas velut per ostium apertum in celo in maximis sollempnitatibus et frequenter in dominicis diebus videre consueverat. Ab illo enim tempore, ex quo dictus est ad eam sermo ille, omnino apud eam cessaverunt visiones huiusmodi. In eo autem loco, ubi apparuerat ostii similitudo, lumen claritatis magne apparere illi non cessavit iuxta sermonem angeli, quem locutus est ad eam dicens: Attende iugiter et vide lumen sanctum, lumen celicum, hoc tibi datum est usque ad finem vite tue. —

(III.) — Visionem, quam vidit ancilla domini in vigilia Pentecosten, quod erat in principio quarti anni visitationis eius [1]) iuxta hunc modum enarravit. —

(IV.) — Fui in spiritu et translata sum quasi in pratum viride et amenum valde, et erat mecum angelus domini. Et vidi similitudinem columne marmoree velut ex [2]) (folio 40 v) abysso usque ad altitudinem celi porrectam, eratque forma eius triangula. Angulus unus candidus erat ut nix, alter vero rubicundus, tercius autem marmoris habebat colorem. Apparebant autem secus inferiores partes eius decem radii splendidissimi in circuitu ab ipsa oblique descendentes usque ad terram, quorum unusquisque plurimis radiis candidis ac rubicundis subnixus esse videbatur. Cunque mirarer apud me super visione hac, locutus est angelus ad me: Considera diligenter, que vides. Et aio ad eum: Domine mi, indica, obsecro, mihi, quid ista significent. Qui ait: Columna hec, quam cernis, de throno dei descendit in abyssum, et tres anguli, quos vides in ea, sanctam trinitatem significant. Tres in ea cernis colores: candidum, rubeum, et marmoreum. Candidus color humanitatem Christi figurat, rubeus spiritum sanctum, marmoreus vero ad divinitatem patris refertur. Decem autem radii, quos vides in ea, decem [3]) precepta legis sunt. Ex his, ut vides, radii innumerabiles prodeunt, alii candidi, alii rubicundi, per quos observatores legis figurantur. Candidi eos significant, qui se pro lege dei castos et inmaculatos custodierunt, rubei vero eos, qui sanguinem suum pro Christo fundere quam legem transgredi maluerunt. Post hec dixit ad me: Aspice sursum. Et vidi circa summitatem columne alios innumerabiles radios semicandidos, et semirubeos ab ipsa undique prodeuntes, et alios quam plures eisdem adherentes. Et cum tacite admirarer super his, dixit ad me: Hii sunt socii et (folio 41 r) concives mei, candidi per mundiciam, rubei per amorem, quo in domino iugiter ardent. Qui vero illis adherent, sancti sunt, qui illorum beata societate fruuntur. Post hec subiecit dicens: Diligentius ista attende. Ecce enim iam parvi pendere incipis hec. Et quare scriptis non commendantur ista, ut solebant? Cunque ab extasi ad me ipsam reverti inciperem, statim in ipsa attractione spiritus dominus posuit in ore meo verbum, et dixi: Domine in celo misericordia tua, et veritas tua usque ad nubes, iusticia tua sicut montes dei, iudicia tua abyssus multa. Inebriabuntur ab ubertate domus tue, et torrente voluptatis tue potabis eos. Domine apud te est fons vite, et in lumine tuo videbimus lumen. Pretende misericordiam tuam scientibus te, et iusticiam tuam his, qui recto sunt corde. Addidi etiam verba hec: Gratias tibi ago domine Jesu Christe, quia ostendisti mihi indigne famule tue magnam et mirabilem rem plenam misteriis. —

(V.) — Aderat post hec sollempnitas beati precursoris domini, et rursus solitam benignitatem mihi exhibere oblitus non est. In vigilia enim nativitatis eius circa horam nonam post gravissimam carnis mee attritionem in ea gloria, qua eum videre consueveram, mihi apparuit, et postulavi obnixe ab eo, ut faciem domine nostre, que solito diutius absondita erat a me, ipso adiuvante possem aspicere. Continuo post hec verba disparuit, et ego rediens ad me laudem eius in hunc modum arripui. Iste est de sublimibus celorum prepotentibus unus (folio 41 v), quem manus domini consecravit matris in visceribus, cuius [1]) nos meritis adiuvari supplices deposcimus. Iterum autem agonizare cepi gravius quam antea, et audivi ab angelo, qui mihi assistebat, responsum huiusmodi. Diutius in hoc cruciatu permanebis, nisi a spirituali patre tuo indulgentiam accipias. Ego vero hec verba sororibus, que erant in circuitu mei, nullatenus valebam intimare. Ille igitur obitum meum instare putantes, proprio arbitrio nuntiaverunt domno abbati, et veniens letanias et orationes complevit super me. Ego vero cum nimia difficultate tandem verba colligens dixi: Indulge mihi pater! Indulgentia igitur ab eo accepta, statim quievi et sic in extasi facta sum. Et ecce gloriosissima domina nostra cum beato illo precursore de supernis progrediens, vultum suum desiderabilem ancille sue offerre dignata est. Et sermonem quidem satis longum mecum habebant, sed delictis meis exigentibus a memoria mea verba eorum exciderunt. —

(VI.) — Rursus in die festo post lectionem evangelii presentare se mihi dignatus est vir dei. Cui cum me et omnem congregationem fratrum et sororum diligenter commendassem, in hunc modum mihi respondit: Hoc illis persuade, ut per hec, que tecum operatus est dominus, commoniti in omnibus corrigere se studeant, quia dominus misertus est eorum, et amplius miserebitur, et in hoc eorum ero promptus adiutor. His dictis, ab aspectu meo ablatus est. —

(VII.) — Et continuo transtulit me angelus domini, et venimus in pratum virens et amenum. Et ecce illic tres puelle specio-(folia 42 r) se apparuerunt deambulantes secus rivulum quendam in vestitu non satis candido, discalciate et ruborem magnum in pedibus habentes. Cunque apud me cogitarem, quenam essent ille, vel quid illic sole agerent, dixerunt ad me: Ne mireris, anime sumus et regulari discipline subdite fueramus, una ex nobis a puerili evo, altera ab adolescentia, tercia a provectiori etate. Et quia alicuius meriti coram hominibus videbamur, nobis a vita egressis minus, quam necessarium fuisset, per orationes subventum est. Et cum infra unius anni spacium liberari potuissemus, si debita nobis beneficia fuissent exhibita, iam ecce per triginta annos hic detinemur. Et alias quidem penas non sustinemus, nisi timorem magnum, quem habemus ex tribus canibus horrendis, qui nobis morsus continue minari videntur. Quod si velles rogare abbatem tuum, ut ad honorem dei pro nostra et omnium fidelium defunctorum liberatione sacrificium divinum offerret, speramus nos cicius liberari, et ad preparata nobis gaudia posse transire. Hec cum sororibus nostris indicassem, ipse devota mente convenientes corporalem afflictionem[1]) communiter pro eis susceperunt, et diviso inter se psalterio cum omni diligentia dominum pro earum liberatione deprecate sunt. —

(VIII.) — Sed et domnus abbas ammonitus a me vigiliarum officio completo die proximo advenit, ac divinum officium pro fidelibus defunctis studiose celebravit. Iterum autem in ipso tempore sacrificii in locum supra memoratum (folio 42 v) translata sum, et rursus ille ibidem apparuerunt quasi cum magna festinatione contra decursum prefati rivuli ascendentes. Ego autem illis me adiungens, que, vel unde fuissent et que essent nomina earum, sciscitata sum. Quarum una pro omnibus respondit: Longum tibi est narrare ea, que sunt de nobis, sed ut breviter respondeam, de Saxonia sumus, ego dicor Adelheidis, hec vero, que proxima est mihi, Methildis, soror mea tam carne quam spiritu, illa vero Libista, tantummodo spiritualis soror nostra. Ego autem videns, quod moram facere nollent, detinere eas diutius nolebam, sed et me et cunctam congregationem nostram illis attentius commendavi, ut, cum in consortio sanctorum fuissent recepte, memoriam agerent nostri. Quod cum benivole promisissent, velocius pergere ceperunt. Et ecce in via, qua pergebant, apparuit angelus domini coram eis in similitudine decori iuvenis, et quasi ducatum prebens cum eadem festinatione antecedebat eas.[2]) Cumque appropinquassent edificio cuidam, in quo frequenter beatas animas recipi video, exierunt inde tres viri venerabiles, habentes singuli thuribulum aureum in manu sua, et singulis earum incensum obtulerunt. Moxque ex fumo incensi tam facies earum quam vestes super nivem dealbate sunt, et sic usque ad interiora edificii illius feliciter introducte sunt. —

(IX.) — Post hec in continuo languore permanebam usque ad festum apostolorum. In ipsa autem nocte, que precedebat sacras vigilias, ita multitudo languoris omnes sensus meos oppresserat, ut sorores plurimum circa me fatigata nihil aliud (folio 43 r) quam exitum meum prestolarentur. Astitit autem mihi angelus domini tota nocte, et princeps apostolorum cum nimie claritatis decore mihi apparuit. In cuius visione tantam habebam delectationem, ut tocius corporalis vexationis mee, quam non sine gravi dolore intueri poterant, que erant in circuitu mei, cogerer oblivisci. Fui autem in illa vexatione corporis usque ad sequentis diei horam quasi sextam. Et nuntiatum est domno abbati de angustiis meis, et venit visitare me. Cumque invocasset dominum super me, ac mihi benedixisset, tandem facta sum in extasi, et sic requievi. Et vidi in illo excessu meo beatos apostolos Petrum et Paulum gloriosissime coronatos, et inestimabili claritate circumamictos, et palme in manibus eorum. Intuens autem me princeps apostolorum ait: Quid magis tibi gratum est, sic vexari et visione nostra perfrui, an vexatione pariter et visione carere? Cui ego: Domine mi, si cum gratia dei et vestra esse potest, magis has passiones sustinere cupio, quam vestra dulci consolatione privari. Bene, inquit, dixisti, et idcirco ex hoc tempore minori passione in visionibus tuis laborabis. Et interrogavi eum dicens: Domine, quid fuit cause, cur tanta modo sustinuerim? Qui respondit! Non ob aliud tam graviter infirmata es, nisi ut subite sanitatis tue miraculum eo gloriosius in te appareat. Surge itaque et esto sana. Loquere et custodi linguam tuam a vaniloquio, et dominus dabit tibi sapientiam et intellectum. Quod cum dixisset, continuo attraxi spiritum et dixi: Solve iubente deo terrarum (folio 43 v) Petre catenas, qui facis, ut pateant celestia regna beatis. Sancte Paule apostole, predicator veritatis, intercede pro nobis ad deum, qui te elegit. Et adieci: Misit dominus manum suam et tetigit os meum et implevit illud spiritu sapientie et intellectus. Et continuo post hec surgens a lecto discessi sana reparatis viribus totis. —

(X.) — In die sancto ad missam minus solito fatigata vidi rursus apostolos Christi, et domno abbate sacram hostiam benedicente vidi illam in veram carnis et sanguinis speciem permutari. De qua cum omnes communicassemus et finita essent missarum sollempnia, unus ex duobus angelis, quos altari assistentes videram habens thuribulum aureum in manu sua, elevatus est usque ad apostolos, quos videbam in sublimi. Et ego beatum Petrum intuens dixi: Domine! da nobis aliquod indicium, ex quo possimus intelligere, si quid de nobis curare digneris. Qui continuo elevata dextera signo crucis locum nostrum consignavit, moxque disparuit. —

(XI.) — Rursus in octava apostolorum in tempore sacri misterii gloriosi illi principes mihi apparuerunt, et pariter cum eis beata mater salvatoris, sed non secundum consuetudinem suam. Habebat enim quasi cum indignatione faciem aversam a me, et ego contristata mox beatum Petrum allocuta sum dicens: Mi domine, que est iniquitas mea, ut faciem domine mee videre non merear? Et dixit: Quia ecce in servicio eius tepida facta es, et debitum ei ministerium non, sicut solebas, impendis. Nunc[1]) itaque votum, quod ipsi vovisti, quanto devotius potes, adimple, et roga abbatem tuum, ut sicut (folio 44 r) in precedenti sabbato eius commemorationem divino egit officio ad optinendum, quod cum sororibus tuis postulasti, ita adhuc ante sollempnitatem assumptionis secundo et tercio faciat et sic placabis faciem eius. Nam et hoc ipsum communi oratione postulare ceperamus, ut domina nostra, que faciem suam gloriosam frequentissime etiam sine corporis mei vexatione mihi offerre consueverat, iamque per multos dies eam a me subtraxerat, solitam mihi gratiam non denegaret, metuentes, communi negligentia nostra eius benivolentiam nos offendisse. Hac etiam occasione ego in eius venerationem septem psalteria lecturam me voveram. His dictis, cum disparuissent apostoli, ego solito more cepi videre et attendere signa, que dominus abbas supra sacram hostiam in canone faciebat, et mutationem eius videre expectabam. Et dixit angelus domini ad me: Quod vis, modo videre non potes, sed fac confessionem delicti, et videbis. Hoc autem dicebat propter vanitatem visionis nocturne. —

(XII.) — Post hec in translatione sancti Benedicti, cum in ecclesia fratrum maior missa inchoaretur, veni in mentis excessum et vidi rursus in regione luminis dominam nostram aversa facie, ut prius, et una cum ipsa venerabilem illum patrem ordinis nostri. Quem ego intuens devote inclamabam, ut suo interventu dominam meam mihi placare dignaretur. Sed ad hec nullum ab eo responsum accepi. Astitit autem mihi angelus domini et blande consolatus est me dicens: Vide, ne contristeris super his, quia in (folio 44 v) proximo consolationem a domino recipies. Roga abbatem tuum, ut ab incepto non desistat, quia non solum tibi, sed et ipsi proficuum erit, et cum proxime de beata Maria missam celebraverit, communionem sanctam ab ipso accipias. His dictis abscessit, et ego ad me redii. —

(XIII.) — In sabbato post hec celebrante domino abbate apud nos divinum officium, circa principium misse ego post labores agonis mei in extasim perducta sum. Et ecce domina mea sereno et iocundissimo vultu ancillam suam de supernis respicere dignata est. Et salutavi eam dicens. A v e M a r i a g r a t i a p l e n a, d o m i n u s t e c u m.[1]) Et subintuli: Sanctissima domina, misericordissima domina, celi regina, digneris indicare mihi peccatrici, quid sit, in quo gratiam tuam offenderim. Ecce enim libentissime emendare parata sum, et omni satisfactione misericordiam tuam placare. Que respondens ait: Nimus in corde tuo me neglexisti, nec ea devotione, qua deberes mihi servire studes, et modicum specialis servitii, quod mihi solebas exhibere, cito post posuisti. Ad quam ego: Misericordissima domina, siquid inde curares, quam libenter idipsum tibi inpenderem. Et adieci: Piissima domina nunquid aliqua tibi est cura de servicio huius presentis officii? Que respondit: Vere dico tibi, quod hodie est odor suavissimus in conspectu domini. Dum hec mecum loqueretur, ministri altaris modulamen illud, quod est: Ave preclara. cum devotione magna decantabant. Cunque perventum esset ad versiculum illum, qui est: Ora virgo nos illo pane celi dignos effici, illa ad orientem conversa flexis genibus orare (folio 45 r) visa est, et ita usque ad inchoationem evangelice lectionis permansit. Post hec iterum ad me conversa est dicens: Iste servus meus electus et servitii, quod mihi pro te exhibuit, tecum remunerationem accipiet, et in quacunque necessitate fuerit, si ex toto corde clamaverit ad me, auxilium meum inveniet, quia servicium meum corde contrito et humiliato complevit. —

(XIV.) — In kalendis Augusti festo beati Petri in tempore divini officii translata sum in spiritu ad illam beatorum mansionem, quam frequenter videre soleo, et venerunt in occursum meum tres ille supra memorate sorores, et una cum illis iuvenis preclarus et venerabilis valde. Intuebantur autem me vultu iocundo et hilari, quasi congratulantes adventui meo, et sepius faciem converterunt ad comitem itineris sui veluti postulantes ab eo licentiam loquendi mecum. Quibus ille benigne annuens ait: Loquimini cum ea et gratias illi agite pro eo, quod bene pro vobis negociata est apud abbatem suum. Et dixerunt ad me: Reddat tibi dominus deus, quia[1]) peticionem nostram bene apud abbatem tuum perfecisti et gratiam det illi dominus, quoniam multum adiuvit nos. Nunc nobis videtur, quod laboris quippiam perpesse umquam fuerimus. Et dixi illis: Nunc ergo rependite vicem illi et eis, que sunt apud nos, quarum intercessione estis adiute, ut tempore obitus sui ad locum refrigerii et quietis pervenire mereantur. Que dixerunt: Libentissime pro hac re omni tempore dominum exorabimus.

(XV.) — Continuo post (folio 45 v) hec sustulit me angelus domini in locum alium iocundissime amenitatis, et statuit me sub arbore quadam, que tota pulcherimis floribus erat vestita. Et dixi ad eum: Domine mi, requiescamus paululum in loco isto. Qui ait: Gratum mihi est, ut quiescas. Mox consedi in herba, et replevi pugillum[2]) meum floribus, qui iacebant undique in circuitu mei, et propius eos mihi applicans mire suavitatis odorem ex eis attraxi. Cumque diutius illic morari desiderarem, vidi procul virum venerabilem valde accedentem ad nos, et virgines duas speciosissimas cum eo. Et ait dominus meus ad me, qui stabat secus me: Ecce dominus noster beatus Petrus accedit. Continuo exsurgens veni in occursum eius et procidens coram illo suppliciter eius patrocinio et me et caros meos illi committebam. Quod ille clementer suscipiens ait: Dic abbati tuo, quoniam beatus Laurentius obsequium expectat ab eo. Et aio ad eum: Et quid de te domine mi poterit sperare? Qui ait: Bonam spem in me et ceteris coapostolis meis habere poterit pro eo, quod devotum nobis obsequium soleat exhibere. Cumque sublatus esset a me, dixit ad me angelus: Veni et ostendam tibi unum ex fratribus cenobii tui. Ostendit itaque mihi in loco refrigerii monachum quendam, qui dicebatur Erminricus et alium quendam etiam ex fratribus nostris Gerardum nomine ad eundem locum cito perventurum esse dicebat. —

(XVI.) — Iterum autem inde me transtulit angelus inter duos montes et dixit ad me: Hactenus vidisti gaudia et mansiones iustorum, nunc (folio 46 r) deorsum aspice, qualis sit locus et pena impiorum. Et ecce vidi abyssum magnam, ubi tam dense tenebre erant, ut pre densitate earum nullum eorum, qui illic erant, cognoscere potuissem, sed hoc notavi, quod pene eorum superarent omnem estimationem. Cumque interrogarem eum, qui essent illi, qui erant illic, et an unquam inde liberari possent, respondit, eos fuisse, qui sibi ipsis mortem intulissent nec umquam inde liberandos. Circa montem vero quasi teterrimos homines miserabiliter iacentes, quos didici animas esse, quibus de abysso illa interdum exire et illic paululum requiescere concessum esset. De quibus cum interrogarem, quid de illis tandem fieri deberet, respondit mihi angelus: Hoc scire solius esse domini, quid cum illis vellet facere in die iudicii. —

(XVII.) — Post hec sustulit me in montem excelsum nimis et statuit me in quodam latere eius. Cumque prospicerem cacumen eius, tanti luminis illic splendor apparuit, ut eius aspectum vix sufferre potuissem. Hunc, inquit, montem ante hoc triennium ascendere incepisti, et huc usque iam pervenisti, quod adhuc restat, ascensura es, et cum ad summitatem eius perveneris, omnium laborum tuorum non penitebis. —

(XVIII.) — In festivitate beati Laurentii ducta sum usque ad inestimabilem quandam celsitudinem, et audivi vocem magnam et tremendam de celo dicentem mihi: Ego te visitavi spiritu meo, desiderans voluntatem meam tecum adimplere. Cepi et perficiam, noli timere, quia ego dominus ab (folio 46 v) inicio eos agnovi[1]) in quibus habitare condelector. Ego elegi te, ut esses parvula in oculis tuis quia fragilis es, et constitui te sicut signaculum his, qui fortiores te sunt, et operatus sum in te grande miraculum et nemo cognovit, quia ego bonus sum non accipiens personam, sed qui me quesierit in toto corde suo et me diligit, ego diligam eum et manifestabo ei me ipsum. Heu, quid fiet de his, qui eos scandalizant, in quibus habitare debueram? Ille autem antiquus deceptor inspiravit quosdam homines invidendo, detrahendo eis, quos diligo, ut eos decipiat et perdat. Vere dico tibi, quanto magis fatigati fuerint, tanto magis splendidiores sunt ante me. Nemo potest capere verba, que loquor et que locutus sum, nisi qui est ex me. Ego dominus creavi hominem ad imaginem et similitudinem meam, et constitui eum mihi conscium, ut esset prudentior omni creatura, et ille nolebat sic permanere, sed inflatus per consilium venenosi serpentis, ut me contempneret et consilium eius faceret. Et homo videns quasi bonum esset, quod proposuerat, consensit. Et docebat eum, ut ascenderet superior, dum ille descendit inferior. Et quid tunc? Quod homo per inobedientiam perdiderat, homo per obedientiam patris sui recuperabat. O homo audi et intellige verba, que audis, et congratulare mecum, quia inveni te et constitui te, ut esses domesticus meus, et consecravi te, et illuminavi te, et aperui tibi oculos, ut videres, non alia visione, nisi per conscientiam, quam tibi aperui. (folio 47 r) Nunc igitur attende, quid mihi retribuas, quia accepisti a me inauditam gratiam. Vidisti, inquam. Quomodo vidisti? Vidisti in secretis meis super humanam visionem. Et quid abscondi a te? Nihil. Vidisti in visione tua quasi in sublimi throno[1]) tres personas in una essentia consubstantialiter et compotentialiter. Et quid aliud? In medio et in circuitu throni archana dei sanctos dei ministros congratulantes et benedicentes in laude dei perfecte. Videns vidisti in eadem visione tua, de qua dixi ad dexteram eiusdem throni reginam celi inclitam coronatam auro purissimo, et circumamictam varietate. Ad sinistram vero crucem sanctam, in qua redempta es, et viginti quatuor seniores sedentes in sedibus suis et procidentes ante thronum viventis in secula. Deinde apostolos sanctos, martires, confessores et virgines, monachos et viduas, quibus omnibus aspectis conterrita es, etiam et conturbata es. Iam amplius noli dubitare, sed confide in domino deo tuo, omnia enim possibilia sunt confidenti deo. Has visiones et alias multas vidisti in istis temporibus, non ob aliud nisi propter incredulitatem multorum, et ad confirmationem fidei, sicut et in sacramentis divinis tibi apparuerunt. Oportet autem et necesse est tales revelare, que convenienter venient ad confirmationem fidei Christianitatis. Multi enim Christiani vocantur, pauci vero sunt, qui eum sequi cupiunt, a quo nomen acceperunt. —

(XIX.) — Deinde transtulit me ad illud magnum et delectabile edificium (folio 47 v), quod sepius videre soles, et illic inter multos venerabiles episcopos unum mihi demonstravit et dixit: Hic est domnus Ekebertus episcopus, patruus matris tue, sed non est longum tempus, ex quo ad locum istum pervenit. Die alia, cum essem in extasi, ostendit mihi quedam loca penalia, et vidi inter cetera quasi specum quendam subterraneum igne repletum, et horribiliter fumantem. Cunque aspicerem, progressa est inde quasi species viri, et stans in ostio spelunce estuabat graviter a flamma, que ab intus erumpebat. Et dixi: Domine, quis est hic? Et ait: Hic est Theodericus avunculus tuus. Et ego exterrita dixi: Nunquid mi domine unquam poterit liberari? Et dixit: A penis, in quibus nunc est, liberari poterit, si in eius et omnium fidelium defunctorum commemoratione triginta misse et totidem vigilie fuerint decantate, et totidem elemosine fuerint date. Interrogavi autem, si unquam omnino liberandus esset, et annuit. Ostendit etiam mihi avunculum patris mei dominum Helid grave tormentum in ore habentem, atque ita cum torqueri dicebat propter verba indisciplinata, que habebat in consuetudine. Hic enim, cum esset homo timens deum, iocosis tamen frequenter sermonibus utebatur. Cumque mesta essem super his, dixit mihi angelus: Quid mirum, si ita torquentur? Neminem habent, qui potum illis prebeat. Et dixi: Domine, quali potu indigerent? Calidis, inquit, lacrimis deberent potari. —

(XX.) — Factum est autem post septem menses a tem-(folio 48 r) pore huius visionis ostendit mihi hos eosdem, qui dicti sunt, liberatos a tormentis, in quibus fuerant, unum quidem, qui postremus dictus est, in pulchra specie et in loco ameno, non tamen in illo perfecto refrigerio beatarum animarum, alium autem non sic. Post dies autem multos rursus ostendit mihi eundem avunculum meum iacentem in arido campo quasi fatigatum vehementer et illic quiescentem. Et ut recognovi speciem eius, postulavi a domino meo, ut haberem licentiam loquendi cum eo, et concessit michi. Et dixi illi: O dulcissima anima loquere, queso, ad me, et dicito michi, quas modo penas sustineas. Et respondit michi: Cruciatus meus est in fame validissima et siti. Et interrogavi iterum dicens: Dic, obsecro, michi, quomodo poterit relevari tibi cruciatus iste? Et respondit miscens verba latina teutonicis: Si quis mihi per dies quadraginta exhiberet panem vite et calicem salutaris, hic me liberaret ab hoc cruciatu, et de cetero mihi tolerabilius esset. Iterum dixi: Nunquid ille orationes, que tibi exhibentur preter illud divinum officium, veniunt in adiutorium tibi? Et ait: Quicquid mihi preter illum panem vite et calicem salutis exhibetur, talem michi virtutem prestat, qualis datur homini famelico, si absque pane et vino aliis reficitur alimentis. —

(XXI.) — Ante festivitatem beati Michahelis die priori assumpsit me angelus in insulam quandam[1]) amenam, in cuius circuitu quasi aqua (folio 48 v) ardens esse videbatur. Et vidi innumerabilem multitudinem animarum in insula ambulantem, et interrogavi angelum dicens. Et ait: Anime sunt, et tota nocte ista per intercessionem beati Michahelis hic requiescent. Audivi autem in circuitu insule eiulatum magnum, et gemitum miserabilem nimis. Cunque inquirerem de anima Ruberti comitis, ubi esset, respondit michi ductor meus: In tali loco est, ubi penas gravissimas sustinet. Cunque de eius liberatione interrogarem, nullum michi dedit responsum. Audivi autem ex latere vocem, nescio unde, sonantem ac dicentem hec verba: Frequens oratio cicius liberat animam.

Hanc require, et da elemosinam. Et ego rursus ad dominum meum conversa dicebam: Nunquid aliquid michi dices domine mi, ut annuntiem uxori eius, que sollicita est pro eo. Qui respondit: Quod audisti, hoc illi annuntia. —

(XXII.) — Rursus die quadam, cum adesset mihi ductor meus, interrogai eum dicens: Domine placeat tibi, ut indices mihi de quodam adolescente clerico Gerardo, qui fuerat collega fratris mei in Bunna, ubi sit et quid agatur de eo. Et continuo dixit michi: Liberatus est. Vis videre illum? Cunque annuissem, statim me sustulit et perduxit usque ad beatas mansiones sanctarum animarum, et illic eum mihi demonstravit in specie splendida et letabunda. Sed et famosum illum magistrum Adam inter animas beatorum michi ostendit gloria et gaudio plenum, quem infra quinquennium fuisse liberatum asseruit (folio 49 r) dicens: Ab eo tempore liberatus est, quo ad ordinem sacerdotii promotus est unus ex familiaribus eius.[1]) —

(XXIII.) — Post hec in festivitate omnium sanctorum, cum post nimiam vexationem corporis infra silentium misse transtulisset me angelus, et quedam occulta solito more michi demonstraret, locuta sum in illa translatione mea ad eum dicens: Domine, qua de causa tantam vexationem[2]) nunc magis solito sustinui? Et respondit: Hec fuit causa, quia non habebas in proposito sacram communionem hodie percipere. Et dixi: Domine! timui communicare, quia non satis digne me preparaveram. Nuper autem in festo apostolorum Symonis et Jude communicaveram. Rursus ait: Et quomodo unquam tantum boni facere posses, ut tanta re digna efficereris, nisi per gratiam dei fieret? Nunc igitur festinato redibimus, ac accedes cum sororibus ad communicandum. Continuo ego ad me ipsam rediens, iam in ipso tempore communionis accepta aqua, surrexi et feci, sicut imperaverat michi. —

(XXIV.) — Die quadam in Quadragesima transtulit me usque ad montem quendam excelsum, et statuit me in latere eius. Vnde cum deorsum aspicerem, vidi inmensum quoddam precipicium, et quasi aquas tenebrosas subiacentes. Et dixit ad me: Hic vides abyssum. Cunque processissemus contra altitudinem montis, venimus ad portam quandam valde speciosam, et transeuntes pulchriorem illa invenimus, et tercio pulchriorem prioribus. Quam etiam pertranseuntes invenimus copiosam multi (folio 49 v) tudinem pulcherrimorum hominum letantium et laudantium deum voce clara et letabunda vehementer. Qui omnes ad introitum ductoris mei capita sua inclinare visi sunt obviam ei. Carminis autem, quod decantabant, hec sola verba in memoria mea permanserunt: L a u s e t g l o r i a d e o i n c l i t o. Et dixi ad ductorem meum: Domine, qui sunt hii, quos hic videmus? Et ait: Hi sunt heremite sancti, qui fuerunt in diebus antiquis. Cumque de beato Paulo primo heremita, ubi esset, interrogassem, designavit eum mihi singularem inter omnes gloriam habentem. Necnon et beatum Antonium mihi demonstravit, atque hos omnes facie ad faciem deum contemplari testatus est. —

(XXV.) — Rem narrabo, que gravi merore nos turbavit, sed miserante domino exitum consolatione plenum habuit. In quodam die paschali, cum ad dominicam cenam convenissemus, iamque ad communicandum accesure essemus, contigit fortuitu, ut sacerdos, qui assistebat altari, quandam portionem dominici sanguinis incauta inpulsione calicis supra corporale effudisset. Iamque in eadem hora in extasim cecideram, et totum eventum rei aspiciebam. Erant autem duo angeli assistentes ei, unus a dextris et unus a sinistris. Cunque ille in amarissimos fletus solveretur, staretque expectans domini abbatis adventum, angelus, qui erat a dextris eius, respiciens ad me locutus est: Consolare hunc fratrem, quia non eius, sed alterius peccatis exigentibus hoc evenit. Ille autem (folio 50 r) consolationem recipere nolens, triduum in uberrimis lacrimis perseverabat, et a consolantibus se subtrahebat. Die autem tercia mane, cum iam dilucesceret, ego cum gravi labore corporis veni in mentis excessum, et apparuit mihi in superno lumine mater misericordie domina nostra. Quam cum devote exorassem pro fratre predicto, ait: Gemitus et lacrime eius ascenderunt usque ad me. Consolare eum et dicito illi, ut erigat se, quia nimis se inclinavit. Servus meus est, scio, quia diligit me et ego diligo eum, et adiutrix eius ero, in quacunque necessitate ex corde invocaverit me. Et dixi: Domina, quid faciendum est de corporali, quod dominico sanguine tinctum est? Que ait: Inter reliquias debet reponi. Quod et factum iam tunc fuerat secundum scripte consuetudinis nostre iussionem. Et adieci dicens: Quid ergo, si eveniat in futuro, ut furtim surripiat aliquis thecam reliquiarum et indigne tractet linteolum illud, ignorans sacro sanguine esse perfusum? Et respondit dicens: Dominus, quod suum est, conservabit. —

(XXVI.) — Factum est autem post multas supplicationes pro hac negligentia domino exhibitas, iam peracto eodem anno appropinquante Paschali tempore, in die Palmarum tempore divini officii vidi quasi linteolum quoddam expansum in aere supra[1]) altare habens formam corporalis candidum valde, sed in uno loco quasi rubeam maculam habens secundum quantitatem unguis humani. Hanc autem visionem singulis diebus ebdomade illius, dum missa celebraretur, (folio 50 v) aspexi, sed magis ac magis[2]) de die in diem maculam eandem vidi inminutam. Ipso autem die Pasce linteolum idem apparuit supra nivem candidum ac splendidum, sicut resplendent panni vitro complanati, cum irradiantur a sole, neque ullum prioris macule vestigium vidi relictum. Interrogavi igitur angelum, qui eadem hora michi assistebat, quid sibi vellet visio hec, et ait: Sicut pulcher et mundus apparet panniculus iste, quem vides, ita purgatum est in conspectu domini peccatum negligentie illius, que in anno priore accidit in hoc loco. —

(XXVII.) — In eodem die Paschali in tempore divini officii veni in mentis excessum, et ducta sum in spiritu in locum quendam, in quo obvios habui quasi tres viros inmense claritatis et divini decoris. Quorum unus candidissimo amictu indutus allocutus est me dicens: Credis, quod in hac die resurrexi ex mortuis verus deus et verus homo? Cui ego respondens dixi: Credo domine, et si minus perfecte credo, adiuva me, ut perfectius credam. Iterum autem eundem sermonem repetens ait: Credis, quod in hac die resurrexi ex mortuis verus deus et verus homo? Et ego secundo, ut prius, respondi dicens: Credo domine, et si non perfecte credo, adiuva me, ut perfectius credam. Cunque tercio eundem sermonem interrogasset, et ego tercio ei respondissem, ut prius, subiunxit: Quia vere hoc credis, scito, quia partem in resurrectione mea habebis. —

(Folio 51 r) — (XXIX.) [1]) — In festivitate beatorum apostolorum Petri et Pauli representata est michi in visione spiritus mei passio beati Petri, ita ut viderem, qualiter sursum versis pedibus capiteque deorsum misso appensus est patibulo crucis, dixitque ad me angelus domini: Ecce vidisti, quid passus est pro Christo, et nunc videbis, quali mercede remuneratus est. Statimque eundem michi in celis mirifice glorificatum ostendit. Et ego intentione cordis ad eum conversa suppliciter deprecari cepi memoriam faciens duorum familiarium michi, quibus dedit deus gratiam lacrimandi in orationibus suis. Et dixi inter cetera: Adiuva illos domine, ut talem effectum habere possint lacrime eorum, qualem tue habuerunt in conspectu salvatoris. Statimque respondens ait: Ostendam tibi per similitudinem, quid profecerint et quid profuture sint illis lacrime eorum. Et continuo vidi aviculam speciosam candidam quidem, sed pulvere pennas habentem respersas, secus rivum aque huc illucque volitantem. Quod cum per modicum tempus fecisset, totam se aquis inmersit, et cum magna diligentia se lavit, et admodum nivis dealbata est, tandemque evolans in arbore speciosa consedit, que super rivum plantata videbatur. —

(XXVIII.) — In festo beatorum martirum Johannis et Pauli frater quidam, qui apud nos divina celebravit, inter ceteras collectas unam de beato Johanne evangelista dixit pro eo, quod illo die dormitio eius in kalendariis notata habeatur. Tunc inter secreta misse (folio 51 v) idem sacer evangelista mihi cum duobus illis martiribus apparuit, et ego, sicut premonita fueram ab eodem fratre, sciscitata sum ab eo, quid sibi hoc vellet, quod illo die dormitio eius pronuntiaretur? Et respondit mihi verba hec: Hic est dies, quo per memet ipsum introivi in sepulchrum, et erat insigne miraculum. Et amplius non adiecit. Nemo autem ex his verbis ecclesiam errare estimet, que in hiemali tempore festivitatem eius colit, forte enim propter honorem natalicii domini translatio illa facta est. —

(XXX.) — In divisione apostolorum omnes pariter apostoli secundum solitam benignitatem michi apparuerunt, sed seorsum a ceteris beatus Petrus et beatus Paulus stare videbantur. Et interrogavi angelum, qui eodem tempore in conspectu meo stabat, quid significaret illa segregatio duorum. Et ait: Hac die ossa illorum divisa sunt, et specialiter ad illos pertinet ista festivitas. Et dixi: Quid ergo est domine, quod omnes michi apparent? Qui ait: Hoc ex sua benignitate tibi exhibent, quia communiter de omnibus divinum officium hodie celebratur. —

(XXXI.) — Visio[1]) Elisabeth,[2]) quam vidit[3]) de resurrectione beate virginis matris domini. — In anno, quo michi per angelum domini annuntiabatur liber viarum dei, in die, quo octavam assumptionis domine nostre ecclesia celebrat, in hora divini sacrificii fui in excessu mentis, et apparuit michi suo more illa consolatrix mea domina celorum. Tunc, sicut ab uno ex[4]) senioribus nostris premonita[5]) fueram, rogavi illam dicens: Domina mea placeat benignita (folio 52 r) ti tue, ut de hoc certificare nos digneris, utrum solo spiritu assumpta sis in celum, an etiam[6]) carne. Hoc autem idcirco[7]) dicebam, quia, ut aiunt, de hoc dubie in libris patrum scriptum invenitur. Et dixit michi: Quod inquiris, nondum scire potes, futurum tamen est, ut per te hoc reveletur. Ego itaque toto illius anni[8]) spacio nichil de hoc vel ab angelo, qui familiaris mihi est, vel ab ipsa, cum se mihi presentaret, amplius interrogare audebam. Iniunxit autem mihi frater ille, qui[9]) ad hanc inquisitionem me[10]) hortabatur, aliquas orationes, quibus[11]) impetrarem ab ea revelationem, quam sposponderat michi. Cumque evoluto anno rursum adesset festivitas assumptionis eius, languebam egritudine dierum multorum, et sicut[12]) eram iacens in lectulo[13]) in tempore divini sacrificii, veni in mentis excessum cum labore vehementi. Et vidi in loco valde remoto sepulchrum quoddam multo lumine circumfusum,[14]) et quasi speciem mulieris in eo, et circumstabat multitudo magna angelorum. Et post pusillum erecta est de sepulchro, pariterque cum illa multitudine astantium elevata est in sublime. Cunque aspicerem, ecce in occursum eius venit de altitudine celorum vir supra omnem estimationem gloriosus, portans in dextera signum crucis, in quo et vexillum apparuit, quem intelligebam esse ipsum[15]) dominum salvatorem, et infinita milia angelorum cum eo. Sicque eam alacriter suscipientes, cum magno concentu in superna celorum[16]) evexerunt. Cunque hec ita perspexissem, post modicum temporis (Folio 52v) progressa est domina mea ad ostium luminis, in quo eam videre consuevi, et stans ostendit mihi gloriam suam. In eadem hora assistebat mihi angelus domini, qui venerat annuntiare mihi decimum sermonem prefati libri. et dixi ad eum: Domine mi,[1]) quid sibi vult hec[2]) visio magna, quam vidi? Et ait: Ostensum est tibi[3]) in hac visione, quomodo tam carne, quam spiritu domina nostra in celum assumpta est.[4]) Post hec[5]) in die octava iterum sciscitata sum[6]) ab angelo, qui tunc quoque me visitavit et prefato libro terminum imposuit, in quoto die a die dormitionis eius acciderit corporalis illa resurrectio eius. Et rursum de hoc me benivole certificavit dicens: Quoniam in eo die, quo nunc celebratur assumptio eius, de vita hac[7]) migraverit, quadragesimo autem die post illum, hoc est nono kal. Octobris resurrexerit. Adiecit etiam dicens: Sancti patres, qui sollempnitatem assumptionis eius celebrari in ecclesia statuerunt, nullam certitudinem corporalis assumptionis eius habebant, ideoque diem dormitionis eius sollempnem fecerunt, quem et assumptionem appellaverunt, quia[8]) etiam carne assumptam indubitanter credebant. Post hec cum dubitarem publicare scriptum revelationis huius, metuens, ne forte iudicarer quasi inventrix novitatum, expletis duobus annis rursum in festivitate assumptionis sue domina mea mihi apparuit, interrogavique eam dicens: Domina[9]), nunquid manifestum faciemus verbum illud,[10]) quod de tua resurrectione mihi revelatum est? Et respondit: Non debet divulgari hoc in populo[11]), quia seculum malignum est, et qui audierint, semetipsos intricabunt, neque expedire se scient. Rursum dixi: Vis ergo, ut omnino (Folio 53r) deleamus, que scripta sunt de revelatione ista? Et ait: Non sunt tibi hec revelata, ut deleantur et in oblivionem mittantur, sed ut amplificetur laus mea[12]) apud eos, qui singulariter diligunt me. Debent enim innotescere per te familiaribus meis, et erunt manifesta his, qui mihi manifestant cor suum,[13]) ut ex hoc specialem mihi laudem[14]) exhibeant, et specialem retributionem recipient[15]) a me. Multi enim sunt, qui cum exultatione magna et veneratione verbum hoc[16]) recepturi sunt. Propter hos ergo sermones eum, qui supra memoratus est, diem, prout poteramus, in conclavi nostro sollempnem egimus, et venerabili domine devotas persolvimus laudes. Cumque divini officii misterium celebraretur, apparuit mihi secundum consuetudinem suam. Et dum conferret mecum plurimos sermones, interrogavi eam dicens: Domina mea, quanto tempore post ascensionem salvatoris vixisti super terram? Nunquid in ipso anno ascensionis eius assumpta es in celum? Et respondit placide verbis meis et ait: Post ascensionem domini permansi in vita mortali super terram anno integro, et tot diebus, quot sunt a festivitate ascensionis usque ad diem, in quo celebratur assumptio mea. Item subieci dicens: Et nunquid affuerunt sepulture tue apostoli domini? Et ait: Omnes affuerunt, et cum magna veneratione corpus meum terre commendaverunt.

(XXXII.). — Quodam tempore celebrantibus nobis festum dominice annuntiationis, cum iterum ostenderet mihi gloriosam faciem suam domina mea, ausa sum et hoc sciscitari ab ea, cuiusnam fuisset etatis, quando annuntiante angelo verbum dei in sua virginali aula concepit. (Folio 53 v). Et huic quoque interrogationi responsionem huiusmodi [1]) reddere dignata est: Quindecim, inquit, annos tunc [2]) habui, atque insuper tantum temporis, quantum est a commemoratione nativitatis mee usque ad dominice annuntiationis sollempnitatem. [3])

Liber tercius visionum capitulum I.[1]

(I.) — [Folio 53 v]. — Assumpsit me angelus domini in spiritu in locum celsitudinis magne, et ostendit michi similitudinem urbis cuiusdam[2]) admirabilis et gloriose. Factum est autem[3]) hoc primum quidem in die festo[4]) Pentecostes, secundo in octava eiusdem festivitatis, tercio in die natalicii precursoris domini. Et urbem, quam vidi, murus aureus ex omni parte cingebat, et dispositio eius erat in quadrangula forma. Portas habebat duodecim, dispositas per quatuor latera muri ternas et ternas. Quatuor petrarum singule erant, quarum eiusmodi erat varietas, ut essent superliminaria quidem coloris etherei velut[5]) saphirus, limina vero candida quasi cristallus, postes autem inter limina et superliminaria rubicundi in similitudinem lapidum ignitorum. Una vero, que media erat trium ad orientem respicientium in eo ceteris dissimilis erat, quod non rubicundi, sed candidi erant postes eius, guttulis tamen sanguineis respersi per totum. Considerabam quoque et videbam quasdam (Folio 54 r) litterarum descriptiones in superliminaribus portarum. De quibus cum interrogassem ductorem meum, quid significarent: Singulis, inquit, portis omnia pariter nomina duodecim apostolorum superscripta sunt. Patebant vero porte omnes, et ostia nulla vidi in eis. Stabat autem intra ambitum muri turris quedam magnifica, et eminens valde, et ipsa non aliud nisi lux purissima esse[6]) videbatur, eratque velut splendor auri a sole repercussi claritas eius, nec potui sustinere intuitum eius pre habundantia choruscationis ex ea procedentis. Et non erat urbi illuminatio[7]) a sole vel luna, vel ab aliquo celestium luminarium, sed a splendoribus turris tota copiose illuminabatur. Erat vero sedens in cacumine eius magna quedam ac veneranda maiestas, que se simplam in substantia, trinam in personis mihi significabat ineffabili modo. Et fluvius non magne amplitudinis decurrebat a summitate orientalis lateris muri aurei secus portam, que media erat, et suavi fluxu sese ferebat per medium urbis. Stabant autem secus murum in descensu fluminis arbores due speciose nimis et excelse contra se respicientes et medium inter se flumen habentes, et harum utramque appellavit lignum vite audiente me angelus domini, qui erat mecum. Aliis[1]) quoque diversi generis arboribus[2]) consite erant ripe[3]) fluminis hinc et hinc[4]) per totum discursum eius et aspectus earum delectabilis valde, sed preminebat omnibus speciositas gemini ligni vite. Levabam oculos meos ad altitudinem muri, et ecce totum in summo (Folio 54 v) per circuitum occupabant clara agmina sanctorum[5]) angelorum canentium laudes domini instantissima iubilatione, et concentus eorum quasi universa musicorum instrumentorum genera consonarent. Circumspexi et animadverti decorem muri intus et foris, et erat perornatus utrobique a summo usque deorsum per cuncta latera lapidibus preciosis apte dispositis per ordines suos medio emicante auro muri inter ordines lapidum. Erant autem diversorum generum et grossitudinis magne, et dispositio eorum sic erat. In primo versu per circuitum muri in summo dispositi erant lapides igneum ruborem habentes, clari et radiantes in similitudinem flamme. In secundo quoque versu infra dispositis color inerat rubeus, sed subobscurus, velut est sanguinis rubor. In tercio ordine[6]) collocati speciem puri celi habebant in modum saphiri, et paululum lucidior apparebat color eorum, qui in quarto ordine erant, sicut est facies iacincti saphiro comparata, et horum perplures erant quasi vermiculati per diversa loca lineolis[7]) candidis. Quinto loco ordinati gratissimo virore spectabiles erant, et quorum erat sextus ordo candidi atque nitentes erant tanquam margarite preciose. Septimo autem loco sub his omnibus dispositi trium colorum erant varietate[8]) distincti, ita ut essent in inferiori[9]) parte non indecenter nigri, in medio candidi ut nix, superiori vero[10]) parte rubri ut sanguis.

(II.) — Circumspectis itaque omnibus cupiebam agnoscere sacramentum visionis, et ex parte quidem ab angelo ductore meo partim a precursore domini instructa (Folio 55 r) sum de interpretatione omnium, que videram. Urbs, quam vidisti, ait ductor meus, est figura domini salvatoris. Et signum quidem preciose humanitatis eius est murus aureus, turris vero clari luminis, unde omnis illuminatio est urbi, maiestatem signat divinitatis, que nature humane angustiis precingi dignata est. Duodecim porte duodecim apostoli sunt, per quorum doctrinam accessum habet populus electorum ad agnitionem veritatis, que est in Christo Jesu, et communicationem beate[11]) gratie eius, et non est ulla clausura inhiberi volentes accedere per illos. Unde et iugiter patule sunt porte, et ostia clausure non apparent in eis. Petre superliminares in portis celico splendent colore[12]), signum est pure contemplationis, qua suspensi celo fuerunt viri dei et conversationem habebant cum deo in celestibus, dum adhuc corpore peregrinarentur in terris. Liminum candor [1]) vita est, inmaculata, per quam sine querela inter homines conversati sunt, et multis innocentie clara exempla prebuerunt. Postium rubor designatio est [2]) passionum, quas et [3]) animo et corpore sustinuerunt in patientia multa. Una vero, que ceteris dissimilis est postium candore, dilectus domini evangelista est, qui non ut ceteri per passionem martirii consummatus est, sed in exemplum intacte virginitatis proponi meruit omni populo dei. Non autem defuit martirio animus sancti, sed variis generibus mortis et tribulationibus multis corpus suum exposuit propter verbum dei et testimonium Jesu, sicut intimatur per sanguinis (Folio 55 [v]) guttas, quibus respersus videtur postium candor. Quod autem cuncta pariter nomina duodecim apostolorum singulis portis superscripta vides, unanimitatis eorum et concordantis doctrine designatio est. Verti me ad flumen urbis et ad duas sublimes arbores, inter quas erat descensus eius, et quid significationis ista haberent, cupiebam agnoscere, moxque etiam super his responsum tale accepi: In his, que vides, sancte trinitatis distinctio significata est, quoniam in Christo Jesu, cuius imago est hec urbs, [4]) habitabat [5]) omnis plenitudo divinitatis corporaliter. Geminum lignum vite due persone sunt patris et filii, fluvius vero medius inter duo ligna decurrens persona est spiritus sancti, qui amborum communis emissio est. Ipse est [6]) fluvius rigans et fecundans omnes filios regni dei, ut bonorum operum afferant fructum, [7]) et ipsi sunt ligna virentia, que undique per alveum fluminis consita vides. [8]) Aspiciens ad angelos, qui in summitate [9]) muri aurei letanter considebant, mirabar, quenam illis esset causa tante exultationis tamque letabundi concentus, et rursus occurrit cogitationi mee dicens: Isti sunt administratorii spiritus, qui olim negociati sunt circa domini salvatoris humanitatem, et sedula discursione satagebant, ut perficeretur opus redemptionis humane, et nunc impleto ministerio suo exultant in domino Jesu et [10]) in salvatione populi eius. Post hec cepit loqui ad me precursor domini, qui nobiscum erat, cum tercio hec viderem in die nativitatis eius dicens: Commenda memorie cuncta, (Folio 56 [r]) que vidisti et audisti, et indica viro, qui in hoc ipsum destinatus est tibi, ut scribat hec, quia non vane ista tibi a domino ostensa sunt. Plura autem adhuc tibi his similia revelabuntur in tempore suo. Tunc et ipse interpretari michi [11]) cepit cunctos ordines gemmarum, quas muro aureo infixas [12]) videbam, et cum magna diligentia docebat me dicens: Isti sunt diversi ordines fidelium, qui vel, dum in carne viveret super terram dominus salvator, [13]) ei per fidem adheserunt, vel ante adventum eius fideliter ipsum expectaverunt, vel post emigrationem eius ex hoc mundo in unionem corporis eius accesserunt. et accessuri sunt usque ad seculi consummationem. Vides lapides, qui in altissimo ordine dispositi sunt igneum ruborem habentes et fulgorem luminis effundentes.[1]) apostoli Christi sunt et sancti[2]) discipuli eius,[3]) qui summo ardore caritatis ipsum amaverunt, et radios illuminantis[4]) doctrine per totum orbem terre sparserunt, et pro testimonio veritatis in effusione sanguinis vita eorum consummata est. Quos autem in secundo ordine vides rubeos quidem, sed minus radiosos, sancti martires sunt, quibus predicandi in ecclesia officium non erat commissum, sed innumeris attriti passionibus[5]) per exempla patientie sancte multas in Christo animas firmaverunt. Et demonstrans eos, qui saphirini coloris erant, et simillimi sereno celo, aiebat: Hi sunt sancti patriarche et prophete servi dei, quibus familiariter locutus est dominus sub priore testamento et secreta (Folio 56 v) sua celestia eis copiose revelavit, et ambulaverunt coram ipso corde perfecto, tanto amplius ad patriam celestem suspirantes, quanto eam[6]) per spiritum sanctum plenius contuebantur. Eos quoque, qui his similes erant, sed aliquanto lucidiores et lineis albis descripti aspiciens dixit: Hi sunt sancti pontifices novi testamenti magnique confessores animo et vita etiam[7]) ipsi celestes, sed doctrina eorum lucida[8]) magis, quam precedentium prophetarum. Inscriptiones vero linearum, quibus per loca distincti sunt, designant varia scripta eorum, quibus erudierunt populum dei, et diviciis librorum ecclesiam[9]) repleverunt. Sub his ordinati, ut dictum est, iocunda viriditate gratiosi erant ad videndum, de quibus ait vir dei: Quoniam hi sunt, qui amore eterni delectamenti virorem virginitatis sue incorruptum servaverunt. Eos vero, qui proximum post illos habebant locum, et candorem habebant quasi margaritarum,[10]) pertinere dicebat ad quoslibet fideles, qui sobrie usi sunt hoc seculo viventes in timore domini,[11]) et eos, qui fideli penitentia expiari meruerunt a contagiis mundi. Eorum quoque, qui tribus coloribus erant distincti, et post ceteros ordinati, interpretatio sic erat. Multi, inquit, a tetra infidelitate[12]) et a vita criminosa[13]) ad fidem catholicam conversi sunt, et in novitate sancte[14]) conversationis laudabiliter ambulaverunt, tantaque demum virtute induti sunt, ut etiam sanguinem suum pro testamento Christi effundere non dubitarent. Unde[15]) ad eorum designationem bene[16]) lapides isti conve (Folio 57 r) niunt ternis coloribus variati, videlicet nigro, candido, ac rubicundo. Post hos sermones discessit a me sanctus domini precursor, et ego accepta benedictione ab eo reversa sum ad me ipsam.

(III.) — Evoluto autem post hec unius anni circulo, in die Pentecostes vidi rursus in visione spiritus prefatam urbem, sicut supra descripta est, et ostensa sunt michi quedam in circuitu eius, que non videram prius.[17]) Nam contra duodecim portas, que erant in quatuor lateribus urbis, vidi innumerabilem multitudinem angelorum, qui omnes curiosissime insistebant edificationi pulcherrime. Edificabant autem quasi plateas duodecim opere mirabili singulas contra singulas portas. Et alii quidem eorum lapides ad edificium pertinentes sedule et festinanter apportabant, alii susceptos lapides edificationi adaptabant. Edificantium autem alii ipsas plateas pavimento pulcherrimo decorabant, alii vero muros construebant, ita ut ex utraque parte, videlicet a dextris et a sinistris unaqueque platea murum excelsum haberet. Erant vero cuncti lapides, ex quibus fiebat edificatio, clari et nitentes, ac[1]) varie colorati secundum diversas species lapidum preciosorum, et erat visu delectabilis nimis illa varietas tam in muris quam in pavimentis, quoniam lux magna de urbe per portas egrediens singulos lapides splendore inmenso perfundebat. Erat autem edificatio illa ab ipsis portis incepta, et platee, que edificabantur, vergebant deorsum contra inferiorem (Folio 57 r) paradisum, et nondum illuc usque pertingebant, quia inperfectum adhuc erat opus, quod construebatur. Cunque interrogassem angelum domini, qui mihi presens erat, dum hec viderem, quenam esset huius visionis significatio, dixit michi: Anime electorum cottidie et indesinenter per manus sanctorum angelorum transferuntur a locis, in quibus purgate sunt, ad requiem et adaptantur superne civitati, et sortiuntur ibi singule loca sua secundum ordinationem beatorum spirituum, qui ad hoc eis destinati sunt a deo, et habet unaqueque[2]) claritatem suam iuxta qualitatem meritorum suorum. Hoc est edificatio ista, et est magister totius huius[3]) operis archangelus Michahel. Et dixi: Domine! quando cepit edificatio ista fieri? Et ait: In die, qua dominus noster Jesus Christus spoliavit infernum. Et subiunxit dicens: Platee iste edificabuntur usque ad inferiorem paradisum, et consummabuntur in novissimo die, et deinceps hec inferiora cum superioribus unum erunt. Gloria et honor deo et domino nostro. Amen.[4])

(IIII.)[5]) — Nativitatis dominice vigiliam nobis[6]) celebrantibus circa horam divini sacrificii veni in excessum mentis[7]) et vidi quasi solem mire claritatis in celo, et in[8]) medio solis similitudinem virginis, cuius forma speciosa valde, et aspectu desiderabilis erat. Sedebat autem diffusis per humeros (Folio 58 r) capillis[9]) habens in capite coronam de auro splendidissimo, et in manu dextra[10]) poculum aureum. Et egrediebatur a sole, quo undique circumfusa erat, et ab ipsa splendor magne claritatis, primo quidem super locum habitationis nostre, deinde post aliquod spacium temporis paulatim se dilatans totam terram occupare visus est. Apparebat autem iuxta eundem solem nubes magna et tenebrosa nimis, et horribilis[11]) aspectu. Cunque hec aspicerem, nubes soli subito occurrens obtenebravit eum, et interclusit terris splendorem eius per aliquod tempus, iterumque abscedente eo, terra a sole illuminata est. Hoc autem persepe fieri videbam, ut ita [1]) vicissim mundus obtenebraretur a nube, et rursum illuminaretur a sole. Quociens autem fiebat, ut nubes illa ad solem accederet, et lumen eius terris intercluderet, virgo, que sedebat in sole, ubertim lacrimari [2]) visa est, quasi dolens multum propter [3]) caliginem mundi. Eram autem videns visionem hanc continue per diem illum et totam sequentem noctem, quia pervigil manebam in oratione. Die autem sancto, cum sollempnia missarum agerentur, interrogavi sanctum angelum domini, qui michi apparebat, qualis esset visio ista et quid significationis haberet. Et respondit michi super virgine illa, de qua maxime desiderabam scire, [4]) quenam esset, et ait: Virgo illa, [5]) quam vides, domini Jesu sacra humanitas est. Sol, in quo sedet virgo, divinitas est, que totam possidet et illustrat salvatoris humanitatem. Nubes tenebrosa, que per vices arcet solis claritatem a terris, (Folio 58 v) iniquitas est, que regnat in mundo. Hec est, que dei omnipotentis [6]) benignitatem, que mediante domini Jesu humanitate prospicere super filios hominum debuerat, prohibet, et ire eius tenebras mundo inducit. Quod autem plorare virginem vides [7]) simile est ei, quod legitis, ante primi seculi destructionem deum propter multitudinem iniquitatis humane tactum fuisse dolore cordis intrinsecus ac dixisse: P e n i t e t m e fecisse hominem. Sicut enim in tempore illo, ita et [8]) his diebus peccata hominum excreverunt usque ad summum, et non recogitant, quanta fecit illis deus per incarnationem unigeniti filii sui, quem pessimis [9]) actibus inhonorant, et beneficia redemptionis sue viliter calcant, neque gratias condignas agunt ei pro omnibus laboribus, quibus attritus est propter scelera eorum. Hinc est accusatio amara adversus eos ante oculos terribilis dei, et iam non est gaudium filio hominis in generatione hac exasperantium eum, sed magis penitentia est ei super eos, qui beneficiis eius gratiam non habent. Hec est lamentatio virginis, que plorat contra nubem. Quod autem interdum discedente nube terram [10]) illustrari vides a sole, hoc est, quod non omnino desistit deus pro habundantia misericordie sue aspicere de celo in terram propter semen suum benedictum, quod adhuc ei [11]) servatum est in ea. [12]) Corona aurea, que est in capite virginis, gloria celestis est, que per Christi humanitatem acquisita est omnibus credentibus in eum. Poculum, quod est in dextera eius, fons aque vive est, quem porrexit dominus [13]) mundo docens et reficiens (Folio 59 r) corda venientium ad se ac dicens: S i q u i s s i t i t, v e n i a t ad me et bibat, et de ventre eius fluent aque vive. Die vero tercia post hec [14]) apparuit michi electus domini evangelista Johannes, cum de ipso ex more officium misse celebraretur [15]) pariterque cum eo gloriosa regina celorum. Et interrogavi eum, sicut premonita fueram, ac dixi: Quare mi domine in specie virginis et non in forma virili demonstrata est michi domini salvatoris humanitas? Et respondit interrogationi mee [1]) dicens: Hoc idcirco fieri dominus voluit [2]), ut tanto congruentius etiam ad significandam beatam matrem eius visio posset aptari. Nam et ipsa vere est virgo sedens in sole, quia eam maiestas dei altissimi totam [3]) illustravit pre omnibus, qui ante ipsam fuerunt in terra, et per eam divinitas descendit visitare tenebras mundi. Corona aurea, quam vidisti [4]) in capite virginis, significat egregiam hanc virginem de regum semine secundum carnem [5]) progenitam, et regali potentia dominantem in celo et in terra. Potus aurei poculi dulcissima atque largissima gratia spiritus sancti est, [6]) que supervenit in eam abundantius quam in aliquem sanctorum domini. Porrigit et ipsa aliis potum hunc, quando ipsius interventu fideles suos dominus eiusdem gratie in ecclesia sancta participes facit. Ploratus autem virginis est assidua interpellatio eiusdem misericordissime matris, qua apud filium suum semper interpellat pro peccatis populi dei. Verus est sermo, quem dico tibi, quoniam si sua incessabili oratione iram [7]) domini [8]) non contineret, totus iam [9]) mundus pro abundantia iniquitatis sue in perditionem abisset. [10]) (Folio 59 v.)

(V.) — Item [11]) alia visio, quam vidi sequienti anno in nocte dominice nativitatis in tempore matutinali, huiusmodi erat. Vidi primum duas stellas grandes et [12]) splendidas vehementer parvo intervallo ab invicem distantes, et convenerunt e diverso, ita ut fieret quasi [13]) corpus unum ex eis simile soli fulgenti in virtute sua, et erat in circuitu eius circulus clarus, habens colores tres, videlicet rubeum et [14]) viridem et saphirinum. In medio autem huius lucidi corporis vidi sedere feminam gloriose coronatam velut reginam magne maiestatis, et [15]) habentem in sinu parvulum speciosum et amabilem nimis, et intimatum est michi, quoniam ipsa esset beata domina nostra virgo Theodochos. Cunque per totum tempus divini officii, quod agebatur nocte illa, vidissem visionem hanc et quamplura, que nunc silentio pretereunda [16]) sunt, in ea mihi revelata fuissent, in tercia quoque missa eadem beata domina nostra se michi presentare dignata propinque magis et evidentius, quam ante, [17]) sed absque parvulo suo. Tunc ergo, sicut premonita fueram [18]) a fratre meo, qui eadem hora divinum apud nos celebrabat officium, allocuta sum eam dicens: Digneris obsecro domina mea aliquid revelare mihi de illo magno doctore ecclesie Origine, [19]) qui et [20]) tuas laudes honorifice et amabiliter multis in locis descripsit, utrum salvus factus sit an non, quoniam ecclesia catholica eum condempnat pro eo, quod in scriptis eius multa heretica inveniuntur. Ad hec michi in hunc modum respondit: Non est (Folio 60 r) voluntas domini, ut multum tibi de hoc reveletur. Scire autem debes, quoniam error Origenis non ex malicia erat, sed magis ex nimio fervore, quo sensum suum immersit profunditatibus scripturarum sanctarum, quas amabat, et divinis secretis, que nimis perscrutari volebat. Propterea et pena eius, in qua detinetur, gravis non est. Scito etiam [1]) quod pro ea honorificentia, quam michi in scriptis suis [2]) exhibuit, singulare quoddam lumen inter ceteras animas ipsum illustrat per singulas festivitates, in quibus mea commemoratio in ecclesia celebratur. [3]) Quid autem de ipso in novissimo die fieri debeat, nunc tibi revelandum non est, [4]) sed hoc inter archana sua dominus vult habere. [5])

(VI.). — Sedebam die quadam vespertino tempore et confitebar domino in psalmis, et aperti sunt oculi [6]) mei, et vidi quasi mulieres duas occurrentes sibi in quadam planicie. Quarum una quidem humiliter incedebat, demisso in terram aspectu, et vestitus eius modestus valde, et vix ad terram usque pertingens. Altera vero erecta cervice pompatice ambulabat in vestitu lascivo et fluxo, et longe post vestigia eius discurrente. Habebat autem arcum extentum, et apposito telo preobtuso direxit illud cum impetu vehementi in pectus mulieris alterius. Eodem autem impetu, quo missum est, rediit super mittentem se. Rursus et aliud preacutum fortiori impetu ad locum cordis eius direxit, quod cum paululum hesisset, reversum est, sed impetu (folio 60 v) minori. Tercio ad locum renum eius quasi igneam sagittam hamatam totis viribus et fortissimo impetu direxit. Que cum illic mora longiori adhesisset, lente decidit ad terram. Illa igitur quasi vehementer lesa, totam sese complicabat, et vehementiam doloris extrinseco habitu significare videbatur. Post hec paulatim convalescere visa est, tandemque velut redintegratis viribus impetum fecit in adversariam suam, et elevato calcaneo terre eam potenter allisit, et prostratam victoriose conculcavit. —

(VII.). — In sabbato quodam, dum secundum salvatoris mandatum pedes invicem lavaremus, collapsa sum in extasim. Et vidi columbam niveam leni volatu gyrantem per totam domum, ubi eramus sedentes.

(VIII.). [7]) — In die natalis domini sub hora sollempnioris officii visitavit me suo more angelus domini et stetit coram me. Et ego, sicut suggestum mihi fuerat a doctiore, rogabam eum dicens: Oro domine, ut digneris demonstrare michi certam distinctionem trium celorum, quos esse significat apostolus in scriptura, qua dicit, se raptum fuisse usque ad tercium celum. Et respondit michi: Nichil adhuc de hoc tibi narrabo. [8]) Et cum hoc dixisset, statim convertit sermonem ad aliud. Tercia autem nocte post hec, cum esset festivitas beati Johannis evangeliste, eram in medio sororum psallentium in matutinis, et forte incidit menti mee, ut cogitarem de verbis apostoli, de quibus ab angelo sciscitata fueram, et cepi orare ad dominum (folio 61 r) in corde meo dicens: Domine! si quis fructus ex hoc provenire potest, digneris queso manifestum facere mihi divinum illum intellectum, quem inquirere cepi. Et dum hoc ita in corde versarem, factum est, ut totam intelligentiam rei, quam querebam, subito in mente conciperem et verba plurima, que prius nesciebam, intrinsecus volverem. Cunque vehementer super hoc mecum admirarer, veni in mentis excessum et collapsa sum. Et ecce angelus domini stans in conspectu meo dixit ad me: Quod querebas, ego locutus sum ad cor tuum. Cunque rogassem, ut eadem, que mihi intimaverat, ex ordine replicaret, ait: Si spiritalem intelligentiam in interrogatione tua requiris, dicam tibi. Justus homo omnis, qui repletus est spiritu sancto, quemadmodum erat Paulus, celum spiritus sancti est. Vni autem celo comparantur omnes iusti, quia illis est cor unum et anima una, et unus spiritus regit illos. Paulus celum erat spiritus sancti, qui habitabat in corde eius, et hoc operatus fuerat in eo, ut esset thronus dei, et idem spiritus duxit eum ad celum celi. Quod fuit hoc celum celi? Filius hominis. Quis erat hic filius hominis? Dominus noster Iesus, qui est plenitudo celi, ad quem ita per spiritum sanctum adductus est, ut tanta in eum fortitudine crederet, tantaque dilectione ei adhereret, ut eciam corpus suum daret in mortem pro nomine eius. Idem ipse spiritus, de quo dixi, rapuit eum usque ad tercium celum. Quod erat hoc tercium celum? Divina maiestas. In illa tam profunde cor suum ac mentem (folio 61 r) inmerserat, ut eciam dignus esset, ibi audire archana verba, que non licet homini loqui. Impossibile est homini ea [1]) loqui et audire, sed spiritus dei ea loqui potest et audire. Et dixi: Domine edissere michi, quod dicit: Sive in corpore, sive extra corpus nescio deus scit. Et ait: Spiritus sanctus ad tantam profunditatem divinitatis spiritum eius adduxerat, quod etiam corpus eius in tempore illo immobile erat. Iterum dixi: Vellem domine, ut hoc ipsum apertius diceres. Et ait: Hoc, quod dico, in temetipsa frequenter experta es. Contingit aliquando in sanctis hominibus, ut spiritus eorum qui sensus carnales vivificat ad sentiendum ea, que extrinsecus posita sunt, tanto impetu ad ea, que spiritualia sunt, introrsus rapiatur, ut carnem absque sensu et motu relinquat, et tunc discernere non valet homo, utrum in corpore an extra corpus spiritus eius sit. Tali modo raptus fuerat Paulus, cum usque ad tercium celum in spiritu ascendit. Iterum adieci dicens: Eciam domine in paradisum se raptum fuisse testatur. Quid est hoc? Es dixit: Illud, ad quod raptus fuerat Paulus, erat paradisus paradisorum et celum celorum. Hoc est maiestas sublimis dei, et in umbra alarum eius speret omnis mundus. Quatuor enim habet alas. Due sunt gratia et iusticia. Iusticia, qua venit sub tempore legis imperans, et corripiens dure. Et quid est gratia? Filius dei, quem misit pater in mundum, non ut iudicet mundum, sed ut salvetur mundus per ipsum. Due[2]) etiam sunt ale, quibus adhuc venturus est, veritas et iudicium. Hec cum dixisset, ablatus est ab oculis (folio 62 r) meis. Mane autem facto sedebam secreto cum sorore quadam scribente hec. Et cum de quibusdam verbis dubia essem, iterum venit et stans ibidem omnia in memoriam michi revocavit. —

(IX.) — In festivitate sancti Pauli apostoli, cum apparuisset mihi, allocuta sum eum dicens: Mi domine, sciscitari vellem aliquid a te, si cum gratia tua fieri posset. Qui ait: Interroga et dicam tibi, quod vis. Et dixi, sicut premonita fueram: Domine! sicut audivimus, gens illa Grecorum, quam docuisti, non credit processionem spiritus[1]) a patre et filio, nunquid hoc perditio illius est? Et ait: Procul dubio, qui hoc non credunt et in hac infidelitate usque in finem permanent, salvari non possunt. Veruntamen maxime hoc per ignorantiam faciunt. Multi autem ex hac infidelitate conversi sunt, et adhuc multi convertentur, quoniam dominus semen suum habet inter eos, quod salvare disponit. Ego docui illos fidem catholicam, ipsi autem semetipsos in errorem miserunt.[2])

(X.) — De eo, quod dicit apostolus in epistola ad Romanos, quoniam in evangelio revelatur iusticia ex fide in fidem, qualiter intelligendum esset, sciscitari ab eo cogitabam in festivitate conversionis eius, si forte dignaretur michi exhibere presentiam suam. Et factum est, dum ageremus vigilias matutinas psallentes domino, venit forte mihi in mentem scriptura, de qua interrogare cupiebam, et statim posuit deus verba hec in labiis meis: Credidit Abraham, antequam lex daretur per Moysen, quando tres vidit et unum adoravit. Credidit Abraham deo et reputatum (folio 62 v) est ei ad iusticiam, prophete crediderunt et iustificati sunt, quando prophetaverunt in populis Christum de virgine nasciturum. Quando autem venit, quid profuit in pluribus eorum? Viderunt eum mortali carne circumdatum, viderunt, in quem transfixerunt. Non viderunt eum, sicut antea fuit, et ut postea erat, quando dedit ei pater omnem potestatem in celo et in terra. Beati, qui viderunt et crediderunt. Et nos credimus videre eum, sicuti est, iustificati per fidem, et certificati sumus eterna beatitudine perfrui, et sine fine regnare cum Christo, et presentem vultum dei cernere. Scribit Paulus in epistola sua, quoniam in evangelio revelatur iusticia dei ex fide in fidem. Intelligite hoc ex his, que dico. In evangelio predicatum est: Nisi quis renatus fuerit ex aqua et spiritu, non potest introire in regnum dei.[3]) Hoc est inicium quoddam fidei Christianitatis et iusticie eius. Et iterum: Qui credit in filium dei, habet vitam eternam. Qui autem incredulus est filio, non habebit vitam.[4]) Et additur in consummatione: Hec autem scripta sunt, ut credatis, quia Iesus Christus est filius dei, et ut credentes vitam habeatis.

Hec est iusticia ex fide. que in evangelio revelatur; per quam vivit. qui ex fide iustus est, sicut scriptum est: Justus autem ex fide vivit.[1]) Et qui vivit iusticia. que ex fide est, vivet vita perfecta, quando videbit oculo ad oculum, que nunc quasi per speculum credit.[2]) In fide sumus nunc. quando autem videbimus, quem quasi per speculum cernimus, tunc erimus ex fide in fidem. Post hec verbā et ipse (folio 63 r) doctor gentium ostendit michi faciem suam et interrogavi eum de scriptura sua. que predicta est. quia non satis credebam intellectui meo. et respondit michi dicens: Quod queris a me, intelligis.[3]) Eadem hora astitit mihi etiam dominus meus. et dixit ad me: Non metuo, quod contradicat apostolus his, que locutus sum ad cor tuum. Post hec addidi interrogare eum dicens: Nunquid domine etiam illa certitudo, quam in futuro habituri sumus. fides appellari debet? Et respondit dicens: Fides. que nunc in vobis est. spem habet admixtam. In illa autem requie. ubi regnaturi estis cum Christo. habebitis fidem cum scientia. —

(XI.) — Erat dies anniversarius domni Eggeberti venerande memorie Monasteriensis episcopi. pro quo dum celebraretur officium fidelium defunctorum. apparuit michi quasi habens infulam pontificalis dignitatis. et magne claritatis splendoribus fulgens. Et allocuta sum eum et dixi: Nunquid domine agnoscis, qualem gratiam contulit mihi dominus. et qualia in me operari dignatus est? Et respondit mihi dicens: Scio dilectissima et profundius ea considero. quam tu ipsa. Et interrogavi eum dicens: Domine. nunquid anime ille. que iam in requiem assumpte sunt. ex eo quicquam melius habent. quod pro ipsorum memoria orationes et missarum celebrationes a fidelibus fiunt? Et ait: Gratissimum habent. quod hec obsequia eis exhiben (folio 63 v) tur. et ex eo quoddam augmentum gaudii accipiunt. quod sciunt ea proficere ad remedium et liberationem illarum animarum. que in penis adhuc detinentur. Nam divina obsequia. que anime cuilibet iam requiem habenti a vivis exhibentur, ceteras, que in refrigerio sunt. magis delectant. et plus operantur ad communem profectum animarum, que in purgatorio sunt. quam ea, que alicui illarum, que nondum absolute sunt. impenduntur. Et adieci adhuc dicens: An orant etiam anime. que sunt in requie. pro caris suis et consanguineis. quos adhuc habent in seculo? Orant, inquit. Et dixi: Rogo ergo te dilectissime domine. ut mei memoriam habeas in orationibus tuis. aliorumque propinquorum tuorum, quos habes in hoc seculo periculoso. Et respondit: Hec facio sine intermissione. —

(XII.). — Ostendit michi angelus quodam tempore foveam grandem. plenam horribili igne, et vidi illic torqueri gravissime animas quasdam. Et interrogavi eum, que essent anime ille, et quam ob causam tam gravissime torquerentur. Et dixit: He sunt anime illorum, qui in excommunicata milicia interfecti sunt. Et interrogavi eum dicens: Nunquid domine pro illis alique orationes faciende sunt? Et ait: Nulle orationes pro eis specialiter fieri debent, sed si quis eis aliquid subvenire cupit, communiter omnibus fidelibus defunctis remedia pietatis impendat. Cunque eorum causa cuncte fideles anime letificate fuerint, aliquantulum (folio 64 r) ex hoc tolerabilius habebunt. —

(XIII.). — Questionem michi proposuit frater quidam habentem formam huiusmodi. Scriptum est, inquit, in libro Dionisii theologi Ariopagite, quod celestes ille essentie omnium altiores, que prima ierarchia dicuntur, videlicet Seraphin, Cherubin, Throni in scriptura introducuntur primum quidem apud se ipsas, deinceps vero apud ipsum Iesum querentes et pro nobis sue divine actionis scientiam discentes atque dicentes: Quis est iste, qui venit de Edom, tinctis vestibus de Bosra? [1]) Et rursum post responsionem eius: Quare ergo rubrum est indumentum tuum et vestimenta tua sicut calcantium in torculari? Ex his igitur verbis percunctatus est frater ille, qui michi questionem movebat dicens: Si ista querebant summi illi ordines, velut appetentes scientiam et cupientes instrui a salvatore de actione redemptionis humane, ut affirmat theologus, consequens est, ut prius ignorarent, quod discere cupiebant. Quomodo autem fieri potuit, ut iam peracto opere redemptionis adhuc eius scientiam non haberent hi, qui divine maiestati maxime appropinquant et ex ea omnem scientie plenitudinem hauriunt, et ad inferiores ordines cuncta, que sciuntur [2]) ab eis, transfundunt, cum habeatur ex scripturis, quod multi inferiorum ordinum spiritus filium dei in carne agnoverint et gratiam redemptionis longe ante prescierint? Quomodo etiam ab eis tantum negocium tamdiu celare potuit spiritus sanctus, quod etiam prophetis, qui homines fuerunt, ante multa tempora fecerat notum? Hanc igitur (folio 64 v) questionem in festo dominice annuntiationis domino meo, cum mihi apparuisset, obieci, et responsum tale ab eo accepi: Summi, inquit, ordines illi, de quibus interrogas, ab inicio conscii fuerunt secretorum domini, et qualia in carne facturus esset et passurus pro humani generis redemptione cognoverunt. Sed eadem ipsa, que docente divinitate prius cognoverant, etiam ab illa sacra humanitate salvatoris in celo recepta interrogare et percipere et ipsam illuminationis sue magistram habere delectati sunt, et quod sciebeant in secretis, volebant etiam exprimi verbis. Et adiecit adhuc dicens: Hi sunt, per quos occulta dei manifesta fiunt [3]) nobis, qui frequentamus hunc mundum inferiorem et communicant nobis scientiam domini, ipsi autem nullo mediante ab ipso domino omnem doctrine illuminationem accipiunt. Et rursum addidit verba hec: Nuper, cum me interrogares, unde tibi essent verba epistolarum, quas ex inproviso proferebas, nunquid meministi, quid responderim tibi? Dixi, me ea accepisse de corde dei vivi, et locutum me fuisse ad cor tuum: Hoc ergo ita intelligere debes. Superiores illi a corde dei ea acceperant, et ego ab illis, et ita per mediatores ego a corde dei illa acceperam. —

(XIIII.). — In die resurrectionis dominice tali interrogatione dominum meum allocuta sum: Nunquid domine, hi, de quibus in evangelio scriptum est: Multa corpora sanctorum, qui dormierant, surrexerunt, statim in hora terre motus, qui erat tempore dominice passionis, surrexerunt, an in die, quo salvator a mortuis resurrexit? Et ait: Domino (folio 65 r) resurgente et ipsi a mortuis surrexerunt. Iterum dixi: Et nunquid iterum redierunt in mortem?[1]) Respondit: Quos ita honorare dignatus est dominus, ut eos secum resuscitaret, etiam sic eos honoravit, ut eos inmortales conservaret.

(XV.) — Addidi etiam interrogare eum hoc modo: Domine, quomodo fieri potest, ut vos, qui estis spiritus invisibilis nature, etiam corporeis oculis videamini ab hominibus, sicut legitur de sanctis mulieribus, que ad monumentum domini venerunt et visiones angelorum se ibi vidisse testate sunt? Ad hec ita respondit: Sicut olim transfigurare se potuit dominus, ut eum videret Abraham in tribus personis, quando tres vidit et unum adoravit, ita et nobis, qui spirituales creature sumus, potest tales formas aptare, ut possimus videri ab hominibus, quando placitum ipsi est. Nam quemadmodum in sua divina natura videri deus omnino non potest ab homine, quamdiu in carne est, sic et nos sicuti sumus in nostra spirituali essentia neque corporalibus neque spiritualibus oculis humane nature ullatenus possumus videri, nisi tali forma induamur, que infirmitati vestre cognoscibilis sit. —

(XVI.) — Celebrantibus nobis memoriam sancti Michahelis in ipso die festo, dum staremus ad audiendum officium divinum, ego Elisabeth modicum elangui et consedi in invalitudine virium mearum. Et ecce angelus domini secundum solitam benignitatem suam videndum mihi se obtulit, et dixi ad eum: Vellem sciscitari quedam a te domine mi, si cum (folio 65 v) gratia tua fieri posset. Qui continuo hilari me vultu intuens ait: Scio, quid interrogatura es, interroga et respondebo tibi. Et ego, sicut a doctiori premonità fueram, dixi: Scire velim mi domine, de angelo, qui primus apostatavit, utrum in ipso creationis sue exordio statim fuerit lapsus, an per aliquod temporis spacium in gloria sue conditionis steterit, ac deinde eam cadendo perdiderit. Qui respondens ait: Scito, quod inter omnes creaturas, quas condidit deus, summe pulchritudinis et dignitatis creatus fuit angelus ille, ita ut solus post deum cuncta precederet in gloria sua. In hac autem dignitate sua tamdiu perstitit, donec excellentiam suam considerans intellexit nichil in creaturis simile sibi esse, et ex hoc in superbiam elevatus est, et estimabat etiam, se deo posse equari. Cum autem in mentem eius ascendisset superbia, statim precipitatus est, quia nec ad momentum in celis remanere potuit superbia, neque ultra approximare poterit illuc. Quanto autem omnibus creaturis excellentior erat, tanto infra omnes creaturas deiectus est, et vilior cunctis factus est. Rursus interrogavi eum dicens: Nunquid, domine mi, unus ordo angelorum totus cum illo corruit, an de singulis novem ordinibus, qui perstiterunt, aliqui sunt lapsi, ut ita decimus ordo fieret? Et respondit dicens: Unus angelorum chorus, qui singulariter illi addictus fuit, propter excellentem gloriam principis sui adversum nos intumuit et digniores se esse arbitrati sunt ceteris fratribus, et hac de causa pariter cum suo primate precipitari merue (folio 66 r) runt. Nos autem, qui cadentibus illis prestitimus, tanto caritatis ardore erga creatorem accensi sumus, ut neque velimus, neque possimus unquam ab eius voluntate in aliquo dissentire. Iterum autem subieci dicens: Et quis est, qui primatum habet in vobis? Respondit: Archangelus Michahel. Cunque in hoc verbo dubia essem, die alia, cum adesset, iterum interrogavi dicens: Domine, nunquid super omnes novem ordines beatorum spirituum principatum habet Michahel archangelus, an super quosdam tantum? Et dixit: Duobus ordinibus angelorum et archangelorum prefectus est. Cunque iterum eum interrogassem de principatu, dixit, omnium esse excellentissimos ac deo propinquisssimos Cherubin et Seraphin. Rursus interrogavi, an, ut arbitratur ecclesia, archangelus Michahel communis princeps et defensor esset populi dei, affirmavit, ita esse. —

(XVII.) — Rogavi autem, ut exponeret michi verba illa, que locutus est Moyses dicens: Q u a n d o d i v i d e b a t a l t i s s i m u s g e n t e s, q u a n d o s e p a r a b a t f i l i o s A d a m, c o n s t i t u i t t e r m i n o s p o p u l o r u m i u x t a n u m e r u m f i l i o r u m Israel,[1]) sive angelorum dei. Et respondit mihi verba hec: Filios Israel, de quibus interrogas, creavit deus, ut essent in numero filiorum dei. Quando autem ceciderunt per superbiam, constituit deus terminos, id est numeros populorum iuxta numerum filiorum Israel, qui ceciderant. Et subiunxit dicens: Hec dices fratri tuo, et quod iterum interrogaverit, dicito mihi. Interrogavi igitur alia vice de superiori versu, qui est: Q u a n d o d i v i d e b a t a l t i s s i m u s g e n t e s, q u a n d o s e p a r a b a t f i l i o s A d a m.[2]) (folio 66 v), quomodo intellectus eius congrueret sensui eius, quem exposuerat. Et contunuo ait: Hoc quoque fecit deus. Quando primus homo propter inobedientiam eiectus fuit de paradiso, et quando Cain occidit fratrem suum Abel, separabat deus filios Adam et dividebat gentes separando oves ab hedis. Et cum hoc esset, constituit terminos populorum iuxta numerum filiorum Israel. Statimque ego subieci: Domine, scriptum est, quod in novissimo die separabit oves ab hedis? Et dixit: Iam tunc incepit et in novissimo consummabit. —

(XVIII.) — Narratum est nobis, quod quidam frater obviare volens sermoni [1]) angeli nostri dicentis, quod unus ordo angelorum totus ceciderit, probare conatus est, non ita esse, sed sicut fert opinio ex singulis ordinibus aliquos cecidisse ex verbis apostoli, que in epistola ad Colosenses de salvatore nostro loquitur dicens: Expolians principatus et potestates traduxit confidenter palam, triumphans in semetipso. [2]) In hoc enim, quod quosdam malignorum spirituum principatus et potestates appellat, videtur illos ex ordinibus principatuum et potestatum cecidisse. Cum ergo etiam super hoc dominum meum consuluissem, dixit, quam plures esse diversitates malignorum spirituum et alios aliis esse eminentiores et potentiores ad nocendum, et propterea huiusmodi appellari nominibus. Adiecit autem post hec dicens: Nemo aliqua ratione te superet, ut credas, ex singulis ordinibus angelorum aliquos corruisse. Si enim ita esset, oporteret, cum ex electis hominibus casus lapsorum angelorum restituendus esset, ut sin (folio 67 r) gulis ordinibus angelorum homines inmiscerentur. Quod non ita erit, quia electorum hominum ordo distincte locum suum in celo habiturus est. Sed et de illa opinione, quam credimus unumquemque hominem proprium angelum habere sue vite custodem sciscitata sum, utrum vera esset, an non. Et respondit interrogationi mee dicens: In die, quo sacri baptismatis gratiam percipit, homo duos angelos suscipit: unum bonum et alterum malum. Et ab uno quidem semper impugnatur, ab altero vero defendatur et adiuvatur. Rursus interrogavi et dixi: Nunquid domine hic, qui nunc alicuius hominis custos est, alterius etiam, qui nasciturus est, custos efficitur, eo a vita decedente? Et ait: Contingit aliquando sic, aliquando autem non sic. Cunque de animabus defunctorum aliqua cum ipso conferrem, adiecit ultro et ait: Bis in anno unaqueque anima, que aliquando veniam consecutura est, etiam si sit in penis, a proprio angelo visitatur et consolationem recipit ab eo, videlicet in festivitate sancti Michahelis archangeli, et in die, quo omnium fidelium defunctorum communis memoria celebratur. —

(XIX.) [3]) — Domine H. venerabili [4]) magistre sponsarum Christi, que sunt in Pinguia, E. humilis monacha [5]) devotas cum omni dilectione orationes. Gratia et consolatio altissimi repleat vos gaudio, quia mee perturbationi benigne compassa estis, sicut ex verbis consolatoris mei intellexi, quem de mei consolatione diligenter commonuistis. Sicut enim vobis de me revelatum (folio 67 v) fuisse dixistis, fateor vere quandam perturbationis nubem me nuper in animo concepisse propter ineptos sermones populi multa loquentis de me, que vera non sunt. Sed vulgi sermones facile sustinerem, si non et hi, qui in habitu religionis ambulant, spiritum meum acerbius contristarent. Nam et hi, nescio quibus stimulis agitati, gratiam domini in me irrident, [1]) et de his, que ignorant, temere iudicare non formidant. Audio, et quosdam litteras de suo spiritu scriptas sub nomine meo circumferre. De iudicii die me prophetasse diffamaverunt, quod certe nunquam facere presumpsi, cum omnium mortalium cognitionem effugiat [2]) eius adventus. Sed huius [3]) fame occasionem vobis aperiam, ut iudicetis, utrum presumptuose quicquam in hac re fecerim, aut dixerim. Sicut per alios audistis, magnificavit dominus misericordiam suam mecum supra, quam meruerim, aut mereri ullatenus possim, in tantum, ut et celestia quedam sacramenta michi [4]) frequenter revelare dignatus sit. Significavit etiam mihi per angelum suum frequenter, qualia ventura essent super populum suum in his diebus, nisi agerent penitentiam de iniquitatibus suis, atque, ut palam hec annuntiarem, precepit. Ego autem, ut arrogantiam evitarem, et ne auctrix novitatum viderer, in quantum potui, omnia hec studui occultare. Cum igitur solito more quadam dominica die essem in mentis excessu, astitit mihi angelus domini dicens: Quare abscondis aurum in luto?, hoc est verbum dei, quod per os tuum missum est in terram, [5]) [propter facies distortas [6])] non, ut abscondatur, sed ut manifestetur ad laudem et gloriam domini nostri, et [7]) (folio 68 r) salvationem populi sui. Et hoc dicto, elevavit super me flagellum, quod quasi in ira magna quinquies mihi amarissime inflixit, ita ut per triduum in toto corpore meo ex illa percussione languerem. Post hec apposuit digitum ori meo dicens: Eris tacens usque ad horam nonam, quando manifestabis ea, que operatus est dominus tecum. Ego igitur usque ad horam nonam muta permansi. Tunc significavi magistre, [8]) ut afferret ad me libellum quendam, quem in stratu meo absconderam, continentem ex parte ea, que fecerat dominus mecum. Quem cum offerrem in manus domini abbatis, qui ad visitandum me venerat, soluta est lingua mea in hec verba: N o n n o b i s d o m i n e, non nobis, sed nomini tuo da gloriam. Post hec cum et alia quedam ipsi revelassem, que scriptis [9]) committi nolueram, videlicet de vindicta domini magna, quam universo mundo in brevi superventuram ab angelo didiceram, rogavi illum diligentissime, ut verbum illud apud se haberet absconditum. Precepit [10]) autem mihi, ut operam darem orationi, atque a domino postularem, ut daret mihi intelligere, utrum ea, que dixeram, silentio tegi vellet, an non. Cunque per aliquod tempus pro hac re orationi insistendo me afflixissem, in adventu domini in festivitate sancte Barbare [11]) in prima vigilia noctis corrui in extasim, et astitit mihi angelus domini dicens: Clama fortiter et dic heu ad omnes gentes, quia totus mundus in tenebras est conversus. Et dices: Exite, ille vos vocavit, qui de terra vos formavit, et dicit: Penitentiam agite, quia prope est regnum dei.[1]) Hoc igitur sermone inductus dominus abbas, cepit divulgare verbum coram (folio 68 v) magistratibus ecclesie, et viris religiosis. Quorum quidam cum reverentia verbum exceperunt, quidam vero non sic, sed sinistre de angelo, qui familiaris mihi est, locuti sunt[2]) dicentes, eum esse illusorem spiritum, et in angelum lucis tranfiguratum. Unde et per obedientiam me constrinxit precipiens, ut si quando mihi appareret, per nomen domini illum adiurarem, quatinus indicaret mihi, utrum verus dei angelus esset, an non. Ego autem, presumptuosum esse id, estimans, cum timore magno preceptum hoc suscepi. Quadam igitur die, cum essem in excessu meo, solito more se mihi obtulit, et stetit in conspectu meo. Et dixi tremens ad eum: Adiuro te per deum patrem, et filium, et spiritum sanctum, ut recte dicas mihi, si verus angelus dei sis, et si vere sint visiones, quas vidi in excessu meo, et ea, que de ore tuo audivi. Respondit et dixit: Scias pro certo, quia verus angelus dei sum, et vere sunt visiones, quas vidisti, et que de ore meo audisti, vera sunt et vere fient, nisi reconcilietur deus hominibus. Et ego ipse sum, qui diu laboravi tecum. Post hec in vigilia Epiphanie, dum orarem, rursus apparuit mihi dominus meus, sed procul a me stans, et faciem habens aversam a me. Ego igitur indignationem eius intelligens, dixi illi cum timore: Domine mi, si molesta fui tibi in eo, quod adiuravi te, ne, queso, imputes mihi. Converte, obsecro, faciem tuam ad me, et esto mihi placabilis, quia constricta per obedientiam feci, neque ausa fui transgredi mandatum preceptoris mei. Cunque in huiusmodi verbis multas lacrimas profundissem, conversus est ad me dicens: Contemptum mihi fecisti et fratribus meis, quia diffidentiam habuisti de me. Unde pro certo noveris, quia ultra non videbis fa (folio 69 r) ciem meam, neque vocem meam audies, nisi placatus fuerit dominus et nos. Et dixi: Domine mi! quomodo placari poteritis? Et ait: Dices abbati tuo, ut in memoriam mei et fratrum meorum celebret divinum officium devote. Cum ergo non semel, sed pluribus vicibus tam a domno abbate, quam etiam a reliquis fratribus missarum sollempnia ad honorem sanctorum angelorum celebrata fuissent, simulque sorores psalmorum lectionibus eos honorassent, rursus apparuit mihi dominus meus placido vultu, dixitque ad me: Scio, quoniam in caritate et obedientia factum est, quod fecisti, idcirco veniam consecuta es, et de cetero frequentius te visitabo, quam hactenus. Post hec, cum dominus abbas ire disponeret in locum quendam rogatu clericorum illic manentium, ut predicaret verbum comminationis domini in populo, si forte penitentiam agerent, et averteretur ira dei ab illis, primum aggressus est deprecari dominum una cum omnibus nobis, ut revelare dignaretur ancille sue, utrum sermonem, qui iam manifestus esse ceperat, amplius divulgari oporteret, an non. Ipso igitur divina misteria celebrante, et nobis devotissime orantibus, subito dissolute sunt compages membrorum meorum, et elangui, et veni in mentis excessum. Et ecce angelus domini stetit in conspectu meo, et dixi ad eum: Mi domine, memento, quod dixeris mihi ancille tue, verbum dei per os meum missum esse in terram, non ut abscondatur, sed ut manifestetur ad gloriam dei, et ad salvationem populi sui. Et nunc indica mihi, quid oporteat fieri de verbo illo comminationis, quod locutus es ad me. Nunquid iam satis manifestum factum est, an adhuc predicandum? At ille severo aspectu me intu (folio 69 v) ens ait: Noli temptare deum, qui enim temptant illum, peribunt. Et dices ad abbatem: Noli timere, sed perfice, quod cepisti. Vere beati sunt, qui audiunt verba exhortationis tue et servant ea, et non fuerint scandalizati in te. Hoc autem illi suggeres, ut eam formam, quam hactenus in predicatione habuit, non inmutet. In hac enim consiliarius illius ego fui. Dicito illi, ut nequaquam attendat verba eorum, qui propter invidiam dubie locuntur de his, que facta sunt in te, sed attendat, quod scriptum est, quia nihil inpossibile est apud deum. Hoc igitur sermone animatus, locum, quem adire disposuerat, adiit, et populum, qui eius adventum prestolatus fuerat, ad penitentiam exhortatus est, annuntians iram dei cunctis superventuram, nisi penitentie fructibus eam prevenire studerent. Quales autem plage mundo inminerent, nequaquam velut diffamatus est, in aliqua predicatione sua enarravit. Factum est igitur, ut multi, apud quos sermo iste diffamatus est, per totum tempus Quadragesimale in timore magno per penitentiam sese affligerent, et elemosinis et orationibus studiose[1]) insisterent. In tempore illo quidam, nescio, quo zelo ductus, ad urbem Coloniam in persona domini abbatis, ipso ignorante, deus novit,[2]) litteras direxit, in quibus terribiles quedam comminationes audiente omni populo lecte sunt. Unde quamquam ab insipientibus illusum nobis sit, prudentes tamen, ut audimus, reverenter sermonem animadverterunt, et penitentie fructibus deum honorare non contempserunt. Factum est autem in quarta feria ante diem Pasche, cum post magnos labores corporis in extasim venissem, apparuit mihi angelus domini. et dixi ad eum: Domine, quid fiet de verbo, quod locutus es ad me? (folio 70 r) Qui respondit: Noli contristari neque perturberis, si non in die, quem[3]) determinavi tibi, venerint, que predixi, quoniam multorum satisfactione placatus est dominus. Post hec in sexta feria circa horam terciam cum gravi passione veni in mentis excessum, et rursus astitit michi dicens: Vidit dominus afflictionem populi sui, et avertit iram indignationis sue[4]) ab eis. Cui dixi:[5]) Quid ergo domine mi, nonne ero in derisionem[6]) omnibus, apud quos verbum hoc divulgatum est? Qui ait: Omnia, que occasione hac evenerint [1]) tibi, patienter et benivole sustineto. Illum diligenter animadverte, qui cum esset totius orbis creator, hominum irrisiones sustinuit. Nunc primum patientiam tuam dominus probat. Ecce, domina mea, totum ordinem rei vobis explicavi, quatinus et vos innocentiam meam et abbatis nostri cognoscatis, et aliis manifestare possitis. Obsecro autem, ut et orationum vestrarum participem me faciatis, et prout spiritus domini vobis suggerit, [2]) aliqua michi consolatoria verba rescribatis. [3]) —

(XX.) — Congratulare [4]) mecum domina, et venerabilis filia eterni regis, quoniam digitus dei [5]) scribit in te, ut verbum [6]) vite pronunties. Beata es et bene tibi erit semper, et organum spiritus sancti tu es, quia verba tua accenderunt me quasi flamma tetigisset cor meum et prorupi in hec verba.

(XXI.) — Domina mea Hildegardis, [7]) recte vocaris Hildegardis, quia stimulus dei bene in te operatur mira fortitudine in edificationem ecclesie sue. Confortare spiritu sancto, beata es, quoniam elegit te [8]) dominus, et posuit te quasi unam ex illis, de quibus ipse ait: Posui vos, ut eatis et fructum afferatis, et fructus vester maneat. Sic ince- (folio 70 v) dis in via contemplationis domini quasi columba in foraminibus petre, in caverna [9]) macerie. Qui te elegit, ipse te coronabit corona leticie. [10]) Via enim domini recta facta est coram te. O domina Hildegardis perfice opus domini, sicut usque nunc [11]) fecisti, quia posuit te dominus operatricem in vinea sua. Quesivit enim dominus operarios in vineam suam, [12]) et invenit eos [13]) omnes ociosos, quia nemo eos conduxit. Vinea domini non habet cultorem, vinea domini periit, caput ecclesie languit, [14]) et membra eius mortua sunt. Heu, quid fiet de hoc, quia dominus paucos invenit in ecclesia sua, [15]) qui de [16]) hoc ardenti animo considerent, sed unusquisque se ipsum cupit regere et propriam voluntatem suam exercere. Probavit eos dominus, et invenit illos [17]) dormientes. Propter hoc venit fur et perfodit et destruxit lapidem fundamenti, et proiecit in cisternam non habentem aquam neque irrigata est. Lapis fundamenti est caput ecclesie, quod proiectum est, et ecclesia dei arida est, non habens humorem, sed frigida est ab amore dei. Sed et ego mecum recolo, quod [18]) aliquando olim [19]) mihi apparuit, venenosos serpentes venturos esse in ecclesiam dei, secreto ecclesiam dei lacerare cupientes. [20]) Et hoc intelligo pertinere ad kartaros istos, qui ecclesiam [21]) dei nunc occulte [22]) decipiunt. Expelle eos protector noster domine. Et beatus, qui non scandalizatus fuerit [23]) in hoc tempore. Dicit patriarcha David: N u n q u i d, q u i d o r m i t, n o n a d i c i e t, u t r e s u r g a t ? [24]) Surgite et excitamini et vigilate, [25]) quia clamat ad vos vindicta dei. Ululate pastores et clamate, aspergite vos cinere et penitemini, et nolite locum dare diabolo. q u i a [26]) circuit rugiens quasi leo, querens, quem devoret.[1]) (folio 71 r) Beatus homo, qui metuit dominum universe creature, ut interpellet[2]) summum pontificem, ut auferat obprobrium a populo suo, et omnis Israhel salvabitur. —

(XXII.) — Nunc autem[3]) populus meus perversarius michi est, et ambulat coram me duris cervicibus, et non sentit, qualiter[4]) iudicium meum[5]) portat, flagellando, ostendo offensiones meas et sanctorum meorum, qui dant voces suas cottidie ante thronum meum dicentes: Domine rex eterne glorie in tua dicione cuncta sunt posita, et non est, qui possit tue resistere[6]) voluntati, vindica sanguinem nostrum, quia calcat nos terra contaminationibus suis. Ego dominus creator omnium creaturarum emisi verbum[7]) meum incarnatum de sublimibus celorum in vallem tenebrosam, ut luceret eis, qui in tenebris erant, et putabant, se aliquid esse et nichil fuerunt, et amaverunt homines magis tenebras, quam lucem. Ipse vero erat lux vera, et quasi stella matutina in medio nebule, et quasi sol splendet in virtute sua in medio diei, sic refulgebat in medio populi sui, plenus sapientia et fortitudine, et omnis terra repleta est doctrinis eius, et obliti estis eum. Iuro per dexteram meam et thronum meum ultra non fiet. —

(XXIII.) — O homo quicunque es, qua ratione poteris te excusare? Oculos habes et non vides, et aures ad audiendum et non intelligis. Ultra quid faciam tibi? Si te ipsum perdideris, quem putas te esse redempturum. Recordamini, quia unicus filius cordis mei semel pro peccatis vestris mortuus est, et resurrexit, ascenditque in celum, et sedet in gloria sua, et reliquit vobis exemplum (folio 71 v), ut sequamini vestigia eius. Quomodo, quali corde, vel quali conscientia sequimini eum. Longe enim sunt vie eius a viis vestris. Si non ambulaveritis, sicut ipse ambulavit, quomodo ad eum potestis venire? Nolite declinare ad dexteram neque ad sinistram, sed sequimini vestigia eius, et sic ad eum venire potestis. Nunc autem estis lubricantes de peccato in peccatum, de dampnatione in dampnationem. Ambulate, dum lux erit in vobis, ne tenebre vos comprehendant, quia antiquus ille leviathan putat, se totum mundum esse deglutiturum. Adhuc autem tempus est gracie. Penitentiam agite, querite dominum deum vestrum, dum inveniri potest, invocate eum, dum prope est. Convertimini ad me ex toto corde vestro, et ego dominus convertar ad vos et reconciliabor vobis, nec vos deseram in tempore tribulationis et angustie. Et ille serpens antiquus cadet in ruinam magnam, ut pene omnia viscera eius effundantur. —

(XXIIII.) — Quid est hoc,[8]) quod dixi de visceribus serpentis antiqui? Sunt enim aliqui, qui nunc deglutiti sunt in visceribus eius, et postea foras mittentur. Et sunt homicide, adulteri, raptores, homines iniusti, qui precipitaverunt animas suas in mortem. Sunt etiam infelices katari, qui sunt abhominabiliores omni creatura, et in sulphureis linguis proferunt flammantia[1]) verba, et contaminata est terra abominabili fide eorum. Et sicut olim gentes me crucifixerunt, sic cottidie crucifigor inter illos, qui talia colunt.[2]) O quam diabolica insania, qui[3]) me sciunt esse creatorem celi et terre et omnium, que in eis sunt, et intueri abyssos, lacerant vulnera mea effun (folio 72 r) dentes corpus et sanguinem sacramentorum meorum, quod oblatum est ad salutem omnium credentium. Quod si me provocaverint ad iracundiam, ego dominus in furore meo delebo terram cum genere suo usque ad infernum. Cessate prevaricatores iusticie, cessate ab insania ista. Si non feceritis, precipiam vos cruciari, supra quam credi potest, in sulphure et in igne inextinguibili, et vermibus gehennalibus sine fine. Et non est sensus, qui possit comprehendere gehennalem penam, nisi ille magnus leviathan, qui tentus est et seducit universum mundum. —

(XXV.) — Ego dominus precipio vobis per dexteram meam, ut non percutiam vos in gladio oris mei, regibus et principibus episcopis et abbatibus, presbiteris, et omnibus, qui in sublimitate estis, omnes hereses, que scismata faciunt in ecclesia mea, quam genui in amaritudine anime mee, omni fortitudine expellere et destruere fide catholica. O miserrimi et infelicissimi hypochrite, qui apparetis coram hominibus quasi religiosi et innocentes, intrinsecus autem pleni estis ingenio malo. Dicite mihi, quomodo creditis in deum[4]) omnipotentem, si non creditis, omnipotenti deo omnia possibilia esse. Possibile quippe erat coram deo, emittere de sede magne maiestatis sue spiritum sanctum in virginalem uterum, et verbum incarnationis sue procedere. Nunquid creditis, quod deus pater creavit hominem ad imaginem et similitudinem suam, et constituit eum in paradisum voluptatis, ut operaretur et custodiret illud? Et ille serpens antiquus decepit eum, quod cecidit in peccatum, et per inobedientiam proiectus est foras. O infelix hypocrita, quamdiu putas te in peccatis tuis esse, si non credis (folio 72 v) in filium dei, qui a patre procedit? Neque ergo creditis, eum incarnatum nec vere passum, nec sepultum, nec resurrexisse, neque in celos ascendisse, nec venturum esse iudicare vivos et mortuos. Vos autem, qui litterati estis, scrutamini libros de novo testamento, et recordamini verborum eius, qualem fructum inveneritis. Renovamini spiritu sancto et refocillate animas vestras in edificationem ecclesie, que est sanctificata in Christo Iesu, et illuminata per sancta evangelia, et dealbata de antiqua rubigine. Quia ergo sancta ecclesia, que coniuncta est et desponsata celesti sponso filio eterni regis, qui in Iordane crimina eius lavit, ut sit una fides, unum baptisma, una ecclesia, et unica columba, et una electa Christi Iesu, vos genus electum, gens sancta, regale sacerdocium, populus acquisitionis, mementote, qua libertate liberavi vos de iugo et de captivitate diaboli. Eratis enim aliquando tenebre, nunc autem lux. Ambulate, ut filii karissimi, ut filii lucis sitis, dicit deus vester. Et iterum eadem veritas dicit: Vinea mea electa, ego te plantavi et cognitam tibi feci omnem viam veritatis, quomodo conversa es retrorsum, ambulans viam non rectam, sed post peccata tua, inquiris pacem secundum voluntatem tuam et dicis: Pax erit, et non est filius pacis, sed te ipsam seducis. —

(XXVI.) — Ego vero expulsus sum et non est locus, ubi requiescere possit pes meus, sto ad ostium et pulso, et non est, qui me introducat, et caput meum plenum est rore, lectus meus, in quo requiescere desiderabam, violatus est variis viciis, et qui intrant in inmundiciis suis ad sanctuarium meum, maculant lectum meum pravis operibus suis. (folio 73 r) Pastores mei oppressi sunt quasi in gravi somno, et quomodo evigilare eos faciam? Excitabo dexteram meam super eos. Patiens fui, et expectavi eos de die in diem, et ipsi in oblivionem tradunt me. Lex enim peribit primum a sacerdotibus et senioribus populi mei, quia venundare inquirunt sacrificia sacramentorum meorum, qui vendunt, vendunt sibi iudicium, et qui emunt, emunt gladium ex utraque parte acutum. Et iterum admoneo pastores meos paternis admonitionibus, qui sunt conscii secretorum meorum: Estote imitatores mei et non diaboli, quia sunt aliqui, qui non intraut in ostium ad ovile meum, sed ascendunt aliunde per aliam viam quasi fures et latrones, fures propter avariciam, latrones, quia perdunt animas sibi commissas. Tegunt enim prava opera eorum, ne videantur ab hominibus. Propterea audacter non contradicunt adversus omnem heresim, quia reprehensibiles sunt in viis eorum. Et iterum dico vobis: Procul dubio scitote, quante anime pereunt de ovibus meis, quas regere et custodire suscepistis, propter negligentias vestras, de manibus vestris requiram. In tremendo iudicio rationem reddituri estis, et redundabunt super vos omnia mala, que induxi super eos. —

(XXVII.) — Nunc igitur reviviscite et considerate antecessores vestros apostolos, aliosque sanctos doctores ecclesie, qui minas hominum et verbera carnificum non timuerunt, sed verbum meum portaverunt ante reges et presides, cesi sunt et multa tormenta perpessi sunt, sed omnia sustinuerunt propter nomen meum. Propterea (folio 73 v) sunt in gloria et honore, quem dinumerare nemo potest, ante thronum meum, ibi me vident non in misteriis, sed oculo ad oculum, facie ad faciem, in claritate magna et maiestate. Beatus homo, qui legit et audit verba huius textus, et servat ea, quia vera sunt, et per angelum meum de throno meo missa sunt in edificationem multorum. —

(XXVIII.) — Cogitante me, que esset significatio verbi, quod dixeram: in sulphureis linguis proferunt flammantia verba, posuit dominus verba hec in ore meo: Sulphur talis nature est, ut flamma eius in altum non ascendat, sed sub quadam obscuritate ardet in amaritudine, et significat hereses, que tam obscure proferunt verba venenosa, de quibus procedit flamma nigerrima et ignit corda fidelium, et facit eos hesitare in fide catholica.[1]) —

(XXIX.) — Mirificavit deus misericordias suas in me etiam frater mi, ex quo nuper a me discessisti, et hec fecit michi. Accidit in prima dominica sollempnis ieiunii in prima vespera, ut caderet super me repentinus corporis languor, ut solet, et veni in mentis excessum. Et vidi rotam candidam in aere mira velocitate circumeuntem, et in summitate eius aviculam candidam cum magna difficultate sese tenentem, ut non circumferretur impetu rote. Et aliquotiens quidem paululum a summitate ad inferiora delapsa est, iterumque renisa est, ut esset in summo, atque in hunc modum diu laborabat vicissim labens et resurgens. Post hec vidi montem excelsum et amenum valde, et super (folio 74 r) illum delata est rota, iterumque ibi circumferebatur, ut prius, et avicula ei adherens in suo labore perseverabat. Eram autem vehementer ammirans, quid ista portenderent, et cum magno desiderio postulavi a domino intelligentiam visionis. Et accepto aliquantulo intellectu, redii ab extasi, moxque hec verba ex inproviso arripui: Arta et angusta est via, que ducit ad vitam. Domine, quis ibit eam? Et subiunxi: Ille, qui custodit vitam suam a carnalibus desideriis, et non habet dolum in lingua sua. Et adieci: Domine, quid faciam ego? Et rursus hec verba responsionis inciderunt ori meo: Si vis ambulare, sicut ego ambulavi, considera vestigia mea, et noli avertere ad dexteram neque ad sinistram, sed sequere me, et sic pervenies, quia dixi: E g o s u m v i a, v e r i t a s, e t v i t a, siquis introierit per me, salvabitur, et pascua inveniet. Post hec in secunda feria rursus in extasim veni, et vidi predictam visionem, ut prius, sed eo amplius, quod et scalam vidi supra[2]) rotam stantem, que tante celsitudinis erat, ut cacumen eius celos penetrare videretur, postes eius laterales petrini videbantur, et trianguli, ascensoria vero diversissimis ac pulcherrimis coloribus ab invicem differebant. Id autem in memoria retinui, quod primum eorum candidum erat tanquam nix, secundum vero rubicundum, tanquam ferrum ignitum. Post hec die altera rursus vidi omnia, que predicta sunt, et iuxta rotam speciem viri stantem, cuius caput aureum videbatur, et capilli eius similes lane candide et munde, oculi eius lucidissimi et decori valde, pectus et brachia, que (folio 74 v) in modum crucis tenebat expansa, purissimum quendam nitorem habebant ad similitudinem argenti nitidissimi. Habebat autem in dextera ramum arboris viridem, et iocundum aspectu. In sinistra vero lucidam rotam yris varietate distinctam. Venter eius eneus, femora ex calibe, crura ferrea, pedes vero terrei videbantur. Hec omnia multotiens in tempore ieiunii michi apparuerunt. —

(XXX.) — Factum est autem in dominica, que erat proxima post festum beati Gregorii, cum essem in extasi et viderem visiones, quas dominicis diebus videre consuevi, vidi egregium illum doctorem in supernis plenum gloria et claritate amabili ad similitudinem glorie sanctissimorum episcoporum Martini et Nicholai. Habebat autem in capite, quemadmodum et illos habuisse videram, diadema quoddam venerabile, qualia gestari a pontificibus dicuntur. Eadem quoque hora vidi predictam visionem, et estuabam desiderio magno, cupiens intelligere, que videbam, precipue, quid significaret illa hominis species, nam de ceteris aliquid intelligebam. Postulavi igitur a beato illo viro dei devotissime, ut impetraret mihi a domino intelligentiam visionis, quam desiderabam, et conversus ad me hec verba mihi respondit: Non potes intelligere, quid ista significent, sed dic doctoribus, qui legunt scripturas, ipsi sciunt. Nunc igitur amantissime frater hunc tibi laborem, queso, assume, ut divinas scripturas scruteris, et congruam ex eis interpretationem visionis huius coneris invenire, tibi enim fortassis a domino reservata est. —

(XXXI.) — Quid hoc est domina mea, quod dixisti? Doctoribus ecclesie ista annuntiare debueras, et (folio 75 r) ab eis interpretationem requirere, et nunc venis ad me? Non sum doctor, non sum dispensator misteriorum dei, sed homo pusillus et exigui sensus, et minor ad intellegentiam secretorum dei. Est mihi parum olei in lecito, si tamen aliquid est, et timeo, ne forte non sufficiat mihi et tibi. Vade ergo pocius ad vendentes et eme tibi. Eos dico, qui a fructu frumenti, vini et olei spiritualis multiplicati sunt et clamant in ecclesia. Qui non habetis pecuniam, venite, emite et comedite. Sed ne vulnerem caritatem tuam, aggrediar, quod hortaris, non quidem ausu temeritatis, sed caritatis, que foras mittit timorem. Tu vero interim ora eum, qui linguas infantium facit disertas, ut repleat os meum benedictione. Et primum quidem misterium rote et avicule, et scale habito principio interpretationis ex te latius edisseram, et si qua desunt intellectui tuo, curabo adimplere. Deinde, quod postulasti, adiungam secundum, quod dominus suggesserit. —

Recte sentire te arbitror in eo, quod viam, que ducit ad vitam, quasi in rota circumeunti positam asseris. Quid enim est mundus iste, nisi quedam rota circumiens?[1]) Intuere singula, que mundi sunt nec invenies quicquam, quod non sit obnoxium mutabilitati, que res subiectas quadam rotatione ab uno statu devolvit in alium. Nunc quidem per quosdam progressus ad meliora sublevando, nunc vero per varios defectus ad deteriora deprimendo. In hoc autem statu volubilitatis quasi in rota boni et mali ambulant, sed dissimiliter. Boni etenim quasi in occursum rote ascendunt, dum res temporales non (folio 75 v) sequuntur concupiscendo, sed earum concupiscentie mentem opponunt, et supra eas esse nituntur calcando per contemptum. Unde et avicule candide contra rotam ascendenti comparari possunt. Hoc enim facere non valent, nisi, qui et candidi sunt per innocentiam, et variis pennati virtutibus. Sed et ipsi ad similitudinem predicte avicule aliquociens impetu rote paululum deferuntur, sed iterum per gratiam dei redeunt ad summum, sicut scriptum est: Septies cadit iustus et resurgit.[1]) E contrario autem mali ea, que mundi sunt, tota mente amplexantes necessario cum illis in circuitu ambulant, formam habentes Samsonis, qui per amorem meretricis exoculatus ad molam deputatus est. Hii in illam maledictionem incidunt. Deus meus pone illos, ut rotam. Nonne enim ut rota ponitur is, qui cum aliquam partem rote id est huius mundi inmoderata concupiscentia apprehenderit, mox per eam a statu rectitudinis extrahitur, in superbiam extollitur, et ad multa desideria inutilia et prava circumfertur, et novissime in profundum perditionis devolvitur, et cum hoc mundo dampnatur? Unde necesse est, si nolumus cum hac rota circumferri et in interitum mergi, ut in modum avicule contra rotam ascendentes valde exiliter eam attingamus, cum summa temperie rebus temporalibus utendo, atque alas virtutum in continuo motu habeamus expansas ipsarum exerciciis iugiter insistendo? Quia autem ascensus iste iustorum plurimum difficilis est, et per eum necessario oportet ingredi eos, qui ad regnum dei tendunt, recte hunc in spiritu videns dixisti: Arta et (folio 76 r) angusta est via, que ducit ad regnum. Vere arta in eo, quod multo labore coartat incedentes per eam. Vere angusta in eo, quod paucos admittit. E contrario autem via, que in descensu est, lata et spaciosa dicitur, contraria ratione. Quid est autem, quod rota, quam vidisti, candida apparuit, nisi quod mundus iste, cui eam comparamus, pulcher et concupiscibilis apparet, et tanto difficilius a iustis spernitur, et superatur? Unde et in apocalipsi comparatur mulieri splendide, et habenti poculum aureum in manu sua. Quod autem sit misterium scale, quam vidisti supra rotam, secundum quod a te edoctus sum edisseram, pauca ex meo sensu adiciens. Per duos postes scale petrinos possunt, ut dicis, due persone patris et filii non incongrue intellegi, quorum indissolubilis substantie soliditas sepe in scripturis nomine petre designatur, ut in verbis domini dicentis: Omnis, qui audit verba mea hec et facit ea, similabo eum viro sapienti, qui fodit in altum et posuit fundamenta supra petram. Et in psalmo: Petra refugium erinaciis,[2]) et alibi. Lapidem, quem reprobaverunt edificantes, et cetera. Et in Zacharia:

Septem oculi,[1]) super lapidem unum. Quod autem in utroque poste triangula forma apparuit, hoc nimirum significat, quod licet per differentias personalium proprietatum ab invicem distinguantur persona patris, et persona filii et utraque a persona spiritus sancti, tanta tamen unione conveniunt, ut que unius est natura, eadem omnino communis sit omnibus. Quamvis enim solius patris sit proprium genitorem esse, et solius filii genitum esse, et solius spiritus sancti ab utroque procedere, hoc tamen, quod pater est deus omnipotens, sapiens, bonus, eternus (folio 76 v) inmensus, et quicquid similiter dici potest sine consignificatione persone, hoc inquam commune habet cum filio et spiritu sancto, hoc et filius cum patre et spiritu sancto. Nam et pater cum filio et spiritu sancto, et filius cum patre et spiritu sancto una divina substantia est. Medium quoque ascensum spiritui sancto apte comparasti, qui est amor patris et filii, et quasi medius nexus, quo sese inseparabiliter complectuntur. Qui etiam mittente patre et filio per diversa karismata desursum ad nos descendit, et ascensum nobis prebet ad celestia. Unde et in libro sapientie spiritus dei multiplex dicitur: Que donorum eius multiplicatas per diversitates graduum in scala figurata est. Et primus quidem gradus candidus apparuit, significans fidem, que omnium virtutum fundamentum est, et candorem innocentie prebet ablutio in baptismo. Unde et Petrus ait: Fide purificans corda eorum. Quoniam autem fides sine operibus mortua est,[2]) opera autem fidei ex caritate procedere necesse est congrue post gradum fidei, gradus igneus apparuit fervorem caritatis significans, ad quam suos ascensores fides vera transmittit. Recte autem ab his duobus gradibus ascensorium illud multiforme inchoari videbatur, quoniam sine fide et dilectione ad nullam virtutem ascenditur, sed his transcensis et quasi in fundamento collocatis fit beata illa progressio de virtute in virtutem, donec videatur deus deorum in Syon. Bene etiam supra rotam scalam hanc vidisti collocatam, quoniam ascendere per ipsam nemini contingit, nisi qui mundi huius volubilitatem mente superaverit. Restat nunc, ut et interpretationem, de qua principaliter postu (folio 77 r) lasti, expediam. Videtur michi, secundum quod ex scripturis possum conicere, illa viri species, quam vidisti, figuram habere Christi et ecclesie, cuius ipse caput, ipsa vero corpus eius dicitur. Caput aureum divinitas Christi est, secundum illud apostoli: Caput Christi deus, de quo et in canticis sponsa loquens ait: Caput eius aurum optimum.[3]) Capilli capitis similes lane candide et munde nimirum ad angelos pertinent, qui ab inicio sue conditionis in sua purissima innocentia permanentis summe divinitati per infatigabilem contemplationem adheserunt, eique velut capiti suo incessabilis dilectionis radices infixerunt. Velut capilli candidi sunt inmaculate cogitationes divine sapientie, de quibus per prophetam dicitur: Non enim cogitationes mee cogitationes vestre, dicit dominus. Cogitationes autem dei dicuntur eius rectissime dispositiones, quibus [1]) omnia cum summa tranquillitate disponit. Quid autem sunt oculi illi decori et coruscantes, nisi misericordia et veritas, que precedunt faciem eius, et per universa opera eius discurrunt secundum illud: Universe vie domini misericordia et veritas. De quibus et illud: Oculi domini contemplantur bonos et malos. Sed horum nunc unum, nunc alterum, nunc utrumque super eos claudere videtur. Oculum misericordie super reprobos claudere videtur, cum eternis eos penis adiudicat. In hoc enim plus apparet veritas, id est iusticia, quam misericordia. Sed sciendum, quod etiam in dampnando impios misericordie non obliviscitur, quia non tam graviter dampnat eos, ut meruerunt, alioquin quomodo erunt miserationes eius super omnia opera eius? Iterum oculum veritatis, id est iusticie super eosdem claudere videtur, (folio 77 v) cum eos permittit in temporalibus per omnia prosperari, et ita eis [2]) temporaliter miseretur. Sed talis misericordia magis est respectus ire desuper, quoniam meruerunt, ut deus iusto iudicio suo per talia eos excecari permitteret. Unde per Ysaiam dicit: Misereamur impio et non discet facere iusticiam, in terris sanctorum iniqua gessit, et non videbit gloriam dei. [3]) Item et oculum iusticie, et oculum misericordie super iustos claudere videtur, interdum dum eos, qui vel parum vel nihil mali meruisse videntur, multis miseriis velut iratus affligi permittit. Sed in eo ipso, si recte attendimus, et misericordiam illis exhibet, et iusticiam exercet. Misericordiam anime prestat, quam virtute patientie et humilitatis ac ceteris virtutibus per adversitates locupletat, et dulcissimas consolationes ei inspirat. Justiciam vero in carnis contritione exercet. Justum quippe est eam affligi, que est inimica imaginis dei, id est anime rationalis, quam per peccati fomitem semper oppugnat, aggravat, deprimit, et a suo conditore conatur avertere. Dum ergo filios suos benignus ille pater castigat contemperando dulcedinem misericordie, qua animam consolatur acerbitati iusticie, qua insolentiam carnis persequitur, quasi quodam oximelle, quod est mixtura mellis et asceti, eos potare videtur, ut peccati viscus, si est in anima, dissipetur, vel si non est, oriri non sinatur. Aliis quoque modis misericordiam et iusticiam dei in castigatione iustorum demonstrarem, si non a proposito opere nimis longa fieret digressio. Quare autem hunc modum elegerim, soror mea, tu nosti, que (folio 78 r) totius huius digressionis mihi causa fuisti. Nunc redeundum est ad propositum. Pectus et brachia, et manus hominis, quem vidisti, purissimum quendam habebant nitorem, in quo salvatoris nostri perfectam munditiam estimo intelligendam, iuxta quam erat innocens manibus et mundo corde, solus inter homines liber ab omnis inmunditie nevo. In eo autem, quod argenti similitudinem habebant, habundantes divitias sapientie et scientie a fonte divinitatis sacro pectori eius infusas, atque inde in omnia opera eius derivatas intelligimus iuxta illud apostoli: In quo sunt omnes thesauri sapientie et scientie absconditi.[1]) Quod autem in dextera quidem virentem ramum arboris tenere visus est, in sinistra vero lucidam rotam yris varietate distinctam, ei nimirum scripture coaptari potest, que de dei sapientia loquens ait: Longitudo vite in dextera eius, in sinistra vero divitie et gloria. Dextera dei beatitudo celestis dicitur, in qua longitudo vite, id est vita eterna electis reservata est. Que est autem vita eterna, nisi is, qui de se ipso loquens ait: Ego sum via, veritas et vita?[2]) Ipse vere est vita viventium, et lignum vite his, qui apprehenderunt eum. Sicut enim lignum vite, quod erat in paradiso, aptum erat, et fructu suo vitam hominis a morte in perpetuum conservare, et foliis ab exteriori estu protegere, ita et Christus eos, qui eius suavitate vescuntur, in celestibus tanta sacietate reficit, ut vivant in eternum, et ita eis obumbrat, ut neque in corpore neque in anima ullo tribulationis estu ultra fatigentur. Que refectio atque protectio in apocalipsi declaratur voce angeli dicen (folio 78 v) tis: Qui sedet in throno, habitat super illos, non esurient neque sitient amplius, neque cadet super illos sol, neque ullus estus. Vnde et sponsa in gaudium domini sui introducta gloriatur dicens: Sub umbra illius, quem desideraveram, sedi, et fructus eius dulcis gutturi meo. Quod autem coram avicula in rota laborante eundem ramum extendere visus est, ita intelligendum videtur, ac si diceret anime contra seculum agonizanti. Noli deficere in certamine, intuere inmarcescibile premium laboris tui, ecce delectationes in dextera mea usque in finem. Qui vicerit, dabo ei edere de ligno vite, quod est in paradyso dei mei, et in protectione dei celi commorabitur. Nunc, quid sit rota, quam in sinistra tenebat, attendendum est. Sinistra dei dicitur vita hec temporalis, quam a domino accepimus. In hac lucidam nobis rotam constituit, videlicet doctrinam sacre scripture, quam et per se ipsum, et per suos edidit, ut illuminaret mundum in tenebris erroris et ignorantie constitutum, de qua et scriptum est: Preceptum domini lucidum illuminans oculos.[3]) Quid autem sunt varietates colorum, que ad similitudinem yris in rota apparuerunt, nisi multiformis gratie beneficia, per salvatorem ecclesie collata, et scripturis veritatis inpressa? He nimirum sunt divitie et gloria, que, ut dictum est, in sinistra sapientie, idem filii dei sunt. Qui, ut ait apostolus, propter nos egenus factus est, cum esset dives, ut illius inopia divites essemus, et sicut alibi ait, ut exhiberet sibi gloriosam ecclesiam, non habentem maculam aut rugam. Quod quidem fecit mundans eam lavacro aque in verbo vite inponensque illi tanquam (folio 79 r) sponse sue in aures obedientie monilia castitatis, anulum fidei, armillas bone operationis, periscelidas discipline, ac diversarum preciosa indumenta virtutum. Hec et huiusmodi, que per dispensationem incarnati verbi mundo sunt exhibita, quid sunt nisi divitie ecclesie in sinistra sapientie? Que autem est gloria eius in eadem sinistra, nisi preciosus et innocens cruor salvatoris sui, quem effudit pro ea, ut reconciliaret eam deo patri, et consedere sibi eam faceret in celestibus? Hoc tanquam purpureo vestimento dilectam suam fortis ille zelotes induit, et operuit omnia peccata illius. Unde non inmerito in voce exultationis clamat et dicit: Michi autem absit gloriari, nisi in cruce domini nostri Jesu Christi. Nec novum videri debet, quod sacram scripturam rote comparavimus, cum rota illa quadriformis, que in Ezechiele iuxta quatuor animalia apparuisse refertur, evangelice doctrine a patribus soleat comparari, hac nimirum ratione. Sicut enim id, quod rotundum est angulum, quo impediatur cursus eius non habet, ita sacra doctrina undique circumcisa et sibi concordans scrupulum mendacii nusquam habet, quo dum auditorum mentibus advolvenda est retardetur, ideoque, ut ait psalmista, velociter currit sermo[1]) dei, et sicut circa unum punctum inmobilem rota volvitur, ita tota sacra doctrina circa deum, cuius natura inmobilis et omnino inmutabilis est, versatur. Et quidem in modum rote quadam sui parte terram quodammodo tangit, dum per historiam simplices erudit. In ea vero parte, qua mores instruit, (folio 79 r) gradatim a terra se attollit. Adhuc et altius se erigit, ubi temporalia Christi et ecclesie sacramenta allegorice significat, ut ibi: Egredietur virga de radice Iesse, et flos de radice eius ascendet.[2]) et ibi: Regina Saba venit a partibus Ethiopie, audire sapientiam Salomonis. Ad summum vero appropinquat, ubi de eterna beatitudine nostra nos admonet, ut ibi: Beati mundo corde, quoniam ipsi deum videbunt.[3]) Penes summum est, ubi de gloria et beatitudine angelorum loquitur, ut ibi. Angeli eorum semper vident faciem patris mei, qui est in celis. In summo est, ubi de ipsa divina substantia sublimiter tonat, ut ibi: In principio erat verbum, et verbum erat apud deum, et deus erat verbum.[4]) Iterum ab altitudine sua se inclinat, cum post sublimitatem sapientie, quam loquitur inter perfectos, intelligentie infirmorum sese contemperat. Possumus et per eandem rotam sinistre mundum hunc intelligere, qui semel quidem iudicio aque deletus est, et adhuc iudicio ignis concremandus est. Que duo iudicia per similitudinem yris, que erat in rota, significata sunt. Habet enim yris duos colores maxime notabiles, ceruleum ad similitudinem aque, rubeum ad similitudinem ignis. Unde dominus ad significandum, quod post iudicium aque venturum esset mundo iudicium ignis, arcum talem in celo posuit post diluvium. Potest et per viridem ramum, quem tenebat in dextera, significari victoria, qua Christus vicit mundum. Nam et antiqui revertentes a prelio pro signo victorie et pacis ramum virentis olive in dextera gestare consue (folio 80 r) verunt. Videtur ergo Christus ad consolationem suorum in huius mundi rota laborantium cottidie in ecclesia ramum olive, et rotam extendere, dum ad eos per evangelium clamat, et dicit: In mundo pressuram habebitis, sed confidite, ego vici mundum.[1]) Nunc et ceteras partes visionis prosequamur. Sub argenteo pectore, ut dicis, eneus venter apparuit, per quem adherentium Christo populorum collectionem id est ecclesiam possumus intelligere. De qua dominus per prophetam: Ventrem meum doleo, ventrem meum doleo.[2]) Dolet autem ventrem dominus, dum hii, quos, ut per Ysaiam dicit, in utero suo portat, hoc est in sinu ecclesie, invicem se provocant, invicem mordent, et ab invicem consumuntur. Nec incongrue ventris nomine ecclesia appellatur. Nam sunt quidem in ventre commixta infirma quedam et fluxa membra, ut sunt viscera et huiusmodi. Aliaque nobilia et principalia membra, ut cor et epar, quorum alterum id est cor vitalis spiritus receptaculum dicitur, qui ex eo ad universa membra diffunditur, alterum vero, id est epar fons et origo sanguinis, qui item inde omnibus membris amministratur. Ita etiam in sinu ecclesie cum his, qui laxioris sunt vite, id est carnalibus mixti sunt viri virtutum, qui sunt principale receptaculum multiformis gratie dei, que per eorum gubernationes, doctrinas, exempla, merita et orationes ad universa ecclesie dei membra vegetanda et confortanda diffunditur. Et tales quidem, si quacunque occasione a statu fortitudinis sue infirmari contigerit, totius ecclesie sanitas periclitatur. Unde dominus, cum per Ieremiam dixisset: Ventrem meum doleo,[3]) statim quasi causam sub- (folio 80 v) iciens addidit: Sensus cordis mei conturbati sunt.[4]) Et item Iheremias sub persona ecclesie plangens ait: Subversum est cor meum in memet ipsa[5]) id est a celestibus ad terrena versum est, et post pauca: Conturbata sunt viscera mea,[6]) effusum est in terra iecur meum. Vere enim conturbari oportet viscera ecclesie id est infirma menbra eius, dum iecur id est[7]) hii, per quos sanguinem Christi vel alia quelibet spiritualia nutrimenta susceptura erant, ad terrena desideria effunduntur. Recte autem eris similitudinem venter hic habuisse visus est, quoniam huius metalli sonoritatem imitatur ecclesia, que tota die et tota nocte non tacet laudare nomen domini, et gloriam eius enarrare, ita ut in omnem terram exeat sonus eius, hoc quoque metallum, quanto fortius confricatur, tanto nitidius, et auro similius efficitur. Sic et ecclesia, quo magis persecutionibus atteritur, tanto magis virtutibus splendescit, et ad dei similitudinem proficit. Bene etiam supra eneum ventrem argenti nitor effulsit, quoniam ecclesia dei aliud nec docere nec facere debet, quam quod in sapientia redemptoris sui, que supra ipsam est, contemplatur. Id ipsum etiam figurabant columne enee habentes capitella argentea in atrio tabernaculi domini, quod erat in deserto. Per crura autem, que erant ex calibe et ferro, duplex ecclesie fundamentum intelligi potest. De quo apostolus ad Ephesios scribens ait. Superedificati super fundamentum apostolorum et prophetarum.[1]) Horum quippe doctrinas universum ecclesie edificium sustentatur. Et calibi quidem prophetas comparamus propter inflectibilem duriciam constantie (folio 81 r) ipsorum, qua malleis diaboli fortiter restiterunt, quando et a propria gente, et ab alienigenis tyrannis multa adversa constantissime pertulerunt. Unde et durissimis petris eadem illorum constantia in scripturis comparatur, ut in verbis domini ad Ezechielem: Ut adamantem et ut silicem dedi faciem tuam.[2]) Et Ysaias de se ipso: Posui faciem meam ut petram durissimam. Item calibs diutino labore politus, argenti nitorem imitatur, et quasi speculum efficitur intuenti. Prophetica quoque doctrina, que est quasi tenebrosa aqua in nubibus aeris, si diligenti studio disquiratur doctrine Christi, que est argentum igne examinatum simillima invenitur, et quasi speculum est vite hominis diligenter eam intuentis, de qua Jacobus ait: Habetis propheticum sermonem, cui [3]) attendentes benefacitis tanquam lucerne lucenti in obscuro loco. Ferro tybiarum apostolos comparamus, qui et ipsi quidem non solum duri et fortes adversus persecutores extiterunt. Sed et his quasi ferreis malleis usus est Christus ad domandum dura corda infidelium per universum mundum. Et sicut ferrum magis calibe in usu fabricantium est, ita in edificatione ecclesie magis usus est Christus fortitudine apostolorum, quam prophetarum, cum hii in sola Judea verbum dei annuntiaverunt, illi vero euntes in mundum universum predicaverunt omni creature. Bene autem supra ferrum calibs apparuit, quoniam sicut ferrum hebes est ad scindendum quelibet dura, nisi calibe superinducatur, ita apostolorum predicatio inefficax (folio 81 v) fuisset ad scindendum dura infidelium corda, nisi precendentium prophetarum testimoniis roborata et quodammodo preacuta fuisset. Unde dominus ad discipulos: In hoc verbum verum est, quia alius est, qui semiñat et alius est, qui metit. Alii laboraverunt, et vos in labores eorum introistis. Et cui nunc terreos illos pedes assimilabimus? Possumus, sicut per caput aureum divinitatem, ita et per pedes istos humanam salvatoris naturam in duabus substantiis anime et corporis consistentem intelligere, quam assumpsit gygas ille ad currendam viam nostre miserie, cum non posset in sue divinitatis celsitudine terram contingere, et cum hominibus conversari. Nec absurdum videri debet, quod, cum divinitati coniunctissima sit humanitas, hanc quidem pedibus, illam vero capite significari dicimus, quarum partium maxima est distantia, quia, quamvis loco non distent, tamen, quantum distat ortus ab occidente, et infinito amplius per nature infirmitatem hec ab illa distat, et inferior est. In scripturis quoque nomine pedum Christi humanitas nonnunquam appellari invenitur, ut ibi: Omnia subiecisti sub pedibus eius et in apostolo: Oportet autem illum regnare, donec ponat omnes inimicos sub pedibus suis, id est eo usque oportet manifestari regnum eius, donec omnes inimici eius cognoscant, se esse subiectos etiam humanitati eius, quam in ipso contempserunt, et vita indignam indicaverunt. Quod erit, cum videbunt, in quem transfixerunt venientem cum potestate magna et maiestate. Eadem etiam Christi humanitate quasi vice pedum fungitur ecclesia. (folio 82 r) Sicut enim tota humani corporis machina pedum officio sustentatur, et de loco ad locum transfertur, ita universum corpus ecclesie humanitati salvatoris velut gemino fundamento fidei sue et operationis innititur, quia de plenitudine gratie eius omnes accepimus, quid credere aut operari debeamus. Per hanc et redempti sumus, et quasi vehiculum nobis facta [1]) est, quo reportemur ad patriam. Unde et humerus sapientia dei dicitur, cui ovem perditam et inventam gaudens imposuit, et reportavit ad nonaginta novem, quas in montibus reliquerat. Et ferrum [2]) pedibus proximum apparuit, quia et apostoli, qui per ferrum intelliguntur verbum incarnatum vicinius contemplantes proxime similitudini eius complantati sunt, qui erant manducantes et bibentes cum eo, et manibus suis ipsum contrectantes. Sed quid est, quod et tybie et femora et venter, que omnia ad ecclesiam referimus, solidis et duris metallis similia visa sunt, soli autem pedes, quod ad [3]) humanitatem Christi pertinere dicimus, fragiles apparuerunt? Nimirum per hoc figuratum est, quoniam omnis virtus et fortitudo ecclesie a salvatoris infirmitate, qua secundum carnem infirmatus est, velut ex radice originem traxit. Quod infirmum est dei, fortior est hominibus. Quod bene in primis parentibus figuratum est, quando subtractum est robur ossis ex Adam, ut fieret Eva, et inde firmaretur mulier, unde infirmatus et vir. [4]) —

Der liber viarum dei.

Hic est liber viarum dei, qui annuntiatus est ab angelo dei altissimi[1]) Elisabeth ancille Christi et dei vivi[2]) in quinto anno visitationis eius, in quo visitavit eam spiritus domini ad salutem omnium, qui paternas ammonitiones dei grata benedictione percipiunt. Et erat in anno dominice incarnationis millesimo. C. L. VI.

(I.) — (Folio 84 r) Factum est in exordio quinti anni visitationis mee, iam appropinquante die festo Pentecostes,[3]) ego Elisabeth vidi in visione spiritus mei montem excelsum copioso lumine in summo illustratum, et quasi vias tres a radice eius ad cacumen usque porrectas. Quarum una, que media erat in directum mihi opposita, speciem habebat sereni celi, sive lapidis iacincti, que vero a dextris mihi erat, viridis apparebat, et que a sinistris, purpurea. Stabat autem in vertice montis contra viam mediam vir quidam insignis tunica iacinctina indutus et precinctus ad renes balteo candido. Facies eius splendida erat, ut sol, oculi vero[4]) (folio 84 v) in modum stellarum radiantes et capilli eius tanquam lana candidissima. Habebat autem in ore gladium ex utraque parte acutum, et in manu dextera clavim,[5]) in sinistra vero quasi[6]) sceptrum regale.[7]) —

(II.) — Vidi rursus alia visione in sollempnitate Pentecostes in ascensu eiusdem montis[8]) a sinistris viri prefati[9]) secus vias prioris visionis alias tres vias, varietatem habentes huiusmodi. Una earum, que vie viridi propinquior apparebat, amena quidem erat, sed ita ex omni parte vepribus condensis vallata erat et obtecta, ut ab[10]) eis pungi necesse esset ambulantes per eam, nisi diligenter constricti et inclinati inciderent. Apparuit et semita quedam delectabilis arta, et quasi modicum trita, nihil habens veprium, sed ex utraque parte iocundo gramine et floribus diversi generis copiose vallata. Media autem inter has duas una erat, ampliorem [1]) ceteris habens latitudinem, plana et quasi pavimentum habens ex lateribus rubeis. Quam cum diligentius aspicerem, [2]) angelus domini, qui mihi assistebat, dixit: [3]) Viam hanc intueris et pulchra tibi videtur, et commoda ad ambulandum in ea, sed periculosa est, et facile labuntur incedentes per eam. —

(III.) — Rursus in octava Pentecostes [4]) in tempore meridiane quietis subito aperti sunt oculi cordis mei sine carnis vexatione sicut et [5]) in prefatis visionibus, et vidi iterum eadem omnia, que predicta [6]) sunt. Adiecit autem dominus ostendere mihi preter eas vias, quas videram, alias quatuor secus tres vias prime visionis, a dextris viri, qui (folio 85 r) stabat in cacumine montis. Una earum, que proxima erat vie purpuree usque ad medium montis, difficultatem magnam habere videbatur a veprium densitate, quibus ex utroque latere obsita erat. Reliqua vero pars eius usque ad summum floribus amena, et ab impedimentis libera, sed arta et modicum trita apparuit. Que autem proxima erat huic, arida videbatur et in modum campi arati glebis ingentibus aspera, et viatoribus suis plurimum laboriosa. Eram autem cogitans apud me de his duabus viis, quod difficilem haberent incessum, et respondens angelus, qui mihi assistebat, ait: Si quis ambulaverit per vias istas, caveat, ne offendat pedem suum. Qui autem offenderit et ceciderit, si non surrexerit, sed [7]) permanet, non videbit lumen eternum. Relique vero due, que pariter cum his apparebant, plane et expedite erant et aspectu pulchre, candorem habentes quasi terre bene-trite in strata publica. Cunque hererem in aspectu earum, audivi rursus angelum dicentem: Via iustorum recta facta est, et iter sanctorum preparatum est. —

(IIII.) — Visionis prime, [8]) sicut per angelum accepi, interpretatio hec est. Mons excelsus altitudo celestis beatitudinis est. Lux in vertice montis claritas est vite eterne. Vie diverse in monte electorum varie ascensiones sunt, quibus ad regnum claritatis [9]) ascendunt. Via iacinctina divine contemplationis studium est. Ambulant in ea, qui iugi meditatione et desiderio in deo et in celestibus mentis oculum figunt. Via viridis eorum est, qui in activa vita perfecti et inreprehensibiles esse student, incedentes in omnibus (folio 85 v) mandatis et iustificationibus dei sine querela. Qui dum non transitoriam mercedem, sed inmarcescibile bravium superne retributionis in cunctis operibus suis attendunt, gressus mentis in viridi figunt. Via purpurea ascensus beatorum martirum est, qui in tormentis passionum iusticiam dei per patientiam operantes, in purpura [10]) sanguinis sui ad divinum lumen transire contendunt. Vir insignis supra montem Christus est. Splendor vultus eius divine claritatis eius est signum. Oculi radiantes serenus respectus eius super electos. Capilli lane albe similes antiquum dierum esse pronuntiant, licet in novissimis diebus secundum carnem sit natus. Gladius anceps in ore eius terribilis iudicii sententia est de ore ipsius processura, [1]) feriens reprobos duplici contritione corporis et anime. Clavis in dextera eius apparuit,[2]) quoniam ipse est, qui solus aperit ianuam [3]) vite, et nemo claudit, [4]) claudit [5]) et nemo aperit. Ipse quoque est, qui profunda misteriorum dei, cui vult reserat, et non est, qui claudat, signat, et non est, qui signaculum eius solvat. Sceptrum in sinistra eius potestas regia est, quam et secundum humanam naturam se accepisse [6]) testatus est dicens: D a t a e s t m i h i o m n i s p o t e s t a s i n c e l o e t i n t e r r a.[7]) Tunica iacinctina virtutem indicat celestis contemplationis, que totam perfecte possidebat mentem salvatoris. Non enim, ut ceteri hominum, ad mensuram vel ad tempus divine contemplationi intendebat, qui non ad mensuram spiritum acceperat, e t i n q u o h a b i t a b a t o m n i s p l e n i t u d o d i v i n i t a t i s c o r p o r a l i t e r. [8]) Balteus candidus inviolabilis innocentie candorem in eo designat. Ap- (folio 86 r) paruit in via, que divinitatis sue contemplationem significat, quia sic eam vult manere in eternum, cum cetere permansure non sint. Non apparuit in omnibus, et tamen erat in omnibus, quia [9]) singule significant virtutes, per quas iusti homines veniunt ad montem, id est ad excelsum, [10]) ubi recipiunt pro singulis virtutibus singulas mercedes, et in [11]) omnibus viis veritatis contemplandus est deus. —

(V.) — Visionis secunde misterium huiusmodi est. Tres vie, que a sinistris viri stantis in monte secus viam viridem apparuerunt, proprietatem exprimunt trium ordinum in ecclesia, videlicet coniugatorum, continentium et rectorum. Via vepribus vallata vita est coniugatorum. Amena apparuit via hec, quia ab initio instituta est a deo hec vita, et si legitime observetur, pulchra et beneplacens est in conspectu domini et ambulantes in ea procul dubio in montem dei ascendunt. Sed infinite secularium curarum [12]) sentes huic ex omni parte imminent, quibus pungi necesse est viatores eius, nisi et parce vivendo sese omnibus modis constringant, et coram deo et hominibus se humiliando semper velut inclinati incedant. Via a vepribus libera et floribus iocundis utrimque [13]) vallata vita continentium est. Horum etenim proprium est a curis et sollicitudinibus vite presentis mentem abstrahere, et sola, que domini sunt, cogitare, ut sint sancti corpore et spiritu. Arta est via hec,[14]) quia ut legitime et sapienter [15]) observetur, magne discipline custodia coartari necesse est gressus ambulantium in ea, ne forte secundum proprium arbitrium viventes, aut in fornicationem labantur, aut cum fatuis virginibus sive viduis delicatis, que (folio 86 v) viventes mortue sunt, deputentur. Modicum trita est, quia in respectu aliorum pauci sunt, qui ingrediuntur per eam, pauciores, qui perseverent in ea.

Floribus diversi generis delectabiliter undique vallata est, quia omnia virtutum genera continentium ei[1]) vitam adornant. Via media inter duas predictas latior illis vita rectorum est. Ea enim, cum sit instituta ad regendum vitam coniugatorum, sive continentium, sive utrorumque, minus illis coartatur et liberius arbitrium habet, propriam voluntatem exercendi, ac per hoc facilius in ea lubricant gressus ambulantium per eam, quod et ipsa eius planicies[2]) apte[3]) significat. Propter quod et periculosa dicta est, quia tam multi in ea labuntur, ut paucissimi in ipsa stabiles inveniantur. Quod autem quasi pavimentum habere visa est ex lateribus rubeis, qui sunt in terra ignibus cocta, sollicitudinem significat prelatorum, qua circa subditos mentes eorum iugiter decoqui necesse est, quibus et anime et corporis procurationem debent. —

(VI.) — Visionis tercie interpretationem cum ab angelo instructore meo sciscitarer, dixit ad me:[4]) Ecce incepisti librum viarum dei, sicut propositum tibi fuerat. Hec idcirco dicebat, quoniam in anno priore die quadam, cum essem in spiritu, duxerat me quasi in pratum quoddam, in quo fixum erat tentorium, et introivimus illuc. Et ostendit mihi congeriem magnam librorum illic repositorum et ait: Vides libros istos? Omnes adhuc ante diem iudicii dictandi sunt. Elevans autem unum ex eis dixit: Hic est liber viarum dei, qui per te revelandus est, quando visitaveris sororem Hildigardim, et audieris eam. Et ita quidem impleri cepit, continuo cum ab ea redissem. —

(VII.) — (Folio 87 r) — Est autem quatuor viarum, que in tercia visione demonstrate sunt, significatio hec. Prima, que erat vicinior vie purpuree in inferiori parte dumetis aspera, in superiori autem expedita et florida, vitam significat eorum, qui legitime in seculo viventes in curis rerum mundanarum dies suos dimidiant, ac deinde ad floridam et[5]) expeditam continentium transeunt vitam, eorumque regula[6]) se constringentes pariter cum illis in montem dei ascendunt. Via arida et glebis aspera durissimum illud genus vite est, quo incedunt sancti heremite, et nonnulli in societate hominum conversationem habentes, cum carnem suam[7]) supra humanum modum macerant, et exsiccant ieiuniis, vigiliis, genuflexionibus, flagellis, cilicio et gravissimis quibuslibet afflictionibus. Omnia enim huiusmodi quasi glebe asperrime sunt, et multo[8]) conatu ac vigilantia opus est ambulantibus per viam hanc, ne forte in nimia eius asperitate offendant, et gravius ceteris corruant. Duarum viarum, que simul cum his, que descripte sunt, apparebant, una, ut dictum est, magis trita, et expeditior visa est, de qua locutus est instructor meus dicens: Per hanc viam incedunt sancte anime infantum, qui in sacro baptismate sanctificate[9]) sunt, et infra septennium a vita decedunt.

Qui, quoniam seculi maliciam [1]) experti non sunt, expedito et liberrimo gressu ad regnum dei perveniunt. De altera vero ait: Adolescentium [2]) via est hec, [3]) qui paulo tardius illis incedunt, et idcirco minus trita et expedita apparet via illorum. —

(VIII.) — Vere sunt visiones et interpretationes earum, et (folio 87 v) qui aperuit oculos meos, ut viderem visiones dei, ipse procul dubio per angelum suum, [4]) sicut placitum fuit ante ipsum, in hunc modum intelligendas esse demonstravit. —

(IX.) Factum est autem in festivitate beati Jacobi apostoli, [5]) cum essem in spiritu, et viderem visionem viarum dei, rapta sum in sublime, et quasi e vicino montem dei contemplata sum. Et ecce lux illa inmensa, que montis verticem occupabat, per medium scindi visa est, et introspexi per eam, et vidi sanctorum multitudinem, cuius estimari non poterat [6]) numerus. Et ait ductor meus ad me: Conspice et vide, et considera omnes, quos vides. Hic vides martires sanctos, episcopos et confessores domini, virgines cenobitas utriusque sexus, viduas et seculares coniugatos, et [7]) continentes, nobiles et ignobiles, omnes regnantes cum Christo. Hi ambulaverunt vias domini, vias sanctas, quas vidisti, et pervenerunt et acceperunt inmarcescibilem gratiam a Christo domino cum angelis eius. Consideret [8]) nunc unusquisque viam suam, quod si iniuste ambulaverit, corrigat semet ipsum cum humilitate, et caritate, et obedientia, et dirigat viam suam. Quod si pervenerit, recipiet premium eternum. —

(X.) — S e r m o p r i m u s d e v i a c o n t e m p l a t i v o r u m. — Eram post hec quiescens in lectulo [9]) meo, nec adhuc somnum ceperam, cum [10]) repente visitavit me spiritus domini, et replevit os meum sermone huiuscemodi: Attendite nunc igitur [11]) vos, qui renuntiastis secularibus desideriis, et elegistis, ut sequamini vestigia eius, qui vos vocavit in admirabile lumen suum, qui et ipse vos nominavit [12]) sibi filios electos, et constituit vos in fine (folio 88 r) seculorum iudicare tribus [13]) Israel. Cogitate apud vos, quomodo vivatis cum omni humilitate, et obedientia, et caritate, et sine murmuratione, et sine detractione, et invidia, et sine superbia, et ab aliis viciis abstinete vos. Diligite vos [14]) invicem, ut non blasphemetur pater vester [15]) celestis in vobis, et irritetur et pereatis de via iusta, id est [16]) de via contemplationis eius. Tunc prosecutus est angelus domini sermonem in hunc modum, adiciens: Si enim sunt [17]) inter vos lites, et dissensiones, detractiones, murmurationes, ira, odium, et invidia, extollentia oculorum, appetitus glorie, vaniloquia, iocositates, ventris ingluvies, somnolentia, carnis inmundicia, ociositas et similia, in quibus ambulant [18]) filii huius seculi, quis locus erit divine contemplationi in vobis? Rursus addidit dicens: Sermo dei ad vos, qui in clero sive in monastica professione deo militare decrevistis. Optimam partem elegistis, attendite, ne auferatur a vobis. Abstinete vos cum omni diligentia a viis eorum, qui speciem religionis vestre foris portant, virtutem autem [1]) eius factis negant. Labiis deum honorant, moribus autem blasphemant. Scientiam legis quidam ex eis inquirunt, sed fructum eius non percipiunt. Dorsa [2]) verterunt veritati, et tamen in via contemplationis se ambulare gloriantur. Legem dei et iustificationes eius superbie et avaricie sue, et voluptati deservire faciunt, et ex eis, que sunt Iesu Christi, divitias et honores impudenter [3]) conquirunt, et inmunditias suas fovent. Sanctuarium dei et reverenda angelis loca cum superbia et pollutione intrant, et adorandas sacramentorum Christi munditias (folio 88 v) irreverenti ministerio et illoto corde exhonorant. Arguentem irrident, maledicto et persecutione contristant. Qui meliores sunt in eis, abominabiles sunt et ipsi coram domino. [4]) In vestitu humilitatis ambulant, sed cor eorum longe est ab ea. Orationes multiplicant, sed he, quid prosunt, dum in cordibus suis deo contradicunt, dum fraternam caritatem negligunt, alterutrum invident, et detrahunt, et de prelatione contendunt? Mundi contemptum profitentur, sed ea, que sunt mundi, [5]) venerantur, et impudenter ambiunt, et omni vento proprie voluntatis circumferuntur. Patrum instituta abiciunt, negociis seculi se ingerunt, et scandalis ecclesiam replent. Propter hoc ecce contemptum patitur religio, et fides scissuram. Et quid addam facere eis, [6]) dicit dominus? Ecce clamo post illos, et non auscultant, vocem commonitionis mee quasi calce repellunt. Visito illos per inauditam gratiam, et visitationem suam non agnoscunt, insuper et irrident. Percutio eos, et non dolent, precipito eos, et non expavescunt. Ve illorum! ve horribile repositum est apud me. Ecce veniet cito, et quasi repentinus torrens irruet super eos, et devolvet in perditionem, quos absque pavore invenerit. Vos ergo populus meus, populus [7]) non ficte religionis, qui posuistis in corde vestro mundum expugnare, et celum mente genere, vos inquam declinate ab his, qui eiusmodi [8]) sunt, et ne sitis participes eorum. State in via visionis, quam elegistis, et mundate oculos cordis, ut sublevare eos valeatis in contemplationem lucis, quam inhabitat vita et redemptio vestra. Que autem oculos cordis emundant (folio 89 v), ut ad verum lumen sublevari possint, hec sunt: Secularis cure abiectio, carnis afflictio, contritio cordis, frequens et pura delicti confessio, et lavacrum fletus. Et cum foras [9]) missa fuerit omnis inmundicia, sursum ista eos [10]) attollunt. Meditatio admirabilis essentie dei, et caste veritatis inspectio, oratio munda et valida, iubilus laudis, et desiderium ardens in deum. Amplectimini hec, in his estote, et occurrite vivifico lumini, quod tanquam filiis vobis [11]) se offert, et mentibus vestris ultro se ingerit. Abstrahite corda vestra a vobismet ipsis, et date ea in hec, que audistis, et implebuntur splendore deifico, [12]) et eritis filii lucis, et tanquam angeli dei, qui non cessant inhiare creatori suo, et contemplationis vigore in suam refundi originem. Filii Adam, num parum vobis videtur filios dei fieri? Et quare faciem [1]) avertitis a contemplatione vultus eius, qui dedit potestatem talem hominibus, vobis singulariter, qui pacifici esse eligistis in mundo et conformari angelis in terra? Vos estis lucerne ardentes, quas constituit dominus in monte sancto suo illuminare verbis et exemplis vestris [2]) tenebras mundi. Videte, ne lumen, quod in vobis est, evacuetur a vento superbie et cupiditatis, qui parentum vestrorum in paradiso lumen exufflavit. [3]) Declinate aurem vestram filii pacis a clamoribus mundi, et date silentium spiritui, qui loquitur in vobis. Sabbatum perhenne domino in cordibus vestris agite, et requiescet super vos pax dei, que exsuperat omnem sensum, et delectabimini [4]) in multitudine suavitatis eius. Nolite commoveri neque concidat mens vestra, si spernit vos mundus, et tamquam (folio 89 v) mortuos et steriles vos estimat. [5]) Si doloribus et erumnis et paupertate attenuatur vita vestra, ne contristemini, neque deflectatis oculos [6]) ab aspectu luminis, quod est ante faciem vestram. Ecce enim prope est, ut evanescat hic mundus, et flos eius intereat, et vos iudicabitis amatores eius, et superborum colla calcabitis. Videntes obstupescent super gloria vestra, cum revelabuntur divitie vestre, quas thesaurizastis vobis in celo. Tunc evacuabitur, quod imperfectum est contemplationis vestre, et suscipiet oculos aquilarum suarum facies lucis eterne, et tanquam flumen inundans sic redundabit fulgor eius in corda omnium, qui exquisierunt eam in veritate. Nondum verba hec finierat angelus, [7]) qui per vices mihi loquebatur, cum incidit mihi dubitatio quedam [8]) de distinctione viarum dei, que descripte sunt. Et interrogavi eum dicens: Nunquid domine mi, nos cenobite sumus in via contemplationis, cum simus in via continentie? An esse potest, ut simus in utraque? Et ait: Communis est vobis via contemplationis cum clericis, sicut illis communis est vobiscum via continentie. Scito tamen, quod multi sunt in via continentie, qui in via contemplationis non sunt. Et sunt multi [9]) clericorum, qui neque in via contemplationis neque in via continentie ambulant, et hi infelices sunt. Arbitrantur tamen in via contemplationis se esse, cum non sint. Rursus adieci [10]) dicens: Et quid dicemus de pontificibus et prepositis et huiusmodi magnis ecclesie prelatis? Et respondit mihi in hec verba: Superbia [11]) regnat in cordibus prelatorum et magnorum, et repellunt deum a cordibus suis, qui non vult quiescere nisi (folio 90 r) super humilem et quietum et trementem verba sua. Precepit enim olim salvator [12]) discipulis suis dicens: Qui vos non receperint, exite, et excutite pulverem de pedibus vestris in eorum testimonium. Et quid putas de deo salvatore et conditore universe creature, qui eum non recipiunt, sed repellunt a se, quid facturus sit illis, cum adhuc venerit? Procul dubio mittet eos in ignem eternum, ubi erit fletus[1]) oculorum et stridor dentium. Quid proderit[2]) tunc eis superbia[3]) et divitie? Et consummatis omnibus sermonibus his, in die, qua[4]) beati Michahelis[5]) memoriam agebamus, iterum se mihi presentavit, et allocuta sum eum dicens: Nunquid domine mi secure affirmare poterimus, omnes hos sermones ex te processisse? Hec idcirco dicebam, quia ex parte verba ista protulerat, ita ut tamen[6]) faciem eius non viderem, ex parte vero per os meum in spiritu fuerant pronuntiata. Ille igitur cum magna severitate[7]) me intuens ait: Crede ex toto corde tuo, verba hec, que descripta sunt, de ore meo processerunt. Beatus, qui legerit et audierit verba libri huius, quia vera sunt, et a veritate nunquam declinant.[8]) —

(XI.) — Sermo secundus de via activorum. — Alium quoque sermonem continuo inchoavit his[9]) verbis dicens: Ammoneo eos, qui in secularibus curis oppressi sunt[10]), aliquando cogitare, que sunt[11]) precepta vite, id est diligere deum, et proximum, sicut se ipsum. Non occidere, non furtum facere, aliena non concupiscere, hec et alia, que in lege dei scripta sunt, cum omni diligentia observare, et scire possunt, se regnum dei[12]) posse intrare. Si ad altitudinem (folio 90 v) contemplationis se non valent erigere, legitimarum actionum officia studeant adimplere. In mente habeant timorem domini semper, et ipse dirigat[13]) universa opera eorum. Domum orationis cum reverentia frequentent,[14]) et cum oportuerit de facultatibus suis honorent. Sacramenta domini in fide et humilitate venerentur, et verbo dei libenter aurem accommodent, sanctificatos deo ministros omni honore dignos[15]) estiment, et discipline illorum[16]) cum mansuetudine acquiescant. Unicuique, quod iure debent, pacifice exhibeant, nemini dantes ullam occasionem querele et cum iniuriati fuerint, tolerent, servantes vindictam iudici universorum. Sermonem veritatis in tempore suo constanter loquantur, et pro iusticia laborem subire non recusent. Pupillum et viduam, et eum, cui non est adiutor, in oppressione defendant,[17]) et[18]) angustiis eorum pia consolatione occurrant. Esurientem et sicientem reficiant, nudum operiant, hospitem colligant, infirmum et incarceratum visitent. Dent mutuum gratis, et quecunque sunt miserationis et equitatis opera sectentur. Prudentiores indoctos erudiant, errantes et prave ambulantes ad veritatem et iusticiam revocent et discordiam inter fratres compescant. Fugiant ebrietatem et crapulam, et carnis inmunditiam, iocos vanos, et peccata sermonum, et ociositatem, et vestimentorum arrogantiam, et spinas curarum, sicut iubet sermo divinus, omnem sollicitudinem proicientes in deum, et carnis afflictionem non negligant. Dico autem his, qui operibus necessitatis inserviunt:[19]) Operamini opera vestra[20]) corde bono et simplici sine mur- (folio 91 r) muratione, sine vaniloquio, ut [1]) non gravetur quis per vos, et ut neccessitatem patienti subvenire possitis. Cavete autem ab omni avaricia. Hec enim agit, ut dolosa sint opera vestra, et ut defraudetis proximos vestros, et mentiamini et periuretis nomen domini, et congregetis pecunias iniquas, que mergunt in interitum possidentem [2]) eas. Vos, qui in sublimitate estis, nolite superbe agere in eos, qui eiusmodi sunt, neque opprimatis eos [3]) inique, sed magis defendite, et in omni benignitate custodite, et pacem inter eos firmate, quia in hoc positi estis a domino. Hec est via domini [4]) recta et pulchra, via actionum sanctarum. [5]) Qui ambulaverit in ea usque in finem, vitam inveniet et requiescet in monte sancto dei, et sors eius cum filiis lucis. —

(XII.) — Sermo tertius de via martyrum. — Dies festus agebatur, et eramus assistentes divino officio, cum ex consuetudine apparuit angelus in conspectu meo. Cunque de mora eius solito longiori delicta mea coram eo culpassem, dixi ad eum: Placeat nunc domine mi, ut et tercie illius vie, que est sanctorum martirum disciplinam nobis insinues neque ab hac tua benignitate per aliqua mea delicta compescaris. —

Tunc aperiens os suum, locutus est dicens: Agnus Christus procedit coram sanctis martiribus, et ipsi secuntur eum cum palmis et coronis congaudentes ei cum triumpho nobili; et ipse Christus apparet in eis quasi speculum, et exemplum, et decor gloriosus. Multe passiones sunt, per quas oportet filios dei coronari, et nemo coronabitur, nisi qui legitime certaverit. Audi- (folio 91 v) te hec et corde percipite, qui persecutionem patimini propter iusticiam. Ite gaudentes per viam nobilem, viam bellatorum domini, purpuratam cruore sanctorum et agni. Nolite ingemiscere, neque ascendat in cor vestrum murmur contra dominum quasi derelicti sitis ab eo, et tanquam novum aliquid accidat vobis. Legite scripturas [6]) spiritus sancti, et recogitate dies antiquos. Omnes, quotquot fuerunt ante vos in via hac, qua ambulatis, deo placuerunt in laboribus suis, et per multas angustias transierunt in latitudinem libertatis glorie filiorum dei. Primus agni precursor Abel sub manu fratris iniqui sanguinem suum fudit [7]) in terram coram domino, testimonium innocentie fidelis. Abraham, pater fidelis populi de idolatria sollicitatus est a gente iniqua, et elegit dissolvi incendio magis, quam peccare in deum suum et per manum domini eductus est de Ur [8]) Chaldeorum, Joseph, cum esset amator innocentie, et accusaret crimen fratrum apud patrem, venditus est alienigenis. Et iterum, cum nollet consentire iniquitati adultere, carcerem longi temporis placida mente sustinuit. Servi veritatis prophete domini contra prevaricatores legis usque ad mortem dimicaverunt, et per passiones multas consummati sunt. Pueri domini in Babylone imperio superbi, quem tremebat[1]) omnis terra, cum fiducia contradixerunt, et dari ignibus horrendis elegerunt[2]) magis quam ad contumeliam creatoris genua curvare ante creaturam. Daniel deo amabilis eo, quod dedisset honorem deo patrum suorum, leonum dentibus[3]) traditus est. (folio 92 r) Copiosus est sanctorum numerus, qui ante salvatoris adventum laudabilis sufferentie exempla dederunt, et morte sua mortem domini precucurrerunt.[4]) Ultimus omnium erat innocens Baptista, quo maior inter natos mulierum non surrexerat,[5]) qui et ipse pro testimonio veritatis capite minoratus est, et datus[6]) puelle in precium saltus. Ita decebat fieri[7]) et placitum erat ante dominum, ut non tantum sanguis agnorum et arietum aut aliorum animalium sanguini agni,[8]) qui pro communi salute inmolandus erat, in figura[9]) premitteretur, sed et filiorum dei, qui redimendi erant, sanguis in occursum eius funderetur. In novissimis autem diebus missus est de secreto patris expectatus ab origine mundi agnus inmaculatus, quem adorant Cherubin et Seraphin et omnis multitudo angelorum, ut expiaret peccatum mundi, et fecerunt in eo, quecunque voluerunt, et ipsi, quos salvare veniebat. Pleni sunt libri laboribus et angustiis eius, et legitis passiones eius, et non percipitis[10]) corde. Usquequo duri estis filii hominum? Terra, que sensum non habet, suscepit guttas sanguinis de vulneribus salvatoris, et sustinere non potuit maiestatem eius, sed mota est et contremuit, et scisse sunt petre durissime. Et ecce per scripturas stillat supra corda vestra rationem habentia multiplex passio filii dei pro vobis occisi, et continere potestis a gemitibus et lacrimis? Auditis vanitates, que non pertinent ad vos, et non continetis[11]) a risu? Rursus post hec adiecit et dixit[12]): Vos, qui transitis per viam tribulationis Jesu, attendite (folio 92 v) et videte, si est dolor sicut dolor eius. Non peccavit, solus sine peccato natus est[13]) super terram, et repleverunt animam eius doloribus sceleratorum. Et non exasperaverunt mansuetudinem agni vincula impiorum, criminatio mendax, illusio nequam, denudatio et flagellum, colaphus,[14]) alapa, et sputum, et spina verticem pungens, crux et clavi, et lancea et innoxii cruoris effusio. Sed in his omnibus superavit patientia eius, et contrivit moriens aculeum mortis. Animadvertite filii crucis viam agni, et ambulate confidenter post vestigia sanguinis eius.[15]) Dux itineris vestri ipse est, et clamat ad vos dicens: Confidite, ego vici mundum. Et quare trepidatis a facie terroris humani, ducem habentes invictum, et tam multa milia imitatorum eius preeuntium vos cum victoria mirabili? Ecce enim modicum ante vos innumerabiles pugne servorum dei facti sunt apostolorum et[16]) martirum, et[17]) invictarum virginum, et dederunt leta spectacula cunctis exercitibus celi in victoriis suis. Dilexerunt deum magis,[18]) quam animas suas, et[19]) propter nomen eius exposuerunt eas cunctis generibus mortis, et quasi lutum ab omnibus conculcari sustinuerunt. Riserunt in theatris et conciliis amatores mundi nuditatem sanctorum, et saturati sunt illusione confusionis eorum. Et letati sunt in distractione carnis eorum. sicut letatur bestia, cum devorat predam. et disperserunt sanguinem innocentem per cruces et gladios,[1]) ignes et gurgites aquarum. ungues ferreos. et fauces bestiarum. et quicquid tormentorum excogitare (folio 93 r) potuit[2]) crudelitas impiorum, hoc in eorum mortificatione temptatum est. Et exultaverunt quasi in epulis athlete dei in confractionibus suis, et delectati sunt in calice amaritudinis, quasi qui letantur in deliciis multis. Tunc inventa est patientia sanctorum fidelis in examinatione sua. et fortis supra fortitudinem regum et principum mundi. Propterea, ecce. educti sunt in refrigerium consolationis, et requiescunt in amplexu dextere dei. et clari facti[3]) sunt in gloria agni ante conspectum dei et sanctorum angelorum. quia[4]) portaverunt ignominiam eius coram habitatoribus terre. Hec attende et vigili mente retrata. o homo. qui pusillus es[5]) corde ad sustinentiam passionum Christi. Contemplare gloriam et leticiam, que circumdedit martires domini. et non timebis communicare doloribus et angustiis eorum. Sed primum est, ut habeas sub pedibus substantiam huius mundi[6]) et gloriam eius, que hodie est et[7]) cras non comparet. Si enim hec amas. fugiet a te fortitudo[8]) in tempore pressure et despectionis. Etiam dico. non sit preciosa in oculis tuis vita tua. sed vilem atque despicabilem semper arbitrare. Qui enim se ipsos amant, et magni sunt apud se, conculcationem in persecutione[9]) sustinere non possunt, et ad certamen sanctorum idonei non sunt. Felix commutatio tibi proposita est. Abnega vitam exigui temporis. et misere conditionis. et accipies pro ea vitam, que nescit defectum aut molestiam, plenam gloria et exultatione, quam lingua nescit effari. O homo tenebrosi intellectus leva oculos tuos et[10]) prospice in futurum (folio 93 v) et intuere beatam reformationem corporis tui, que veniet tibi a salvatore tuo, quando evellet a carne tua spinam Ade, et configurabit eam claritati[11]) corporis sui. Ita fiet, ut festines cum alacritate effundere animam tuam in omne periculum in fervore caritatis ipsius. et sic estimabis perditionem vite tue quasi stille de situla excusse in[12]) terram. Quid adhuc anxiaris o homo dei a facie persequentis? Confortare, consolare, tecum est Christus in persecutione. Tecum angeli eius[13]) sunt in certamine, qui omnes labores tuos dinumerant, et lassitudinem tuam sustentant, nam et pro te inimicos tuos expugnant. Memento sermonis, quem dixit ad servos suos: Qui vos tangit, tangit pupillum oculi mei. Serve dei. quid retribues salvatori tuo, qui ita sibi[14]) te coniunxit, ut sine ipsius iniuria ledi non possis? Semel pro te passus est. et adhuc cotidie in te et in[15]) conservis tuis patitur, et ostentui habetur. Si mestus es, non de tua, sed illius iniuria dole. Pro te autem gaude et letare, quia per tribulationem prepararis ad glorjam et gaudium sempiternum. Aurum domini es, per ignem te examinat, ut in thesauros suos probatum recipiat.

Factum est autem, priusquam verba hec terminasset angelus, qui mecum loquebatur, ut superveniret festivitas beatorum virginum Ursule et sociarum[1]) eius undecim milium. Tunc decantabatur in vigilia matutina sermo ille divinus, quo dicitur: Reddet deus mercedem laborum sanctorum suorum, et deducet illos in via mirabili. Unde ego sumpta occasione, interrogavi instructorem[2]) meum, cum inter silentia (folio 94[r]) misse mihi more suo apparuisset dicens: Domine demonstra mihi, quenam est illa via mirabilis, cuius meminit scriptura dicens: Et deducet illos in via mirabili? Qui contïnuo respondens[3]) ait: Via sanctorum martirum hec est. Rursus interrogavi dicens: Et quare vocatur mirabilis? Bene, inquit, mirabilis appellari potest.[4]) Nunquid enim non est mirabile in oculis hominum, quod mentem fragilis hominis ita deus inflammat, ut pre amoris magnitudine, quo intus erga ipsum[5]) estuat, et proprie vite obliviscatur in tantum, ut ad gravissimos quoslibet cruciatus velut insensibilis fiat, et sine sui cura omnia libenter pro nomine eius sustineat? Hoc intueri potes in sacris illis[6]) virginibus, quarum hodie martirium celebratis. Fragiles erant, et[7]) sexu et etate, neque aliquem habebant defensorem et tamen non timuerunt tyrannos et gladios eorum, sed cum omni constantia optulerunt tenera membra sua in mortem pro domino, quia divini amoris incendio confortabantur in spiritu, ut eam foris non sentirent. Et hoc[8]) quidem vehementer erat mirabile in oculis hominum, non autem in oculis domini, cui possibilia sunt omnia. Et nonne viam hanc mirabilem in spiritu vidisti, et erat pulchrior et notabilior ceteris omnibus? Ita scito, quod retributor martirum omni retributione excellentior est, et glorie illorum[9]) nichil comparatur. Post hec, cum adesset festivitas sancti Martini, circa medium noctis ante vigiliam matutinam subito expergefacta sum, et fugit somnus ab oculis (folio 94[v]) meis. Et ecce angelus domini stabat corum me, et allocuta sum eum dicens: Oro mi domine,[10]) ut exhortationem[11]) sermonis tui de sanctis martiribus iam compleas, et competenti fine concludas. Qui cum me contemplari[12]) fecisset sublimia[13]) quedam in celestibus, quorum aspectu eram indigna, peticionem meam implevit[14]) dicens: Iterum dico et ammoneo vos o filii dei, ut diligentius attendatis antecessores vestros, qui prenominati sunt vobis in presenti sermone, quomodo arserunt in caritate Christi. Currite et confirmamini, et nolite premeditari. Ecce enim vigilat super vos filius pacis, qui vos recipiat, et remuneret supra humanam estimationem. Illum spiritum ardoris et caritatis Christi, qui superet omnem fragilitatem, vobis prestare dignetur, qui in trinitate perfecta vivit et regnat verus deus per infinita secula seculorum. Amen. —

(XIII.) — Sermo tertius de via coniugatorum. — Fui in oratione et apparuit mihi solito more dominus meus, et postulavi ab eo disciplinam vie illius, que ad ordinem coniugatorum pertinere[1]) dicta est. Statimque assensit peticioni mee, sicque exorsus est: Ecce dico et ammoneo seculares coniugatos: Abstinete vos a pravis operibus vestris, quibus coinquinati estis, et contaminata est terra ab iniquitatibus vestris pessimis, que sunt avaricia, luxuria, fornicatio, adulterium, homicidium, superbia, ira, odium, invidia, blasphemie, dubietates. Attendite ergo et intuemini viam vestram, quomodo ambuletis per eam, quoniam impossibile est vobis cum talibus viciis intrare per illam. His dictis abscessit. Et cum iterum (folio 95 r) aparuisset, rogavi, ut prosequeretur incepti sermonis exhortationem. Qui ait: Nisi quia[2]) benignus et misericors est[3]) dominus, in tedium posset adduci pro eo, quod tot modis habitatores mundi admonet, ipsi vero pro nihilo ducunt monita eius neque ullatenus animadvertunt. Dilectionem, qua debebant accendi erga paternas ammonitiones eius, in indignationem[4]) convertunt et spernunt eas, et ad legationes eius attendere dedignantur. Si possibile esset, in ipso esse perturbationem, ex hoc utique posset turbari, quod tot modis hic mundus adversus ipsum erigitur,[5]) pro quo et natus est, et passus, et multa miracula est operatus et adhuc licet non attendant, operatur. Et ecce ammonitiones suas[6]) mandat etiam his, qui in seculo omnibus modis se illi opponunt pro sua gratuita benignitate, et pro eorum dilectione, qui quamvis in seculo conversentur, ipsum tamen diligunt ac serviunt ei, quorum heu parvus est numerus. Habundantius autem hoc faceret, si meliori devotione monitis eius intendere[7]) vellent. Post hec aperiens os suum, locutus est dicens: O generatio insensata et onerosa domino deo vestro, ut quid tanto studio diligitis, que[8]) odit pater vester celestis, et dominum celorum irritare non timetis, in cuius conspectu omnis angelorum multitudo[9]) contremiscit. Dicite mihi, quem fructum consecuti sunt in[10]) his pravitatibus, quas enumeravi vobis, omnes, qui ab inicio seculi inventi sunt ambulantes in eis, et non apposuerunt placare faciem dei nostri remediis penitentie? Quid vobis annuntiaverunt (folio 95 v) de eis universi testes veritatis? Si obliti estis, ecce iterum annuntio vobis[11]) coram deo vivente, quia clausum est eis celum eterna et indissolubili clausura, et abscondita erit ab eis desiderabilis facies dei nostri et alieni facti sunt a convivio sempiterno leticie[12]) sanctorum, qui abominati sunt vias illorum iniquas. Et ecce consortes facti sunt[13]) durissimi diaboli et infelicium angelorum eius, qui eos absque misericordia et sine cessatione affligunt et calcant cervicem eorum, quam adversus factorem suum erexerunt, et pascuntur in[1]) amarissimis plagis eorum. Et quia clauserunt oculos suos, ne viderent lumen agnitionis dei et sanctarum iustificationum eius, et dilexerunt opera tenebrarum, deputati sunt voragini horrende caliginis,[2]) que exitum non habet, neque illustrari[3]) poterit ab[4]) ullo lumine in perpetuum. Timorem domini sanctum habere despexerunt, et irritaverunt eum in leticia voluptatis sue, et succenderunt in semet ipsis illicitos ardores libidinis et ire, et insatiabilis avaricie. Propterea manet super eos timor plenus horrore, et inconsolabilis tristicia, et mordax indignatio, et facti sunt carbones sempiterni incendii, qui extingui non poterunt in eternum, neque ulla adustione consumi.[5]) Audite hec irritatores dei, et discedite a viis perditorum, dum tempus correctionis habetis,[6]) et redite ad viam inmaculatam, quam preparavit vobis deus ab initio, et videte, quomodo cum timore dei ambuletis in ea. Non est enim[7]) ab inventione hominis honorabile coniugium vestrum, sed ab ipso conditore universitatis in para- (folio 96 r) diso innocentie institutum est, quando masculum et feminam creavit parentes vestros, et locutus est in lingua prothoplasti dicens: Propter hoc relinquet homo patrem et matrem, et adherebit uxori sue, et erunt duo in carne una. Date ergo o vir et mulier honorem ordini vestro, quem deus honorare dignatus est, et nolite inducere scissuram aut maculam copule vestre. Lex domini iungat vos et sanctificet, et sit vobis domus una, mensa una, substantia communis, unus thorus, et anima una et date locum timori domini in medio vestri. Decus enim thalami coniugalis est timor domini, et qui ab eo vacuus fuerit, maledictus et immundus reputabitur a domino. Ibi dominatur libido, que modum nescit, et exercetur opus etiam[8]) sermone indignum, quod natura non ordinavit, et non pertinet ad generationem. Audiant et intelligant, qui operantur, quod malum est coram domino, et tollant maculam de cubilibus suis. Propter hoc liget corda vestra timor domini, ut[9]) in opere vobis concesso[10]) frenum vobismet ipsis imponatis, et non more bestiarum omnem impetum desiderii vestri sequamini. Dies festos, et dies legitime abstinentie, et tempora purgationis per continentiam honorate, et siquid superaddideritis, addet[11]) dominus gratiam vobis et generationi vestre. Qui enim inter diem et diem, inter tempus et tempus continendo non distingunt,[12]) vindictam domini in semet ipsis et in semine[13]) suo, qua hora non putaverint, sentient. Exhortamini alterutrum[14]) ad continentiam (folio 96 v) et orate pro invicem, ut continere valeatis, et ut spiritus inmunditie fugiat a vobis. Cum autem prevaluerit infirmitas, concesso remedio excipienda est, ut ad illicita non labatur. Sicut scribit doctor gentium: Vir proprii corporis potestatem non habet, sed mulier, et mulier proprii corporis potestatem non habet, sed vir, et propterea debitum invicem negare non potestis. Illud autem scitote, quod mutue cognitionis vestre precipua [1]) causa esse debet propagatio prolis. Siqua alia est, ad infirmitatem pertinet, et habet indulgentiam, si timoris domini moderamen habuerit, et remedium elemosinarum. Vir mulieris et mulier viri infirmitates [2]) cum patientia et compassione supportet, [3]) et nolite spernere invicem, sed magis honorem alterutrum [4]) exhibere contendite. Sermo litigiosus et amarus nunquam oriatur inter vos, sed in spiritu lenitatis et bone severitatis invicem excessus vestros arguite. Sit obediens viro mulier, et tanquam superiori in omnibus cedat et ministret, sicut ordinavit ab inicio plasmator utriusque. Mores viri etiam pravos [5]) toleret, et propiciet iniquitatibus eius faciem domini in elemosina et oratione. Pudicitiam interiorem foris protestari debet per modestiam vestimenti, et sermonum, et gressuum, et aspectus. Non herebit oculus eius in facie aliena, et cum omni sollicitudine suspicionis et maledicti occasionem abscidat. Vir, qui sensatam et timoratam sortitus est uxorem, non eam inhonoret turpi et amaro sermone, sed tanquam vas gratie dei honoret, et consentaneum illi se [6]) (folio 97 [r]) prebeat, et gratias agat deo celi, qui beatificavit eum coniugio [7]) tali. Audi me et ingemisce super malis filiorum hominum, que loquor ad te. Viri dierum istorum in numero magno [8]) declinaverunt corda sua in insipientiam mulierum, et stulti facti sunt consentiendo insanie illarum. Arrogantia [9]) vestimentorum, quam vidisti et detestata es in filiabus seculi, que venerunt ad te, increvit supra [10]) modum in terra, et insaniunt in ea, et inducunt iram dei in mundum. Gloriantur ambulare compeditis gressibus in multitudine pannorum suorum, et inutiliter consumere [11]) student, que indigentium [12]) usibus necessaria essent. O infelicitas! O miserrima cecitas! Rem multo sudore conquisitam luto committunt, ut post se trahant oculos adulterorum, et unde regnum dei comparare poterant, [13]) gehenne incendium mercantur. Auferte viri malum hoc ab oculis domini, et nolite gloriari in vanitatibus uxorum vestrarum, sed magis indignationem habete, [14]) quia scortantium similitudinem induerunt. Pannorum ista [15]) superfluitas et strictura vestimenti ad nihilum utilis, [16]) nisi ad suffocandos partus, et arrogantia crinalis operimenti, et multa his similia venalium mulierum adinventiones sunt, et non pertinent ad legales matronas. Clamor meus a domino ad vos, qui deposita virili gravitate mollicïem feminarum induistis. O stulti et vanissimi, ut, quid dereliquistis serios mores iustorum senum, qui vos precesserunt, et declinastis in vanitates et insanias diabolice adinventionis, que non proderunt vobis nisi ad augmentum (folio 97 [v]) incendii vestri? Ve, qui superbitis in pompa vestimenti splendidi et superflui et delicate compositi, et quod avare quesitum est, ad nichilum deducere gloriamini. Ve, qui lascivitis in capillatura muliebri, et formam viri in vobis deturpare non erubescitis! Ve, qui in ludis vanis, ve, qui in commessationibus[1]) et ebrietatibus[2]) tempus infructuose deducitis! Ve, qui linguati estis ad irrisiones et detractiones, et ad fabulandum, quod non prodest, et ad concinnandos dolos, et ad subvertendum causam innocentis. Ve, qui venalem habetis sermonem in concilio, et ex[3]) angustiis oppressorum ventrem adimplere[4]) gaudetis! Ve, qui litigiosi et tumidi estis inter cives! Ve, vobis rapacibus et profundis[5]) corde ad multiplicandam substantiam mundi, que vobiscum evanescet.[6]) Numquid, qui plantavit aurem, non audiet, aut, qui finxit oculum, hoc[7]) non considerat? Quiescite filii hominum ab irritatione domini, quia ecce in proximo est, ut evigilet, et in igne zeli sui irritatores suos devoret. Iterum vobis dico,[8]) qui sub iugo matrimonii estis: Deum timete, fidem et dilectionem inmaculatam invicem[9]) custodite, filios vestros et filias[10]) et familiam vestram in timore domini et castimonia enutrite. Decima domini et merces mercennarii non moretur apud vos. Beneficentie[11]) in pauperes nolite oblivisci et cetera, que in sermone[12]) salubrium actionum a domino annuntiavi, observare curate. Hec est vie vestre delectabilis amenitas, que in misterio demonstrata est, beati, qui diligunt eam. Tribulationem (folio 98 r) tamen carnis sollicitudines mundi, quas non experiuntur, qui continént, habere necesse est ambulantes in ea,[13]) sicut et in similitudine[14]) spinarum expressum est. Voluntas dei est, ut, quantum fieri potest, declinetis ab eis, modum racionabilem in omni re observantes, et voluntatem propriam timore domini infrenantes. —

Rogavit me germanus meus, ut sciscitarer ab angelo, quare in principio sermonis huius inter cetera iniquitatum nomina fornicationis nomen adiunxisset, cum hec[15]) non ad coniugatos, quibus loquebatur, pertinere videtur.[16]) Nam et eorum incontinentia nomine adulterii ibidem fuerat[17]) expressa. Cunque super hac dubitatione dominum meum interrogare cepissem, neque adhuc dubitationem plene exposuissem, locutus est[18]) ad me dicens: Plena est terra inmundicia. Vir, qui legali matrimonio iunctam coniugem[19]) habet, occulte uxorem proximi[20]) polluit, et versa vice mulier alterius maritum suo superducit. Hec est iniquitas maxima, et magnus est eorum[21]) numerus, qui offendunt in ea. Fornicationis autem inmundicia plenus est mundus. Omnes quasi sicientes festinant ad eam, et vix invenitur, qui non se precipitet in foveam eius. Cum exarserint inconcupiscentia, expectationem vix sustinent, ut in opus eam perducant. Et cum inpleverint desideria pessima, non quiescunt, sed iterum atque iterum redeunt in idipsum, et nunquam saturari se posse arbitrantur. Sed et priusquam maturescant,[22]) ut exercere possint pravitatem hanc[23]) (folio 98 v) pluribus modis innocentiam suam commaculant. Propter hoc autem in increpatione coniugatorum fornicationis nomen adieci,[1]) quia et ipsi, antequam coniugii legem assumant, supra modum in ea fedantur, et provocant iram dei in se. Hinc est, quod ad matrimonia legitima accedentes, fructu generationis privantur a domino, et mirantur, unde accidat eis, ignorantes sterilitatis sue causam. Quibus autem generatio conceditur, aut in ipsa prole aut in aliis rebus necessariis pluribus modis iudicio divino[2]) feriuntur, et omnia infeliciter eis proveniunt. Rursus, cum de nomine blasphemie interrogassem,[3]) ait: Hoc dixi propter eos, qui turpibus conviciis proximos suos[4]) dehonestant. Sed et hoc sciscitata sum, quenam essent dubietates, quas in eodem sermone reprehendere videbatur. Ad quod[5]) ita respondit: Multi sunt in ecclesia formam habentes[6]) Christianorum, dubii tamen in fide Christiana. Inter catholicos manifeste conversantur, domum orationis intrant, sacramenta ad fidem pertinentia cum ceteris percipiunt, et tamen nullam fidem eis adhibent, neque ad salutem utilia esse arbitrantur. Hoc autem operibus pessimis, que agunt, manifeste comprobant. Si enim vera in eis esset[7]) fides, a multis iniquitatibus, quas operantur, abstinerent. Et adiecit dicens: Multe hereses sunt in diebus istis, sed occulte, et heretici multi, qui fidem catholicam latenter oppugnant,[8]) et multos ab ea avertunt. Tunc interrogavi eum dicens: Domine mi, quid dicis de illis, quos katharos[9]) vocant, (folio 99 r) qui vitam coniugatorum omnino reprobare dicuntur? Et respondit dicens: Ipsorum, de quibus interrogas, vita abhominabilis est coram domino. Vitam illorum culpare non possunt, qui legitime coniugium contrahunt, et secundum legem domini cohabitant custodientes in timore dei[10]) sacras ferias et ieiunia, et necessitatibus pauperum misericordiam exhibentes. Iterum autem allocuta sum eum dicens: Domine, ut audivi, quidam ex eis asserunt, quod legitimum esse non potest[11]) coniugium, nisi inter eos, qui usque ad tempus legitime coniunctionis[12]) virginitatem ambo custodierunt. Quid ad hec[13]) dicis? Et respondens ait[14]): Ubi tale coniugium esse potest, gratum est domino.[15]) Sed rarum est valde, ut ita contingat. Veruntamen et ex his, qui non continuerunt, multi sunt acceptabiles domino, legitima habentes coniugia, et in mandatis domini ambulantes. Alioquin nimis contraheretur numerus populi dei. Non habent reprehendere quicquam in ecclesia dei isti, de quibus loqueris, quia[16]) per omnia reprehensione[17]) digni sunt. Pro certo noveris, quia[18]) ministri sunt Sathane, cuius opera prava exercent. Ipse dux illorum est,[19]) et omnis nequicie exemplis eos precedit, et sequntur eum per omnia operibus pessimis. Et dixi: Domine, que vel[20]) qualis est fides eorum[21]) aut vita? Respondit: Prava est fides eorum, et opera peiora. Rursus dixi: Videntur tamen in conspectu hominum iusti, et laudantur, quasi sint bonorum operum. Ita est, inquit. Facies suas simulant, quasi iuste et innocentis vite sint, ac per hec[1]) multos ad se trahunt et seducunt, intrinsecus autem pessima sanie (folio 99 v) pleni sunt. —

(XIIII.) — Sermo quintus de via continentium. — Celebrantibus nobis sollempnitatem beati Johannis evangeliste, intenta eram orationi post vigilias matutinas, ac deprecabar dominum valida intentione cordis, ut secundum solitam benignitatem suam disciplinam vie[2]) continentium, quam in spiritu videram, mihi aperire dignaretur. Sed et divinum euuangelistam, et angelum doctorem meum, ut mihi adiutores essent, invocabam. Cunque orando lassata fuissem, remisi paululum oculos[3]) ad soporem. Et post pusillum, repente expergefacta sum. Et ecce angelus michi assistens, sermonem, quem desiderabam, inchoavit his verbis: Dico vobis o filii dei, o filii lucis, intuemini viam vestram, quomodo floreat, et quam delectabile est currere in ea.[4]) Currite ergo, et[5]) properate obviam sponso vestro, qui vos expectat. Diligite castitatem,[6]) et servate illi integritatem virginitatis vestre. Virgo ornata castitate, caritate, prudentia,[7]) humilitate, bene currit. Hec cum dixisset, amplius non adiecit. —

Sequenti vero die, cum de beatis Innocentibus officium misse ageretur,[8]) ego sumpta occasione ex lectione apocalipsis,[9]) que legebatur, deprecata sum dominum meum, qui iterum mihi assistebat, dicens: Domine, si inveni gratiam coram te, dic, obsecro, mihi, quale est hoc canticum, quod decantant beati[10]) martires isti ante sedem dei et agni, sicut presens lectio testatur, aut quomodo secuntur agnum, quocunque ierit? Et respondens ait: Quid me interrogas? Nunquam lingua super[11]) terram movit[12]) (folio 100 r) hoc canticum. Nichil tibi inde enarrabo.[13]) Quod autem interrogas, quid est, quod secuntur agnum quocunque ierit. Hoc est, quod in omnibus virtutibus, que considerari[14]) possunt in agno, eum imitantur. In virginitate eum secuntur, que in illis est absque[15]) macula, sicut et sanctus ille agnus sine omni macula est. Humiles et simplices et sine dolo fuerunt, sicut et agnus. Patientiam in martirio habuerunt in similitudinem agni, qui nichil unquam inpatientie[16]) demonstravit in passione sua, qua peccatum mundi extinxit. Non sunt virgines neque sunt martires ulli, qui tam proprie agni vestigia sequantur, ut isti, excepta regina nostra, que prima virginitatem suam mundam et inmaculatam domino custodivit. Ipsa virgo egregia et beati isti martires[17]) speculum sunt omnibus sacris virginibus, et multi eos secuti sunt, qui sanguinem suum pro virginitate sua effuderunt, et propterea coronati sunt et glorificati sunt in conspectu domini.[18]) Hos intueri debent cuncte virgines, et considerare, quali sanctitate eos preierint,[19]) et in similitudinem eorum vitam suam debent informare.[20])

Rursus in circumcisione domini, cum se mihi obtulisset dominus meus, dixi ad eum: Mi domine! doceas me, obsecro, de integritate virginitatis, que interrogabo te. Nunquid amitti potest per inmundam libidinem, que haberi solet in temptatione, si non usque ad opus fuerit perducta libido? Qui ait: Non amittitur, sed inquinatur multis quidem modis per inmunditias li- (folio 100 v) bidinis, cum usque ad effectum non procedit. Integritas quamvis polluta, permanet tamen, [1]) sicut per similitudinem tibi demonstrabo. Et dixit ad me: Exere [2]) manum tuam! Quam cum extendissem, ait: Claude eam! Et feci sic. Moxque prospexi ante pedes meos, et vidi quasi scenum quoddam inmundum coram me. Et dixit ad me: Infer manum tuam illuc! Quod cum fecissem, ait: Extrahe eam! Cunque extraxissem eam, polluta erat. Et ait: Iterum eam inmerge. [3]) Quanto sepius hoc feceris, tanto magis pollutam habebis, et difficilius tibi erit mundare eam. Sensi autem calorem in manu. Unde et ait: Calidum est, et quantomagis calidum fuerit, tanto maiorem adhiberi oportet laborem, ut abluatur. Ita quo magis se inquinat homo in inmundiciis concupiscentie, eo laboriosius purificatur ab eis. Potest tamen emundari [4]) in dolore salubris penitentie et lacrimis, et bonis laboribus, [5]) ita ut fiat acceptabilior deo, quam fuisset. Nonne intrinsecus munda et pulchra est manus tua? [6]) Sic est virginitas, dum non usque ad interiora eius pertingit operis pravi inmundicia, et mundari potest a pollutione, ita ut nihil dampni patiatur integritas eius, sicut facile mundatur manus tua tantum [7]) foris polluta. Si autem per effectum operis ad interiora descenderit inmundicia, inpossibile erit ita eam mundari, ut omnino [8]) ad pristinum redeat decorem. [9]) Sunt tamen multi, [10]) qui quamvis non [11]) ad opus commixtionis libidinem suam perducant, multis tamen modis integritatem virginitatis (folio 101 r) sue polluunt, et non animadvertunt, neque cor apponunt, ut [12]) remediis penitentie ad [13]) plenum emundentur, ac [14]) deo satisfaciant, et ita usque ad finem permanent. Horum virginitas deo accepta non est, et debita mercede privatur. Hec cum dixisset, metuebam, ne forte a memoria mea excideret ordo verborum, ideoque postulavi ab eo, ut iterum eadem loqueretur, et in hoc quoque benigne me exaudivit. Cum autem in octava et in hoc quoque benigne me [15]) exaudivit. Cum autem loqueretur beati Johannis [16]) iterum se mihi presentasset, prevenit verba mea ita me hilariter alloquens: Interrogare me vis, interroga [17]) et respondebo tibi. Et dixi, sicut a doctore [18]) premonita fueram [19]): Domine, quod scriptum est, voluntas pro facto reputatur, nunquid adversari potest sermoni tuo, quem proxime dixisti? [20]) Et respondit: Nequaquam. Itemque subiunxit: Verum est certe, quod scriptum esse testaris. Cuius operis perficiendi voluntatem habuerit homo, ita ut nequaquam in ipso remaneat, quin ad effectum perducat, quod cupit, et sic usque in [21]) finem permanet, hoc quasi factum coram domino reputatur. [22]) Et si malum quidem fuerit, quod peragere desiderat, deleri potest in virtute vere penitentie. Quicquid enim cogitatione et [23]) voluntate fecerit homo, ita annullari potest coram domino, ac si nunquam fuerit. Recordare, quia dixi tibi secundo, ut inmergeres manum tuam sceno, et tunc difficilius eam posse mundari affirmavi. Ita primum polluitur homo sola cogitatione, postea vero etiam[1]) voluntate, et tunc maiori difficultate mundatur, et permanet tamen integritas.[2]) Tunc (folio 101 v) protulit scripturam, de qua interrogare cogitaveram, dicens: Etiam scriptum est: Qui viderit mulierem ad concupiscendum eam, iam mechatus est eam in corde suo. Hoc ita est. Si permanet homo in voluntate exercende libidinis, et a desiderio suo non recedit, sed quantum in ipso est, rem ad effectum ducit.[3]) et voluntatem pravam fructu penitentie non diluit, huius[4]) integritas, quamvis permaneat, inutilis est, et nullum consequitur fructum. Iterum subiunxi dicens: Domine, sunt, qui non sponte stimulos[5]) carnis experiuntur in temptatione, et moleste ferunt ardorem, qui adversatur mundicie corporis sui,[6]) nulla tamen repugnatione evitare eum[7]) prevalent, nunquid hoc[8]) eis reputabitur in peccatum? Qui ait: Si moleste ferunt temptamenta huiusmodi, neque animo eis consentiunt, leviori penitentia culpe sue quam sic contrahunt indulgentiam consequentur, et mercedem magnam adipiscentur. —

Indicavit autem mihi esse hominem in Christo familiarem mihi, quis aut que sit, deus scit, sustinentem ab adversario inpugnationem castitatis, et nimiis ob hoc animam suam molestiis affligentem. Et ait: Consolationem ei annuntia, dicesque ei, ut parcat afflictioni. Revocet in memoriam, quod scriptum est de electis domini: Tanquam aurum in fornace probavit eos. Gaudium sit ei, non tamen sine tristicia. Gaudium pro eo, quod tale aliquid dominus ei imponere dignatus est, per[9]) quod ad mercedem magnam preparatur. Non sit[10]) tamen absque tristicia, quia in tali tem- (folio 102 r) ptatione non omnino culpa evitatur.[11]) Et dixi: Domine! qualiter resistere debet adversario suo, et quibus armis eum superabit? Qui ait: Oratione et confessione, et flagellis carnis pugnet et superabit. Non autem insistat rogare dominum, ut ab hoc stimulo liberetur, sed hoc oret,[12]) ut misereatur ei dominus. In tempore temptationis, si in loco secretiori fuerit, flectat genua tribus vicibus coram domino. Si autem oportunitas loci ei defuerit, signet cor suum ter signaculo crucis, ac[13]) dicat: Salvator mundi salva nos, qui per crucem et sanguinem redemisti nos, auxiliare nobis te deprecamur deus noster.[14])

Post hec in una dierum suscitavit linguam meam in hec verba: O virgines, ecce ad vos clamat vox divina, vox sponsi vestri pulsat ad aures vestras. Aperite illi[15]) et introducite eum ad palacium cordis vestri, et amplectimini eum, quia pulchrior et amabilior est omni creatura. Rursus adiecit: Dominus maiestatis, unigenitus altissimi, rex divinorum exercituum, replens celum et terram magnifica gloria sua, magnus et tremendus in omnipotenti fortitudine.[1]) suavis et amabilis in incomparabili benignitate, et totus desiderabilis in claritate perfecti decoris sui, in cuius ammirabilem vultum cum incessabili desiderio prospicere delectantur Cherubin et Seraphin et universa sodalitas nostra.[2]) ipse[3]) o virgines ipse est, qui concupiscit decorem vestrum. ipse vos ad[4]) castos amplexus suos invitat. Ipse a vobis gloriosa lilia virginitatis vestre exposcit, ut suum secretiorem thalamum ex eis (folio 102 v) adornet. Nescit ille thalamus labem pudicitie, et[5]) omne corruptum non ingreditur in eum. Non illic marcescunt neque defluunt. sed in incorruptibili decore[6]) permanent preciosi flores virginitatis, et agnus inmaculatus gratanter cubat in eis, et spirant ei suavitatis odorem. Tanquam margarite electe et visu desiderabiles, sic resplendent in thalamo sponsi sui virgines sacre, et ipse, qui lavit eas in sanguine lateris sui, et faciem earum signavit virgo, sponsus letatur in aspectu earum, et occulta[7]) pulchritudinis sue karissimis suis dignanter revelat. Organa electionis ibi sonant concordantia in spiritu pacis, et cantatur canticum desiderabile auditu, canticum singularis leticie, quod solis virginibus cantabile est, et familiaribus thalami supernis spiritibus.[8]) Ducit chorum[9]) sponsus in voce preclara et excellenti, et non adequatur ei in milibus canentium unus. Vox eius, vox dulcis in plenitudine gratie, que omnes celos replet iocunditate, beati, qui audiunt eam, beati nimis,[10]) qui concinunt ei. In quibus primatum optinet[11]) princeps nostra virgo theotochos, cui soli datum est supra omnes tubas angelicas[12]) vocem exaltare. Animadvertite filie verba ministerii mei,[13]) et signate ea in abscondito mentis vestre. Si est cor vestrum ad sponsum nobilem et speciosum, et qui amari dignus sit,[14]) quare negligitis? Quid[15]) tardatis tota virtute vos in illum sponsum extendere,[16]) quo nihil clarius, nichil amabilius est in celo (folio 103 r) aut[17]) in terra? Et si gloriam diligitis, quid est gloriosius, quam talem sponsum habere, et omnia possidere in ipso? Si habere delicias[18]) et gaudia[19]) concupiscitis, ad thalamum iocunditatis, qui vobis preparatus est, festinate, cuius iocunditati et suavitati omne, quod oculus vidit, vel auris audivit, vel in cor hominis ascendit, comparari non potest. Hec cum dixisset, posueram in corde meo verba, que de virginali cantico fuerat locutus, et ad hec[20]) interrogationem aptavi dicens: Ita ne est domine mi? Etiam angeli canunt hoc canticum? Et nunquid omnes virgines? Qui ait: Vere angeli canunt hoc canticum, et omnes, qui de hac vita sine macula ad regnum celorum transmigrant. Rursus adieci: Quomodo ergo intelligenda est scriptura, que dicit: Et nemo poterat dicere canticum,[21]) nisi illa centum quadraginta quatuor milia? Nunquid sub illo numero omnes virgines comprehenduntur? Ita est, inquit. Numerus iste perfectus est, et significat perfectionem eorum, qui se inmaculatos custodierunt, sicut sine macula est sancta infantia innocentum. Que autem amplius de hoc numero locutus est, sensus mei inbecillitas [1]) portare non potuit. —

Rursus assumpto exhortationis verbo, locutus est dicens: Ecce advenit sponsus vester, preparate vos, o virgines. Ite et emite vobis vestes nuptiales, et introite cum eo ad nuptias, alioquin dicetur vobis: Quomodo huc intrastis, non habentes vestes nuptiales? Et ne forte cum reprobis (folio 103 v) deputemini,[2]) cogitate nunc cum omni sollicitudine mentis, quomodo placeatis sponso vestro, cum venerit. Vigilate itaque, ne forte inveniat vos dormientes cum fatuis virginibus. Iterumque subiungens ait: Audite hec,[3]) o virgines, et aperite aures [4]) cordis vestri, et intelligite, quomodo invitat vos sponsus vester. Quod si agnovissetis, quam pulcher et quam amabilis est ipse, quem omnis multitudo [5]) celestis intuetur, semper cum omni desiderio, procul dubio sperneretis mundum cum universo ornatu eius et omnem gloriam seculi proiceretis retrorsum et omne studium apponeretis ad plene diligendum [6]) sanctum sponsum vestrum Christum dominum ac solliciti semper essetis ad custodiendum ei cor vestrum et corpus vestrum mundum et inmaculatum. Post hec interrogavi eum dicens: Domine, que sunt vestes ille [7]) nuptiales, de quibus dixisti? Et respondit: Ire debent virgines ad interiora cordis sui, et emere illic tria genera ornamentorum. Unum eas habere oportet [8]) vestimentum candidum et inmaculatum, quod est innocentia carnis. Necessarium illis est et [9]) operimentum, quo debent esse circumamicte, quod est caritas, qua ab illis diligendus est sponsus. Tercium ornamentum earum est torques aurea, quod est pudicitia, qua debet se ipsam virgo constringere, ut sit verecunda ad loquendum, ad audiendum, ad videndum, ad faciendum omne, quod impudicum est. Hoc est signum,[10]) de quo dictum est: Posuit signum in faciem meam. Hoc, ut estimo, adiecit pro eo, quod in festo beate [11]) (folio 104 r) Agnetis ipsum de hoc verbo interrogaveram, et nullum tunc mihi [12]) super hoc dedit responsum. Iterum dixi: Domine, quali precio emenda sunt virginibus hec ornamenta? Et ait: Castigatione proprii corporis, ac denario uno, quod est contemplatio pudicitie sponsi, quam [13]) reponere debent in medio cordis sui. Hic denarius signatus est imagine regia, quoniam ipse est [14]) rex omnium regum, benedictus in secula. Rursus interrogationem subieci, dicens: Memento domine verbi illius, quod dixisti: Virgo ornata castitate, caritate, prudentia, humilitate, bene currit. Ibi ergo quatuor ornamenta distinxisti, et nunc in hac distinctione posteriori duo quidem priora assignasti, duo vero posteriora pretermisisse videris. Et ait: Vir desideriorum dici potest, qui tam diligenter hec [15]) inquirit. Tunc respondit interrogationi mee dicens: Duo, que pretermissa tibi videntur, sub nomine torquis comprehensa sunt. Ut enim constringat virgo [16]) cor suum adversus omne, quod inverecundum est, non sine magna prudentia fieri potest. Esse autem non potest, ut ei desit humilitas, si affuerit prudentia vera. Et rursum[1]) post aliquot[2]) dies interrogationem prefato sermoni subieci: Domine, cum constet, quod ad nuptias cum sponso ingressure non sint virgines ille, que absque nuptialibus vestimentis invente fuerint, qua ratione dici poterit eis: Quomodo huc intrastis, non habentes vestes nuptiales?[3]) At ille respondens ait: Hic sermo (folio 104[v]) ad novissimum iudicium pertinet. Ibi congregabuntur ante faciem Christi electe sponse eius omnes odornate nuptialibus indumentis secundum opera bona, que egerunt in hoc mundo. Erunt ibi et reprobi non habentes aliquem decorem ad nuptias pertinentem, quia neglexerunt operari bona[4]) in vita sua. Propter quod dicetur eis a sponso: Ite maledicti in ignem eternum. In hac voce increpationem illam accepturi sunt:[5]) Quomodo huc intrastis, non habentes vestes nuptiales?[6]) Iterum autem exhortatus est dicens: Ausculta et inclina cor tuum[7]) michi virgo simplex, amabilis domini.[8]) Noli emulari in filiabus seculi, que prospere gradiuntur in deliciis suis, et placere querunt in oculis hominum et non dei. Composite et circumornate esse student, ut laudem accipiant ab ore spectantium, et fiunt in laqueum et subversionem multorum. Sed sicut sermo laudantium, ita et pulchritudo eorum momenti unius est. Tanquam spuma aque facile dissolvitur et tanquam scintilla de igne consurgens, cito extinguitur carnis decor, et omnis gloria eius, sic est ut flos arboris, qui sub una hora comparet, et statim a venti commotione excutitur. Tu autem filia, cor appone, ut composita et spectabilis ambules in conspectu casti emulatoris tui regis nostri, qui e[9]) celo te intuetur, et omnes vias tuas dinumerat. Illum decorem apprehende, qui neque morbo emarcescit, neque senio perit, et quem periture substantie inopia non obfuscat. Quanto pulchrior es facie, tanto amplius[10]) invigila, ut spe- (folio 105[r]) ciosa[11]) sis mente, quia fallax gratia faciei. Sit gloria tua ab intus, ut placeas sponso tuo, qui intuetur cor. Aspice viam castitatis, et attende, quod ex utraque parte viriditatem habet graminis, et florum[12]) decorem, et da locum castitati, non solum in carne, sed et in spiritu, quia vana est castitas carnis, ubi regnat incontinentia spiritus, et cetera, que coinquinant animam. Intende, que dico: Sicut lucere non potest lampas absque alimento pinguedinis, ita splendere non potest coram celesti sponso continentia carnis sine spiritus castitate. Et subieci his verbis interrogationem huiuscemodi: Domine via nostra in visione arta apparuit, et quid est, quod scriptura dicit: Et ambulabam in latitudine, quia mandata tua exquisivi. Que est illa latitudo, et quomodo eam considerare possum[13]) in via ista? Ad hec ita respondit: (L)atitudo[14]) hec est valida intentio cordis, et caritas ardens intrinsecus, qua anime caste ardent ad sponsum suum Christum dominum, qui est latitudo et plenitudo omnium viarum dei. Considera libertatem huius vie, quod absque spinis et impedimentis est.[1]) Hoc est effectus caritatis, quam operatur maxime in virginibus, dum foras mittit spinas curarum et omnis malicie, ut vacare possint et cogitare, que dei sunt, quomodo placeant ei, quem super omnia amant. Et cum de angustia vie rursum interrogassem, ait: Hoc est, quod coartare se[2]) debent virgines, ut in nullo a semet ipsis excedant. Cui dixi: Nunquid domine a se- (folio 105v) met ipsis possunt excedere? Possunt, inquit. Et dixi: Que sunt, per que excedunt a se ipsis? Qui ait: Hec sunt[3]) ociositas, et fabulatio, et omnia, que a memoria earum[4]) sponsum celestem[5]) abducunt. Et adiecit: Angustia[6]) vie et angustia[7]) torquis, quam proposui vobis, sub una significatione pronuntiant, quod sponsis Christi semper in arto ambulandum est[8]) in his, que pertinent in[9]) hunc mundum. Et factum est completis sermonibus his,[10]) in secunda dominica sacri ieiunii die festo beati Mathie[11]) apostoli in tempore divini sacrificii apparuit mihi benedictus domini angelus sanctus. Dixique ad eum: Obsecro domine mi,[12]) si nunc tempus est et si bonum est in conspectu tuo, ut sermoni tuo, quem actenus prosecutus es ad virgines domini, competentem iam[13]) finem imponas. Vix orationem complevi,[14]) et continuo aperuit os suum in hec verba: Ecce adiciam ultra ammonere vos filii dilectissimi domino. Abstinete vos ab illecebris viciorum, que militant adversus spiritum.[15]) Jactate cogitatum cordis vestri in[16]) domino, et ipse enutriet vos, sicut placitum est ante ipsum, et introducet vos ad convivia vite eterne, que vobis prestare dignetur Jesus Christus filius dei vivi, qui[17]) cum patre et spiritu sancto vivit et regnat deus per omnia secula seculorum. Amen. —

(XV.) — Sermo sextus de via prelatorum. — Sermone precedenti ad finem deducto, distulit solito diutius visitare me angelus domini. Quod ego delictis meis inputans[18]) anxia- (folio 106r) bar intra me, ac diligentius lacrimis et orationibus operam dedi, et adiuvabat me conventus noster oratione communi.[19]) Et consummatis decem et septem diebus ab eo, quo iam dicta verba compleverat, stabam sola in oratorio circa horam terciam effundens coram domino cor meum ac[20]) dicens: Non mea merita domine aspexisti in omnibus, que hactenus mecum operatus es, sed in tua misericordia fecisti omnia hec. Propterea obsecro, ne compescaris delictis meis, aut cuiusquam alterius, quin hec, que nunc apud me iniciare[21]) dignatus es, propter bonitatem tuam ad bonam consummationem perducas. De via rectorum ecclesie, quam mihi in misterio demonstrasti, congruentem disciplinam nobis aperire dignare, ex qua aliquis fructus correctionis proveniat, sicut necessarium esse nosti populo tuo. Adhuc me ista et his similia in oratione loquente ecce angelus desiderii mei[22]) subito apparuit coram me, et sermonem, quem desiderabam, his verbis iniciavit dicens: Hec dicit dominus: Ecce ego mitto angelum meum, ut annuntiet vobis, qui in sublimi potestate irritatores estis. Dico autem vobis, quod iniquitas terre, quam absconditis propter aurum et argentum, ascendit coram me sicut fumus de igne. Nunquid non anime sunt plus quam aurum et argentum, quas suffocatis in ignem eternum propter avariciam vestram? Idcirco accusat vos religio vestra coram me. Ecce enim fetere (folio 106 v) fecistis sanctificationem vestram in conspectu populi mei, et versa est in abhominationem mihi. Occupastis principatum sanctorum meorum, et nescivi, maculastis stratum meum et silui. Quid mihi et vobis exasperatores mansuetudinis mee? Unde ascendistis turbare ovile meum et agravare cor meum super filios meos, quos genui in amaritudine anime [1]) mee in die laboris et angustiarum mearum? Et adiecit iterum loqui ad me dicens: Nonne pastores mei quasi in gravi somno obdurati sunt? Et quomodo evigilare [2]) eos faciam super greges meos, qui disperguntur sicut oves, quando pascuntur in virentibus pascuis? Vagi facti sunt populi mei, unusquisque sequiter cor suum, et discurrunt in impetu spiritus sui singuli post concupiscentias suas, et non est vox neque sensus pastoribus meis ad increpandum et colligendum dissipatos. Mihi obmutuerunt, dicit dominus, mihi insipientes facti sunt, sibi autem sapientes [3]) sunt et diserti. Os eorum patens est, lingua eorum versatilis et acuta ad vindemiandum vineam meam, in qua non laboraverunt. Velox pes eorum, et discurrunt in tumultu, ut evellant et absorbeant carnalia plebis mee, cui spiritalia non ministrant, qui digitum movere [4]) pigri sunt ad eruendum ab iniquitate animas meas, pro quibus mortem gustavi. Quasi gens, que ignorat nomen meum, ita me persequi non formidant, qui ambulant sub nomine meo, et iniqua exactione cor populi mei con- (folio 107 r) tristant, et non apponunt auferre ab oculis meis iniquitatem [5]) adulteri, et fornicatoris, et percussoris et violentis in proximum suum, et furis, et malefici, et periuri et fenerantis, et fallentis impenso, et mensura, et polluentis sabbata mea in turpitudinis lusu, et prevaricantis pactum sanctimonie, et incircumcisi inhororantis altare meum nec diiudicantis, quod est mundum mundissimum, et [6]) vendentis et ementis sanctificationem meam, et superbiam exercentis in hereditate sanctuarii mei. [7]) Hec et alia, que legibus meis prohibui quasi flamma desolationis domum meam devastant, et tedere me faciunt super filios hominum, et pastores mei in muneribus eorum obmutescunt, et quiescunt in desideriis anime sue. Bene secundum plantationem suam gradiuntur, et gressus eorum dignam retributionem invenient, [8]) dicit dominus. Hec ita prosequente angelo, qui mecum per intervalla temporum loquebatur, dixi ad eum: Domine, que est illa evigilatio, quam dominus comminatus est pastoribus suis? At ille rursus quasi in ira verbum comminationis assumens ait: Vos, qui dormitis in increpationibus meis, et cor vestrum obcecatum est in dormitione sua, ego evigilare vos faciam, quando veniet super vos mors antiqua et inveteratus ille serpens, et devorabit vos cum magno impetu, quoniam thesaurizastis vobis thesauros in infernalibus penis. Infelices et insensati aperite oculos vestros, et legite scripturas, et recordamini, qua religione precesserunt vos an (folio 107 v) tecessores vestri. Iterum autem facta intermissione parvi temporis addidit dicens: Videte pontificem magnum et excelsum super omnia dominum Jesum, quomodo in diebus obedientie sue ambulavit in medio discipulorum suorum, non in altitudine dominantis, sed in humilitate ministrantis tanquam pius emulator gregis sui usque in consumationem mortis pro eo. Respicite semen eius, quod est benedictum, ministros vocationis vestre beatos apostolos et successores eorum, in quorum sedibus gloriamini, et pascitis voluntatem cordis vestri [1]) in laboribus eorum. Nunquid sicut vie vestre vie illorum fuerunt? Nolite arbitrari ita, quia vie illorum vie pulchre et recte, vestre autem contaminate et nullus ordo est in eis. Non ambulaverunt in altitudine spiritus sui, neque in tumultu superbi comitatus, non in cupiditate questus, non in magnificentia vestimenti, neque in dissolutione cordis, non in crapula et ebrietate, et maculis carnis, non in vanitate ludentium neque post canem et avem discursus eorum. In omni autem sinceritate vestigiis magni pastoris adheserunt, vigilantes vigilias fideles super gregem domini die ac nocte. In laboribus et erumnis, et penuria necessitatum, et quasi in angustia parturientis ministerium suum impleverunt, sustinentes abiectionem et contumeliam ab hominibus, [2]) et persecutiones, quas dinumerare nemo potest, et dederunt animas suas in mortem, ut (folio 108 r) replerent [3]) terram evangelio dei et lucrifacerent animas electorum. —

Celebrantibus nobis diem festum Pasche [4]) in tempore divini sacrificii post lectionem evangelii apparuit mihi angelus domini stans coram me. Cunque petissem ab eo, ut hoc procurare dignaretur, ne quid negligentie in illa sacra communione, quam expectabamus, accideret, adieci postulare, ut sermonem suum de rectoribus ecclesie secundum, quod inchoaverat, prosequi dignaretur. Ad quod breve mihi responsum reddidit dicens: Si digni essent, multa magna dominus de eis [5]) revelaret. Quo dicto statim ad altare cum festinatione accessit, [6]) et cum duobus angelis, qui in principio misse advenerant, cum magna diligentia, donec omnes communicassemus, astabat. Sequenti vero die circa idem tempus adveniens ita exorsus est dicens: Caput ecclesie elanguit, et membra illius mortua sunt, quoniam sedes apostolica obsessa est superbia, et colitur avaricia, et repleta est iniquitate et impietate et scandalizant oves meas, et errare eas faciunt, quas custodire et regere debuerunt. Verbum est domino cum potentia sua. Nunquid hec [7]) obliviscetur dextera mea? Nequaquam. Procul dubio, nisi conversi fuerint et correxerint vias suas pessimas, ego dominus conteram eos. Rursus die altera addidit dicens: Hec dicit dominus magnis [1]) prelatis ecclesie: Recordamini, quam ra- (folio 108 v) cionem reddituri estis in tremendo iudicio meo de ovibus meis, quas suscepistis regere et custodire, quoniam preciati estis dona spiritalia populi mei precio infelicitatis. Nunc igitur mitto ad vos paternas admonitiones, videte, ne forte iudicemini, sed convertimini a viis vestris pessimis, et mundate conscientias vestras, et reconciliabor vobis. Alioquin ego dominus delebo memoriam vestram de terra viventium. Post hec quasi in spiritu lenitatis verbum domini annuntians ait: Ego dominus clamo et admoneo [2]) pastores meos, et quare non audiunt vocem adminitionis mee? Sto et pulso ad ostium cordis eorum, [2]) et non aperiunt mihi. Audite et intelligite verba admonitionis mee, et delectamini in dilectione mea, quoniam admoneo pastores meos atque oves meas admonitione paterna. Sunt enim inter pastores meos, qui mihi videntur boni et pacifici, [4]) heu, quam pauci sunt. Sunt et alii multi mali et perversi, qui me provocant ad iracundiam. [5]) Propter quod oportet admoneri bonos, [6]) ut in melius proficiant, malos autem et perversos, [7]) ut convertantur, ne pereant de via iusta. Et cum iterum me visitasset, [8]) adiunxit: Ecce adiecit dominus pastoribus suis adhuc dicens: Attendite cum omni sollicitudine mentis viam vestram, viam rectam et nolite errare in ea. Vigilate et custodite vigilias noctis [9]) super gregem meum, sicut boni emulatores, ne forte superveniat grex caprarum, quod sunt spiritus maligni, a quibus (folio 109 r) disperguntur greges ovium mearum. Gaudete cum leticia vos, qui pacifici mei estis, dicit dominus, et recordamini verborum meorum, que in presenti sermone inveneritis, et custodite vos ab illicitis huius mundi, et diligite admonitionem meam. Diligendus enim sum pro tali admonitione. Quod etsi me diligitis et nomini meo honorem prebetis, quoniam de me eum accepistis, [10]) honorificabo vos coram sanctis angelis meis. Adhuc loquente ad me angelo sermones istos de pastoribus [11]) ecclesie, visum est quibusdam oportunum, ut interrogarem de his, in quibus erroris sui occasionem accipiunt dubii quidam. Interrogavi igitur non quasi in fide hesitans, sed quasi cupiens fidem nostram ex angelica auctoritate firmari ac dicebam: Nunquid domine in ecclesiasticis sacramentis parem habent virtutem officia eorum pontificum, qui sinistre et non secundum deum ad pontificatum suum introierunt, et eorum, quorum bonus introitus est? Qui respondens ait: Multi, dum talia profunde scrutantur, magis depravantur, quam emendentur, et talia dominus revelaret, si non eo liberius peccarent [12]) illi, ad quos pentinent ista. His dictis confestim ablatus est ab oculis meis. Iterum autem [13]) die alia, [14]) cum redisset ad me, interrogavi eum repetens eundem sermonem, qui predictus est. Et ille: Habent, inquit, parem virtutem, sed beneplacitum est deo magis in officiis eorum, qui bene introierunt. (folio 109 v) Iterum subieci dicens: Ita ne est domine mi, ut credimus, quod[1]) presbiteri ordinati ab illis, quorum malus est introitus, eandem habeant potestatem consecrandi corpus et sanguinem domini in altari, quam habent hi, qui ordinati sunt ab illis, qui legitime introierunt? Et ait: Non ascendat unquam dubitatio de hac re in cor tuum, sed certum habeto, quod omnes, qui in ecclesiastica ordinatione presbiteratum acceperunt, eandem potestatem habent in consecratione dominici sacramenti, sive bene sive male introierint ordinatores eorum. Verba illa divina, que in sacro canone dicuntur, tante virtutis sunt coram domino, ut vere in illorum pronuntiatione corpus et sanguis domini fiat a quocunque presbiterorum pronuntientur.[2]) Non enim vel[3]) meritis bonorum efficitur, vel peccatis malorum prepeditur consecratio illa. Quamvis autem in divinis sacramentis inefficaces non sint tam presbiteri quam ordinatores eorum, nichilominus dampnabiles sunt, sed tanto graviori dampnatione prementur in futuro. —

Quia[4]) ad patres nostros spiritualia iudicia in ecclesia habentes totus hic sermo pertinere visus est, rogavi angelum domini dicens: Oro domine, ut sicut spiritualibus rectoribus verba admonitionis hactenus ministrasti, ita illis quoque, qui secularia iudicia habent, aliquas admonitiones, ex quibus et ipsi corrigi possint a domino, annuntiare digneris. Qui confestim peticioni mee consensum prebens, his verbis sermonem ad illos (folio 110 r) pertinentem exorsus est dicens: Ecce constituit dominus super populum suum principes et iudices, ut facerent iudicium et iusticiam,[5]) et confirmarent veritatem et pacem inter virum et virum, ut esset omnis populus beneplacens coram deo vivente. Nunc autem sunt principes et iudices mei, dicit dominus, quasi equus et mulus, quibus non est intellectus, et ambulant coram me extento collo et inflati superbia, non reddentes gloriam deo, a quo est omnis potestas in celo et in terra, sed in suis virtutibus gloriantur. Exaltavi et hororificavi eos super terram, et ecce contempnunt scire me[6]) et dare gloriam mihi. Si enim scirent nomen meum, quod est magnum et metuendum, et dexteram meam fortem, quam extendi super eos, forsitan humiliarentur sub manu mea, et retraherent ad semet ipsos cervicem suam, quam erexerunt in contumeliam mei, et declinarent vultum in terram, de qua sumpsi eos et patres eorum. Vobis dico regibus terre, qui erigimini in excelsum, et clamor iniquitatis vestre ascendit in celum coram me, audite vocem increpationis mee, et disceptabo vobiscum in auribus populi mei. An nescitis, quoniam mea sunt universa regna mundi, et omnis gloria eorum, et quia potestatem habeo dandi ea, cui voluero, et iterum, qua hora voluero, tollendi ea?[7]) Nescitis, quod ad imperium oris mei subsistunt[8]) cuncti viventes, et quia potens est sermo meus dividere inter spiritum vestrum et carnem (folio 110 v) in ictu oculi? Et quare elevatum est cor vestrum in his, que mea ordinatione accepistis, et non magis solliciti estis, ministrare mihi in gradu sublimitatis vestre, et gratias agere mihi pro multitudine beneficentie[1]) mee? Redite ad cor vestrum, et videte, quid fecerim vobis, et quid[2]) reddideritis mihi. Ego dominus dominator vester inveni vos absque meritis gratiarum mearum coram me, et tamen assumpsi vos sicut volui ex omni numero populorum multorum,[3]) et extuli vos super altitudinem principum et iudicum terre et effudi super vos unctionem sanctificationis mee, et posui diadema glorie in capite vestro, et porrexi virgam regni dextere vestre,[4]) et gladio ultionis mee accinxi vos. Glorificavi vos coram omni populo meo in diviciis et potentatu excelso, dedique vobis robur grande ad conterendam virtutem rebellium vestrorum, et famam nominis vestri dilatavi secundum latitudinem terre. Ego dominus feci vobis omnia hec, ut magnificaretis laudem nominis mei super terram et iusticias meas[5]) exercetes in his, quos subieci vobis maioribus et pusillis, et coadunaretis omnem populum meum in vinculis pacis et equitatis, et daretis vosmet ipsos fidele refugium omni[6]) oppresso et iniuriam patienti, et[7]) essetis vindices[8]) mei contra violatores pacis et iusticie, et quiescere faceretis terram ab his, qui conturbant eam et desolatam eam faciunt in gladio et[9]) igne, et[10]) violenta predatione, et devorant labores alienos, et vagos ac mendicos faciunt cultores terre, et inhonorant (folio 111 r) nomen meum sanctum, quo signavi eos et segregavi in hereditatem mihi. Hoc erat iugum servitutis mee, quod posui super vos in die, quo[11]) exaltavi vos super altissimos populi mei, vos autem excussistis illud a cervicibus vestris, et reddidistis mihi pro omni gloria, quam dedi vobis, non timorem et honorem, sed contemptum et irritationem. Clausistis oculos mentis vestre, ut non respiciatis ad iudicem vestrum, qui est in celis,[12]) et subvertitis, quod iustum est, propter avariciam et elationem cordis vestri, et confirmatis iniquitatem in terra et statuitis eam in excelso. Perambulantibus vobis terram audio plorationem et gemitum plebis[13]) mee post vos, et querela multa accusat superbiam vestram, quia intolerabilis est equitatus vester, et non est numerus iniquitatis ambulantium in circuitu vestri.[14]) Onerosi estis populo meo, et hoc vobis pusillum, nisi et domino deo vestro graves et abominabiles sitis ab in inquinamentis impuditie vestre, quibus me ad indignationem provocare non timuistis, et inhonorastis oleum sanctum[15]) meum, quo unxi vos, et honorabile nomen meum, quod posui super vos, polluistis et blasphemari fecistis in multitudine populi pro insaciabili peccato, quod dominatur in vobis. Propter hoc iuravi in fortitudine dextere mee, dicit dominus, quia ecce in proximo reddam ultionem meam durissimam in capita vestra, et sicut potenter peccastis, potenter cruciari vos [1]) faciam, et conculcari (folio 111 v) ab inmundis spiritibus, quibus ministrastis, et non recedet flagellum a vobis in hoc tempore, si non egeritis penitentiam neque recesseritis a viis vestris iniquis, quibus iram meam in regna vestra adducitis. Penitemini itaque et nolite tardare, et cum omni vigilantia ministerium vestrum, in quod vocati estis a me, adimplere studete, et recordabor miserationum mearum antiquarum in vobis, et propicius ero iniquitatibus vestris multis, et magnificabo vos secundum magnitudinem servorum meorum regum, qui fuerunt ante vos et adiciam vobis coronam glorie in regno meo, que non peribit de capite vestro usque in sempiternum. [2]) Intuemini universi principes et iudices mei verba mea hec, qui portatis iniquitatem regum vestorum, et corrigite vias vestras pravas in [3]) increpationibus meis, quibus obiurgavi illos. Recedite ab avaritia et dolo, qui suffocatis iusticias meas pro muneribus et favore hominum, et sublevatis ad iniquitatem corda populorum meorum, ut noceant alterutrum, confidentes in [4]) iniusticia vestra. [5]) Ego dominus subieci plebes meas dominationi vestre, ut essetis illis in protectionem a facie violentis et predantis, et ecce in superbiam elevatum est cor vestrum, et tanquam lutum platearum conculcatis eos, per quos estis gloriosi [6]) et tanquam lupi rapaces in proprio grege insaniam exercetis. Assimilavi vos principatibus [7]) meis, qui presunt milicie celi, et intelligere noluistis honorem vestrum, et induistis similitudinem principum infernorum [8]) in multitu- (folio 112 r) dine malicie, qua affligitis populum meum [9]) et in tumore spiritus vestri, et in maculis intemperantie vestre, quibus inhonoratis [10]) faciem meam, que de celo vos intuetur. Propterea vivo ego, dicit dominus, et vivit fortitudo dextere mee, si non audieritis vocem admonitionis mee, et conversi fueritis ad me, detraham vos ab altitudine vestra, qua male usi estis, in profundum inferni, et eritis consortes illorum, [11]) quibus vosmet ipsos assimilastis in incendio viventi in sempiternum. [12]) —

In die sancto Pentecostes in hora prima, ante celebrationem divini officii, cum essem in oratione, apparuit angelus domini coram me, et hactenus dictum sermonem verborum istorum adiectione complevit: [13]) Hec dicit dominus rex regum, et dominus dominantium universe terre: Audite et intelligite verba oris mei, et emendate vias vestras in conspectu meo. Quod si me placare [14]) studueritis, quanto magis altiores estis in hoc mundo, tantomagis dabo vobis locum nominatum in regno meo, ut mecum vivatis et regnetis sine fine. Amen. —

(XVI.) — Sermo septimus de via viduatorum. — In festivitate sancti Maximini inter silentia misse allocuta sum angelum dicens: Placeat nunc domine, ut exhibeas nobis disciplinam congruentem illi [1]) vie, cuius una pars vepribus occupata apparuit, altera vero floribus amena et stricta, nihil habens veprium et impedimentorum. Vix peticionis mee verba complevi, et protinus ait: S e r m o s e p t i m u s d e v i a v i d u a t o r u m. [2]) — Ecce dico vobis, qui in seculo viduati estis, viven- (folio 122 v) tes secundum carnem in laboribus et angustiis multis: Abstinete vos a viciis huius mundi, et ambulate in via continentium delectabiliter ornata viventes secundum spiritum. Egredimini de medio spinarum, que sunt in circuitu vestri, [3]) quia ecce dissolutus est laqueus vester, quo alligati fuistis huic mundo, et quasi captivi ducebamini ad serviendum voluntati aliene, et non eratis vestri. Quando faciebatis voluntatem carnis iuxta omnia desideria cordis vestri, excusationem a necessitate coniugii accepistis. Et si iterum carni obedire volueritis, [4]) quam excusationem habebitis? [5]) Quid ultra placere concupiscitis humano aspectui, in superbo amictu [6]) et ornamento faciei vestre? Cur [7]) ultra carnem vestram iam in [8]) parte mortuam enutritis [9]) in deliciis et [10]) desideriis, que adversantur spiritui sancto, [11]) et coacervatis vobis sollicitudines supervacuas? Audite magis [12]) consilium divinum, et discedite a voluptatibus vie huius, quia fallaces sunt, ne forte preoccupemini ab eis, et fiant novissima vestra peiora prioribus. Apprehendite quietudinem mentis et spiritales delicias, quas offert vobis deus, et agite residuum annorum vestrorum in obsecrationibus et vigiliis, et castigatione carnis, et operibus pietatis. Et adiecit in vigilia apostolorum dicens: Et quid addam ultra vos [13]) admonere? Ecce ostendi viam, instruxi vos doctrina, palpate huc et illuc, considerate verba, retinete exempla, diligite castitatem, currite ad claritatem dei et domini nostri Jesu Christi. Quam vobis (folio 113 r) prestare dignetur, qui vivit et regnat per omnia secula seculorum. Amen. —

(XVII.) — S e r m o o c t a v u s d e v i a h e r e m i t a r u m e t s o l i t a r i o r u m. [14]) Cupiebam octavi sermonis inicium [15]) accipere in die translationis sancti patris nostri Benedicti, [16]) sed impedite sunt die illo [17]) orationes mee ab hospitum presentia, et translatum est desiderium meum usque in proximum diem. Tunc enim stante me in oratione post horam capitolii [18]) presentavit se mihi angelus domini, et postulavi, ut sermonem ordiretur ad eos, quorum via in visione quasi glebis occupata apperuerat. Et confestim aperiens os suum, hec verba locutus est. —

Attendite vos, qui in heremo vitam ducere elegistis, quam discretionem habeatis. Discretio enim est mater [19]) omnium virtutum. Glebis aspera est via vestra propter duriciam vite, videte, ne forte offendat pes vester. Quod si [20]) offendit, cavete, ne lumen, quod in vobis est, evacuetur. Propterea autem necessaria vobis [21]) est discretio, ut non cito sequamini omnem impetum zeli vestri, qui vos ad altitudinem perfectionis impellit, neque supergrediamini mensuram virtutis vestre laboribus inmoderatis. Multi in presumptione spiritus sui ambulantes vitam suam nimia afflictione extinxerunt,[1]) et perierunt in adinventionibus suis. Multi mensuram suam[2]) excedentes humanum intellectum in se ipsis[3]) subverterunt, et inutiles facti sunt, et similes iumentis insipientibus. Multi per inmoderatos fatigationes in tedium adducti sunt, (folio 113 v) et elanguit virtus eorum, et abierunt retrorsum, et resoluti sunt[4]) ad voluptates carnis, factique sunt in derisionem spiritibus nequam. Bona est vexatio carnis, quia adversatur concupiscentiis inmundicie, sed[5]) si mensuram exsuperat,[6]) inutilis est, quia suffocat devotionem contemplationis, et lumen eius extinguit. Propter hoc memento homo fragilitatis tue, ut caute gradiaris in via dura, quam ingressus es, et patienter agas in festinatione tua, ne ruinam patiaris. Dirige in consiliis sapientium cunctos labores tuos, non in proprio sensu, et non confunderis[7]) in exitu tuo. Dominatorem celi ne temptes sicut qui incaute sui curam abiciunt, et habent fiduciam, quod mirificetur in eis potentia domini secundum dies antiquos. Ad hec sume tibi eruditionem a disciplina[8]) contemplationis, quam annuntiavi a domino, et consolare[9]) abiectionem tuam in ea. — Consedentibus nobis in capitolio[10]) ad audiendam lectionem regule in festivitate sancte Marie Magdalene,[11]) astitit coram me dominus meus, et presentem sermonem[12]) congruo fine complevit,[13]) dicens: Nunc attende o homo, qui in solitudine vitam[14]) ducere elegisti, et voluptatibus seculi renuntiasti, qualem fructum afferas. Sunt enim aliqui hominum, qui plus amant solitudinem propter libertatem proprie voluntatis, quam propter fructum boni operis, quod si in bono perseveraris, condonabit tibi dominus, quod oculus non vidit, nec auris audivit (folio 114 r) nec in cor hominis ascendit. Quod[15]) vobis prestare dignetur, qui vivit et regnat deus per infinita secula seculorum. Amen. —

De titulo libri huius.[16]) — Cum adesset[17]) festivitas beati Jacobi apostoli[18]) in prima vespera apparuit angelus domini coram me. Feci itaque, sicut suggesserat mihi conscriptor sermonum istorum, ac petii ab eo, ut titulum, qui in capite libri huius scribendus esset, pronuntiare dignaretur. Qui continuo peticioni mee assentiens ait: Hic est liber viarum dei, qui annuntiatus est ab angelo dei altissimi Elisabeth ancille Christi et dei vivi, in quinto anno visitationis eius, in quo visitavit eam spiritus domini ad salutem omnium, qui paternas admonitiones[19]) dei grata[20]) benedictione percipiunt. Et erat in anno dominice incarnationis mill. C. L. VI. —

(XVIII.) — Sermo nonus de via adolescentum et iuvenum.[21]) — Mense Augusto quinta die mensis mane post vigilias matutinas cum essem cubans in lectulo meo neque adhuc somnum cepissem, subito apparuit coram me [1]) angelus domini, et presentis libri nonum [2]) sermonem initiavit his verbis: [3]) Ecce ego habeo aliquid ad vos dicendum, qui in iuventute positi estis quasi lilium, quod ante solis ortum clausum erat, et quando sol splendet in virtute sua, aperit se et delectatur in ardore solis. Sic ergo est homo et sic floret caro eius in iuventute sua, et delectat mentem suam multis modis tactus ac resolutus ab innati caloris blandimento. Audite (folio 114 v) itaque filii et percipite in verbis ministerii mei vocationem optimi patris vestri de celo, qui dabit vobis locum dulcissime amenitatis ante solium glorie sue, si elegeritis ambulare in consiliis eius. Discite inprimis timere dominum celi, et assuescite incurvari sub iugo timoris eius ab inicio adolescentie vestre. Ecce preparavit in inferno crudeli ignem et [4]) sulphur, et flagella multa nimis, et morsus amarissimos horrendorum spirituum facientibus mala pusillis et magnis, [5]) et nulli parcit etati. Propterea dico vobis: Discite continere vos ab omni opere malo, et custodite innocentiam vestram tanquam aurum electum, cuius precium et decorem adhuc ignoratis. Cum autem senuerit intellectus vester, tunc cognoscetis et gustabitis ex ea fructum leticie, quam nemo novit, nisi, qui accipit. [6]) Consilium domini est filioli mei, quod dico: Ecce in sinu vestro est thesaurus desiderabilis, et preciosus [7]) super omnes divitias mundi, hoc est virginitatis gemma; beati eritis, si custodieritis eam. Rem tam preciosam nolite proicere in lutum, neque pro vili delectamento, quod est unius momenti commutetis eam, quia semel abiecta amplius inveniri non potest. Ipsa est fraternitatis nostre in celo proprium signum. [8]) et propterea singulariter in eis delectamur in terra, quos titulo nostro signatos esse videmus. Quod si placuerit anime vestre custodire eam, attendite vobis, ut non inquinetis eam in negligentiis levitatis vestre. Declinate cum [9]) pavore cordis ab irritamentis (folio 115 r) inmunditie, et fugite confabulationes, et collusiones adolescentularum, et corruptoribus earum nolite sociari. Custodite os vestrum ab impudico sermone, et declinate aurem vestram ab eo, et ab omni turpitudine oculos vestros et manus abstinete. Audite et intelligite scripturam sapientis, que dicit: Felix sterilis incoinquinata, [10]) que nesciunt thorum in delicto, habebit fructum in respectione animarum sanctarum. Et spado, qui non operatus est per manus suas iniquitatem dabitur ei fidei donum electum, et sors in templo domini acceptissima. De hac scriptura cum requisissem ab eo, [11]) cuius esset, ait: Spiritus sanctus per os sapientis eam locutus est. Statimque ab oculis meis ablatus est neque amplius interrogari se concessit. Post hec rursus adiecit et dixit: Adhuc addam [12]) loqui fratribus et conservis meis [13]) admonitiones patris eorum. Filii adducite vobis in consuetudinem mores sanctitatis in floribunda etate vestra, quos in tempore maturitatis vestre possitis exercere. Aptate in hoc mores vestros, ut sitis verecundi, mites et[1]) sobrii, humiles et[2]) misericordes et patientes estote ad correptionem, et doctrinam sapientium diligite et investigate. Fugite verba mendacii et malicie, et scurrilitates,[3]) furta, commessationes, et rixas, et ludos, quos avaritia adinvenit, et eos, qui prestant occasionem inmunde voluptati. Expedit et vobis orationi frequenter intendere, quia tanquam[4]) suavitatis incensum est in celo oratio de inmacu- (folio 115 [b]) lata conscientia procedens. Supplicate creatori vestro, ut inmaculatos vos custodiat ab hoc seculo, et nolite sperare in longiturnitate vite presentis, quia incertus est exitus vester. Hec est vie vestre[5]) pulchritudo, o adolescentes et iuvenes inmaculati, ambulate in ea,[6]) et eritis filii amabiles domino, et similes angelis dei in celo. Ad quorum societatem deducere vos dignetur Jesus Christus, dominus noster,[7]) qui est benedictus et laudabilis cum patre et spiritu sancto in sempiterna secula. Amen. —

(XIX). — Sermo decimus de via infantum.[8]) — Cum esset completus per angelum sermo[9]) precedens in vigilia assumptionis sancte deigenitricis Marie[10]) rursus in ipso die festo in tempore divini officii visitavit me,[11]) et ait: Ecce adhuc nolo[12]) consummare sermones meos, quoniam adhuc locus est et habeo aliquid breviter dicere ad infantes, qui nesciunt se custodire propter ignorantiam. Propter quod oportet admoneri matres eorum, ut custodiant eos cum timore dei castos et inmaculatos, ne forte pereant. Ad hec ego subiunxi interrogans et dicens: Quid est domine, quod dixisti castos et inmaculatos? Quid facere possunt infantes, unde[13]) castitatem suam[14]) commaculent? Nonne et[15]) siquid delinqunt, ignorantia eos[16]) excusat?

Et ait: Castitatem suam verbis inmundis sépe coinquinant, et operibus, qualia et ipsi perficere possunt. Et quamvis per ignorantiam faciant, tamen sine reatu non sunt, et penam omnino non evadunt[17]) de hac vita migrantes, quia (folio 116 [r]) neque ab aliquo sunt castigati, neque per se ipsos penitentiam delicti habere sciebant. Propterea castigari deberent a parentibus[18]) pro delictis suis, quia sicut mala facere assuescunt, ita et bona facere discerent[19]) si per castigationem ad hec[20]) nutrirentur. Quod autem dixi inmaculatos, pro eis dixi, qui cum paululum de septennio exierint, tunc amplius se commaculant pravis[21]) operibus, quia plus noverunt cogitare de malo, quoniam non sunt prohibiti ab eo. Nam et ipsi, in[22]) quantum possunt, operantur opus impuditicie, ita ut germanitate coniuncti sepe copulentur, nescientes, quid faciunt. Tales igitur si de hac vita migrant, magnas penas sustinent, quousque purificentur, quia nulla omnino macula in regnum dei potest intrare[23]). Hoc ergo est illorum[24]) perire, de quo[25]) supra dixi. Tanto autem gravius ac diucius[1]) puniuntur,[2]) quo minus orationibus, et elemosinis amicorum adiuvantur, pro eo, quod eis indigere non creduntur. Dico ergo vobis parentibus, et quicunque parvulorum custodiam habete: Attendite, quomodo in magna cautela eos custodiatis, quia in vos redundabunt delicta eorum, si neglexeritis eos. Prona est per se omnis caro in malum, et idcirco nolite enutrire eos in vanitatibus estris, neque inclinetis eos[3]) ad ebrietatem et fabulationes vanas et pravas, neque ad superbiam inducatis eos per delicatam educationem. Prohibite eos a verbis impudicis et conviciosis, et obsceno cantu, et lusibus malis, et rixa, et vaga- (folio 116 v) tione incauta. Ne rideatis super delictis eorum, sed magis in[4]) virga mansuetudinis et verbis correptionis ab omni malo absterrete[5]) eos, quia contumaces erunt, si proprie voluntati[6]) relinquantur. Incipite autem ab ipsa aurora etatis eorum flectere eos ad timorem domini, et inicia sacre fidei, et orationes dei. et omne, quod ad mores bonos[7]) pertinet, auribus eorum frequenter instillare curate. Consummavit autem hunc sermonem in octava assumptionis[8]) adiectione verborum istorum: Nunc autem filii karissimi, quam pulchra est via vestra, currite in ea. O quam amabilis est pater vester, quam preciosum est premium vestrum in regno celorum. Quod vobis[9]) prestare dignetur filius, qui manet in patre, et pater in filio manens cum spiritu sancto in secula seculorum Amen.[10])

(XX). — Cum essent pene consummati sermones libri huius, in festivitate apostolorum Petri et Pauli[11]) ante horam divini officii fui orans in secreto, et apparuit in conspectu meo angelus domini et locutus est audiente me verba hec: Treverensi episcopo, et Colonie et Magontie episcopis. Annuntiatum sit vobis a domino deo magno et tremendo, et ab angelo testamenti libri huius, ut hec verba, que inveneritis in presenti libro, annuntietis Romane ecclesie totique populo, et omni ecclesie dei. Emendate vosmet ipsos et convertimini ab erroribus vestris, et nolite indigne accipere ammoni- (folio 117 r) tionem[12]) sacram[13]) et divinam[14]), buia non sunt hec ab hominibus inventa. Dico autem vobis ex nomine, quoniam in ista provincia nomen religionis habetis. Legite et audite[15]) ammonitiones divinas, et suscipite[16]) eas placida mente, et nolite arbitrari, hec esse figmenta mulierum, quia non sunt, sed sunt a deo patre omnipotente, qui est fons et origo omnis bonitatis. Quod autem vobis dico, ceteris omnibus dico. —

Liber revelationum Elisabeth de sacro exercitu virginum Coloniensium.

Capitulum I.[1])

(Folio 117 r) Vobis,[2]) qui pios affectus[3]) ad ea, que sancta sunt, geritis, ego[4]) Elisabeth famula ancillarum domini, que sunt in Sconaugia, aperio ea, que mihi per gratiam dei revelata sunt de illa virginali exercitu sancte Ursule Brittannice regine, qui in suburbio Coloniensis civitatis pro Christi nomine in diebus antiquis martirium passus est. De his enim me silere non permittunt quidam bone opinionis viri, qui ad hec investiganda diutina me postulatione multum renitentem compulerunt. Scio quidem, quoniam et hinc[5]) sumpturi sunt occasionem flagellandi me linguis (folio 117 v) suis hi qui[6]) adversantur gratie dei in me, sed voluntarie id[7]) sustinebo, quia aliquid mercedis me recepturam spero, si tot martirum honor aliquid incrementi acceperit[8]) ex his, que per meos labores dominus de eis[9]) revelare dignatur. —

(II.) — Quando complacuit domino misereri super martires suas preciosas, que per multa tempora iacuerant sine honore sub pedibus hominum et iumentorum secus muros urbis Colonie, accidit, ut viri quidam ibidem[10]) manentes accederent ad locum martirii earum, et aperirent multa monumenta sanctorum corporum, atque ea inde sublata transferrent ad loca religiosa, que erant in circuitu, sicut a domino fuerat ordinatum.[11]) Erat autem annus dominice incarnationis mill. cent. L. VI. his fieri incipientibus, et tenebat Romani imperii principatum Fridericus imperator, cathedre autem pontificali in Colonia presidebat Arnoldus secundus. Tunc inter ceteras una preciosa martir ibidem inventa est, in cuius sepultura titulus talis legebatur: Sancta Verena virgo et martir. Hec per manum venerandi abbatis nostri Hildelini inde in[12]) locum nostrum translata est, data ei a Tuiciensi abbate domino G.,[13]) qui ad colligenda et honoranda illius sancte societatis corpora pia multum devotione fervebat. Que dum a conventu fratrum nostrorum, qui eam suscepturi erant, ad ingressum ecclesie expectaretur, ego in conclavi nostro residens, antequam de ad- (folio 118r) ventu eius[1]) quicquam audissem, testimonium sanctitatis eius tale accepi a domino. Veni in mentis excessum, et vidi in via, per quam sacra ossa ferebantur, quasi flammam candidissimam habentem formam globi, quam antecedebat angelus speciosus nimis, habens in manu una[2]) thuribulum fumigans, in altera vero candelam ardentem, sicque pariter in aere leni[3]) meatu migrabant usque intra ecclesiam. Cunque die altera in eius veneratione missarum sollempnia celebrarentur,[4]) fui in spiritu, et apparuit mihi eadem virgo stans in celesti claritate mirifice coronata, et palma victorie gloriose adornata. Ego igitur eam alloquens interrogavi, an vere ita esset nomen eius, sicut relatum nobis erat, pariterque sciscitata sum de nomine cuiusdam martiris, cuius corpus absque certo nomine cum ipsa erat allatum. Et respondit dicens: Ita est nomen meum, ut audistis. Pene tamen per errorem aliter scribi debuerat, sed ipsa ego[5]) scribentem prohibui. Venit autem mecum Cesarius martir, et quando introivimus in hunc locum, intravit pax nobiscum.[6])

(III.) — Rursus die altera, cum de eodem martire divinum officium celebraretur,[7]) apparuit et ipse mihi in gloria magna.[8]) Et cum ab eo requisissem, cuius officii in seculo extitisset, et qua occasione cum illis virginibus martirium subisset, ait: Miles fui in seculo, filius matertere huius sacre virginis, cui nunc adiunctus sum. Dilecta valde mihi erat (folio 118 v), ideoque cum egrederetur de terra sua, comitatus sum eam. Ipsa vero ad martirium suscipiendum[9]) me confortavit, et ego videns constantiam eius[10]) in passione, simul cum ea passus sum. Fuerunt autem longo[11]) tempore ossa nostra ab invicem separata, et nunc impetravimus a domino, ut sic coniungerentur. Hoc igitur sermone in magnam dubitationem adducta[12]) sum. Existimabam enim, quemadmodum opinantur cuncti, qui legunt historiam Brittannicarum virginum, quod absque virorum comitatu peregrinata fuerit illa beata sodalitas.[13]) Preterea[14]) et aliud quiddam comperi,[15]) quod nichilominus hanc opinionem vehementer infirmabat. —

(IIII.) — In tempore eodem, quo predicti duo martires inventi sunt, reperta sunt inter sepulturas[16]) virginum multa corpora sanctorum episcoporum atque aliorum magnorum virorum, erantque in monumentis singulorum[17]) repositi lapides habentes titulos sibi inscriptos, ex[18]) quibus dinoscebatur[19]), qui aut unde fuissent. Horum precipuos ac maxime notabiles transmisit ad me ex supradicta urbe prefatus abbas, sperans aliquid mihi per gratiam domini de eis posse revelari, et cupiens certificari per me, utrum credendum eis esset, an non. Habebat quippe[20]) suspicionem de inventoribus sanctorum corporum, ne forte lucrandi causa titulos illos dolose conscribi fecissent. Quales autem fuerint tituli illi, et quid de eis michi revelatum sit, in presenti sermone per (folio 119 r) diversa loca oculis legentium anteponere curavi, ut hinc animadvertatur, quam digne a fidelibus Christi omni honore prosequenda sit illa sancta sodalitas, quam tam sublimium personarum comitatu divina paternitas honorare dignata est. —

(V.) — Eram aliquanto tempore cogitans mecum [1]) super his, que dicta sunt, et desiderans accipere a domino revelationes, [2]) que expetebantur [3]) a me. Et factum est, ut superveniret festivitas beatorum [4]) apostolorum Symonis et Jude. [5]) De quibus dum officium misse celebraretur, [6]) venit super me quedam passio cordis, quam pati solebam, quando primum mihi [7]) revelari inceperunt misteria dei. Cunque diu fatigata fuissem, veni in extasim, et sic quievi. Cum ergo in spiritu meo, sicut mos michi est, celum [8]) intuerer, vidi supradictos martires de loco claritatis, in quo visiones sanctorum videre soleo, longe in inferiorem aërem procedentes, eosque fidelis [9]) custos meus angelus domini precedebat. Quos ego ita, ut eram in spiritu, allocuta sum, dicens: Magne benignitatis vestre hoc est domini mei, quod nunc ita me visitare dignamini, cum nichil servitii vobis exhibuerim. Ad hec beata Verena [10]) ita respondit: Sensimus, quoniam multum nos invitavit [11]) desiderium cordis tui, et propterea [12]) venimus visitare te. Tunc interrogans dixi: Domina mea, quid hoc sibi vult, quod in loco martirii vestri etiam corpora episcoporum sepulta (folio 119 v) inveniuntur? Et nunquid credendum est [13]) superscriptionibus titulorum, qui in quibusdam lapidibus illic reperiuntur? [14]) Et quis fuit scriptor eorum? Et dixit ad me: Ante multa tempora ad hoc ipsum preelegit te deus, ut ea, que hactenus de nobis incognita fuerunt, per te faceret manifesta. [15]) Propterea noli ferre moleste, quod ad hec inquirenda quorundam precibus sollicitaris. Sit autem iniunctum tibi, ut omni tempore vite tue per singulos annos in vigilia passionis nostre in pane et aqua ieiunes, aut si hoc [16]) inplere non potes, unius misse celebratione redimi te facias, quatinus tibi revelare dignetur dominus ea, que de nobis manifestare disposuit, et ut tu nostro consortio quandoque adiungi merearis. Post hec cepit loqui ad me sermones istos in magna vultus sui hilaritate dicens. —

(VI.) — Quando primum in patria nostra congregari incepimus, sacra fama nostra late dispersa est, et multi ad spectandum [17]) nos undique confluxerunt. Contigit autem deo ordinante, ut etiam quidam episcoporum Brittannie nobis adiungerentur, atque in nostra societate mare transeuntes usque Romam nobiscum pervenirent. In quo itinere et beatus Pantalus Basiliensis episcopus nobis associatus est, et usque ad [18]) Romam nos perduxit, factusque est nostre passionis [1]) socius. Huius titulus talis erat: S a n c t u s P a n t u l u s, B a s i l i e n s i s e p i s c o p u s, q u i v i r g i n e s s a c r a s c u m g a u d i o s u s c e p t a s R o m a m p e r d u x i t, u n d e [2]) (folio 120 r) r e v e r s u s C o l o n i a m p e r- v e n i t, i b i q u e c u m e i s m a r t i r i u m [3]) s u s c e p i t. Post hec obieci dictis eius illud, quod in historia ipsarum legitur, videlicet quod cum esset beata Ursula quasi ludens in mari secundum consuetudinem suam cum associatis sibi virginibus, ductis plus solito in altum navibus, quas ipse virgines gubernabant, repentino vento aspirante cuncte naves a finibus illis ablate sunt, neque ultra redierunt illuc. Juxta hec etenim verisimile est, quod absque virorum comitatu perrexerint. [4]) Ad hec ita respondit: [5]) Pater beate Ursule rex Brittannie Scottice, Maurus nomine, vir fidelis, conscius erat voluntatis filie sue, et quod [6]) de ea deus ordinasset, cognoscebat, [7]) quemadmodum et ipsa, atque hoc quibusdam, quos familiares habebat, detexit, acceptoque consilio caute pre- ordinavit, ut filia sua, quam tenerrime diligebat, viros, quorum solatio tam ipsa quam exercitus eius indigebat, in comitatu suo discedens haberet. —

(VII.) — Excellentium titulorum, [8]) qui maxime notabilis erat, hunc habebat modum: S a n c t u s [9]) C i r i a c u s p a p a R o m a n u s, q u i c u m g a u d i o s u s c e p i t s a n c t a s v i r g i n e s, e t c u m e i s C o l o n i a m [10]) r e v e r s u s m a r- t i r i u m s u s c e p i t. Et alius secus hunc repertus est talis: S a n c t u s V i n c e n t i u s p r e s b i t e r c a r d i n a l i s. De quibus cum beatam Verenam interrogassem, ait: In tempore, quo ingresse sumus urbem (folio 120 v) Romam, presidebat apostolice sedi vir sanctus nomine Ciriacus. Hic egressus fuerat de finibus nostris, et cum esset vir prudens et nobilis, omni- busque [11]) acceptus, sublimatus erat in apostolicam dignitatem, iamque [12]) per annum integrum et undecim septimanas Romanam ecclesiam rexerat, eratque in numero Romanorum pontificum decimus nonus. [13]) Qui cum nos advenisse audisset, letatus est cum omni clero suo, et in magna honorificentia nos suscepit. Habebat quippe cognatas quamplures [14]) inter nos. Nocte vero, que proxima erat post adventum nostrum, revelatum est ei a domino, quod relicta sede apostolica nobiscum esset profecturus, simulque martirii palmam nobiscum [15]) accepturus. Ipse vero erat celans apud se revelationem hanc, deditque sacri baptismatis benedictionem multis sodalium nostrarum, que nondum erant renate in Christo. Cunque oportunum tempus accepisset, mani- festam fecit voluntatem suam, atque in conspectu totius ecclesie resignavit officium dignitatis sue, reclamantibus cunctis, precipue cardinalibus, qui velut deliramentum arbitrabantur, quod quasi post fatuitatem muliercularum declinaret, nescientes ammonitionem divinam, que eum urgebat. Ipse autem constanter in proposito suo permanebat propter amorem virginitatis nostre, nam et ab infantia sua ipse inmaculatam virginitatem custodierat in se ipso. Ab illo ergo tempore omnem gratiam, quam in conspectu Romane ecclesie (Folio 121 r) prius habebamus, amisimus, et obscuri nobis facti sunt,[1]) qui prius applauserunt nobis. Ipse autem venerandus pater noster beatus Ciriacus non prius ab urbe egressus est, donec ipsius consilio alter ei nomine Anterus substitutus est. —

(VIII.) — Post hec, cum perspexissem catalogum Romanorum pontificum, neque usquam nomen sancti Ciriaci illic reperissem,[2]) rursum interrogavi beatam Verenam, cum se michi die[3]) quadam presentasset, quare inter ceteros Romanos presules asscriptus non fuisset. Et dixit, hoc[4]) ex indignatione cleri accidisse, pro eo, quod in ordine dignitatis sue usque ad finem permanere noluisset. —

(IX.) — Rursus die alia,[5]) cum eam interrogassem de quodam Jacobo, cuius nomen in sepultura eius absque omni adiunctione scriptum inventum est, visa mihi est[6]) quodammodo gratulari super interrogatione mea, responditque mihi hilariter dicens: Fuit in tempore illo quidam nobilis pater venerabilis vite Jacobus archiepiscopus, qui de patria nostra in Antiochiam peregre[7]) profectus fuerat, ibique ad honor em presulatus ascenderat, et septem annis rexerat ecclesiam illam.[8]) Hic cum audisset, beatum Ciriacum sue gentis virum Rome in apostolicam dignitatem sublimatum, venerat visitare eum, iamque nobis advenientibus nuper de urbe fuerat egressus. Quod cum nobis indicatum fuisset, missus est velociter nuntius ad revocandum eum, et inventus est in castello quodam, quod erat remotum a Roma duabus (folio 121 v) dietis. Cunque audisset de adventu nostro, continuo reversus est ad nos, et factus est socius itineris nostri, et particeps passionis nostre in Colonia. Habebat autem et ipse neptes aliquas[9]) in nostra[10]) societate. Hic exhortante beato Ciriaco papa, cum esset vir prudens, magnam diligentiam adhibuerat, ut sciret nomina sororum nostrarum, atque ea ex magna parte[11]) cum interempte fuissemus,[12]) lapidibus inscripta corporibus nostris adhibuit. Sed antequam hoc perficere potuisset, deprehensus est ab impiis in hoc opere, et trucidatus est in medio nostri. Hinc est, quod quedam ex nostris titulate inveniuntur, quedam autem[13]) non. In ipsa autem hora passionis sue, cum iam feriendus esset, hoc solum a percussoribus postulavit, ut tantum differretur passio eius, quousque sui ipsius nomen lapidi posset inscribere; et concessum est ei. Interrogavi etiam de die passionis eius, quia non erat credibile secundum narrationem hanc, quod eodem die, quo virgines passe sunt, ipse quoque fuisset interemptus. Ad hoc quoque ita respondit: Post diem passionis nostre tercia die passus est ab eodem tyranno, qui beatam Cordulam interemit. —

(X.) — Addidit etiam de quodam martire, cuius titulus[1]) erat: Sanctus Maurisus[2]) episcopus, et ait: Adiunctus est etiam nobis[3]) beatus Maurisus[4]) episcopus, cum adhuc Rome essemus. Hic fuerat episcopus in Lavicana annis duobus,[5]) habens et ipse originem de patria nostra, filius cuiusdam comitis de genere[6]) magnorum prin- (folio 122 r) cipum, eratque avunculus duarum virginum Babile et Juliane, cum quibus sepultus inventus est. Fuit autem vir sanctissime vite, et virtutem magnam habebat predicatio eius,[7]) eratque maximum ei[8]) studium, ut quicunque infidelis sive Judeus sive gentilis ad eum venisset, non discederet ab eo, quousque sacri baptismatis aqua eum lavisset, et ita recte officio eius nomen Lavicane congruebat. Hic[9]) secum[10]) adduxit ad nos beatum Claudium Spoletanum, quem ipse in diaconum ordinaverat, et Focatum adolescentem laicum, fratrem eius, qui nondum ad miliciam fuerat promotus. Hi duo adheserunt episcopis nostris et diligenter eis ministraverunt, et martirium cum eis[11]) subierunt. Hec dicebat, quia et de his ab ea[12]) fueram[13]) sciscitata propter titulos eorum, quos videram. Adiecit etiam ultro dicens: Cuncti episcopi, qui in itinere nobiscum fuerunt,[14]) segregatas a nobis mansiones habebant, sed in diebus dominicis in medium nostri venire solebant, confortantes nos divino sermone, et dominici sacramenti communione. Habebam quodam tempore desiderium interrogandi de duobus episcopis, quorum titulos acceperam, talem habentes formam:[15]) Sanctus Foilanus,[16]) Lucensis episcopus, ab apostolica sede missus, hoc in loco fuit occisus, et ferro peremptus, et cum istis virginibus est sepultus. Item: Sanctus Simplicius, Ravennensis[17]) episcopus. Et factum est, ut quadam die ageremus memoriam beate virginis domine nostre sancte Marie, et[18]) ostendit mihi faciem suam secundum solitam benignitatem. Cunque mecum (folio 122 v) plurima verba contulisset, interrogavi eam de eis episcopis, et ait: Hi duo in tempore illo profecti fuerant[19]) Coloniam, et inde revertentes obvium habuerunt[20]) sacrum exercitum, sicque associati sunt pape et clero, qui illic erat,[21]) et cum eis iterum[22]) redeuntes, palmam martirii cum eis adepti sunt. —

(XI.) — Rogata eram, ut investigarem de titulo cuiusdam venerabilis monumenti, quod intitulatum erat hoc modo: Hic iacet in terris Etherius, qui vixit[23]) annos viginti quinque fideles, in pace recessit, et subscriptum erat capitalibus litteris: Rex, et erat figura: R. grandis atque ita[24]) disposita, ut in ea notari possent due littere scilicet: P. et R., erantque due littere E. et X. in sinistro latere figure eiusdem, in dextro autem latere capitale A. scriptum erat. Itemque in lapide quodam iuxta invento scriptum legebatur: Demetria regina. Interrogavi igitur beatam Verenam de his, simulque de infantula quadam, que iuxta inventa est, habens titulum: Florentina puella. Et respondit michi ad omnia dicens: Etherius rex sponsus fuit sancte Ursule regine. Demetria vero fuit mater Etherii, Florentina autem soror eiusdem. Et addidit ultro dicens: Narrabo etiam tibi, quid significet[1]) A. littera, que[2]) titulo regis asscripta est. Sume tribus vicibus eandem A. literam[3]) et adiunge ei tres litteras: X et[4]) P. et R. et habebis Axpara, quod est nomen cuiusdam ducisse, que in vicino reperta est. Fuit autem filia matertere Etherii, magneque[5]) dile- (folio 123 r) ctionis vinculo ei astricta.[6]) Quod[7]) significare voluit tituli scriptor, cum ita admiscuit nomen eius nomini regio.[8]) Hoc manifestius tunc[9]) exprimi non oportebat, quia futurum erat, ut per te hec omnia manifestarentur.[10]) —

(XII.) — Cum ergo essem mecum admirans super his, et cogitans omnino incredibile esse secundum tenorem hystorie, quod et sponsus sancte Ursule huic martirio interfuisset, obtulit michi quadam die speciem suam angelus domini, qui me visitare consuevit. Et interrogavi eum dicens: Domine! quomodo factum est, ut etiam adolescens ille. qui beatam Ursulam desponsasse legitur, ei in passione iungeretur, cum scriptum sit, ipsam a connubio eius per fugam se abstraxisse? Et ait: Cum reverteretur a Roma exercitus beatarum virginum, in ipsa nocte, qua sexti[11]) diei iter consummatum erat, Etherius rex, qui erat manens in Brittannia Anglica[12]) per visionem in domino admonitus est, ut matrem suam Demetriam hortaretur fieri Christianam. Nam pater eius, cui nomen erat[13]) Agrippinus, in primo anno, quo ipse baptismatis susceperat gratiam, a[14]) vita decesserat.[15]) Simulque annuntiatum est ei, quod egressurus esset de terra sua, et venturus in occursum sponse sue, que iam erat a Roma regrediens, quodque in urbe Colonia cum ea passurus esset, et inmarcescibilem coronam a deo[16]) accepturus. Qui confestim divine admonitioni acquiescens, matrem suam exhortationi eius consentientem regenerari fecit in Christo. Assumptaque ea et parvula sorore sua Florentina etiam Christiana properavit in occursum be- (folio 123 v) atissime[17]) sponse sue et factus est ei socius in passione et in gloria celesti. Adhuc autem interrogavi dicens: Quid est domine, quod dicit titulus eius, vixisse[18]) eum viginti quinque annos fideles, cum ex hystoria habeamus, eum nondum suscepisse fidem Christianam, cum inciperet tractari de nuptiis eius et beate Ursule, et quod tribus annis ante nuptias debuisset imbui fide catholica? Et respondit: Quamquam hoc ita fuerit, tamen antequam fidem Christianam suscepisset, tam modeste tamque innocenter vixerat secundum statum vite illius, quam tunc gerebat,[1]) ut videretur scriptori tituli eius recte omnes annos eius[2]) fideles posse appellari.[3])

(XIII.) — Post hec de[4]) quodam sancto viro, cuius titulus erat: Sanctus Clemens episcopus et martir, per beatam dominam nostram quadam die cum michi loqueretur, instructa sum, quod prefatus rex de patria sua egrediens secum illum adduxerit. —

(XIIII.) — Item[5]) cum requisissem[6]) de quodam, cuius titulus erat: Sanctus Marculus episcopus in Grecia, responsum tale ab angelo accepi. Fuit in urbe, que Constantinopolis dicitur, rex quidam Dorotheus nomine, de Sicilia oriundus, et nomen uxoris eius Firmindina, eratque eis filia unica dicta Constantia. Et factum est, ut morerentur parentes ambo, dum adhuc filia esset absque solatio mariti, et incognita viro. Desponsaverunt igitur eam proximi eius cuidam adolescenti alterius regis filio in coniugem, sed et ille ante nuptiarum tempus morte preventus est. Et letata est illa de absolutione sua, et vovit deo integritatem virginitatis sue, orans et petens, ut (folio 124 r) nunquam alligari eam permitteret alteri viro. Et accedens ad virum dei episcopum prefate urbis, ipsum, de quo interrogasti, qui secundum carnem erat avunculus eius, petiit ab eo consilium de custodia virginitatis sue, et ut in hoc esset adiutor eius instantissime postulavit. Qui dum circa hec[7]) sollicitus esset apud se, revelatum est ei nocte quadam per visionem a domino de sancta Ursula et exercitu virginum eius, quod in proximo Romam essent venture, dictumque[8]) est ei, quod assumpta nepte sua Constantia regina,[9]) festinus pergeret illuc, earumque societati pariter cum ea adiungeretur. Et credidit revelationi domini, assumensque illam spernentem regnum et omnia, que sunt huius mundi, propter dominum, venit Romam, cum nondum illuc venissent ille, de quibus revelationem acceperat. Cunque non post longum tempus advenissent, adiunxerunt se earum[10]) consortio, ut cum eis Coloniam venientes, martirium pro Christo susceperunt.[11]) Ipsa autem Constantia hec est, quam in proximo frater tuus in hunc locum advexit.[12]) Ad quod[13]) ita respondit[14]): Domine! Hec, que ab eo huc advecta est, ut dicunt, hoc nomen Firmindina in titulo suo habebat, et quomodo tu dicis, eam Constantiam fuisse appellatam? Et ait: Multi in temporibus antiquis cognominari solebant nominibus parentum suorum,[15]) ita ut vel binis aut[16]) ternis nominibus nuncuparentur. Unde et hec nomine matris sue Firmindine cognominata fuerat, et ex hoc forte accidit, ut quando scribendus erat titulus eius, hoc nomine scriberetur, et proprium nomen eius, quod erat Con- (folio 124v) stantia, negligeretur, quia res cum festinatione gesta est. Idipsum et aliis multis[17]) accidit, ut eadem occasione negligerentur nomina earum,[1]) et scriberentur[2]) eis alia, que propria non erant. —

(XV.) — Missus est et huiusmodi titulus ad me: Sancta Gerasma,[3]) que duxit virgines sacras.[4]) De qua ut interrogarem, sepe et multum rogata sum[5]) pro eo, quod magna et notabilis fuisse[6]) videretur, que tanti exercitus ductrix esse debuisset. Sed cum sepe oportunitatem et voluntatem interrogandi haberem,[7]) non est concessum mihi, quia[8]) labebatur a memoria mea interrogatio, ita ut mecum ipsa mirarer, cur ita eveniret. Tandem autem contigit, ut ipse, qui de ea interrogare me rogaverat, mitteret ad nos tria corpuscula sancta, que fuerant ex societate virginum prefatarum. Et erat post triduum festivitas beati[9]) Andree apostoli, et apparuit mihi ipse[10]) inter silentia misse, et cum eo martir unus valde gloriosus, et virgines due. Et intellexi, eos esse, quorum corpora venerant ad nos. Interrogavi igitur[11]) beatum Andream[12]) de nominibus eorum, quia omnino nesciebantur. Et dixit michi: Ab ipsis inquire,[13]) et dicent tibi. Quod cum fecissem, respondit una virgo et dixit: Ego Albina vocata sum, et hec, que[14]) mecum est, Emerentiana. Sorores secundum carnem fueramus, filie cuiusdam comitis, cuius erat[15]) nomen[16]) Aurelianus. Hic autem martir, qui nobiscum venit, Adrianus vocatus est, et erat filius regis, et cum esset decem annorum, passus est pro Christo martirium. Et dixi: Domina[17]): quomodo discernemus cor- (folio 125 r) pora vestra, quod cuius nominis sit[18])? Et ait[19]): Maximum meum est, minimum vero[20]) sororis mee, medium autem sancti Adriani. Et non adieci amplius eam interrogare. Posuit autem deus in ore duorum testium hoc verbum de nomine prefati martiris, quomodo[21]) et quod hoc esset nomen eius, et quod filius regis fuisset,[22]) eidem fratri, per quem allata fuerant corpora, in precedenti nocte per visionem fuerat revelatum. Post hec cum[23]) essem cogitans de eodem martire, et cupiens certius aliquid cognoscere de eo nocte quadam visum est mihi in visione somnii, quasi daretur michi liber aureis literis scriptus, et legi in eo sermonem magnum de ipso et de[24]) parentela eius, et qualiter cum quatuor sororibus suis egressus fuerit[25]) de terra sua, et quomodo cum eis martirium susceperit. Nomina autem earundem sororum, que ibi legebam, hec erant: Babila, Juliana, Aurea, et Victoria. Sed quamvis omnia sepe[26]) et diligenter in eadem visione legisse mihi[27]) viderer, tamen ordinem rei, sicuti erat, in memoria retinere non potui.

Post paucos autem dies aderat festivitas beati Nicolai,[28]) et cum de eo misse officium celebraretur,[29]) apparuit michi secundum solitam benignitatem, et rursum cum eo tres martires predicti. Rogavi igitur eum, ut de sancto Adriano aliquid certius mihi indicaret,[30]) pariterque tunc menti mee incidit, ut de sancta

Gerasma,[1]) de qua predictum est, sciscitarer. Et respondit mihi cum magna benivolentia, et ait: Sancta Gerasma, de qua interrogas,[2]) fuit regina Sicilie et vere erat de fideli radice Aaron, et habebat spiritum domini[3]) habundanter. Virum suum (Folio 125 [v]) Quintianum regem,[4]) cum esset[5]) primo tyrannus crudelissimus, convertit, et quasi de lupo agnum mansuetissimum[6]) fecit. Hic eam sumpserat de Brittannia, et erat soror sancti Maurisi[7]) episcopi et Darie, matris sancte Ursule regine. Tres habebat filios, et filias sex, et erat minimus in eis sanctus Adrianus martir, hic, de quo interrogasti; frater eius senior erat Dorotheus,[8]) rex Grecie, qui erat pater sancte Constantie, que ad vos delata est. Eo autem[9]) tempore, quo beata Ursula de sancto proposito suo cum patre suo[10]) occulte tractabat, pater eius magnam habens sollicitudinem illius negocii, direxit epistolam ad beatam Gerasmam, aperuitque ei voluntatem[11]) filie sue et revelationes, quas divinitus acceperant, ei detexit,[12]) et querebat audire consilium eius,[13]) quia sciebat, eam esse magne sapientie mulierem. Illa autem divina virtute inspirata, et intelligens, verbum exisse a domino, iter aggressa est cum quatuor filiabus suis: Babila, Juliana, Victoria et Aurea,[14]) et parvulo filio suo Adriano, qui amore sororum suarum ultro se ingessit peregrinationi, et relicto regno in manu unius filii sui et duarum filiarum,[15]) usque in Brittanniam navigavit. Eius[16]) itaque conciliis totus ille sacer exercitus virginum collectus et ordinatus est, et erat ductrix omnium in cunctis viis peregrinationis earum per consiliorum suorum gubernationem et ad ultimum cum eis martirium passa est. Hec cum dixisset, sensit, quia valde mirabar intra me de hac ordinatione, et ait ad me: Merito admiraris,[17]) quia omne hoc negocium divina dispositione[18]) mirabiliter ordinatum (folio 126 [r]) est. Et adiecit adhuc dicens: Preciosi valde sunt martires, quos misit dominus[19]) ad vos, propterea estote devoti ad exhibendum eis honorem et servitium, quia adventus eorum magne gratie principium est. —

(XVI.) — Quodam tempore a beata Verena, cum videndam michi se presentasset, sciscitata sum, sicut mihi a quodam fratre suggestum est, quisnam fuerit auctor martirii illius beati excercitus. Nam secundum considerationem narrationis, que de prefato papa in precedentibus facta est, nequaquam, sicut estimant nonnulli, Attila, rex Hunorum, illius presecutionis auctor extitit, sed multorum annorum spacio postea eius persecutio subsecuta est. Cui interrogationi ita respondit: Cum essemus Rome, fuerunt ibidem eo tempore duo principes iniqui, quorum nomina erant Maximus et Affricanus, qui videntes magnam esse multitudinem nostram, et multos confluere ad nos, et nobis associari,[20]) indignati sunt vehementer adversum nos, ac metuebant, ne forte per nos multum crescere ac roborari deberet religio Christiana. Unde cum explorassent iter nostrum, quo perrecture eramus, miserunt cum festinatione legatos ad quendam cognatum suum, nomine Julium, qui erat princeps gentis [1]) Hunorum, hortantes eum, ut educto exercitu suo persecutionem nobis inferret, ac deleret nos. Qui cito acquiescens voluntati eorum, cum armata multitudine egrediens, irruit super [2]) nos, cum venissemus Coloniam, ibique effudit sanguinem nostrum. —

(XVII.) — Sed nec hoc silendum, quod cum (folio 126 v) de corpore ipsius beate Ursule eam interrogassem, dixit: [3]) Non est levatum corpus eius unquam super terram, nisi in diebus istis, et vere illic est, ubi servatur superscriptio eius. — Et adhuc [4]) addidit dicens: Quod ita in his diebus [5]) manifestata sunt corpora nostra, orationes nostre impetraverunt a domino, qui iam ultra ferre non vult gemitus nostros, quos habebamus pro eo, quod tam negligenter abscondite eramus, neque aliquid digne [6]) laudis domino pro nobis exhibebatur. Futurum autem est adhuc ante novissimum diem, ut manifestetur totus exercitus noster. [7]) —

(XIX.) — Hec verba revelationum domini non meis quidem iustificationibus, sed meritis sanctarum virginum et martirum Christi [8]) impetrantibus per diversas festivitates sanctorum, sicut domino placuit, accepi, [9]) et infra anni unius [10]) spacium et paulo amplius consummata sunt. Et factum est completis pene [11]) cunctis sermonibus his, aderat festus dies passionis earundem [12]) sanctarum virginum undecim milium. [13]) Cumque interessem officio divino, [14]) perlecta evangelica lectione, veni in excessum meum [15]) solito more, et vidi in regione luminis, cuius aspectus pre oculis mentis iugiter mihi est, multitudinem copiosam spectabilium virginum coronatarum quasi auro purissimo, et in manibus earum similitudo palmarum choruscantium valde. Vestimenta earum candida et micantia apparebant [16]) in similitudinem nivis, cum irradiatur a splendoribus solis, et in frontibus earum rubor sanguineus in testimoni- (folio 127 r) um cruoris, quem in confessione sancta fuderunt. Apparuerunt autem et cum eis viri gloriosi perplures cum signis eisdem, [17]) inter quos etiam multi pontificali decore signiti [18]) prefulgebant. Habebam autem desiderium adhuc [19]) aliquid [20]) interrogandi [21]) de eis, sed propter multitudinem earum nesciebam, quam ex eis alloqui possem. Et confestim due earum vehementer [22]) insignes de cetu aliarum progredientes stabant seorsum [23]) ante alias [24]) aspicientes contra me. Et intellexi, quod propter me factum esset hoc, et allocuta sum eas dicens: Oro domine mee, ut dignemini michi indicare, que sitis, et que sint nomina vestra. Et ait una ex eis: Ego sum Ursula, et hec, que mecum stat, soror Verena est, filia patrui mei cuiusdam principis magni. Et aio ad eam, que mecum loquebatur, dicens:

Obsecro sanctissima domina, ut, quoniam tam multa michi indigne peccatrici de vobis per gratiam dei revelata sunt, tu nunc digneris rem consummare, meque velis expedire de modo sepulture vestre. Quinam illi fuerunt, qui in tempore tante persecutionis tam diligenter sacra ossa vestra[1]) composuerunt, tamque honestas vobis sepulturas exhibuerunt? Ad hec ita michi[2]) respondit. —

(XX.) — Fuit in Colonia in tempore illo quidam sacer pontifex plenus spiritu sancto, qui quartus post beatum Maternum ecclesiam dei[3]) illic gubernabat, nomine Aquilinus. Hic cum essemus regressure a Roma, iamque ad reversionem nos prepararemus, vidit demonstrante sibi deo[4]) universam multitudinem nostram ac totum ordinem passionis (folio 127 r) nostre,[5]) quam eramus suscepture, perspexit. Audivit etiam vocem dicentem sibi, ut ad sepelienda corpora nostra preparatus esset, et cuncta, que necessaria essent nostre humationi, cum festinatione conquireret. Dum autem circa hec sollicitus esset, venerunt ad eum duo illi[6]) pontifices, de quibus iam quedam audisti, videlicet Lucensis et Ravennensis,[7]) narraveruntque ei, quomodo per visionem eis fuisset revelatum a deo, se in loco illo[8]) martirium suscepturos, sed adhuc incertos se[9]) esse fatebantur, qualiter, aut qua occasione hoc[10]) esset futurum. Is autem, qui ab apostolica sede missus fuisse in titulo suo dictus est, a presule sedis apostolice consilium de itinere suo, antequam nos advenissemus, acceperat. Cum autem et ipsi[11]) a predicto presule Coloniensi eius visionem, quam de nobis viderat, audissent, rursus per viam, qua venerant, revertentes, obvii nobis facti sunt, sicque adheserunt nostre societati usque in finem. —

(XXI.) — Hec cum dixisset, subieci ego verba huiusmodi dicens: Scire velim domina mea, quam nominabilem[12]) causam habuerint contra vos adversarii vestri,[13]) ut trucidarent vos, ac specialiter de te ipsa certificari cupio, quali morte finieris vitam. Et respondit dicens: Impius ille tyrannus, qui fuit auctor nostre interemptionis, hoc et terroribus et blandimentis exigebat a nobis, ut sponsum nostrum, qui in celis est, dominum Jesum Christum negaremus, et suis suorumque amplexibus iungeremus.[14]) Sed non ob talem causam veneramus illuc, et constanter (folio 128 r) recusavimus consentire inique voluntati eius, et elegimus mori magis,[15]) quam a sponso nostro separari. Propter quod diversis cruciatibus desevierunt in nos; ego autem ictu sagitte in corde meo percussa sum. Nobis ergo omnibus in sanguine nostro iacentibus, venerandus[16]) ille presul, sicut preceptum illi[17]) fuerat, opus magne pietatis operatus est in nos, et cum magna[18]) diligentia et honore sepeliendi officium nobis impendit. Ipsi autem et his, qui cum ipso[19]) laborabant in nobis,[20]) affuit maiestas domini,[21]) et ministrabant eis[22]) angeli dei, et velociter impletum est opus sepulture nostre. Nos autem non distulimus rogare dominum pro eo, ut redderet ei mercedem laboris sui. Factumque est,[1]) ut cito post hec subtraheretur ab hac vita, deditque ei deus honorem singularem pro ea honorificentia, quam exhibuerat nobis. Non post multos autem dies completa humatione nostra, venit Clematius vir venerabilis, et tulit corpora quedam, que in loco quodam adhuc[2]) supererant,[3]) et sepelivit ea[4]) cum honore magno, sicut et ipse a maiestate domini premonitus fuerat. Et continuo subieci interrogacionem[5]) dicens: Nunquid domina[6]) hic erat ille Clematius, qui ecclesiam vestram dicitur construxisse? Et ait: Nequaquam, sed post longum tempus ille advenit. Et cum consummasset hos sermones, in fine adiecit dicens: Ei, qui renovavit[7]) passionem nostram, reddat ei[8]) deus mercedem operis sui. Et nunc ei, qui absconditorum est cognitor, et, quibus vult, ea revelat, non accipiens personam magnorum, neque despiciens hu- (folio 128 v) militatem parvulorum, benigno et misericordi domino sit honor et gloria et gratiarum actio in secula seculorum. Amen.[9]) —

(XXII.)[10]) — Senior dierum bonorum vir domini V. venerande pater Steinveldensium[11]) fratrum, vobis servus vester, E. Sconaugiensis monachus denuntiat verba hec. Quod diu a me postulastis hoc perficere sollicitus fui frequentius a vestra commonefactus dilectione, quam allocutione. Rogavi siquidem ancillam domini El.[12]) habentem, sicut certa cognovimus experientia, gratiam revelationum sanctarum, ut revelari sibi a domino postularet de sancto Potentino, cuius servatur corpus in ecclesia Steinveldensi, quisnam fuisset aut qualis extitisset sanctitas eius aut sociorum eius, qui ibidem repositi sunt, quia nichil certi adhuc vos de illis comperisse fatemini. Rogavi inquam immo multum et diu renitentem propter linguas detrahentium, magna instantia coegi, et qui absconditorum est cognitor, per eam michi, quod querebam aperuit. Hec sunt igitur verba, que fidelis angelus domini visitator predicte famule dei per diversas temporum vices iuxta quod interrogatus est ab ea super his, que dicta sunt, ei respondit, et ea, que sunt de prefato viro dei sociisque eius benivole revelavit. Fuit, inquit, Potentinus filius regis Gallorum Antimii, tyranni atrocis et increduli, cuius regia sedes erat in urbe Parisiensi. Erat autem puer gratissime bonitatis et innocentis vite, et quamvis non esset Christianus, amabat tamen semper Christianos et frequentabat habitationes eorum, et doctrinam eorum scrutari et audire delectabatur. Propter quod sepe duras increpationes et castigationes a parentibus suis perpessus est, nec tamen ab illa sancta consuetudi (folio 129 r) ne se abstraxit. In tantum vero Christiane professionis amator factus est, ut etiam baptismi sacramentum ab eis susciperet, cum iam etatis sue quintum decimum ageret annum. Extunc itaque spiritu fortitudinis indutus cepit omnino se abstrahere a parentibus ac manifestius conversari inter Christianos et secessit ab urbe regie sedis in locum alium quasi itinere diei unius, ibique habitavit. Itaque confluentibus undique ad eum Christianis instantissime didicit ab eis scripturas divinas, et ibat proficiens omnibus modis ante deum, ita ut in modico tempore pre omnibus secum manentibus Christianis clarus fierit in sapientia dei et vite sanctitate. Magnas quoque virtutes per eum illo tempore dominus operatus est. Nam mulierem quandam, que paralisis morbo amplius quam per annos quinquaginta laboraverat, et iugiter in lecto egritudinis detinebatur, sola oratione et manus impositione reddidit sanitati. Similiter et virum in eadem infirmitate annos triginta habentem curavit. In ordinibus quoque ecclesiasticis ascendens usque ad gradum levitarum promotus est, sed non usque ad presbiterii ordinem pervenit. Cum vero factus fuisset annorum triginta, electus est ad dignitatem episcopatus in quadam congregatione clericorum. Erant enim illo tempore in quadam civitate teutonici regni, que vocatur Monasterium, in regione Westfalia clerici in dei servitio congregati, numero quindecim. Horum quidam cum fuissent peregrinati in Gallia, viderant virum dei et noverant sanctitatem eius et sapientiam, et idcirco persuaserunt ceteris,[1]) ut hunc sibi eligerent in pastorem, et ita factum est, ut missis ex se legatis pro hoc eum diligentissime interpellarent. Cumque consensisset voluntati eorum, animatus consilio fratris sui Castoris, qui et ipse vir Christianus erat, aggressus est iter cum illis, habens (folio 129 v) secum in comitatu Castorem, sororemque suam Castrinam, sicut de eis ordinaverat deus. Iamque duorum expleverant iter dierum, cum innotuit sermo parentibus moxque patruus eorum, vir crudelissimus, qui ob Christiane fidei confessionem grave in ipsos odium habuerat, cum immani eos furore persequens irruit super eos et interfecit. In ipsum autem levitam dei Potentinum truculentius, quam in ceteros seviens non solum gladiis, sed et ictibus sagittarum multarum corpus eius atrociter confodit, et sic in confessione sancta gloriose consummatus est. Nec solum interfecti sunt cum eo Castor et Castrina, germani eius, sed et duo ex legatis, qui ad abducendum eum missi fuerant, videlicet, Simplicius et Felicius, quorum alter quidem id est Felicius clericus presbiter erat, alter vero laicus erat. Nam alii, qui simul cum illis aderant, per diffugium se a martirio subtraxerunt. Passi sunt autem sancti dei hiemis tempore III. Nonas Ianuarii. Hi autem, qui a martirio evaserant, abeunte persecutore ad locum martirii redeuntes corpora sancta ibidem sepelierunt, signantesque corporum loca reversi sunt in patriam suam, et quod factum fuerat fratribus indicaverunt. Post dies autem multos idem fratres permoti dilectione, qua sanctos dei viventes amaverant, ad eundem locum martirii eorum reversi sunt et tulerunt inde corpora eorum volentes ea transferre in ecclesiam suam. Cumque per descensum Moselle fluminis in redeundo iter agerent, et secus locum, qui Cardina dicitur, pervenissent, factum est occulto dei iudicio, ut sanctorum corpora miro modo gravia et inportabilia fierent, in tantum, ut a loco removeri nullatenus possent. Cum ergo diu casso labore fatigati fuissent hi, qui asportare ea conabantur, cesserunt voluntati divine, et sepultis ibidem martiribus abierunt. Sunt autem martires isti magne antiquitatis, nam ante tempora sancti Mauricii et sociorum eius passi sunt. (Folio 130 r) Hos sermones sancti angeli cum mihi retulisset ancilla domini suggessi ei, ut sciscitaretur ab eo, num in tempore sancti Maximini Treverensis episcopi fuisset beatus Potentinus, de quo dicta sunt hec, an non. Hoc autem feci propter quendam cantum, quem ostenderatis mihi ante aliquot dies, cum essem apud vos, ex quo datur intelligi, quoniam sic fuisset. Erat autem dies festus sancti Stephani protomartiris.[1]) quando interrogatura erat super hoc. Cumque infra celebrationem misse apparuisset ei angelus domini, quem interrogare cogitabat, stetit quasi cum indignatione avertens faciem ab ea. Ipsa autem indignationis eius causam ignorans vehementer super hoc contristata est, et postulavit cum anxietate a beato Stephano, qui in eadem hora ei apparebat, ut interveniret pro ea apud sanctum nuntium dei, qui irasci sibi visus est et repropiciaret ei faciem eius. Et post pusillum convertit faciem ad eam dicens: Frater tuus me et fratres meos offendit. Sciebat enim per historias, quoniam Thebea legio ante tempus sancti Maximini fuerat, et quando hanc interrogationem tibi iniunxit, fecit quasi temptans, an forte dicturus essem contrarium sermoni meo, quem dixeram de tempore passionis martirum predictorum. Et addidit dicens: Placatum me non habebitis nisi prius singulis ordinibus fratrum meorum singularem honorificentiam pro satisfactione exhibeatis. Eram post hec cupiens scire de beato Castore, utrum alicuius ecclesiastici ordinis fuisset, et de sorore eius Castrina, utrum coniugata fuisset, an virgo, et quali occasione adiuncti fuissent fratri suo beato Potentino, ita ut preter conscientiam patris ac matris aggressi fuissent iter illud, in quo martirium cum ipso perpessi sunt, simulque scire cupiebam, utrum aliquis nominabilis locus extitisset, in quo occisi sunt. Rogavi itaque famulam dei, ut etiam super his sciscitaretur. Non autem venit in memoriam (folio 130 v) ei, ut interrogaret de his usque ad festivitatem beati Laurentii martiris. Et factum est die illo, ut secundum consuetudinem suam eundum Christi martirem in visione spiritus sui videret tempore divini officii ac de his, que predicta sunt, eum interrogaret. Ipse autem benivole suscipiens verba interrogationis eius dicebat: Beatus Castor, cum esset vir Christianus et sacerdos et senior beato Potentino, non timuit frequentius accedere ad domum parentum suorum et sororem suam Castrinam virginem sepius de lege Christiana instruxit, et occulte eam baptizavit. Eo autem tempore, quo beatus Potentinus de terra exire cogitabat, hic pia calliditate impetravit a parentibus, ut educeret sororem suam prope ad suburbana quasi causa recreationis. Educta vero ea magis ac magis ab urbe se pedetemptim elongavit, ita ut subito fuga notari non potuisset, tandemque per noctem ab his, qui secum aderant, per fugam elapsi sunt, et usque ad fratrem suum beatum Potentinum pervenerunt, sicque pariter viam domini inierunt. Locus autem, in quo irruit super eos persecutor, nullius famosi nominis erat, sed erat iuxta locum ecclesia, que cognominabatur Rufa et post tempus martirii eorum bis ab infidelibus destructa est. Passi sunt autem in quodam loco ameno in declivio[1]) montis cuiusdam iuxta fontem, qui a populo cognominabatur Roel. Addidit quoque inter cetera dicens: Scito, quoniam levita dei beatus Potentinus celsi meriti est ante deum et gloriosus valde inter martires Christi. Eius itaque potenti suffragio vos dilectissime pater cum omni familia vestra semper adiuvari gratia divina concedat, ut sitis potentes conterere adversarias potestates in armatura spirituali, cui vos devovistis, et obtinere arcem regni desiderabilis et permanentis in secula seculorum. Amen. —

Die Papierhandschrift hat nach Folio 158 ᵛ ein Register der Capitel der Visionen und der Briefe, welches beginnt: Incipit registrum in libros visionum beate Elisabeth. Capitulum primum. — Wir lassen dieses 6 Blätter und 1 Spalte umfassende opus weg und bemerken nur den Schluss desselben auf Folio 164 ʳ: Transiit autem ex hoc mundo venerabilis et deo dilecta virgo XIIII kal. Iulii etatis sue anno XXXVI., visitationis autem sue anno XIII. Et requievit in pace VI. feria hora nona anno domini M. C. LXIV. —

Hierauf folgt die Bitte: Itaque o splendida Christo pulchra dei filio et omnibus angelis et archangelis grata, ut nostri meminisse digneris, quibus possumus precibus exoramus, ut nobis illi tribuat indulgentiam peccatorum, qui tibi omnium tuorum laborum tradidit palmam. Qui regnat cum patre et spiritu sancto. Cui est laus, honor, gloria et pietas in secula seculorum Amen. — D i c i t u r c o n s c r i p t o r s e q u e n t i s o p e r i s d o m i n u s E c k e b e r t u s.[2])

Omes, qui lecturi sunt verba libri istius etc., ut supra.[3]) —

Die Briefe der hl. Elisabeth von Schönau.

Liber VI. capitulum primum. [1])

(Folio 145 r). — Epistole Elisabeth, quas non ex humana premeditatione, sed divina inspiratione, cum esset indocta, [2]) pronuntiavit, loquens non verba sua, sed domini et sancti angeli eius.

Ex episcopatu Metensi de abbatia, que est in Busindorf [3]) venit monachus quidam in sacris litteris copiose eruditus visitare Elisabeth, et perscutari, que fecerat deus cum illa. Cumque ei vehementer congratulatus fuisset, et bonis consiliis eam fideliter instruxisset, rogavit discessurus, quatinus aliquando ab ea accipere mereretur epistolam eiusdem gratie, cuius erant [4]) cetera, que ab ipsa in spiritu fuerant pronuntiata, ex qua aliquid emendationis et bone consolationis mens eius recipere posset. Simul etiam petivit ab ea mitti epistolam abbati suo et fratribus de correctione eos admonentem. Que cum hoc divine gratie reverenter commendasset, ipsa nocte, que proxima erat post hanc peticionem, dum interesset matutinis, subito et ex inproviso pronuntiavit epistolam, quam predictus frater sibi mitti postulaverat. Similiter et tercia nocte post hec et aliam epistolam pronuntiavit, quam abbati suo et fratribus rogaverat mitti. Ex illo igitur tempore cepit habere gratiam pronuntiandi epistolas huiusmodi, quales hic descripte sunt. —

(II.) [5]) L. [6]) Christi servo E. [7]) gratiam dei. — Admoneo te amice dei, ut iuste gradiaris in via contemplationis, ad quam accessisti. Noli declinare ad dexteram neque ad sinistram, sed porrige illi manum, qui scit omne malum in bonum perficere. Dives enim es, sed modicus esto in omnibus divitiis tuis. Da gloriam deo, a quo est omnis sapientia, et noli altum sapere, sed time, quia nichil deest timentibus deum. Noli te exaltare, sed semper humiliare, quanto humilior eris, tanto sequetur te altitudo (folio 145 v) tudo glorie. Corrige vitam tuam totis viribus tuis, ut preparetur tibi corona glorie, quam tibi redditurus est deus in die sollempnitatis et leticie. Quam tibi prestare dignetur, qui in trinitate perfecta vivit et regnat per omnia secula. Amen. —

(III.)[1] — W. abbati de Busindorf E. gratiam dei. — Serve dei admonet te quedam divina inspiratio. Excitare et extende virgam pastoralem et percute fortiter, suaviterque dispone omnia circa oves tuas, quas regere et custodire suscepisti. Sequitur unusquisque cor suum declinantes a via contemplationis iniuste gradientes. Propter hoc non dabit deus vobis victui necessaria. Redite filii dei, filii lucis ad cor vestrum, et interrogate conscientias vestras, si aliquid in vobis est, quod non sit beneplacens coram eo, quem omnis terra tremiscit. Emendate vos in melius, habetis patrem, qui in altis habitat et humilia respicit. Nolite dare cordi vestro locum, ut evadat[2]) huc atque illuc. Spernite mundum et omnem ornatum seculi propter amorem domini, ut possitis videre regem in decore suo et auctorem vite, qui vos invitat ad convivia civium supernorum, ubi manet pater in filio et filius in patre cum spiritu sancto in secula seculorum. Amen.

(IV.)[3] — Quedam parva scintilla emissa de sede magne maiestatis, et vox tonans in cor cuiusdam vermiculi hominis dicit. — H. archiepiscopo Treverensi. — Admonet te, qui erat et qui est et qui venturus est. Excitare in spiritu humilitatis et timoris domini dei tui. Extende virgam pastoralem super greges, quos suscepisti domino[4]) regere et custodire. Percute foriter et suaviter obsecrando, increpando, non quasi mercennarius, cuius non sunt oves proprie, sed quasi fidelis servus et prudens, quem constituit dominus super familiam suam. (folio 146 r) ut det illi in tempore suo tritici mensuram. Iterum admonet te idem dominus dicens: Redde rationem, quia defraudasti michi margaritas electas, et gemmas preciosas, que tibi misse fuerant de magne maiestatis potentia, proiecisti post tergum tuum, et noluisti obedire mihi. Nonne tu scis, quia dixi: Abscondisti hec a sapientibus et prudentibus et revelasti ea parvulis? Recipe et revolve volumen et invenies, que dixi, et que facta sunt. Sedes apostolica obsessa est superbia, et colitur avaricia, et cetera. Quod si non indicabis eis, que tibi revelata sunt, et ipsi in peccatis suis moriuntur, iudicium dei portabis.[5]) Et notum sit tibi,[6]) quod, qui electus[7]) est a Cesare, ipse acceptabilior est ante me. Quod si me timuerit et iudicium meum fecerit, dabo ei cor novum, et spiritum meum ponam in medio cordis sui.[8]) Nunc ergo attende et fac, que mihi placita sunt, et noli timere, quia ego tecum sum omnibus diebus vite tue, et non deseram te, sed dabo tibi locum nominatum in regno meo, ubi sonant iugiter organa sanctorum meorum,[1]) quod nemo scit, nisi qui accipit. Quem[2]) tibi prestare dignetur, qui est fons et origo totius bonitatis. —

(V.)[3]) — Venerabili abbati G.[4]) salutem anime sue et animarum fratrum suorum. — Admonet vos quedam parva[5]) scintilla emissa de sede magne[6]) maiestatis, et vox tonans in cor cuiusdam vermiculi hominis dicens: Gaudete cum leticia, sed non sine timore et tremore cordis, habetis enim inter vos quasdam stellas matutinales, radiantes in celo splendore clarissimo ante thronum divine maiestatis Estote imitatores dei et sanctorum eius, quasi boni emulatores, et custodite vos ab omni pravitate, et non sint inter vos superbia et invidia,[7]) et scismata, et alia vitia, que militant (folio 145 v). adversus spiritum,[8]) sed estote quasi modo geniti infantes rationabiles sine dolo. Nolite quicquam proprium possidere in hoc mundo, neque voluntatem propriam exercere, quia vobis dicendum est.[9]) Cum sanctis sancti eritis, sicut dominus in scriptura sancta suis fidelibus ait: S a n c t i e s t o t e, q u i a e g o s a n c t u s s u m.[10]) Benedicens benedixit vobis dominus, et ostendit vobis thesaurum absconditum in agro tot annos, tanta tempora, electum et[11]) preciosum et pre gaudio illius emitis eum margaritas electas, et gemmas preciosas. Procul dubio scitote, si honoratis eas, sicut bene[12]) decet,[13]) semper assistunt vultui dei pro vobis orantes[14]) et deprecantes vobis salutem corporis et anime. Et admoneo te, pater venerande extende virgam pastoralem, et percute cum omni diligentia et discretione gregem domini,[15]) ne claudicantes ambulent in via contemplationis eius, et ut tu pater precedas eos[16]) exemplo boni operis, et deduces eos tecum in vitam eternam. Ibi preparatum invenietis, q u o d o c u l u s n o n v i d i t, n e c a u r i s a u d i v i t, n e c i n c o r h o m i n i s a s c e n d i t.[17]) Quod vobis prestare dignetur Jesus Christus, filius dei vivi, qui in trinitate perfecta vivit et regnat in secula. Amen.[18]) —

(VI.)[19]) — Domino G, venerabili abbati ecclesie dei, que est in Tuicio, humilis ancilla Christi E.[20]) Sconaugiensis salutem et orationes. — Consolamini et gaudete in domino, et confortate corda fratrum, qui sunt vobiscum, quia suscepit dominus gemitus vestros, et respexit tribulationem cordis vestri, qua afflicti fuistis in conspectu[21]) pro (—) lacrimabili iactura dominici sacramenti, que accidit in medio vestri. Fecit enim[22]) secundum consuetudinem benignitatis sue, et dignatus est annuntiare mihi per angelum suum[23]) verba quedam, ex quibus recipere potestis consolationem.[24]) Factum est in dominica prima quadragesimalis ieiunii, celebrante domino abbate divinum officium apud nos, post lectionem evangelii, cum essem intenta ora- (folio 147 r) tioni, subito elangui, et veni in mentis excessum. Et ecce angelus domini benignus consolator meus adveniens stetit in conspectu meo. Tunc inter ceteros sermones, quos contuli cum eo, feci memoriam vestri apud eum, sicut premonita fueram a fratre meo, interrogavique eum, dicens: Domine mi, quid factum[1]) est de venerando illo sacramento, quod in ecclesia Tuiciensi de gutture pueri sternutantis excussum est? Nunquid pedibus circumstantium coculcatum est et periit? Qui respondens ait: Sacramenti illius sanctitas vivificavit spiritum suscipientis[2]) se, quod autem ab ore eius elapsum est, ab angelo dei, qui presens aderat, susceptum est, et in archano loco reconditum.[3]) Et dixi: Nunquid domine interrogare audeo, in quo loco sit[4]) repositum? Et ait: Noli interrogare. Rursus dixi: Domine, quid servitii pro hac negligentia deo exhibere convenit fratres illos? Et respondit: Quadraginta diebus in conventu[5]) immolent deo sacrificium laudis pro delicto hoc. Adiecit autem adhuc dicens: Ego autem vice[6]) domini nostri Jesu Christi hanc satisfactionem constituo, ut ubicunque ceciderit super terram corpus domini, sive effusus fuerit dominicus sanguis, ita ut postea inter reliquias non possit reponi[7]), pro peccato hoc immoletur sacrificium laudis quadraginta diebus. Si vero inter reliquias potest reponi, triginta diebus idipsum fiat. Novissime et[8]) hec adiecit: Expedit fratribus illis et necesse habent,[9]) ut quanto amplius sanctorum corpora apud se congregant, et iuxta se locant, tanto amplius studeant honorifice et amabiliter eis ministrare, et ut vitam suam cum timore dei emendent, ac diligentius ordinem suum observent. Nam, ut ad hec[10]) eos commoneret, dominus permisit fieri, quod factum est in medio eorum. Quod si ammonitioni eius obedierint, et fecerint, que[11]) dixi, certum[12]) habeant, quoniam preciosi illi (folio 147 v) martires interpellabunt pro eis coram domino, et in omni necessitate eis subvenient. Si autem non fecerint, accusationem et querelam facient adversus eos.[13]) —

(VII.)[14]) domino B.[15]) venerabili abbati de Otinheim[16]) soror E.[17]) de Sconaugia salutem et orationes fideles. — In vigilia sancti Laurentii venit ad me unus ex fratribus vestris[18]) quasi expeditus ad iter, quo Jerosolimam ire disponebat, et voluntatem vestram[19]) ac propositum de eodem itinere agrediendo mihi aperuit. Cumque multa mecum contulisset, ac me de inquirenda voluntate domini super his diligenter rogasset, nocte eadem, dum interessem matutinis, posuit dominus verba sua subito in ore meo, et pronuntiavi ea hoc modo. Hec dicit, qui erat et qui est et qui venturus est omnipotens: Ego sum via et veritas et vita.[20]) Siquis per me introierit, salvabitur, et veniet Jerusalem civitatem,[21]) que sursum est, et ibi requiescet, et inveniet retributionem magnam pro labore et fatigatione sua. Sunt ergo aliqui homines iniusti, homicide, malefactores, qui indigent penitentia et veniunt Jerusalem querentes patriarcham et consilium eius, ut expedit eis. Vos autem filii lucis non sic. O stulti et tardi[1]) corde ad credendum. An nescitis, si quis quesierit me in omni corde suo, ecce adsum ei in adiutorium? Sed admoneo te, qui es pastor ovium, cum omni diligentia, extende virgam pastoralem et percute fortiter, suaviterque omnia dispone circa subditos, quos suscepisti regere et custodire, quasi fidelis servus et prudens, et jugum meum noli excutere de collo tuo, sed sit tibi suave atque portabile. Et ego precipio tibi per dexteram meam. que sunt in corde tuo, ne facias, quia non sunt de bona conscientia, sed seducunt te, ut cadas in foveam. Sin autem non consenseris consiliis meis et precepta mea contempseris. ego dominus (folio 148 r) conteram te, et delebo nomen tuum de libro vite. Nunc igitur attende circa eos, qui sub regimine tuo sunt, obsecrando, arguendo, increpando, admonendo. Et emendate vos in melius, et nolite dare locum diabolo, qui semper circuit querens. quem devoret. Et paternam meam ammonitionem suscipite cum gratiarum actione, et istum fratrem vestrum recipite grata benedictione, quia dominus omnium diligit eum, et faciet in eo, que sunt beneplacita coram ipso. Et iterum admoneo vos: Ambulate in via contemplationis mee, sicut filii karissimi cum omni humilitate et obedientia, sine murmuratione, sine detractione, et invidia, ut non plasphemetur pater vester celestis in vobis, et irritetur, et ne pereatis de via iusta, id est de via contemplationis eius. Ambulate, dum adhuc lux erit in vobis, ne tenebre mortis vos comprehendant. donec videatur deus deorum in Syon, et faciet vos regnare cum ipso in gloria sine fine. Amen. —

(VIII.) — [2]) Vos, qui in Nuwinburc habitaculum construxistis, admonet vox divina in cor cuiusdam vermiculi hominis dicens: Eligite vobis serenum lumen et adducite in vos pacem veram, et delectabitur in crassitudine anima vestra. Ambulate sicut filii karissimi in via contemplationis domini, quam elegistis, et ascendite in montem excelsum, ubi est fons aque, et redundate cor vestrum. Haurite aquas in gaudio de fonte salvatoris, et dicite: Nos, qui vivimus, benedicimus domino. Sunt[3]) enim inter vos aliqui homines, qui mihi boni et pacifici videntur, quidam etiam mali et perversi. qui dant insipiens cor eorum[4]) seculo, et delectantur in eo multis modis. Propter hoc moneo bonos, ut in melius proficiant, malos autem, ut convertantur, et vivant, quia oportet nos[5]) uni deo militare, a quo est omnis bonitas, omnis sanctitas, omniaque in celo et in terra ministrant ei, cui decet vos ministrare (folio 148 v) in vestitu religionis, ut intrinsecus appareat religio vestra beneplacens deo, et estote sicut angeli dei. qui semper inhiant ei laudantes et benedicentes viventem in secula seculorum. Amen. Quod et si feceritis hec, que predicta sunt, et alia his similia, fugite et superbiam. et omnem inmundiciam, ne polluatur mens vestra tantis inmundiciis, ne irritetur pater vester celestis in vobis, et ne pereatis de via iusta, id est de via contemplationis eius. Procul dubio preparabit vobis sidereas mansiones et inmarcescibilem coronam. Quam vobis prestare dignetur, qui est fons et origo totius bonitatis. —

(IX.) —[1]) E.[2]) humilis ancilla Christi sororibus cenobii Anturnacensis salutem anime et corporis, et gaudia eterne vite. Admonet vos quedam parva scintilla de sede magne maiestatis emissa, et vox tonans in cor cuiusdam vermiculi hominis dicens: Gaudete semper in domino,[3]) et delectabuntur in crassitudine anime vestre. Nolite tardare in servitio dei, dei vestri. Ambulate in via contemplationis eius, sicut filie karissime, cum omni humilitate et caritate, et obedientia, sine murmuratione, sine detractione, sine invidia, et his similibus [4]) quasi agne novelle beneplacentes coram deo vivente. Disrumpam vincula captivitatis vestre, dicit dominus, deus vester, et adducam vos ad pascua virentia usque in atria tentorii mei. Admoneo vos iterum cum omni sollicitudine mentis, ambulate[5]) in via visionis dei, et quasi sapientes virgines aptate lampades vestras. Diligite vos invicem, sicut et pater vester celestis dilexit vos, et in alterutrum onera vestra portate. Estote misericordes, honore invicem prevenientes, et gerite curam infirmorum. Date et dabitur vobis. (folio 149 r) et[6]) centuplum recipietis non solum in hoc seculo, sed etiam in futuro. Paternas admonitiones domini grata benedictione percipite hilari vultu, corde et animo, et nolite esse tantum, ut auditores[7]) verbi dei, sed ut[8]) factores.[9]) Videte vocationem vestram, qua vocate estis. Vocavit enim vos deus in admirabile lumen suum, et elegit vos in hereditatem sibi. Videte cum omni studio mentis vestre, quomodo placeatis sponso vestro celesti, ut inter filias ipsi[10]) electas computari possitis. Et coronabit vos corona iusticie, quam redditurus est vobis in die solempnitatis et leticie. Quam vobis prestare[11]) dignetur Jesus Christus dominus noster, qui cum patre et spiritu sancto vivit et regnat deus per omnia secula seculorum. Amen. —

(X.) —[12]) Vox tonans in cor Elisabeth ancille domini locuta est: Ego quedam parva scintilla emissa de sede magne maiestatis dicens dico vobis sororibus cenobii, quod est in Bunna. Admoneo vos, ut cautius ambuletis in via, que est contemplationis domini, non quasi insipientes, sed ut sapientes et intelligentes, que sit voluntas dei, quoniam dies et tempora huius mundi mali[13]) sunt, et vim patitur regnum dei, et scissuram magnam etiam ex vobis, et estis quasi gens, que ignorat deum, et ignominiam dei portatis in corpore vestro. Regredimini filie Jerusalem per aliam viam, que ducit ad vitam. Adhuc enim habetis spacium vite, et locum penitentie. In celo enim sedet, qui de conversione vos admonet, quod et si decreverit, continuo salvabit vos. Et sapiens medicus concupivit sanare languores anime vestre, primum imponens acerbitatem, et postea leniter palpans, et suave unguentum imponens, et sic alligabit vulnera vestra, sicut olim venit salvator sanare egrotos. Nolite repellere a vobis medicum salutis (folio 149 v), quoadusque sanitatem recipiatis. Nolite paternas admonitiones domini indigne suscipere, quos enim diligit, corripit, et sicut amabilis pater admonet, quos diligit, et qui diligunt eum, implebuntur lege ipsius. Diligendus autem[1]) est pro tali admonitione. Videte totum mundum, quomodo crescit, quomodo decrescit, et nichil stabile est in eo, sed quasi pulvis, qui a vento sufflatur, et spargitur, sic evanescit mundus et omnis concupiscentia eius. Non habemus[2]) hic manentem civitatem, sed futuram inquirimus, ubi est Christus in dextera dei sedens, ibi restauranda est in nobis[3]) dragma, que perierat et inveniemus[4]) premium vite eterne. Quod prestare vobis dignetur[5]) Jesus Christus filius dei vivi, qui in trinitate perfecta vivit in secula. Amen. —

(XI.) —[6]) Quedam parva scintilla emissa de sede magne[7]) maiestatis, et vox tonans in cor cuiusdam vermiculi hominis clamat ad sorores sanctarum virginum in Colonia dicens: Filie mee sunt quasi derelicte, et evanuerunt in vanitatibus suis, et sicut harundo, que a vento movetur[8]) huc atque illuc, sic sunt filie mee in omnibus viis suis, dicit dominus:[9]) Sanguinem sanctorum meorum, qui effusus est in terram,[10]) calcat pes vester, et sub pedibus vestris sunt, qui accusant vos[11]) coram me, dicentes: Quare non vindicas nos domine Sabaoth, quia gens ista non reveretur nos, et in multis pauci sunt, qui nos honorant, qui magna sustinuimus propter te, sed calcat nos terra cum genere suo. Ecce filie maculastis[12]) lectum meum, in quo requiescere debueram cum sanctis meis. Redite ad cor et recordamini, quomodo precesserunt vos antecessores[13]) vestre cum omni humilitate et castitate et amaverunt sponsum suum celestem. Imitate sunt etiam eum in morte sua, ideoque coronantur et accipiunt (folio 150 r) palmam. Convertimini a viis vestris et sequimini eas, et estote parate, ut, quando veniet sponsus vester et pulsabit ad ostium cordis vestri,[14]) confestim aperiatis ei, et introducatis eum ad cor vestrum. Certe si placuerit ei esse[15]) ibi, dabit vobis locum nominatum in regno suo.[16]) Quem vobis prestare dignetur, qui nunc est et semper erit et regni eius non erit finis. —

(XII.) —[17]) Ecce admoneo vos o filie karissime. Ambulate in via contemplationis domini cum omni sollicitudine mentis, cum omni humilitate, et obedientia, et caritate, et patientia, quoniam elegit vos deus in heriditatem sibi, ut eatis in contemplatione eius sine murmuratione, sine detractione, sine invidia, ut non blasphemetur pater celestis in vobis, et irritetur et pereatis de via, in qua ambulare cepistis. Et ecce admonet vos cum omni mansuetudine, percipite paternas admonitiones eius grata benedictione. Dum lucem habetis, ambulate in ea, ut filie lucis sitis. Et ecce admoneo te o virgo, quecunque es sicut signaculum super cor tuum, ut non introeant in illud deceptiones inimici, et noli me repellere de corde tuo, quoniam paravi tibi thesauros inestimabiles, et introducam te in tentorium palacii mei, ibi[1]) cantant angeli et archangeli, ibi iugitur consonant organa sanctorum et preparabitur tibi corona glorie, quam redditurus est tibi Jesus Christus, filius dei vivi, qui in trinitate perfecta vivit et regnat in secula seculorum. Amen. —

(XIII.)[2]) — E. dilectissime abbatisse de[3]) Dietkirchen.[4]) Ego[5]) humilis vermiculus, que iaceo et plurimum fatigor in multis miseriis huius mundi, omne debitum orationis et quod participet (folio 150 v) te deus mercedis, quam mereor in anima mea cum gratia ipsius. Karissima; admoneo te, confortare et esto robusta contra insidias callidi serpentis, qui insidiatur calcaneo tuo, et posuit tibi laqueos per multorum invidiam. Scias pro certo, qui tibi posuerunt laqueos, ipsi in laqueum cadent. Et tu filia Jerusalem gratulanter ambula in via contemplationis domini, currendo bene in caritate, in castitate, prudentia et humilitate. Viriliter age et confortetur cor tuum, et sustine temptationes huius mundi. Per multas enim temptationes oportet nos introire in regnum dei. Plantavit enim deus vineam in eo loco, ubi habitas, et germinaverunt ibi[6]) quidam ramusculi pulcherrimi, et fecerunt fructum acceptabilem deo. Creverunt etiam ibi spine et tribuli et que inutilia sunt. Et quid putas, facturus est dominus vinee sue, ubi non fecerit ei fructum acceptabilem? Procul dubio eradicabit infructuosa eius, et mittet[7]) in caminum ignis. Extende tu virgam pastoralem cum omni sollicitudine mentis circa subditas, quas regere suscepisti et custodire. Percute fortiter suaviterque, omnia dispone cum discretione, cum timore dei, cum omni humilitate. Quanto sublimior es, tanto humilior sis, humilitas enim magna virtus est, qua pervenitur ad coronam. Et nunc gaude et letare in eo, qui te sibi consecravit, et fecit, ut sit anima tua sponsa dei, sponsa regis, sponsa agni candidissimi, qui te precedit. Dulce sit tibi currere post vestigia eius. Noli declinare ad dexteram neque ad sinistram, et sic pervenies ad eum, et introducet te in cenaculum tentorii sui,[8]) et cenabis cum eo et ipse tecum. Ibi semper letaberis cum angelis, ibi cynamomum et balsamum, odor[9]) suavissimus, ibi organa sanctorum et carmen amabile resonat ante thronum dei, ibi nulla infirmi (folio 150 r) tas exagitat, nulla tribulatio perturbat. Hanc leticiam tibi prestare dignetur, qui in trinitate perfecta vivit et regnat deus per infinita secula seculorum. Amen. —

(XIIII.)[10]) Dilecta mea accipe, queso, cum gratiarum actione verba mea, que ex dono dei sine humana industria prolata sunt a me. Nam cum venirent ad me duo homines a Ure Bunna sexta feria ante diem Palmarum, ac me salutassent ex parte tua, reduxit mihi in memoriam frater meus, qui cum illis aderat, quomodo semper desiderasti habere a me aliquam ammonitionem et consolationem. Continuo itaque proxima nocte post matutinas cum vexata fuissem graviter durissimis febribus, et iacerem in sudore meo estuans, subito posuit deus verba hec simul in ore meo, et volvebam ea apud me usque mane, et non poteram habere ullam requiem, donec conscripta sunt. Cunque demonstrassem hec fratri meo, dixit: Exponere nobis debes, quid sit, quod dixisti, esse cinamomum et balsamum in patria illa celesti. Et spopondi interrogaturam me visitatorem meum de his, quia non ex meo sensu protuleram verba, que predicta sunt. Cum ergo post hec in vigilia Pasce apparuisset mihi, eumque de hoc interrogassem, hilariter me intuitus est, ac si gratam haberet interogationem meam, et dixit mihi: Cinamomum ex natura habet gratam dulcedinem, qua gustum delectat, simulque habet acutam fortitudinem, qua accendit palatum gustantis, et quo magis masticatur tantomagis sapidum et odoriferum est. Talis est dominus deus noster nobis, qui stamus semper ad videndum desiderabilem faciem eius. Dulcis est nobis super omnia, que gustari possunt et non potest in cunctis desiderabilibus comparare [1]) quicquam dulcedini eius, que nos tangit ineffabili fortitudine, ac penetrat intima nostra nosque accendit et iugiter inflammat ad se amandum, et quo amplius epulamur gustu suavi (folio 151 [v]) tatis eius, tanto nobis sapidior et appetibilior est, et non habet aliquam metam cursus desiderii nostri in ipso. Ipse est et [2]) balsamum electorum suorum, [3]) quia lenit dolores eorum, et sanitatem eternam eis prestat in regno suo. Ipsum incessabiliter bibunt et trahunt in se et reficiuntur copiose ex ipso, ut veniant eis in oblivionem mala omnia, que in hac vita pertulerunt et incorruptibiles eos facit, ut ultra nec esuriant neque sitiant, neque ullam [4]) molestiam patiantur ab estu aut frigore, aut morbo, aut ab aliqua incommoditate, neque dissolvi possint a [5]) lesione mortis in eternum. Odor eius abundantiam suavitatis tantam habet, ut si in unum coacerventur omnia, que sub celo sunt suaviter redolentia, non possint ullam spirare suavitatem, que sit comparabilis illi. Odor eius est suavissima delectatio, que ex ipso procedit non solum in eos, qui presentem habent vultum maiestatis eius, sed in eos quoque, qui adhuc peregrinantur in hoc mundo, et diligunt gloriam eius et suspirant [6]) ad patriam visionis eius. Hec cum dixisset, blande consolatus est me super egritudine mea et magnam mihi gratiam promittebat. Nam flebam multum pro eo, quod paschalibus gaudiis interesse non poteram ob importunitatem febrium, que multis diebus intolerabiliter me vexaverant, et erant commutate a quartanis in tercianas. Recordatus est tamen benignitatis sue in me, et rediit ad me in octava Pasche, et duxit me in spiritu in locum magne amenitatis, et statuit me secus fontem pulcherrimum, et quasi vase aureo hausit ex eo et potavit me. Cunque bibissem, fecit super me signaculum crucis, et benedixit mihi ac dixit: Dimissa es ab infirmitate tua, non te amplius tanget. Cumque ab extasi expergefacta fuissem, statim me sensi alleviatam, et cepi incedere firmo gressu, quod non feceram (folio 152 r) longo tempore, nec ultra ad me rediit infirmitas illa. Benedictus deus in cunctis miserationibus suis, quas ostendit in me. Hec omnia magne dilectionis causa tibi karissima annuntiare curavi, ut aliquam ex his consolationem accipias, et conforteris in domino. —

(XV.)[1]) — E.[2]) humilis ancilla Christi dilectissime cognate sue, ac venerabili magistre G. omne debitum orationis et dilectionis in Christo Jesu. Karissima! admoneo te ambulare cum omni sollicitudine mentis tue in via contemplationis dei, et currere post vestigia agni candidissimi, qui te precedit cum omni humilitate et patientia. Patiens esse stude contra omnia adversa. Quanto sublimior es, tanto humiliare in omnibus. Humilitas enim magna virtus est. Humilitate pervenitur ad coronam. Quanto humilior fueris, tanto sequetur te altitudo glorie. Discretionem tene circa subditas tuas, obsecrando, increpando, arguendo. Discretio enim mater est omnium virtutum. Necesse est valde talibus hominibus, qui magistri nominantur, discretionem habere in se ipsis et in aliis. Et iterum clamat ad te et ad omnes, qui sub regimine tuo sunt, vox divina, vox sponsi vestri, et admonet vos ambulare in via contemplationis eius, sicut ipse precedit. Ambulate, sicut ipse ambulavit, et nolite declinare ad dexteram, neque ad sinistram, sed sequimini vestigia eius cum omni humilitate, patientia et obedientia. Et estote sine discordia, et sine detractione, et murmuratione, et invidia, et ab aliis huiusmodi custodite vos, ut sitis quasimodo geniti infantes, rationabiles sine dolo, iuste et pie viventes in hoc seculo. Sancti estote dicit dominus, quia ego sanctus sum. Et iterum dicit: Perfecti estote sicut et pater vester celestis perfe- (folio 152 v) ctus est.[3]) Ambulate ut filie lucis, ut filie karissime patris vestri, qui in altis habitat et humilia respicit. Diligite iusticiam, obedientiam, patientiam et humilitatem. Diligite vos invicem cum omni mansuetudine, onera vestra alterutrum caritative portate. Compatientes estote et misericordes, sicut et pater vester celestis misericors est. Nulli dantes offensionem, ut non vituperetur ministerium vestrum, unaqueque vestrum, quod sibi non vult, alii ne faciat. Magistram vestram honorate, et eam cum omni mansuetudine et sincero corde diligite, et nolite eam spernere et contempnere, quia ipse dominus dicit: Qui vos spernit, me spernit, et qui vos audit, me audit.[4]) Nunc igitur attendite et considerate ammonitiones divinas, et eas percipite hilari corde cum gratiarum actione, et auribus percipite. Hec est autem vox sponsi: Non requiescam, nisi super humilem et quietum et trementem verba mea. Et iterum dicit: Delicie mee sunt habitare inter filios hominum. Et econtra dicit sponsa agni: Indica mihi, quem diligit anima mea, ubi pascis, ubi cubas in meridie? Et iterum: Ego dilecto meo, et dilectus meus mihi, qui pascitur inter lilia. Quid est hoc, quod dicit eum cubare, quiescere, pasci inter lilia? Hec sunt virgines caste, et bene ornate caritate, castitate, prudentia, humilitate. Quanto castior est virgo, tanto humilior sit. Gaudete cum leticia filie Jerusalem, quoniam elegit vos [1]) deus in hereditatem sibi, et corrigite vos cum omni sollicitudine cordis vestri. Et proteget vos sub umbra misericordie et enutriet vos ab uberibus consolationis sue, donec aspiret dies et inclinentur umbre. Et adducet vos in Jerusalem, que sursum est, et dicet: Egredimini filie Syon, et videte regem (folio 153 r) regum [2]) in diademate quo coronavit eum pater suus in die desponsationis eius, et in die letitie cordis eius. Quando erat dies letitie cordis eius? Tunc erat, quando egressus est ut gigas fortis, ad preliandum contra regem infernorum, et prevaluit et despoliavit eum, et secum [3]) duxit in gloriam, quos redemit sanguine suo. Sic fiet, ut et nos simus cum eo et ipse nobiscum in gloria, in vita eterna. Amen. Valete et orate pro me dominum, ut fiat in me spiritus sancti templum, et in me perficiat, quod sibi placeat. —

(XVI.) [4]) — Elisabeth humilis ancilla Christi R. dilecto suo, omne gaudium in celesti thesauro accipiendum. Charissime! admoneo te, ut attendas, quomodo hic mundus periclitatur et dominus periclitantibus subvenit semper, extrahendo eos, aliquando admonitione, aliquando correptione, aliquando consolatione, et quasi pater mitissimus corripit suos, ne fictile vas eorum pereat. Nunc autem o amice dei, memento cum omni solicitudine mentis, quomodo hic mundus transit, et flos eius arescit et lubricus est. Et quis audet dicere, confirmatus est pes meus, et non cadam. Nemo securus sit de seipso, si hodie est, cras non erit. Et de beata domo tua dicam: Domus pacis est, et pax requiescit [5]) in ea. Et inventa est apud te margarita electa, et dominus omnium diligit eam, et servata est ei, et vocat eam, ut desponsetur celesti sponso Christo Jesu, et ipse daturus est omnia, que habet, ut emat eam. Et ecce admonet te divina clementia, o mater veneranda de illa margarita, de qua dixi, ut materna eam dilectione diligas. Vide ergo, ne diligas eam plus quam animam tuam. Si autem diligis eam ut animam tuam et (folio 153 v) si diligis deum plus quam [6]) animam tuam, conjunge hec duo in unum, filiam ad deum, creaturam ad creatorem, et de his mercedem magnam recipies in anima tua in die retributionis, et bene tibi erit semper cum eo, qui est benedictus in secula. Et iterum revertor et admoneo vos patres [1]) inter omnia et super omnia, ut abstineatis a vino, quoniam magnum periculum patiemini de hoc in animabus vestris. [2]) Pro certo [3]) scitote, qui semper est in ebrietate, semper est in oblivione traditus coram deo. Patiens est deus, et expectat vos de die in diem, et dedit vobis dies et annos, ut emendetis vos in melius et nullam excusationem habetis. Dedit vobis doctrinam, et ostendit vobis viam rectam et ambulastis viam iniustam. Timendum est autem de patientia dei in die, qua redditurus est unicuique secundum opera eius. [4]) Si autem conversi [5]) fueritis et penitentiam egeritis, magnam gratiam apud deum invenietis, quoniam benignus est et misericors et [6]) peccatores non despexit, sed manducabat cum eis, et non vult mortem peccatoris, sed ut convertatur et vivat. Et iterum dico vobis diletissimis in Christo R. L. H. [7]) Confortamini in spiritu sancto, et confirmate corda vestra, quoniam athlete [8]) dei estis, et bene superabitis eos, qui sunt inimici castitatis, quemadmodum [9]) vos estis amatores castitatis, inde vobis erit gaudium magnum in celo, et corona letitie (folio 154 r) preparabitur et merces magna nimis. Quam vobis prestare dignetur, qui in trinitate perfecta vivit et regnat in secula. Amen. —

(XVII.) [10]) — Domino G. venerabili abbati Tuiciensis ecclesie soror E. [11]) salutem et orationes devotas. Rogavit me unus ex amicis vestris, ut hec vobis annunciarem, quia ex litteris vestris hoc vos desiderare intellexit. Cum essemus expectantes adventum fratris mei, qui fuerat profectus ad vos, accidit, ut viderem in visione nocturna, quasi venisset ad nos, gestans in manu tria lilia elegantis speciei, quorum unum valde pusillum et quasi recenter a calore solis apertum videbatur, sed magis ceteris candidum et amabile visu. Quod in manus meas porrigens, dicere videbatur: Accipe soror. Hec vocatur Euticia. Post hec cum reverteretur, primum divertit ad nos, usque dum fratres ad processionem se prepararent, narravitque nobis de duabus sacris virginibus: Fenellina et Grata, quas afferebat et de tercia illa infantula, quam mihi specialiter a vobis missam asserebat. Continuo intellexi visionem trium liliorum, ac terciam illam, quam sine nomine attulit Euticiam. Vale perenniter in deo salutari tuo. [12])

(XVIII.) — Domine H. (Hildegardes) cf. lib. 3, cap. 19. —

(XIX.) — An Hildegardis ibid cap. 20. ff. —

(XX.) — An die Bischöfe von Mainz, Cöln und Trier (lib. viarum dei cap. XX). —

(XXI.) — Epistola Elyzabeth ad Reinhardum abb[atem de Reinhusin. [13]) — Cum accepissem ego Elyzabeth litteras vestras de manu nuncii vestri, ac legissem eas, adii dominum et deprecata sum eum toto corde, ut talem michi pararet responsionem, que ad vestram consolationem pertineret. Et vix orationem compleveram, cum repletum est os meum sermone hoc. — Venerabili abbati Reinhardo Elisabeth humilis ancilla Christi salutem et consolationem in Christo Jhesu. O pater venerande, ecce ammonet te vox divina dicens: Confortare et esto robustus contra omnia adversa Consolare in spiritu sancto, et confide in domino deo tuo, quia ego dominus tecum sum omnibus diebus vite tue, et non derelinquam te in tempore tribulationis et angustie, et eruam te et custodiam te (folio 117 [v]) ut pupillum oculi. Confortare et noli deficere in certamine, qui enim bene certaverit usque in finem, hic salvus erit. Et iterum admonet te eadem vox divina dicens: Reinharde serve dei, curre, ut curris, operare, quod operaris, non cesset pes tuus, non cesset manus tua, tempus enim prope est, et dies non elongabuntur, quando miserebitur tui deus. Ego ipse elegi te, et constitui te operarium in vinea mea. Vineam meam custodisti et fideliter in ea laborasti quasi fidelis servus et prudens, quem constituit dominus super familiam suam, ut det illi in tempore tritici mensuram. Gaude et letare, quia ego dominus suscipiam te servum meum electum, et reficiam te in convivio meo cum fratribus meis, et dabo tibi inmarcescibile premium pro labore et fatigatione tua, et requiesces, ubi ego ipse sum, et ibi letaberis cum angelis, et cum sanctis exultabis sine fine. Et admoneo vos, qui in ipsa eademque religione apparetis, ut non solum coram hominibus appareatis, sed etiam coram deo, et angelis eius, qui in altis habitat, et humilia respicit, et sic luceat lux vestra coram hominibus, et omnia opera vestra in luce clarescant et adtendite, quod in psalterio David dicit: Qui hominibus placent, confusi sunt, quoniam deus sprevit eos, et ne cum fatuis virginibus computemini, que laudem exterius querunt, sed ut sapientes virgines (folio 118 [r])), que secum oleum portant, et quarum lampades accense sunt, et sitis sapientes non apud vosmet ipsos, sed ut audacter dicatis: Omnes homines lucrati sumus, quantum in nobis secundum quod Paulus dicit: Omnibus hominibus debitor sum. Cavete autem, ne forte ad vos pertineat, quod in Ysaia legitur: Vos depasti estis vineam meam, et rapina pauperis in domo vestra pro eo, quod erogare in pauperes debuistis, que vobis superhabundant, et hec subtrahitis illis. Quod vobis dico, plerisque aliis fratribus idem adtentius dico. Ve abscondite negociationi vendentium et ementium, que dei sunt. Procul dubio scitote, quia qui vendunt, vendunt sibi iudicium, et qui emunt, emunt sibi gladium ex utraque parte acutum. Quid putatis facturus est dominus, cum venerit ad iudicium cum senioribus populi et positurus est racionem cum servis talibus? Ligatis manibus et pedibus mittet eos in caminum ignis, ibi erit fletus oculorum et stridor dentium. Et iterum ammoneo omnes, qui sub regimine boni patris estis, ante omnia et super omnia dominum patremque nostrum omni humilitate et obedientia subportate, et dominum nostrum[1]) deum in eo aspicite, et eum cum omni sollicitudine et mansuetudine mentis vestre, et sincero corde diligite, et vos invicem honorate, alter alterius onera (folio 118 ᵛ) portate, et non sit inter vos scisma et scandalum nec murmuratio, neque detractio, et nichil in hoc mundo proprium possidete, neque corpora vestra et mundicie nolite oblivisci. Omnia ad honorem dei sustinete, nichil amori dei preponite, propter eum, qui dilexit vos, et tradidit semetipsum pro vobis, oblationem pro multis, innocens pro peccatoribus, et vocavit vos in admirabile lumen suum. Ambulate sicut filii karissimi patris vestri celestis, dum adhuc lux est in vobis, ne tenebre vos comprehendant. Adhuc tempus est penitendi, emendate vos in melius, et estote parati, quia nescitis, qua hora dominus vester venturus sit, ut cum venerit, confestim aperiatis ei, et introeatis cum ipso in gloriam, ubi omnium bonorum operum remunerationem accipietis ab eo, qui est delectatio perfecta, exultatio infinita, corona et leticia omnium sanctorum. Quod vobis prestare dignetur, qui est fons et origo tocius bonitatis. —

In die Epiphanie apparuit michi angelus domini familiaris meus, et cum interrogassem eum de vobis, quidnam fuisset, quod excitasset vos ad inquirendum ea, que sunt de me, dixit mihi: Indubitanter scito, quoniam ego sum, qui eum permovi ad hoc, et omnia, que fecit in negotio isto, dei ac mea dispositione facta sunt, quatinus manifestentur opera dei in te. Propterea et de epistola vestra, quam iam tunc pronunciaveram, (folio 119 ʳ) interrogavi eum de quibusdam verbis, que dicta fuerant in ea, quam ob causam dicta fuissent, et exposuit mihi omnia. —

Der Münchener Codex (Ms. C.) enthält folio 132 ʳ als Schluss des liber über die 11.000 Jungfrauen und der angehängten Stücke (Briefe und Theile des lib. III. der Revel.) noch einen Brief Elisabeths an einen Abt von Laach. —

(XXII.) — Domino V.[2]) venerando abbati de Lacu soror Elysabeth Sconaugensis venerationem et dilectionem in Christo. Visio, quam imminente dominica nativitatis in tempore matutinali vidi, huiusmodi erat. (Von da an ist der Brief gleichlautend mit dem Text des Cap. 5. des lib. revel. 3.; Varianten des Ms. C. siehe daselbst) Der Brief führt fort: Ad hec et illud annectam, quod in die tercia post hec dilectus domini beatus Johannes evangelista dicebat, cum etiam ad ipsum quadam occasione loqui contigisset de doctore memorato, inquit domine nostre: In arbitrio posuit dominus iudicium eius, ut, quicquid ipsa in novissimo die de ipso voluerit fieri. fiat. Verbis autem domine nostre, que in die natalis domini dixerat ad me, continuo et aliam inquisitionem subieci dicens: Reveles michi, queso, domina et de illo fratre, qui aput Lacensem ecclesiam tam mirabiliter interiit, utrum aliqua spes haberi debeat de liberatione anime sue, et utrum pro eo orationes fieri liceat annon. Et ait: Neque uno modo neque alio quicquam tibi de illo revelari vult dominus, quoniam nichil ex hoc utilitatis in populo esset proventurum, et nunc hec vobis annuntiare sollicita fui, quatenus petitionis[1]) vestre non viderer fuisse oblita. Vos autem tam vos ipsam quam fratres, qui sunt aput vos consolari mementote secundum discretionem prudentie vestre. —

Anlagen.

I. **De secunda assumptionis[2]) beate virginis.** [3])

Virgo venerabilis Elisabeth monialis ‖ coetanea domine Hiltegardis de Pinguia, ‖ post quam gesta XI. milium virginum spiritu ‖ sancto ei per angelum id revelante edidit, postulata a viris religiosis, ut de assumtione beate et gloriose virginis Marie aliquit loqueretur, eo quod beatus Jeronimus de ipsius virginis transitu ambigue reliquerit scriptum ignorans, an fuerit cum corpore vel sine (folio 53 r) corpore assumpta in celum. Salubribus igitur votis virgo dei Elisabeth satis facĕre cupiens, super tanta re precibus divinam pietatem et ipsam sacratissimam domini matrem exorare statuit. In quibus orationibus[4]) dum per triennium lacrimis, ieiuniis et intima devotione conlaborasset efflagitassetque sanctissimam theothocon, ut sibi misterium hoc revelare dignaretur, in ipsa die assumptionis eius inter eucharistie terrifica sacramenta facta est in exstasi et rapta in spiritum, intuetur gloriosissimam virginem sibi dicentem: Misterium assumptionis mee, quod postulas, hoc ordine peractum est. Cum essem XIII. annorum iuvencula, dei concepi filium. Inde post ascensionem domini mei in celum per annum et dimidium in corpore degens in valle Josaphat obii, et a collegio apostolorum sepulta (folio 53 v) sum, omnesque discipuli domini illic aderant. Itaque post quadraginta dies assumptionis mee in celum, denuo reducta sum ad corpus meum, quod fuerat sepultum et resurgens a mortuis voluntate et spiritu dei et filii mei corpore et spiritu eodem itinere, quo filius meus ascendit. ad superos ascendi. et ego cum eo in dextera sua sine fine mansura[5]) et regnatura. Nam sicut dominus meus post resurrectionem suam quadraginta diebus remansit in terra. sic et corpus meum exanime LX. diebus mansit in terris. Hec est igitur secunda mee assumptionis festivitas VIIII.

kl. Octobris. Si quis hanc ergo celebrare voluerit, sua devotione eodem officio noctis dieique, quo et prima celebratur feriari valebit sciens, se super hoc singulare meritum et eternum a me et filio meo recepturum premium ac (folio 54 r) beneficium. Amen. —[1])

II. Incipit epistola Symonis cognati beate Elizabeth de Sconaugia cenobio de ipsa beata Elizabeth. [2])

S., [3]) dei gratia minister servorum et ancillarum Christi in Sconaugia, venerabili virgini et ancille Christi M. orationum suarum si quod valet obsequium. Significastis michi per litteras vestras, pervenisse ad vos scripta quedam de domina mea beata Elisabet, quam meam dico dominam, quia matertera mea fuit, et petitis insinuari vobis, cuius fuerit professionis, cuius habitus, qualis [4]) conversationis. Peticioni vestre satisfacere dulce michi foret atque iocundum, sed festinatio nuntii et inminens mihi occupatio ad inquisita me vestre sanctitati respondere non sinit per singula, nisi breviter et summatim. Erat itaque beata Elisabet in puerilibus annis locata a parentibus suis in cenobium, cui nomen Sconaugia, cui preerat eo tempore Hildelinus abbas. In hoc itaque monasterio virgo beata inter religiosas feminas iugum domini portabat, ab adolescentia sua sub regulari disciplina ambulans in paupertate et multiplici tribulatione. Semper manus domini gravis fuit super eam nec defuit ei ullo tempore visitatio superna premens animum et conterens miserabile [5]) corpus eius pressuris et erumpnis, sed ad omnem flagellationem hilarem et patientem se exibebat, et super dolorem vulnerum, que sibi infligebat manus domini, semper adiciebat sacrificium spontanee afflictionis. Rivos innumerabilium, (folio 82 v) lacrimarum, fatigationes genuum, divulsiones teneri corpusculi, quas sustinebat ab asperitate sagi vel cilicii incisiones laterum, quas inferebat ei duritia zone, id est catenule ferree et incredibilis paucitas ciborum, orationum holocausta innumera. In huiusmodi conversatione cum in monasterio Christi ageret annum, habens etatis annos XXIII. in anno dominice incarnationis M. C. LII. visitata est a domino, et erat manus domini cum illa faciens in ea iuxta antiquas miserationes suas opera magne admirationis et digna memoria. Datum quippe est ei mente excedere, et videre visiones secretorum domini, que ab oculis mortalium abscondita sunt. Id autem non sine evidenti miraculo contingebat. Frequenter enim et quasi ex consuetudine diebus dominicis aliisque festivitatibus circa oras, in quibus maxime fidelium fervet devotio, cecidit super eam passio quedam precordiorum, et anxiata est vehementer, tandemque velut exanimis requievit, ita ut nullus aliquando in ea halitus aut vitalis motus sentiri posset. Post longum vero excessum resumpto paulatim spiritu, subito quedam verba divinissima latino sermone proferebat, que neque per alium aliquando didicerat, neque per se ipsam adinvenire poterat, utpote inerudita et latine locutionis nullam vel minimam habens peritiam. Sepius etiam canonice scripture testimonia aliaque divinarum laudum verba congruentia his, que per spiritum viderat, absque omni premeditatione pronuntiavit, sicut in libro visionum sive revelationum ipsius patet legentibus. Anno itaque etatis sue XXXVI., visitationis autem sue XIII., XIIII. k. Julii, huius vite liberata ergastulo animam meritis plenam felicibus gaudiis reddidit inesuram celestibus. Hec de beata Elisabet vestre sanctitati breviter explicavi rogans cum multo supplicatu Symonis peccatoris memoriam in vestris orationibus habere dignemini. Valeat semper in Christo sanctitas vestra. [1])

III. Bericht über die Stiftung des Klosters Schönau.

Incipiunt miracula sancti Florini confessoris in Frantia [2]) gesta. — Cum per omnia santissimi confessoris Florini meritorum miracula iuxta veritatis debitum fidem demus auditis, oportet nos etiam eius glorifica [3]) visitatione consolatos, quantum ipsius suffragante clementia posse videmur gratias agere de visis. Non est enim tanti fulgoris claritudo modio suffocante celanda, sed velud (!) posita super candelabrum lucerna cunctis in domo lumen desiderantibus propalanda. Longe videlicet lateque glorifici confessoris virtutibus divulgatis, tanteque laudis rumore per orbem evidentissime veritatis indiculo clarescente, provida de Reni Francorum salute pietas divina, salubri perhibente fama auribus cuiusdam [4]) religiosi baronis de Lurenburg nomine Druthuini intimavit. Ille vero apud Hartbertum optime memorie sacerdotem, qui eo tempore capellanus Heremanni ducis Reni Alemanorum exstiterat, [5]) qui [6]) et auxilio belli prestito regi Romanorum promeruit, depetiit corpus sancti Florini, quod et Confluentie medie Reni partibus constructo collegio transtulit, cuius et ipse Truthuinus satelles erat fidissimus, mediante ipsorum amicitia partem reliquiarum venerandi confessoris inpetravit. In proprio enim predio Hartbertus tanto fuerat suffultus patrocinio. Ipsas igitur reliquias alteri non audens committere, quasi servus dominicum [7]) exhibendo famulatum, usque in pagum Frantiorum Einrich nuncupatum et ibidem infra capellam in cuiusdam Lichtburnensis monticuli supercilio studiis laboreque prenotati venerabilis domini Druthuini decenter ornatam honore digno susceptas in vigilia apostolorum Petri et Pauli collocavit. [8]) His ita videlicet ordine decentissimo peractis, qualiter se civem civibus adiunxisset, dicere deinceps ordiamur. Sacrosancto quippe die natalis beatorum apostolorum quidam pauperculus, quem pene per totius vite curricula tremor immanissimus artubus ita dissolutis excussit, ut suo nequaquam ori propriis manibus cibus potusve potuisset adhiberi. Is vero tanta fatigatus molestia prostrato corpore sanctorum inplorans patrocinia divina meruit sentire subsidia. Vespertinis enim laudibus adimpletis sanctorum inprimis apostolorum, quorum aderat dies solemnis, interventu sanctiqui Florini adminiculantibus meritis summi creatoris medicante potentia ita integre restitutus est sanitati, ut nullus in eo pristini tremoris motus agnosci potuisset, sed in tantum [1]) sibi redditus propriisque usibus est coaptatus, ut in nullo corporis loco ad necessaria ministranda titubare videretur. Die vero natali sanctissimi Florini confessoris quod est XV. kl. Dec plebs totius circumquaque regionis tante salutis advocata gaudimoniis comitatu iocundo studioque saluberrimo satagebat interesse solemniis. Clerici vero divinis cultibus humiliter instantes missarum officia decenti honore peregerunt. Quibus ordine congruo finitis mancus quidam, cui plurimi testes astiterant, asserentes, se multo iam tempore eius contractam manum de collo pendentem vidisse, eandem non minus alteri sanam cunctis cernentibus extendit. Nulla valet explicare lingua, quanta tunc omnibus exorta sit letitia. Notarum consonantia clerique vox ymnidica et omnis choors laica laudis egerunt gaudia. His itaque reverenti moderamine laudibus expletis tertio nunc aderant due puelle iuxta feretrum reliquiarum spe salutis extente, quarum una coevi [2]) languoris pondere gravata corpore contracto ulnis advecta maternis ibi ponebatur, omnibus adhuc astantibus exsurgens insolito gressu per capellam deambulando plantas exercuit. Interea videlicet cum simili modo sicut prius divine gratie laudibus omnes insisterent, altera puella, que ligneis sustentata fultris, ut solent debiles subtus astellas aptatis advenit, ut vox psallentium quievit, contemptis, quibus antea fulciri consuevit, sustentaculis, mira celeritate surrexit gressumque speculantibus populis secura direxit.

Idem vero baro Druthuinus devictis tempore quodam hostibus suis, captis, spoliatis et exactis cum inde rediret commilitonibus magno triumphi gaudimonio, cum pervenisset ad locum [3]) pertinentiis(!) ville Strude, rusticulus quidam latens rubeto arcum extendens et nobilis [4]) Truthuini baronis victoris infixit sagittam pectori. Qui incidens devictus occubuit. Prius tamen, quam moriebatur, omnia bona et hostium suorum tributa colligens, eodem loco, quo fixus fuerat, claustrum benedictorum(!) [5]) nomine Schönau construi fecit. Ad quod translate sunt postmodum de Lichtsbron reliquie sancti Florini prestante [6]) domino nostro Jesu

Christo, qui cum patre et spiritu sancto vivit et regnat deus per infinita secula seculorum. Amen.[1]) —

IV. Incipit ordo passionis sanctarum undecim milium virginum.

(Folio 127 r) Anno ab incarnatione domini nostri Ihesu Christi ducentesimo vicesimo septimo regnavit Alexander imperator (folio 127 v) Romanus, qui Calixtum papam martirizavit, Calixto successit[1]) Urbanus, qui tempore predicti regis plurimos ad fidem convertit, et Valerianum sponsum sancte Cecilie, et Tyburcium fratrem eius baptizavit. Urbano vero decedente beatus Cyriacus in sede apostolica substitutus est. Hoc tempore contigit, ut regis Britannie Scottice nomine Mauri Christiani filiam Ursulam in coniugium peteret Etherius iuvenis paganus, rex Britannie Anglice. Quod cum nunciis missis postularet, et beate Ursule pater abnueret, sciens eam castam ecclesie filiam facilius occidi posse, quam ad consensum rei huius adduci, timens tamen, ne a paganis Christiani vexarentur, certum de hac re ipsa die respondere distulit, sperans hac dilatione aliquid sibi a domino, quod facto opus esset, revelari. Quod et factum est. Nam dum filie sue negotium indicasset, ceperunt utrique divinum implorare auxilium. Quorum vota deus audiens, beate Ursule, quid de se pluribusque aliis virginibus fierit, revelavit. Que facto mane consolata patrem, revelatum sibi narravit, non negare, quod iuvenis postulabat, si tamen Christiano more fidem veram suscipere et baptizari non recusaret, sed trium annorum spacium ad dicandam virginitatem suam virginesque denas nobiles, ut ipsa esset undecima, cum totidem milibus et undecim navibus ex parte patris (folio 128 v) sui et ex parte iuvenis fecit congregari. Hec omnia iuvenis gratanter suscipiens, ipse primo baptizatus omnia, que virgo petierat, precepit exhiberi. Pater vero beate Ursule magnam habens sollicitudinem illius negocii, direxit epistolam ad sanctam Gerasmam, reginam Sicilie sororem Maurisi episcopi et Darie matris sancte Ursule, aperuitque ei voluntatem suam, et revelationes filie sue. Illa a deo inspirata cum quatuor filiabus Babila, Juliana, Victoria et Aurea et parvulo filio Adriano iter adgressa est, relicto regno in manu unius filii sui et duarum filiarum eiusque consiliis sacer ille virginum exercitus collectus et ordinatus est, et ad ultimum cum eis passa est. —

Quidam estimant, quod absque virorum comitatu sancte virgines porrexerint, sed eis plures viros interfuisse probatur per hoc, quod in loco sepulture earum multi non tantum laici, sed et clerici reperiantur. Qualiter cum eis adiuncti fuerint, in consequentibus apparebit. Pater beate Ursule conscius voluntatis filie sue et, quid de ea deus ordinasset sciens, hoc quibusdam sibi familiaribus detexit, acceptoque consilio caute preordinavit, ut filia sua, quam tenerrime diligebat, viros, quorum solatio tam ipsa quam exercitus eius indigebat, in comitatu suo discedens haberet. Quando igitur in patria sua pri- (folio 128 v) mum virgines congregari ceperunt, sacra fama earum late dispersa est, et multi ad spectandum eas undique confluxerunt. Contigit autem ordinante deo, ut etiam quidam episcoporum Britannie eis adiungerentur, et usque Romam cum eis pervenirent. In quo itinere et beatus Pantulus Basiliensis episcopus eis associatus est. Quo tempore presidebat apostolice sedi vir sanctus nomine Ciriacus, qui egressus de Britannia per annum et undecim septimanas Romanam ecclesiam rexerat. Qui cum eas advenisse audiret, letatus est cum omni clero suo, et in magna honorificentia suscepit, habebat quippe quam plures cognatas inter eas. Proxima vero nocte revelatum est ei a domino, quod relicta sede apostolica, cum eis esset profecturus et martirii palmam accepturus. Ipse autem non prius ab urbe egressus est, donec ipsius consilio alter ei nomine Antherus substitutus est. Unde ei indignatione cleri accidit, ut inter Romanos presules nomen eius non reperiatur pro eo, quod in ordine dignitatis sue usque ad finem permanere noluisset. —

Secutus quoque est eum Vincentius cardinalis episcopus presbiter, et Jacobus archiepiscopus, qui de Brittannia in Antyochiam peregre profectus ibique presul factus septem annis ecclesiam illam rexerat. Hic cum audisset, beatum Ciriacum sue gentis virum Rome sublimatum, venerat visitare eum et socius (folio 129 r) itineris virginum factus est, et particeps passionis, habens et ipse neptes aliquas in societate earum. Adiunctus est eis etiam beatus Maurisius episcopus supra memoratus de Lauicana cum Claudio diacono suo Spolitano, et Focatio adolescente fratre eius laico. Sancti quoque episcopi: Foilanus Lucensis et Simplicius Ravennensis, qui Coloniam prius venerant visitare pontificem, per visionem audierant, in eodem loco se ibi martirio coronandos, sed, quo ordine id fieret, ignorantes, cum inde redirent, obviam facti virginibus et ipsis adiuncti cum eius passi sunt. —

Virgines autem a Roma exeuntes cum sex diebus iter egissent, Etherius rex sponsus beate Ursule per visionem a domino admonitus est, ut matrem suam Demetriam hortaretur fieri Christianam, pater enim eius Agrippinus primo anno baptismi sui vita decesserat, et assumpta matre veniret[1]) in occursum sponse sue. Quibus ita gestis, properavit cum matre et sorore sua Florentina et ducissa quadam nomine Axpara, que erat filia matertere sue, sumpto secum Clemente episcopo iunctusque est sponse sue in passione et in celesti gloria. Iunctus est etiam sanctis virginibus Marculus episcopus Constantinopolitanus cum cognata sua Constantia virgine. Cuncti vero episcopi, qui in itinere cum sanctis virginibus fuerunt, segregatas ab eis mansiones habebant, sed in diebus dominicis in medium earum venire consueverant, confirmantes eas divino (folio 129 v) sermone et divini sacramenti communione, plurimasque earum nondum baptizatas regenerantes vere fidei sociaverunt. Vere miribilis deus in sanctis suis, omne enim hoc negocium divina dispositione mirabiliter ordinatum est. —

Secundum considerationem temporum prefati pape Ciriaci nequaquam, sicut estimant nonnulli, Attila rex Hunorum illius persecutionis auctor extitit, sed multorum annorum spacio postea eius persecutio subsecuta est, scilicet anno ab incarnatione domini quadringentesimo quinquagesimo quarto, quo tempore beatus Servacius Tungrensi civitati preerat episcopus. Qui per invidiam inde expulsus, pervenit Traiectum, ibique manens revelante deo cognovit, Italiam Hunorum gladio perimendam et precipue Tungrim subvertendam. Quod fidelibus intimans, rogatus est, ut Romam apud principem apostolorum pro populo supplicaturus adiret, quod et fecit, sed frustra, quia salutem perversorum obtinere non potuit. Animarum vero salvationem ad penitentiam conversorum a deo ex potestate et manu sancti Petri apostoli cum testimonio clavis argentee, que adhuc superest, in munere accepit. Inde reversus, exercitum Hunorum Italiam vastantem incurrit, et cum principe eorum Attila colloquium habuisse describitur. Illo tempore imperator Christianus erat Marcianus, et sedis apostolice presul Leo nominatus. Qui cum Attilam pacem petiturus adisset, non solum Rome, sed et Italie salutem impe-(folio 130 r) travit. Culpatus a suis Attila, cur preter solitum morem Christiano episcopo tantum obtemperasset; non se pontificem, sed alium virum astanten in habitu sacerdotali evaginato sibi gladio minitantem, nisi pape peticionem explesset, extimuisse respondit. Paulo post Attila eruptione sanguinis extincto, Marciano imperatori dominus in somnis apparens arcum Attile fractum ostendit. —

Ac vero virginum persecutio sic se habet. Erant Rome illo tempore duo consules iniqui Maximus et Africanus, qui metuentes, ne forte per virgines cresceret ac roboraretur religio Christiana, cum explorassent iter earum, miserunt legatos ad Iulium cognatum suum eo tempore principem Hunorum, hortantes, ut educto exercitu eas deleret. Qui acquiescens voluntati eorum, cum armata multitudine irruit super eas, cum venissent Coloniam, ibique effudit sanguinem earum. Primo autem ille tyrannus, qui fuit auctor interemtionis earum, hoc terroribus et blandimentis exigebat ab eis, ut sponsum suum Christum negantes, suis suorumque amplexibus iungerentur. Sed ipse, que non ea causa illuc venerant, elegerunt magis mori, quam a sponso suo Christo separari. Propter quod diversis cruciatibus desevierunt in eas, beata vero Ursula ictu sagitte in corde suo percussa est. —

Beatus autem Aquilinus post beatum Maternum sancti Petri apostoli discipulum quartus Coloniensis episcopus audivit (folio 130 v) longe ante demonstrante deo de adventu virginum et ordine passionis earum, dictumque est ei, ut ad sepelienda corpora earum paratus esset, et que necessaria essent humationi earum, cum diligentia conquireret. Illis ergo in sanguine suo iacentibus venerandus presul opus magne pietatis operatus est in eas, et cum summo honore sepeliendi officium eis inpendit. Sed et Jacobus episcopus supra memoratus, qui de Roma cum eis venerat, hortante Ciriaco papa magnam diligentiam adhibuerat, ut sciret nomina sanctarum virginum et ad hoc ipsum primo passioni subtractus ex magna parte ea lapidibus inscripta corporibus earum adhibuit. Sed ante quam hoc perficere potuisset, deprehensus est ab impiis in hoc opere et trucidatus in medio earum. Hinc est, quod quedam ex ipsis titulate inveniuntur, quedam autem non. Qui cum feriendus esset, spacium petiit, ut nomen suum lapidi inscriberet, et concessum est ei. Die autem tercio post passionem virginum et ipse passus est. —

His vero episcopis et qui cum ipsis laborabant, affuit maiestas domini et ministrantibus eis angelis dei, velociter inpletum est opus sepulture earum. Post paucos autem dies venerabilis vir Clematius a deo premonitus venit et tulit corpora, que in loco quodam adhuc supererant et cum reverentia sepelivit. Et sciendum non hunc esse Clematium, qui ecclesiam earum dicitur construxisse, nam post (folio 131 r) longum tempus ille advenit. Moderno tempore ab anno scilicet incarnationis dominice millesimo centesimo quinquagesimo septimo inventis Colonie sanctorum corporibus de superscriptionibus eorum plurime dubietates exorte sunt, quibus solvendis cuidam sanctimoniali sancte conversationis virgini propter honorem sanctorum suorum hec et his similia multa deus revelavit. Ad hanc Colonienses de singulis inquirendo mittentes dubia queque certis responsionibus didicerunt, cui etiam dictum est, quia adhuc ante diem iudicii omnis sanctarum virginum exercitus revelatur. Gratias ago deo super inenarrabili dono eius, qui nullius temporis evum sue pietatis consolatione vacuum relinquit, cuius unitati in essentia, et trinitati in vocabulis personarum laus, decus et magnifica gloria in eterna secula seculorum. Amen. —[1])

V. Papstcatalog aus Kloster Schönau, saec. 16.

Hec nomina paparum secundum Bartholomeum Platinum in libro de gestis summorum pontificum, quem scripsit ad Sixtum papam, qui inchoavit papatum 1471, qui multum discordat a presenti Honorio. —

Petrus. —
Linus. —
Cletus. —
Clemens primus. —
Anacletus. —
Evaristus. —
Alexander primus. —
Sixtus primus. —
Telesphorus. —
Ignius.[1]) —
Pius primus. —
Amictus. —
Sother. —
Eleutericus. —
Victor primus. —
Zepherinus. —
Calixtus primus. —
Urbanus I. —
Pontianus. —
Antherus. —
Ciriacus iuxta Elisabeth nostram XI. mil. virg. —
Sabiaus.[2]) —
Cornelius. —
Lucius. —
Stephanus I. —
Sixtus II. —
Dionisius. —
Felix I. —
Euticianus. —
Caius. —
Marcellinus. —
Marcellus. —
Eusebius. —
Melchiades.[3]) —
Silvester primus. —
Marcus. —
Julius post 336. —
Liberius. —
Felix II. —
Damasus XL. —
Ciricius. —
Anastasius I. —
Innocentius I. —
Sozimus. —
Bonifacius primus. —
Celestinus primus. —
Sixtus III. —
Leo magnus primus 21 a. —
Hilarius. —
Simplicius. —
Felix 3. —
Gelasius. —
Anastasius. —
Simachus. —
Hormisda. —
Johannes primus. —
Felix. 4. —
Bonifacius. —
Johannes. 2. —
Agapitus. —
Silverius. —
Vigilius. —
Pelagius primus. —
Johannes III. —
Benedictus primus. —
Pelagius secundus. —
Gregorius magnus ord. S. Benedicti Anno domini quingentesimo nonagesimo quarto, annis tredecim, menses VI. —
Sabiniaus. —
Bonifacius III. —
Bonifacius IV. o. Benedicti deus dedit. —
Bonifacius V. —
Honorius primus. —
Severinus. —
Johannes IIII. —
Theodorus. —

Martinus primus 72 in numero, secundum Vincentium autem 39. —
Eugenius primus. —
Vitalianus. —
Adeodatus. —
Donus. —
Bonifacius VI. —
Agatho. —
Leo II. —
Benedictus II. —
Johannes V. —
Conon. —
Sergius. —
Johannes VI. —
Johannes VII. —
Sosimus. —
Constantinus. —
Gregorius II., sanctus, o. Benedicti. —
Gregorius III. —
Zacharias. —
Stephanus II. —
Paulus primus. —
Stephanus III. o. Benedicti. —
Adrianus primus. —
Leo III. —
Stephanus IIII. —
Pascalis. —
Eugenius II. —
Valentinus. —
Gregorius IIII. O. Benedicti. —
Sergius II. —
Leo IIII. —
Johannes VII. mulier fuit Maguntina. —
Benedictus III. —
Nicolaus primus. —
Adrianus II. —
Johannes VIII. —
Martinus II. —
Adrianus III. —
Stephanus V. —
Formosus. —
Bonifacius VI. —
Stephanus VI. —
Romanus. —
Theodorus II. —
Johannes IX. —
Benedictus IIII. —
Leo V. —
Christoforus. —
Sergius III. —
Anastastius III. —
Laudo. —
Johannes X. 909. —
Leo VI. —
Stephanus VII. —
Johannes XI. —
Leo VII. —
Stephanus VIII. —
Martinus III. —
Agapitus II. —
Johannes XII. —
Benedictus V. —
Leo VIII. —
Johannes XIII. —
Benedictus VI. —
Bonifacius VII. —
Benedictus VII. —
Johannes XIIII. —
Johannes XV. —
Johannes XVI. —
Gregorius V. tempore Ottonis III. 994. —
Johannes XVII. —
Silvester II. nigromanticus o. Benedicti de monasterio Floriacensi, de quo mirabilia referuntur eadem salvatus. —
Johannes XVIII. —
Johannes XIX. —
Sergius IIII. —
Benedictus VIII. —
Johannes XX. —
Benedictus IX. —
Silvester III. —
Gregorius VI. —
Clemens II. —
Damasus II. —
Leo IX. sanctus, millesimo quadragesimo nono. —

Victor II. —
Stephanus IX. —
Benedictus X. —
Nicolaus II. —
Alexander II. —
Gregorius VII. o. Bened. 1072. —
Victor III. —
Urbanus II. o. Bened. 1109. —
Pascal II. o. Bened. —
Gelasius II. —
Calixtus II. —
Honorius II. —
Innocentius II. 1134. —
Celestinus II. —
Lucius II. —
Eugenius III. 1153, eodem anno et benedictus. —
Anastasius IIII. —
Adrianus IIII. —
Alexander III. —
Lucius III. —
Urbanus III regnavit anno uno, anno domini 1187; eodem anno ultimo fuit Jerusalem capta et adhuc. —
Gregorius VIII. —
Clemens III. —
Celestinus III. —
Innocentius III. 1204. —
Honorius III. —
Gregorius IX. —
Celestinus IIII. —
Innocentius IIII. 1244. —
Alexander IIII. —
Urbanus IIII. —
Clemens IIII. —
Gregorius X. —
Innocentius V. —
Adrianus V. —
Johannes XXI. —
Nicolaus III. —
Martinus IIII. —
Honorius IIII. —
Nicolaus IIII. —
Celestinus V. o. Bened. —
Bonifacius VIII. 1306. —
Benedictus XI. —
Clemens V. auctor Clementine. —
Johannes XXII. —
Benedictus XII. auctor Benedictine. —
Clemens VI. —
Innocentius VI. —
Urbanus V. —
Gregorius XI. —
Urbanus VI. —
Bonifacius IX. —
Innocentius VII. —
Gregorius XII. —
Benedictus 13. antipapa o. Bened. —
Alexander V. o. minorum. —
Johannes XXIII. —
Martinus V. —
Eugenius IIII. —
Nicolaus V. —
Felix V. contra Eugenium anno 1439. —
Calixtus III. —
Pius II. —
Paulus II. —
Sixtus IIII. —
Innocentius VIII. —
Alexander VI., qui obiit 1502. —
Pius III. ut dicitur . . .[1]) —
Julius secundus, qui sedet in sede. Anno domini millesimo quingentesimo quarto, quo anno hec scripta sunt et eodem anno maxima damna inter Lantgravium et Palatinum et regem Romanorum et Palatinum et ceteros principes et maxime quo ad ignem parte.[2])
Leo decimus iam a. XIIII. presidet, in quo maxima frigora circa (?) violentiam (?) prope aquam.[3]) —

VI. Kalendarium des Klosters Schönau de 1462.

Januar.

Januarius habet dies XXXI. lunam XXX. Regulares III. — (IX.)[1]

III.	a.	—	Kalendis Januarii. — Circumcisio et octava nat. dni. Medium.
—	b.	IIII.	Nonas Octava Stephani commemoratio.
XI.	c.	III.	„ „ Johannis „
—	d.	II.	„ „ Innocentum „
XIX.	e.	—	Nonas Januarii.
VIII.	f.	VIII.	Ydus. Epiphania domini. Summum minus.
—	g.	VII.	„ Commemoratio abbatum.
—	c.	IIII.	„ Pauli conf. comm.
—	f.		Ydibus Januarii. — Octava Epiphanie. Duplex minus. Hilarii episcopi commemoratio.
X.	g.	XIX.	Kal. Februarii. — Felicis conf. comm.
—	a.	XVIII.	„ Mauri conf. XII. lect.
XVIII.	b.	XVII.	„ Marcelli pape et martiris. Comm.
VII.	c.	XVI.	„ Antonii conf. XII. lect.
—	d.	XV.	„ Prisce virginis et martiris Comm.
IIII.	f.	XIII.	„ Fabiani et Sebastiani martirum. XII. lect.
—	g.	XII.	„ Agnetis virginis et martiris. XII. lect.
XII.	a.	XI.	„ Vincentii martiris XII. lect.
—	c.	IX.	„ Timothei apostoli comm.
IX.	d.	VIII.	„ Conversio Pauli apostoli. Duplex minus.
VI.	g.	V.	„ Agnetis secundo. Comm.

Februar.

Februarius habet dies XXVIII., lunam XXIX. Re. VI. (X).

—	d.	—	Kalendis Februarii. — Brigide virginis. Comm.
XI.	e.	IIII.	Nonas. — Purificatio beate Marie. — Summum minus.
XIX.	f.	III.	„ — Blasii episcopi et martiris. — XII. lect.
—	a.	—	Nonas Februarii. — Agathe virginis et martiris. XII. lect.
XVI.	b.	VIII.	Ydus. — Dorothee virginis et martiris. Comm.
V.	c.	VII.	„ — Commemoratio fratrum.
II.	f.	IIII.	„ — Scolastice virginis. Duplex minus.
XVIII.	c.	XVI.	Kl. Marcii. — Valentini martiris Comm.
—	d.	VIII.	„ Kathedra Petri apostoli. Duplex minus.
—	f.	VI.	„ Mathie apostoli. Duplex maius. Locus bisexti.

März.

Marcius habet dies XXXI., lunam XXX. Re. V. (IX.)

XI.	f.	V.	Nonas. — Commemoratio benefactorum.
II.	a.	IIII.	Ydus. — Gregorii pape. Duplex maius.

VII. —	f. —	XVI.	Kal. Aprilis. — Gertrudis virginis comm.
— —	c. —	XII.	„ „ — Benedicti abbatis. Summum maius.
IX. —	g. —	VIII.	„ „ — Annunciatio dominica. Summum minus.

April.

Aprilis habet dies XXX. lunam XXIX. Re. I. (X.)

XIX. —	c. —	II.	Nonas. — Ambrosii episcopi. Duplex maius.
V. —	f. —	VII.	Ydus. — Comm. fundatorum.
XVIII. —	f. —	XVIII.	Kal. Maii. Tiburcii, Valeriani et Maximi martirum commemoratio.
IX. —	a. —	IX.	„ Georgii. martiris comm.
XVII. —	c. —	VII.	„ Marci evangeliste. Duplex maius. Litania maior.
XIIII. —	f. —	IIII.	„ Vitalis martiris Comm.

Mai.

Maius habet dies XXXI., lunam XXX. Re. III. (XI.)

XI. —	b. —	—	Kalendis Maii. — Philippi et Jacobi apostolorum. Duplex maius.
XIX. —	d. —	V.	Nonas. — Inventio sancte crucis Duplex maius. — Alexandri, Eventii et Theodoli martirum duo noctes.
VIII. —	e. —	IIII.	Nonas. — Commemoratio fratrum.
XVI. —	g. —	II.	„ — Johannis anta portam latinam. Duplex minus.
II. —	d. —	VI.	Ydus. — Gordiani et Epimachi martirum. Comm. — Primum pent.
X. —	f. —	IIII.	„ — Nerei, Achillei et Pancratii martirum. Comm.
— —	g. —	III.	„ — Servatii episcopi. Comm.
XVII. —	e. —	VIII.	Kal. Junii. — Urbani pape et martiris Comm.

Juni.

Junius habet dies XXX., lunam XXIX. Re. VI. (XII).

XIX. —	f. —	IIII.	Nonas. — Marcellini et Petri martirum Comm.
V. —	b. —	—	Nonas Junii. — Bonifacii et sociorum eius martirum. XII. lect.
— —	c. —	VIII.	Ydus. — Commemoratio benefactorum.
— —	f. —	V.	„ — Primi et Feliciani martirum comm.
— —	a. —	III.	„ — Barnabe apostoli XII. lect.
XVIII. —	b. —	II.	„ — Basilidis. Cirini, Naboris, Nazarii et Celsi martirum comm.
VII. —	c. —	—	Ydibus Junii. — Ultimum Penthecoste.
XV. —	e. —	XVII.	Kal. Julii. — Viti, Modesti et Crescentie martirum comm.
XII. —	a. —	XIIII.	„ Marci et Marcelliani martirum comm.
I. —	b. —	XIII.	„ Gervasii et Prothasii martirum comm.
IX. —	d. —	XI.	„ Albani martiris comm.
— —	e. —	X.	„ Decem milium martirum. XII. lect. — Paulini episcopi comm.
XVII. —	f. —	IX.	„ Vigilia.

VI. — g. — VIII. „ Nativitatis S. Johannis Baptiste. Medium et sub octava singulis diebus commemoratio.
XIIII. — b. — VI. „ Johannis et Pauli martirum. XII. lect.
— — d. — IIII. „ Leonis pape comm. — Vigilia.
XI. — e. — III. „ Petri et Pauli apostolorum. Summum minus.
— — f. — II. „ Commemoratio sancti Pauli apostoli. Duplex minus.

Juli.

Julius habet dies XXXI., lunam XXX. Re. I. (XIII).

XIX. — g. — — Kalendis Julii. — Octava Johannis Baptiste. XII. lect.
VIII. — a. — VI. Nonas. — Visitatio Marie. Summum minus. — Processi et Martiniani martirum comm.
XVI. — c. — IIII. „ — Udalrici episcopi comm. — Commemoratio parentum.
— — e. — II. „ — Octava apostolorum, Duplex minus.
II. — g. — VIII. „ — Kiliani et sociorum eius martirum comm.
— — a. — VII. „ — Octava visitationis. Duplex minus.
X. — b. — VI. „ — Septem fratrum martirum comm.
— — c. — V. „ — Commemoratio beati Benedicti abbatis: Summum minus.
VII. — e. — III. „ — Margarete virginis et martiris. Festus XII. l. apud nos.
IX. — f. — XII. Kal. Augusti. — Praxedis virginis comm.
— — g. — XI. „ „ — Marie Magdalene. Duplex maius.
XVII. — a. — X. „ Apollinaris episcopi et martiris comm.
— — c. — VIII. „ Jacobi apostoli. Duplex maius. — Christofori martiris comm.
XIIII. — d. — VII. „ — Anne matris Marie. Duplex maius.
— — f. — V. „ — Panthaleonis martinis comm.
XI. — g. — IIII. „ — Felicis pape et martiris comm. - Simplicii, Faustini et Beatricis martirum comm.
XIX. — a. — III. „ — Abdon et Sennes martir. comm.

August.

Augustus habet dies XXXI., lunam XXIX. Regulares IIII. (XIIII).

VIII. — c. — Kalendis Augusti. — Vincula Petri Duplex minus. — Septem Machabeorum martirum comm.
XVI. — d. — IV. Nonas. — Stephani pape et martiris comm.
V. — e. — III. „ — Inventio sancti Stephani prothomartiris. XII. lect.
— — f. — II. „ — Commemoratio fratrum. [1])
XIII. — g. — — „ — Dominici confessoris comm.

II. —	a. —	VIII.	Ydus. — Sixti pape et martiris. XII. lect. — Felicissimi et Agapiti martirum comm.
X. —	c. —	VI.	„ — Ciriaci et sociorum eius martirum comm.
— —	d. —	V.	„ — Romani martiris comm. — Vigilia.
XVIII. —	e. —	IIII.	„ — Laurentii martiris. Duplex maius.
VII. —	f. —	III.	„ — Tiburtii martiris comm.
XV. —	a. —	—	Ydibus. — Ypoliti et sociorum eius martirum comm.
IIII. —	b. —	XIX.	Kal. Septembris. — Eusebii conf. comm. — Vigilia.
— —	c. —	XVIII.	„ „ — Assumptio beate Marie. — Summum maius.
I. —	e. —	XVI.	„ „ — Octava Laurentii martiris comm.
— —	f. —	XV.	„ „ — Agapiti martiris comm.
— —	a. —	XIII.	„ „ — Bernhardi conf. Duplex minus.
VI. —	c. —	XI.	„ „ — Octava asssumptionis beate Marie. Duplex minus. — Timothei et Simphoriani martirum comm.
XIIII. —	e. —	IX.	„ „ — Bartholomei apostoli. Duplex maius.
XIX. —	b. —	V.	„ „ — Augustini episcopi. Duplex maius. — Hermetis mart. comm.
— —	c. —	IIII.	„ „ — Decollacio Joh. Baptiste. Duplex minus. — Sabine martiris comm. de non virgine.
VIII. —	d. —	III.	„ „ — Felicis et Adaucti martirum comm.

September.

September habet dies XXX., lunam XXX. Re. VII. (V).

XVI. —	f. —	—	Kalendis Septembris. — Egidii conf. XII. lect.
— —	a. —	III.	Nonas. — Commemoratio benefactorum.
— —	d. —	VIII.	Ydus. — Magni conf. comm.
— —	f. —	VI.	„ — Nativitas Marie. Summum minus. — Adriani mart. comm.
XVIII. —	g. —	V.	„ — Gorgonii martiris comm.
— —	b. —	III.	„ — Prothei et Jacincti, Felicis et Regule martirum comm.
— —	e. —	XVIII.	Kal. Octobris. — Exaltatio sancte crucis. Duplex maius. — Cornelii et Cipriani martirum duo noct.
XII. —	f. —	XVII.	„ „ — Octava nativitatis Marie. Duplex minus. Nicomedis martiris comm.

I. — g. — XVI. „ „ — Eufemie virg. et mart. comm. — Lucie et Gemmiani mart. comm.

— — a. — XV. „ „ — Lamperti episcopi et martiris comm.

XVII. — d. — XII. „ „ — Vigilia.

VI. — e. — XI. „ „ — Mathei apostoli et evangeliste. Duplex maius.

— — f. — X. „ „ — Mauricii et sociorum eius martirum. XII. lect.

XIX. — d. — V. „ „ — Cosme et Damiani martirum. XII. lect.

VIII. — f. — III. „ „ — Michaelis archangeli. Medium.

— — g. — II. „ „ — Jeronimi conf. Duplex maius.

October.

October habet dies XXXI., lunam XXIX. Re. II. (V).

XVI. — a. — — Kalendis Octobris. — Remigii episcopi comm.

V. — b. — VI. Nonas. — Leodegarii episcopi et mart. comm.

XIII. — c. — V. „ — Commemoratio fratrum.

II. — d. — IIII. „ — Francisci confess. comm.

X. — f. — II. „ — Sanctorum Cesarii, Verene et aliorum apud nos requiescentium. Duplex maius.

— — g. — — „ — Marci pape commemoratio. Sergii, Bachi et Apulei martirum comm.

VII. — b. — VII. Ydus. — Dionisi et sociorum eius martirum. XII. lect.

— — c. — VI. „ — Gereonis et sociorum eius martirum comm.

XII. — g. — II. „ — Kalixti pape et mart. comm.

— — b. — XVII. Kal. Novembris. — Galli conf. XII. lect.

— — d. — XV. „ „ — Luce evangeliste. Duplex maius.

— — g. — XII. „ „ — Vndecim milium virginum martirum XII. lect. Apud nos duplex maius.

XIIII. — a. — XI. „ „ — Severi episcopi comm.

III. — b. — X. „ „ — Severini episcopi comm.

XI. — d. — VIII. „ „ — Crispini et Crispiniani martirum comm.

— — f. — VI. „ „ — Vigilia.

VIII. — g. — V. „ „ — Symonis et Jude apostolorum. Duplex maius.

V. — c. — II. „ „ — Vigilia.

November.

November habet dies XXX., lunam XXX. Regulares V. (VII.)

— — d. — — Kalendis Novembris. Omnium sanctorum. Summum maius. — Cesarii martiris comm.

XIII.	e.	IIII.	Nonas. — Commemoratio omnium fidelium defunctorum. — Eustachii et sociorum eius martirum comm.
—	b.	VIII.	Ydus. — Leonardi conf. comm.
XVIII.	c.	VII.	„ — Willebrordi episcopi comm.
VII.	d.	VI.	„ — Quatuor coronatorum martirum comm.
—	e.	V.	„ — Theodori martiris comm.
IIII.	g.	III.	„ — Martini episcopi. Medium. — Memie martiris comm.
XII.	b.	—	Ydibus. — Brictii episcopi comm.
IX.	e.	XVI.	Kal. Decembris. — Othmari conf. comm.
—	f.	XV.	„ „ — Patronus monasterii nostri Sconaugensis sancti Florini conf. Summum maius.
VI.	a.	XIII.	„ „ — Elizabeth vidue, Duplex minus.
XIIII.	c.	XI.	„ „ — Columbani conf. comm.
III.	d.	X.	„ „ — Cecilie virginis et martiris. XII. lect.
—	e.	IX.	„ „ — Clementis pape et martiris XII. lect. — Felicitatis mart. comm. de non virgine.
XI.	f.	VIII.	„ „ — Crisogoni martiris comm.
XIX.	g.	VII.	„ „ — Katherine virginis et martiris. Duplex maius.
XVI.	d.	III.	„ „ — Saturnini, Crisanti, Mauri et Darie martirum comm. Vigilia.
V.	e.	II.	„ „ — Andree apostoli. Duplex maius.

December.

December habet dies XXXI., lunam XXIX., Re. VII. (VII).

XIII.	g.	IIII.	Nonas. — Commemoratio benefactorum.
X.	b.	II.	„ — Barbare virginis et martiris comm.
XVIII.	d.	VIII.	Ydus. — Nicolai episcopi. Duplex maius.
—	f.	VI.	„ — Conceptio beate Marie. Summum minus.
I.	d.	—	Ydibus. — Lucie virginis et martiris XII. lect.
III.	e.	XII.	Kal. Januarii. — Thome apostoli. Duplex maius.
XIX.	a.	IX.	„ „ — Vigilia.
—	b.	VIII.	„ „ — Nativitas domini nostri Jesu Christi. Summum maius.
VIII.	c.	VII.	„ „ — Stephani prothomartiris. Medium.
—	d.	VI.	„ „ — Johannis evangeliste. Medium.

XVI. — e. — V. „ „ — Innocentum martirum. Duplex minus.
XIII. — a. — II. „ „ — Silvestri pape. XII. lect.[1])

VII. Die Allerheiligenlitanei aus Schönau saec. 12.

Kyrie eleyson. - Xpe eleyson. - Xpe audi nos. - Pater de celis deus, miserere nobis. - Fili redemptor mundi deus, miserere nobis. - Spiritus sancte deus, miserere nobis. - Sca trinitas unus deus, miserere nobis. - Sca Maria. - Ora pro nobis (wie als Antwort stets folgend.) - Sca dei genitrix. - Sca virgo virginum. - Sce Michahel. - Sce Gabriel. - Sce Raphahel. - Omnes sci angeli et archangeli, orate pro nobis. - Omnes sancti beatorum spirituum ordines. - Sce Johannes bapt. - Omnes sancti patriarche et prophete, orate pro. - Sce Petre. - Sce Paule. - Sce Andrea. - Sce Johannes. - Sce Jacobe. - Sce Philippe. - Sce Bartholomee. - Sce Mathee. - Sce Thoma. - Sce Jacobe - Sce Symon. - Sce Thathee. - Sce Mathia. - Sce Barnaba. - Sce Luca. - Sce Marce. - Sce Thimothee. - Omnes sancti apostoli et evangeliste, orate pro nobis. - Omnes sci discipuli dni, orate - Omnes sci innocentes. - Sce Stephane. - Sce Clemens. - Sce Syxte. - Sce Corneli. - Sce Cipriane. - Sce Blasi. - Sce Pauline. - Sce Emmeramme. - Sce Lamberte. - Sce Laurenti. - [Sce Vincenti. - Sce Adriane, beide Zusätze saec. 14]. - Sce Cesari. - Sce Constans. - Sce Alexander. - Sce Dionisi cum sociis tuis. - Sce Bonifaci cum sociis tuis. - Sce Januari cum sociis tuis. - Sce Kyliane cum sociis tuis. - Sce Ciriace cum sociis tuis. - Sce Maurici cum sociis tuis. - Sce Gereon cum sociis tuis. - Sce Georgi. Sce Pancrati. - Sce Sebastiane. - Sce Vite. - Sce Xpofore. - Sce Pelagi. - Sce Albane. - Sce Oswalde. - Omnes sci martires. - Sce Silvester. - Sce Gregori. - Sce Hilari. - Sce Martine. - Sce Mansuete. - Sce Euchari. - Sce Valeri. - Sce Materne. - Sce Aureli. - Sce Ambrosi. - Sce Augustine. - Sce Basili. - Sce Nicolae. - Sce Remigi. - Sce Maximine. - Sce Servati. - Sce Odalrice. - Sce Benedicte. - Sce *Florine.* - Sce. Antoni. - Sce Hilarion. - Sce Jeronime. - Sce Maure. - Sce Columbane. - Sce Galle. - Sce Magne. - Sce Othmare. - Sce Egidi. - Sce Symeon. - Sce Alexi. - Sce *Lubenti.* - Sce Goar. - Omnes sci confessores. - Sca Maria Magdalena. - Sca Felicitas. Sca Perpetua. - Sca Agatha. - Sca Agnes. - Sca Lucia. - Sca Cecilia. -. Sca Vrsula. - Sca Pinnosa. - Sca Gerdrudis. - Sca Barbara. - Sca Afra. - Sca Juliana. - Sca Margareta. - Sca Xpina. - Sca Scolastica. - Sca Walburga. - Sca Eufrosina. - Sca Candida. - Sca Assabaria. - Sca Elisabeth vidua. - Sca Elisabet - Sca Verena virgo (Zusätze des 14.—15. Jahrh.). - Omnes sce virgines. - Omnes sci, orata p n. Propicius esto, parce nobis domine. - Ab insidiis diaboli. L. - A dampnatione perpetua. - Ab imminnentibus peccatorum nostrorum periculis L. - Ab infestationibus demonum. L. - A spiritu formicationis. L. - Ab appetitu inanis glorie. Libera nos dne. - Ab omni inmundicia mentis et corporis. Libera n. dne. - Ab ira et odio et ab omni mala voluntate. Libera nos dne. - Ab inmundis cogitationibus. Lib. n. - A cecitate cordis. L. - A fulgure et tempestate. L. - A subitanea et inprovisa morte. L. . Per misterium sce incarnationis tue. L. - Per passionem et crucem tuam. L. - Per gloriosam resurrectionem tuam. L. - Per admirabilem ascensionem tuam. L. - Per graciam sci spiritus paracliti. L. - In hora mortis. L. - In die iudicii. Libera nos dne. - Peccatores, te rogamus audi nos. - Ut pacem nobis dones. *R.* - Ut misericordia et pietas tua nos custodiat. *R.* - Ut ecclesiam tuam regere et defensare digneris. *R.* - Ut domnum apostolicum et omnes gradus ecclesie in sancta religione conservare digneris. *R.* - Ut episcopos et abbates nostros et omnes congregationes illis commissas in sancta religione conservare digneris. *R.* - Ut congregationes omnium sanctorum tuorum in tuo sancto servicio conservare digneris. *R.* - Ut regi et principibus nostris pacem et veram concordiam atque victoriam donare digneris. *R.* - Ut cunctum populum Xpianum precioso sanguine tuo redemptum conservare digneris. *R.* - Ut omnibus benefactoribus nostris sempiterna bona retribuas. *R.* - Ut animas nostras et parentum nostrorum ab eterna dampnatione eripias. *R.* - Ut aeris temperiem bonam nodis dones. Te rogamus audi nos. - Ut fructus terre dare et conservare digneris. *R.* - Ut locum istum et nos omnes habitantes in eo visitare et consolare digneris. *R.* - Ut oculos misericordie tue super nos reducere digneris. *R.* - Ut obsequium servitutis nostre racionabile facias. *R.* - Ut mentes nostras ad celestia desideria erigas. *R.* - Ut miserias pauperum et captivorum intueri et revelare digneris. *R.* - Ut regularibus disciplinis nos instruere digneris. *R.* - Ut omnibus fidelibus defunctis requiem eternam dones. Te rog. - Ut nos exaudire digneris. *R.* - Fili dei. Te rogamus audi. - Agnus dei, qui tollis peccata mundi. Parce nobis dne. - Agnus dei, qui tollis peccata mundi. Exaudi nos dne. - Agnus dei, qui tollis peccata mundi. Miserere nobis. - Xpe audi nos. - Kyrie eleyson. - Xpe eleyson. - Pater noster etc. - Deus in adiutorium. - Levavi. - Ad Te Levavi. - Deus misereatur. - Judica me deus et discerne. - V. Requiem e.

Preces. — Et veniat super nos misericordia tua dne, salutare tuum secundum eloquium tuum. Esto nobis dne turris fortitudinis a facie inimici. Memor esto congregationis tue, quam possedisti ab inicio. Dne salvum fac regem et exaudi nos in die qua invocaverimus te. Salvos fac servos et ancillas tuas. Deus meus sperantes in te. Fiat pax in virtute tua et habundantia virtutibus tuis. Oremus pro fidelibus defunctis. Requiem eternam dona eis dne, [d]ne exaudi orationem. —

Pro peccatis. — Deus, cui proprium est misereri semper et parcere, suscipe deprecationem nostram et quos dilectorum catena constringit, miseracio tue pietatis absolvat. —

Pro papa. — Deus omnium fidelium pastor et rector famulum tuum, quem ecclesie tue preesse voluisti, propicius respice, da ei, quesumus verbo et exemplo, quibus preest proficere, ut ad vitam una cum grege sibi credito perveniat sempiternam.

Pro prelatis. — Omnipotens sempiterne deus, qui facis mirabilia magna solus pretende super famulos tuos et super cunctos illis commissos spiritum gracie salutaris et ut in veritate tibi complaceant perpetuum eis rorem tue benedictionis infunde.

Pro familiaribus. — Pretende domine famulis et famulabus tuis dexteram celestis auxilii, ut te toto corde perquirant et que digne postulant consequi mereantur.

Pro pace. — Deus, a quo sancta desideria, recta consilia et iusta sunt opera, da servis tuis illam, quam mundus dare non potest pacem, ut et corda nostra mandatis tuis dedita et hostium sublata formidine, tempora sint tua protectione transquilla.

Pro ecclesia. — Ecclesie tue, quesumus dne preces placatus admitte, ut destructis adversitatibus universis secura tibi serviat libertate.

Pro iter agentibus. — Adesto supplicationibus nostris omnipotens deus et viam fidelium tuorum in salutis tue prosperitate dispone, ut inter omnes vie et vite huius varietates tuo semper protegantur auxilio.

Pro defunctis. — Absolve domine animas famulorum famularumque tuarum ab omni vinculo delictorum, ut in resurrectionis gloria inter sanctos tuos resuscitati respirent.

Generalis. — Deus, qui es sanctorum tuorum splendor mirabilis atque lapsorum sublevator inenarrabilis fac nos fideles tuos sce Marie dei genitricis et omnium sanctorum tuorum ubique tueri presediis, nec non familiaritate vel consanguinitate nobis coniunctis et omni populo Xpiano cunctis insidiis fallacis inimici depulsis, concede ad celestem patriam redeundi aditum ac defunctorum omnium fidelium sacri baptismatis unda renatorum animabus quiete perfrui sempiterna.

Pro loco. — Domine deus omnipotens, qui elegisti locum istum ad serviendum tibi et ad precepta tua custodienda da nobis fidelibus tuis in isto loco pacem et sanitatem et tranquillitatem et fac rectores nostros agere secundum voluntatem tuam et secundum necessitatem nostram, ut te timeant et tua precepta custodiant. Custodi dne locum istum ab omni peccato atque ab omni scandalo et ab omni perturbatione et ab omnibus insidiis et laqueis diaboli. Tu dne, qui hanc congregationem ad glorificandum nomen tuum sanctum in hoc loco adunari permisisti, da nobis adiutorium tuum sanctum de celis, ne paciamur detrimentum animarum nostrarum et ne des hanc congregationem in dispersionem propter nomen tuum magnum. — Domine ne respicias peccata nostra, sed respice ad deprecationem genitricis tue sce Marie et per eius sca merita et per intercessionem beati Florini et omnium sanctorum tuorum, quorum reliquie sunt in isto loco, adiuva nos sicut tu vides necessitatem nostram. Qui cum deo patre et spiritu.[1])

VIII. Die Allerheiligenlitanei aus Schönau saec. 15.

Letania.

Kyrieleyson.
Christe eleyson.
Christe audi nos (hec repetuntur).

Pater de celis deus, Fili redemptor mundi deus, Spiritus sancte deus, Sancta trinitas unus deus,	Miserere nobis.
Sancta Maria, Sancta dei genitrix, Sancta virgo virginum, Sancte Michael, Sancte Gabriel, Sancte Raphael,	Ora pro nobis.

Omnes sancti beatorum spirituum ordines. — Orate pro nobis.
Sancte Johannes Baptista. — Ora pro nobis.
Omnes sancti patriarche et prophete. — Orate pro nobis.

Sancte Petre. „ Paule, „ Andrea, „ Jacobe, „ Johannes, „ Thoma, „ Jacobe, „ Philippe, „ Bartholomee, „ Mathee, „ Symon, „ Thadee, „ Mathia, „ Luca, „ Marce,	Ora pro nobis.

Omnes sancti apostoli et evangeliste. — Orate pro nobis.
Omnes sancti discipuli domini. — Orate pro nobis.

Sancte Stephane,
„ Clemens,
„ Sixte,
„ Corneli,
„ Cipriane,
„ Laurenti,
„ Vincenti,
„ Ignati,
„ Fabiane,
„ Sebastiane,
„ Dionisi cum sociis tuis,
„ Maurici „ „ „

Ora pro nobis.

Omnes sancti martires. — Orate pro nobis.

Sancte Silvester,
„ Martine,
„ Nicolae,
„ Gregori,
„ Ambrosi,
„ Augustine,
„ Jeronime,
„ Benedicte,
„ Bernharde,
„ Paule,
„ Anthoni,
„ Hilarion,
[„ Florine,]

Ora pro nobis.

Omnes sancti confessores. — Orate pro nobis.

Sancta Felicitas,
„ Perpetua,
„ Aga ha,
„ Lucia,
„ Agnes,
„ Cecilia,
„ Anastasia,
„ Scolastica,
„ Katherina,
„ Ursula cum sodalibus t.
„ Elizabeth,

Ora pro nobis.

Omnes sancte virgines et continentes. — Orate pro nobis.
Omnes Sancti. — Orate pro nobis.
Propicius esto. — Parce nobis domine.
Propicius esto. — Libera nos domine.
Ab insidiis diaboli. — Libera.
Ab omni inmundicia mentis et corporis.
A ventura ira.
Ab omni malo.
Per nativitatem tuam.
Per passionem et crucem tuam.
Per gloriosam resurrectionem tuam.
Per ammirabilem ascensionem tuam.
Per adventum spiritus sancti paracliti.
Per merita omnium sanctorum tuorum.
Pecatores. Te rogamus audi nos.
Ut pacem et concordiam nobis dones.

Ut misericordia et pietas tua nos custodiat.
Ut spatium penitentie et emendationis vite nobis dones.
Ut gratiam spiritus sancti cordibus nostris clementer infundere digneris.
Ut ecclesiam tuam regere et defensare digneris.
[Ut dominum apostolicum et omnem gradum ecclesiasticum in sancta religione conservare digneris.]
[Ut antistitem et abbates etc.]
Ut abbates nostros et cunctas congregationes illis commissas in tuo sancto servitio conservare digneris.
Ut cunctum populum Christianum precioso sanguine tuo redemptum conservare digneris.
Ut omnibus benefactoribus nostris eterna bona retribuere digneris.
Ut omnibus fidelibus defunctis requiem eternam donare digneris.
Ut nos exaudire digneris.
Fili dei. — Te rogamus audi nos.
Agnus dei, qui tollis peccata mundi. — Parce nobis domine.
Agnus dei, qui tollis peccata mundi. — Exaudi nos domine.
Agnus dei, qui tollis peccata mundi. — Miserere nobis.
Kyrieleyson.
Christe eleyson.

Pater noster. — Et ne nos. — Ego dixi domine miserere mei. Sana animam meam, quia peccavi tibi. Confiteantur tibi domine omnia opera tua. Et sicut tui benedicant tibi. Sacerdotes tui induantur iusticiam. Et sancti tui exsultent. Peccavimus domine cum parentibus nostris. Iniuste egimus, iniquitatem fecimus. Domine non secundum peccata nostra facias nobis. Neque secundum iniquitates nostras retribuas nobis. Domine ne memineris iniquitatum nostrarum antiquarum. Cito anticipent nos misericordie tue, quia pauperes facti sumus nimis. Adiuva nos deus salutaris noster. Et propter gloriam nominis tui domine libera nos et propitius esto peccatis nostris propter nomen tuum. Esto nobis domine turris fortitudinis. A facie inimici. Domine deus virtutum converte nos. Et ostende faciem tuam et salvi erimus. Domine exaudi orationem meam. Et clamor meus ad te veniat. Dominus vobiscum. Oremus. .Omnium sanctorum tuorum quesumus domine supplicatione placatus et veniam nobis tribue, et remedia sempiterna concede.

Deus, a quo sancta desideria, recta consilia, et iusta sunt opera, da servis tuis illam, quam mundus dare non potest pacem, ut et corda nostra mandatis tuis dedita, et hostium sublata formidine tempora sint tua protectione tranquilla. Omnipotens sempiterne deus, qui vivorum dominaris simul et mortuorum omniumque misereris, quos tuos fide et opere futuros esse prenoscis, te suppliciter exoramus, ut pro quibus effundere preces decrevimus, quosque vel presens seculum adhuc in carne retinet, vel futurorum iam exutos corpore suscepit, pietatis tue clementia omnium delictorum suorum veniam et gaudia consequi mereantur eterna. Per dominum. Dominus vobiscum. Benedicamus domino. Fidelium anime p. m. dei r. i. p.[1])

IX. Der Priester Adelbero zu Welterode begünstigt das Kloster Schönau durch Schenkungen.

Quia misericordie dei non est numerus, et quia ipso iubente terrenis celestia caducis eterna comparari possunt, sapere est, si de nostris, quas divina nobis contulit misericordia facultatibus Christi pauperibus donativa erogare ceperimus. Quapropter ego

Adelbero ecclesiarum sancti Petri in Welterode sanctique Florini confessoris in Libbrunne solo nomine sacerdos dominis ac fratribus nostris monachis scilicet sancti Florini in Sconaugia, cuius ego tam condicione quam devocione devotus famulus beneficium ex meo comparavi a quodam Cunrado de Elise in Were situm X. solidorum censum persolvens, quatinus merear fraternitatis ipsorum particeps esse et suarum sanctarum oracionum communionem recipere. Decrevi autem idem beneficium usui ipsorum taliter deservire, quinque solidos custodi assignavi in preparacionem nocturni luminis ad altare sancte crucis, alios quinque ad opus fratrum aput necessarium secus dormitorium ipsorum ordinavi. Contigit autem idem beneficium fratres nostros una cum abbate ipsorum domino Hildelino scilicet in commutatione alterius beneficii in Albach siti post modum vendidisse et nobis II.º alia in predictos usus resignasse, in Bacheim scilicet et in Dissicoben, que ita per nos distributa sunt: Bacheim in opus necessarium sub prioris tutela consistens, Dissicoben custodi deserviens. Similiter etiam a quibusdam Cuneza scilicet de Gisenheim et Ruthardo filio eius de Rothenberch, beneficium in Welterode conparatum tradidimus fratribus in elemosinam. Nec non in Libbrunne beneficium invadiatum est nobis pro XV. marcis argenti purissimi in nullius percussuram nummismatis redacti. Quod si me vivente vel carne soluto solutum fuerit, fratres nostri recipiant argentum omnino providentes, in usum ecclesie se illud esse reservaturos. Nec in alia atque alia, sicut deus nobis pro sua gratia contulit. His predictis addidimus nostre paupertatis dona: Signum ecclesie maius bone estimationis casulam, calicem quinque fertonum ponderis, stolam argento paratam, albam, humerale; dormitorium ipsorum usque ad tabulata de nostro constructum est. Hec deo teste scripto mandare curavimus, non ut me ista commemorantem notet elatio, sed ut pro facto nostrorum tam presentium quam futurorum fratrum frequens adiuvet oratio. Actum, ordinatum, dispositum in presentia domini Hildelini Sconaugiensis ecclesie primi abbatis et aliorum tunc temporis fratrum inibi deo famulantium: Godefridi prioris, Ricwini claustralis prioris, Wecelini custodis, Ricwini, Seberti presbiterorum, Erinfridi, Hartlibi, diacororum, Petri subdiaconi, Nibelungi, Rudolfi, Berngeri, Heinrici, Heinrici accolitorum, Antonii, Ricwini, Heinrici puerorum, Hartmudi, Stephani, Hiltwini, Cunradi, Cunradi conversorum anno domini Mº. Cº. XLº. Vº; VIIIº idus Novemb. die dominico.[1]) —

X. Gebet zu den hl. drei Königen, den Patronen der Capelle des Nonnenklosters Schönau.

Zu Schönau im Nonnenkloster befanden sich Reliquien der hl. drei Könige, dieses geht aus einem Eintrage im Seelbuche dieses Klosters zum 10. Juli: Rel. sanctorum magorum Sconaugia delatent oder delatantur hervor. Dieser Eintrag ist von einer Hand des 13. Jahrhunderts. Der zweite Beweis für das Vorhandensein der Reliquien in Schönau liegt in einem auf Folio 147 des Codex Ms. D. befindlichen Gebetes, das eine Hand des 13. Jahrhunderts in sehr erblasster Schrift einschrieb, eine spätere theilweise mit besserer Tinte nachfuhr. Wir entnehmen diesem Gebete auch die Angabe, dass die Kirchweihe des Klosters auf den Tag der hl. 3 Könige fiel. Woher Schönau und wann es solche Reliquien erhielt, ist unbekannt; die Gebeine der hl. 3 Könige wurden 1164 von Mailand nach Cöln gebracht, die Vermuthung liegt nahe, dass Schönau die Reliquien den Beziehungen Elisabeths zu dem Erzbischofe Reinald von Cöln verdankte. Wir lassen den Inhalt des Gebets, das auf die Nonnen in Schönau, als bittende Frauen, hinweist, hier im Auszuge folgen: Rex Melchior, cui deus concessit mentis[1]) et corporis caniciem. Ut tunica regis indutus iacinctina et pallio polimito ducatu stelle, pannis eum involutum cerneres, quem corde et auro sempiternum et regem regum profiteris, tibi supplico pro necessitatibus meis. —

Rex Aspar (!), quem iuvenem et iocundum et indutum[2]) bissina veste respiciente ad sacerdotum eadem stella nutu dei illuc perduxit, ubi infantem nostri temporis et in presepi vagientem eum videres, quem verum sacerdotem et sine tempore domini mente ac thure venerans et assis et miserere necessitatum mearum. —

Rex Baltasar, qui niger et rubea tunica indutus et calciamentorum varietate eadem stella dono dei securus et per mirram eius incarnationem eius crucem et sanguinem figurasti, quem inmortalem, que divine nature, quem ineffabilis potentie cognovisti, te rogo pro peccatis et negligentiis meis. —

Vos singularia nomina, vos communiter rogo, vos inquam ternos, per sanctam trinitatem rogo vos reges per regem regum, quem oculi vestri videre meruerunt, rogo, ut misereamini tribulationum mearum et intercedite pro me ad eum, cuius presentie desiderio exules facti estis. Quos per angelicam ammonitionem de reditu ad Herodem eripuit. — (folio 148 r) Deus omnipotens, qui celestia simul et terrestria moderando complecteris, ne intres in iudicium cum me misera ancilla tua, que pollutis labiis et inmundo corde nomen tuum tremendum, quod est super omne, invocare presumo, sed exaudi me in domo tua hac, cuius festa recolimus et omnes ad eam venientes tibique in hoc loco supplicantes libens protege, clementer exaudi et manu forti et brachio extento de excelso celorum habitaculo nunc manufacto a cunctis protege, que merentur adversis et fratrum et sororum nostrarum animas, quorum reliquie in ista continentur ecclesia, rore misericordie tue perfunde meque peccatricem pro eis orantem, nunquam ab hac vita paciaris egredi, antequam in hoc seculo cuncta, que fallente diabolo peccata contraxi, ita defleam, ut in futuro non habeam, quod in me de suis malis inimicus inveniat, si nec flamma quod exurat. —

Per sanctam dedicationem huius sacri templi exaudi me miseram et famulos et filias tuas et omnes fideles tuos et animas filiorum filiarumque tuarum et omnium fidelium defunctorum ab ira et indignatione tua et a perpetua dampnatione (folio 148 v) et ab omnibus peccatis et angustiis libera nunc et in perpetuum. Amen. —

Fili dei ante tempora genite idemque filius virginis factus in tempore, qui licet ubique, presens omnia continendo impleas, atque trinam rerum machinam eterno iure possideas, nostri tamen causa domum tue maiestatis in terris edificari voluisti, in qua plebs fidelis te adorandum confluendo sueque fidei et devotionis munus tibi deferendo, remedium animarum omniumque a te promereri possent levamen tribulationum, obsecro te per sacrum tue incarnationis misterium, per quod tu rex eternitatis particeps factus es nostre infirmitatis et per dilectionem tue intacte genitricis, cuius puellarem uterum sancto spiritu inlustratum congruum tue sanctitati habitaculum elegisti, ut in hac domo orationis tuo sancto nomini dedicato me ultimum ecclesie tue sponse membrum te adorantem clementer exaudire et de quacunque tribulatione at te clamantem pio semper digneris fovere et consolari. —

(folio 149 v) Tu domine, qui sanctis omnia, antequam fiant, et quem nullum latet secretum quique omnem nostre fragilitatis indigentiam prenoscis, antequam rogeris, miserere mihi indigne peccatrici in omnibus anime et corporis necessitatibus non sicut mea exigunt merita, sed sicut placeat pietati tue, meeque necessarium sit fragilitati et tu pater alti throne, pater sancte, pater iuste, qui cum coeterno filio equalis spiritui sancto supra altitudinem celorum regnas in unitate trinitatis angelicis vocibus sine intermissione laudaris, terrestrium quoque delectare obsequiis, et protege domum istam ad laudem et gloriam tue maiestati edificatam, omnes, quos huius diem dedicationis devota mente celebrare vel te in hac domo laudare atque benedicere conspicis, gratia tue lenissime pietatis ab omnibus instantis et vite periculis protege, nec non asscriptos in numero electorum perduc ad gaudia civium supernorum per unigenitum filium tuum dominum nostrum Amen. —

donay [1]) domine deus inmense et incommutabilis, incircumscripte et incomprehensibilis, per cuius sancti nominis invocationem hoc altare ex terrena materia constructum in celeste misti — (folio 149 v) cumque sacramentum est conversum te solum adoro te unum in trinitate confiteor, tibi gratias ago, omniumque fecisti, ex quo dixisti: Fiat lux, quia omnia in sapientia et vero iudicio fecisti. Te laudo in gloriosis beate Marie meritis intemerate virginis, per quam nobis contulisti gaudia eterne beatitudinis. Te magnifico in miranda felicitate angelicorum spirituum, quos ad laudem et gloriam tue sancte maiestatis mirabili natura in mortalitatis condidisti, quo tue inmortali divinitati inmortales ne deessent ministri. Te glorifico in sancti tuis, quos tanta gloria sublimasti, ut non solum eorum inmortales . . .[1]) tecum letantur in eterna felicitate, sed etiam luteorum fragmenta corporum in altaribus seu in sacrariis tibi dedicatis honorifice servantur supplicique fidelium obsequio venerantur, per horum merita obsecro te mitissime deus, ut eadem gratuite pietatis gratia, qua illos perveniendo provexisti ad promerendam tante dignitatis gloriam me inter diversos presentis vite tumultus fovendo digneris adiuvare ne peream. Tu sedes super Cherubin domine intuens (folio 150 r) abyssos, exaudi preces tuorum fidelium coram hoc altare ad te clamantium, miserere omnium vivorum atque defunctorum in te sperantium et te confitentium et fac nos illorum ubique presidio muniri, illorumque gaudio eternaliter perfrui, quorum reliquie in ista continentur ecclesia et quorum memoria in hac veneratur ara tibi ad laudem et gloriam. P. Insignes dei fili coheredas gloriosique angelorum concives, quorum hic memoriam supplici venerantur obsequio et quorum patrocinio tueri letamur, et omnes sancti, quos ante constitutionem mundi providentia sancti patris ad vitam predestinavit et in fine seculi gratia filius dei redemit, intervenite pro nobis adhuc in dubio positis et ferte opem miseris diversis temptationum adversitatibus periclitatis, et dum nos cum Christo eterna patria letamini, pie recordamini conservorum in hac peregrinatione gementium nec patiamini nos auram felicitate separari in celis, qui pro vestra gloria deum laudamus in terris. D. p. R. R. p. el. t. X. o. p. R. O. — .

XI. Die Antwort St. Hildegardis auf Elisabeths Schreiben.

Responsum Hildegardis. — Ego paupercula et fictile vas, hec non a me, sed de serena luce dico: Homo vas est, quod deus sibimetipsi edificavit, et quod sua inspiratione imbuit, ut opera sua in illo perficeret, quia deus non operatur, ut homo, sed in iussione precepti eius omnia perfecta sunt. Herbe, ligna et arbores apparuerunt, sol quoque luna et stelle in sua ministratione processerunt, et aque, pisces et volatilia produxerunt, peccora etiam et bestie surrexerunt, que omnia ministrant homini, sicut deus ea posuit. Solus autem homo illum non cognovit. Ham cum deus magnam scientiam homini daret, homo in animo suo se erexit, et se a deo avertit. Deus enim illum sic inspexerat, quod cuncta opera sua in illo perficeret, sed antiquus deceptor illum fefellit, et crimine inobedientie illum infecit cum delectatione incongrua venti, dum plus quereret, quam deberet. Ach o v! Tunc omnia elementa inplicuerunt se in vicissitudinem luminis et tenebrarum, sicut et homo fecit in transgressione preceptorum dei. Deus autem quosdam homines irrigavit, ne homo ex toto derideretur. Abel bonus erat, Cain autem homicida. Et multi mistica dei in luce viderunt, sed alii plurima peccata fecerunt, usque dum venit tempus illud, in quo verbum dei claruit, ut dictum est, speciosus forma pre filiis hominum. Tunc sol iusticie processit, et homines cum bonis operibus illuminavit in fide et in opere, sicut aurora primum procedit, et cetere hore diei subsequuntur, usque dum nox accedat. Sic o filia Elisabeth mundus mutatur. Iam enim mundus lassus est in omni viredine virtutum, scilicet in aurora, in prima, in tercia, et in fortissima sexta hora diei. Et ideo in hoc tempore necesse est, quod deus aliquos homines irriget, ne instrumenta ipsius ociosa sint. Audi, o sollicitata filia, quia homines istos, quos inspiratio dei ita imbuit, aliquantulum fatigat ambitiosa suggestio antiqui serpentis. Cum enim idem serpens elegantem gemmam viderit, mox rugit, dicens: Quid est hoc? Et fatigat illam multis miseriis flagrantis mentis supra nubes volare cupientis quasi dii sint, sicut et ipse facit. Hunc iterum audi. Qui opera dei perficere desiderant, semper adtendant, quod fictilia vasa sunt, quoniam homines existunt, et semper aspiciant, quid sint, et quid futuri sint, et celestia illi relinquant illi, qui celestis est, quoniam ipsi exules sunt, celestia nescientes, sed tantum mistica dei canentes sicut tuba, que solum sonum dat nec operatur, sed in quam alius spirat, ut sonum reddat. Sed et loricam fidei induant mites, mansueti, pauperes et miseri existentes, sicut etiam agnus ille fuit, cuius sonus tube ipsi sunt, mores etiam simplicis infantie habentes, quia deus illos semper flagellat, qui in tuba ipsius canunt, providens, ne fictile vas illorum pereat, sed ut sibi placeat. O filia! deus faciat te speculum vite. Sed et ego, que iaceo in pusillanimitate mentis mee plurimum fatigor in sollicitudine timoris, interdum sonans aliquantulum velut parvus sonus tube a vivente lumine, unde deus iuvet me, ut permaneam in suo ministerio. —

XII. Abtsreihe des Klosters Schönau 1127—1655.

S. Florini Schönaugiense.

De hoc monasterio eiusque fundatione alias, nunc catalogum abbatum subnectimus.

1. Hildelinus, vir religiosissimus, creatus anno 1127 ad petitionem Ruperti comitis de Laurenburg.

2. Eckbertus electus 1167, frater s. Elisabeth abbatissae Schönaugiensis, relictis ingenii monimentis celeber, Catharorum Haereticorum malleus, mortuus anno 1189.

3. Emico, obiit 1207.[1])

4. Baldemarus, obiit anno 1232.[2])

5. Rutgerus, annis 21, obiit 1253.

6. Conradus, annis 25, obiit 1278.

7. Fridericus, annis 43, obiit 1321.

8. Gerhardus, annis 26.

9. Joannes, annis 28, ob. 1375.

10. Wilhelmus, decessit 1386.

11. Henricus, annis 17, mortuus 1403.

12. Franco, vita excessit 1418.

13. Joannes, abbatem egit annis 5, defunctus anno 1423.

14. Chuno praefuit ad annum usque 1436. Honore se abdicans, cum reformatio introduceretur.

15. Joannes Specht, vir pius ac devotus, monasterium strenue reformavit, mortuus anno 1458.

16. Jacobus Denzerodt, postulatus e S. Jacobi Moguntino, eodem, quo electus, anno extinguitur.

17. Adrianus ex eodem S. Jacobi postulatus, vir doctus, qui, quod in studiis impediretur, resignavit anno 1465, decessit anno 1472.

18. Jacobus ab Homburg, brevi post obiit.

19. Petrus, qui ante confirmationem obiit.

20. Melchior, electus anno 1468, utilissime rem monasterii administravit, obiit anno 1492, relictis ingenii monimentis celeber.

21. Joannes Schwelm, ex priore optimus abbas. Moritur 14. Decembr. anno 1510, et ipse ob eruditionem et relicta monimenta plurimum celebratus.[3])

22. Florentius, sub quo cum disciplina temporalia quoque bona defecere. Exauctoratur.

23. Joannes Gerstein, per praelatos cum consensu fratrum eligitur 1514, senex resignat 1545.

24. Gerardus de Colonia, postulatus e monasterio Lacensi, moritur anno 1555.

25. Joannes a Limpurg, vir doctissimus, postulatus a Gronow, cuius ultimus abbas ipse extitit, religiossime in domino obdormivit anno 1563 in festo SS. Abdon et Sennen.

26. Joannes Holwein, sedit ad clavum annis duodecim. Vita excessit 7 Martii 1575.

27. Joannes de Boppardia. unanimi consensu electus, optime meritus, magno sui relicto desiderio, post 28. regiminis annos ex hac vita migravit 7. Febr. anno 1603.

28. Jacobus Lorichius, praefuit decennium, mortuus in festo S. Bernardi anno 1613.

29. Laurentius Knopfaeus, regimen tenuit annis sedecim, extinctus 16. Maii anno 1629.

30. Jodocus Mehl. Hic antecessoris honori sepulchralem lapidem dum curat, proprior consistens, misserrime eiusdem casu collisus, mortem cum vita comutavit 15. Martii 1630.

31. Caspar Schwan. concordi omnium voto electus, seduium hodie praesulem, imo patrem omnium suorum amantissimum agit, et ut diutissime agat, filiorum omnium et piorum subditorum votum est.[1])

XIII. Literatur über St. Ursula und die Elftausend Jungfrauen.

Aschbach, Kirchenlexicon 4, 1102 (Aufsatz von Floss).

Scriptorum illustrium maioris Brytannie etc. catalogus autore Joanne Baleo. — Basel 1557 folio. — p. 37--39. — Ursula Cornubia XXXIX.

Sifridi de Balnhusen compendium historicum in Pertz script. 25, 692. De XI. milibus virginibus. Eine Stelle aus Elisabeths Ursulalegende benützt: Porro in diebus Friderici principis aperta sunt sepulchra earum, et inventi sunt tytuli, et multa, que latuerant usque ad hoc tempus revelavit deus per Elysabeth virginem deo dicatam etc.

Billicus, Everhardus, historia S. Ursulae per modum epistolae ad Surium tunc (Ende des 16. Jahrh.) sanctorum vitas compilantem (Von Harzheim, bibl. Colon. p. 75 citirt, offenbar Ms.).

Binterim und Mooren, Die alte und neue Erzdiöcese Köln in Decanate eingetheilt, oder das Erzbisthum Köln etc. Mainz 1828. 8⁰. 1, p. 66.

Binterim, A. J., Kalendarium eccles. germ. Coloniensis saeculi noni ad illustrationem histor. S. Ursulae et sociarum virginum. Coloniae 1824. 4⁰.

Braun, Ueber die thebaische Legion. Bonn, 1855.

Brewer, Joh. Wilh., Vaterländische Chronik der königl. preussischen Rhein-Provinzen im Allgemeinen und der Stadt Cöln insbesondere. — Cöln 1825. 8⁰. 1, p. 123: Zur Geschichte der Ursula und ihrer Gesellschaft, aus einem profanen Geschichtschreiber des Alterthums (der britische Geschichtsschreiber Galfried von Manmouth um 1114/1139), Brewers Buch enthält eine Uebersetzung dieses Geschichtsschreibers.

(de Buck) Liber revelationum de S. S. Ursula et sociabus in Acta Sanctorum ed. Bolland. October 9, p. 163—173. cf. p. 81—85.

Caesarii Heisterbacensis monachi ordinis Cisterciensis dialogus miraculorum ed. Jos. Strange. 2, p. 154 über die 11.000 Jungfrauen. Heisterbach besass ebenfalls Reliquien zweier der 11.000, darunter die Gebeine der heil. Athanasia. Der Prior, später Abt von Marienstatt Conrad, berichtete dem Cäsarius von Geschichten, die sich auf St. Ursula und ihre Gefärtinnen bezogen.

Christiana. Eius et Cunegundis, Mechtildis et Wibradis legenda. F. 1 r Legenda sanctarum virginum Christiane, Kunegundis, Mechtundis (!) et Uuibrandis, de societate undecim milium virginum et martyrum. Lectio prima. — O. O. u. J. 4°. 5 Blatt. (Incunabel.) — Hain, Rep. Nr. 4983.

Claudii Martin, de Martyrio S. Ursulae et sacrarum virginum. Erwähnt in Ziegelbauer 4. p. 404.

Crombach, Herm. Ursula vindicata. — Cöln 1647. Folio.

Abgedruckt sind: Antiquissima narratio martyrii iuxta Coloniensem traditionem (der Surius'sche Text) 1—14. — Martyrium S. Cordulae p. 15—18. — Tituli sepulcrales ann. 1156 et seq. inventi cum SS. martyribus et e titulis educti. (Von Theoderich verfasst) p. 490—495. — Passio sive historia undecim millium virginum (vom Bruder Hermann v. Steinfeld) p. 513—563. — Liber revelationum Elisabeth de sacro exercitu virginum Coloniensium p. 719—745.

Crombach, Hermann, Auctarium Ursulae vindicatae contra novos impugnatores. — Coloniae, in officina Birckmannica 1669. 4°. Cf. Hartzheim, bibl. Colon. p. 134.

Die Papst-Fabeln des Mittelalters von Joh. Jos. Ign. v. Döllinger. München, 1863. 8°. p. 45—48. II. Der Papst Cyriacus. — Hiernach ist der erste, der den Papst Cyriacus erwähnt, der Prämonstratenser Robert Abolant zu Auxerre, Anfangs des 13. Jahrh., dann Vincentius Bellovacensis und Thomas von Chantinpré, Alberich, Martinus Polonus, Leo von Orvieto, Aimery du Peyrat, die oberrheinische Chronik (ed. Griesshaber), das Eulogium historicum, Antonius Philipp Bergomensis, Nauclerus und das römische Brevier.

Ennen, L., Geschichte der Stadt Cöln, meist aus den Quellen des Cölner Stadt-Archivs. Köln 1863. 5 Bände gr. 8°. 1, p. 72.

Epistola ad virgines Christi vni ‖ uersas super hystoria noua vndecim miliuum (!) virginum; in 4°. gothische Lettern. 29 Blatt zu 26 Linien. Ende des 15. Jahrhunderts. — Brunet, manuel du libraire 2, 1021.

Fleien, Hermannus, martyrium S. Ursulae et sociarum virginum aliorumque associatorum brevissime fidelissimeque conscriptum ex eo, quod est per R. D. Hermannum Fleium, sacrae theologiae doctorem, sancti Cuniberti decanum, sanctarumque virginum Coloniae canonicum in 8vo editum a Zacharia Lippeloo Cartusiano. — Coloniae tomo quarto de vitis sanctorum. — Coloniae 1596 apud Henricum Falckenburg. — Cf. Hartzheim, bibl. 135.

Floss, H. J. Dreikönigenbuch, die Uebertragung der hl. drei Könige von Mailand nach Köln. Köln, 1864.

Foresta, Jac. Phil. (Jacobus Philippus Bergomensis † 1520), de plurimis claris selectisque mulieribus opus prope divinum novissime congestum. Venetiis 1506. Folio. — Ueber andere Ausgaben cf. Hain, 2, 806, 2813.

Britanniae utriusque regum et principum origo et gesta insignia ab Galfrido Monemutensi ex antiquissimis britannici sermonis monumentis in latinum traducta et ab Ascensio rursus maiore accuratione impressa. 1517. 4°. (Von Brewer, Vaterländische Chronik 1, 123 citirt und übersetzt.) — Ueber Galfrid cf. Baleus script. Anglic. 194—195. Tannerus, bibliotheca britannica s. voce. Acta sanct. ed. Bolland. Octob. 9, p. 94. — Galfrid blühte 1114/1139.

Gelenius, de magnitudine Coloniae. p. 332. Ueber Ursula, deren Tod er ins Jahr 237 setzt. Nach ihm wurden die Gebeine der hl. Ursula 644 vom hl. Cunibert, Bischof von Köln erhoben. cf. Lacomblet, Arhiv 3, 130.

Goldtwurm, Caspar, Athesinus, Kirchen Calendar etc. Franckfurt a. M. (Egenolf) 1588. 8°. p. 281. (Nebst Abbildung der hl. Ursula).

Oberrheinische Chronik, Aelteste bis jetzt bekannte in deutscher Prosa, aus einer gleichzeitigen Handschrift zum erstenmale herausgegeben von Franz Carl Grieshaber. — Rastatt, 1850. 8°. p. 4. Cyriacus I. was ba. 1 jar und XI wuchen. Want er lies daz babestthum und die Wurdekeit wider der cardinal willen, und für mit den XI tusing megden gen Kolen, und wart gemartert. Darumb tilketen die Cardinal sinen namen abe der bebeste buche. — Nach p. VIII., Note 1, ist die legenda aurea des Jacobus de Voragine benützt hierfür.

Grothaus, Joannes, historia sodalitii Ursulani Coloniae in templo eiusdem reformati. Coloniae 1645. (Hartzheim p. 178).

Das Stadtschreiber Meisters Godefrid Hagene Kölner Reimchronik aus dem 13. Jahrhundert. In der Originalsprache mit Wörterbuch. Köln, 1847. 8⁰.

Heinen, E. M. J., Leben, Fahrt und Martyrtod der hl. Ursula und ihrer Gesellschaft. 8. Auflage. Köln, 1838. 12⁰.

Heinen, E. M. J. Die hl. Ursula und ihre Gesellschaft, die besondere Schützerin der Stadt Köln. Köln, 1837.

Henricus a ss. virginibus, (clericus, vicarius aut canonicus perillustris collegiatae St. Ursulae et sociarum martyrum), historia sanctae Ursulae eiusque parthenii sodalitii. Ms. in bibliotheca Carthusiae Coloniens. pulpito O. O. Num. 101 (Hartzheim, bibl. Colon. p. 127).

Henrici de Hervordia liber de rebus memorabilium sive chronicon, ed. et de scriptoris vita et chronici fatis auctor. dissertat. praem. A. Potthast. Gottingae 1859. 4⁰.

S. Hermannus Josephus, liber unus de passione seu historia SS. virginum. (Hartzheim a. a. O. 136).

— Liber genealogicus de S. Ursula et sociis (ibid. 136, erwähnt von Crombach, Ursula vind. 1, 24, 2, 21.

— Jubilaeum de ss. 11.000 virginibus (Hartzheim p. 136).

— Sequentia de 11.000 virginibus (ibid. 136) nach Crombach 1, lib. 1, cap. 25.

Historia vnde | cim milium virginum breui | ori atque faciliori modo pulcherrime collecta cum capitalium ecclesiarum tam | collegiatarum, quam parochialium atque monasteriorum felicis Ciuitatis Coloniensis Et item principalium Reliquiarum in singulis contentarum annotatione. | De diva Vrsula Exastichon:

Pulchrior argento, rutilis formosior astris
  Vrsula, regali clara, potensque domo
Mortalis cecos, despexit coniugis ignes
  Atque maritales, movit ab ore faces
Et secum tacitis, sic est affata querelis
  Quid vir inepte furis. Sponsa tonantis ero. —

6 Blatt kl. 8⁰. Auf Blatt 1 ᵛ: Epistolaris Apologia super historia. Universis Christi virginibus piis ecclesie sancte filiabus frater N. etc. — Incipit passio vndecim milium virginum. — Ohne Pagina und Custodes, aber mit Signaturen. Schluss: ad quam vos deducat in secula benedictus auf Folio 4 ᵛ. — Folio 5 ʳ: Sequuntur principales ecclesie tam collegiate quam parrochiales sancte Agrippinensis ciuitatis Colonie cum suis reliquiis inibi reseruatis. — Folio 5 ᵛ: Oratio pulcherrima ad sacras virgines: O vernantes Christi rose etc. Schliesst auf Folio 6 ᵛ mit einem Gebete in Prosa. Finit Historia de sancta Ursula cum suis consodalibus (quarum san | guine atque sancta sepultura decora fulget Agrippinensis Co | lonia | succinctoribus processu et intellectu paucis super diebus | reportata. Impressa denuo in domo Quentell Anno supra | Jubileum tercio, ferme ad finem Junii (1503). — (Exemplar in der Mainzer Stadtbibliothek.)

Historia undecim millium Virginum. Incipit Epistola ad Virgines Christi uniuersos super historia noua vndecim milium virginum celitus nuper revelata. Seq. historia seu passio. In fine: Deo gratias. — O. O. u. J. 4⁰. mit Figg. — Hain, Nr. 8742.

Historia de Undecim millibus virginum. 1482: O. O. 4⁰. — Hain, Nr. 8743. — (Nach Grässe, trésor p. 300 ist der Drucker ther Hoernen zu Köln, das Schriftchen hat 32 Blatt zu 31 Linien).

Historia undecim milium Virginum breuiori atque faciliori modo pulcherrime collecta. — Schluss: Excusum fuit hoc opus Coloniae per Johannem Koelhoff de Lubeck Anno 1484. 4⁰. — Hain, Nr. 8744. — Nach Grässe, trésor, p. 300 auch 1490 O. O. in 4⁰. zu 33 Blatt gedruckt.

Epistola ad virgines christi vniversas super hystoria nova undecim mililium (!) virginum. — O. O. und J. — 4⁰. — Hain, Nr. 8745.

Junius, Hadrianus, Batavia. — Leydae ex officina Plantiniana 1588. 4⁰. p. 285. (Demnach soll St. Ursula an dem historisch nicht nachweisbaren Orte Verona in Holland gelandet sein. cf. v. d. Linde. Gutenberg p. 349.)

Kessel, J. H., St. Ursula und ihre Gesellschaft. — Köln, 1863. — 4⁰.

(Keverberg B. de) Ursula, princesse Britannique, d'après La légende et les peintures d' Hemling par un ami des lettres et des arts. — Gand (J. H. Houdin) 1818. 8⁰. (auf Crombach beruhend).

Köhler, Johann David, Historischer Münzbelustigung Erster Theil etc. — Nürnberg, 1729. 4⁰. p 260 über die Ursulasage. — Köhler sagt über Crombachs Buch: Alleine der Frantzösische Minorite Ant. Pagi saget von ihm in seiner Critica Baroniana ad a. C. 383 n. V., dass er mit dieser seiner Vertheidigung die ganze Sache noch unglaublicher gemachet habe. Es will ihm auch keinesweges sein Ordensgeselle Michael Alford, sonst Griffith genannt, in den annalibus ecclesiae Britannicae in allen beypflichten, sondern macht ihm gar sehr viele Ausstellungen, absonderlich will er den Erläuterungen der begeisterten Schönaugischen Nonne gar nicht trauen. p. 262 citirt Köhler den Hadrianus Valesius in Valesianis p. 48, der die Sage ebenfalls verwirft. — 1516 liess die Stadt Köln eine Goldmünze auf die heilige Ursula prägen, die bei Köhler p. 257 abgebildet ist. Umschrift: Jaspar, Melchior et Balthasar. O felix Colonia. Rückseite: Sangvine Hi Roseo regna vicere Superna. — In genanntem Jahre wurden zu Köln auch Thaler geprägt, auf der einen Seite die Abbildung der hl. drei Könige, auf der andern die des Papstes Cyriacus, St. Ursula, und wahrscheinlich des Basler Bischofs Pantulus, der Pinnosa, Cordula und Eleutheria tragend.

(Lacomblet) Archiv für die Geschichte des Niederrheins von Lacomblet. Band 5. (1865) p. 292—299. Incipiunt revelationes titulorum vel nominum sanctorum martirum et sanctarum virginum. — De abbatibus huius ecclesie (Deutz) p. 301. — De Hunis p. 322. — (Aus einem Deutzer Codex des aedituus Theodorich, saec. XII.)

Der Rhein und die Rheinlande von Mainz bis Köln in malerischen Original-Ansichten von Ludwig Lange etc. Darmstadt, 1859. 8⁰. (Text von Henninger) 1, p. 512—516. Die St. Ursulakirche und die Kirche der Ursulinerinnen. Die Legende von der hl. Ursula und den 11.000 Jungfrauen. Die hl. Cordula. Ein altes Kirchenlied in Simrocks und Rousseaus Rheinsagen gedruckt.

Lipeloo-Surius, Vitae sanctorum, sive res gestae martyrum, confessorum atque ss. virginum, earum praecipue, quae per Laurentium Surium sex tomis comprehensae sunt et nunc restrictis verborum ambagibus integra tamen historiarum serie ubique fere servata ad exactissimam doctissimi et praestantissimi viri D. Caesaris Baronii chronologiam digestae IV. tom. distributae, studio et labore F. Zachariae Lippeloo. — Coloniae Agrippinae per Henricum Falckenberg anno 1596 in 8⁰. — cf. Hartzheim, bibl. Colon. 322. [1])

Masen, Jacobus, metropolis ecclesiae Trevericae, quae eius originem, iura, decus, officia, tum subiectorum illi episcopatuum, regionum, urbium, ecclesiarum, abbatiarum, monasteriorum, ortus, progressus, per archidioecesim Trevirensem complectitur, authoribus Christophoro Browero et Jacobo Masenio. Ms. — Editio v. Stramberg. Coblenz 1855—56. 8⁰. 2 Bde.[2])

Mathieux, Johann Paul, Geschichte der Stadt Köln. — Köln, 1845. in kl. 8⁰. p. 18—19. Legende der hl. Ursula und ihre muthmassliche geschichtliche Begründung. (Vertheidiger der Legende auf Grund Galfreds von Monmouth.)

Meibomius, Henricus iunior, rerum germanicarum tomi III. — Helmoestadii 1688 Folio 1. p. 352. — 354 Notae in Gobelini Personae Cosmodromion. Gobelinus Persona, decanus Bilfeldensis et officialis Paderbornensis Cosmodromium als zweiter Angreifer der Ursulalegende gibt p. 199 (aet. VI. cap. XIV). die Thatsachen über Ursula an, verwirft den Papst Ciriacus. Herm. Crombach griff in seiner Ursula vind. den ältern Meibom und dessen Ausgabe der scriptores an, der jüngere Meibom vertheidigte 1688 seinen Verwandten gegen Crombach.

Miraeus, De sanctis virginibus Coloniensibus disquisitio per Aubertum Miraeum. — Parisiis 1609. 8°.

Nork, der Festkalender, enthaltend die Sinndeute der Monatszeichen etc. von F. Nork. — Stuttgart, 1847. 8°. — 21. October p. 649. — Gedicht auf St. Ursula.)

Passio unde im millium virginum. Fol. 1 r: Passio siue Historia. XI. milium virginum. Incipit Epistola ad virgines cristi vniuersas super historia noua XI m. virginum celitus nuper reuelata. — 30 Blatt 4° mit 30 Linien auf der Seite. — Schluss auf F. 30 v: Historia vndecim milium virginum Finit feliciter. Sancta Vrsula cum sodalibus tuis Orate pro nobis. — O. O. und Jahr. (Incunabel.) — Hain, Rep. Nr. 12, 457.

S. Vrsulae et Sociarum Passio. 1482 4°. — Hain, Rep. Nr. 12, 458.

Passio sive legenda XI milium martirum ed. Raymungus Card. Gurc. Colonie 1503. — 4 Blatt 4°. mit 3 Holzschnitten.

Reischert, L., Lebensgeschichte und Märtyrertod der hl. Ursula. — 2. Auflage: Köln, 1837.

Rettberg, Friedrich Wilhelm, Kirchengeschichte Deutschlands. — Göttingen, 1846. 8°. 1, 111. — Rettberg verwirft die Legende und gibt deren Ursprung als minder alt an.

Beati Rhenani Selestadiensis rerum Germanicarum libri tres, ab ipso autore diligenter revisi et emendati, addito memorabilium rerum Indice accuratissimo. — Basel (Froben) 1551 Folio p. 151. — Er handelt über Bischof Pantulus von Basel und verwirft denselben.

Richardus schrieb Hermanns v. Steinfeld vita sancte Ursule lib. I. beginnend: Universis Christi fidelibus ab. (Baleus, a. a. O. 232). — cf. Crombach, Ursula vindicata p. 61. Nach Ziegelbauer, de re litt. 2, 507 besass die Bibliothek von St. Martin in Köln als Nr. 57 epistola ad virgines universas super passione XI. millium virginum, offenbar obige Schrift. — In Crombach ist diese Schrift p. 513—563 als Arbeit des Hermann v. Steinfeld [um 1184—87] gedruckt. [1])

Schade, Oskar, Die Sage von der heil. Ursula und den 11.000 Jungfrauen. — Hannover, 1854. 8°.

Die Alteste Teutsche so wol Allgemeine Als insonderheit Elsassische und und Strassburgische Chronicke, von Jacob von Königshoven, Priestern in Strassburg, Von Anfang der Welt biss ins Jahr nach Christi Geburth MCCCLXXXVI. beschrieben. Anjetzo zum ersten mal heraus und mit Historischen Anmerckungen in Truck gegeben von D. Johann Schiltern. Strassburg, Verlegt und getruckt durch Josias Städel. MDCXCVIII 4°. p. 73, 90, 161.

Simrock, K. Dr., Handbuch der deutschen Mythologie. 2. Auflage, 1864. p. 407.

Stein, St. Ursula und ihre Gesellschaft, in Annalen des historischen Vereins für den Niederrhein 26 und 27 p. 158 ff.

Stein, A. G. Die Pfarre zur hl. Ursula in Köln. Köln, 1880.

Surius, de probatis sanctorum historicis, partim ex tomis Aloysii Lipmani, doctissimi episcopi, partim etiam ex egregiis manuscriptis codicibus etc. per F. Laurentium Surium Carthusianum. — Coloniae Agrippinae 1576. Folio. Band 5, p. 918 ff. zum 21. October.

La Legende de St. Ursule, princesse Britanique et de ses 11.000 vierges d'après les anc. tableaux de l'eglise de S. Ursule à Cologne. Paris, 1860. gr. 4°. — Die Tafeln dieses Prachtwerkes sind von Kellerhoven, 21 Tafeln und 196 S. Text mit mittelalterlichen Randverzierungen von Dutron.

Historia undecim milium virginum. — Schlussschrift: Finitur Historia de Sancta Ursula cum suis con- | sodalibus (quarum sanguine atque sepultura sancta de- | cora fulget Agrippinensis Colonie) succinctioribus pro- | cessu et intellectu paucis ante diebus reportata. | Impressa | Colonie per Martinum de Werdena. — 4⁰. 4 Blatt mit einem Holzschnitte, St. Ursula und Gefährtinnen darstellend auf dem Titel. — Um 1500—1510.

Usserius, Jacobus, Britannicarum ecclesiarum antiquitates. — London, 1687. Folio p. 107 ff.

Vadianus, Joachim, de undecim millibus virginum oratio. Viennae Austriae 1510. 4⁰.

Vill, Wegweiser zur Kirche der H. Ursula in Köln. 1853. 8⁰. Deutsch und Französisch.

Vinitor, Gerl., Verzeichniss der Reliquien in St. Ursula. Köln, 1771.

Vita et martyrium S. Ursulae ex praecipuis fontibus indicatis a R. P. Philippo Bebio societatis Jesu sacerdote concinnatum. Gedruckt in Ribadeneira flori sanctorum Köln, 1630 Folio und in Crombach Ursula vind. p. 70—75.

Gisberti Voetii Theologiae in acad. Ultrajectina professoris selectarum disputationum theologicarum pars tertia. Ultraiecti, ex officina Johannis a Waesberge, anno CIↃ.IↃ.CLIX. (1659). 4⁰. 3, p. 472. De divis seu sanctis quibusdam Chimericis prima, quae est de Ursula et 11.000 virginibus resp. Joanne Petro Cupio Ultraj. ad diem 16. Nov. 1644. (Exemplar in Darmstadt.)

Wharton, Henricus, Anglia Sacra sive collectio historiarum, partim antiqvitus, partim recenter scriptarum de archiepiscopis et episcopis Angliae, a prima fidei Christianae susceptione ad a. 1510. nunc primum in lucem editarum. Londini, 1691. Folio. 2 Bde.

Wicelius, Hagiologium seu de sanctis ecclesiae Historiae divorum orbe celeberrimorvm etc. per Georg Vicelium. — Moguntiae Ad divum Victorem excudebat Franciscus Behem MDXLI. (1541) Folio. — Blatt CCXVIII v.

Winheim, E. sacrarium Agrippinae, h. e. designatio eccles. Colon. praecip. reliquiar. — Coloniae 1607. — Eine andere Ausgabe ist von 1736.

Zuccalmaglio, die hl. drei Könige und die hl. Ursula mit ihren 11.000 Jungfrauen. — Köln, 1876. — 23 pag.

Die Schriften der Aebte Egbert und Emecho von Schönau.

§. 1. — Die Literatur über Abt Ekbert von Schönau.

Arnold, Gottfried. Unpartheyische Kirchen- und Ketzerhistorie etc. folio. 1, 364. (erwähnt sind Ekberts »13 sermonen wider Catharos.«) —

Magna bibliotheca veterum patrum ed. Cöln 1618, folio. 13, p. 289 D: de quibus (Catharer) multa Reinerus et plura adhuc Ecbertus in sermonibus adversus Catharos tomo secundo auctarii ad bibliothecam sanctorum patrum. —

Bucelinus. Gabriel, Germania topo-chrono-stemmato-graphica sacra et profana. Ulm 1655 folio. 1, p. 86 zu 1162 (auf Trithemius beruhend) und 2, 180. —

Nenologium Benedictinum sanctorum beatorum atque illustrium eiusdem ordinis virorum elogiis illustratum cum sacrario sive reliquiario Benedictino. Opera et studio R. P. F. Gabrielis Bucelini monachi theologi imperialis monasterii Weingartensis, prioris S. Joan. Baptistae in oppido Veldtkirchii Rhaetiae superioris etc. Augustae Vindelicorum 1656. Folio; führt unter dem menologium unter dem V. Cal. Aprilis: Eckberti abbatis in monast. Schoenaugiensi an. p. 232. In monasterio Schoenaugiensi depositio venerabilis Eckberti abbatis, pietate et eruditione conspicui. Hic canonicus primum Bonnensis, S. Elisabethae sororis suae impulsu nuncium saeculo remisit, deoque in coenobio S. Florini sese emancipavit. Excelluit ut pietate, sic eruditione multaque opuscula ingenii sui monimenta posteritati reliquit. De ecclesia autem dei mereri satagens, contra hostes eiusdem fidelissime et constantissime telum etc. Hildelino postea abbate mortuo suffectus, egregie vitae exemplo suis praefuit praefuitque annos octodecim, atque anno salutis 1163 (!) non sine sanctitatis opinione ex hac vita decessit.

Annales Benedictini, quibus potiora monachorium (!) eiusdem ordinis merita ad compendium referuntur. Authore R. P. F. Gabrielo Bucelino etc. Aug. Vindel. 1656. Folio. 2, p. 6. Sororem imitatus Egkbertus, frater eiusdem (d. i. Elisabeth) germanus, abbas Schonaugiae, praeter alia praeclari ingenii monimenta insignem contra eosdem (d. i. Catharos) librum edidit. Sed et Berengarianum errorem repullulascentem felicissime opprimens, Cardensem quendam subtilitate ingenii, et linguae volubilitate doctissimis quibusque formidandum, de sacramento Eucharistiae pessime sentientem, et errores suos late spargentem, apud Confluentiam in publico doctorum conventu, disputatione non solum convicit, sed et ab errore ad veritatis professionem revocavit (Ex Trith. chron. Hirs. Jepes. annal. nost. (Germ.). —

Grundriss der Christlichen Literatur, von ihrem Ursprunge an bis zur Erfindung und Ausbreitung der Buchdruckerei etc. Von Dr. Joh. Bern. Jos. Busse. Münster 1828—29 8°. 2 Theile. 2, p. 152. § 1228. Eckebertus. — Tod zu 1185.

Caesarii Heisterbacensis monachi ordinis Cisterciensis dialogus miraculorum ed. Jos. Strange, 1, dist. 4, cap. XIX. p. 298. Circa illa tempora sub archiepiscopo Reynoldo Coloniae plures heretici sunt comprehensi, qui a literatis viris examinati et victi, per iudicium seculare damnati sunt. Data vero sententia, cum ducendi essent ad ignem, unus illorum Arnoldus nomine, quem ceteri magistrum suum fatebantur, sicut narraverunt, qui interfuerunt, panem et pelvum cum aqua sibi dari petivit. Quibusdam volentibus, ut hoc fieret, viri prudentes dissuaserunt, dicentes: Aliquid hinc fieri posset opere diabolico, quod infirmis esset in scandalum et in ruinam. — Sicut coniicio ex verbis cuiusdam alterius heretici, qui ante hoc triennium a rege Hispanie comprehensus est et combustus, sacrilegam ex eis facere volebat communionem, ut suis viaticum fieret ad eternam damnationem. Nam quidam abbas Hispanus ordinis nostri per nos transiens, qui cum episcopo et ecclesiarum prelatis eiusdem heretici errores damnavit, eum dixisse referebat, quod rusticus quilibet in mensa sua, et de pane, quo vesceretur, conficere posset corpus Christi. Erat enim idem maledictus faber ferrarius. Ducti sunt extra civitatem, et iuxta cimiterium Judeorum simul in ignem missi. Qui cum fortiter arderent, multis videntibus et audientibus Arnoldus semiustus discipulorum capitibus manum imponens ait: Constantes estote in fide vestra, quia hodie eritis cum Laurentio; cum tamen nimis discordarent a fide Laurentii. Cum esset inter eos virgo quedam speciosa, sed heretica, et quorundam compassione ab igne subtracta, promittentium, quia vel eam viro traderent, vel, si hoc magis placeret, in monasterio virginum locarent, cum verbotenus consensisset, iam extinctis hereticis, tenentibus se dixit: Dicite mihi, ubi iacet seductor ille? Cumque ei demonstrassent magistrum Arnoldum, ex manibus illorum elapsa, facie veste tecta, super exstincti corpus ruit, et cum illo in infernum perpetuo arsura descendit. —

Catalogus bibliothecae Binavianae. Lipsiae 1750. 4⁰, 3, 1, 219—220.

Histoire de Lorraine tome IV. contenant la bibliothéque Lorraine par le R. P. om. Calmet, abbé de Senones. — Nancy 1751. folio. — Ecbert ou Eckebert, ou Egbert, second abbé de Schonau, ou de S. Florin, au docése de Trèves, frere de la celebre sainte Elizabeth de Schonau, ecrivit quelques Sermons contre les Cathares Hérétiques de son tems, et se signala dans les disputes contre les Chefs de ces Hérétiques sur lesquels il remporta de grands avantages. S'ils persisterent dans leurs Erreurs, Ecbert eut de mons la gloire de les avoir reduits a un honteux silence et de faire connoître a rout le monde ses talens et sa capacité a saisir le noeud des difficultés les plus épineuses. — — Il y a des Sçavans, qui soupçonnent Ecbert d'avoir composé les Révélations, qu'il a publiées sous le nom de sa soeur sainte Elizabeth de Schonau, et qu'il a fait imprimer avec un Livre de ses propres Epitres a Cologne en 1628. Casimir Oudin tom. 2, pag. 1429. Ecbert avoit été Chanoine de Bonn, avant que d'être Religieux de Schonau, ou de S. Florin. Voici la Liste de ses Ouvrages telle, que Trithème. (auf Trithem beruhendes Verzeichnis der Schriften Ekberts). —

Cave, Guilielmi, scriptorum ecclesiasticorum historia litteraria. — Genf 1694, folio, p. 470. (Erwähnt die Briefe Ekberts und beruht auf Gesner Bibliotheca.) —

Chevalier, Ulysse, Répertoire des sources historiques du Moyen âge. — Paris 1878. — gr. 8⁰, p. 621. (Literatur: Bellarmin-Labbe, script. eccles. (in opera Bellarmini 1728), 393. — Calmet, bibl. Lorraine (1751) 342—43. — Dupin, bibl. (1699) 12, 2, 623. — Migne, patrol. 184, 1009. — Der Tod Ekberts ist zum 28. März 1185, der Abtsantritt zu 1167 angesetzt.

Fabricius, Joh. Alb., bibliotheca latina mediae et infimae aetatis. Passau. 1754. 4⁰, 2. p. 78: Ecbertus presbyter et canonicus Bunnensis, Coloniensis dioecesis, ac denique monachus et post Hildelinum abbas Schoenaugiensis S. Florini in dioecesi Trevirensi, ordinis Benedicti. Circa annum 1160 opusculum de laude crucis, et soliloquium sive meditationes et stimulus amoris — — de obitu sororis suae germanae S. Elisabeth virginis abbatissae Schoenaugiensis defunctae a. 1165 ad cognatas suas prodiit in actis sanctorum etc. — — ut prius lucem viderat edente Jacobo Fabro Stapulensi Parisiis 1500 (!) et deinde Coloniae 1628 etc. — — Sermones XIII. adversus haereses Catharorum haeresin Manichaeorum renovandos (cum exerpto de Manichaeeis ex Augustino) ad Reginoldum archiepum Coloniensem Coloniae 1530 8. (Hermanni ab Hardt Autographa tomo tertio pag. 195 etc. — Verweist für die übrigen Schriften auf Trithem. —

Fabricius. Abriss einer allgemeinen Historie der Gelehrsamkeit. — Leipzig 1752. 8⁰. 2, 746. —

Bibliotheca ecclesiastica etc. auctore Alb. Fabricius. Hamburgi MDCCXIIX. — folio (Auberti Miraei auctarium de scriptoribus ecclesiasticis) p. 64. Eckbertus, frater Elizabethae abbatissae etc. (auf Trithem beruhend.) —

Ficker, Jul. Reinald v. Dassel, Reichskanzler und Erzbischof von Cöln. (1156—67). Nach den Quellen dargestellt. Cöln 1850. 8⁰. (152 pagg.) —

(Mathias Flacius Illyricus), Catalogus testium veritatis etc. — (siehe unter Elisabeth) — Frankfurt 1672, p. 588. (Bruchstücke der Briefe Ekberts.) —

Fleurii historia ecclesiastica. — Wien 1762. 8⁰. 17, p. 90. (Nach ihm ward Ekbert 1167 Abt von Schönau.) —

Fulbert. Biblioteque générale des écrivains de l'ordre de saint Benoit etc. Bouillion 1777. Band 1. p. 276—277. Ecbert ou Eckbert, abbé de Schonau. — Un hérétique Bermgarien, contre lequel Ecbert disputa, se rendit à la force de ses raisons, et heureusement convaincu des verités de la religion, il rentra dans le giron de l'église. Il y a des savant, qui soupçonnent Ecbert d'avoir composé les revelations, qu'il a publiées sous le nom de sa soeur Sainte-Elisabeth de Schonau etc. — (Rest auf Trithem und Pez beruhend.) —

Gesner, Conrad, Bibliotheca instituta et collecta a Conrado Gesnero; (fortgesetzt von Simler und Fries.) — Zürich 1583. folio. p. 210. (Erwähnt das Schriftchen über: principium evangelii Joannis lib. I.) —

Grässe, J. G. Th., Lehrbuch einer allgemeinen Literargeschichte. Dresden 1840, 8⁰. — 2. Band, 2. Abtheil., 1. Hälfte p. 78. (Ueber Ketzergeschichte und Ekberts Schriften.) —

(Gualterus), chronici chronicum ecclesiastici. — Frankfurt 1614. 8⁰, 2, 918. —

Hahn, Chr. U. Geschichte der Ketzer im Mittelalter. —

Hamberger, Georg Christ., Zuverlässige Nachrichten von den vornehmsten Schriftstellern vom Anfange der Welt bis 1500.

— Lemgo 1764. 8°. — 4, p. 276—78. (Aufzählung der Schriften Ekberts.) —

— — Kurze Nachrichten von den vornehmsten Schriftstellern vor dem sechzehnten Jahrhundert in einem Auszuge aus seinem grössern Werke. — Lemgo 1767. 8°. 2. 1543. —

Hardt, Hermannus ab. Autographa 3, 195 (über Ekberts Schrift gegen die Catharer und die Cölner Ausgabe de 1530: citirt von Fabricius, bibl. med. et inf. latinit. 2, 78 und hieraus bei Migne, patrolog. 195. p. 1, Note 2. —

Hartzheim, Joseph, Bibliotheca Coloniensis, in qua vita et libri typo vulgati et manuscripti recensentur omnium archidioeceseos Coloniensis etc. indigenarum et incolarum scriptorum etc. — Coloniae Augustae Agrippinensium. Sumptibus Thomae Odendall etc. Anno MDCCXLVII. folio. p. 72—73 (auf Trithem beruhend.) —

Historia ecclesiastica (Magdeburger Centuriatoren). — Basel. 1624 folio 3, 835: Eckbertus Schonaugiensis. Eckbertus abbas S. Florini in Schonaugia, dioecesis Trevirensis, ordinis S. Benedicti, frater B. Elizabethae monialis, circiter annum 1163 in precio habitus est. Ex canonico Bunnensi consilio sororis monachus primum, et ex monacho abbas fit. Eum clerus et maiores civitatis Coloniensis per literas vocarunt ad examinandos Catharos, qui ex Flandria eo venerant, cum quibus acriter disputans, vicit eos tandem, ut etiam ora ipsis obstrueret. Scripta, quae contexuit, haec recenset Trithemius, inter quae nonnulla fuerunt orationi ligatae inclusa. — (Folgen die Schriften Ekberts nach Trithem.) — Praefuit isti abbatiae annis 18. — Trithemius in chronico Hirsaugiensi et de scriptoribus ecclesiasticis; Bergomensis, lib. 2. —

Jöcher, Gelehrtenlexikon. 1750. 4°, p. 267. (Er kennt die Schriftchen de laude crucis, meditationes, stimulus amoris [nach Pez bibliotheca], in principium evang. Joannis, super missus est angelus, sermones per annum, laudes salvatoris und epistolas (auf Trithem beruhend.) —

— — Gelehrtenlexikon. 1726. 8°. 1, p. 844. —

Iselin, Jacob, Christoph, Neu vermehrtes Historisch- und Geographisches Lexikon etc. — Basel 1726, folio. 2, p. 136 (citirt: Coccius. de script. eccles. 1, 53). —

König, Mathias, Bibliotheca vetus et nova. — Altdorf 1678, folio. — p. 268. (Er schreibt dem Ekbert fälschlich die libri de aenigmatibus rusticanis zu.) —

Lautenbach, Catalogus testium veritatis etc. — Frankfurt 1573, folio. Folio 243v—244v: Eckbertus der Benedictiner Apt. — Enthält eine deutsche Uebersetzung der von Flacius im catalogus testium veritatis mitgetheilten Briefbruchstücke Ekberts. —

Marx, J., Geschichte des Erzstifts Trier, d. i. der Stadt Trier und des Trier. Landes, als Churfürstenthum und als Erzdiöcese, von den ältesten Zeiten bis zum Jahre 1816. — Trier (Linz) 1860. 8°. 2, 2. 453—457. Die Abtei Schönau. —

Mencken, Joh., Burchard, Compendiöses Gelehrten-Lexicon. — Leipzig 1715. 8°. p. 635 (nach Wilh. Cave). —

Migne, J. P., Patrologiae cursus completus sive bibliotheca universalis etc. Series secunda tomus CXCV. — Lutetiae Parisiorum 1855. gr. 8°. — Abgedruckt sind: Eckberti Schonaugiensis sermones adversus pestiferos foedissimosque Catharorum etc. aus Galland. vet. patr. biblioth. 14, 447. Col. 11—98. — Excerptum de Manichaeis ex S. Augustino Col. 97—102. — Eckberti abbatis Schonaugiensis opusculum de laude crucis aus Bern. Pez. bibliotheca ascetica antiquo—nova 7, p. 13 ex Ms. cod. inclyti monasterii Windfergensis, ord. canon. Regul. Praemonstrat. Col. 103—106. — Soliloquium seu meditationes aus gleicher Quelle 7. p. 21 ex cod. Mellicensibus. — Abgedruckt sind noch die Urtheile des Fabricius aus dessen biblioth. med. et inf. latinit. 2, 78, des Bernard Pez aus dessen bibliotheca ascetica 7. praefatio No. 2 und des Galland aus dessen vet. patr. Biblioth. 14, 447. —

Miraeus, bibliotheca ecclesiastica sive nomenclatores VII. veteres. — Antwerpen 1639, folio p. 253 (auf Trithem beruhend. — — Floruit anno millesimo centesimo sexagesimo.) —

Mosheim, J. L., Versuch einer unparteischen und gründlichen Ketzergeschichte. Helmstadt, 1746—48. — 4°. 2 Theile.

Alexander Natalis, Kirchengeschichte. — ed. Bingae 1788. 13. p. 264. (auf Trithem beruhend).

Nass. Annal. 8, p. 257—292 (Arbeit von Professor Nebe) und 7, 1. p. 154.

Allgemeine Geschichte der christlichen Religion und Kirche. Von Dr. August Neander. Fünften Bandes zweite Abtheilung. Hamburg 1845. 4°. p. 1109, 1129. (über die Catharer.) — Band 5. 1, p. 418 handelt über Hildegards Brief an Elisabeth von Schönau. —

Io. Gottfridi Olearii bibliotheca scriptorum ecclesiasticorum etc. Ienae MDCCXI. 4°. p. 214. Ecbertus. Citirt: Lydius ad Clemang. f. 25. a. Setzt Ekberts Brief an Reinald von Cöln ins Jahr 1160.

Oudinus, Casimir., commentarius de scriptoribus ecclesiae antiquis. — Lipsiae. 1722. 3 Bände Folio. 2. 1548.

Pagi, Critica historico-chronologica in annales Baronii. 4, p. 619, XI. zu 1165 (auf Trithem beruhend).

Pez, Bernard, bibliotheca ascetica antiquo-nova. — Regensburg. 1725. 8°. 7, praef. Nr. 2. — Er führt des Trithem Worte aus dem liber de scriptor. eccles. cap. 403 an und fährt dann fort: Haec Trithemius de vita et scriptis Eckberti, ex quibus liber adversum haereses, id est sermones XIII. adversus Catharos progiere Coloniae an. 1530 in 8⁰. posteaque inserti sunt tomo XII. bibliothecae patrum editionis Coloniensis; liber de obitu sororis suae exstat apud Bollandianos ad diem XVIII. Junii, fuitque jam anno 1500 Parisiis ab Henrico Stephano, Roberti patre, una cum revelationibus S. Elisabethae, ac anno 1628 Coloniae vulgatus, teste Casimiro Oudino tom. II. de scriptoribus ecclesiasticis col. 1549. Qui tamen insigniter fallitur, dum ibidem Eckberto abbati Schonaugiensi vitam B. Heimeradi presb. et confessoris a Leibnitio inter scriptores rerum Brunswicensium publicatam attribuit. Neque enim Egbertus, S. Heimeradi biographus, Schonaugiensis unquam abbas aut monachus, sed Hersfeldensis fuit, ut vel ex inscriptione vitae S. Heimeradi perspicuum est. Joannes Mabillonius in recentissima operum S. Bernardi editione volum. II. col. 687 sermonem panegyricum ad b. virginem deiparam S. Bernardo Claravallensi, sub cuius nomine in recentioribus editionibus comparet, abiudicat, et in contentis tomi V. Eckeberto nostro restituit. Nec plura scio, quae sub Eckeberti abbatis nomine typis hactenus commissa fuerint. At iis tria deinceps opuscula addere licebit. Primum est depromptum ex membraneo codice in fol. min. inclyti monasterii Windbergensis, ord. can. regularis Praemonstratensium, quingentis circiter abhinc annis exarato (12. Jahrh.), in quo nullus alius quam hic opusculo titulus praefixus est: Laus crucis, verba Eckeberti. Quae inscriptio, quin nostrum Eckebertum spectet, vix quisquam merito dubitaverit. Est haec scriptiuncula non minus sobria quam pia, cuius numero 5,, paucis et perspicuis verbis exponitur, quidquid fere a recentioribus theologis scholasticis de causis et modis dominicam crucem adorandi per plura capita disputatur. — Alterum Eckeberti opusculum, nunc primum, ni fallor, in lucem productum et excusum, est eiusdem soliloquium, seu, ut Trithemius supra inscribit, meditationes. Exstat id in novem codicibus bibliothecae Mellicensis, quorum tamen nullus saeculum XV. aetate superat. Codex chartaceus signatus litt. B. num. 29. id Richardo a S. Victore tribuit his ad calcem verbis: Explicit soliloquium Richardi de speciali commendatione Jesu. Verum non Richardi, sed Eckeberti abbatis Schonaugiensis esse discimus praeter alia ex paulo ante laudato Trithemio, qui meditationes ab his verbis: Verbum mihi est ad te incipientes Eckeberto diserte attribuit. Illud ut ad pium lectorem emendatius pervenerit, ad fidem diversorum codicum castigavimus, variantesque lectiones ad calcem paginarum adiecimus. — Tertium quod nunc primum sub nomine Eckeberti publici iuris facio opusculum, est eiusdem stimulus amoris, qui hactenus inter opera S. Bernardi Claraevallensis locum sortitus fuit. Libellum hunc seu sermonem etiam recudit inter eiusdem opera, recentissime edita, Mabillonius tomo V., col. 649. qui tamen erudite ibidem observat, eum sancto Anselmo tribui a Trithemio. Bellarmino et aliis sub titulo stimuli amoris. Certe Bernardi, inquit, stylum non sapit, nec reperitur in antiquis mss. nec in prima editione Lugdunensi sub nomine Bernardi. Ita recte vir eruditissimus. Sed hanc pietate ac spiritu plenam lucubratiunculam nec Anselmi esse docet nos optimae notae codex Windbergensis paulo supra citatus, qui praeter: Laudem crucis etiam sub expresso nomine Eckeberti eamdem hoc titulo continet: Stimulus dilectionis Eckeberti. Codici Windbergensi consentiunt duo Sanct-Petrenses Salisburgi, chartaceus alter, alter membranaceus, ambo saeculo XV. exarati, quorum prior vocat librum domini Eckeberti, qui intitulatur: Stimulus charitatis: alter ait esse Eckeberti abbatis. Vero mihi perquam simile est, hunc stimulum amoris non esse diversum a: Laudibus Salvatoris, quas Trithemius Eckebertum scripsisse supra commemorat. Quid enim in illo aliud agit auctor, quam ut gloriemur in nomine filii redemptoris, et demus honorem salvatori nostro, qui magna fecit in nobis, etc. Porro variae lectiones, quas ad finem paginarum adieci, mihi enatae sunt ex collatione editionis Mabillonianae et codicis Mellicensis E., 42, qui ad bonae notae exemplum exaratus videtur. — Gedruckt sind diese drei Schriften ibid. 7, 13, 21, 37.

Geschichte der Hohenstaufen und ihrer Zeit von Friedrich von Raumer. Reutlingen 1829. 6, 258. Ueber die Katharer zu Cöln 1163. — Harzheim concil. 3, 393. — Godofrid. monach. (Freher script. rer. germ. 1.) — Lucas Tudensis (in bibl. max. patrum 25, 3, 21. —

Saxus, Christoph., Onomasticon literarium sive nomenclator historico-criticus. — Trajecti ad Rhenum 1777. 8°. 2, 255. (Die Abtszeit Ekberts wird von 1165—1185 angegeben.)

Christliche Kirchengeschichte von Johann Matthias Schröckh. — Band 29. — Leipzig, 1799. 8°. p. 503. — Nach ihm p. 504 hat Füsslin, Neue und unpartheyische Kirchen- und Ketzerhistorie der mittlern Zeit Erster Theil p. 74 sq. einen Auszug aus Ekberts sermones adversus haereses mitgetheilt. — p. 487.

Schunk, Joh. Peter, Beyträge zur Mainzer Geschichte. — Mainz, 1788. kl. 8°. 3, p. 347—48.

Sixtus Senensis, Bibliotheca sancta a F. Sixto Senensi, ordinis Praedicatorum ex praecipuis catholicae ecclesiae autoribus collecta, et in octo libros duobus tomis complexos digesta etc. — Venetiis 1575. 4°. 1, p. 422.

Trithemius, Johannes, Sponheimensis primo, deinde d. Jacobi maioris apud Herbipolim abbatis, viri suo aevo doctiss. primae partis opera historica etc. ex bibliotheca Marqvardi Freheri. — Francofurti, typis Wechelianis apud Claudium Marnium et herêdes Joannis Aubrii MDCI. Folio. — Catalogus illustrium virorum p. 137 sub voce. — Liber de ecclesiasticis scriptoribus p. 280. — Secundae partis. — Chronica monasterii Hirsaugiensis p. 148—149. — Chronicon Sponheimense.

Bibliotheca scriptorum sacri ordinis Cistertiensis etc. opera et studio R. d. Caroli de Visch etc. — Coloniae Agrippinae 1656. 4°. p. 295. Libris his omnibus (Schriften Elisabeths) subiungitur in eodem volumine (in Schönau) officium parvum de sancto Elizabeth de Schonaugia; compositum ab Emecho abbate item Schonaugiae sancti Florini, viro pio et religioso, de quo sequentes leguntur versus: Non erit aequalis tibi nunc Schonaugia talis, Flos erat egregius, requiescat spiritus eius. — Quod autem ad Eckbertum attinet, scripsit etiam opusculum contra Catharos haereticos. Item aliud contra Judaeos de Christo et matre eius. Quae omnia etiam in eodem extant antiquo codice membranaceo.

Vossius, Gerardi Joannis Vossii de historicis latinis libri III. Editio altera priori emendatior et duplo auctior. — Lugduni Batavorum. 1651. 4°. 1, p. 429. (Er erwähnt die Faber'sche Ausgabe der Schriften Elisabeths aber ohne Jahr und citirt Jac. Philipp Bergomas chron. zu 1167 für Ekbert.)

Widmann, S. Dr., Nassauische Chronisten des Mittelalters. — Wiesbaden. 1882 Gymnasialprogramm. 4°. — Ekbert von Schönau p. 1—9. — Emecho von Schönau p. 9—11. — Der Verfasser benützte die Wiesbadener Codices und die Acten des Staatsarchivs in Wiesbaden, dadurch brachte er mehrere Fragen weiter als Professor Nebe, leider benützte Widmann die zahlreiche gedruckte Literatur und die Handschriften über Eckbert und Emecho nicht, ebensowenig kannte er die Existens von Migne, patrologia 195.

Wolf, Johann, Lectionum memorabilium et reconditarum centenarii XVI. — Lauingae 1600. Folio p. 383 (Abdruck der Briefbruchstücke Ekberts nach Flacius, catalogus testium veritatis).

Grosses vollständiges Universal-Lexicon. — Johann Heinrich Zedler — 1734—7, col. 292. über Ekbert (aber als Abt von Schönaug Wormser Diozese) — »war wegen seiner Gelehrsamkeit und Gottesfurcht berühmt und starb an. 1163. Man begehet seine Feier den 28. Mertz.« Der Verfasser des Artikels nennt Egbert einen »Sohn Hartwigs, erstlich ein Benedictiner-Mönch zu Bonn (!) hernach Abt von S. Florin in der Diozes von Trier«, schreibt ihm dann das Leben des hl. Heimerad zu. Citirt ist: Coccius de script. eccles. —

Ziegelbauer, Historia rei litterariae ordinis S. Benedicti. etc. — Augustae Vind. et Herbipoli 1754. Folio. — 1. p. 58. 2. p. 138 (wörtlich aus Trithems opera pia et spiritualia p. 56). 4. 49, 80. 127. 177, 192 (auf Pez bibl. beruhend).

Theatrum humanae vitae Theodori Zuingeri etc. Basel 1586. folio. — 5. 1324 über Ekberts Thätigkeit gegen die Catharer zu Cöln (1163) [auf Trithem beruhend]. — 21. 4130. —

---

§. 2. Abt Ekbert von Schönau.

Für die Familienverhältnisse Ekberts verweisen wir auf das, was wir §. 7. über Elisabeth gesagt haben. Wann derselbe geboren ist, lässt sich nicht feststellen, ebensowenig, ob er vor oder nach Elisabeth zur Welt kam. Seine Geburtszeit muss aber vor den 9. Januar 1132 fallen, da Ekberts Pathe, der Bischof Ekbert von Münster, an diesem Tage starb. Ob wir aus dem Einflusse Elisabeths auf das Eintreten Ekberts in den Benedictinerorden darauf schliessen können, dass Elisabeth älter war, wissen wir nicht. Wir lassen auch diese Frage offen. Ekberts mütterlicher Grossoheim war Bischof Ekbert, seiner Mutter Bruder war Theoderich, seines Vaters Bruder Helid, der Name seines Vaters Hartwich (Hartwicus), der seiner Mutter ist unbekannt. Die Quellen über Ekbert sind die von Emecho verfasste an historischen Angaben über ihn arme Vita desselben, sowie die in den Visionen Elisabeths, Ekberts Briefen und dem Schreiben de obitu eingestreuten dürftigen Bemerkungen. Ekbert ward mit Reinald von Dassel dem späteren Erzbischofe von Köln Schüler des Philosophen Adam und wandte sich, da er wahrscheinlich ein nachgeborner Sohn und damit von dem väterlichen Besitze und Lehenstand ausgeschlossen war, dem geistlichen Stande zu. Frühe mag er Stiftsherr in Bonn geworden sein, nach Sitte der Zeit genügte dazu ein Alter von 14 Jahren (Würdtwein, subsidia diplom. 10, 4). Wo Ekbert seine Bildung empfing, lässt sich nicht feststellen, da aber Reinald von Dassel auf der Stiftsschule zu Hildesheim gebildet ward (chronicon montis sereni ap. Mencken script. 2 zu 1168 und Ficker, Reinald von Dassel p. 5) und

Ekbert angibt, er sei mit demselben gebildet worden, so empfing derselbe auch in Hildesheim seine Bildung oder beide studirten nicht in Hildesheim zusammen, sondern waren beide Schüler des grossen Philosophen Adam, vielleicht in Paris. (siehe lib. vis. III. cap. XXII und das Schreiben Ekberts an Reinald, über die philosophischen Studien Reinalds auch Ficker p. 6). — Ekbert hatte als Canonicus zu Bonn als Vorgesetzten den Probst Gerhard II., einen Grafen von Ahr, der bei der Wahl Friedrichs als Erzbischof von Köln durchgefallen und sich auch später nach Friedrichs Tod (Anfangs 1158 oder 1159) bei der Wahl Reinold (im Feber oder März 1159) um diese Würde beworben hatte und gegen den Kaiser hielt. cf. über ihn niederheinisches Jahrb. 1, 129. Als Canonicus bekleidete Ekbert nur die Würde eines Diakons. Öfters kam derselbe nach Schönau zu seiner Schwester, die ihn von dem unthätigen und vielfach freien Leben eines Canonicus ablenken und für den Mönchstand gewinnen wollte. Ekbert zögerte Priester zu werden und den Mönchstand zu wählen, als ihm aber Elisabeth den Inhalt einer Vision, die dieses forderte, mittheilte, gab er nach. Gleiches erwähnt die Vita, ebenso lässt Ekbert in dem Schreiben de obitu, in der Vorrede: Omnes qui der Visionen, in seinem Briefe an Abt Reinhard von Reinhausen diesen Einfluss seiner Schwester durchblicken. Ekbert machte eine Pilgerfahrt nach Rom. Da nach den Angaben diese in dem Jahre stattfand, in dem Friedrich zum römischen Kaiser gekrönt ward, so fällt dieselbe ins Jahr 1155. Hadrian ward zum Papst 1154 gewählt und krönte am 18. Juni 1155 Friedrich I. zu Rom. Nach Ostern 1155 (27. März) kehrte Ekbert aus Rom zurück und feierte auf Christi Himmelfahrtstag (5. Mai) in Schönau das hl. Messopfer, während dessen Elisabeth eine Vision hatte. Diese trieb sie an, ihren Bruder zum Eintritt ins Kloster zu bestimmen, gleiches geschah in einer Vision am 15. Mai 1155. Hier weichen die Angaben der Vita von denen der Visionen etwas ab. Nach der Vita ward Ekbert in Rom Priester, die Vision, die Elisabeth aufforderte, ihren Bruder zum Eintritt in den Orden zu bewegen, hatte dieselbe am 15. Mai 1155. Elisabeth trug Bedenken an Ekberts weltlicher Erziehung, vielleicht auch war derselbe wie sie selbst, schwächlicher Natur. Von dem Engel ward Elisabeth wegen dieser Bedenken gezüchtigt, aber auch des Beistandes Gottes für Ekberts Eintritt ins Kloster versichert. Elisabeth theilte ihrem Bruder diese Mahnungen Gottes mit, er gab auch hierin nach. Sein Eintritt in Schönau erfolgte kurz darauf, jedenfalls 1155. War Ekbert vorher ein nach Sitte der meisten Canoniker der Welt ergebener, dabei aber der Kirche innig anhängiger und characterfester Mann, der ohne Zweifel als Weltgeistlicher zu hohen Würden gelangt wäre, so ward er jetzt ein eifriger Mönch, der mit seiner Gelehrsamkeit und Frömmigkeit die Zeitgenossen erbaute. Dass ihn hohe Stellen bevorstanden und es ihm an Ehre nicht fehlte, lässt Ekbert in seinem Briefe an den Abt Reinhard von Reinhausen deutlich durchblicken. Den Bitten seiner Verwandten in Bonn, die ihn gerne im Stande eines Weltgeistlichen gesehen, willfahrte er nicht. Als Mönch wirkte er als Prediger, als Schriftsteller und Vertheidiger der Kirchenlehre gegen die Katharer. Mit seiner Schwester im Nonnenkloster stand er im innigsten Verkehr: er benützte die vorhandenen Aufzeichnungen ihrer Visionen, arbeitete dieselben in ein besseres Latein um, und liess Unglaubliches weg. Manche Schriftsteller, namentlich Protestanten, aber auch Catholiken, haben die Visionen Elisabeths geradezu als Ekberts Werke hingestellt. angefertigt, um dem Kloster einen Ruf zu verschaffen, man habe der Elisabeth Zwang angethan und ihre Antworten über Stellen der hl. Schriften provocirt. Sogar schon zu Elisabeths Zeiten hielt man die Visionen für weibliche Täuschung oder Machwerk, siehe den Brief Ekberts an Abt Reinhard von Reinhausen. Die Visionen selbst verwahren sich dagegen und geben alles als göttliche Offenbarung an. Sind die Visionen letzteres auch nicht, so sind solche aber doch die selbstständige Thätigkeit des Geisteslebens Elisabeths und nach deren Aufzeichnungen und Erzählungen uns überliefert. Dass aber Ekbert Unglaubliches, das die Phantasie eines Weibes hervorbrachte, um dem Ganzen nicht zu schaden, unterdrückte, nehmen wir ihm nicht übel, das ist kein Betrug. An manchen Stellen erklärt Elisabeth ihren Bruder Ekbert für den Anreger mancher Fragen über die hl. Schrift, aber gerade in dieser Offenheit, die Ekbert nicht unterdrückte, liegt auch ein Zeugnis, dass er dieses im guten Glauben that, sein theologisches Wissen zu bereichern und Elisabeths Angaben als göttliche Offenbarungen anerkante. Unmöglich können wir in diesem Befragen ein Provociren als Täuschung erkennen. Dass aber Ekbert die Visionen Elisabeths für höheren Ursprungs ansah, sagt er in seinem Briefe an Abt Reinhard von Reinhausen ausdrücklich, auch lässt sich schwerlich denken, dass ein so bedeutender Schriftsteller wie Ekbert sich mit einer wissenschaftlich so unbedeutenden Sache wie der Ursulalegende beschäftigt hätte, hätte seine Schwester nicht durch ihre Visionen den Grund dazu gelegt, wenn auch wiederum zugestanden werden muss, dass Ekbert die Kunde über Ursula aus Cöln mitbrachte und dadurch die Ursache der Visionen ward. Wir verwerfen entschieden alle Annahmen, als habe Ekbert den Zustand seiner Schwester trügerischerweise ausgebeutet und ihr Aeusserungen in den Mund gelegt, die nicht von ihr herrühren, um dadurch den Ruf des Klosters zu mehren. Ekbert erwähnt in seinem Trostschreiben an die Verwandten in Andernach der Visionen und des Zustands Elisabeths, wie konnte er sich Zeitgenossen in nächster Nähe Angaben erlauben, die nicht auf Richtigkeit beruhten, solche Angaben wären ein Hohn gegen die Zeitgenossen, deren manche als Besuch in Schönau eintrafen, Elisabeth kannten, von ihren Visionen wussten und jedenfalls auch von der Existens ihrer Schriften Kenntniss hatten, wären ein Hohn auf die Zucht im Benedictinerkloster Schönau und Abt Hildelin, auf Gräfin Beatrix von Nassau, die an Elisabeths Exequien theilnahm und Andere. Die Visionen Elisabeths sind ächt und in ächter Fassung zur Belehrung der Zeitgenossen und Jahrhunderte von Ekbert aufgezeichnet, der Beweis der absichtlichen Fälschung und Unterschiebung unter dem Namen Elisabeths wird nie gelingen. — Ueber Ekberts schriftstellerische Thätigkeit siehe §. 6. —

Als Abt Hildelin starb, ward Ekbert als der würdigste von dem Convente zum Nachfolger gewählt. Man konnte wichtige Vortheile von dessen Ansehen und Bedeutung als Vorsteher erwarten. Ekbert nahm die Wahl zwar an, hielt die Würde aber mehr für eine Last als einen Vorzug. Aus allen Kräften widmete er sich der Fürsorge für sein Kloster und dessen Schule, aus der Emecho, sein Nachfolger hervorging. Treu den Ermahnungen Elisabeths auf dem Todesbette, das Kloster nicht zu verlassen, und einen anderen Wirkungsort zu wählen, blieb derselbe in Schönau bis an sein Lebensende, obgleich hohe Stellen ihm angeboten wurden. —

Wann Ekbert Abt wurde, steht nicht ganz fest. Nach den acta sanct. October 9, 166 A. war Hildelin Abt bis Nonas Decembris 1167 den gleichen Tag (ohne Jahr) gibt das Seelbuch von Arnstein an (Nass. Annal. 16. 202). Trithem setzt Hildelins Tod zu 1167. Nach dem Schreiben de obitu lebte Hildelin beim Tode Elisabeths (1164) noch, das 1164/65 verfasste Schreiben erwähnt ihn noch als lebend. Wenn Brower in den annales trevir. Ekberts Berufung nach Coblenz als Ketzerrichter zu 1163 erwähnt, und ihn dabei Abt nennt, so ist entweder das Jahr 1163 falsch (Trithem hat für das gleiche Factum 1167) oder der Titel Abt ist anticipiert. In der Schrift gegen die Catharer, die er auf Wunsch seines Abts verfasste, nennt sich Ekbert noch Mönch (professus monachus), dieselbe ist erwähnt in dem Briefe Ekberts an Reinhard von Reinhausen als bereits vorhanden, ebenso aber auch Ekberts Brief an Reinald von Cöln. Reinald ward nach dem Tode Friedrichs II. von Cöln (zwischen 3. Dec. 1158 bis 12. Jan. 1159) im Febr. oder März 1159 gewählt, das Schreiben Ekberts an ihn fällt ins Jahr 1160, Mitte 1160 war Reinald in Deutschland. cf. Ficker. 37, §. 16. Da der Brief Ekberts an Abt Reinhard von Reinhausen ins Jahr 1164 kurz vor Elisabeths Tod fällt, damals aber die auf Anregen des Abts Hildelin von dem Mönche Ekbert verfassten Sermones contra Catharos bereits existirten und dieselben dem vom 23. Juli 1164 an in Köln weilenden Erzbischof gewidmet sind, jedenfalls auch übersandt wurden, so lebte Hildelin kurz nach Elisabeths Tod noch.

Am 10. Juni 1164 trat Reinald die Reise mit den Reliquien der hl. drei Könige von Mailand nach Köln an, schrieb am 10. Juni 1164 von Padua desshalb an das Domcapitel zu Köln (Crombach, primitiae gentium seu historia ss. trium regum 631—633), am 23. Juli 1164 langte Reinald mit den Reliquien in Köln an, in Deutschland weilte er von 1164 Juli bis October 1166 und starb am 13. oder 14. Aug. 1167. Die Zeit von Juli 1164 bis Anfang October 1166 ist daher die Zeit, in der Ekbert sein Buch dem Erzbischof senden konnte, jedenfalls musste aber auch für diese Zeit der Verfasser noch monachus sein, wie das Werk angibt.

Falsche Angaben über seinen Abt durfte Ekbert dem Erzbischofe von Köln gegenüber nicht machen. Hildelins Tod fällt rund gerechnet ins Jahr 1165/66. Derselbe war bei Elisabeths Tod hochbetagt, dieselbe sagte dessen baldigen Tod am 21. Mai 1164 voraus. Trithem gibt als Abtszeit Ekberts 18 Jahre an, was 1166 als Todesjahr ergiebt. Die Quellen schweigen hierüber gänzlich. —

Ekbert stand im Verkehr mit den geistlichen Würdeträgern zu Köln und Trier, dem Hause Nassau-Lurenburg und vielen Aebten. — 1170 erscheint Ekbert urkundlich zum letztenmale (Rettung d. Freiheiten des Klosters Schönau. Beilage p. 7.) Zwei Jahre vor Ekberts Tod waren nach Emechos Angabe in der Vita Zeichen geschehen, die dessen baldigen Tod schliessen liessen. Einen ähnlichen Vorfall berichtet die Vita zum Palmsonntag (25. März) 1184, die Mönche erschracken, ahnten aber nichts Schlimmes, da Ekbert noch in etate satis matura stand. Derselbe beachtete diese Vorbedeutung ebenfalls nicht, er arbeitete an seinem Schriftchen contra Judeos, das er nicht vollendete, als ihn am 28. März (1184) der Tod ereilte (cf. Arnsteiner Seelbuch). Trithem gibt im chron. Hirs. p. 1491 1185 als Todesjahr an, ihm sind die meisten Schriftsteller gefolgt. Diese Angabe stimmt jedoch zu der Angabe der Vita, nach der Ekbert am Palmsonntage noch lebte, keineswegs: 1185 fiel Ostern auf den 21. April, Palmsonntag auf den 14. April, 1185 war demnach das Todesjahr Ekberts nicht. Die Zweifel lösen sich jedoch durch die Rechnung des Trierer Stils, 1184 am 23. März (Mainzer Stils) begann die Trierer Zeitrechnung das Jahr 1185, dem Trithem lagen offenbar Trierer Quellen bei dieser Angabe zu Grunde. Ekbert starb demnach am Mittwoch der Charwoche (28. März) 1184. Seine Grabstätte fand er nach C. de Visch, bibl. script. ord. Cistert. p. 297 nahe dem Hochaltar zu Schönau, die er sich noch zu Lebzeiten Elisabeths gewählt, er wünschte in dessen Nähe zu ruhen, was auch geschah. Von seinem Grabmal ist sonst nichts bekannt. Die Stelle wäre die nahe dem heutigen Hochaltar zu Schönau. Da Ekbert 18 Jahre nach Trithem dem Kloster vorstand und um 1130 geboren sein kann, erreichte er ein Alter von 54 Jahren, welches zur Angabe der Vita (satis matura) passt. Nach Angabe mancher Schriftsteller starb er im Geruche der Heiligkeit, ob er einen Cultus in Schönau besass, ist jedoch zu bezweifeln, alle Angaben hierüber fehlen.

§. 3. Ekberths Thätigkeit gegen die Catharer.

Heinrich Schmid schildert das Auftreten der Catharer in seiner Schrift: »Der Mysticismus des Mittelalters« p. 386 mit folgenden Worten:

Seit dem Anfange des eilften Jahrhunderts finden wir durch das ganze Abendland zahlreiche Ketzergemeinden verbreitet, die der katholischen Kirche entgegenstreben, von denen die meisten Mystiker sind. — Durch Italien, Frankreich, Deutschland und die Niederlande, waren in grosser Zahl theils einzelne Menschen, theils ganze Gemeinden zerstreut, die sich von der katholischen Kirche losgesagt hatten, der Oberherrschaft des Papstes sich widersetzten, und den Zustand der Religion zu verbessern strebten. — Einige wollten geradezu mit offener Gewalt die Tyranney (?) des Papstes und der Geistlichen umstürzen, andere suchten durch Gelehrsamkeit und genauere Begriffsbestimmungen die Wahrheit der Dogmen wieder herzustellen, andere glaubten durch Verachtung der äusseren Ceremonien der Religion mehr innere Kraft zu geben. — Laut verkündeten sie es überall, die christliche Kirche sey gänzlich verderbt, die Geistlichkeit voll Sittenlosigkeit, die Kirchenzucht aufgelöst und die ganze Kirchenverfassung in Verwirrung. — Sie selbst aber rühmten sich, den wahren unverfälschten christlichen Glauben und die ursprüngliche Kirchenverfassung durch ununterbrochenen Zusammenhang mit der ersten christlichen Kirche, unter sich erhalten zu haben, und versprachen diesen Zustand wieder herzustellen. Schmid fährt dann p. 434 fort: Diejenige Secte, die unter dem Namen Catharer am meisten bekannt ist, ausserdem aber auch eine Menge anderer Namen hat, wie Patarener, Publicaner, Bulgarer, Boni homines, Passageres oder Passagieri, Piphler, Tesserantes etc., zeigte sich offen im Abendlande erst seit der Mitte des 12. Jahrhunderts. Doch muss man aus dem Umfang und aus der Kraft, mit der sie damals schon, als sie entdeckt wurden, auftraten, schliessen, dass ihr Ursprung in viel früheren Zeiten zu suchen sei. Auch fehlt es nicht an Spuren in der Geschichte, die es zu beweisen scheinen, dass die manichäische Ketzerey der Gemeinden des

11. Jahrhunderts. bis zur Ankunft der Catharer im 12. Jahrhundert ununterbrochen im verborgenen fortgepflanzt worden sei. (Ekbert spricht diese Vermuthung sehr bestimmt aus in seinen serm. adv. Catharos, serm. I. in bibl. P. P. max. T. XXIII. p. 601: ecce enim quidam latibulosi homines perversi et perversores. qui per multa tempora latuerunt, et occulte fidem Christianam corruperunt etc.) — Deutlicher und bestimmter noch als aus diesen historischen Spuren ergibt sich der Zusammenhang der Catharer des 12. Jahrhunderts mit den Ketzern des 11., aus ihrer Uebereinstimmung in Lehre und Leben. —

Wir können uns hier nicht mit der Geschichte der Catharer im 12. Jahrhundert befassen, sondern verweisen auf die kirchenhistorischen Werke von Arnold, Gieseler, Schmid, Schröckh, Füsslin, Mosheim und Andere. Einen guten Ueberblick bietet Grässe, Lehrbuch der Literärgeschichte. 2, 2, 1. p. 72. — Im Folgenden beschäftigen wir uns nur mit Ekbert und dessen Thätigkeit als Bekämpfer der Catharer am Mittelrhein.

Von der Niederlande aus hatten sich Mitte des 12. Jahrhunderts Catharer den Rhein herauf verbreitet und in den Städten der Rheinlande angesiedelt. Diese Catharer waren keine harmlosen Leute, die nur religiöse Zwecke im Auge hatten, im Gegentheil bezweckten sie eine sociale Trennung von der Kirche. die zugleich einen Umsturz der socialen und staatlichen Verhältnisse zur Folge gehabt hätte. Ekbert von dem Geiste der Mystik angeregt, und brennend aus Neugierde, deren Lehren kennen zu lernen, war als Canonicus in Bonn mit denselben in Verbindung getreten, blieb aber seiner Kirche treu ergeben, und trat nicht zu den Lehren der Catharer über. Ob Ekbert die Catharer aufsuchte oder diese ihn als bedeutenden Theologen in ihren Kreis zu ziehen und dessen Wissen dann gegen die Kirche zu benutzen suchten, lässt sich nicht feststellen, das wahrscheinlichere ist das Letztere. Ekbert lernte die Lehre der Catharer kennen, eine Thatsache, die bei seiner spätern Thätigkeit als Bekämpfer ihrer Lehren schwer ins Gewicht fiel, er kannte ihre Mängel und die Art, die Schrift zu ihren Gunsten zu deuten. Diese Kenntniss, verbunden mit dem theologischen Wissen Ekberts, mag späterhin zu den Erfolgen desselben gegen die Catharer viel beigetragen haben, für uns ist dieser Umstand von hohem Werthe, da Ekbert als Kenner und Augenzeuge in seinen sermones von den Catharern und deren Lehren spricht. Für die Geschichte der rheinischen Catharer ist Ekberts Schrift gegen dieselben daher eine der vorzüglichsten Quellen und von den meisten Kirchen-Schriftstellern gekannt und benützt.

In Cöln hatten sich im Jahre 1163 nach Trithems Chroniken von Sponheim und Hirschau Catharer gezeigt und die Augen des Clerus auf sich gezogen, der diese ihm unangenehmen Leute los sein wollte, aber wahrscheinlich wenig Erfolg hierin hatte. Jedenfalls waren die Beziehungen Ekberts zu Erzbischof Reinald (von Dassel) zu Cöln die Veranlassung, dass der berühmte Theologe nach Cöln zur Bekämpfung der Catharer berufen ward. Ekbert erschien in Cöln und disputirte mit den Catharern am 2. August 1163, namentlich werden genannt Arnold, Marsilius und Theodorich, die er zwar besiegte, aber nicht überzeugte. Alle Mittel zur Bekehrung dieser hartnäckigen Gegner waren ohne Erfolg, daher wurden solche zuerst aus der Gemeinschaft der Kirche ausgestossen und dann am 5. August d. J. vor der Stadt Cöln verbrannt, 8 Männer, 2 Frauen und 1 Mädchen, das selbst den Tod in den Flammen suchte. Diese Erzählung findet sich ausser bei Trithem auch bei Caesarius von Heisterbach lib. 5, cap. 19 und bei Godefridus annalista (bibl. patr. 13, 289 E), dessen Worte wir hier nach Böhmer fontes 3, 437 anfügen: Hoc autem anno quidam heretici de secta eorum, qui Katari nuncupantur, de Flandrie partibus Coloniam advenientes, prope civitatem in quodam horreo occulte mansitare ceperunt. Sed dum neque dominico die ecclesiam intrarent, a circummanentibus comprehensi et detecti sunt. Qui ecclesie catholice representati et diu satis de secta sua examinati, dum nullis probabilibus documentis corrigi possent, sed in suo proposito pertinacissime persisterent, eiecti sunt ab ecclesia, et in manus laicorum traditi. Qui eos extra urbem educentes Nonis Augusti ignibus tradiderunt, mares quatuor et iuvenculam unam. Quĕ dum miseratione populi prope servaretur, si forte interitu aliorum terreretur et saniori consilio acquiesceret, subito de manibus se tenentium elapsa, ultro ignibus se iniecit et periit. Diese Quelle lag dem Trithem bei Abfassung seiner Hirschauer Chronik zu Grunde. Dass das Jahr 1163 das richtige ist, ersieht man auch aus den Annales Aquenses (1001—1196) bei Böhmer fontes 3, 394, die zu 1163 angeben: Heretici combusti sunt Colonie, a quibus mulier una se dedit precipitem in ignem nullo cogente. Cf. auch Acta sanct. ed. Bolland. April 2. 563, 3, 686, 687.

Ein zweitesmal, wahrscheinlich 1167, trat Ekbert in Coblenz gegen einen Catharer aus Carden an der Mosel auf und überzeugte denselben. Die Details sind unbekannt. — Ein drittes Examen zu Mainz berichtet Ekberts Vita. —

Ekbert wirkte auch schriftlich gegen die Catharer, die Frucht seiner Bemühungen waren die Sermones XIII gegen dieselben.

In der Vorrede dieser Schrift gibt er an, in der Diöcese des Erzbischofs Reginold (Rainold) von Cöln, dem er diese Schrift widmete, ereigne es sich öfter, dass Irrlehrer, die gewöhnlich Catharer genannt werden, ergriffen würden. Dieselben besitzen eine hinlängliche Kenntniss der hl. Schriften, die sie zu ihren Gunsten auslegten, er habe daher ihre Irrthümer beschrieben, die Stellen in der hl. Schrift bezeichnet, die sie zur Vertheidigung ihrer Lehren benützten, die Glaubenssätze der kirchlichen Lehre, die sie angriffen, aufgezählt und die Art und Weise, die Lehren derselben zu bekämpfen, gelehrt. Ekbert bezeichnet die Catharer als sehr beredte Leute, er tadelt die Gelehrten, dass sie den Catharern gegenübergestellt schweigen. Als er noch Canonicus in Bonn gewesen, habe er und sein Genosse Bertolph mit den Catharern Verkehr gehabt und ihre Lehren kennen gelernt. Jetzt habe er auf Anrathen seines Abtes Hildelin dieses Buch verfasst und ihm, dem Erzbischofe als Zeichen alter Anhänglichkeit übersandt, damit für den Fall eines Verhörs von Catharern er belehrt sei, wie dieselben zu bekämpfen. Die Abfassung der Schrift fällt offenbar ins Jahr 1163—64. Reinald von Cöln, dem dieselbe gewidmet ist, starb am 13. oder 14. August 1167 in Italien, er befand sich vom Juli 1164 bis Anfangs October 1166 in Deutschland, in diesem Zeitraum dürfte Ekbert diese Schrift ihm unterbreitet haben, genauer bestimmt im Jahre 1164—65. Offenbar wünschte Reinold geradezu die Abfassung einer solchen Schrift für praktische Zwecke gegen die Catharer. Die Schrift versinnbildlicht eine Verhandlung gegen die Ketzer, die Irrthümer derselben werden untersucht und mit der hl. Schrift und Tradition der Kirche widerlegt. Die Schrift umfasst 13 Reden. In der ersten Rede spricht Ekbert von den falschen Propheten, die im Geheimen den christlichen Glauben verderben und sich so in allen Ländern vermehrten, dass die wahre Kirche Gottes darunter Noth leide und deren Rede die kostbaren Glieder Christi anstecke. Diese Leute nenne man in Deutschland Catharer, in Flandern Piphler, in Frankreich Tesserant (nach ihrem Handwerke). Sodann gibt Ekbert einen Ueberblick der Lehren der Catharer, der für deren Beurtheilung hochwichtig ist. Die Catharer verwerfen die christliche Ehe und verdammen die bis an ihr Lebensende verheirathet bleibenden. Sie meiden den Genuss des Fleisches, da dasselbe aus der Zeugung der Thiere stamme und daher unrein sei. Alles Fleisch sei eine Schöpfung des Teufels. Die Taufe sei den Kindern nutzlos, da sie dieselbe nicht selbst verlangten und kein Glaubensbekenntnis ablegen könnten. Sie verwerfen die Wassertaufe und taufen auch die zu ihnen Uebertretenden auf's neue und zwar mit der Taufe im Geiste und Feuer. Die Seelen der Verstorbenen gehen nach dem Tode entweder zum Himmel oder der ewigen Verdammnis ein, ein Fegfeuer existirt nicht, das Beten für die Todten, Almosen geben, Messhalten, Geläute der Glocken verwerfen sie. Ebenso verwerfen sie die Messe als eitel, den Besuch der Messe und den Empfang des hl. Abendmahls als Heuchelei, nur in ihrer Secte existirten wahre Priester, in der römischen Kirche sei der Priesterstand untergegangen. Durch die Consecration werde Brot und Wein keineswegs zum Leibe und Blute Christi, nur sie machten an ihren Tischen den Leib des Herrn. Ekbert bemerkt hierzu, diese Lehre sei eine List, die Catharer meinten nicht den wahren Leib Christi, wie ihn die Jungfrau geboren und er am Kreuze gelitten, sondern nennten ihr eigenes Fleisch den Leib des Herrn, dadurch, dass sie durch Speisen ihrer Tische ihre Leiber ernährten, machten sie den Leib des Herrn. Von einem glaubhaften Manne, der aus der Gemeinschaft der Catharer, nachdem er ihre Treulosigkeit und deren geheime Schändlichkeiten kennen gelernt hatte, ausgetreten, hatte Ekbert erfahren, die Catharer lehrten, Christus sei nicht wirklich von der Jungfrau geboren, habe kein menschliches Fleisch gehabt, sondern nur scheinbares, auch sei er nicht von den Todten auferstanden, sondern nur zum Schein gestorben und auferstanden. Daher feierten sie das Osterfest nur dem Scheine nach mit, begingen aber ein anderes Fest an dem Tage, an dem Manichäus, der Urheber der Secte, getödtet worden, welches Fest der hl. Augustinus in seiner Schrift gegen die Manichäer Beina nenne.[1]) Nach Angabe seines Berichterstatters hätten die Catharer das Fest im Herbste gefeiert und Malilosa genannt. Als die Catharer in Cöln verhört und dann aus glühendem Eifer des Volkes verbrannt wurden, habe einer derselben gestanden, die Catharer lehrten, die Seelen der Menschen seien nichts anderes als jene gefallenen Geister, die im Anfange der Welt aus dem Himmelreiche verstossen worden und könnten in Menschenleibern das Heil durch gute Werke, freilich nur an solchen ihrer Secte, verdienen. Ekbert klagt dann über den Eifer und die Zudringlichkeit der Catharer, Leute für ihre Secte zu gewinnen und fordert zur Vorsicht gegen dieselben auf. —

Prüfen wir den Inhalt der Angaben Ekberts an den uns über die Lehren der Catharer zu Gebote stehenden Quellen, so findet sich im grossen Ganzen Alles, was Ekbert über die Irrlehren der Catharer angibt, durch zeitgenössische oder wenig spätere Quellen bestätigt. Gegen die am Niederrhein auftretenden Catharer richtete Probst Everwinus von Steinfeld 1146 ein Schreiben an den hl. Bernard und beschrieb deren Lehren fast

---

[1]) Ueber das Fest Beina sagt Joh. Heinrich Waser in: Historisch-diplomatisches Jahrzeitbuch. Zur Prüfung der Urkunden etc. Zürich MDCCLXXIX gr. folio s. voce: Ein Fest der Manichäer, welches sie alljährlich im Monat März an des Manetis Sterbetag mit grösserer Feierlichkeit als selbst das Osterfest begingen. Sie stellten des Manetis als eines grossen Heiligen Leichnam an einen erhabenen Ort, der mit kostbaren Tüchern belegt war, und zu dem man auf Staffeln hinansteigen musste, zur öffentlichen Verehrung aus; daher kommt der Name des Festes Bema von dem griechischen Worte Bῆμα, welches einen auf Staffeln erhabenen Ort bedeutet.

ebenso wie Ekbert, so dass diese beiden Schriftsteller sich in ihren Angaben fast decken und hie und da ergänzen. Dieses Schreiben des Probstes Everwin ist in Mabillon, analecta 3, p. 452 in opera S. Bernardi ed. Mabillon 1, 1487 und in opera s. Bernardi ed. Paris, 1836, 3. p. 359—362 ganz, sowie bei Fleurii historia ecclesiastica (Wien 1762. 8°) 17, p. 90 im Auszuge abgedruckt. In manchen Punkten stimmen auch die Angaben des Raineus, der selbst Haeresiarcha der Catharer gewesen, dann Priester des Predigerordens und Inquisitor der Lombardei ward, † 1259 (cf. Fabricius, bibl. 6, 131. Echard und Quetif, script. ord. min. 1, 154) mit denen Ekberts überein. Rainer schrieb ein Buch: Summa de Catharis et Leonistis seu pauperibus de Lugduno. Dasselbe ward 1548 in Paris in 8°, dann in Martène et Durand, Thesaurus anecd. 5, 1759 gedruckt, sein Buch: Liber adversus Waldenses gab der gelehrte Jesuit Gretser in Ingolstadt 1613 in 4° heraus, später ward dasselbe in der bibl. max. patr. ed. Cöln 13, in der Lyoner Ausgabe Band 25, 262, und in Gretseri opera 12, 2, 23 abgedruckt, ebenso lieferte Flacius Illyricus in seinem catal. test. veritatis p. 432 ein Stück davon. Ueber Rainer vergleiche noch: Gieseler, de Rainerii Sacchoni summa de Catharis et Leonistis. Göttingae 1834. 4°. — Rainers Angaben sind, da er unter den Catharern lebte, jedenfalls ebenso werthvoll für deren Beurtheilung als die Ekberts, leider behandelt Rainer mehr die Catharer und Waldenser in Oesterreich, Ekbert die am Niederrhein. Interessant ist trotzdem die Uebereinstimmung der Lehren dieser Catharer in den meisten Punkten in verschiedenen Gegenden, da der Ursprung der Lehren ein gemeinschaftlicher war. Rainer berichtet in der Schrift contra Waldenses in bibl. vet. patr. max. ed. Cöln 13, p. 307 übereinstimmend mit Ekbert über den Eifer der Catharer Leute für ihre Sache zu bekehren. Dieselben zögen mit Ringen und gesuchten Waaren umher bei Frauen und Reichen, und böten solche zum Verkaufe an, lobe man die Waaren, so sagten sie, sie besässen noch werthvollere Steine, die sie gerne hergäben, wenn man sie nicht den Priestern verrathe. Dann sprächen sie über Bibeltexte, z. B. über Lucas: Missus est angelus Gabriel und Joannes: Ante diem festum, auch Math.: Super cathedram Moysi, schilderten den Zustand der Kirche und verbreiteten ihre Lehren. In der Bibliotheca patr. max. 13, 300 werden 20 Irrlehren der Catharer angeführt.

Der zweite Schriftsteller über Catharer ist Moneta oder Monetus aus Cremona, Professor in Bologna, dann Dominikaner, er lebte 1233 noch in Mantua und schrieb ein Werk: Summa contra Catharos et Waldenses in 5 Büchern, das 1743 in Folio zu Rom gedruckt ward. cf. Oudin, comment. de script. eccles. 3,

91, Quetif script. ord. min. 1, 122. Er stimmt in seinen Angaben mit Ekbert wesentlich überein. [1]) —

Wenn Ekbert sagt, sein Berichterstatter habe die geheimen Schändlichkeiten der Catharer kennen gelernt, so stimmt dieses mit den Angaben der Quellen ebenfalls, die Kirche macht den Catharern den Vorwurf heimlicher Ausschweifungen bei ihren Zusammenkünften. Das Breve Gregors IX bei Fleuri hist. eccles. 17, 51 gibt Gleiches an. Cf. auch Schmid, Mysticismus p. 433—504, Mosheim, Ketzergeschichte 1, 353—373, Flathe, 1, 2, 53, 43. — Schröckh, Kirchengeschichte 23, 350, 29, 477, Argentre. 1, 9, 35, 43, 82, 90, jedenfalls sind aber die Angaben der gesta synod. Aurelianensis von 1017 bei d'Achery, spicileg. 1, 605 übertrieben, cf. Füsslin, Kirchenhistorie 1, 31, Schmid, Mysticismus, 392—415, Harduin, concil. 1, 822. —

In einem Anhange zur ersten Rede schildert Ekbert den Ursprung der Secte der Catharer. Dieselben stammten von den Manichäern her, seien aber getheilt in ihren Ansichten und Lehren. Gleichlautend mit Everwin gibt Ekbert an, die Catharer besässen eine vollständige kirchlich-sociale Organisation, stünden unter einem Papst und Bischöfen, sie unterschieden sich in Hörende und Auserwählte, hätten 12 Meister, 72 Bischöfe, sodann Priester und Diaconen. Damit stimmt überein, dass die Catharer erklärten, nur bei ihnen sei der wahre Priesterstand vertreten. —

In der ersten Rede gegen die Catharer gibt Ekbert an, dieselben lehrten, der wahre Glaube Christi und dessen wahrer Dienst sei nur bei ihren Zusammenkünften, die sie in Kellern und Webezimmern und ähnlichen unterirdischen Räumen hielten. Damit stimmt überein, wenn nach Rainer contra Waldenses die Catharer sich die Kunden, die Katholiken die Fremden nannten und sich die Ersteren nach ihm p. 299 einer nur ihnen verständlichen Sprache bedienten. Die Kirche nannten sie Steinhaus, den Altar Steinhauff, die Geistlichen Schreiber, die Gläubigen Pharisäer. Nach Rainer liessen die Catharer Niemanden zu ihrem Gottesdienste zu, sie übersetzten die hl. Schrift alten und neuen Testaments in die deutsche Sprache, für die einzelnen Stellen hatten sie besondere Bezeichnungen, der Psalm: Exurgat hiess der Rachpsalm, der Psalm: de profundis der Re Psalm, nach Matthias Flacius der Rosspsalm. Die Angabe Ekberts, dass die Catharer in Frankreich nach ihrer Beschäftigung Textores (Tesserantes) hiessen und die Catharer am Niederrhein in Web-

---

[1]) Caesarius v. Heisterbach schrieb ebenfalls ein Werk: Contra hereticos huius temporis et errores eorum unum dialogum (Harzheim, bib. Colon. 45). Wir kennen dasselbe nicht. —

zimmern ihren Gottesdienst abhielten, beweist, dass der grosse Haufe derselben aus Handwerkern bestand. Plessaeus in seinem mysterium iniquitatis Calvinianae irrt daher, die Catharer zu gelehrten Leuten zu machen, solche waren nur deren Vorsteher. — Ueber die Catharer cf. noch Conradi Urspergensis chronicon zu 1213. und übereinstimmend mit demselben Joannes Azorius. constitut. moralium 1. lib. 2. cap. 23 p. 7. —

Die zweite Rede handelt von der Geheimhaltung der christlichen Lehre, die dritte von dem Wachsthum und Bekanntwerden des katholischen Glaubens. Petrus erscheint als Gründer und erster Bischof der Kirche, die Schüler des Petrus Eucharius, Valerius und Maternus predigten in Deutschland das Evangelium und wurden Bischöfe zu Trier, Crescens ein Schüler des hl. Paulus solcher in Mainz. Die deutsche Kirche hat nach Ekberts Angabe einen vollständig apostolischen Ursprung. Wir erkennen hier in Ekberts Benützung der Legenden seiner in historischen Angaben wenig kritischen Zeit recht gut, dass Ekbert auch auf Grund solcher Legenden eine Ursulalegende aus voller Ueberzeugung der Sache schreiben konnte. Die vierte Rede ist eine Auslegung des Spruchs bei Jac. 2, 17: Der Glaube ohne Werke ist todt, die fünfte handelt von der Ehe und den Ansichten der Catharer über dieselbe, die sechste von dem durch die Catharer verworfenen Genusse des Fleisches, die siebente vertheidigt die Kindertaufe, die achte speciell die Wassertaufe, die neunte spricht von den Seelen der Verstorbenen, die zehnte von dem Priesterstande der Kirche und deren Rechtmässigkeit, die eilfte von dem Leibe und Blute Christi, die zwölfte von der menschlichen Natur Christi, die dreizehnte von den Seelen der Menschen. Am Schlusse bittet Ekbert die Abschreiber seiner Arbeit das Anhängsel seiner Schrift: Excerptum de Manicheis ex Augustino ihrer Abschrift beizufügen.

---

§. 4. Trithems Urtheile über Abt Ekbert.

Wir stellen hier Trithems Urtheile als des ältesten Schriftstellers über Ekbert zusammen als Hauptquelle, aus ihnen haben fast alle geschöpft, die über Ekbert schrieben.

Trithemius. Liber de scriptoribus ecclesiasticis. folio. 1489. Folio 60v: Eckebertus secundus abbas monasterii sancti Florini, ordinis divi patris Benedicti, Treverensis diocesis, natione Teutonicus, vir in divinis scripturis studiosus et eruditus, et non minus conversatione quam scientia venerabilis, frater beatae Helicabet virginis abbatisse Schonaugiensis fuit. Hic antea Bunnensis ecclesiae canonicus fuit, qui a sancta sorore ad Schonaugiam vocatus, primo monachus ac deinde abbas factus est. Scripsit non contemnendae lectionis opuscula, quibus nomen suum ad posteritatis noticiam transmisit.

E quibus subiecta reperi:

1. Adversum haereses. li. I.: Prophetatum dudum tempora.
2. In principium evangelii Johannis li. I.: Mysteria divini sermonis. —
3. Super Magnificat li. I.: Spiritus domini super te Maria. —
4. Super: Missus est angelus li. I.: Sermo evangelicus omni. —
5. De obitu sororis suae li. I.: Virginibus deo sacratis. —
6. Meditationes li. I.: Verbum mihi est ad te rex. —
7. Sermones per annum li. II.: Erunt signa etc. adventus domini. —
8. Laudes salvatoris li. I. —
9. Epistolarum ad diversos li. I. —

Alia quoque nonnulla edidit, quae ad noticiam meam non venerunt. Fuit enim declamator egregius, doctus et eloquens, adeo ut quendam haereticum, quem nemo concludere poterat, unica disputatione superaret. Claruit in coenobio praefato sancti Florini, quod Schonaugia dicitur, in dioecesi Treverensi sub Frederico imperatore primo anno mill. CLX et propter religionem et doctrinam in precio habebatur. —

Trithemius, cathalogus illustr. virorum p. 19v: Eckebertus, secundus abbas monasterii sancti Florini Schonaugiensis, ordinis divi patris Benedicti, Treverensis dioecesis, vir in divinis scripturis studiosus et eruditus, et secularis literature non ignarus, frater beate Helizabeth abbatisse virginis Christi fuit. Qui cum adhuc Bunnensis ecclesie canonicus esset, crebris epistolis et admonicionibus sancte sororis sue provocatus mundum cum vanis honoribus deseruit, et monachorum collegio in predicto loco se coniunxit, ubi primum monachus et demum abbas constitutus, non minus devocione et religione quam scientia clarus effulsit. Scripsit autem adversum hereses li. I. — In principium evangelii Johannis li. I.

— Super: Missus est angelus li. I. — Super Magnificat li. I. — De vita et morte sancte sororis sue li. I. — Meditationes de Jesu et Maria li. I. — De laude nostri salvatoris li. I. — Sermones quoque more antiquorum incorruptos allegacionibus capitulorum li. II. — Epistolarum ad diversos li. I. — Alia quoque nonnulla edidit, que ad manus nostras non venerunt. Claruit anno domini MCLX. —

Trithemius, opera pia et spiritualia. — Mainz, 1601 folio p. 56. Eckebertus, abbas coenobii sancti Florini Schonaugiensis in finibus Treverensis dioecesis, frater beatae Elisabeth, abbatissae coenobii monialium ibidem, cuius iam fecimus mentionem, cum esset canonicus ecclesiae Bonnensis, monitis sororis suae iam dictae prebens assensum seculum contemnens, monachus factus sub Hildelino praefati coenobii primo abbate, quo defuncto in eius locum abbas constituitur, vir quidem in sacris scripturis studiosus et eruditus et secularium literarum non ignarus, metro excellens et prosa, in declamandis homiliis atque sermonibus excellentis ingenii fuit. Scripsit adversum haereses librum I.; in principium evangelii Joannis lib. I.; in evangelium Luce: Missus est angelus lib. I.; super Magnificat lib. I.; sermones multos et elegantes per totum annum lib I.; de obitu sororis suae; epistolas plures ad diversos; orationes quoque et carmina. Alia quoque nonnulla edidit, quae ad notitiam meam non venerunt. Tantae eruditionis et facundiae fuit, ut hereticum quendam Cardensem male de corpore et sanguine domini sentientem et subtiliter dogmatizantem omnibus formidabilem prima (congregatis multis doctis viris) disputatione devicerit. Denique anno domini millesimo centesimo sexagesimotertio, indictione undecima, secunda die mensis Augusti, quae fuit sexta feria, in civitate Coloniensi tres haeresiarchas Cataphrigas seu Catharos: Arnoldum, Marsilium et Theodericum disputatando convicit, ut nihil contra mutire possent, qui pertinaciter in errore manentes, combusti sunt cum sex viris et duabus mulieribus extra civitatem iuxta sepulturas Judaeorum in colle, qui dicitur Judaicus, et contra talium haeresim nonnulla scripsit syntagmata. Claruit anno domini 1170. —

Trithemius, monasterii Hirsaugiensis chronica (in dessen opera historica ed. Marquard, Freher Frankfurt a. M. (Wechel) 1601 folio p. 148: Claruit his temporibus Eckbertus, abbas monasterii sancti Florini confessoris in Schonaugia, dioecesis Treverensis, nostri ordinis, frater beatae Elisabeth sanctimonalis virginis, vir in divinis scripturis doctissimus et magni nominis ac famae suo tempore inter doctores ecclesiasticos. Hunc ergo clerus et maiores civitatis Coloniensis tanquam virum doctum sibique ab olim, quum adhuc esset in ecclesia Bonnensi canonicus, bene notum, quem non minus sanctitate conversationis venerabilem, quam eruditione scripturarum insignem sciebant, ad examinandum praefatos haereticos per literas et nuncios ad Coloniam vocaverunt. Veniens autem Coloniam Eckbertus abbas anno praefato dominicae nativitatis millesimo centesimo sexagesimotertio, indictione undecima, secundo die mensis Augusti publicum disputationis certamen cum tribus haeresiarchis, qui caeteris acutiores videbantur, iniit: Arnoldo videlicet, Marsilio et Theodorico, quos licet essent acutissimi, tamen fortiter disputando convicit, ita ut penitus contradicere non valerent. Quumque nullis rationibus, nullis authoritatibus, nullisque admonitionibus induci possent, ut suo renunciarent errori, sed in suo proposito pertinacissime persisterent, ab ecclesia prorsus eiecti sunt, et in manus laicorum traditi. Qui eos extra urbem educentes, Nonis Augusti ignibus tradiderunt: mares octo, foeminas duas. Erat inter eos iuvencula una, quae dum miseratione populi prope servaretur, si forte interitu aliorum territa, saniori consilio acquiesceret, subito de manibus se tenentium elapsa ultra se ignibus iniecit et periit. — Quia vero Eckberti abbatis mentio incidit, dicendum nobis est, quis et quantus fuerit. Fuit autem natione Teuthonicus, frater S. Elisabeth monialis et abbatissae Schonaugiensis, Treverensis dioecesis, ordinis nostri. Qui cum esset canonicus ecclesiae Bonnensis, monitis sororis suae devotissimae iam dictae consentiens, mundum et omnia, quae in mundo sunt pro Christi amore deseruit, et sub Hildelino primo Schonaugiensis coenobii abbate monachus factus est. Quo defuncto, in eius locum succedens, electione fratrum abbas constitutus est. Erat autem vir tam in divinis quam in secularibus literis suo tempore inter omnes huius provinciae doctores eruditissimus, in declamandis homiliis sermonibusque ad populum promptus et eloquens, et ingenii sui multa posteritati opuscula gemino stylo conscripta reliquit. E quibus ad nostram lectionem pauca pervenerunt. Contra haereticos scripsit librum unum. Hic eius liber contra Catharos extat cusus Coloniae anno 1530. Item in principium evangelii Ioannis. Item super evangelium: Missus est angelus, pulchrum tractatum non spernendum. Epistolas quoque plures ad diversos. Item sermones et multos et varios composuit. Scripsit etiam vitam, conversationem, revelationes, et obitum b. sororis suae Elisabeth, de qua postea dicemus. Sed et carmina diversi generis et orationes devotioni congruas complures edidit: de domino Jesu, deque sanctissima eius genetrice virgine Maria et sanctis quibusdam aliis multis et diversis. Tandem mortuo Hildelino primo abbate monasterii praedicti Schonaugiensis Nonis Decemb. anno domini 1167 pari consensu fratrum abbas in eodem coenobio constitutus est praefuitque annis 18. et 5. Calend. Aprilis non sine opinione sanctitatis de hac vita migravit. — Tantae autem eruditionis fuit, ut haereticum quendam Cardensem natione de corpore et sanguine domini male sentientem et pessime dogmatizantem, qui propter subtilitatem ingenii et linguae volubilitatem cunctis etiam doctissimis formidabilis erat, in publico conventu doctorum apud Confluentiam prima disputatione convicerit, et ab errore suo ad professionem veritatis revocarit. —

---

§. 5. Die Handschriften der Werke Ekbert's und Emecho's.

1. Der hauptsächlichste Codex der Werke Ekbert's und Emecho's ist ein Pergamentcodex in kl. 8⁰ von 168 neugezählten Blättern in meinem Besitze, im November 1879 von dem Kunsthändler Lempertz in Cöln erkauft und nach Art des 15. Jahrhunderts neu gebunden. Auf dem Pergamentblatt, das den Vordeckel deckt, steht in Majuskeln: Manuscriptum ex .... der Rest ist mit scharfem Messer weggeschnitten. Darunter schrieb eine Hand des anfangenden 16. Jahrhunderts: Devotionale felicis Elisabet virginis. Auf dem Vorsatzblatte steht eine halbverblichene Schrift einer Hand des 16. Jahrhunderts: Iste liber pertinet monasterio beate Marie virginis in Sconaugea, ord. b. Benedicti et sunt sanctimoniales . . . die venerabilis sacramenti, quod fuit tercio Nonas Junii, sub Julio papa secundo et Maximiliano rege Romanorum primo. Das Jahr ergibt sich als 1507, in welchem Jahre die verschiedenartigen Theile des Codex neu gebunden wurden. Diesen alten Einband besass der Codex beim Ankaufe noch, den Rückdeckel hatte der Wurm jedoch zerstört. Unterhalb dieser Schrift ist eine Heilige gezeichnet, aber nur undeutlich erhalten. Ursprünglich stand auf dem Vorsatzblatte eine Schrift des 12. oder 13. Jahrhunderts, die leider verrieben ist. Einige Worte am Schlusse der Schrift, die fast die ganze Blattseite einnimmt, sind noch lesbar, ergeben aber keinerlei Sinn: nonus post natalem apostolorum decimus primus, undecimus Septemb. XII. an. natalem domini. Die Bollandisten sahen das Buch in Schönau und theilten den obigen Eintrag mit: Insuper habetur Schonaugiae libellus precum b. Elisabeth dictus, in pergameno antiquo, in cuius primo folio sic legitur: Iste liber pertinet etc. wie oben. Die Bollandisten bemerken: unde suspicari quis posset, unum alterumve verbum, quo indicabatur: tunc completus vel finitus a scribente liber, extritum esse de industria, ad persuadendum facilius, quod ipse in usu sanctae fuerit, cum forte ex eo, quo usa fuerat, iam detrita tunc sit transcriptus. Die Bollandisten kannten den Werth und das Alter des Codex nicht. In Schönau hielt man noch im 16. Jahrhundert das Buch für das wahre Gebetbuch Elisabeths, ein Eintrag einer Hand des 16. Jahrhunderts sagt zum 18. Juni bei Erwähnung Elisabeths (auf folio 4 des Seelbuchs): Elisabeth virginis, cuius fuit hoc devocionale, gleiches sagt der obenerwähnte Eintrag auf dem Vordeckel. Von Herrn Lempertz in Cöln ward

mir das Buch als das »Gebetbuch« Elisabeths verkauft. Wir glauben keineswegs, dass das Buch im Gebrauche Elisabeths war, dasselbe erhielt offenbar diese Bezeichnung daher, weil dasselbe Gebete enthält, deren Urheberin Elisabeth ist. Doch reicht der Codex der Schrift nach bis in das Zeitalter kurz nach dem Tode Elisabeths, vielleicht sind Theile desselben noch unter ihr geschrieben worden. Wir nennen den Codex im Texte stets Ms. D. Das Buch ist seiner Anlage nach ein Sammelcodex, der folgendes enthält. —

1. Folio 1 v — folio 7 v das Seelbuch des Nonnenklosters Schönau, von uns in den »Studien aus dem Benedictiner-Orden« Jahrgang 1883, nach dieser Handschrift veröffentlicht, aus dem 12. Jahrhundert. Als man das Seelbuch anlegte, war Elisabeth noch im Leben, ihre Memorie ward mit rother Schrift unten am Rande nachgetragen, ohne Zweifel wäre solches im Texte selbst erfolgt, wäre das Seelbuch erst nach ihrem Tode geschrieben worden. —

2. Folio 7 v 3 Lobgesänge: Gloria mulierum, gemma virginum etc., schliesst: vivam tecum in gloria. Amen. — Der zweite Lobgesang beginnt: Virgo immaculate, heremita sancte etc. — Der dritte Lobgesang beginnt: Virgo electe, discipule Jesu dilecte etc. — An diese von einer Hand des 12. Jahrhunderts geschriebenen Lobgesänge reiht sich auf folio 8 v ein vierter von der gleichen Hand: Flores rosarum, et lilia convallium, martires preciose, commilitones Christi victoriose, margarite electe, virgines immaculate, virgines duces nobilissime: Agatha, Aoña, Lucia, Cecilia, Margareta, Cristina, Juliana, cuncteque sacre virgines in amplexu Christi quiescentes pro nostris excessibus pium sponsum exorate. — Alle 4 Lobgesänge gehören der tiefen Frömmigkeit Elisabeths an und sind vielleicht Ekbert zuzusprechen. Hierauf folgt ein Lobgesang: Ad honorem Cherubin et Seraphin (rothe Ueberschrift): Benedic anima mea domino etc. schliesst: et nosse mereamur per dominum nostrum Jesum Christum; von andrer Hand, die dem Schriftcharakter nach archaisirt. — Auf folio 8 v steht ein Lobgesang: Astra matutina laudate dominum und schliessend auf folio 10 r mit regnantes in seculi (!) seculorum. Amen. Blatt 10 ist im 16. Jahrhundert eingesetzt, als der Codex neu gebunden ward, die Rückseite des Blattes nimmt eine Miniatur, spätgothische und zwar niederrheinische Arbeit ein. Gott Vater im faltigen Untergewande und rothgefüttertem blauem fliegendem Mantel fasst eine nackte Frauensperson, die bis zur Hüfte im Wasser steht, an der Hand, dieselbe segnend. Offenbar Elisabeth und deren Begnadigung vorstellend. — Folio 11 r steht der Lobgesang auf das hl. Kreuz, ohne Zweifel von Ekbert verfasst: Ave crux, ave crucifixe etc. von einer Hand des 12. Jahrhunderts. Folio 11 v eine Lobrede

auf den hl. Johannes von einer andern Hand des 12. Jahrhunderts: Salve o amantissime. schliesst auf folio 13 r mit pro me interpella. — Folio 13 v Ein Lobgesang auf Maria: Ave mater gratie schliesst auf folio 15 r mit virgo Maria. von gleicher Hand des 12. Jahrhunderts geschrieben. Die Handschrift erscheint steif und ungelenk. Auf gleichem Blatte Zeile 12 beginnt von gleicher Hand: Oratio ante Eucharistiam. Obsecro te. schliesst auf folio 15 v mit quia tu potes und setzt sich folio 167 r mit tuum proveniam fort. da leider der Codex falsch gebunden war. als ich ihn kaufte und auch so dem Buchbinder überliefert ward. Schliesst: amplius in eternum Amen. Angehängt sind 4 Gebete: Oratio de sanctis. quorum reliquie in ecclesia continentur. — De omnibus sanctis. — Item de omnibus sanctis. — Post communionem. — Folio 16 r ist leer. die Schrift ist mit Bimsstein abgeschliffen. die Rückseite des Blattes deckt eine blattgrosse Miniatur in herrlichen Farben. Gott Vater eine Jungfrau (Elisabeth) krönend, die vor ihm kniet. über der Scene schwebt eine Taube. prächtige. spätgothische Arbeit. Auch dieses Blatt ist im 16. Jahrhundert eingefügt. als der Codex gebunden ward. welcher Text auf folio 16 r stand, ist nicht mehr zu erkennen. da das Gemälde die Anwendung von Reagentien nicht zulässt. —

3. Folio 17 r Eine Lobrede in Gebetform: De sancta trinitate. von anderer als den bisherigen Händen geschrieben. in zweierlei Schrift des 12. Jahrhunderts. einer grösseren und einer kleineren. Schliesst folio 21 r mit unus deus. Auf gleicher Seite beginnt von gleicher Hand eine Oracio ad sanctam Mariam. die bis Blatt 22 v reicht und mit inmortalia secula seculorum Amen schliesst. Es folgt auf gleicher Seite eine andere Oratio: Item alia von gleicher Hand, eine dritte auf folio 23 r. woran sich folio 23 v die Confessio sancti Augustini anreiht: Tibi domine Jesu etc.. schliesst auf der Hälfte der Blattseite folio 24 v mit speravimus in te. —

4. Folio 25 r Oratio de S. Trinitate. von einer kräftigen Hand des 12. ausgehenden Jahrhunderts. die auch Ekberts und Emecho's Werke im Codex schrieb. Beginnt: Domine deus pater etc. Schluss auf folio 26 v per infinita secula seculorum. Amen. —

5. Folio 26 v Verschiedene Lobreden zu Heiligen: Ad S. Johannem B. — De s. Laur(entio) et Vinc(entio). — Item de s. Laur(entio) et Vinc(entio). — Die letztere legendenartig abgefasst. schliesst auf folio 33 v mit: per infinita secula seculorum Amen. Wahrscheinlich Ekberts Arbeit. —

6. Folio 33 v. Salutatio ad infantiam salvatoris nostri, offenbar von Ekbert verfasst. schliesst auf folio 37 r mit per omnia secula seculorum. —

7. Folio 37 r. Meditatio cuiusdam hominis de Ihesu. — Beginnt: Mediator dei et hominum, schliesst auf folio 45 v mit:

qui cum deo patre etc., woran sich eine: Oratio pro amico und solche: de spiritu sancto: in annuntiatione S. Marie: in tempore dominice passionis: in assumptione domine nostre oratio: anschliessen, das Ganze endigt auf folio 54 v mit: Qui cum deo patre. — Nr. 4—7 sind von einer Hand geschrieben. Blatt folio 55 r ist leer, die Schrift des 12. Jahrhunderts ist durch Bimsstein abgerieben, man sieht noch die Eindrücke des Bimssteins im Pergament, die Rückseite bedeckt eine Miniatur des 16. Jahrhunderts, der hl. Geist in Gestalt einer Taube geht in die Stirne Maria's, die vor einem Betpulte kniet, ein, vor ihr steht der Engel Gabriel, spätgothische Arbeit, auch dieses Blatt ist im 16. Jahrhundert eingesetzt. Folio 56 r steht ein Lobgesang: Letare Israel superne, Schluss: gloria sine fine Amen, von einer Hand des 12. Jahrhunderts. —

8. Folio 56 v folgen die Psalmen: Beatus vir, qui non, von einer Hand des ausgehenden 12. oder anhebenden 13. Jahrhunderts zweispaltig, mit vielen Abkürzungen geschrieben. Prachtvolle Arbeit mit mehreren sehr schönen Initialen in Blau, Roth, Grün und Gold. Alle Zeilen beginnen mit rothgeschriebenen Buchstaben, die Initialen haben Aehnlichkeit mit denen im Ms. A., d. h. den einfacheren und zahlreicheren dieser Handschrift. Viele kleine Initialen stehen am Anfange der Absätze der Psalmen. Auch diese bezeugen reiche Kunstübung und eine ausserordentliche Mannigfaltigkeit, auch manches Originelle, Folio 74 r sitzt z. B. eine Gans mit geöffnetem Schnabel auf einem Initial E, das Lob Gottes verkündend in symbolischer Darstellung, an andern Stellen bilden Vögel die Initialen. Auf Folio 92 r schliesst dieses herrliche Psalterium, das früher vielleicht für sich gebunden war. Folio 91 v stehen von einer Hand des 12. Jahrhunderts in Majuskelschrift die Worte: Maria nomen amabile, simile scintille ardenti, nescio, quid habet incendentis energie in cordibus piis. — An das Psalterium reihen sich von anderer Hand geschrieben auf Folio 92 v Gebete: Oratio pro peccatis und pro familiaribus an, die auf Folio 94 v schliessen. 12. Jahrh. Blatt 95 r ist weiss, die Schrift des 12. Jahrh. ist durch Bimsstein abgeschliffen, die Rückseite deckt eine Miniatur des 16. Jahrhunderts, die Taufe Christi im Jordan vorstellend, die Arbeit ist spätgothisch, aber geringer, als bei den übrigen Miniaturen.

9. Folio 96 r: Salutacio Eckeberti abbatis ad s. C.(rucem). Beginnt: Salve crux signum, schliesst auf Folio 98 r Zeile 4 mit secula seculorum Amen.

10. Folio 98 r Zeile 5: Salutacio E(ckeberti) ad s. M(ariam). Beginnt: Ave mater gratie, mit dem früher schon als Bestandtheil des Codex erwähnten Lobgesang gleichen Betreffs übereinstimmend. Schliesst Folio 100 r mit: misericordie. — Es folgt: Ad pro-

prium angelum (Folio 100 r), dann Gebete und Lectionen. — folio 105 v Ad corpus domini. — folio 107 v ein Lobgedicht auf den hl. Schutzengel: Angele sancte, qui etc. schliesst auf folio 109 v mit tua vita, – Alles unter 10 genannte ist von einer Hand des 12. Jahrh. in ziemlich kleiner Schrift geschrieben. —

11. Folio 109 v Stimulus dilectionis, von Ekbert verfasst, beginnt: Jesum Nazarenum a Iudeis etc. schliesst folio 122 v mit seculorum amen. Von gleicher Hand folgen Verse auf Folio 122 v, die sich unmittelbar an das Vorhergehende anschliessen und mit einem prosaischen Schlusse Folio 128 v enden. — Blatt 129 ist eingesetzt. 129 r leer, d. h. die Schrift des 12. Jahrhundert abrieben, die Rückseite deckt eine prachtvolle Miniatur des 16. Jahrhunderts, reiche spätgothische Arbeit in herrlicher Gruppirung der Gestalten. Maria liegt vom Heiligenscheine umflossen auf dem Todesbette, durch das gothische Fenster fällt von Rückwärts das Licht auf sie und das faltenreiche Leintuch, das als Bettdecke dient, links sitzt ein Apostel und liest in einem Buche, rechts stehen zahlreiche Apostel Kopf an Kopf bis in den Hintergrund, der greise Petrus und der Lieblingsjünger Christi: Johannes im Vordergrunde. Maria besitzt die Züge einer sterbenden, ihre Haltung ist eine sitzende, Petrus hat eine brennende Kerze in der Hand, die Gesichter der Apostel sprechen dumpfen Schmerz aus. Eine ähnliche Arbeit sahen wir im germanischen Museum in Nürnberg als Oelgemälde.

12. Folio 130 r Ein Gebet: Deus Abraham, deus Ysaac etc. schliesst: operibus habundare. — Folio 130 v Oratio ad proprium angelum: Sancta et immaculata etc. schliesst auf Folio 131 v: secula seculorem Amen. — Folio 132 r O virgo theodochos, Lobgesang, offenbar von Ekbert herrührend. — Schliesst auf Folio 132 v mit: infinita secula seculorum Amen. — Es folgt der Anfang des früher (f. 7 v) erwähnten Lobliedes: Gloria mulierum etc. und ein weiteres Stück: Salve Maria gemma etc. — Folio 133 r ein ymnus de sancto Gregorio. Fulget in celis etc. nebst Collecten. Folio 135 r ein Gebet: pro congregatione monachorum, ein solches: In honore passionis domini. — welches auf Folio 137 r schliesst. Blatt 137 v — 138 v füllt ein Lied: Amor patris et filii sacer etc. mit Neumen. — Alles unter 12 verzeichnete ist von mehreren Händen des 12. Jahrhunderts geschrieben. —

13. Folio 139 r Ein Werkchen Emecho's: Hoc tibi carmen protulit Emecho mente fideli Elisabeth felix ad laudem cuncti potentis (rothe Schrift.) Schliesst auf Folio 145 r Zeile 2 mit: in secula seculorum Amen. —

14. Eine weitere Lobrede auf Elisabeth von Emecho: Item Emecho de beata Elis(abeth). — Folio 145 Zeile 3 beginnend und auf Folio 146 v schliessend. Beide Stücke 13 und 14 sind

von einer Hand geschrieben, die auch Nr. 4 schrieb. — Angehängt ist die Oratio de eadem ad s. trinitatem von gleicher Hand. —

15. Folio 147 r Ein Gebet zu den hl. drei Königen, Patronen des Nonnenklosters Schönau, deren Reliquien daselbst ruhten, siehe Beilage Nr. 10, schliesst auf Folio 150 r, von einer Hand saec. 12 in braungewordener Tinte geschrieben. Die Schrift von Folio 150 v und Folio 151 r ist ausgerieben, Folio 151 ist später eingesetzt, die Rückseite deckt die Darstellung eines von zwei Engeln gehaltenen Tuchs mit dem Veronicahaupte, spätgotische Arbeit des 16. Jahrhunderts. —

16. Folio 152 r Die Allerheiligenlitanei: Kyrie eleyson, siehe Beilage Nr. 7, mit verschiedenen Gebeten, gemischt mit Lobgesängen mit Neumen: In assumptione sancte Marie. — Nochmals: In assumptione sancte Marie: (Folio 162 ist falsch gebunden, wie auch solches schon im alten Einbande der Fall war.) — Ante Eucharistiam. — In hora percipiendi. — In nativitate S. Marie. — De sancta Maria. — De spiritu sancto. — Alles von einer Hand saec. 12 mit Neumen sehr zierlich geschrieben, die Neumen ohne Linien. Das ganze schliesst Folio 168 v. —

Aus dieser Beschreibung ersieht man, dass der Codex aus verschiedenen aber gleichzeitigen Theilen besteht, als Ende des 15. Jahrhunderts der Codex neu gebunden ward, suchte man denselben durch Einfügen von Miniaturen zu verschönern. Es findet sich nämlich im Codex auf Folio 42 v eine Miniatur, die so in den Text des 12. Jahrhunderts eingemalt ist, dass an ihrer gleichzeitigen Anfertigung im 12. Jahrhundert kein Zweifel obwaltet. Als man im 15. Jahrhundert die übrigen Miniaturen einfügte und mit Schweinsblase an die Quaternionen, wie noch ersichtlich, anklebte, richtete man sich bei deren Herstellung ganz nach der in dem Codex bereits vorfindlichen Miniatur des 12. Jahrhunderts. Einfassung, Untergrund (Goldbronze auf Grünschwarz gesetzt), ungefähre Grösse ist übereinstimmend, die Arbeit weicht aber in ihrem Malereicharakter ab. Die auf Folio 42 v befindliche Miniatur bietet manche Merkwürdigkeit für die Kunst, da derartige Darstellungen aus so früher Zeit nicht häufig erscheinen.

2. Eine Handschrift von Prof. Marx, Geschichte des Erzstiftes Trier 2. 1, p. 456 erwähnt, aber nicht näher beschrieben, in der Seminarbibliothek zu Trier, von uns als Ms. E bezeichnet. Wir haben uns um deren Erlangung alle Mühe gegeben, mussten aber endlich des Wartens müde unsere Arbeit abschliessen und auf eine directe Benützung verzichten. Die bischöfliche Seminarbibliothek in Trier liegt nämlich nach einem Schreiben des derzeitigen Herrn Bibliothekars seit 1874 unter Sequester der königl. Regierung in Trier, eine Einsichtnahme ist nur möglich, wenn

unter Anwesenheit eines Notars die Siegel entfernt, die fraglichen Bücher entnommen, die Bibliothek wieder versiegelt und ebenso beim Reponiren der Bücher verfahren wird. Wir wollten uns diesen zeitraubenden Umständlichkeiten gern fügen, die königl. Regierung war auch bereit, unserem Wunsche zu genügen, bedurfte aber der Vereinbarung des geistlichen Verwaltungsraths der Bibliothek; ob sich die beiden Theile und wann geeinigt hätten, war zu unbestimmt, um das Resultat abwarten zu können. Zum Ersatze des nicht erreichbaren Originals diente eine von den Herren Professoren Marx und Mosler in Trier um 1864 für Herrn Professor Nebe angefertigte und sorgfältig collationirte Abschrift des Codex in Trier, die derselbe uns in freundlichster Weise zur Benützung lieh und zugleich der Landesbibliothek in Wiesbaden zum Geschenke machte. Leider können wir für das Ms. in Trier keine Angaben über Grösse, Alter, Material etc. machen, da solche in der Abschrift fehlen. —

3. Eine von dem Benedictiner Bernard Pez für dessen Abdruck des Werkchens Ekberts: Laus crucis benützte Pergamen-Handschrift im Kloster Windsberg, die auch den stimulus dilectionis enthält. Aufbewahrungsort jetzt unbekannt. cf. Literatur. s. v. Pez. —

4. 9 Handschriften des 15. Jahrh. im Kloster Mölk in Oesterreich, enthaltend die meditationes, von Pez gekannt und benützt. Auf meine Anfrage an Herrn P. Vincentius Staufer, Bibliothekar in Mölk, der soeben die Handschriften ordnet und catalogisirt, erhielt ich die Antwort, dass keine dieser Handschriften in Mölk unter Ekberts Namen vorhanden sei; mit allem Recht, da nach Pez Richardus de St. Victor auf den Handschriften als Verfasser angegeben war, jedenfalls sind unter dieser Bezeichnung diese 9 Handschriften in Mölk noch auffindbar. —

5. Ms. meditationes Eckberti mon. Schonaugiensis, erwähnt in dem Werke: Catalogi librorum manuscriptorum Angliae et Hiberniae in unum collecti cum indice Alphabetico. Oxoniae 1697 Folio p. 261. —

6. Eine Handschrift von Ekberts sermones befindet sich in Rom in der Vaticana (Palatina 482 membr. 8°) Sammelband aus Schönau (b. Marie in Schonaugia), worunter offenbar Schönau bei Heidelberg zu verstehen ist. Dieser Band enthält: Eckebertus Schonaug. contra catharos ad Reginoldum Coloniensem aep. (saec. XIII.) — Archiv der Gesellschaft 12, p. 335. — Eine zweite Handschrift ist als No. 4576 ebenfalls in der Vaticana: Eckberti Schonaug. tract. c. catharos, wie Pal. 482. — ibid. 12, Nr. 4576.

7. Der Papier-Codex der Visionen Elisabeths saec. 15 in der Wiesbadener Landesbibliothek Nr. 4, cf. v. d. Linde, die

Handschriften der königlichen Landesbibliothek in Wiesbaden sub 4. [1]). —

8. Der Pergamencodex Nr. 3, saec. 12 daselbst, enthaltend das Schreiben de obitu. —

9. Ms. ehedem zu Eberbach in Rheingau: epistole Eckberti monachi. Signirt G. 25. (Ocul. mem. 2, 100, im Staatsarchiv, enthaltend den Catalog der Eberbacher Bibliothek.) Ebendaselbst als Eckbertus contra tartaros(!) ein Eberbacher Ms. enthaltend die Sermones contra Catharos erwähnt. — 2, folio. 100 Sign. G. 24.

10. Eine Handschrift signirt O. 82 in der Bibliothek der Carthäuser in Cöln, die das Werkchen super Magnificat und das: Super missus est etc. enthielt. (Hartzheim, bibl. Colon. p. 73.) —

11. Eine Handschrift, enthaltend das Werkchen Ekberts: In principium Evangelii Joannis: Mysteria divini sermonis, in der Carthause zu Cöln (ibid p. 73). Eine weitere Handschrift dieses Werkchens kannte Sixtus Senensis, bibl. sancta. —

12. 2 Codices, einer auf Pergamen, der andere auf Papier, beide aus dem 15. Jahrh. im St. Peterstift zu Salzburg, beide den stimulus dilectionis enthaltend: Liber domini Eckeberti, qui intitulatur stimulus charitatis. (Cf. Pez, bibl. ascetica 7, praef. Nro. 2.) —

13. Cod. 488 zu Wien in der Hofbibliothek saec. 13. Pergamen.

14. Das Ms. F. Pergamen saec. 12/13. in der Dombibliothek zu Merseburg, enthält 2 Briefe Ekberts. —

15. Ein Ms. des stimulus dilectionis Ekberts besitzt die Giessener Universitätsbibliothek in dem Sammelband Nr. DCXCV. saec. 15, 8⁰. als sancti Bernhardi(!) abbatis de stimulo amoris. Cf. Adrian, catal. p. 212. —

16. Ein Ms. der Reden Ekberts gegen die Catharer betitelt: sermo domini Hekkeberti Treverensis contra haeresim catharorum de sacerdotio. Ms. chartac. saec. 16. 8⁰. sign. Nr. 235 befindet sich in der Stiftsbibliothek zu Wurzen. Archiv, 8, 715. —

17. Nach voyage litteraire de deux religieux Benedictins (Martène et Durant) Paris 1724. 4⁰. p. 252 besass das Kloster Hordenhausen Cisterzienserordens unter seinen Handschriften auch: les sermons d' Egbertus. —

Ein Ms. des stimulus amoris und Meditationes s. Bernhardi abbatis saec. 15 befand sich in der im Sommer 1883 versteigerten Bibliothek des ehemaligen Karthäuserkloster Buxheim. Siehe den Versteigerungscatalog Nr. 27 p. 147 Nr. 2750. —

Nach Batton's Catalog der Mss. des ehemaligen Bartholomäusstifts zu Frankfurt a. M. (Ms.) folio 93 Nr. Cl. besitzt die

---

[1]) Die nähere Beschreibung von Ms. Nr. 3 und 4 (Ms. A. und B.) in Wiesbaden und Ms. Nr. 488 in Wien steht pag. XII—XXI. —

Frankfurter Bücherei ein Ms. Stimulus amoris Christi sive meditationes de passione domini de 1450 folio, das mir aus Ungefälligkeit Kelchners nicht zugänglich war. —

Jedenfalls keine Uebersetzung des stimulus dilectionis Ekberts ist das in der Bibliothek zu Gotha befindliche opus: die Stachel der Lieb. cf. Jacobs und Ukert Beiträge. 2. 1. p. 110. Interessant ist aber das Wiedererscheinen des Titels der Schrift Ekberts, auch der hl. Bonaventura ein ähnliches Werk schrieb, das als Prickel der minnen im 15. Jahrh. in Frauenklöstern öfter abgeschrieben ward. cf. bibl. Uffenbachiana p. 30. —

---

§. 6. Die Werke Abt Ekberts von Schönau.

Die von Ekbert niedergeschriebenen Visionen Elisabeths, der von ihm verfasste liber viarum dei und die Legende über die hl. Ursula haben wir bereits besprochen. Von den übrigen zahlreichen Werkchen Ekberts wurden bisher nur wenige gedruckt. Bei der Besprechung der Werkchen halten wir die von Trithem gegebene Reihenfolge ein, nicht als sei dieselbe chronologisch massgebend, sondern weil sie die erste und vollständigste Aufzählung der Werkchen Ekberts ist, die wir besitzen. —

1. Adversum haereses lib. I. Anfangend nach Trithem: Prophetatum dudum tempora. Eine Schrift gegen die von Flandern aus sich den Rhein herauf verbreitenden Catharer. Diese Schrift ward 1530 zu Cöln in einem Duodezbändchen (Lit. A.—K. umfassend) ohne Pagina gedruckt. Der vollständige Titel heisst: Adver ‖ sus pestiferos foedissimosque ‖ Catharorum. (qui Manicheorum heresim innouarunt) ‖ damnatos errores ac haereses. Eckberti presbyte ‖ ri. primo ecclesiae collegiatae Bunnensis, Colonien ‖ sis dioeceseos canonici demum uero professi mo ‖ nachi Schonaugien. monasterii utilissimi sermo ‖ nes ex penetralibus euangelicis et aliarum diuinarum ‖ scripturarum armario deprompti. Ex quibus ‖ procul dubio fructum plurimum metet ‖ diligens lector et candidus. — Breue ex Augustino de Manichaeis excer ‖ ptum. per eundem Eckbertum. ‖ Darunter stehen folgende Verse:

In laudem Bvnnensis oppidi ‖ Hexastichon uetus.
Bunna solum felix, celebris locus, inclyta tellus,
  Florida martyrio terra sacrata deo.
Exulibus requies et asylum mente fuisti,
  Semper et externi te reperere suam.
Te sibi Mars pridem bene messuit imperialem,
  Ut sua Thebaeis ultro tributa feras. —

Auf der Rückseite des Titels ist die Stelle aus Trithems liber de scriptoribus ecclesiasticis über Ekbert abgedruckt. Es folgt folio 2 r die Widmung der Schrift: Illustrissimo rectori pontificalis cathedrae in Colonia domino Reginoldo, frater Eckbertus Schonaugiensis coenobii monachus, hoc munusculum ex meditationibus suis und dann die 13 Reden gegen die Sache der Catharer. Den Schluss bilden ein: Excerptum de Manichaeis ex Augustino, das noch von Ekbert herrührt, und ein zur Füllung des leeren Raumes beigesetztes Stück: De Manichaeo ex Raphaele Volaterrano mit der Schlussschrift: Apud sanctam Coloniam. Anno a Christi natiui ‖ tate millesimo quingentesimo tricesimo, nono ca ‖ lendas Januarii, Impensis Johannis Soteris, ‖ Cum gratia et priuilegio ad sexennium. — Wir besitzen diese interessante Ausgabe als Geschenk des Herrn Professors Nebe. —

Nachgedruckt wurde diese Ausgabe in der magna Bibliotheca veterum patrum (ed. Lugduni 1686 tom. 14 und ed. Coloniae 1618, 12, p. 897 in Gallandi, vet. patr. bibliotheca 14, 447 ff. und hieraus in Migne, patrologia (lateinische Abtheilung) 195, 11—102, daselbst auch das excerptum de Manichaeis etc. —

Zwei Handschriften dieses Werkchens, das fast alle Schriftsteller und Sammler über Ekbert erwähnen und das dessen Hauptschrift ist, befinden sich in Rom, in Deutschland ward uns bis jetzt keine vollständige bekannt, wesshalb wir auf einen neuen Abdruck verzichten und auf Migne Patrologia als die zugänglichste Ausgabe verweisen. — Den Inhalt der Schrift haben wir unter Ekberts Thätigkeit gegen die Catharer §. 3. näher besprochen. —

2. In principium evangelii Johannis lib. I: Mysteria divini sermonis, von Trithem erwähnt: Hartzheim in der bibl. Colon. p. 73 sagt: hunc (diese Schrift) Sixtus Senensis ait sibi visum [1]) Impressus in Carthusia Coloniensi extat 1622 inter revelationes Hildegardis et Elisabethae. Letztere Angabe ist Verwechslung: uns ward keine Handschrift dieser Schrift Ekberts bekannt. —

3. Super: Magnificat lib. I. mit den Worten beginnend: Spiritus domini super te Maria. Nach der Handschrift in der Trierer Seminarbibliothek von uns abgedruckt. Nach Hartzheim, bibl. Colon. p. 73 befand sich eine weitere Handschrift als O. 82 signirt in der Carthause zu Cöln. —

---

1) Bibliotheca sancta, a F. Sixto Senensi, ordinis Praedicatorum, ex praecipuis catholicae ecclesiae autoribus collecta et in octo libros duobus tomis complexos digesta etc. — Venetiis 1575. 4°. 1, p. 422: Eckebertus Benedictinus, secundus abbas monasterii S. Florini, — — scripsit non aspernandae lectionis opuscula, de quibus vidi: In principium evangelii Joannis librum unum, qui incipit: Mysteria divini sermonis. —

4. Super: Missus est angelus lib. I. beginnt: Sermo evangelicus omni. Eine Erläuterung der Bibelstellen über den englischen Gruss Marias. Ungedruckt. Wir drucken dieses Schriftchen aus der Handschrift Ms. E. in Trier ab.[1] —

5. Das Schreiben Ekberts über den Tod Elisabeths an die Verwandten derselben, Nonnen zu St. Thomas in Andernach. Die erste Ausgabe veranstaltete nach Fabricius, bibl. Henricus Stephanus in Paris 1500 in 8°, doch ist die Existenz dieser Ausgabe vorerst unsicher. die zweite Ausgabe besorgte nach ungenannter Vorlage Jacob Faber von Estaples in Paris 1513 bei Henricus Stephanus in dem liber trium virorum folio 146—150 als sexti libri, qui est Ecberti ad cognatas suas de obitu Elizabeth virginis cap. I. Der Abdruck Fabers hat Summarien, die den beiden Handschriften in Wiesbaden fehlen. Der dritte Abdruck ist der in der Cölner Ausgabe der Schriften Elisabeths enthaltene (1628 folio). Entgegen dem Ms. A. steht in dem Pariser und dem Cölner Drucke der Brief Ekberts nach Elisabeths Briefen an richtiger Stelle, hieraus und aus verschiedenen Lesarten des Faber'schen Abdrucks ersehen wir, dass der demselben zu Grunde liegende Codex eher aus Ms. B. als Ms. A. geflossen, vielfach deckt sich der Abdruck mit den Lesarten von Ms. B. — Die Bollandisten nahmen den Faber'schen Text und ebenso Migne in ihre Ausgaben der Schriften Elisabeths auf. — Erhalten ist die Schrift in Ms. A., Ms. B. und Nr. 488 (in Wien), zum Abdrucke benutzten wir Ms. A. unter Beifügung der Lesarten des Ms. B. und der wichtigsten Varianten des Faber'schen Abdrucks. Es lag in der Natur der Sache, dass dieses Schreiben nicht durch Abschriften weiterhin verbreitet ward. daher nur drei davon bekannte Handschriften, da das Stück in diesen 3 Sammelcodices der Schriften Elisabeths nicht fehlen durfte. —

Das Schreiben an die Andernacher Nonnen ist ein wichtiges Zeugnis zur Prüfung der Visionen und Schriften Elisabeths. Ekbert konnte unmöglich in diesem Schreiben Unwahres oder Entstelltes über Elisabeths Leben und Wirken vorbringen, Andernach

---

[1] Wir haben oben gesehen, dass die Catharer als Material für ihre Vorträge und Bekehrungen unter andern biblischen Thematas auch das nach Lucas 1: Missus est angelus Gabriel wählten. Die Möglichkeit ist nicht ausgeschlossen, dass Ekbert diesen Spruch des Lucas bearbeitete, um den Lehren der Catharer entgegenzuarbeiten. — Das Thema: Missus est angelus war im Mittelalter ein sehr beliebtes, der hl. Bernard schrieb darüber, nach Echard und Quetif script. ord. praedicat. 1, f. 162 verfasste Albertus magus eine ähnliche Arbeit, Cäsarius v. Heisterbach schrieb nach dem Briefe an Petrus Prior von Marienstatt auf dem Westerwalde (locus S. Mariae), in dem er seine Schriften aufzählte, auch über das Evangelium: Missus est. v. Hontheim besass die Handschrift desselben, sie ward 1628 von Coppenstein, P. ord. praedicat. zu Cöln in 4° bei Peter Henningius gedruckt. —

lag nicht allzuweit von Schönau entfernt, um nicht früher oder später die Unwahrheit der Angaben erfahren zu müssen. Die Abfassung des Schreibens ist so einfach und natürlich, geht bis auf die kleinsten Details ein, so dass es allen Glauben verdient und viele in den Visionen enthaltenen Angaben nur bestätigt. Auch hier, wie in den Visionen, spricht Ekbert von dem Einflusse, den seine Schwester auf ihn übte, ein gleiches gibt Emecho in Ekberts Vita an. Die Abfassung solcher Trostschreiben an Verwandte oder Befreundete lag in der Gewohnheit der Zeit, ein ähnliches Trostschreiben über Hildegardis Tod ist im grossen Codex zu Wiesbaden erhalten. Die Abfassung des Schreibens Ekberts gehört ins Jahr 1164—65, doch fällt dasselbe noch vor Ekberts Abtsantritt, da er sich in demselben nicht Abt nennt. Bedeutungsvoll für die Zeit des Todes Elisabeths sind die Angaben am Schlusse des Schreibens. Dasselbe ward offenbar in Briefform an die Andernacher gesandt, vorher in Schönau gebucht und so erhalten. Die meisten Schriftsteller über Ekbert und Elisabeth erwähnen dasselbe.

6. (4). — Meditationes Eckeberti abbatis de Jesu et Maria. In Ms. E. zu Trier erhalten und daraus mit den Varianten des Pez'schen Textes abgedruckt. Pez edirte dieses Stück in der bibl. ascetica 7. zuerst nach 9 Handschriften im Kloster Mölk, die aber als Verfasser den Richardus de S. Victor und als Titel: meditationes seu soliloquium angeben. Migne in patrologia 195, 106 wiederholte diesen Abdruck. Titel und Anlage dieses Werkchens sind offenbar nach dem dem hl. Bernard zugeschriebenen Werkchen gebildet: Meditationes devotissime ad humane conditionis cognitionem, alias liber de anima, beginnend: Multi multa sciunt, von Trithem liber de script. eccles. ed. 1493 sub voce gekannt und in der Pariser Ausgabe (1513) der Werke St. Bernards folio 279 v abgedruckt. —

7. (5.) — Salutatio Eckeberti abbatis ad sanctam crucem Von Trithem nicht erwähnt, nach einem Ms. des Klosters Windsberg von Pez in dessen bibl. ascetica 7, 13 gedruckt, dessen Abdruck Migne 195, wiederholte. In Ms. D. erhalten und hieraus mit den Varianten des Pez'schen Abdruckes neu abgedruckt. —

8. (6.) — Salutacio E. ad S. Mariam. Ungedruckt, von Trithem n i c h t erwähnt, aus Ms. D. abgedruckt. —

9. (7 nach Trithem). — Sermones per annum, beginnend: Erunt signa et. 2 Bücher. Ein Handschrift ist unbekannt, ungedruckt, doch sind wahrscheinlich ein Theil der in Ms. D. erhaltenen Reden über heilige oder kirchliche Feste Theile dieser Arbeit Ekberts. Nach Trithems Angabe im chron, Hirsaug. schrieb Ekbert Reden über Jesus, Maria und verschiedene Heilige, die

offenbar mit den in Ms. D. enthaltenen gleichartigen und im Style mit Ekberts Art und Weise zu schreiben übereinstimmen und hieraus abgedruckt sind. Auch der hl. Bernard schrieb sermones de tempore (gedruckt in der Pariser Ausgabe). —

10. (7.) — Meditatio cuiusdam hominis de Jesu. Dem Style nach Ekberts Arbeits, von Trithem nicht erwähnt, aus Ms. D. abgedruckt. —

11. (8). — Stimulus dilectionis. Von Trithem unter dieser Bezeichnung nicht gekannt, von Emecho in Ekberts vita erwähnt. Mabillon lies in seiner Ausgabe der Werke St. Bernards 5, col. 649 dieses Stück aus unbekannter Quelle abdrucken. Pez edirte dasselbe in seiner bibl. ascetica 7. und bemerkt in der praef. 7, Nr. 2. dass dasselbe in dem Windsberger Codex, der auch des Ekbert salutatio ad sanctam crucem enthält und in 2 St. Petriner Salzburger codices saec. 15 erhalten und in beiden als Schrift Ekberts bezeichnet sei. Er benützte die stark abweichende und auch mit Ms. D. nicht übereinstimmende Ausgabe Mabillons. Den Pez'schen Text wiederholte Migne in Band 184 und verweist in Band 195 auf diesen Abdruck. Trithem und Bellarmin. de scriptor. ecclesiast. schreiben dieses Werkchen dem hl. Anselm zu. In der zweiten Ausgabe der Werke des hl. Bernard spricht Mabillon dieses Werkchen dem hl. Bernard ab und weist es Ekbert zu. Trithem gibt s. voce Ekbert als Schrift desselben ein Werkchen an: laudes salvatoris lib. I. erwähnt aber leider den Anfang desselben nicht, da ihm offenbar keine Handschrift desselben vorlag. Wahrscheinlich ist, wie auch schon Bernard Pez bibl. ascet. 7. praef. Nr. 2 glaubt, dieser stimulus dilectionis nichts anders als das von Trithem erwähnte Schriftchen: Laudes salvatoris. Die von S. Widmann in dessen: Nass. Chronisten p. 7 über dieses Werkchen ausgesprochene Vermuthung, dass Ekbert den Titel seines stimulus dilectionis nach des hl. Bernard stimulus amoris gewählt habe, ist falsch, der stimulus dilectionis des Ekbert und der stimulus amoris St. Bernards sind eine Arbeit. Eine Handschrift des stimulus dilectionis besass nach Ocul. mem. 2, folio 96. signirt H. 15 das Kloster Eberbach im Rheingau. Wir drucken dieses Werkchen aus Ms. D. neu ab. Angefügt ist eine im Inhalt gleichartige Arbeit Ekberts, aber in Versen, die wir ebenfalls zum Abdrucke bringen, da sie in Pez und Mabillons Ausgabe fehlt. —

13. (9.) — Salutacio ad infantiam salvatoris nostri. Ungedruckt, in Ms. D. erhalten, woraus unser Abdruck stammt. —

14. Opusculum de disputatione contra Judeos. Ungedruckt. Eine Handschrift derzeit unbekannt, eine solche besass Schönau nach de Vischs Angabe 1630 noch in einem Pergamensammelbande. Aus dieser ältern Handschrift wollte der Schreiber des

Papiercodex Ms. B. folio 158 r dieses Werkchen anfügen, hielt aber dasselbe vielleicht nicht passend und lies es weg, fügte aber nach einer kurzen Einleitung die Vita desselben an, hieraus ersehen wir, dass dieses opusculum de disputatione Ekberts letzte Arbeit war und unvollendet blieb. Die von S. Widmann a. a. O. p. 7 gegen Dr. A. v. d. Linde gemachten Bemerkungen über dieses Werkchen sind richtig, aber brüsk. —

15. Briefe Ekberts. Von Trithem erwähnt. Mathias Flacius liess Briefbruchstücke in seinem cat. test. veritatis abdrucken, welchen Abdruck Wolff, lect. memorab. wiederholte, Lautenbach (1573) und Nebe in Nass. Annal. 8 in's deutsche übertrugen. Wir vermutheten, da die Flacius'schen Ms. an die Universitäts-Bibliothek zu Helmstatt, dann an die Grossherzogl. Bibliothek in Wolfenbüttel gelangten, dass die Flacius'sche Vorlage dieser Briefe noch in Wolfenbüttel sei, erhielten aber von dem der dortigen Handschriften sehr kundigen Vorstande dieser Bibliothek leider die Mittheilung, dass eine derartige Handschrift nicht in Wolfenbüttel sei, wie denn gerade nicht alle Flacius'schen Handschriften nach Wolfenbüttel gelangten. Da uns ausser Ms. F. keine Handschrift der Briefe bekannt ist, und die Werke von Flacius und Wolf seltener sind, drucken wir den Flacius'schen Text nebst der interessanten Uebersetzung Lautenbachs ab. Das Kloster Eberbach besass in seiner Bibliothek nach Ocul. mem. 2, folio 100 signirt H. 7. Epistole Eckberti monachi, die jetzt verloren sind. —

Ekbert schrieb zwei dieser Briefe an Erzbischof Reinald von Dassel zu Cöln, aber nicht, wie Flacius 588 angibt, als Abt, sondern als Mönch. Der Erzbischof von Cöln, an den er die Briefe richtete, ist nicht wie Widmann vermuthet, Philipp, der Nachfolger Reinalds, sondern dieser selbst, wie Ms. F. angibt. Dass Ekbert zu Philipp von Heinsberg Erzbischof zu Cöln ebenfalls in Verkehr stand, lässt sich nicht nachweisen. Der zweite Brief ist nur in Bruchstück bei Flacius vorhanden, der dritte an Abt Reinhard von Reinhausen gerichtet, der dritte in Ms. A. Ms. B. und Cod. Nr. 488 in Wien erhaltene ist an Probst Ulrich von Steinfeld gerichtet. Eigenthümlicherweise ist kein Brief bis jetzt aufgefunden, der aus Ekberts Abtszeit herrührt.

Ekberts Briefe bilden eine reiche und bedeutsame Quelle zur Kirchengeschichte des 12. Jahrhunderts und enthalten treffliche wahre Worte über die Gebrechen der Zeit und deren Abänderung. Ohne Scheu erlaubt sich in Folge seiner Bedeutung der Mönch seinem kaiserlich gesinnten Gönner gegenüber Ermahnungen zur rechtigen Führung des Amtes als Erzbischof auszusprechen, womit der von Elisabeth an die Erzbischöfe von Mainz, Cöln und Trier geschriebene Brief übereinstimmt. Ohne Scheu tadelt Ekbert die

Verkommenheit des Weltpriesterthums, der Nonnenklöster, die Prälaten, in den Briefen spricht sich die Theilnahme an dem Kampfe des Mönchthums gegen das Weltpriesterthum, dem Ekbert doch selbst einst angehörte, aus, bedeutungsvoll sind Ekberts Worte über die beiden Gegenpäpste. Diese Ansichten stimmen mit denen im liber viarum dei überein und kennzeichnen Ekberts Autorschaft dieser Schrift. Jedenfalls hatte Ekbert zu Reinald von Cöln, dem Kanzler des Kaisers, nähere politische Beziehungen, offenbar enthielten auch seine übrigen Briefe solche, der Verlust derselben ist daher sehr zu bedauern. Als Tadler des Clerus haben die Briefe bei dem kirchenfeindlichen Flacius stellenweise Aufnahme und dadurch Erhaltung gefunden.

In der Mabillonschen Ausgabe der Werke St. Bernhards 5. col. 891 ist ein carmen pareneticum ad Reinoldum, eine Art Glückwunsch, offenbar an Erzbischof Reinald von Cöln gerichtet abgedruckt, wir glauben, dass dieses dem hl. Bernard zugeschriebene Stück Ekbert angehört, da Stil und Abfassung mit dem Ekberts übereinstimmt und derselbe zu Rainald von Cöln in näheren Beziehungen stand. —

Bei Beurtheilung der literären Thätigkeit Ekberts sind die sogenannten Schriften Elisabeths, da Ekbert solche nach Trithem in elegantiori stylo verfasste und jedenfalls manchen Gedanken darin niederlegte, der ihm, nicht Elisabeth, angehörte, auch für die Anordnung der einzelnen Theile der Schriften Sorge trug, mit als Schriften Ekberts anzusehen. Ekberts Schriften sind sehr mannigfaltig, er ist ein gewandter Erzähler, Redner, Theolog, Dichter und eleganter Briefschreiber. Mit Hildegardis und Elisabeth erscheint er als Hauptträger der rheinischen Mystik des 12. Jahrhunderts. Ganz der Zeit gemäss unterscheidete er in dem liber viarum dei ein actives und ein contemplatives Leben. Das erstere umfasste die Erfüllung der gemeinüblichen Tugend, der Pflichten gegen Gott und den Nächsten als unterste Stufe, das letztere die alleinige Richtung auf das überirdische als Erhebung über das Leben dieser Welt, als Losreissung des Geistes von irdischen Banden. Die active Tugend galt als geringe Stufe der Vollkommenheit, da sie sich auch bei den Heiden findet und durch den Menschen allein ohne überirdischen Beistand gewonnen und erhalten werden kann, das contemplative Leben bedurfte hingegen entschieden der göttlichen Gnadenwirkung im Menschen und führte zur höheren Vollkommenheit, der Stand, der sich dieses Vorzuges erfreute, war nach Ansicht der Zeit nur der Mönchstand. Auf dieser ideellen Ansicht beruhte das Ansehen, das die complentativer Richtung huldigenden Orden besassen und das namentlich zum raschen Aufschwunge des Cisterzienserordens so sehr beitrug. Ekbert war ein Anhänger dieser Richtung, er hatte Ansichten der Ordensregeln von Cisterz und Clugny in sich aufgenommen. —

Vom Geiste der Zeit und dem obwaltenden Kampfe zwischen Weltclerus und Mönchthum angeregt, stand Ekbert mit Elisabeth auf Seiten des Mönchthums, daher eiferte er im liber viarum dei gegen den Weltclerus und sprach sich auch für seine Zeit freimüthig genug gegen den apostolischen Stuhl aus. —

Nach dem Beispiele der positiven Theologen seiner Zeit legte Ekbert seinen Schriften Stellen aus der hl. Schrift zu Grunde und verwandte dieselben in praktischer Weise zur Belehrung, hierin ähnelt er dem hl. Bernard, mit geübtem Blicke greift er eine Biblstelle aus dem Centexte heraus, um solche zu erläutern. Hierin steht er den Scholastikern mit St. Bernard gegenüber. Seine Reden sind so gearbeitet, dass er sie, wie St. Bernard nicht zur Belehrung des Volkes, sondern höher Gebildeter gehalten haben muss. (cf. die Bemerkungen in S. Bernardi opera genuina ed. Paris 1836. 2. p. 464—65, die auch auf Ekberts Reden passen dürften). Nebstdem finden sich auch Benützungen der Schriftstellen zu mystischen Auslegungen verbunden mit scholastischen Ansichten. Mit Elisabeth kennt Ekbert als Object der Erkenntniss das Auge des Geistes (Vernunft) und das Auge des Fleisches, hierin stehen beide auf dem Wege der die Scholastik mit dem Mysticismus verbindenden philosophischen Schule nach Hugo von St. Victor (Mitte des 12. Jahrhunderts). Als Geistesthätigkeit nennen beide das Denken als vorübergehende Vorstellung von Gegenständen, das Nachdenken (meditatio) als andauernden Zustand des Denkens und die contemplatio: das deutliche Sehen von Gegenständen durch den Geist, namentlich solcher Dinge, die als überirdisch der menschlichen Einsicht verborgen sind. Jedenfalls ist hierin Ekbert Anreger Elisabeths. —

Ekbert steht als Philosoph vollständig auf dem Grunde und Boden der Schule Richards von St. Victor: Speculatismus, mystische Tiefe, reine Form des Mysticismus, das Zurücktreten der Moral sind die Eigenthümlichkeiten seiner Schriften. Die Mystik führte ihn zu den auf mystischem Boden erwachsenen Catharern und dann zu deren Bekämpfung. —

Als Vorbild dienten dem Ekbert die Schriften St. Bernards, seine Schriften sind reich an Bildern, jedoch nicht solchen unverständlichen Inhalts, sein Latein ist ein schwungsvolles, aufzählendes, von reichem Gemüthe für die Sache zeugend. Ekbert hat eigenartige Ausdrücke z. B. deus deorum, die in den Visionen und am Schlusse des stimulus dilectionis erscheinen und für seine Urheberschaft beider Schriften von Bedeutung sind. Die Ausbeutung der Schriften Ekberts in philosophisch-theologischer Beziehung bedarf einer besonderen Abhandlung, die wir den Fachgelehrten überlassen. —

Mehrfach sind Ekbert Werke zugeschrieben worden, deren Urheber derselbe nicht, sondern Männer des gleichen Namens sind. —

Georg Mathias König in der bibliotheca vetus et nova (Altdorf 1678) p. 268 sagt: Eckbertus abbas Schonaugiensis an. 1160 floruit. Composuit Sermones in Catharos, item duos libros de aenigmatibus rusticanis und beruft sich für diese Angabe auf Trithem. Dieser führt unter Ekberts Schriften dieses Werkchen nicht auf. Nach der bibliotheca instituta et collecta a Conrado Gesnero. fortgesetzt von Simler und Fries (Zürich. Froschover 1583 folio) p. 210 schrieb nicht Ekbert von Schönau, sondern Eckebertus, clericus Leodiensis ecclesiae um 1060 diesen Tractat de aenigmatibus rusticanis und zwar in Versen Gleiches sagt der Verfasser des chronici chronicum ecclesiastici (Frankfurt 1614, 8⁰): Gualterius 2, 918 und gibt 2 Bücher dieser aenigmata rusticana an. Ebenso sagt Fabricius in der bibl. mediae aevi hist. 2, p. 77. Ecbertus, clericus Leodiensis, scripsit teste Sigeberto cap. 146 metrico stylo de aenigmatibus rusticanis librum primo brevem. sed ampliato orationis tenore scripsit de eadem re metrice, alterum librum maiusculum. Eadem e Sigeberto Trithemius cap. 330, qui testatur circa annum 1060 floruisse.

Casimir Oudinus, commentarius de scriptoribus ecclesiae antiquis etc. (Lipsiae 1722. 3 Bde folio) sagt 2, 1549: Vir clarissimus pariter Godefridus Guilielmus Leibnizius edidit anno 1707 Hanoverae in folio apud Nicolaum Foersterum scriptores rerum Brunsvicensium illustrationi inservientes, inter quos: Vita beati Heimeradi presbyteri et confessoris autore Egberto pag. 565—575. Der Verfasser dieser Vita ist nicht Ekbert von Schönau. sondern Abt Egbert von Hersfeld. Leibniz sagt cap. 38 nichts von der Urheberschaft Ekberts. Diese Angabe Oudinus ging in viele Werke über und ward dem Abte Ekbert von Schönau diese Vita öfter zugeschrieben. Jöcher. Gelehrtenlexicon (1726 in 8⁰) 1, 844 nennt unter Abt Ekberts Werken auch die Vita B. Heimeradi presbyteri bei Leibniz Script. In der späteren Ausgabe dieses Lexicons (1750 in 4⁰) fehlt p. 267 dieses Werkchen unter den citirten Werken Ekberts. Dass Ekbert diese Vita n i c h t verfasste, erklärte bereits Bernard Pez in der bibliotheca Benedictino-Maurina (Wien und Gratz 1716. kl. 8⁰) p. 470 cap. 68. und in der bibl. ascetica 7, praef. No. 2. Migne 195. Col. 11/12 und Literatur sub voce Pez). — Die Vita selbst ist in Leibniz Scriptores 1, 565 und in Pertz. mon script. 10, 398 f. gedruckt.

Die Aehnlichkeit der Titel und Anfänge der Schriften St. Bernards mit denen Ekberts, der offenbar St. Bernards Schriften sich als Vorbild setzte, hat mehrfach Irrthümer erregt, was dem hl. Bernard und was Ekbert zuzuschreiben sei. 1513 erschien in Paris ein Werk: Melliflui devotique doctoris sancti Bernardi abbatis Clarevallen. Cisterciensis ordinis opus preclarum suos complectens sermones de tempore, de sanctis, et super cantica canticorum. Aliosque plures eius sermones et sententias nusquam hactenus impressas. Eiusdem insuper epistolas ceteraque universa eius opuscula. Domini quoque Gilleberti abbatis de Hoilanda in anglia prelibati ordinis super cantica sermones. Omnia secundum seriem hic in sequenti pagella annotatam collocata, vigiliter et accurate super vetustissima Clarevallis exemplaria apprime correcta. (Exemplar in Wiesbaden: Liber sancti Heriberti Tuitiensis ad usum fratrum.) — Folio. — Folio 4ª steht: Incipit homilia prima Bernardi abbatis in laudibus virginis matris, mit dem Anfange: Missus est angelus Gabriel a deo in civitatem Galilee, cui nomen Nazareth, ad virginem desponsatam viro, cui nomen erat Joseph de domo David et nomen virginis Maria (Lucas 1). Quid sibi voluit evangelista tot propria etc. — Ganz richtig wird hier dem hl. Bernard diese Schrift zugeschrieben, von dem ähnlichen und ebenso beginnenden Werkchen Ekberts ist dieselbe verschieden. Das Werkchen ist mit einer Einleitung auch in Opera s. Bernardi genuina ed. Paris 1836, 2, p. 119 ff. abgedruckt. —

Ziegelbauer in dem Werke: de re litteraria o. s. Benedicti 4, p. 177 sagt: Scripsit (Ekbert) sermonem panegyricum ad B. virginem. Extat operum S. Bernardi edit. Mabillon vol. 2. tom. 5. c. 687. Hamberger gibt in Zuverlässige Nachrichten (1767) 1, 1543 ein gleiches an, spricht aber dem hl. Bernard dieses Werkchen ab. Mabillon nahm in seine spätere Ausgabe der Werke S. Bernards dasselbe 2. 5. 687, aber keineswegs als ächte Arbeit desselben auf. Das Schriftchen beginnt: Mentem et oculos pariter cum moribus etc. Die Ueberschrift lautet: sermo panegyricus ad s. virginem deiparam. cf. Pez, bibl. ascetica 7, praef. No. 2. Ob das Schriftchen Ekbert angehöre, ist zweifelhaft, eine Handschrift desselben stand uns nicht zu Gebote. — Das poenitentiale Eggeberti, wovon ein Ms. in der Vaticana zu Rom ist, gehört dem Abte Ekbert nicht an, dasselbe schrieb Erzbischof Egbert (732—767). Speelmann, concilia Angliae. Londini 1639. Folio 1, 258—276. Harduin, concilia, 3, col. 1976 theilweise gedruckt. cf. Ziegelbauer, 4, 212. —

Die Schriften Ekberts von Schönau.

1. Die Schrift über „Magnificat anima mea dominum."

Et ait Maria: Magnificat anima mea dominum. Spiritus domini super te Maria largam effuderat gratie sue benedictionem, quando verba carminis huius de corde puro et ore benedicto eructare te fecit. Iam enim tunc secundum Gabrielis promissum spiritus sanctus supervenerat in te, et erat virtus altissimi obumbrans tibi, et conceptum in utero gestabas filium dei. Gratia plena eras, et de plenitudine tua accipiebat Elisabet cognata tua in hora adventus tui, ut repleretur et ipsa spiritu sancto et prophetaret. Non solum autem Elisabeth, sed et infans uteri eius gratie, que data est tibi, particeps factus est, quando ad presentiam concepti in te filii dei exultavit et quem digito erat demonstraturus agnum dei, iam se agnoscere significavit, ut impleretur et in ipso verbum Gabrielis, quo de ipse prophetaverat dicens: Et spiritu sancto replebitur adhuc ex utero matris sue. Inter hec omnia occultare se non potuit fluctus plene gratie, que operabatur magnalia dei in te et dixisti in habundantia tua: Magnificat anima mea dominum. O virgo deo amabilis et qualis est ista magnificentia, qua deum tuum dominum magnificas. Aut quid magnificentie sive exaltationis prestare potest omnis homo vivens conditori suo pulvis et cinis deo altissimo, ut dignetur hoc requirere a nobis tam frequenti ammonitione scripture? Audimus eam nos adhortantem sic: Date magnificentiam deo nostro, et rursum: Exaltate dominum deum nostrum. Item: Magnificate dominum mecum et exaltemus nomen eius in idipsum. Et quidem, quomodo magnificari vel exaltari a deo possit homo, satis evidens est. Certum autem, quoniam non sic magnificare vel exaltare dominum deum creatorem suum creatura ullatenus poterit, ut maior vel altior fiat, quam est, cuius immensitatem augeri vel minui omnino impossibile est. Sed est, quod et possit, et debeat exibere homo creatori suo ad magnificandum eum, ut videlicet diligenter consideret opera eius, que magnifica sunt valde et iuxta hec magnum et excelsum reputet cordis sui iudicio factorem omnium, simulque eum glorificet apud se valde timendo multumque amando ac laudando, ne incurrat maledictum illorum, de quibus scriptum est: Qui cum cognovissent deum, non sicut deum glorificaverunt, sed evanuerunt in cogitationibus suis. Non solum apud semetipsum magnificare deum quisque iubetur, sed et apud proximos suos. Quod tunc facere dinoscimur, cum ex bona conversatione nostra, dum ex bonis operibus nostris aut doctrinis proximi nostri inducuntur ad cognoscendum deum atque ad honorificandum gloriam eius. Ad hoc salvator hortatus est discipulos dicens: Sic luceat lux vestra coram hominibus, ut videant vestra bona opera et glorificent patrem vestrum, qui in celis est. Et quis in omnibus dei laudatoribus sic magnificare potuit deum, ut Maria omnium felicissima creaturarum? Omnis rationalis animus in tantum magnificare poterit deum, in quantum ei magnitudo divina innotescit. Hec autem cum esset gratia plena, non dubium, quin habuerit divine cognitionis habundantiam super omnem sensum sapientium. Supervenit quippe in eam spiritus sanctus excellenti quodam adventu, quia omnem modum ac mensuram, qua se dilectoribus suis impertiri consueverat supergressus est in ea, dum hoc in ipsa operatus est, ut et mente et corpore totam in se susciperet sapientiam dei et caro de carne eius assumpta in unam cum filio dei adunaretur personam. Quod ut fieri posset, in fragili iuvencula adiuvabat omnipotens virtus altissimi patris obumbrans ei, ut stare posset ad videndam tantam maiestatem anima fragilis tam subita tamque insolita claritate illustrata. Umbraculum, quod prestabat, carni eius eadem virtus a facie caloris alieni, qui omnem ustulat carnem, quo magis apta esset operationi caloris divini. Quam ergo tota trinitas tam familiariter in suas secretas assumpsit operationes dignum creditur, quod supra mensuram et hominum et angelorum datum sit ei intelligere ineffabilia sancte trinitatis mysteria. Propterea et pre omnibus dei adoratoribus, o precellens virgo, magnificare potuit anima tua dominum, ita ut illuminatissimi intellectus estimatione magnum et excelsum apud semetipsam reputares, atque in occulto cordis tui laudares dominum profusius ceteris omnibus, que sola maiestati eius coniunctissima eras. Quanto enim magis accessisti ad cor altum pervidendo altitudinem divitiarum sapientie et scientie dei, tanto exaltatus est magis apud te humillimi timoris tui, ardentissimi amoris tue devotissime laudis obsequiis. Luxit lux tua et lucet gloriose coram hominibus et in omni generatione lucebit in eo, quod tua vita inclita exemplis sanctis cunctas illustrat ecclesias, et ad glorificandum deum corda incitat multorum militum sexus utriusque, et iuxta hunc quoque modum precellenter o Maria magnificat dominum anima tua. Unoquoque singulari modo magnificavit dominum anima tua, quando sue laudabilis fidei virtute administravit dei filio rem magnam et preciosam valde, in qua apud omnes filios electionis honorificatus est vehementer, quamvis apud filios perditionis in ea spretus sit et afflictus. Res ista, que erat caro tua immaculata, quam eius voluntati obtulit anima tua in illa hora, quando consentiens angelice annuntiationi beatum illud eructavit verbum dicens: Ecce ancilla domini, fiat michi secundum verbum tuum.[1]) Vere o domina beatum omnino illa tua responsio edidit verbum, hoc enim quasi clavis aurea filio dei tuum virginalem aperuit alvum, et exulanti omni populo dei aperuit celum. Recte o domina usurpare tibi potes unum de versiculis psalmi, ut dicas: Os meum aperui et attraxi spiritum. Et hoc quidem cum David patre tuo tibi commune, sed et aliud iuxta hoc dicere potes, quod non ille: Os meum aperui et attraxi filium. Unius siquidem hore, unius momenti erat tibi et spiritus supervenientis infusio, et filii de spiritu sancto conceptio, simulque oris tui apertio ad benedictum verbum illud, quo dicebas: Ecce ancilla domini, fiat michi secundum verbum tuum.[2]) O verbum et angelis et hominibus digne cantandum, o verbum summi amoris affectu amplectendum. O verbum non atramento, sed auro digne scribendum. O mater pulchritudinis, vere digna corona super omnes choros angelorum, super omnes principes regni dei honorificata es, que tuo obedientissimo consensu imposuisti filio regis etiam coronam de lapide precioso. De lapide, inquam, qui de monte sine manu hominis precisus est. Rem novam et miram fecisti, que deum coronasti in terris, antequam te coronaret in celis. Vir sapientia dei repletus hoc nimirum olim futurum longe prenotavit, cum diceret: Egredimini filie Ierusalem et videte regem Salomonem in diademate, quo coronavit eum mater sua in die desponsionis illius et in die leticie cordis eius. Sequitur: Et exultavit spiritus meus in deo salutari meo. Multi reges et prophete voluerunt videre, o Maria, que tu vidisti et non viderunt. Non viderunt presentem in carne filium dei, sed per gratiam prophetalem aspiciebant a longe futuram eius incarnationem et letati sunt. Horum erat precipuus Abraham, princeps seminis tui, cui testimonium perhibuit dominus loquens ad turbas Iudeorum et dicens: Abraham pater vester exultavit, ut videret diem meum et vidit et gavisus est. Nec dubium, quin eiusdem visionis et exultationis particeps esset patriarcha Jacob, quando imminente exitus sui hora dicebat: Salutare tuum expectabo domine. Vidit et David diem domini, tempus videlicet incarnationis eius et gaudium cordis sui cum magna verborum inculcatione aperuit dicens: Viderunt omnes termini terre salutare dei nostri. Iubilate domino omnis terra, cantate et exultate et psallite. Psallite domino in cythara et voce psalmi in tubis ductilibus et voce tube cornee, iubilate in conspectu regis domini. Vidit et gavisus est Esayas propheta, quando ad gaudendum ceteros hortatus est dicens: Gaudete et laudate simul deserta Jerusalem, quia consolatus est dominus populum suum et redemit Jerusalem. Paravit dominus brachium suum in oculis omnium gentium, et viderunt omnes fines terre salutare dei nostri. Vidit et letatus est Abacuc propheta, cum diceret: Ego autem in domino gaudebo et exultabo in deo Jesu meo. Anna quoque Samuelis mater hujus consors nimirum erat visionis et leticie, quando dicebat: Dilatatum est cor meum super inimicos meos, quia letata sum in salutari tuo. Sic omnis chorus vatum sacrorum regis venturi prospiciens in spiritu gloriam in eo, quem nondum habuit, de longinquo exultavit et leticie sue ubertatem sermonibus letis expressit, et tu non eis, o Maria e vicino exultares? Tu illi omnium prophetarum proxima iam recumbenti in florido lectulo virginitatis tue, quomodo non letissima applauderes? Non sic, non sic, certe quisquam exultare potuit, ut tu. Tu et aliter, quam ceteri, diem domini vidisti, et aliter exultasti. Tu deum dei filium non a longe venientem, sed intra cor tuum consistentem intra tentorium uteri tui tue carnis armatura se in duellum forte preparantem vidisti, redemptionis thesaurum, toto preciosiorem mundo, in secretis tuis clausum portasti et tuus erat, et tollere eum nemo poterat a te, et tu omnium felicissima matrum inter hec pre cunctis mortalibus non excelsior es? Quid autem dico pre cunctis mortalibus? Immo nec quemquam immortalium spirituum, qui in celis semper assistunt deo, sic unquam exultasse arbitror, quemadmodum exultavit spiritus tuus in deo salutari tuo. Unaqueque etenim creatura, quanto divine pulchritudini coniunctior est, tanto amplius in deo delectari potest. Quanto autem maior delectatio, tanto et amplior exultatio cuique in deo est. Tu ergo o domina angelorum sicut deo salutari tuo dei sapientie, dei pulchritudini, dei filio cum omni plenitudine in te consistenti coniunctior eras, quam Seraphyn, quam Cherubyn, quam Troni, qui sunt ordines primi in palatio dei, ac pre omnibus angelicis spiritibus deo adiunctissimi sunt, ita nimirum tibi in ipso et delectatio suavior et leticia uberior, quam illis ab ipsa hora beate annuntiationis concessa est. Hoc ergo vere dixisti, et exultavit spiritus meus in deo salutari meo. Dominus Jesus Christus sepe in scripturis sanctis et salutare dei et salutare hominum sive salvator secundum nominis sui interpretationem vocatur, pro eo, quod a deo patre missus est et datus, ut salvaretur mundus per ipsum, et quia, sicut mandatum dedit ei pater, sic fecit salvum faciens populum suum per oblationem corporis sui. Et tu salutare omnium nostrum o Maria specialiter tuum dicere digna fisti, quia ex te processit et de tue carnis substantia secum protulit in hunc mundum dei filius salubrem illam medelam, quam nostro inveterato apponeret morbo. Hoc tu singularis prophetissa certissime sciens, et tuam ad hoc cooperationem tuo mundo adhibens cum digna leticia assumere potuisti verba hec: Et exultavit spiritus meus in deo salutari meo: dei videlicet filio, qui est salutaris meus sive salutare meum, hoc est in meo Jesu. Meo, inquam, salutari, qui me primam salvavit, qui primum carnem meam de morbo originalis peccati curavit. Meo, quem dedit michi deus pater in filium, qui os meum et caro mea esse dignatus est, quem adhuc sola possideo, sola in absconditis meis nutrio, quem omnium saluti electorum in orbem terre adduco, quem mea humilitas, mea magna fides mundo perdita acquisivit. Variis modis nomen spiritus poni solet in scripturis, sed hoc in loco, ut estimo, nomine hoc signatur intellectualis virtus anime, que superior pars eius appellatur. Illa, inquam, virtus, per quam discernimus bonum a malo, verum a non vero, utile ab inutili, per quam sapientie dei profunda scrutamur, atque percipimus, per quam concupiscimus bona et condelectamur legi dei, et gaudemus in his, que beneplacita sunt deo ac voluntatis eius intuitu nostre proprie contradicimus voluntati. Hec virtus, in quocunque prevaluerit homine, non carnalis non animalis, sed spiritualis secundum sacre scripture tenorem vocatur. Hic ergo spiritus tuus, o virgo prudentissima, illuminatissimus per inhabitantem spiritum dei procul dubio magnam et superefiluentem et omni humane estimationi inaccessibilem induerat leticiam, quando dicebas: Et exultavit spiritus meus in deo salutari meo. Exultationis autem huius causam brevi o domina comprehendis sermone, dum subiungis: Quia respexit humilitatem ancille sue. Quam modestus sermo, quam disciplinatum verbum et bene conveniens pudicicie virginali. Discite o virgines exemplo regine vestre, quando letamini, frenum modestie in lingua habere, quia sicut decens est gemma electa in auro, sic lingua moderata in ore virgineo. Ecce in sua summa leticia non totum spiritum suum effundit prudentissima domina hec, ut manifeste causam exultationis sue exponat ac dicat: Quia me singulariter ex cunctis mulieribus elegit sibi in matrem, quia fecit me reginam angelorum, quia me constituit dominam mundi. Et quidem vere hec dicere potuit, sed nobis de se dicendum reliquit. Dixit autem, quod decuit dici lingua modestissimi oris, dixit, quod decuit eructari a spiritu humillimi cordis. Quia respexit humilitatem ancille sue. Regali ex progenie orta et ad celsitudinem summi dominii iam per angelum domini vocata, adhuc servitutis non despicit nomen. Inter nobiles nobilissima, inter liberas liberrima, inter ancillas computari non aspernatur. Dic confidenter regina, quod dicis, quia servitus, quam profiteris, nullum tue libertati improprium parit. Nobilitatis tue decus non obfuscat, sed magis honestat.

quia ancillam esse Christi summa ingenuitas est. Respexit humilitatem ancille sue. Nil magni estimabat semetipsam virgo domini, sed subiecta ac despecta erat in oculis suis et despectui haberi coram hominibus omnino parvi pendebat. Quod ex eo animadverti potest, quod cum sciret omnem sterilem feminam despectam et quasi maledictam haberi in Israel, elegit tamen in corde suo magis propter amorem domini in virginali sterilitate semper manere ac munda atque indivisa mente soli deo vacare, quam multa prole fecundari atque ex hoc magnificari inter cognatos et notos. Nova hec et prioribus incognita seculis humilitas, preciosam habens admixtionem caritatis et castitatis, quasi tunica iacinctina auro atque argento intexta te o puella singularis mire adornabat coram domino et sua mira pulchritudine traxit ad se aspectum ipsius, omniumque oculos angelorum oblectavit. Unde et hoc vere dixisti: Quia respexit humilitatem ancille sue. Qualis autem fuerit iste humilitatis tue respectus, in quo sic gloriaris, plenius te effari, o domina, ipsa tua humilitas non permittit. Donet autem gratia ipsius, qui respexit in te, ut digne hoc eloquatur servus tuus pro te. Humilitatem tuam dominus respexit, quando angelica eam visitatione honoravit, quando non unum ex prophetis, non unum ex minoribus angelis, sed archangelum Gabrielem ad te salutandum misit, que etiam alicuius terreni principis salutatione te indignam arbitrabaris. Humilitatem tuam dominus respexit, quando posuit super te oculos multiformium gratiarum suarum spiritus sanctus, plenitudinem suam tibi infundens, qualem non expertus fuerat homo super terram ante te, per quam tota celestibus esses apta misteriis. Humilitatem tuam respexit dominus, quando virtus altissimi expandit alas suas super te, et assumpsit et complexa est omnem tuam fragilitatem sub umbraculo sue tutissime protectionis. Humilitatem tuam respexit accedentissimo respectu dei filius dominus salutaris tuus, quando suum divinum splendorem tue infirme carnis nubecule immersit, semetipsum tibi donans in filium, que pro ipsius caritate recusaveras filios. Maledictionem sterilis femine pati elegeras, ut et mentem et carnem illi servares incorruptam, et ecce servavit omnipotentia eius tam a verbo maledictionis, quam a nevo corruptionis. Nam et virginum decorata es perpetua incorruptione et matrum honorata es singulari benedictione. Novum fecit dominus super terram in te, ut sis sola inter puerperas virgo, sola inter virgines puerpera, inter puerperas et virgines sola deigena. Hinc est verus sermo tuus, quem de te ipsa prophetizans in spiritu sancto subiunxisti dicens: Ecce enim ex hoc beatam me dicent omnes generationes. Sic est, ut prophetasti, quia ex hoc, quod respexit humilitatem tuam dominus, cum tam larga exibicione gratie sue beatam et beatorum omnium beatissimam te dicunt, et dixerunt et dicent usque in futurum seculum cuncte generationes generate in Christo.

Nam, que extra Christum dominum sunt et beatitudini tue contradicunt, sic sunt, quasi non sint, et ad nichilum cotidie deveniunt tamquam aqua decurrens. Utinam o regina omni laude dignissima sit acceptum coram te, si quid ad laudem beatitudinis tue dicere potest, parvitas omnium nostrum, dignum dilecta domina sit auribus tuis ad audiendum, labiisque tuis ad memorandum in audientia filii tui hoc ipsum, quod balbutire potest de gloria tua servus piger et fragilis. Merito beatam te dicunt omnes generationes nostre, quia in te providit deus saluti omnium nostrum, quia benedixit te in virtute sua et per te ad nichilum redegit inimicos nostros, ut non deficiat laus tua de ore hominum. Qui enim in diebus patrum nostrorum dedit opera fortitudinis in manu femine, quando triumphare fecit Debboram adversus Jabyn regem Canaan et virtutem annulavit impiorum, ipse quoque in hoc tempore placito virtutem tuam suscitavit o Maria contra adversarios dominice plebis angelos malos. Sub manibus feminarum nutu dei extincta sunt capita virorum fortium, quando confodit caput Sysare in clavo et malleo Jahel uxor Aber Cynei, quando contrivit cerebrum Abimelech mulier Thebea in fragmine mole, quando decapitatus est Olofernes pugione doloris sui in dextera fortis Judith. Ad instar earum dedit et tibi dominus conterere caput Leviatan serpentis antiqui, secundum quod illi ab inicio comminatus fuerat de te. Triforme autem esse dinoscitur caput eius et triformi victoria a nostra bellatrice comminutum est. Tres quippe sunt peccatorum omnium radices, quas apostolicus sermo distinguit hoc modo. Omne, quod in mundo concupiscentia carnis est et concupiscentia oculorum, id est avaricia, et superbia vite. Sub his quasi tribus capitibus mordet incautos et in cauda serpit eorum, qui non noverunt resistere astuciis eius. Cavet autem nostra fortis virgo, ut non subreperet cordi suo per concupiscentiam carnis, quando votum vovit deo virginalis continentie, ac per timorem domini mortificare cepit in carne omne, quod est contrarium castitati. Jam ergo ex tunc capiti Sysare clavum acutum apposuit, quem et virtute sapientie divinitus accepte quasi malleo forti introrsus adegit usque ad extinguendum omnem vigorem concupiscentie in carne sua et cum omni integritate sanctum votum viriliter usque in finem perduxit, ac virgo in evum permansit, quidquid oblatret integritati eius omnis heretica pravitas. Apte autem Sysara interpretatur exclusio gaudii, quia concupiscentia carnis vana vanis gaudia inducit, vera excludit. Et tu siquidem es fidelis anima sectatrix Marie propositum habens castitatis, confige disciplina timoris domini carnes tuas, cura pariter adhibere magisterium sapientie, que desursum est, ne inter fatuas virgines computeris, et ipsa vincat in te maliciam concupiscentie attingens a fine usque ad finem fortiter, ut a meta boni introitus ad metam exitus boni infatigabiliter curras, et disponet omnia suaviter in mentis tue cubili. Quod si ad imitationem nostre fortis Marie et aliud caput Satane, quod est avaricia, conterere cupis, frange molam, que est substantia huius mundi, que nunquam in eodem statu permanet et in circuitu agit mentes adherentium sibi. Frange, inquam, ita ut non cures de ea nec quantum victui necessarium est iuxta illud apostoli: Habentes ergo alimentum et quibus tegamur his contenti simus. Tali ergo fragmine mole, id est moderato usu temporalium, contere avariciam, caput videlicet Abimelech, quod interpretatur regnum patris mei, ut possis oblivisci populum tuum et domum patris tui, id est principis mundi huius. Quem iuxta hunc modum nostra Maria excerebravit, quando optimam partem vite continentis elegit. Que enim heredes in mundo habere contempsit, modica procul dubio substantia contenta esse disposuit nec de hereditanda in posterum prole sollicitari ullatenus voluit. Sed et principale illud inter capita tua o princeps superborum magne Holofernes, draco inveterate, nonne ab hac nostra Judith amputatum est? Apte tibi congruit nomen Holofernis, quia totus infernus es. Non solum enim in inferno tu cruciaris, sed et tu ipse cruciatus es et pena plenissima omnium infelicium, qui deputati sunt tecum. Nam et te videre, te audire, tibique commanere, omnium penarum maxima est. Caput tuum execrabile erexeras valde super omnes filios electionis, et habebas fiduciam, quod omnes essent membra tua et cunctos in perditionem traheres tecum. Ecce mulier Hebrea illusit tibi et nichili factus es coram ea. Sumpsit in fortitudine sua pugionem, quem dolo tuleras a prima matre Eva, diuque captivaveras humilitatis virtutem, ac satis illam acuit ad tui pernitiem. Dedit percussionem geminam in te, unam in propria, alteram in filii sui humiliatione, cuius non immerito opera asscribimus matri, et abstulit superbiam tuam a plebe electa, quam tibi firmissimo glutino originalis peccati adiunxeras. Et ecce ostentui habetur caput tuum coram vero Israel, quod olim in veneratione habitum est; diffugiunt undique trepidi exercitus tui et relinquitur truncus tuus in terra promissionis, dum qui extiterant filii ire, filii gratie fiunt. Adonay domine deus magne et mirabilis, qui dedisti salutem in manu virginis femine, confirma opus nove gratie tue, quod operatus es in nobis, a templo illo pudici corporis, quod est sanctorum sanctificatum tue maiestatis ingressu. Eia nobilis femina, beatam te dicant celi et terra et congratulentur omnes, qui beatitudinis tue participes fiunt. De fructu tuo gustantes eructent verbum in gloriam tuam dicentes: Benedicta filia tu a domino, quia per te fructum vite communicavimus. Assumant parabolam in laudem tuam et dicant: O vitis electa, quam delectabilis est botrus tuus gutturi tuo. O speciosa oliva, quam suave est oleum fructus tui benedicti. O semper virens amigdalus, quam dulcem nucleum in tua invenimus nuce. O palma in celum dilatata, quam gratum saporis tui dactilum manducamus ex te. O ficulnea fructuosa, bonam valde ficum nobis attulisti. Fons signate, benedicta vena tua, unde latex vite processit ad nos. Ymnizent tibi domina ordines angelici novem, qui de fructu tuo omnes pleno ore manducant ac per eum suam minorationem gaudemt cotidie restaurari. Omnes super terram ecclesiarum chori, qui reminiscimini domini Jesu, ne taceatis Mariam et ne detis silentium ei. Quis enim bibens vinum obliviscitur osculari poculum vinarium? Bibentes gratiam, que est Christus, benedicite Mariam, de qua Christus est, alternantes laudes filii et matris vicissitudine letabunda. Sic enim decet nostram generationem implere verba prophetisse nostre, que dixit: Ecce enim ex hoc beatam me dicent omnes generationes. Quibus verbis mox ita subinfert: Quia fecit michi magna, qui potens est, ac si dicat: Non mirum, si beatam me dicent ex hoc, quod humilitatem meam respexit, quia in hoc respectu fecit michi magna. Adhuc in sua modestia permanet virginis sermo. Magna enim sibi facta a domino profitetur, sed, que magna sibi fecerit, pudici animi temperantia subprimit. Expressa autem sunt a nostra parvitate in precedentibus magna illa, prout a domino donatum est nobis. Magna, inquit, fecit michi, qui potens est, quasi dicat: Non arbitretur quis imposissibilia, que fecit michi eo quod supra modum sint magna, quia potenti potenter operari et facere magna possibile fuit. Personam dei patris, ut estimo, designat in eo, quod dicit: Fecit michi magna, qui potens est; personam vero filii eius in eo, quod addit: Et sanctum nomen eius. Potens quidem est filii persona non minus quam persona patris, solent tamen theologi frequenter in personarum distinctione specialiter patri attribuere potentiam quibusdam competentibus causis. Nomen dei patris sepe in scripturis filius dicitur pro ea nimirum similitudine, quod sicut res quelibet per suum nomen nota efficitur, ita per filium incarnatum in hoc mundo notificatus pater hominibus, qui eius vel nullam vel parvam habuerant noticiam ante gratie tempus. Ipse nomen oleo effuso comparatum, ipse nomen, quod venit de longinquo, idem a summo celo et claritatem suam et patris mundo patefecit. Unde et ipse in oratione sua ad patrem de hoc mundo recessurus dicebat: Ego clarificavi te super terram, opus consumavi, quod dedisti michi, ut facerem. Item: Manifestavi nomen tuum hominibus, quos dedisti michi de mundo. Sanctitatis tue quoque appellatio sepe ei singulariter in scriptura attribuitur et sanctum nomen patris dicitur sive sanctus domini, non solum pro sanctitate divinitatis sue, in qua deo patri sanctoque spiritui coequalis est, sed et pro sanctitate humanitatis sue, in qua pro omnibus sanctis sanctus est, utpote sine omni corruptione peccati conceptus et natus in hunc mundum, et omni plenitudine donorum spiritus sancti in ipsa sua conceptione sanctificatus a patre. De qua sua sanctificatione ipse ad turbas Judeorum loquens dicebat: Quem pater sanctificavit et misit in mundum, vos dicitis, quia blasphemat, quia dixi: filius dei sum. Sanctificari etiam ipsum in cordibus hominum, ita ut fide ipsorum sanctus magis ac magis habeatur, ipso docente in dominica oratione cotidie postulamus patrem dicentes: Sanctificetur nomen tuum. Nam et Paulus apostolus de hoc ipso ammonet nos dicens: Dominum autem Christum sanctificate in cordibus vestris. Itaque, sicut predictum est, non incongrue intelligi possunt due persone patris videlicet atque filii in eo, quod dicit: Fecit michi magna, qui potens est et sanctum nomen eius. Ubi etiam in subaudicione repeti secundo potest: fecit michi magna. Nam et pater tibi o felix virgo fecit magna, et filius fecit tibi magna et uterque supra mensuram hominis magna. Dedit tibi pater filium suum, quo nichil melius, nichil sibi carius habuit in omnibus diviciis suis. Dedit tibi eum, ut unus idemque esset filius tuus et suus, alter quidem tuus et alter suus. Integra te manente margarita tua filium tibi dedit omnia secum possidentem, et omnia tibi donavit cum ipso. Magna ergo et supra modum magna tibi fecit, o domina, qui non solum potens, sed omnipotens est pater, et similiter magna, que et supra descripsimus, fecit tibi filius, qui non minoris potentie est. Quasi enim dixisset tibi: Novi te ex nomine, et scio te pre omnibus, te solam ex omni carne elegit ut maiestatem suam, quam celi capere toto ambitu suo non poterant, tui angusti uteri claustris totam inveheret ac tue sacre carni eam uniret, tuus esset parvulus factor et dominus universorum tueque materne dignitati subditus esset in terris, cui subiecti sunt omnes angeli cum tremore in celis. Tam magna sunt hec o domina, ut maiora esse non possint, et ut satis magnifice, satis honorifice nulla loquela seu ulla scriptura exprimi possit. Vere ergo fecit tibi magna, qui potens est, et sanctum nomen eius fecit tibi magna. Quid vero communis utilitatis proveniat ex magnis, que facta sunt tibi a deo patre et filio eius, qui est unum cum ipso, bene nobis prophetico sermone insinuas, dum subiungis: Et misericordia eius a progenie in progenies timentibus eum. Misericordie inicium stillavit deus in gentem Judeorum et inde in multas progenies nationum eam perpetuum effudit. Nam ante verbi incarnationem, cum omnes cetere gentes ignorarent deum et sola Judeorum gens divinas leges in timore domini custodiret, magna et multiplex erat misericordia domini super eos ad omnes necessitates eorum. Quod bene recognoscens psalmista aiebat: Quomodo miseretur pater filiorum, misertus est dominus timentibus se, quia ipse cognovit figmentum nostrum. Incarnatus autem filius dei in eadem gente ex electa patriarcharum progenie ac totum sub peccato conclusum mundum inveniens primum quidem fontem misericordie ibi peccatoribus aperuit, non eo quidem modo, ut secundum antiquitatis miserationes liberaret populum suum a potestate gentilium opprimentium eos, sed eo modo, ut animas peccatorum mole a diabolo oppressas curaret. Testis est huius misericordie Maria peccatrix, testis mulier in adulterio deprehensa, testis Zacheus, testis Levi publicanus, testis Petrus flens amare, testis latro penitens in cruce, testes omnes, qui fecerunt fructus dignos penitentie et crediderunt audita doctrina Jesu, et visis operibus miris, que fecit in conspectu eorum. Hec autem fecit duplici misericordia motus. Nam et miserebatur super afflictiones eorum, quos per miracula corporaliter adiuvabat, et miserebatur amplius super eos, quos sentiebat tardos corde ad credendum, nisi signa et prodigia fieri ab eo vidissent. Maxime autem misericordie dei testes inventi sunt ipsi crucifixores Christi, pro quibus in hora passionis sue patrem orabat dicens: Pater dimitte eis, quia nesciunt, quod faciunt.[1]) Sicut dictum est: Fontem misericordie aperuit primum in gente Judeorum, et inde dirivari eum fecit in quatuor partes orbis terre, quando predicantibus apostolis gratia dei etiam in nationes effusa est, et remissionem peccatorum acceperunt ubique terrarum omnes, qui baptizati sunt in nomine patris et filii et spiritus sancti. Quia ergo iuxta hec, que dicta sunt, salus ex Judeis est egressa et inde in omnes generationes seculi misericordia domini est diffusa, recte ipsa misericordie mater hoc prenunciasse dinoscitur in eo, quod dixit: Et misericordia eius a progenie in progenie, sive ut quidam codices habent: in progenies et progenies, id est in generationes, que nunc sunt et in generationes, que successure sunt generationibus istis usque in finem seculorum. — Addit autem timentibus eum, quia misericordie conservator est timor domini. Qui enim percepta misericordia, id est: gratia que a peccato gratis iustificat peccatorem, negligens invenitur, ita ut non sit timor dei ante oculos eius, non manet apud eum gratia et non iustificatur ad promerendam salutem teste scriptura, que ait: Qui sine timore dei est, non iustificabitur. Sunt vero, qui ad tempus quidem in timore domini se coercent a voluptatibus suis, et in tempore temptationis proiciunt illum a se, et ut ita dicam, frangitur lampas eorum et effunditur oleum, dum timore dissoluto gratiam, quam acceperant, perdunt. Itaque, in quibus non vanitas, sed caritas foras mittit timorem servilem et inducit timorem filialem, ad eos pertinet misericordia domini, de qua locuta est sacra virgo dicens: Et misericordia eius a progenie in progenies timentibus eum. Et David similiter de ea scribit dicens: Misericordia autem domini ab eterno et usque in eternum super timentes eum. Ubi nomine misericordie ineffabilem dei benignitatem significat, que sine precedentibus meritis ab eterno predestinavit electos ad vitam, et usque in eternum eosdem prosequitur multiplici gratia. Ipsa nempe eadem predestinans misericordia peccatores in peccatis sive originalibus sive actualibus compeditos gratis absolvit, in quorum se esse numero gratulabatur David, cum diceret: Corroboravit misericordiam suam super timentes se. Et statim de eiusdem misericordie effectu subiunxit dicens: Quantum distat ortus ab occidente, longe fecit a nobis iniquitates nostras. Ipsa quoque nutantem inter temptationes animum firmat, ne ad peccati actum excurrat. Unde rursus David: Si dicebam: motus est pes meus, misericordia tua domine adiuvabat me. In variis necessitatibus pie subvenit, a persequentibus oportune eripit, sicut senciebat idem David, quando dicebat: Exultabo et letabor in misericordia tua, quoniam respexisti humilitatem meam, salvasti de necessitatibus animam meam, nec conclusisti in manibus inimici. Et quidem misericordia domini omnem denique ab electis excludet miseriam, et leticia eos induet sempiterna. Hoc quoque sentiens David dicebat: Multa flagella peccatoris, sperantem autem in domino misserícordia circumdabit. Omnem hanc miserentis dei gratiam non solum Judaice plebi, sed in omni gente timentibus deum annuntiat, ut predictum est, ipsa gratie mater. Nota nimirum erat beate virgini sentencia scripture, que ait: Deus superbis resistit, humilibus autem dat gratiam. Et de gratia quidem, que datur humilibus, id est timentibus deum, sicut audivimus, locuta est, de potentia autem, qua superbis resistitur, a domino subiungit dicens:

Fecit potentiam in brachio suo. Morem prophetarum domina prophetarum observavit de futuris, quasi de preteritis loquens. Nam et ruinam et resurrectionem multorum ex hoc loco usque in finem cantici prophetico spiritu annuntiat, que nondum quidem illo tempore acciderant, sed futura erant. Fecit, inquit, potentiam in brachio suo, id est, potenter operatus est in brachio suo. Quid autem potenter egerit, determinavit, dum subiungit: Dispersit superbos mente cordis sui. Brachium patris sepe in scriptura sancta filius dicitur pro ea nimirum similitudine, quod sicut maxime in brachio quisque fortitudinem exercet, ita deus pater fortitudinem suam per filium suum maxime demonstravit in humani generis redemptione et diabolice potestatis humiliatione. Sicut autem brachium patris ita et mentem cordis eius filium hoc loco vocari non incongrue dicimus, quia et ipse dici solet patris sapiencia, in qua omnia facta sunt, et verbum bonum, quod eructavit cor patris, id est occulta et inpenetrabilis profunditas essentie eius. Huius tam forti, quam sapienti operatione usus est deus pater ad dispergendum superbos una cum capite suo diabolo, qui est omnium superborum rex. Propterea dicit: Fecit potentiam in brachio suo, dispersit superbos mente cordis sui, unum eundem designans nomine brachii et nomine mentis, id est filium Jesum Christum dominum nostrum. Dispersit, inquit, superbos. Quos superbos? Ex multis locis scripture perpendimus, plurimum arrogantes fuisse Judeos tam ex genere patriarcharum, quam ex lege a deo accepta per Moysen et ex mirabilibus, que fecit deus cum patribus eorum. Vera autem filii dei humilitas, qua despecta fuerit in oculis eorum, sepe tam verbis, quam factis impudenter ipsi prodebant. Semen, inquit, Habrahe sumus et nemini umquam servivimus. Item: Nos scimus, quia Moysi locutus est deus: hunc autem nescimus, unde sit. Si non supra modum elati cordis fuissent, non in tanta protervia sprevissent aut irrisissent Christi humilitatem, visa totiens maiestate mirabilium operum eius, que nemo alius fecit. Unde in persona eius queritur propheta dicens: Ego autem sum vermis et non homo, obprobrium hominum et abiectio plebis: omnes videntes me deriserunt me etc. Vere hoc propheticum impleverunt, quando pendenti in cruce salvatori illuserunt, moventes capita sua et dicentes: Vah, qui destruit templum dei et in triduo reedificat. Si rex Israel est, descendat nunc de cruce et credimus ei. Hos superbos per maliciam congregatos in unum adversus Christum eius dispersit deus pater mente cordis sui, id est per filium suum, cui dedit potestatem omnis carnis. Et iuste, quia ipsum delere cogitabant et auferre memoriam eius de terra. Dispersit, quando tradidit eos manibus Romanorum vastandos, per quos igni succensa est civitas eorum et templum et omnis gloria ipsorum funditus deleta est. Ex ipsis autem innumera multitudo tempore obsidionis fame et peste interiit, multi quoque gladiis interempti sunt, ceteri captivi ducti sunt in omnes gentes et vili precio venditi. Recte super hac dispersione comminatus illis fuerat dominus per Ezechielem dicens: Vivo ego, dicit dominus, nisi pro eo, quod sanctum meum violasti, in omnibus offensionibus tuis et in omnibus abominacionibus tuis ego quoque confringam et non parcet oculus meus neque miserebor. Tercia pars tui peste morietur et fame consumetur in medio tui et tercia pars tui gladio cadet in circuitu tuo, terciam vero partem tuam in omnem ventum dispergam, et gladium evaginabo post eos. Hi sunt ergo superbi, quos dispersit deus mente cordis sui. Sed et superborum omnium regem draconem magnum cum angelis suis expugnatum dispersit in eo, quod potestatem eorum dissipavit, eiecitque eos a cordibus electorum suorum alligans fortem, diripiens arma, in quibus fidebat, ac spolia eius distribuens. Cui victorie leto carmine applausit vir sanctus, qui dicebat: Tu humiliasti, sicut vulneratum superbum in brachio virtutis tue dispersisti inimicos tuos. Sequitur: Deposuit potentes de sede et exaltavit humiles. Potens sibi visus est Pilatus, quando ad salvatorem sibi adsistentem dicebat: Nescis, quia potestatem habeo crucifigere te, et potestatem habeo dimittere te. Potens sibi visus est Herodes tetrarcha, quando sprevit salvatorem cum exercitu suo, et illusit indutum veste alba. Potens sibi videbatur Caiphas et ceteri principes sacerdotum, quibus dominus ait: Hec est hora vestra et potestas tenebrarum. Sed deposuit dei potentia omnes hos potentes unumquemque de sede dignitatis sue et exaltavit humilem Christum. Nam Pylatus in tempore Gai Cesaris divina ultione tantis malorum cladibus excruciatus est, ut propria manu se ipsum transverberans nefariam abiecerit vitam. Herodes vero ipse, qui vel in nece Christi consensit, vel Johannem decollavit, imperio Gai a tetrarchia sua deiectus in Vienniam urbem Gallie exulatus est. Sed et principes sacerdotum, qui Christum linguis crucifixerunt, qui apostolos contumeliis affectos et cesis denunciaverunt, ne ultra loquerentur in nomine Jesu, quique protomartirem Stephanum lapidibus obruerunt, quomodo cum universa gente sua viliter sint abiecti a sede habitationis sue et tocius glorie sue evidentissimum est. De illis autem, qui digni habiti sunt pro nomine Jesu contumeliam pati ab eis, tota clamat ecclesia. Nimis honorati sunt amici tui deus, nimis confortatus est principatus eorum. Gentium quoque principes occisores apostolorum et persecutores Christianorum, quomodo deposuerit deus a sede dignitatum suarum et quomodo exaltaverit non solum in celo, sed et in terra humiles Christianos olim abiectissimos gratia dei, ita manifestum est, ut multa inde nos loqui necessarium non sit. Ecce enim Petri et Pauli gloriam predicat celum et terra et Nero, ubi est? Vere dextera domini fecit virtutem, ubi deposuit potentem de sede, et exaltavit humilem piscatorem. Fecit virtutem, ubi deposuit eum, qui dominum mundi se estimabat, et exaltavit eum, qui de se humiliter senciebat omnium se peripsima vocans. Fecit virtutem, ubi deposuit Egeam et exaltavit Andream. Deposuit Decium et exaltavit Laurentium. Deposuit Dacianum et exaltavit Vincentium. Ubique per gratiam dei verus comprobatus sermo tuus, o Maria, quem pronuntiasti dicens: Deposuit potentes de sede et exaltavit humiles. Sed et tibimetipsi hunc tuum sermonem impertiri possumus dicentes: Deposuit Jezabel superbam et exaltavit humilem Mariam. Furiosam viraginem de sede regia precipitavit et mansuetam virginem ad celi summa elevavit. Sequitur:

Esurientes implevit bonis. Cibus anime verbum dei est, testante veritate, que ait: Non in solo pane vivit homo, sed in omni verbo, quod procedit de ore dei. Dispansante autem salvatore escam hanc in mundo sive per se ipsum, sive per apostolos, quorum in fines orbis terre verba exierunt, multi cum aviditate magna et gaudio verbum susceperunt, et quasi esurientes impleti sunt bonis divine cognicionis. Multi enim sola fama doctrine salutaris de longe audita magno desiderio agnoscende veritatis accensi sunt, atque ita meruerunt destinari sibi a deo evangelicos predicatores. Talis erat Cornelius centurio, qui et per sancta desideria meruit audire angelum dei dicentem sibi: Corneli orationes tue et elemosine ascenderunt in memoriam in conspectu dei. Et nunc mitte viros in Iopen et accersi Simonem, qui cognominatur Petrus, hic dicet tibi, quid te operteat facere. Quo accersito tanta aviditate susceptum est verbum a Cornelio et suis, ut adhuc loquente Petro caderet spiritus sanctus super omnes, qui audiebant verbum et erant loquentes linguis et magnificantes deum, sicque velut famelici saturati sunt bonis gratie dei. Multi vero apud semetipsos sapientes et iusti omnem escam veritatis abominati sunt, et margaritas evangelicas quasi porci conculcaverunt, quales erant Pharisei, quibus apostoli Christi dixerunt: Quia repulistis verbum dei et indignos vos iudicastis eterne vite, ecce convertimus ad gentes. Isti ergo secundum propriam estimationem divites in legis scientia et iustificationibus eius dimissi sunt a deo inanes, et vacui a spirituali intelligentia legis et a vera iusticia, que est ex fide Jesu Christi domini nostri. Sunt vero nonnulli etiam Christiane fidei promissores, qui ita se divites estimant in scientia scripturarum, sive in aliis donis spiritualibus sibi a deo concessis, ut quasi ex sua saturitate erga alios, quibus hec minus videntur concessa, turgescant, ac nulla esurientes virtutum incrementa paulatim deficiant et ab accepta gratia evacuentur. Unde cautos esse volebat Chorinthios Paulus, quibus dicebat: Gratias ago deo meo semper pro vobis in gratia dei, que data est vobis in Christo Jesu, quia in omnibus divites facti estis in illo, in omni verbo et in omni scientia, sicut testimonium Christi confirmatum est in vobis, ita ut nichil vobis desit in ulla gratia expectantibus revelationem domini nostri Jesu Christi. De vicio autem elationis, quo inflati erant ad invicem et contentiosi, subsequenter eosdem multis sermonibus redarguit, ne forte per hoc ab acceptis gratie diviciis vacuarentur, sicque a deo mitterentur inanes. Sunt autem et alii, qui cum nullas spiritualium bonorum divicias acceperint, habere tamen se callide fingunt, quos scriptura ypocritas vocat. Describere autem possumus ypocrytam iuxta illud, quod quidam gentium scriba sophistam describit. Sophista est copiosus ab apparente sapientia non existente autem. Ita et ypocrita est copiosus ab apparente iusticia non existente autem. Talis erat, quem sermo divinus ita redarguit dicens: Quia tepidus es et neque frigidus neque calidus, incipiam te evomere ex ore meo, quia dicis, quod dives sum et locupletatus et nullius egeo et nescis, quia tu es miser et miserabilis et pauper et cecus et nudus. Suadeo tibi emere a me aurum ignitum probatum, ut locuples fias et vestimentis albis induaris et non appareat confusio nuditatis tue, et collirio inunge oculos tuos, ut videas. Omnes ergo huiusmodi divites, qui vel de accepta gratia extolluntur, vel ab hominibus videri volunt divites in gratia, quam non acceperunt, dimittuntur inanes a deo, si non ex hoc ipso resipiscant. Qui vero esuriunt et siciunt iusticiam iugiter se ad anteriora extendentes ac de virtute in virtutem semper ascendere cupientes, hi profecto bonis iusticie implebuntur usque ad perfectam sacietatem. Sed et divites secundum huius mundi substantiam incerto diviciarum confidentes dimittentur inanes, cum transierit mundus et concupiscentia eius. Qui vero per amoris desiderium semper esuriunt et siciunt deum, veris implendi sunt bonis et saciabuntur, cum apparuerit gloria eius. Et tu in numero esurientium bona eterna sola pre omnibus o Maria a domino impleta es. Magna pre cunctis mortalibus gratie saturitatem assecuta es, et hinc certum est, quod magis gratiam omnibus esuristi. Nisi enim multa in te esuries precessisset, non tam plena satietas secuta fuisses. Esuriem tuam domina secundum desiderium tuum appello, quo in deum ardens erat cor tuum et cupiens saturari non eam de micis, que cadebant de mensa dominica per sanctorum ora prophetarum, sed de ipsa integritate panis vivi, qui de celo descendit. Ad illum plene dilatavit os suum anima tua liquefacta sacre fame ardore, ut dilectus loqui tibi cepit per doctrinas prophetales et noticiam tui ingerere tibi et implevit illud se ipso. Totum accepisti, que totum desiderasti, quia totus desiderabilis est. Ceteros suos desideratores ad mensuram implet, te vero supra hominis mensuram implevit. Implevit te spiritualiter, implevit et corporaliter. Implevit tibi mentem, implevit et ventrem. Totam te implevit, quia totam te puram invenit, solam te sua plenitudine dignam invenit. In tabernaculo domini tu es urna aurea habens manna, gratum panem angelorum habentem omne delectamentum et omnem saporem suavitatis, quem si quis manducaverit, mortem non videbit in eternum. Da nobis domina hunc panem tua piissima interventione, ut manducemus eum tecum et vivamus perpetuo tecum. Qui autem divites sibi videntur et non indigentes hoc pane, dimittantur inanes et evanescant in cogitationibus suis. Itaque tu domina sola pre omnibus experta fuisti veritatem verbi, quod dixisti in habundantia tua: Esurientes implevit bonis. Sequitur:

Suscepit Israel puerum suum recordatus misericordie sue. Ad gentium electionem et Judeorum abiectionem, que predicta sunt, pertinere demonstratum est, quod vero sequitur de susceptione Israel ad conversionem Judaici populi, qui in novissimo salvandus est, congrue accomadatur, ut hic quoque, sicut in precedentibus, futura quasi preterita effari videtur prophetico more. Suscepit, inquit, Israel puerum suum. Sepe in scriptura sancta populum illum vox divina vel servum domini vel puerum quasi unam personam compellare invenitur. Dicit Ysaia sic: Audi Jacob serve meus et Israel, quem elegi. Item in Osee: Quia puer Israel, et dilexi eum. Suscepit Israel. Quasi congratulans iusticie dei, per quam exercuit iustam ulcionem erga crucifixores filii sui durius hucusque locuta est de dispersione superborum, de potentum deposicione, de divitum exinanitione, hic autem miciori sermone congratulari videtur ineffabili misericordie dei, per quam post longissima captivitatis tempora dispersos et depositos et exinanitos iterum collecturus est in gratiam suam. Benignitatis tue verbo utitur dicens: Suscepit, ac si dicat: Cum mansuetudine paterna assumpsit in curam suam quasi pius medicus egrum, quasi mitis dominus irritatorem servum, quasi indulgentissimus pater filium fugitivum. Hoc autem fecit non intuens merita ipsorum, sed recordatus misericordie sue, quasi post longa tempora in memoriam reducens, que fecit olim cum patribus eorum, quos suscepit pro sola misericordia ex omni tribulatione. Fecit enim misericordiam cum eis, quando eduxit eos per manum validam ex Egypto, ubi per quadringentos annos sub dura ingemuerant servitute. Fecit misericordiam cum eis, quando propter scelus idolatrie, in quo sepius offenderunt, traditi sunt ad serviendum Phylistim aliisque in circuitu gentibus, et clamaverunt ad dominum cum tribularentur, et audivit orationem eorum et dedit eos in misericordias in conspectu omnium, qui ceperant eos, et eripuit eos de interitu eorum. Fecit misericordiam cum eis, quando de captivitate Babylonica eduxit eos, ubi per annos septuaginta servitutis portaverant iugum. Omnis huius misericordie recordationem in novissimis diebus facturus est, quando cecitatis velamen tollet de cordibus eorum, atque omne servitutis iugum ab eis excuciet atque ad se colliget, ut cum sanctis patribus suis partem accipiant eterne hereditatis. Hoc dilatati cordis intelligentia virgo sacratissima prenoscens et pre salute populi sui exultans aiebat: Suscepit Israel puerum suum recordatus misericordie sue. Hanc ergo susceptionem et misericordie recordationem, quia per prophetica scripta noverat longe ante a deo promissam subdidit dicens:

Sicut locutus est ad patres nostros, id est ad antecessores nostros, ad quos per sanctos prophetas sermo dei factus est. Unum Esaye testimonium, quod locutus est per eum dominus ad patres de salvacione reliquiarum Israel, nunc inducere nos sufficiat. Dicit enim sic: In veritate reliquie convertentur, reliquie, inquam, Jacob convertentur. Si fuerit populus tuus Israel sicut arena maris, reliquie convertentur ex eo. Magno nimirum gaudio exultabat super hac susceptione Israel, quam et nunc domina nostra hoc loco annunciat, que totiens eadem verba de conversione reliquiarum Israel replicabat. Et nunc, quod subsequenter additur Abraham et semini eius in secula, quomodo intelligendum sit, inspiciamus. Ad illud verbum, ut estimo, respicit, quod predictum est, recordatus misericordie sue, ut sit interposicio, sicut locutus est ad patres nostros. Dicat ergo:

Recordatus inquam misericordie sue. Cui? Abraham et semini eius. Non autem inconveniens videatur lectori. ut verbum recordacionis genitívo pariter et dativo casui applicetur. Nam hoc frequenter invenitur in psalmo, ubi dicitur: Recordatus misericordie sue et veritatis sue domui Israel. Item: Memor esto verbi tui servo tuo. Et rursum: Memor ero Raab et Babylonis scientibus me. Sententia autem verborum hec est. Quod recordabitur deus misericordie sue in susceptione Israel, qui novissime convertendus est, non illorum meritis adtribuendum est, quia suscipiendi sunt de via iniquitatis eorum et de profundo infidelitatis sue per manum validam dei erudiendi, sed illam recordationem misericordie sue prestabit dominus Abraham et semini eius, id est illis sanctis, qui non solum de genere Abraham processerunt secundum carnem, sed et sectati sunt vestigia laudabilis fidei patris Abrahe. Hi enim vere estimantur in semine eius. His repromissio facta est et pro horum dilectione salvabit in novissimo populum illum. Hoc per spiritum dei prenoscens quidam prophetarum, cum de populi eiusdem conversione plura dixisset, ad ultimum propheciam conclusit, his verbis dicens: Dabis veritatem Jacob et misericordiam Abraham, sicut iurasti patribus nostris. Dare dicimur non solum ei, cui datum exibemus, sed et ei, cuius causa aliquid damus, sicut et dimittere dicimur ei, cuius causa aliquid dimittimus. Iuxta quem modum dixerunt fratres Joseph ad ipsum: Obsecramus, ut servo dei patri nostro dimittas iniquitatem hanc, id est eius causa dimittas nobis, quod inique gessimus in te. Juxta hoc intelligimus et illud. dabis veritatem Jacob, id est veram promissionem salvandarum reliquiarum, exibebis dilectionem Jacob et dabis misericordiam Abraham, id est remissionem peccatorum et ab infidelitate conversacionem concedes populo tuo pro amore dilecti tui Abraham. Juxta hoc ergo intelligatur illud. quod simul construendum diximus, recordatus misericordie sue Abraham et semini eius. Addit autem usque in secula, quia hanc misericordie dei recordationem nulla ut olim sequetur captivitas. neque populo dei ultra dominabitur mors aut ulla miseria. sed misericordia dei eterna subsequetur illum omnibus diebus vite sue. ut inhabitet in domo domini in longitudinem dierum. qui nullo claudendi sunt fine. —

Scribatur in generatione illa scriptor laudum tuarum o Maria cunctique pariter, qui diligunt te per tuam precem et per gratiam Jesu Christi, filii tui, qui est benedictus in secula seculorum. Amen. —

---

2. Ekberts Schrift über: „Missus est angelus Gabriel."

Missus est angelus Gabriel a deo in civitatem Nazareth ad virginem desponsatam viro, cui nomen erat Joseph de domo David et nomen virginis Maria etc.

Sermo evangelicus omni acceptione dignus, letum nostre salvationis initium nobis dilectissimi ad oculos mentis adducit, quod cum omni alacritate et gratiarum actione intueri nos convenit. Altissimum commemoratur negotium et summe dignitatis persone, inter quas negotium agitur, videlicet deus pater, deus filius, deus spiritus sanctus, virgo virginum Maria, archangelus Gabriel. Missurus filium pater ad initiandum nostre salutis opus in virginis carne, pariterque missurus spiritum sanctum ad cooperandum filio in virginis corde, premittit angelum ad intimandum virgini adventum utriusque. Magna mittentis benignitas magnaque dignatio. Scimus, quoniam, cum esset in exordio mundi conditurus de virgine viro mulierem, non ad hoc dignatus est ullum exquerere viri assensum prenoscens, quod in ruinam foret illa viro, de quo sumpta est totique posteritati amborum. E contrario autem in fine seculorum de virgine femina virum formare disponens honore omni prevenit magno, dum tam honesta tam modesta eam legatione invitat ad consensum eterni consilii sui, preparans in illo et in illa humano generi restaurationem expectationem initio seculi. Mittit ad eam non unum ex prophetis, non unum ex minoribus angelis, sed unum ex principalibus, unum ex fortissimis Israel superni Gabrielem archangelum. Et quidem nuncupatio legati bene congruit legationi, qua fungitur. Hoc enim annuntiare ac circa hoc negotiare venerat, quod ad summam dei fortitudinem pertineat, ut videlicet virgo de spiritu sancto conciperet, virgo manens pareret hominem verum ac deum verum, de deo patre ante secula genitum, qui omne robur confringeret inferorum ac liberaret de manu potentie adversus omnes preordinatos ad versum. Et quid in fortibus dei operibus tale? Quid in omni magnificentia dei huic simile? Bene tu Gabriel a fortitudine dei nuncupationem habere debuisti, qui tam fortium operum dei amministrator extitisti. Ipse tibi suum impertitus est nomen, cuius gessisti negotium Christus Jesus, cui fortitudinem patris asscribit dicens: Nos autem predicamus Christum dei virtutem et dei sapientiam. Ipse etiam civitati conceptionis sue suum impertitus est nomen, de qua subsequenter evangelista loquitur dicens: In civitatem Galilee, cui nomen Nazareth; Nazareth quippe interpretatur flos. Et Christum floris nomine designat Esayas dicens: Egredietur virga de radice Jesse et flos de radice eius ascendet. Et ipse per os sapientis florem se nominavit dicens: Ego flos campi et lilium convallium. Vere flos campi

Christus, flos agri pleni, cui benedixit dominus tocius videlicet ecclesie sancte, cui benedixit deus pater in omni benedictione spiritali in Christo mediatore, qui est omnium caput electorum, in omnibus ipse primatum tenens, et speciosus forma pre filiis hominum ea, que intrinsecus patebat obtutibus dei omnium plena decore virtutum. Juste ergo vocatum est nomen eius Nazareth, o civitas beati germinis, quia effloruit in te flos ille singularis de flore singulari, pulcherrimus de pulcherrimo, suavissimus de suavissimo, gratissima rosa de gratissimo lilio de Maria Jesus. Gloriare tu felix Nazareth in dominibus electissimis floribus tuis, quia nichil certe his conparabile produxit ille paradisus voluptatis, quem a principio plantaverat deus. Frustra ergo percunctetur quis, utrum a Nazareth possit aliquid boni esse, cum sit certum, a Nazareth plenum boni esse. Nec vacat a certi ratione misterii, quod et regio ad Christi incarnationem electa nominatim designatur, cum dicitur: In civitatem Galilee. Galilea namque transmigratio interpretatur. Ad hoc quippe incarnatio Christi pertinebat, ut per eam transmigrarent electi quique a vetustate carnis ad novitatem spiritus, a viciis ad virtutes, a mortalitate ad immortalitatem, a tenebris mundani exilii in admirabile lumen patrie celestis. Sequitur: Ad virginem desponsatam viro, cui nomen erat Joseph. Memor precepti sui dominus, quo nos patrem et matrem honorare precepit, exemplum observationis huius nobis in semetipso demonstravit. Nam sicut exiturus de hoc mundo necessitatibus matris pie consulere dignatus est provisorem ei constituens, provisorem sacra virginitate insignem, ita ut ingressurus in hunc mundum procuratorem necessitatum eius esse voluit Joseph, qui nimirum et ipse non longe erat a virtute sacri celibatus. Quem etiam coniugii lege ei sociatum esse voluit, ut in hoc quoque honori eius aliquatenus esset consultum, dum non fornicarie, sed legitime partum suscepisse putaretur a populo suo. Talis quippe opinio a tali infamia eam custodivit et a periculo lapidationis protexit. Dicis michi fortassis, o rebellis Judee: Si peccatum michi est, quod credo Jesum de Joseph semine esse natum, peccati causa michi ipsa est, que hanc michi suspicionem fecit, dum maritum accepit et virginem in partu se estimari non permisit. Sed quod diceres, si tutela Joseph ei defuisset, et nullum a viro sapienti integritatis sue testimonium habuisset? Eadem certe obstinatione, qua obduras cor adversum doctores veritatis sanctos apostolos, qui de gente tua exierunt et contendis Mariam ex Joseph concepisse, contenderes et fornicariam eam fuisse et Jesum de illicito natum concubitu. Ad virginem, inquit, desponsatam viro, cui nomen erat Joseph. Beatum dixerunt veteres illum Joseph, qui frumentum servabat regis Egypti ad alendum populos multos in fame. Unde et adclamaverunt ei dicentes: Salus nostra in manu tua est. Beatior autem iste quam ille erat, tametsi minus quam ille in conspectu hominum fuerit exaltatus. Divinus quippe habitus est in conspectu regis superni. cui traderetur custodia super frumentum illud preciosum, quod est panis vivus angelorum habens omne delectamentum et omnem suavitatis saporem, unde in celo pascuntur angeli, unde in terra reviviscunt mortui et vivunt in eternum, qui manducaverint ex eo. Vere salus nostra in manu tua est. o Joseph. quando habebas in custodia panem hunc et archam panis huius Jesum et Mariam. Quod autem subsequenter adiunctum est: De domo David. id est de familia David. sive ad virginem sive ad Joseph referatur. utrobique verum est. Quod enim Joseph fuerit de cognatione David. hoc in genealogia per Matheum computata manifeste docetur. occulte autem de Maria ibidem hoc insinuatur. quod ipsa fuerit de cognatione David per hoc. quod in fine seculorum adiungitur virum Marie. Preceptum siquidem erat in lege. quod viri quilibet uxores sibi assumerent de sua tribu et de sua cognatione. Legimus quippe in libro numeri. legislatorem ita dixisse: Omnes viri ducent uxores de tribu et cognatione sua et cuncte femine de eadem tribu accipient. ut hereditas maneat in familiis nec sibi misceantur tribus. Quod si obiciat Judeus. transgressos fuisse quam plures hanc legem et de aliis tribubus sibi uxores copulasse sciat et aliis scripture testimoniis nos inniti. ex quibus intelligamus Mariam ortam fuisse de stirpe David. Quorum evidentissimum est illud. quod supra dictum est vaticinium Esaye dicentis: Egredietur virga de radice Jesse. et flos de radice eius ascendet etc. Quod si non ad Mariam et Christum refers o Judee. vanum et ineptum erit omne, quod hoc loco dicere poteris. Sequitur: Et nomen virginis Maria. Veniat nunc o nobilis virgo. veniat in medium et dulce nomen tuum omni feminarum nomine amabilius atque beatius. et intueamur venerabile misterium eius. Maria illuminatrix pro stella maris interpretatur et digne illuminatrix dicta es o domina. que in tue sacre carnis lucerna divinum lumen celitus accepisti et ad illuminandas tenebras mundi feliciter produxisti. Et a stella maris congruam tibi nuncupationem habes, cui iuxta quasdam rationes comparabilis es. Stela enim polo invisibili. qui est centrum celi immobile. in cuius circuitu omnis syderea lux incessabiliter meat. ita dinoscitur propinqua esse. ut vix motus eius in firmamenti circuitu queat adverti. Et tu invisibili deo. qui solus naturaliter immobilis atque immutabilis in sua eterna essentia manet, sola inter astra viventia fulgoris tui proximum obtines locum et ad confortationem immutabilitatis eius appropinquans magis omnibus illis supernis spiritibus. qui maiestatem ambiunt sempiternam cum incessabilis desiderii motu. Maris stellam naute observant et iuxta inspectationem eius in mari se dirigunt et naufragia vitant. et te o Maria cuncti deum timentes de hac mundi fluctuatione respiciunt tua flagitantes auxilia, ac vite sue dirigentes itinera secus formam sanctimonie tue. Emitte lucem tuam o splendidum sidus super naves clamitantes ad te, ut tenere vias salutis per te noverint inter voragines perditionis et ad portum attingant desiderate quietis. Congrue iuxta hec, que dicta sunt: Erat nomen virginis Maria, sequitur: Et ingressus angelus ad eam ait: Ave gratia plena. Conveniens erat tali legato tam divinum ferenti nuntium, ut virginem ad tam divina misteria electam non foris in turba constitutam, non communibus occupatam sermonibus inveniret, sed intus in aliquo secretiori recessu vocantem deo et orantem. — Hoc nimirum in ingressionis verbo evangelista insinuat. Ave, inquid angelus, gratia plena. Plenam eam sentiebat caritate, que inter cetera karismata singularis atque principalis gratia est, et gratia gratiarum merito dici potest. Ardentem enim in incessabili caritate angelicum spiritum ardens in caritate affectus virginis latere non potuit. Facile enim caritati caritas innotescere solet. Singulari pre cunctis mortalibus erga dominum caritate ardebat, quod et singulari quodam fructu caritatis comprobabat. Solius etenim caritatis instinctu, cum non haberet preceptum a domino neque consilium ab homine, neque exemplum ab ulla virginum dei, spreto sterilium feminarum maledicto intemerate carnis tue integritatem domino vovit et splendidum virginitatis speculum omnibus seculis intuendum prima erexit.

Votum magnum, votum singulare procul dubio inditum erat magne et singularis caritatis in deum. Quam ergo plenam gratia dicebat, plenitudinem in ea perfecte caritatis agnoscebat pariterque omnium spiritus sancti karismatum, sine quibus caritatis plenitudo non consistit. Non enim dubium, quin omni benedictione spiritali prevenerit eam, omnique impleverit virtute virginem suam pater luminum, a quo omne donum perfectum est, descendens, quando preparabat in ea mansionem filio suo. Si enim propter hominem sub peccato victurum in hoc mundo perfecti sunt celi et terra et omnis ornatus eorum in prima rerum conditione, nonne multo magis conveniens erat in hoc restaurationis tempore, ut illud beatius celum, id est animam sacre virginis et illam sanctiorem terram, id est virginis carnem perficeret omni congruo ornatu utriusque propter inhabitaturum in ea sine peccato unigenitum suum? Ea quoque consideratione te plenam gratia arbitramur Maria, quod te amabilem sentiunt valde omnes, qui noverunt nomen tuum in populo dei. Recti diligunt te, mali quoque suspirant ad te, regine et concubine laudant te. Sicut odor suavissimus aromatis laus tua delectatione grata demulcet omnium corda piorum, et non solum bonos, sed malos quoque afflat gratiositas tua. Nominis tui auditus tam carnalium, quam spiritualium corda oblectat et ad lacrimas usque accendit [1]). Decorem tuum rex summus concupiscit, vultum tuum omnis angelus prospicere desiderat, ad te omnis sanctus orat o Maria. Nichil denique in creaturis sic aptum amari, ut tu, nichil sic dignum laudari, ut tu. Tali te gratia perfudit deus, tali te dulcore implevit habitator tuus spiritus sanctus merito tui humillimi spiritus. Bene implevit in te verbum illud, quod per apostolum suum pronuntiavit dicens: Deus superbis resistit, humilibus autem dat gratiam. Superbos etenim semper invidia sequitur, qua per iudicium dei resistitur eis et e contrario humiles amor. Inest quippe eis divino nutu aptitudo quedam, que omnium amori conveniat, sintque amabiles et gratiosi coram deo et hominibus. Bene pro his omnibus causis virginem domini gratia plenam annuntiat Gabriel. Qui et mox subdit dicens: Dominus tecum. Secure cum ea dominum esse fatetur, in qua plenitudinem gratie intuetur. Nam ubi gratia, ibi deus et non ibi deus, ubi est gratie defectus. Dominus tecum. Ac si patentius dicat, quod animo versat. Dominus tecum, ut te amans, ut te sanctificans, ut te adiuvans in omnibus et sociam sibi te asciscens, ut complens tecum et in te opus salvifice incarnationis, quod neque sine ipso perfici potest, neque sine te perfici convenit. Gratias tibi Maria, quia et nobiscum deus per te, sed, ut dignum erat, familiarius se applicuit tibi. Elegit esse tecum dominus, sicut cum nemine suorum fuit ante te, vel erit post te. Dominus tecum, sicut nemo alius tecum. Dominus tecum, ubi nemo alius tecum. Nam virum non cognoscens novo more circumdasti virum. Complexa es utero comprehensibilem deum, hominem verum et perfectum. Quia enim deum singulariter dilexisti, singulariter tibi deum attraxisti, ita ut nemo alius sic. Ergo o Maria singulariter ac plene dominus tecum. Sequitur: Benedicta tu in mulieribus. Sententiam maledictionis prima parens accipere meruit a domino dicente sibi: sola vero in numero mulierum ab hac sententia excipi meruit Maria, que filium parturiens non in dolore, sed in delectatione peperit et virum habens nullum virum dominum experta est, sed potius ipsa extitit domina virorum utpote domina mundi. Sola hec a verbo aspero liberata est, sola a verbo salutari per spiritum sanctum fecundata est. Et ecce ex hoc beatam eam dicunt omnes generationes. Juste ergo ab angelo benedicta in mulieribus dicta est, utpote singularem inter omnes mulieres consecuta a domino benedictionem. Sequitur: Que cum audisset, turbata est in sermone angeli et cogitabat, qualis esset hec salutatio. Turbatio ista non tristicie erat, sed timoris. Pavebat enim a maiestate apparentis angeli, pavebat ab auditu insoliti verbi et prudenter ac pudibunde refrenabat linguam suam a subita responsione. Intra semetipsam manebat, intra se tacita cogitatione disceptabat, qualis esset ista salutatio.

Qualis, inquam, esset, videlicet utrum verax esset an fallax, utrum esset ab angelo bono an ab angelo malo transfigurante se in angelum lucis. Et ait angelus ad eam: Ne timeas Maria. Natura est humane fragilitatis terreri in apparitionibus angelorum et mos est angelice bonitatis lenire terrores timentium se iustorum. Unde et Gabrielis benignitas trepidantem virginem secundo alloquitur et a timore suo blande eam erigit dicens: Ne timeas Maria. Quasi notam, quasi familiarem sibi eam nomine proprio compellat[1]), quo magis timorem deponat et confidentius audiat, que dicturus est. Invenisti, inquit, gratiam apud deum. Invenisse gratiam apud deum leguntur quam plures anticorum patrum, in quibus beneplacitum erat domino, quorum precipuus erat sanctus domini Moyses, cui dictum est voce divina: Invenisti gratiam coram me et novi te ipsum ex nomine. Qui etiam eo usque se gratiam coram deo invenisse confidebat, ut auderet petere a domino dicens: Ostende michi gloriam tuam. Et responsum accepit a domino dicente sibi: Ego ostendam tibi omne bonum. Et quidem humanitatis eius misterium a longe ei demonstratum, non autem divinitatis eius gloriam iam tunc ei ostensam fuisse credimus ex eo, quod subsequenter dictum est ei. Videbis posteriora mea, faciem autem meam non videbis. Non enim videbit me homo et vivet. Magis autem illo gratiam Maria invenit, que et humanitatis eius venerabile sacramentum non de longinquo videre, sed in utero habere et manibus attrectare meruit et divinitatis eius gloriam plene sibi infusam in corde habere et presentem eum videre meruit, adhuc in corpore mortali degens, utpote iam tunc supra hominem super angelicam puritatem singulari dignitate consistens. Vere gratiam Maria invenit, que gratiam mundo induxit magis quam ille, per quem data est lex, que salvare neminem potuit. Ut enim ait scriptura: Lex per Moysen data est, gratia autem et veritas per Jesum Christum facta est.[2]) Gratia per Christum facta est, quare et peccatorum remissio et spiritus sancti infusio per ipsum hominibus data est, pax inter celum et terram reformata est, immobilitatis accessus per ipsum hominibus redditus est. Vere ergo et sibimet et toti mundo gratiam Maria ante deum invenit in eo, quod talem filium a domino suscipere meruit. Unde recte per Gabrielem determinatur ei, qualem gratiam invenerit, cum mox subditur: Ecce concipies et paries filium et vocabitur nomen eius Jesus. Et nimirum, quo facilius in mentem cadat virgini, se fuisse illam, de qua vaticinatus est olim Esayas, contemperat sermonem suum sermoni illius, quo prophetaverat, dicens: Ecce virgo concipiet et pariet filium et vocabitur nomen eius Emmanuel. Multum enim similitudinis inter se habent illa prophete et ista angeli verba. Et eandem quidem conceptionem illud propheticum et illud angelicum ecce demonstravit, sed illud de longinquo, istud autem de proximo. Promissionem quippe sacre conceptionis completam fuisse non dubitamus pariter cum ipso sermone alterne collocationis, que inter angelum et virginem habita est. Ecce, inquid, concipies in utero. Concipiende prolis Mariam non hoc ut cetere matres aliqua ex parte de foris suscepit, sed totam intrinsecus habuit eam, que spiritus sanctus in penetralibus clausi uteri sacro aptavit conceptui. Quod nimirum signanter expressum est ab angelo, cum dixit, concepturam esse in utero. Alioquin suffecisse ei sine tali adiectione dixisse, quod esset concepturа et filium paritura. Quod vero his verbis angeli in utero virginis concipiendum, hoc in eiusdem utero natum asseritur verbis angeli, qui prius, quam gigneretur de ea Christus, locutus est ad Joseph dicens: Quod enim in ea natum est, de spiritu sancto est. Sint autem contra heresim Valentini testimonia hec, qui dicebat: Christum celeste corpus secum attulisse nichilque eum assumsisse de virgine, sed per eam quasi per fistulam eum transisse sine ulla assumpta carne de ipsa. Et vocabis nomen eius Jesum. Sicut humilitatis causa conformis esse patribus voluit dominus in circumcisione, ita eis congruere voluit et nomine, ne forte, si primus et solus ipse salvatoris nomen accepisset, hoc per arrogantiam usurpasse postmodum diceretur a detractoribus suis. Unde recte provisum est, ut quidam ex prioribus patribus, qui in quibusdam gestis suis Christum prefiguraverunt Jesu nomine appelati fuissent, ille videlicet, qui in terram promissionis populum dei introduxit, atque ille, qui de captivitate Babylonica eundem populum reduxit, quamvis nec prior nec sequens eam habuerit appellationis causam quam Christus. Jesus quippe salutaris sive salvator interpretatur. Cur autem sic appellatus fuerit, angelus ad Joseph loquens ait, exposuit dicens: Ipse enim salvum faciet populum suum a peccatis eorum. O miranda, o amanda salvatio. Nemo ex mundi sapientibus, nemo ex potentibus, nullus quoque ex sanctis sic salvare potuit quemquam de populo suo. Vulnera anime peccata sunt. Solus hec sanat Christus, solus ab his salvat Jesus. Salvat a peccatis populum suum, salvat et a penis peccatorum singularis et utraque salvatione. Nam singularis quidem est in curando a peccatis animam confidentem sibi, qui vivus et efficax sermo dei est, et solus pertingens usque ad interiora anime visitanda. Singularis quoque est ad salvandum nostra mortalia corpora a penis peccatorum, quia etsi aliqua penarum remedia prestare ad horam mortalis medicus possit, salvare tamen importunum solus Christus potest ab omni corruptione. Sum et ego de populo tuo, sum bone Jesu de ultimis populi tui, salva me ex hora ac mala, quam inveni in hoc mundo. Sana animam meam a peccatis, quam sanare non valent omnia Ypocratis medicamenta. Salvum me fac, et salvus ero, quia Jesus meus tu es, quia deus meus tu es.

Salvasti a peccatis paralaticum, cui dixisti: Remittuntur tibi peccata. Salvasti et a pena peccati eundem, cui tollere grabatum precepisti et ambulare. Salvasti enim a peccatis Mariam, cui dixisti: Remittuntur tibi peccata. Salvasti a peccatis divitem, cui ab iniquitate resipiscenti dixisti: Quia hodie salus huic domui facta est, eo quod et ipse sit filius Habrahe. Salvasti et a peccatis inimicos, quando, cum adhuc essemus peccatores, pro nobis mortuus es, et peccata multorum tulisti, et pro transgressoribus orasti, ut non perirent, dicens: Pater, dimitte illis peccata, quia nesciunt, quid faciunt. Salvasti enim et salvas usque adhuc, qui purgationem peccatorum faciens sedes ad dexteram maiestatis in excelsis. Amor meus Jesu, diligat nomen tuum anima mea, amplecta(n)tur illud, quod suave est multum. In hoc enim positum est, ut magne salvationis dulcem memoriam spiret ad omnium corda piorum. Ipsum enim nimirum, de quo tibi cecinit sponsa tua dicens: Oleum effusum nomen tuum, ideo adolescentule dilexerunt te. Mitigat dolores carnis suavitas olei et nomen Jesu, si bene attenditur, dolores anime lenit. Oleum exilarat faciem corporis et Jesu nomen faciem letificat mentis et suavi perungit delectatione. Clausum et in arto positum erat oleum hoc, dum adhuc tantum in Israel magnum nomen salvatoris predicaretur. Effusum vero est et late dispersum, quando a solis ortu usque ad occasum laudabile factum nomen est Jesu. Ideo o Jesu adolescentule dilexerunt te, ideo electe ex gentibus anime tuo spiritu renovate cum desiderio cucurrerunt post te, quia virtutem nominis tui intellexerunt et vere cognoverunt, quia tu es salvator mundi. Salvator. Hic erit magnus et filius altissimi vocabitur. Qui magnus erat ab eterno secundum divinitatem, magnus in tempore factus est secundum humanitatem. Magnus in sanctitate propter quam facta est vox patris de celo super eum dicens: Hic est filius meus dilectus, in quo michi bene complacui.[1]) Magnus in doctrina et sermone sapientie. Nam sicut dicit Matheus: Mirabantur turbe super doctrina eius. Erat enim docens, quasi potestatem habens, et non quasi scribe et pharisei. Unde et milites, qui capiendum eum missi fuerant, dicebant: Nunquam sic locutus est homo, sicut hic homo. Magnus erat in operatione virtutum, pro quibus accepit omnes timor et magnificabant dicentes: Quia propheta magnus surrexit in nobis, et quia deus visitavit plebem suam. Magnus in bonitate, qua peccatores vocavit et collegit. Magnus in potestate, qua demones increpando eiecit, qua tempestatem imperando sedavit, qua terram moriendo commovit. Magnus in celo, magnus in terra, magnus in mari, magnus in inferno. Magnus per omnem modum, quoniam dicebat: Data est michi omnis potestas in celo et in terra.[2]) Et quis magnorum huius mundi ita umquam extitit magnus? Plane nemo. Et quidem si qui potentes, si qui nobiles aliquid aliquando fuisse visi sunt, ecce, sicut deficit fumus, defecerunt et periit memoria eorum cum sonitu, et dominus Jesus in eternum permanet magnus. Erit, inquit, magnus et filius altissimus vocabitur. Ac si dicat: Eo usque cognoscetur ab hominibus magnitudo eius, ut vocetur ab eis filius dei. Etquidem, dum adhuc esset in hoc mundo manens similis nobis passibilis tantis se prodebat virtutibus latens in humanitate divinitas, ut licet non ab omni populo, a multis tamen et cognosceretur et manifeste diceretur filius dei. Ex quibus erat Nathanael, qui dicebat: Rabbi tu es filius dei, tu es rex Israel, tu es Christus filius dei vivi. Et qui viderant eum supra mare ambulantem, venerunt et adoraverunt eum dicentes: Vere filius dei es. Sed et demonia, cum obsessis corporibus eicerentur ab eo, exibant clamantia et dicentia: Quia tu et filius dei. Centurio quoque, cum in cruce morientem stans ex adverso videret, dicebat: Vere filius dei erat iste. Quod vero tunc paucis in sola Judea intelligere et confiteri de ipso concessum est, hoc tunc per gratiam dei tota in universo mundo corde credit et ore confitetur ecclesia, Jesum Christum esse filium dei. Sequitur: Et dabit illi dominus deus sedem David patris eius. Manens in hoc mundo salvator regnum suum de hoc mundo non esse fatetur, nullumque sibi regale dominium usurpavit in civitate sedis David patris sui secundum carnem, sed magis in ea factus est abiectio plebis Judaice contradicentis ei et dicentis: Non habemus regem nisi Cesarem. Ecce autem mutatio dextere excelsi facta est. In eodem quippe loco, ubi tunc ab illo gente negatus est et crucis ignominiam passus, ibidem nunc ut rex regum et dominus dominantium honoratur et colitur ab universis gentibus. Ibi reges et principes cunctarum nationum conveniunt non iam adversus eum, sed cum eo agentes et omnem subiectionem ei exibentes. Si ergo de ipso loco Davitici regni intelligatur, quod dictum est, dandam esse Christo sedem David patris eius, satis hoc concordabit huic angelice promissioni. Si vero per sedem David intelligatur populus Judaicus, cui presidebat David et qui erat regnum David, vera est etiam secundum hunc intellectum eadem promissio. Nam in tempore primitive ecclesie ex magna quidem parte datus est Christo populus ille, ut caderet in eum eique per fidem adhereret. In novissimis autem diebus, quicunque inveniendi erunt, integraliter ei per fidem adhesuri creduntur secundum testimonium dicentis: Cecitas ex parte contigit in Israel, donec plenitudo gentium intraret, et sic omnis Israel salvus fieret sicut scriptum est: Veniet ex Syon, qui eripiat et impietatem ab Jacob. Hinc et Esayas ait: In veritate reliquie convertentur, reliquie, inquam, Jacob ad deum fortem. Si vero nomine sedis David intelligenda est celestis Jerusalem, quam significabat illa terrena Jerusalem temporalis sedis David, nichi lominus et secundum hoc vera sunt angeli verba, que de Christo predicta sunt. Ecce enim elevata est magnificentia eius super celos et data est ei omnis potestas in celo et in terra. Si vero per sedem David intelligenda est sancta ecclesia, cuius pars quidem adhuc laborat in terris, pars etiam cum Christo regnat in celis, verus item apparebit angelicus sermo. Ipsa quippe est sanctus mons Syon, super quem se etiam humanitus regnaturum prefatus est per os David filius dei dicens: Ego constitutus sum rex ab eo super montem sanctum eius, predicans preceptum eius. Que verba filii dei esse dinoscuntur ex eo, quod subditur: Dominus dixit ad me: Filius meus es tu, ego odie genui te. Ipse secundum humanitatem est fructus ille sanctus, de quo pollicitus est dominus David, dicens: De fructu ventris tui ponam super sedem tuam. De cuius sedis edificatione alibi dominus ad David loquitur dicens: Edificabo in generationem et generationem sedem tuam. Sepe in prophetis sancta ecclesia vocata est sedes David, pro eo quod regnaturum erat in ea semen David, id est Christus, qui filius David frequentius in evangeliis vocatus est, quia hic est omnium regum, de quibus processit, Christus deo gratissimus erat. Hanc sedem edificat deus in generationem et generationem, gratie sue indesinenti largitione et novorum populorum cotidiana adiectione nec cessabit, edificabit sic eam usque in finem seculorum. Quemcunque ergo ex quatuor intellectibus, qui distincti sunt, elegerimus, verum indubitanter inveniemus sermonem angeli, qui ait: Et dabit illi dominus deus sedem David patris eius. Unde et adhuc subdit: Et regnabit in domo Jacob in eternum, et regni eius non erit finis. Sicut sedes David, sic et domus Jacob ecclesia dicitur propter iugem colluctationem atque subplantationem, quam diabolo infert. Nunquam enim in ecclesia desunt, qni captivas a diabolo animas non conentur eripere de faucibus eius, dum servi dei vel gentiles populos sive fidelium parvulos fide catholica et sacro baptismate purificant, vel in heresim lapsos ad veritatis lumen revocant vel iacentes in peccatis per medelam penitentie ad celestia erigunt, vel infirmos, ne labantur, bonis exhortationibus confirmant.

Sed et unusquisque fidelium satagere debet, ut possit et ipse vocari et esse domus Jacob, ut non regnet peccatum in mortali eius corpore, sed manentem et regnantem in se habeat dominum Jesum Christum. Felix ille animus, qui armatura dei indutus iugem gerit, colluctationem adversus principes tenebrarum harum, qui subplantat et sternit humilitate superbiam, continentia libidinem, abstinentia γαστριμαργίαν, mansuetudine iram, spe futurorum bonorum cupiditatem presentium, sacre dilectionis virtute odia atque invidentiam ac cetera huiusmodi vicia, per que solet diabolus mortalium corda obtinere. Ad nichilum deducitur in conspectu talis animi malignus, et est quidam spiritualis Jacob et vocari potest domus Jacob quivis homo eiusmodi animi compos et regnat in eo Christus nunc quidem per gratiam, in futuro autem per gratiam et gloriam in eternum manentem. Dixit autem Maria ad angelum: Quomodo fiet istud, quoniam virum con congnosco? Quod hactenus silere verecundia fecit, iam eam silentium rumpere prudentia facit. Non iam de negotio dubitat, sed modum implendi negotii prudenter investigat. Servande integritatis votum ad mentem revocat, et quomodo pariter stare debeant et a se promissa deo virginitas et a deo sibi promissa fecunditas agnoscere gestit. Quod autem vere deo suam voverit integritatem ex ipsa eius perpendere possumus responsione. Si enim nunquam ad viri thorum se accessuram constanter in animo non fixisset, nullum apud ipsam locum dubitatio habuisset, quomodo foret fecunda, que iam viro erat desponsata. Quod ergo dicit: Quomodo fiet istud, quoniam virum non cognosco, tale est, ac si dicat: Modum scire cupio, qualiter in me deus implere velit, quod promittit de prole, cum propositum habeam abstinendi me a genitore. Et respondens angelus dixit ei: Spiritus sanctus superveniet in te et virtus altissimi obumbrabit tibi. Gratia plenam dixit virginem dei in principio salutationis et huic certum est, iam tunc in magna plenitudine fuisse in ea spiritum sanctum. Quamvis ita verissime fuerit, constat tamen, quod nondum ad talem effectum in eam venerat, ut et carnis fecunditatem in ea operaretur. Sic in sanctos apostolos venit in illa hora, quando dominus Jesus insufflavit eis dicens: Accipite spiritum sanctum, quorum remiseritis peccata, remittuntur eis, et quorum retinueritis, retenta erunt. Nondun autem nunc ad talem effectum venit in eos, ad qualem postea venit, quando videlicet replevit eos flamma caritatis et doctrina veritatis et loqui fecit omnibus linguis. Itaque in eo, quod dicit, superventurum in eam spiritum sanctum, notare videtur illam supereffluentem mensuram spiritus sancti, que supra acceptam gratiam adicienda erat ei a domino in tantum, ut non solum mentem eius repleret amplius, quam omnium, qui fuerant ante ipsam electorum dei, sed et in carnem eius redundaret et qnadam ineffabili irrigatione fecundaret. Dum ergo hesitas o virgo inter spem promissi partus et metum amittendi celibatus, quem domino vovisti, accipe letam fiduciam ex verbis angeli dicentis tibi: Spiritus sanctus superveniet in te, ac si dicat: Ad concipiendum altissimi filium non erit tibi necessaria viri cognitio, quam times, sed in tanta superhabundantia te replebit amor dei, ut ex ipso concipias et nichil in te amor viri operetur. Et virtus altissimi obumbrabit tibi. Visiones dei viderunt nonnulli ex patribus sanctis, et destituti sunt viribus corporis non valentes sustinere superni luminis maiestatem. Unde quidam non parve auctoritatis sanctus dicebat:

Familiare est humane fragilitati, ut altiora se videns expavescat et deserta viribus corporis decidat in terram. Ex his erat Ezechiel propheta, qui post visionis sue descriptionem ita demum adnectit dicens: Hec visio similitudinis glorie dei et vidi et cecidi in faciem meam et audivi vocem loquentis et dixit ad[1]) me: Fili hominis, sta super pedes tuos et loquar tecum.[2]) Et ingressus est in me spiritus, postquam locutus est michi et statuit me super pedes meos.[3]) Daniel quoque ex sua se visione infirmatum testatur dicens: Et audivi vocem viri inter Ulai et clamavit et dixit: Gabriel fac istum intelligere visionem. Et venit et stetit iuxta, ubi ego stabam. Cumque venisset, pavens corrui in faciem meam.[4]) Post descriptionem autem visionis, ita etiam addit dicens: Et ego Daniel elangui et egrotavi per aliquot dies. Sic beatus Johannes evangelista post descriptionem visionis, qua vidit filium hominis, cuius erat facies sicut sol lucens in virtute sua, ita subiungit de se ipso dicens: Et cum vidissem[5]) eum, cecidi ante pedes eius tanquam mortuus, et posuit super me dexteram suam.[6]) Similiter in transfiguratione salvatoris tres discipuli, qui aderant. Et videntes gloriam eius ceciderunt in facies suas.[7]) Si ergo virifortes gloriam splendoris domini sive sanctorum angelorum sine defectu corporalis virtutis videren on valuerunt, illa inbecillis sexu, illa tenera etate, pusilla viribus virgo, quando quomodo divinam maiestatem cum omni plenitudine in se venientem sine magno defectu sustinuisset, non ex virtute altissimi quandam ineffabilem protectionem habuisset? Virtus altissimi filius dei est secundum testimonium apostoli dicentis: Nos autem predicamus Christum Judeis quidem scandalum, gentibus autem (stultitia). Ipsis autem vocatis Judeis atque Grecis Christum dei virtutem et dei sapientiam. Ad ipsum ergo specialiter pertinebat, ut matri parceret et infirmitati eius per omnia blandam exiberet custodiam. Umbraculo castitatis hactenus protexerat eam a facie ignis alieni, ne vel leviter unquam ureretur ab estu malo, quem Eva mundo induxerat et necesse nunc erat, ut umbraculum fortitudinis super eam extenderet, unde stare posset non solum ad videndum eum, sed etiam ad suscipiendum ipsum in intimis suis, qui, ut scriptura ait, ignis consumens est, et qui ignis conflans et mundans argentum. Hoc est nimirum, quod ei sermo angelicus promittit dicens: Et virtus altissimi obumbrabit tibi. Ideoque et quod nascetur ex te sanctum, vocabitur filius dei. Quomodo futurum esset, inquisierat virgo et respondit angelus, superventurum in eam spiritum sanctum et in eo verbo reliquit illi intelligendum, quod de spiritu sancto foret conceptura. Itaque tam ex eo, quod dixerat, quam ex eo, quod virgini intelligendum reliquerat, subinfert dicens: Ideoque et quod nascetur ex te sanctum, vocabitur filius dei, ac si dicat: Quia spiritus sanctus superveniet in te, et quia de ipso concipies, ideo illud sanctum, quod nascetur ex te, vocabitur filius dei. Dominum Jesum esse dei filium quidam confessi sunt ex sola consideratione miraculorum, que sepius ab eo fieri videbant, ita ut nemo altius talia posset operari. Nos vero hoc per fidem intuentes, quod de spiritu sancto superveniente sacre virgini conceptus est in ea absque viri semine, credimus et confitemur, ipsum esse filium dei, ipso eodem spiritu in nobis hoc operante. Neque enim quisquam potest dicere dominus Jesus nisi in spiritu sancto. Unde recte ex premissis intulit dicens: Ideoque et quod nascetur ex te sanctum, vocabitur filius dei. Sanctum, inquit, illud, quod nascetur ex te, vocabitur filius dei. Poterat dixisse: Sanctus, qui nascetur ex te, vocabitur filius dei, iuxta eum modum loqueni, quo iam superius dixerat: Concipies et paries filium et vocabis nomen eius Jesum. Hic erit magnus, et filius altissimi vocabitur. Dixit autem sanctum neutrali voce et absoluta nulloque addito nomine determinata, quod tam amanter quam reverenter dici videtur. In hoc enim et blandientis affectum erga parvulum nasciturum ostendit, et sanctitatem eius inter omnia sanctam, singularem ac nullis verbis explicabilem innuit. An non esset singulariter et ineffabiliter sanctum, quod egressum est de sacratissimo utero tuo o Maria illud unum ex tribus sanctissimis consistens substanciis, carne videlicet mundissima et communi fomite peccati liberrima atque anima illa purissima, nichil ex sacre carnis admixtionem habente contagii nec non et altissima divinitate, que est puritas summa et lux vera et tenebre in eá non sunt ulle? Hoc sanctum, hoc unicum, nichil habens in genere hominum simile, nichil habens in angelis comparabile, inter cuncta assistencia singulariter mirabile, ex te o virginum virgo feliciter natum est et vocatur et est vere filius dei. Sequitur: E t e c c e E l i s a b e t h c o g n a t a t u a e t c. Mentem sanctam deo apertam nichil in fide hesitantem, nichil ab angelo racionis exigentem, unde sciat tam incredibiles eius promissiones sibi eventuras, ecce ultro apponit, magis confirmare ac magis letificare a simili licet non equali miraculo, dum exemplum inducit sterilis annoseque cognate contra spem divino munere fecundate. Quod senectutis, quodque sterilitatis meminit ad miraculum pertinet, quod vero cognationem tangit, quodque ad virilem sexum pertinere conceptum et breve tempus usque ad partum restare innuit, totum hoc ad leticie accedit augmentum. Magnam quippe leticiam tam pro se quam pro cognata se inter animo hoc concepisse ostendit in illa festinatione, qua in montana conscendit ad salutandum Elisabeth, atque in illo sacro cantico suo, quod apud illam protulit dicens: M a g n i f i c a t a n i m a m e a d o m i n u m e t e x u l t a v i t s p i r i t u s m e u s i n d e o s a l u t a r i m e o. Adidit quoque sermonibus suis angelus dicens: Quia non erit impossibile apud deum omne verbum. Creans universa conditor mundi dixit et facta sunt, ipse dixit et creata sunt. Restaurare etiam creaturam suam multiformiter corruptam multifariam multisque modis locutus est patribus in prophetis de his, que ad restaurationem mundi pertinebant, nec non et in angelis multa locutus est sanctis, sicut in hoc ipso Gabrielis sermone evidens est, et sicut ex verbis Pauli dicentis: Si enim qui per angelos dictus est sermo, factus est firmus etc.[1]) Novissime enim locutus est nobis in filio, quem constituit heredem universorum, per quem fecit et secula.

Nusquam autem obstitit quicquam impossibilitatis omni verbo ipsius sive ad creationem sive ad restaurationem pertinenti seu potens et efficax per omnia in verbo suo inventus est. Unde recte per Gabrielem dicitur: Quia non erit impossibile apud deum omne verbum videlicet, quod dei est verbum, ac si dicat: Omne, quod dicit deus, sive per se ipsum, sive per angelos sive per homines tametsi apud homines impossibile videatur, non erit apud deum impossibile, id est non erit apud deum, tale non posse opere compleri ab ipso, cui eque possibile est facere ut dicere omne, quod vult. Et nunc o Maria silet tibi Gabriel, cui actenus aurem inclinasti et responsum tuum reverenter expectat. Nec solum Gabriel, sed et omnes, qui in celis sunt cives angeli humane salutis amici auscultant. Fac eos audire vocem tuam, Maria, tuam illam mellifluam vocem. Omnes anime iuste per filium tuum de manu inferi redimende pendent ab ore tuo, tuam salutiferam vocem desiderantes. Aspicit ad te de celo et inclinat tibi aurem suam ipse deus pater, qui misit ad te Gabrielem et continuo in te missurus est unigenitum suum, qui est in sinu eius. Desiderat ad te spiritus sanctus, qui mox post apertionem labiorum tuorum superventurus est tibi modo, quem actenus ignorasti. Concupiscit in atria cordis tui, in tabernaculum ventris tui inviscerandus tibi filius dei, qui et olim mandavit tibi per virum sapientem dicens: Aperi michi soror mea, sponsa mea, amica mea, columba mea, immaculata mea, quia caput meum plenum est rore et cincinni mei guttis noctium. Ecce o domina foris stat vita, quam olim Eva parens tua mortem inducens exclusit et data est tibi potestas introducendi eam in hunc mundum, si vis. Cor tuum sanctum, os tuum benedictum, lingua tua impolluta, clavis aurea, reseratrix pararadisi toti mundo necessaria sunt. Ipse, qui hoc dedit tibi dominus his opus habet, ut videlicet verbo nuntii eius intus consentias et verbum consensus tui ad auditum exterius promas. Alioquin nec introibit rex glorie ad archana palatii tui, nec introibit populus gratie ad secreta atrii dei. Ergo nunc o spectabilis virgo paulisper erigere modicum, verecundiam intermitte, leva pudicos oculos ad lumen angelici vultus, erumpe in vocem iocunditatis, quam mox perferat nuntius dei ante thronum maiestatis in excelsum et totam letificet ex te curiam celi. Dic, quod iam animo geris, dic voce David patris tui: Paratum cor meum dominus, paratum cor meum. Dic iam, quod in desiderio anime tue versas, dic voce patris tui Salomonis: Veniat dilectus meus in hortum suum, ut commedat de fructibus pomorum suorum, id est delectetur in deliciis sanctis, quas non ego, sed ipse sibi plantavit in me. Dic, quod his, que dicta sunt, satis eque pollet, dic propria voce: Ecce ancilla domini, fiat michi secundum verbum tuum. Non sic Eva, non sic. Audivit illa nuntium mortis et consensit, et abiit et facto perizomate abscondit se a facie dei una cum perdito viro. —

Maria audito vite nuntio consentit nec se abscondit, sed magis approximat deo, se voluntati eius expandit dicens: Ecce ancilla domini. Quod est dicere, Presto sum ad omne, quod iubet dominus meus, cuius ancilla sum. Audi, qui de celo corruisti lucifer superbe, quia ancillam domini se vocat domina mundi. Quomodo subversus est, o miser sensus tuus, quomodo infatuata est omnis sapientia tua, ut servus esse despiceres dei summi et contradiceres domino factori tuo? Clarum in sapientia altum in gloria, spectabilem in decore, divitem in virtutibus te condiderat deus supra multos coetaneos tuos in genere tuo. Et gloriatus es, quasi non acceperis, quod habebas et existimasti inique, quod absque donatoris gratia obtinere posses dona ipsius. Erexit insuper te arrogantia tua, ut etiam ad equalitatem dei aspirares, et esse alter deus ab altissimo stulte affectares. Et quem, o insane, seductorem in hoc consilio habuisti, nisi te ipsum? Tu tibimet diabolus extitisti, tu temetipsum insanabili plaga vulnerasti. Mortis inventor primus tibi mortem intulisti, gladio superbie te ipsum confodisti. Ab initio in nobis homicida fuisti, sed prior in te ipso tuisque consortibus, si dici convenit, angelicida factus es. Quia enim nimis erectus es supra te, nimis quoque proiectus es infra te et penetrasti usque ad inferiores partes abyssi et usque in eternum non videbis lumen. Ecce autem Hebrea iuvencula superphilosophata est te, et prevaluit tibi in sapientia minor ille sexus, quem olim seduxit astutia tua. Electa est Maria in matrem domini altissimi, vocata est in reginam celi, ut sit post dominum altissima supra omnes angelorum choros omnemque simul creaturam. Et tamen inter hec sue memor conditionis non obliviscitur illud commonitorium sapientis, qui ait: Qui animo magnus es, humilia te in omnibus. Despicabile nomen serve sibi assumere non despicit, sed humillimo corde ancillam se vocat, dicens: Ecce ancilla domini, quod et alio in loco iterat, cum ait: Quia respexit humilitatem ancille sue. Discant ergo exemplo Marie, qui in domo domini ad sublimia vocantur humiliari magis deo subici, quam inflari, servire magis, quam imperare. Ament magis deo subici, quam hominibus dominari, ament magis divine, quam proprie intendere voluntati. Ecce, inquit, ancilla domini, fiat michi secundum verbum tuum. Intelligebat prudens virgo quod, sibi annuntiabatur futurum, toti mundo profuturum, ideoque dicebat: Fiat michi. Et credebat indubitanter, verbum Gabrielis verum esse et a deo processisse, ideoque confidenter dicebat: Secundum verbum tuum fiat michi, id est secundum, quod dixisti. More letantium hoc dicit, qui promissis sibi desiderabilibus bonis cum non dubitent ea sibi eventura, optant tamen ex affectu leticie, ut eveniant sibi. Et ecce o felix Maria omnium gloriosissima feminarum, sicut tibi dixit vera Gabriel et sicut credidisti, sicut optasti, gratia dei factum est tibi, que virum non cognoscens ex superveniente tibi spiritu sancto concepisti et peperisti filium, et vocatum est nomen eius Jesus. Et hic est magnus et vocatur et est filius altissimi verus filius dei, et data est ei sedes David patris eius, et regnat et regnabit in domo Jacob in eternum, et regni eius non erit finis. Hinc perpes gaudium tibi sit, o Maria et tibi Jesu magne benedictio sempiterna, tibi honor et gloria per infinita secula seculorum. Amen. —

---

3. Ekberts Trostschreiben über den Tod Elisabeths an die Nonnen von St. Thomas in Andernach.

(Folio 131r). — Epistola Eckeberti ad cognatas suas de obitu domine Elisabeth. Capitulum I. — Virginibus deo sacratis in Anturnacensi [1]) congregatione: Gude [2]), Hadewigi, Regelindi, propinquis et familiaribus suis frater Eckebertus ex cenobio Sconaugie orationis obsequium, ot dilectionis affectum. — Sinite, ut plangam paululum dolorem meum apud vos carissime mee, et suscipite verba lamentationis mee cum dulcedine compassionis. Paululum plangam, modicum lugebo iuxta amplitudinem vulneris mei, ne forte carnali affectu perturbari existimer, et reputetur ad insipientiam michi. En nostra Elisabeth, illa electa lampas celici luminis, virgo illustris et honorificata in habundanti gratia dei, splendida gemma cenobii nostri, dux nostri virginei cetus, heu, ante annos maturiores ex hac luce subtracta est. Que me peperit in lucem inexperte novitatis, que me traxit ad familiare ministerium Jesu domini mei, que ore mellifluo consolationes et instructiones dei de celo afferre solebat ad me, et gustare faciebat cor meum primicias dulcedinis abscondite sanctis in deo; hec irregressibilem abiit viam, et ecce non comparet super terram dulcedo anime mee, consolatio paupertatis mee et suave — condi- (folio 131v) mentum omnium laborum meorum. Merito ergo meroris cingulum precordiis meis accingo, dignum dilecta mea super te lamentum assumo. virgo gratiosa valde, amabilis, multum in suavitate sancta, qua te inunxerat spiritus dei. Exitum tuum inmaturum o filia gratie lugent interiora anime mee, et personant corde cordis mei carmen lugubre super te spiritui meo. Veruntamen non est dolor meus sicut dolor, quem pariunt caro et sanguis, ut nunc germanitatis causa, que carnalia sunt, lugeam, sed spiritalium deliciarum me communia dampna contristant, quas tu dei ministra inaudito modo multis administrare solebas. Per te celum mundo erat apertum et effluebant [1]) abscondita a seculis archana dei per organum vocis tue ad nos. et erat preciosius auro. dulcius melle eloquium tuum. Per te angeli nobis et nos angelis familiariter loquebamur, et affabiles nobis erant te mediante altissimi principes celi. O felix femina, quam multi reges et prophete voluerunt videre, que videbas et non viderunt. Patuit enim beatis oculis tuis sublime palacium celi, et pervidisti[2]) ante tempus communis visionis inaccessibilem claritatem regni immortalis. Gloriam civium celi notam nobis faciebas, et quasi ante oculos mentis nostre ponebas, et inflammabant non mediocriter beate narrationes [3]) tue corda nostra in desideriis patrie, quam expectamus. Vacillantes animos nostros [4]) in ministerio dei sepius confirmaverunt verba admonitionis tue, et fervore sancto laudationes domini multum nos amplificare faciebas. O quam multa pietatis opera per exhortationes tuas longe lateque per terras (folio 132[r]) facta sunt, quam [5]) multe electorum anime desideratis consolationibus per tuam negotiationem potite sunt. Benedicta filia tu a domino, quia fructuose inter deum et homines negociata es. O femina feliciter nata, quomodo perdiderunt te infelicia tempora nostra? Dei lucerna, quomodo extincta es mundo? Quomodo clausa es o clara fenestra, per quam prospiciebant oculi domini ad nos? Pium est, o electa dei, flere nos amissionem dulcis presentie tue, et pium est nichilominus congaudere nos beatitudini optime [6]) consummationis tue. Bonum quippe [7]) certamen certasti, et cursum martirii tui feliciter consummasti. Tota etenim vita tua ab annis tenerioribus, si recte animadvertatur [8]), vere martirium dici potest. Portabas siquidem iugum domini ab adolescentia tua, sub regulari disciplina semper ambulans in paupertate et multiplici tribulatione. Semper manus domini gravis fuit super te, nec defuit ullo tempore tibi visitatio superna premens animum et conterens miserabile corpus tuum pressuris et erumnis. quas dinumerare et agnoscere dignetur, qui solus laborem et dolorem considerat. Hilarem et patientem te exhibebas ad omnem flagellationem domini, et super dolorem vulnerum, quem tibi infligebat manus eius, semper adiciebas sacrificium spontanee afflictionis. Rivi [9]) innumerabilium lacrimarum tuarum domina. fatigationes genuum tuorum, divulsiones teneritudinis [10]) tue, quas sustinebas ab asperitate sagi, incisiones laterum, quas inferebat tibi[1]) duricia zone, incredibilis parcitas ciborum et innumera orationum tuarum holocausta maneant in recorda- (folio 132[v]) tione coram oculis misericordis dei, cui nuda et aperta sunt omnia. Ardorem sancti desiderii tui de se ipso nunc saciet[2]) fons vite, quem toto corde siciebas. Humilitatem spiritus tui, qua pre cunctis michi cognitis modica et abiecta semper in oculis tuis fuisti, respiciat et honorificet sublevator humilium deus. Benignitatem, quam erga adversantes tibi habere solebas, benignitas divina agnoscat, et ad condignam retributionem adducat. Anima lassa, anima contrita, et saturata miseriis erumnose vite, perge nunc in requiem diu desideratam, suscipiat te sinus pacis eterne. Amplectatur te dextera fidelis sponsi tui, foveat et alliget omnes contritiones tuas, ac donet tibi oleum gaudii pro luctu, coronam decoris pro cinere despectionis, pallium laudis pro spiritu meroris. Quo digressus sum a proposito meo ? In mente habebam o dilecte mee, ad quas sermonem dirigere cepi, describere vobis beatam consummationem care[3]) nostre, sed ex habundantia mesti cordis assumpsi querelam hanc ante propositam narrationem. Et nunc favente domino exequar, quod intendi, quoniam hoc vestre[4]) caritati gratum fore non diffido. —

(II). Erat ancilla domini adhuc in die Pentecostes[5]) consueto modo hilariter se habens, et sicut mos illi erat gratificare[6]) nobis omnem[7]) diem sollempnem letificabat nos revelationibus sacris enarrans nobis inter cetera, qualiter et qua hora singuli assistentium ministerio dei visitarentur a spiritu sancto. Tercia autem (folio 133[r]) feria[8]) post hec circa horam vespertinam subito incidit in languorem fortissimum, cepitque affligi per omne corpus tam graviter, ut mox conflueret ad eam tota congregatio invocans super eam auxilium domini, sicque in hac afflictione permansit pene per totam noctem. Die sequenti[9]) videlicet quarta feria, in qua sollempne ieiunium agebatur, congregatio fratrum processionem fecit in albis usque ad cellam, et portabamus nobiscum in scriniis cunctas reliquias societatis sancte Ursule regine, quatuordecim videlicet corpora[10]), que velut integraliter apud nos sunt, exceptis diversorum corporum portionibus multis. Celebrantibus autem illic nobis priorem missam festive[11]) de spiritu sancto, facta est in extasi, ac per longum tempus, ut referebant nobis sorores, quieta permansit, sicut mos illi erat in tempore excessus sui, quando aliqua ei divinitus revelabantur. Post hec autem, cum ad se ipsam redisset, sciscitabamur ab ea, quomodo se habuisset, et utrum aliquam consolationem a domino accepisset, et referebat nobis dicens: Vidi in visione spiritus mei sanctissimam dominam nostram, et proxime ei assistentes beatam Ursulam reginam, et sanctam Verenam, cuius corpus apud nos est, simulque omnes sanctas virgines, quarum reliquie huc allate fuerant, multitudinem videlicet copiosam, omnes mirifice coronatas et ingenti claritate vestitas, et habentes in manibus palmas victorie. Allocuta sum autem dominam nostram, que stabat in medio sancti agminis illius, dixique ad eam: Ad te, dilectissima domina, querelam facio ex toto corde meo super omni tribulatione mea. Habeto misericordiam (folio 133^v) super hoc, quod ego contrita et afflicta tam multis laboribus, tam innumerabilibus erumnis a iuventute mea usque ad hanc diem, etiamnunc tam intolerabile martirium sustineo in hoc miserabili corpore meo. Et respondit cum magna dulcedine, dicens michi: Dilecta mea! Dominus noster ita tibi hanc vitam constituit, ut contingat tibi pati in ea multas molestias multasque afflictiones ac magnam parvitatem, miserebitur autem tui et de omnibus bene consolabitur te. Voluntas eius est, ut per ista te purificet, ac talem te efficiat, ut, cum transieris de mundo, nichil de cetero molestie [1]) patiaris. Habeto ergo patientiam inter omnia mala [2]), que sustines, et nichil murmures adversus dominum in corde tuo, quia omnia in bonum tibi convertet. Aspice istas, que stant in circuitu mei [3]), quomodo coronate sunt et quantus est decor earum. Perpesse sunt angustias multas, et valde dura martiria propter dominum, et ideo non solum habent honorem ante deum, sed etiam ab hominibus multum honorificantur, et late eis in mundo servitur. Adiecit etiam et dixit: In veritate [4]) dico tibi, quod si possibile esset, ut uno die triginta vicibus combutereris usque ad cineres ac tociens iterum ad humanam integritatem redires, non sufficienter [5]) posses tali afflictione [6]) promereri gratiam illam et gloriam, quam dominus tibi conservavit in celis. Iterum dixi ad eam: Metuo domina, ne forte scandalizentur homines in infirmitatibus meis, et estiment, pro aliquibus gravioribus peccatis me ita torqueri, atque hac etiam occasione detrahere velint gratie dei in me, et diffidere his, que [dominus] [7]) operatus est [8]) (folio 134^r) mecum. [9]) Et illa rursum ad me: Nemo, inquit, sapientium faciet hoc. Ab illo tempore de die in diem magis invaluerunt infirmitates ancille domini, et quotidie aliquid nove molestie ei accidebat, maxime autem a doloribus vitalium coarctabatur, quibus nulla ope poteramus obviare. Refectione autem tam modica per [10]) languoris sui dies usa est, ut esset incredibile humanum corpus posse sustentari in ea per aliquod tempus; et idipsum, quod sumebat, importunitate tussis excutiebatur. Tam immobilis animi permanebat cunctis illis diebus usque ad exitum suum, ut nunquam vel semel ad lachrymas [11]) eam permovere possent lamenta sororum et familiarium eius timentium de morte ipsius, cum tamen facili ex causa in lachrymas prorumperet, dum adhuc incolumis esset. Si quando etiam remissius habere videbatur gaudentibus circa eam sororibus et verba letitie loquentibus, nullatenus tamen a severitate faciem relaxabat. Strato iacere aut somno quiescere non eam sinebat doloris vehementia. sed sedens pene nocte ac die imperturbato sensu mentis proinde iactabat multa, de quibus vix eam cogitare posse arbitrabamur. Narraverat nobis ante dies infirmitatis istius, quod quadam die solenni, dum adhuc incolumis esset, vidit in spiritu beatam dominam nostram, et in oratione sua devotissime illi commendabat vitam suam, et finem vite sue, dicens: Adiuves me, oro, sanctissima domina, propter clementiam tuam, ut rationabilis fiat exitus vite mee et ut (folio 134 v) nunquam mihi transire contingat de hoc mundo, quin omnia in me fiant, que pertinent ad obitum hominis Christiani. Et illa cum magna benignitate respondit ei dicens: Certa esse debes, quod obitus tuus non solum erit sicut hominis Christiani, sed sicut hominis sancti. Et vere hanc in ea promissionem per gratiam dei vidimus adimpleri. Nam et omnia [1]) sacramenta, que ad transitum Christianorum pertinent, plenarie ei exhibita sunt, ac preterea in tantum benedixit novissimis eius deus, ut evidenter singularis gratia eius in ea agnosceretur, et glorificaretur a multis. Videns enim ingravescere morbum super se. et considerans, se omnino destitui viribus corporis, vocari ad se petiit spiritualem patrem nostrum dominum abbatem et ipso presente totam congregationem sororum aggregari fecit ante se, et inter summos dolores quasi nihil sentiret mali, sedens cum magna fortitudine spiritus allocuta est eas longo et rationabili sermone, de quo, etsi presens essem, pauca verba hec in memoria mea permanserunt: Nolite, inquit, mirari, charissime, super infirmitatibus meis, sicut homines imperiti, neque diffidatis gratie dei in me propter castigationes eius, quas sustineo et sepe sustinui in medio vestri. Conscientia mea bona est apud dominum et certissime agnosco, quod per ea, que patior, preparat et exornat coronam meam dominus in regno suo. Ipse non propter merita mea, sed propter misericordiam suam iam ab annis pluribus operatus est in me magna et temporibus nostris inaudita. Et scio, quoniam multi sunt in populis, qui fideliter et benigne hec perceperunt, et per ea edificati sunt in bonum. multi vero diffidentes [2]) scandalizati sunt in iis, que audierunt de me, non illis imputet (folio 135 r) deus. vobis autem dico et confidenter affirmo per illud iter, quo ad regnum dei perrecturam me spero, quoniam hec, que vidistis in me et audistis ex me, veracia [3]) sunt et nihil simulationis aut fallacie ad hec unquam adhibui, [4]) dominus mihi testis est. Sint vobis ista pre oculis semper et estote emendate per hec amplius, quam ceteri hominum, ne forte imputet vobis dominus magis, quam aliis, qui non tam veraciter ista perceperunt. Gratias agite domino semper, et collaudate eum in omnibus mirabilibus suis, que operatus est mecum in conspectu vestro, quia in his singularem honorem vobis pre ceteris claustralibus prestitit. Concordes estote, et diligite invicem, et ordinem vestrum cum magna diligentia custodite, paupertatem vestram patienter sustinete. Anime mee fideliter et cum seria mente curam gerite, neque aliquid negligatis ex his, que pertinent ad debitum meum, pro eo, quod estimetis, non indigere me suffragiis orationum vestrarum. Hoc[1]) autem dico, quia sepe, qui religiosi videntur, negligi solent, dum hi, qui eorum bonam conversationem cognoverunt, cogitant, non eos magnopere indigere adiutorio ipsorum. Et cum anxie ista loqueretur, domnus abbas[2]) subiecit hec verbis eius, dicens: Confidimus, quoniam promissio domine nostre implebitur in te, qua tibi perpetuam quietem promisit post tribulationem hanc, veruntamen, quod postulas, nullomodo negligemus. Ad hec illa respondit: Promissioni dilecte[3]) domine nostre nullatenus diffido, sed nichilominus, quod meum est, facere debo et sollicite providere anime mee. Itemque ad sorores aiebat: Si quid in me, karissime, deum unquam offendistis, ipse in dul- (folio 135 [v]) geat vobis, et ego ex corde remitto omnem offensam. Vos quoque, si feci quicquam in vobis, quod facere non debui, queso, indulgete michi. Nondum ego quidem aliquid certitudinis accepi a domino de fine vite mee, veruntamen iustum est, ut habeam sollicitudinem de tutela anime mee, et disponam de his, que pertinent ad exitum meum, ideoque postulo unctionis sacramentum. Cunque hec et his similia multa supra[4]) vires suas locuta fuisset, petiit a domino abbate, ut advocari faceret plures ex senioribus presbiteris et inungeret eam, et sic factum est. Cunque post hec confessionem fecisset, distulimus consulto propter stomachi infirmitatem et tussis importunitatem dare ei dominici corporis sacramentum. Nocte vero sequenti in tantum aggravata est infirmitas eius, ut putaret, se continuo transituram, et dum anxiaretur propter dilationem dominici corporis, elevatis ad celum manibus oravit ad dominum dicens: Salvator mundi domine Jesu Christe, obsecro te per illam sanctam passionem tuam, in qua te totum[5]) expandisti super lignum crucis ad redimendum mundum, et ad amplexandum omne, quod redemisti, ut non me patiaris unquam de hoc mundo transire, antequam percipiam tuum sacratissimum[6]) corpus ad consolationem et munimen anime mee. Recordare domine, quoniam multociens[7]) illud suscepi cum intima devotione cordis mei et cum multa lacrimarum effusione, et non sinas, me in novissimis meis carere benedictione hac. Et dixit una sororum vigilantium cum ea: Memento domina, quod in quadam visione tua dixit ad te vox divina: Cepi et perficiam. Hinc ego confido, quod non sinet (folio 136 [r]) te dominus sic ex inproviso transire, quin adhuc aliquam manifestam consolationem ab eo percipias et maiorem certitudinem finis tui. Et gratanter accepit[8]) responsionem hanc. Exaudivit autem dominus desiderium eius, quoniam tunc dilatus est transitus eius, et tribus vicibus[9]) postea communicavit ante finem. Estimans autem ego posse adiuvari eam arte medicine. et metuens, ne forte ad insipientiam et inhumanitatem mihi imputaretur, si negligerem attemptare hoc, perrexi cum festinatione in urbem Moguntiam consulere medicos et comparare medicinas. Sed sicut erat voluntas domini, tollere eam de hoc mundo, nichil ex omnibus, que requirebam, inveni. Ipsa autem nocte, qua eram ibi [1]), infirma nostra solito more erat sedens in lecto et sorores cum ea vigilantes. Circa medium autem noctis, cum diligentissime dominum orasset, et finem suum ei commendasset, cepit graviter anxiari, et ita a priori statu mutari. ut iam putaretur transitura, et post multam anxietatem in extasim venit. Sorores ergo, que in circuitu erant, undique eam aspicientes nimium stupefacte, et finem adesse putantes, discurrere ceperunt, alie ad afferendum cilicium, in quo deponeretur, alie ad evigilandum conventum sororum. Que cum venissent, iterum attrahere spiritum cepit et redire ad se ipsam. Et dixit cum silentio ad unam sororum, que proxime ei accumbebat tenens eam in brachiis: Nescio, quid michi est. Lux illa, quam ex consuetudine in celis aspicio, dividit se. Et amplius non adiecit. Tunc singule sororum procumbentes ante eam, veniam pete- (folio 136 v) bant ab ea, rogantes, ut omnem offensam eis indulgeret. Hoc autem illa cum magna benivolentia ac prudentia faciebat et e converso se ipsam, quantum potuit, humiliavit [2]) ad illas, [3]) tanta discretione per omnia utens, ut manifeste spiritus sancti gratiam in ea considerarent. Tunc una sororum interrogabat eam secreto dicens: Karissima, nunquid adhuc aliquid vobis [4]) signi demonstratum est a domino. aut aliquam vocem percepistis, [5]) unde possitis [6]) agnoscere finem vestrum? [7]) Et dixit: Nondum quicquam tale percepi. Post hec dixit sororibus, ut abiret conventus ad cantandas matutinas, tempus enim iam erat. Et dum sorores, que erant in circuitu eius, psallere cepissent, iterum in extasim venit. Et cum iam complevissent officium matutinale, respiravit et ad se ipsam reversa est, et dixit quibusdam illarum, ut irent quiescere. Et manentibus cum ea his, que maxime familiares erant, dixit una illarum: Karissima! dicite [8]) nobis, si potestis, [9]) qualiter vos [10]) habueritis [11]) in hac extasi, et si aliquid vobis [12]) a domino revelatum est, aperite [13]) nobis. Et dixit: Nondum possum, paululum expectate. Et cum aliquantulum collegisset vires ad se, dixit: Visiones sanctas, quas olim in summis festivitatibus videre solebam, et de quibus michi dictum erat ab angelo dei ante plures annos, quod non essem eas visura usque ad obitus mei tempus, nunc mihi dominus demonstravit. [14]) Hoc ergo est mihi certissimum indicium finis mei. Rogo tamen, ut adhuc sileatis super hoc, neque multum diffametis. [15]) Post hec, cum conventus sororum iam matutinas decantas- (folio 137 r) set. venit una ex maturioribus, et [16]) dixit ad eam: Dic nobis dilectissima, si aliquid a domino consolationis accepisti. Et respondit: O quam bonam consolationem accepi. Et quia vires non habebat dicendi, sorores, que audierant ab ea. dicebant in audientia ipsius tam illi, quam ceteris, que iam confluebant, quenam fuisset visio, quam viderat. Et factus est fletus magnus inter eas. Tunc confortata spiritu et sedens allocuta est omnes hoc modo: Dilectissime mee! in hac re certitudinem habete finis mei, et testimonium verum omnium eorum, que dominus mecum operatus est. Rogo et admoneo vos, ut stabilem fidem adhibeatis his, que fecit dominus coram vobis in me, neque diffidatis unquam, et ego credo operibus eius, et testimonium eis perhibeo morte mea. Ipse hactenus operatus est in me, et usque in finem operatur, vos illi semper gratias agite singulariter super omnibus his. Semper insidiatus est mihi Sathanas, et multos laqueos posuit mihi, et scio, quod etiam post obitum meum non desistet adversari michi, et corrumpere famam meam, et obscurare ea, que fecit dominus mecum. Ego ab adolescentia mea multa passa sum inter vos dura et intolerabilia corpori meo in infirmitatibus multis, et penuria magna[1]) necessitatum mearum, et in laboribus, quos sponte[2]) assumpsi Et postquam cepit dominus singularem gratiam suam ponere in me, graviora passa sum, quam prius, non specialiter propter aliquas iniquitates meas, sed ut per meos labores, quos foris vidistis, in me conprobarentur ea, que occulte dominus michi demonstravit, ut tanto magis credibilia essent (folio 137 [v]) tam vobis quam aliis hominibus. qui hec erant percepturi. Tunc sorores unanimiter ad eam dixerunt: Domina dilectissima, quando quidem iam amplius habere non possumus vos[3]) ipsam, rogamus, nt denominetis[4]) nobis aliquam personam inter nos, que magisterium super nos cum dei voluntate possit habere, et hanc cum omni benivolentia gratantissime suscipiemus. Et dixit: Consilium meum est, ut ipsam, que post me prioratum[5]) habuit inter vos, et bene atque competenter omnia fecit, que ad officium ipsius pertinebant, assumatis in locum meum. Ipsam honorate et diligite, et subportate eam propter dominum, quamdiu vobis[6]) dimiserit eam. Novit dominus, quod non propter cognationem, que est inter me et illam, aut propter singularem aliquam dilectionem hec dico, sed quia confido, quoniam[7]) ita placitum est domino,[8]) et expediens erit vobis. Dominus de cetero vos consoletur, et per omnia vos edoceat, que placita sunt illi. Susceperunt autem gratanter consilium eius, et ipsam, quam denominaverat, postea a domino abbate postulaverunt sibi dari in magistram, et consensit peticioni earum.[9]) Cum autem finem fecisset verborum, quibus sorores alloquebatur, dicebat ad eas, que familiariter ei ministrabant: Heu! quid fiet de fratris mei absentia? Heu, super medicinis, pro[10]) quibus michi negotiatur. Quid ad me pertinent medicine? Mittite, obsecro, cum omni festinatione nuntium ad revocandum eum. Et sic fecerunt. Erat autem feria quarta. Mane autem facto mox advocatus est dominus abbas, et sedente eo (folio 138 r) coram ipsa narraverunt ei sorores visionem, ex qua de morte sua certificata fuerat. Nam et ipsa ad narrandum vires non habebat. Qui cum audisset narrantium verba, dixit ad eam: Nunquid ita se habent ista?[1]) Et ait: Ita, mi domine, et hinc habeo certissimum testimonium mortis mee. Mox ergo ipse ad servitium dei accedens, de sancta trinitate officium celebravit pro eo, quod sancte trinitatis misterium sibi ancilla domini in visione prefata revelatum fuissse testabatur, eo modo, quo et ante decennium ei fuerat demonstratum in eadem visione. Expleto autem divino officio, sancta eam communione munivit, et dicta est letania cum multa devotione tam fratrum quam sororum ubertim lacrimantium super eam. Post hec circa horam nonam adveni ego, et cum multis omnium lacrimis susceptus sum, ita ut eam iam obisse estimarem. Quod cum requisissem ab his, qui michi lacrimantes occurrerunt, et adhuc vivere eam dixissent, eram adhuc sperans de vita eius, et cum intromissus fuissem, sedentem inveni et loquentem, et tantarum lacrimarum, que erant in circuitu eius causam vehementer admiratus sum, nullam adhuc videns similitudinem mortis. Et cum paululum sedissem coram ea, allocuta est me dicens: En, morior,[2]) dilectissime frater, et nullatenus ad hanc vitam convalesco. Et ego corde percussus in hoc verbo, aio ad eam: Unde hoc nosti carissima? Et ait: Visionem illam magnam, quam ante plures annos videram, et[3]) de qua dictum fuerat mihi, quod non eam essem visura usque ad finem vite mee (folio 138 v) dominus michi nocte ista ostendit, et hinc certa sum, quoniam finis vite mee advenit. His auditis ego visionem recognoscens, et verba angeli, que[4]) de fine vite eius predixerat, in memoriam revocans, utpote, qui omnia[5]) propriis manibus scripseram,[6]) continuo omnem spem sanitatis eius et vite deposui. Et cum ab intimo cordis dolore lacrimarer coram ea, nullam omnino doloris similitudinem faciebat, sed immobili permanens animo, dixit ad me: Scito dilectissime,[7]) quia nulla est tristicia mihi pro discessu meo, et quia absque omni dolore separor a te, quamvis pre cunctis[8]) hominibus dilectus fueris mihi, quoniam super omnem cibum et super omnem potum esurio et sitio regnum dei. Et dixi: Non ego nunc presumo ad similitudinem prophete: orate, ut fiat spiritus tuus duplex in me, sed si simpliciter mihi dare spiritum tuum dominus vellet, sufficeret mihi. Et ait: Karissime! voluntas domini fiat in te. Post hec completa hora orationis nona, rursus advenit dominus abbas cum toto fratrum conventu, iterumque ipso inchoante dicta est letania cum multis lacrimis, et post benedictiones factas super eam, rogavit illa dari audientiam sibi ab omnibus. Et sedens constanti animo allocuta est nos, et gratias agebat omnibus nobis pro omni[9]) beneficientia sibi impensa, et pro cunctis laboribus, quibus laborassemus circa ipsam, et exhortata est nos prudentissime ad concordiam, et ad tolerantiam paupertatis, et ad serviendum domino indeficienter. Unusquisque, autem [1]) inquit, vestrum pro se studiosus sit, ne in ipso defectum habeat servicium (folio 139 r) domini. Scio autem et sepius michi revelatum est a domino, quod benedixit dominus locum istum singulari benedictione, et non deficiet in eo laus eius, et cultus eius usque in novissimum tempus. Vos ergo singularem ei gratiarum actionem semper exhibete pro eo, quod specialiter locum istum pre aliis claustris honoravit per eam gratiam, quam in me operari dignatus est. Et cum multa in hunc modum exhortata fuisset, ad me quoque exhortationem adiecit, rogans et suadens, ut stabilitatis perseverantiam servarem, neque aliquando vellem derelinquere locum, etiam si contingeret vocari me ad locum honorabiliorem et magis opulentum. Omnes autem gratantissime suscepimus verba admonitionis eius, quoniam manifeste in ea operari spiritum domini considerabamus. Et dixit ad eam dominus abbas: Ammonitiones tuas, dilectissima, gratas habemus. Rogamus autem, ut, postquam ad dominum migraveris, nos illi diligenter commendes ipsumque semper exores [2]) super locum hunc, ut habeat eum in tutela et pace sua. Et annuit humiliter [3]) peticioni eius. Post hec, coniunctis ad invicem manibus, extendit eas ad ipsum, et ait: Domino deo [4]) creatori meo commendo animam meam, et post ipsum vobis [5]) dilectissime pater, et rogo, ut ipsi eam in novissimo die presentetis, [6]) quia vestra [7]) spiritualis filia sum, et vos, [8]) sicut debui, dilexi, et obedientiam debitam vobis [9]) servavi. Qui eam cum lacrimis suscipiens ait: Spero, quod letabunde offeram te domino. Post hec rursum illa ait: Non miremini, quod sic anxie tracto de cunctis, que pertinent (folio 139 v) ad exitum meum, quia necesse est, hoc me facere, dum adhuc aliquas vires habeo, ne forte, cum defecerit omnino virtus mea, in aliquo imparata inveniar. Discedente autem ab ea domno abbate ait: Maneat super vos [10]) dilectissime pater benedictio illa, qua benedixit dominus salvator discipulos suos, quando ab eis ascendit in celum. Singulos quoque fratrum indefesso animo allocuta est, commonens eos de profectu virtutum, et orationibus eorum se commendans, neque solum presbiteros interpellans de offerenda pro se hostia salutari, sed et diaconos, cum ad gradum altiorem ascendissent. Petentibus autem singulis, ut aliquos psalmos illis commendaret dicendos in memoriam ipsius, primum illorum rogabat, ut ob consolationem, quam sperabat a domino consequi de tribulationibus suis diceret psalmum: In convertendo dominus captivitatem Syon, alteri vero commendabat psalmum: Lauda Jerusalem dominum, alii: Lauda anima mea dominum, alii: Laudate dominum, quoniam bonus, [11]) psalmus, alii: Te decet ymnus deus in Syon, alii: Fundamenta eius in montibus sanctis, alii: Deus in nomine tuo, alii: Dominus regnavit, exultet.[1]) Mirabamur autem inter hec vehementer animi eius fortitudinem et plenitudinem sensus, considerantes infirmitatis eius magnitudinem, et defectum corporalis virtutis. A principio enim infirmitatis sue pene nullo usa fuerat[2]) cibo, qui non excuteretur a stomacho eius a tussis importunitate. Ab illa autem quarta feria, qua de morte sua certificata est, usque ad decimum diem, quo obiit, nulla omnino refectione (folio 140 r) usa est, nisi sola frigida aqua, excepto, quod quadam die cogentibus nobis pauca fraga sumpsit, et modicum pomi unius, sed hec ipsa non retinuit. Sorores quoque circa se aggregatas post hec longo sermone allocuta est, monens diligenter de omnibus, que necessaria erant, cunctisque singillatim deosculatis, in fine sermonis adiecit dicens: Karissime mee, angelus domini, qui mihi in custodiam delegatus fuit, magnam circa me diligentiam habuit semper, et multa mihi bona ostendit, et tam vos, quam alios multos per me sepius consolatus est cum magna benignitate. Unde rogo, ut gratias illi semper agatis, et speciale ei obsequium singule exhibeatis, ac dicatis ad honorem eius cottidie psalmum: Dominus regnavit, exultet terra.[3]) Quinta autem feria in tempore divini officii dominum salvatorem diligenter invocabat, quem se videre testabatur in ea visione, que descripta est in libro viarum dei,[4]) petivitque ab eo, ut ab intolerabili vinculo languoris sui misericorditer absolveret eam. Ad quod repondit ei dicens: Cito venio et absolvo te. Sabbato quoque post hec, dum divinum officium de domina nostra celebraretur, eamque in supernis aspiceret, et de absolutione sua similiter ei supplicaret, dixit ad eam: Hec infirmitas tua est ad mortem.[5]) et visio, quam vides, non auferetur a te, sed eris videns eam usque ad horam, qua veniam ad te cum honorabili comitatu, et suscipiam animam tuam, et deducam eam ad refrigerii locum, ubi requiescat a cunctis laboribus suis. Erat (folio 140 v) autem tota illa die in nimio defectu, et beate domine nostre, quasi presens esset, continue intendens, et voce tenui ac miserabili iugiter eam inclamans. Nocte autem dominica aliquantulum confortata est spiritu post desideratum adventum sororis nostre mulieris deum timentis, quam ad exequias eius vocaveram ex longinquo. Tunc congregatis in circuitu eius sororibus, sicut erat sedens lecto,[6]) levatis sursum oculis, et tota intentione cordis cum magna sanctorum verborum affluentia oravit dominum dicens: Domine creator meus, liberator meus, salvator meus, susceptor meus, tue sancte maiestati, tue individue trinitati commendo animam meam ad suscipiendum, ad consolandum, ad salvandum.

Rogo te domine per tuam sanctam incarnationem, per tuam sanctam nativitatem, circumcisionem, oblationem, baptismum, passionem, resurrectionem, ascensionem, per adventum spiritus sancti, per tuum iudicium futurum, ut me digneris absolvere ab his vinculis meis, et animam meam illuc velis perducere, ubi consolationem recipiat de omnibus tribulationibus suis. Et cum multa in hunc modum orasset, addidit usitatas laudationes domini dicens: Te deum patrem ingenitum, te filium unigenitum, te spiritum sanctum paraclitum, sanctam et individuam trinitatem, toto corde et ore confitemur, laudamus atque benedicimus, tibi gloria in secula. Benedicta sit creatrix et gubernatrix omnium sancta et individua trinitas et nunc et semper et per infinita seculorum secula. Itemque addidit dicens: Commendo animam meam domine mee sancte Marie perpetue virgini ad (folio 141 r) suscipiendum, et consolandum et conservandum, et [1]) sancto Michaheli et universo exercitui [2]) celi, sancto Johanni Baptiste, et sanctis prophetis omnibus, et sancto Johanni Evangeliste, sancto Petro, cunctisque sanctis apostolis, sancto Stephano, cunctisque sanctis martiribus, sancto Nicolao, et omnibus sanctis confessoribus, sancte Margarete et omnibus sanctis virginibus, omnibusque [3]) sanctis dei [4]), ut sint mihi intercesssores apud dominum, et animam meam, cum de hac vita migraverit, suscipiant et adiuvent eam apud dominum, ut ibi collocetur, ubi cum sanctis animabus consolatione perpetua frui mereatur. Et cum omnes sorores dixissent: Amen, salutavit dominam nostram, dicens: Salve regina misericordie, vite dulcedo et spes nostra salve; ad te clamamus exules filii [5]) Eve, ad te suspiramus gementes et flentes in hac lacrimarum valle, eia ergo advocata nostra, illos tuos misericordes oculos ad nos converte et Jesum benedictum fructum ventris tui nobis post hoc exilium ostende, o clemens, o pia, o dulcis Maria! Alma redemptoris mater, que pervia celi ‖ porta manes [6]) et stella maris succurre cadenti ‖ surgere, qui curat populo, tu, que genuisti, ‖ natura mirante, tuum sanctum genitorem, ‖ virgo prius, tu [7]) posterius Gabrielis ab ore ‖ sumens illud ‖ Ave, peccatorum miserere. [8]) Te sanctum dominum in excelsis laudant omnes angeli dicentes: Te decet laus et honor domine. Cherubin quoque et Seraphin: Sanctus proclamant et omnis celicus ordo dicens: Te decet. [9]) Salvator mundi salva nos omnes, sancta dei genitrix, virgo semper Maria, ora pro nobis, precibus quoque sanctorum apostolorum, martirum et confessorum atque sanctarum virginum suppliciter petimus, ut (folio 141 v) a malis omnibus eruamur, bonisque omnibus nunc et semper perfrui mereamur. Ad hec et [10]) dominicam orationem addidit, et symbolum et confessionem ad circumstantes, et novisime adiecit dicens: Domine deus meus, tu digneris suscipere omnia verba mea, que dedisti michi, quia nullatenus ea habere potuissem, nisi tu mihi prestitisses. Et dictis omnibus his, totis viribus defecit, ita ut iam moritura videretur, ac diu in eo defectu permansit. Sicut autem illi promiserat domina nostra, erat, ut referebat nobis, continue videns visionem, que in prefata quarta feria apparuerat ei, sed aliquibus temporibus manifeste magis, quam aliis, ita ut nonnunquam de supernis lucem magnam usque ad se effusam aspiceret, ac dominam nostram cum aliis plurimis sanctis in tantum sibi appropinquare videret, ut iam se estimaret transferendam. Cunque accideret hoc ei, toto sensu et totis viribus illuc convertebatur neque loquelam habere poterat, aut ullam attentionem ad nos, ita ut iam adesse finem eius estimaremus. Cum autem post unum, aut post duos dies loquelam recepisset, cepit conqueri miserabiliter dicens: Heu! quid fiet? heu! quid fiet? et hoc [1]) sepius repetebat. Interrogantibus autem nobis, cur hoc diceret, ait: Quos videbam mihi appropinquare, et de quibus estimabam, quod iam tollerent animam meam, iterum altius [2]) ascendunt, et elongantur a me, et nondum me attollunt. [3]) Hoc autem sepius infra illos decem dies contingebat. Una autem die videbat angelum domini, qui familiaris ei erat, assistentem sibi ac dicentem (folio 142 [r]): Quod ita dominus transitum tuum prolongat, ideo facit, ut tanto a pluribus glorificetur in te. Et quidem ita factum est. Nam multi tam ex vicino quam ex longinquo, qui agnoverant gratiam domini in illa, audientes verbum, quod exierat de instanti fine eius, cottidie affluxerunt cum magno desiderio videndi eam. Et quamvis non habeamus consuetudinem admittendi extraneos ad infirmos nostros, ex consilio tamen plures, qui inportuni nobis erant, edificationis causa admissi sunt, metuentibus nobis, ne forte ex hoc ipso aliquid suspicionis conciperent, si ab omnium aspectibus diligenter fuisset occultata. Illa autem patientissime hoc ferens, et infirmitatis acerbitatem animi fortitudine dissimulans, sedere coram illis ac secundum, quod illis competebat, de salute sua admonere non pigritabatur. [4]) Hortabatur siquidem clericos, qui in presbiteratu erant, irreprehensibiliter vi[illegible], ac bonis exemplis populum edificare, quibus et dicebat: [illegible]trum est, dilectissimi [5]) domino vos exhibere familiares magis ceteris hominibus per bonam conversationem et sanctum ministerium vestrum, quatinus in regno suo post hanc vitam sibi familiarius vos adiungat. Eos vero, qui non in eo ordine erant, hortabatur, non subtrahere a familiaritate domini, sed benivole se exhibere promotioni ad sacrum ministerium dei, et de his, que sunt dei, sollicitos esse. Militares quoque personas hortabatur tueri plebem, subvenire oppressis, bonorum suorum decimas dare, abstinere a rapina (folio 142 [v]), a vestium scissura et pertusione, necnon a fornicatione, affirmans fornicatores non solum feriri penis gehenne post hanc vitam, sed et [6]) in hoc seculo prolis infecunditate aut nimia infelicitate. Popularibus quoque suadebat fidelitatem servare dominis suis. et sibi invicem. et paupertatem suam patienter sustinere, et pro posse elemosianas dare, devotos esse ad visitandas ecclesias, et ad invocandum dominum creatorem suum. Non solum autem presentes hortabatur in bonum. sed absentibus quoque nonnullis monita salutis mandabat, et detractionis offensam longe positis remittebat. Cunctos vero communiter deprecabatur, ut post obitum suum in orationibus et elemosinis sui [1]) memores essent. Denique. si cuncta racionabilium sermonum eius verba sanctasque orationes, quas faciebat illis diebus, singillatim prosequi velim, certe non mediocris libri volumen struere me [2]) continget. Erat autem omnibus non parva admiratio super prudentiam [3]) eius. et glorificabant virtutem dei in illa, cuius solius operatione id fieri poterat. ut tam fragili corpore ancilla domini tanto tempore sustineret absque omni alimento vivere. et nichilominus sic sederet. affluens sermonibus tante discretionis. Juxta peticionem eius fecit ei dominus in hac re. Nam sicut referebat nobis, sepe a domino postulaverat in orationibus suis, ut in fine ei prestaret sobriam infirmitatem, et que edacitatis expers esset. Singulis autem diebus ad tantum veniebat defectum, ut nichil aliud nisi finem eius expectaremus. et vel bis vel (folio 143 r) amplius dicebatur letania super eam. nec non et [4]) evangelia passionis dominice recitabantur. Sicut autem ad passionem domini magnam semper habuerat devotionem, ita dominus et diem et horam passionis sue defunctioni eius destinavit. Nam in sexta feria mane dicebat his, que in circuitu eius erant: Hodie omnes, qui michi familiares sunt, diligentem michi custodiam exhibeant, quia prope est hora mea. Et cum removeri fecisset lectum, erat sedens in pulvillo et innixa uni sororum, et familiariter loquens lacrimabilia multa cum his, que [5]) aderant usque ad horam sextam. et exinde cepit laborare spiritus difficultate. Tunc ergo adveniens dominus abbas cum presbiteris. rursus eam munivit benedictionibus et letania. Me autem suggerente ei de communione sancta, signum fecit mihi. quoniam gluciendi vires non haberet. Et quidem non hoc ei periculosum fore estimavi. si tunc abstineret, quia pridie communicaverat mea administratione. Post hec nobis discedentibus, dicebat illi soror. cuius pectori accumbebat: Tu nobis dilectissima indicare solebas de sororibus nostris morientibus. quali tempore adesset finis earum. et quando deponere eas in cilicium deberemus. Nunc vero idipsum de te scire non possumus. nisi ipsa indices nobis. Et ad hoc quidem siluit, et post pusillum me festinato advocari fecit. Et cum per modicum tempus coram ea. quod futurum erát, prestolarer. tam ego, quam frater noster clericus religiose conversationis, quem ad hoc (folio 143 v) ipsum ex longinquo vocaveram, cepit vocis officio destitui, et nichilominus orationes more solito ore volutare. levatis sursum oculis devote intendens ad superna. Novissime autem, quasi memor verbi, quod dixerat predicta soror de indicanda hora depositionis sue, extendit manum, et cum magna celeritate tribus vicibus nobis significavit, ut deponeretur super cilicium, quod erat stratum coram ea. Quod cum fecissemus, sic ea iacente in leni agone, dicta est letania semel a sororibus, secundo a domno abbate, et fratrum conventu, et [1]) post hec circa horam nonam quasi suaviter obdormiscens, reddidit spiritum domino quarta decima [2]) kalendas Julii. Tunc unus ex assistentibus presbiteris diligens eam in Christo, in hanc vocem cum lacrimis erupit, dicens: Proficiscere nunc anima sancta in requiem tuam. Ascende sicut virgula fumi ex aromatibus mirre et thuris, et universi pulveris pigmentarii. Intra in gaudium domini tui. Domine Jesu Christe, salvator mundi, suscipe animam, quam creasti, animam quam sanguine tuo redemisti. O Maria, mater misericordie, suscipe nunc ancillam tuam. O virgo virginum, agnosce nunc virginem tuam. Angele sancte, suscipe animam tibi commissam et deduc eam in pace, ubi requiescat a laboribus suis. Respexit autem dominus humilitatem ancille sue, que per omnia sibimetipsi [3]) despecta semper extiterat, et honorificavit deus novissima eius magnificis obsequiis populi multi, qui usque ad diem tercium dominicum videlicet, [14]) quo se- (folio 144 r) pulta est, undique per circuitum sponte confluxit. Et quidem, dum adhuc viveret et incolomis esset, frequenter de mortis sue appropinquatione loqui solebat, et optabat pia intentione dicens: Utinam migrare me contingat de hac vita sub tali tempore, quo nichil importunitatis aut molestie patiantur ab aeris intemperie, qui venturi sunt ad exequias meas, ac tanto maiori devotione memoriam mei agere possint. Quod et factum est. Non enim tota [5]) estate placidius illuxerat tempus, quam illo triduo erat, ut quamvis esset meror omnibus nobis super discessu eius, graciosa tamen quadam iocunditate perfundebantur omnium corda congratulantium beate consummationi [6]) eius. Quamvis autem immutabili consuetudine caveatur apud nos, ut nunquam extra limina celle procedat sororum congregatio, ob venerationem tamen singularis gratie dei, [7]) quam evidenter in ancilla sua operatus fuerat, placuit venerabili patri nostro cunctisque pariter fratribus, hunc illi singularem prestare honorem, ut cuncte pariter discipule venerabile funus magistre sequi, et obsequium ei in sepultura exhibere permitterentur. Igitur per manus earum, quas ad hoc ipsa denominaverat, nec non et Beatricis comitisse, [8]) que et infirmitati et funeri eius devota affuerat, reposita est in loculo secus altare omnibus sacris virginibus [9]) dedicatum in ecclesia beati Florini [10]) anno etatis sue tricesimo [11]) sexto, visitationis autem sue anno terciodecimo, ex quo eam visitave- (folio 144 v) rat paterna gratia domini dei [12]) nostri, qui in cunctis miserationibus suis sit benedictus in secula seculorum. Amen. —

Ut autem sciatis et visionem, per quam, ut supra dixi, ancilla domini de morte sua certificata est, ipsis verbis eam annotavi, quibus in libro visionum eius descripta est. [1])

---

4. Meditationes Eckeberti abbatis de Jesu et Maria.

— Verbum mihi est ad te rex [2]) seculorum Christe Jesu. Ausu caritatis alloqui te presumit [3]) factura manus tue, concupiscens decorem tuum et adire te [4]) gestiens. Desiderate cordis mei! [5]) usquequo sustinebo absentiam tuam? Expectationem faciei tue, quanto tempore feram? Usquequo ingemiscam et stillabit post te [6]) oculus meus? Amabilis domine, ubi habitas? ubi est diversorium [7]), in quo letus [8]) recumbis inter carissimos tuos? et sacies [9]) eos manifestatione glorie tue? Quam [10]) felix, quam illustris, quam sanctus, quanta appetendus est concupiscentia locus ille deifice voluptatis, locus perennium deliciarum. Non accessit oculus meus neque [11]) appropinquavit cor meum usque ad multitudinem dulcedinis tue, quam intrinsecus abscondisti filiis tuis; solo eius odore foris utcunque sustentor. Spiramentum suavitatis tue [12]) de longinquo venit ad me, et est michi super odorem balsami et fraglantiam [13]) thuris ac [14]) mirre cunctique generis suavia odoramenta. [15]) Concupiscentias [16]) mundas parit in me, quarum est adustio [17]) dulcis, vix portabilis tamen. Quid enim michi est in celo? Quis est thesaurus tuus [18]) in illa celica cella? Que est hereditas mea in terra viventium? Nonne Christus dominus meus unica salus mea, totum bonum meum, plenum gaudium meum? Et quomodo continere potero cor meum domine, ut non amem [19]) te? Si non amavero te, quid amabo? Si transtulero amorem meum a te, ubi illud [20]) digne collocabo? Desiderabilis domine ubi extra te requiescent desideria mea? Si uspiam extra te pedem extenderit amor meus, pollutus erit. Si a te desideria mea declinaverint, vana erunt. Non [21]) tu amabilis et desiderabilis es super omnia, que amari possunt et desiderari? Abs te habet, quidquid habet omnis creatura [22]) decoris et pecus. [23]) Et quid mirum, si omnia solus precellis? [24]) Tu inter astra excellenti solem claritate vestisti, et clarior sole tu es. Immo quid est sol, quid est omnis lux ad tui comparationem, nisi tenebre? [25]) Ornasti celum sideribus, empirium angelis, aera volucribus, piscibus aquas, terras [26]) herbis, [27]) floribus et virgultis, sed non est species neque decor omnibus his in tui comparatione, o fons universe pulchritudinis Jesu. Melli dulcedinem suam prestitisti et dulcior melle tu es. Vino saporem suum indidisti et sapidior vino tu es. [28]) Oleo suavitatem dedisti, et tu suavior oleo. [29]) Aromatibus cunctis odores suos inspirasti et est o Jesu odor tuus super omnia aromata suavis et gratus.[1]) Aurum inter metalla preciosum et pulchrum[2]) in singulari excellentia a te conditum est, et hoc, quid est comparatum impreciabili domino[3]) et immense claritati,[4]) in quam desiderant angeli prospicere? Opus manuum tuarum est omnis lapis preciosus et desiderabilis ad videndum, sardius,[5]) topazius, iaspis,[6]) crisolitus, onix et berillus,[7]) carbunculus et smaragdus et hec quid sunt nisi festuce ad tui comparationem o rex decore nimis et multum amande? Tue operationis sunt gemme vive et immortales, quibus o sapiens architecte in exordio seculorum aulam superethercam pulchre distinxisti et[8]) laudem et gloriam patris. Per te milium milia ad implenda[9]), patris ministeria alacri discursu iugiter maneant[10]) inter celum et terram quasi apes negotiose inter alvearia et flores, disponentes omnia suaviter, populus accinctus, nesciens labem, nesciens in obedientia[11]) moram. —

Per te centena decies milies milia assistunt in secularia uranici templi, intendentes vultui maiestatis claro te in reflexibili visu; ac personantes armoniam incessabilis ymni in gloriam trine et simple divinitatis.[12]) Per te Seraphin ardet,[13]) per te Cherubin lucet,[14]) per te iudicant throni. —

Tu deus noster ignis es innoscue ardens, et a tue divinitatis immediata approximatione totus caritate ignitus, et flammea choruscatione vestitur sacer ordo Seraphin, qui et sui suavis incendii exuberantiam[15]) spargit in ceteras inferius tibi militantes amministratorias phalangas, quarum de plenitudine utcunque et[16]) gustamus et nos. —

Tu deus vera lux es, et suscipiunt montes[17]) lucem populo tuo, dum[18]) thesauros sapientie et scientie in te reconditos ad intuentes te e vicino oculos Cherubin per te ipsum large effundis,[19]) ac per eos dirivari facis ad illuminandas subordinatas illis[20]) electas[21]) lampades ammirabilis tabernaculi tui, que ante faciem tuam domine inextinguibiliter lucent. Tu rex regum et iudex iudicum magne et metuende excelsos et elevatos insides tronos, solam super se habentes celsitudinem tuam, sedes vivas, suaves, pacatissimas, summe tranquillitatis uniformitate compactas, per te discernentes oculta veritatis, per te iudicantes iudicia[22]) equitatis. Dominator[23]) domine, te dominationum sublimitas sancta adorat singulari libertate animum in divina extendens, atque inter prenobiles aule tue heroas, per te primatum agens alti dominii sine altitudine factus.[24]) Nobile decus principum, per te celsus ordo principatuum non invidiosa precellentia principatus super militiam celi, cui ad explenda divina ministeria iuxta preceptam[25]) intrinsecus cordis tui[26]) dispensationem dulcis magisterii prebet ducatum.

Tua est potentia potestatum domine prementium in[27]) flammeo zelo colla tartaricorum principum et te in illis metuunt.

ne quantum volunt, valeant perficere mali in perniciem nostram. Tua est o virtus patris omnis mirificentia beatarum virtutum, quarum agitur ministerio, ut te[1]) miretur omne seculum et obstupescens in mirabilibus tuis exclamet, indicat:[2]) Omnia, quecunque voluit, dominus fecit in celo et in terra, in mari et in omnibus abyssis.[3]) Tua est, o Jesu, magnificentia archangelorum, in quibus multe dignationis [opus][4]) operatur benignitas tua, dum[5]) gloriosos palatii[6]) tui satrapas destinare non spernis in hec[7]) mundi extrema ad suffragandum parvitati nostre, qui comparati sumus luto et assimilati sumus[8]) faville et cineri. Per hos quippe tuo iussu[9]) summa nostre salutis amministrantur negotia, summa superni consilii ad nos deferuntur archana, per hos sanitates mortalium procurantur, per hos consistunt regna et imperia mundi. Inter quos precipuum novimus tuum Michaelem nobilem signiferum celi, qui stat pro facie dei viventis, extendens rumpheam propugnationis, ac voce terrifica intonans: Quis ut deus,[10]) super eos, qui ex adverso sunt. Sed et illa felicium angelorum amabilis innocentia, nonne preciosum opus digitorum tuorum est, o dei sapientia?[11]) Unde adornasti eos, quasi incoruptibili vestitura in die, qua condidisti eos in opus sacri ministerii tui? Hi[12]) sunt viva sydera superioris celi, lilia inferioris paradisi, rose plantate super aqua[13]) Siloe, que fluit[14]) cum silentio. Tibi[15]) mentium radicibus immobiliter herent.[16]) o flumen pacis, o deliciarum ager, o sapientia sola, girum celi circuiens, et[17]) ex te lucent, candent et rutilant in sapientia multa, in castitate virginea, in caritatis ardoribus sempiternis. Florida hec tua iuventus, domine, fideliter in nostra tibi infirmitate deservit,[18]) dum in his tenebris mundi gressus nostros pedagogica[19]) manuductione dirigit, dum hostiles incursus a nobis propellit, dum voluntatis tue nobis[20]) secreta nuntiat, dum ad bona queque mentes dissolutas roborat, dum orationum nostrarum thimiamata ad aram auream transfert, et faciem pii patris pro nobis semper exorat. Ita pater et[21]) de nobis adhuc longe agentibus aliqua tibi est cura, et si quid precii habet hec dracma decima olim a sinu tuo elapsa, et nunc tandem in laboribus tuis[22]) requisita, hoc tui, bone Jesu, pii muneris est. Si quid dulcisione vocis habet hec decima chorda dominice laudationis, hoc tuus in ea suavis contactus operatur, dum in psalterio decachordo psallis gloriam patri.[23]) Psalle, ut psallis, domine, modulare dulce melos patri velocibus articulis multiformium gratiarum. Tange novem illas purissimas chordas in celo, que triste nihil unquam sonuerunt, tange et decimam istam gravem, cuius superior quidem portio iam pertracta ad te leticiam sonat, inferior vero adhuc terre adstricta[24]) mestos novit reddere sonos. Cuncta virtutis tue opera, o deus unigenite, dum attenta mente considero, stupens expavesco, quia multum[25]) per omnem modum in eis gloriosus apares. Magna enim et pulchra et bona sunt valde, sed ad tui comparationem quasi nichil et inane reputantur.[1]) Celi et terra et omnis ornatus eorum te auctore et gubernatore subsistunt, et te potentem ac metuendum, sapientem et pulcrum, bonum et amabilem omnia predicant, et quantum lux tenebras, tantum cuncta[2]) solus precellis. Et tu michi[3]) in celo servatus es[4]) dominus meus, et merces servi tui, ipse dator et donum salutis, quam a te expectat anima mea. Et a te quid volui super terram?[5]) Quid volui de celo in cenum?[6]) Quid melius, quid[7]) amabilius te existimari[8]) super terram,[9]) ut abstraerem cor meum a te ad concupiscendum quicquam[10]) absque te?[11]) Cur amavi, quare concupivi in omni vita mea quicquam preter Jesum[12]) dominum meum? Quare detuli[13]) cur intermisi ullo tempore te, Jesu, versare[14]) in corde meo te[15]) tota mente amplecti et delectare[16]) in tua dulcedine omnia interiora spiritus mei? Ubi eram, quando tecum mente non eram? Quo diffluxerunt,[17]) quando non te solum adierunt[18]) desideria mea? Deus vite mee, quam vane consumpta sunt, quam infructuose elapsa sunt a me tempora mea, que dedisti michi, ut facerem voluntates tuas in eis, et non feci! Quanti anni, quot dies, quot[19]) hore perierunt apud me, in quibus sine fructu vixi coram te! Et quomodo subsistam, quomodo levare potero oculos meos ad faciem tuam in magno illo examine tuo, si[20]) rememorari iusseris omnia tempora mea, et fructum requisieris singulorum? Patientissime pater non fiat hoc. Fiant[21]) in oblivionem coram te, que perdidi vane tempora[22]) heu multa nimis, et si qua te iuvante utiliter servavi, quorum, o domine, brevis numerus est, in memoria eterna fac gaudere.[23]) Fiat,[24]) amande pater, saltem hoc residuum temporis mei fructuosum et sanctificatum in gratia tua, ut in diebus eternitatis inveniat locum et conputabile sit perhenniter ante te.

Iam ex hoc nunc omnia desideria mea incalescite, et effluite in Jesum dominum meum. Currite satis, actenus tardastis, properate, quo pergitis, querite, quod[25]) queritis Jesum, querite[26]) Nazarenum crucifixum. Ascendit celos,[27]) non est hic, non est, ubi erat. Non est, ubi non habebat,[28]) in quo nobile caput suum reclinaret. Non est, ubi ambulavit in medio tribulationis multum repletus despectione. Non est, ubi stetit iudicandus ante faciem Pilati. Non est, ubi stetit spretus et illusus coram Herode. Non est, ubi pependit[29]) consputus, cesus,[30]) vulneratus et cruore perfusus[31]) in medio sceleratorum.[32]) Non est, ubi iacuit lapide clausus et gentium militia custoditus. Ubi vero est? Amantissimus dominus[33]) habitat confidenter et flagellum non appropinquat[34]) tabernaculo eius. Super altitudinem celorum, super omnem excellentiam angelorum propria virtute ascendit. Super solium singularis glorie sedet in dextera patris, cui est coeternus et coessentialis divino amictus lumine, coronatus [1]) et honore, ut decet unigenitum dei serenus in leticia plena [2]) omni potentatui [3]) dominans in celo et in terra, ubi [4]) adorant eum omnes angeli eius [5]) et universa multitudo civium celestis Syon. In ipso unanimitur letantur omnium corda, in eius desiderabiii facie pascuntur omnium oculi beatorum. in ipsum undique confluunt desideria omnium. [6]) Ipsi iubilat, ipsi aplaudit, ipsum magnificat tota uranica [7]) civitas gloriosa per omnem modum in splendoribus glorie tue. [8]) Exulta et lauda habitatio Syon, quia magnus in medio tui sanctus Israhel. Exultate in Jesu nobili filio vestro, vos illustres patriarche, quia impleta est in eo omnis expectatio vestra, et ecce sublimis est valde, et benedicuntur in ipso vestro videlicet semine omnes gentes, sicut olim pollicitus est nobis sermo divinus. Gaudete in Jesu [9]) propheta magno vos prophete viri veraces, quia mirifice et gloriose completa [10]) videtis omnia, que de ipso annuntiastis in spiritu sancto, et fideles inventi estis per ipsum in cunctis sermonibus vestris Gaudetis [11]) in Jesu domino et magistro vestro vos incliti roceres celi beati apostoli, gaudete in ipso et cum ipso familiari letitia. Ecce enim, quem vidistis in medio vestri [12]) esurientem, sitientem, fatigatum et his similia carnis infirma tollerantem, quem vidistis ab hominibus reprobari [13]) et cum sceleratis reputari, [14]) quomodo vicit, quomodo regnat, quomodo omnia ei [15]) sub pedibus [16]) sunt, quam gloriosus in suo divino lumine fulget, et sui gaudii [17]) ineffabilis glorie nunc vos socios habet, qui olim permansistis cum ipso in temtationibus eius [18]) et vexationum eius consortes fuistis Adorate nunc dulcia illa genua, que se incurvaverunt ante vos usque ad terram, sedentibus vobis ad sacratissimam cenam. Adorate nunc sacrosanctas illas manus, quibus pulverem pedum vestrorum rex regum lavare et extergere dignatus est. Gaudete in principe Jesu militie vestre vos martires victoriosi, quia ecce ipsum, pro quo tradidistis in mortem animas vestras, ipsum, inquam, Jesum filium dei possidetis premium certaminis vestri. Gaudete in Jesu summo [19]) doctore veritatis, o venerandi confessores, quia, quem olim doctrinis sacris et operibus iustis confessi estis coram hominibus, nunc confitetur vos coram patre suo et sanctis angelis eius. Gaudete in Jesu virgine et virginum sacrificatore [20]) omnes [21]) vos paradisicole virgines, vos angelorum simillime, quia ecce, quem amastis, quem optastis, quem ardentibus desideriis expetistis, pro cuius amore terenos sponsos et omnem ornatum seculi contempsistis, summi regis filium nunc tenetis, [22]) nunc in eius castis amplexibus quiescitis [23]) et divelli a vobis nulla insidiatoris vestri [24]) fraudulentia potest. Uni [25]) autem inter omnes [26]) celicolas uberimum tibi gaudium sit o Maria virginum [27]) virgo singularis, rosa celice amenitatis, prelucidum agalma inter primevas lucernas divini liminis [28]) suscepisse. [29]) In tuo [30]) Jesu [31]) pre omnibus gaude gaudio magno [32]).

quia, quem ut hominem peperisti et propriis uberibus enutristi, ipsum cum angelis et universis civibus celi adoras ut deum vivum et verum. Gaude felix mater,[1]) quia, quem vidisti in ligno pendentem, vides in celo regnantem cum gloria magna, vides omnem altitudinem celestium, terrestrium et infernorum maiestati eius inclinatam, et omne robur inimicorum eius attritum. Gaudia gaudiorum sint tibi, omnis plenitudo sanctorum, beata[2]) Jerusalem, mater nostra, que sursum es, festivitatem age letabundam et indeficentem in visione pacifici tui Jesu Christi libertatis tue auctor.[3]) Et nunc tu sursum elevare[4]) anima mea, quali[5]) potes conatu et sacris te ingere[6]) milibus letantium in[7]) domino Jesu. Illuc fidei et spei vehiculo perge, ibi per caritatis ardorem iugiter conversant,[8]) ubi Christus est in dextera dei sedens. Intende mentis oculum in lumen vultus eius,[9]) lustra ac deosculare gratulabunda devotione singula loca felicium plagarum eius, de quibus egressi sunt pretiosi illi liquores sanguinis sacri, quo te appreciavit unigenitus dei, et sanctificavit in vitam eternam. Jesu,[10]) qui te non amat, anathema sit. Qui te non amat, amaritudine[11]) repleatur. Castus[12]) amor tuus, domine, et nichil impuritatis admittit. Sobrius[13]) sapor amoris tui et nullam[14]) mentem alienat a morte.[15]) Suavis est amor tuus et nichil habet amari. Nam et que amara sunt mundi, indulcat, et dulcia eius reddit amara. Inter angustias non coartatur, inter pressuras non opprimitur, non perit sub inopia, non merore contrahitur, in laboribus manet equanimis,[16]) inter minas securus,[17]) inter blandimenta incorruptus, inter tormenta perseverat invictus, in morte superest[18]) victus.[19]) Sicut in thesauro abscondito cupidus gaudet,[20]) sicut in amore unici filii delectatur mater, ita gaudium est et delectatio grata in caritate tua Jesu anime amanti[21]) te. Dulcedo mellis,[22]) suavitas[23]) lactis, vini inebrians sapor, cuncteque delicie non sic oblectant fauces gustantium[24]) se, ut tuus amor mentes diligentium[25]) te. Jesu[26]) vive panis, concupiscibilis botre, suave olax miron,[27]) mitis agne, fortis leo, formosa panthera, simplex columba, velox aquila, stella matutina, sol eterne, angele pacis, fontale lumen sempiternorum luminum te amet,[28]) in te[29]) delectetur, teque admiretur omnis sensus bonus et tue conveniunt[30]) laudi. Deus cordis mei et pars mea, Christe Jesu, deficiat per te cor meum a spiritu suo et caro mea a concupiscentiis suis et vivas tu in me, et convalescat[31]) in spiritu meo carbo[32]) amoris tui et excrescat in ignem perfectum. Foveat et enutriat illum in me gratia tua, ut ardeat iugiter in ara cordis mei, ferveat in medullis meis, flagret in absconditis anime mee, quasi vestimentum decoris[33]) consummatus inveniatur apud me. In die, qua exui me iubebis a tunica ista mortali, quam nunc circumfero, circumd[illegible]t me dilectio tua et sit anime mee quasi vestimentum decor[illegible] t non nuda, sed vestita inveniatur et habeat,[34]) unde abscondantur infirma eius ab oculis tuis. Ignem alienum, ignem, qui adversarios tuos consumet.[1]) dilectionis tue fervor elonget a me, animam meam ad te[2]) creatorem suum attollat, et[3]) quantum fas est, tuo divino lumini eam inmergat. Domine Jesu omnes, qui te diligunt, repleantur benedictionibus tuis, accedentes ad te in celo scribantur, et sit pax eis in velamento alarum tuarum per evum. Tibi autem unice dei sit cum eterno patre et sancto spiritu laus indeficiens, inviolabile[3]) decus et solidum regnum, permanens in secula seculorum. Amen. —

(Folio 96 r) 5. Salutacio Eckeberti abbatis ad S. C. — Salve crux, signum dei vivi, vexillum dextere excelsi. Salve signum triumphale, signum salutare, signum potens et admirabile. Salve signum honorabile celestibus, amabile terrestribus, inferis horribile. Salve crux, lignum[5]) benedictum, lignum preciosum et electum, lignum fructiferum super omnia ligna silvarum, super[6]) omnia aromata, que ab origine mundi super terram germinaverunt. Beata radix, que te portavit, sed beatior, qui te nobilitavit,[7]) o crux. Radix tue nobilitatis in terra viventium, que divinam tibi virtutem inseruit, et omnem lignorum dignitatem te fecit supergredi. O lignum preclarum et nobile, cuius cedunt dignitati cedrus et cypressus, laurus et platanus, palma et oliva, vitis, ficus[8]) et malus, cynamomum et balsamum, mirra et libanus, storax et galbanus, gutta, casia, et terebintus, ligna Sethim, ligna Tina preciosa de Ophir et omne lignum pulchrum visu, odore delectabile, fructu suave et salubre. Omne lignum paradisi dei non assimilatum est tibi, omne aurum obrizum, omnis gemma preciosa tibi non possunt comparari. O crux sole splendidior, omnibus astris mundi serenior.[9]) Videat impius Nero et invideat, quia ecce imperatorum diademata inter aurum et lapides preciosos te o crux velut nobilissimum decus ad- (folio 96 v) mittunt. Videat invida Judea, spectet cervicosa gentilitas, et contabescant,[10]) quia ecce superborum et sublimium colla et genua coram te incurvantur, o crux. Angelorum quoque sacri ordines te honorant,[11]) quibus hic solus est acceptabilis, qui tuo stigmate signatus advenerit. O preciosa moneta, sola in civitate dei cognita et dilecta! Multum per omnem modum vales, quia et regnum dei per te comparatur. Quis igitur evacuavit[12]) ignominiam tuam, quis tantis dignam te fecit honoribus? Nimirum ille homo, qui dicitur Jesus, huius quoque miraculi auctor est, qui solus facit mirabiles res. Ipse utique, ipse fecit hanc rem, et non alius. Jesus Christus filius dei vivi dominator celi et terre, quem terra peccatrix a se reppulit, in te ascendit, et excepisti eum et sustinuisti preciosum pondus corporis eius. Tunc vere[13]) sanctificata es nude carnis eius attactu et sanctissimi cruoris eius aspergine. Clavi etenim,[14]) qui innocentes manus eius ac venerabiles pedes tibi confixerunt, preciosum illum liquorem propulerunt in te. Lancea quoque militis, que virgineum illud [1]) latus aperuit, sacri sanguinis et aque mistice rivo te aspersit. Ecce quali oleo unxit te deus consecrator tuus, verus et summus pontifex Christe [2]) Jesus. Unxit, inquam, te [3]) pre participibus tuis, pre omnibus lignis silvarum, ut esses sanctum altare holocausti veri et gratissimo [4]) domino. Vere sanctum altare tu es, quia in te primum oblata (folio 97 r) est pro mundi salute hostia vera, hostia sancta, et [5]) inmaculata, hostia [6]) pacifica, que sola reconciliare potuit terrenis celestia. [7]) Altare thimiamatis preciosi tu es, cuius odor suavissimus usque ad interiora celorum penetravit, cor dei excelsi oblectavit et inclinatus est dulcore eius usque ad terram, et placatus factus est super malicia habitantium in ea. Multum per omnia in contrarium versa est ignominia tua o crux. Instrumentum perditionis fueras, et salutis instrumentum facta es. Vitam perimere debueras et mortem permisti. [8]) Te ergo o magne exultationis et salutis instrumentum, crux benedicta, crux electa, crux iocunda et amabilis valde, omnis ecclesia sanctorum sanctificata per te in nomine Christi, qui propriis humeris te portare et a te portari dignatus est, merito honorificat et magnificis exaltat preconiis. Si enim thronos regum sive sceptra aut coronas pro eorum reverentia, qui sunt terra et cinis, honorari decet a subditis, quantomagis [9]) sceptrum eterni regis ad gloriam Christi, qui per te orbem terrarum sibi subiecit, ab omni populo acquisitionis honorari dignum est, et adorari? Adorari, inquam, te dignum est, non quidem ut deum, sed ut virtutis dei admirabile signum. Si adoranda sunt vestigia pedum regis, et domini nostri, cur non digne adoranda es, o crux, que inpressa habes vestigia non tantum pedum, sed et manuum et [10]) (folio 97 v) tocius sacri corporis eius? Vere digne coram tuo sacro signaculo supplices manus elevamus, cervicem deponimus, genua incurvamus, [11]) ad terram toti prosternimur in honorem eius, qui expansis in te manibus [12]) omnia traxit ad se, qui inclinato capite in te emisit spiritum, cuius emortua genua in te flebili modo conplicata sunt, cuius sacrum corpusculum totum expansum fuit super te. O crux, gloria Christiane frontis, o tav propiciationis signatum super nos manu domini, o Christiane milicie vexillum inexpugnabile. Faciat te Christus, qui te consecravit [13]), michi et omni anime credenti esse fidam protectionem adversus omne periculum anime et corporis. Esto mihi per gratiam domini scutum inexpugnabile adversus ignea tela inimici, adversus omnes astucias eius, et omnem demonum fortitudinem pro me potenter expugna. Tu omnes corporis mei tuere fenestras, ne ascendat mors per eas in animam meam, et omne, quod mortiferum mihi est, tua virtus extinguat. In quacunque hora, quocunque in opere te manus mea in nomine Christi [14]) levaverit, effectum velocem tibi prestet ipse, qui te sanctificavit dominus Jesus. Esto peccatrici anime mee, o crux, fortis protectio in die, quo exuenda est a carne hac mortali adversus horrendos incursus spirituum pessimorum. Esto illi suave umbraculum contra estuans incendium flamme gehennalis, ut il- (folio 98 r) sa libero gressu pertransire valeamus ad videndum deum [1]) in celestibus per eum, qui crucifixus in te, Jesum Christum dominum nostrum. Qui cum deo patre et spiritu sancto vivit et regnat deus in secula seculorum. Amen. —

6. Salutacio E. ad S. M(ariam). — Ave mater gratie. Ave mater misericordie. Ave mundi restauratrix. Ave celi imperatrix. Ave purissimum electionis vasculum. Ave gratissimum spiritus sancti cubiculum. Ave lampas lucis eterne. Ave floride lectule casti coniugii Christi et ecclesie. Ave eterni solis accedentissima contemplatrix. Ave divine dulcedinis familiarissima degustatrix. Ave viva stella cunctis astris mundi serenior. Ave cunctis supermundanis spiritibus dei formior. Ave super Seraphin ardens sacre caritatis ardoribus. Ave super Cherubin lucens plene scientie splendoribus. Ave regalis thronus sublimis dei, summus excelsior thronis. Ave domina dominationum. Ave princeps principatuum. Ave potestatibus potentior. Ave virtutibus mirificentior. Ave archangelis et angelis et operosior in auxiliis populi dei. Ave felix germen patriarcharum. Ave promissio prophetarum. Ave apostola cum apostolis verbum largiens vite. Ave martyr cum martyribus transgladiata filii morte. Ave odor vite in vitam data omnibus confitentibus deo. Ave virginum gemma electissima. [A]ve virginalis milicie invicta signifera. (folio 98 v) Ave gloriosa corona tocius feminei sexus. Ave sola virgo inter matres. Ave sola mater inter virgines. Ave deliciosa dulcedo amantium te. Ave grata delectatio laudantium te. Ave suavis iubili inspiratrix, pia merentium consolatrix, lapsorum benigna sublevatrix. Ave spes mundi. Ave gaudium celi. Ave magna. Ave inclita. Ave tota formosa et suavis Maria. Ave candidior nive, nitidior lacte, rubicundior ebore antiquo, pulchrior saphiro. Ave serenior luna, fulgidior sole, purior ethra. Ave omni creatura nobilior, eo solo, quod ex te natum est, inferior. Creatoris matrem omnis creatura magnificet, eius regie maiestati se inclinent celum et terra, et omnis super celestis exercitus. Te decet pure mentis iubilus alma theodochos, te decet ymnus et honor magnificus, omnium regnorum domina, que vitam gignendo mortem contrivisti, cervicem antique superbie confregisti, et ecce tua in altissimis triumphat humilitas. Erubesce tu fortis leviathan, victus et subactus mulieris calcaneo. Gaude victrix virgo, vicisti mundum in filio. — Loquar ad cor tuum o Maria, loquar ad cor tuum mundum domina mundi, et adorabo ad templum sanctum dei ab interioribus anime mee. Saluta- (folio 99 r) bo ex pre-

cordiis meis inmaculatum cor tuum. quod primum sub sole suscipere dignum fuit egredientem de sinu patris filium dei. Salve sanctuarium singulare. quod sanctificavit sibi deus in spiritu sancto. Salve sanctum sanctorum. quod dedicavit summus pontifex introitu suo. Salve archa santificationis continens in te scripturam digiti dei. Salve urna aurea. habens manna celeste. plena deliciis angelorum. Salve aula regalis, domus cedrina veri Salemonis. odorem habens suavitatis super omnia ligna cedrorum. Salve reclinatorium aureum, gratissima pausatio desiderabilis. cuius caput aurum optimum. [1]) Salve cella aromatica celestis pigmentarii omnium virtutum et gratiarum preciosis affluens speciebus. Salve serate paradise. cui inserpere nunquam presumpsit callidus Eve seductor. Salve fons signate, cuius secreta nec levi degustatione unquam libavit cordium violator. Cui comparabo. vel cui assimilabo beatitudinem cordis tui Maria? Qualibus verbis digne salutabo dulcem medullam pudici pectusculi tui? Vivas, vivas. et in eternum gaudeas. o sanctum. o amantissimum cor, in quo salus mundi iniciata est. in quo pacem ferens mundo humanitatem divinitas osculata est. Jubilo sempiterno implearis, tu concha smaracdina. cuius viror nunquam expalluit. que sicien-(folio 99 [v]) ti nostram salutem superno regi probatissime fidei dulce poculum propinasti in illa hora, qua ad salutationem archangeli eructasti verbum bonum dicens: E c c e a n c i l l a d o m i n i. f i a t m i c h i s e c u n d u m v e r b u m t u u m. Tunc oblectasti. tunc inebriasti cor eius in tantum. ut iam extunc hilarior de celo suo clamitet dicens: Delicie mee esse cum filiis hominum. Magnificet te omnis anima o mater dulcedinis. et beatitudinem cordis tui. unde salus nostra profluxit. collaudet omnis lingua piorum in sempiterna secula. Amen. —

Obsecro te o Maria. mater summe benignitatis. per illam inestimabilem leticiam. qua exultavit spiritus tuus in illa hora, qua tibi per Gabrielem archangelum annunciatus est conceptus filii dei per illut divinum misterium. quod tunc operatus est in te spiritus sanctus superveniens in te et virtus altissimi obumbrans tibi et per illud plenum gaudium tuum. quo letificata est felix anima tua, quando elevata est super omnem plenitudinem sanctorum in celis. ut michi ancille tue inpetres a dilecto filio tuo gratiam spiritus sancti. que bene per omnia disponat mentem meam. actus meos. sermones meos. cogitationes meas omnemque vitam meam usque in finem. et michi in novissimis meis ostendas beatam faciem tuam (folio 100 [r]) et annuncies [2]) michi diem et horam obitus mei et hanc animam meam subplicem tuam suscipias ad te in vitam eternam. Amen. Exaudi me. Exaudi me. Exaudi me. mater misericordie. —

(Folio 37 [r] Zeile 18.) 7. M e d i t a t i o c u i u s d a m h o m i n i s d e J h e s u. [3]) — Mediator dei et hominum. ‖ homo Jhesu Christe.

qui nostre hu ‖ manitatis particeps fieri ‖ dignatus es, qui divinitatis tue potentiam nostre infirme nature coaptare voluisti, laudare te gestit animus (folio 37 v) meus. cum inmensam bonitatem tuam, qua apud omnes redundas, erga me sentio, sed rursum infirma mens mea in semet ipsam retunditur, cum me considero in infimis depressum. et feditatem delictorum meorum apud te perhorresco. oculus enim meus caliginosus et cecus, acies oculorum meorum obtuse. desiderabili tuo aspectu perfrui non merentur. quia heu! oblector in his. que te non delectant, et semper exacerbo atque ad amaritudinem te perduco. nolens sequi vestigia tua, neque voluntati tue obedire. Unde conscientia mea me arguente torqueor. et confusio mihi magna generatur, quia recuso audire vocem tuam, et tua dulcia monita contempno. Jhesu unigenite. splendor patris eterni. lumen habitans incomprehensibile, qui illuminasti per gratiam tuam omnem mundum. illumina interiorem oculum meum, ut non prevalente diabolo penitus obscuretur. quia tu domine cognoscis figmentum nostrum. Accende in me salus mea Christe flam- (folio 38 r) mam tue dilectionis. que cecitatis mee tenebras depellat, ut te perfecte diligere. et tuis laudibus quamvis indignus iugiter insistere merear. Lutea enim res. pulvisque et cinis qualiter nomen tuum digne sufficiat collaudare. cuius maiestatis magnificentiam angelica natura non valet comprehendere? Sed cum ad memoriam redit tua pia dignatio. qua minorari ab paulominus angelis. quos creasti, decrevisti. et habitum mortalem propter nos induere. et inter homines conversari. et quasi despectus in oculis omnium esse elegisti. rursum mens mea laudis tue amore accenditur. dulcedo tua me oblectat. et te sustineo tota die. cum reminiscor miserationum tuarum et misericordiarum tuarum. que a seculo sunt. Fiducia quoque non modica te laudandi mihi inde generatur. qui cum esses creator omnium rerum visibilium et invisibilium. vilibus pannis te involvi. et in angusto presepio. quasi unus ex nobis esses. passus es te deponi. Que (folio 38 v) te vicit clementia Jhesu bone. ut te invisibilem nostris infirmis aspectibus visibilem et contrectabilem preberes. naturam nostram in te assumendo. et vilis materie liniamento te sociando? Que te pietas superavit. ut tu, qui mundum pugillo contines. in modico te patereris recludi presepio? Inmensa bonitas tua Jhesu optime te ad hoc perduxit. ut servile corpus propter nos indueres. ut redimeres hos, qui telo inimici graviter sauciati sibi ipsis subvenire non valebant. O inestimabilis dilectio caritatis. ut servum redimeres. formam servi assumere non dubitasti. Victus nanque es a caritate tua nimia et miserationibus tuis maximis, pie Jhesu!, ita ut omnium legalium ritus cerimoniarum quasi legis transgressor subire non recurares. Quid enim te necesse erat octava die circumcidi. et die constituto cum legalibus hostiis in templo presentari. ipsius legis dator. et eiusdem templi consecrator? Pro qua tua culpa vel peccato tu, qui absque macula (folio 39 r) in hunc mundum venisti, aqua Jordanis te voluisti inmergi, ipsarum conditor aquarum? Nulla domine necessitate conpulsus id fecisti, sed attactus pietate tua benignissima, sicut peccata nostra portare venisti, ita quoque omnium infirmitatum nostrarum onera verus homo sufferre voluisti. Et hoc domine tue bonitati non suffecit, quod pro nobis nasci voluisti, quin etiam obprobria exprobrantium tibi pro nostra salute perferre non es dedignatus. Hi namque, ex quorum progenie carnis originem ducebas, veneranda eloquia tua exacerbaverunt, et consilium tuum, quo humanum genus redimere disponebas, irritaverunt, ita ut dicerent te voracem, potatorem vini, filium fabri, et socium publicanorum. Samaritanum quoque te appellabant, et demonium te habere dicebant. Quid dicam? Mi pater tibi confiteor ego infelix homo, quia rubor confusionis magne mihi nascitur, qui conviciis aliquibus lacessitus iracundie stimulis agitor, et te creatorem meum[1]) tantis verborum contumeliis pro me (folio 39 v) inique affectum, quibus e contrario non maledictionis, sed benedictionis verba proferebas, quos in momento in abyssum poteras dimergere. Da mihi domine, quam ex me habere non possum, virtutem patientie et humilitatis, ut exemplo tuo instructus recto tramite vestigia tua sequi, et tibi capiti meo in vinculo pacis uniri merear. Igitur infelices illi his non contenti, cruentas manus sepius tibi inicere, ut te comprehenderent moliebantur, sed nichil eis profuit eorum vesania, quia ante tempus passionis tue vim tibi inferre non poterant. Appropinquante vero hora, qua pati volebas, tu, qui potestatem habuisti ponendi animam tuam et iterum sumendi eam, insidias eorum omnino non declinabas. Nam die festo instante a pueris Hebreorum ramos palmarum in manibus portantibus, et divinas laudes tibi decantantibus rex appellari, et a turbis tibi occurrentibus et vestimenta sua tibi substernentibus in civitate regia triumphali honore suscipi voluisti; non aliqua mundane glorie (folio 40 r) cupiditate captus, quippe qui non alicuius spectabilis iumenti, sed despicabilis aselli dorso es invectus. Qualiter enim terreni regni fastigio pulsareris, qui ante secula eternum patris regnum possidens rex angelorum et hominum esse nosceris? Que cura tibi fuisset unius gentis te regem vocari?, sub cuius nutu omnia mundi regna subsistunt Sed tali dignitate ad locum passionis tue venire voluisti, ut omnibus notum fieret, te ipsum esse, quem taliter venturum Jerosolimam prophete ante predixerant, et ut principes phariseorum maioribus invidie facibus accensi, ea, que tecum facere deliberaverant, cicius implerent, quod et factum est. Insolito namque spectaculo attoniti, qui se ad diem festum et ad immolationem agni paschalis preparare debuerant, collecto in unum concilio, consilium, qualiter te morti[2]) traderent, inierunt, et Judam prevaricatorem pessimum, quem in apostolatum vocaveras, in id facinus promissa pecunia animaverunt, uti per eum manibus eorum (folio 40 v) tradideris. [1]) Ipsa autem nocte, qua tradendus eras, cum discipulis tuis cenaturus formam nobis incomparabilis humilitatis prebuisti, pedes eorum sacris manibus lavando, et linteo, quo eras precinctus, tergendo. Sed Petrus ignorans, quod futurum erat, novitate tante rei territus heret, et cum te a suorum pedum lavatione cohibere voluisset, dulcibus tuis sermonibus admonitus tue voluntati stupefactus acquievit. O mira et ingens clementia tua! O laudanda et predicanda bonitas tua benigne Ihesu! Quis huius ineffabilis pietatis tue habundantiam verbis queat explicare? Non est audita in gentibus, nec visa in universa terra tante humilitatis inmensitas, donec tu patris unigenite in terris conversatus, eam nobis in exemplum reliquisti. Quis enim regum tam potens, servi sui pedibus se humilians, non se degenerem aut dehonestatum putaret? Sed tu domine universorum, deus et dominus noster, non es dedignatus facture tue te pedibus inclinare. Igitur expleto tante humilitatis (folio 41 r) officio, adiecisti eos, quibus pedes ablueras, adhuc amplius glorificare, cum mundis manibus tuis verum corpus tuum eis ad manducandum, et sanguinem ad bibendum dedisti, unde et nos quoque in altari crucis cottidie pascimur et potamur. Amplectere anima mea hunc virum amantissimum, virum delectabilem, virum, in quo non fuit dolus neque ulla iniquitas, virum omni dulcedine plenum, qui te in tantum decrevit honorare, qui te in tantum dilexit, ut te divinitatis sue voluerit esse participem, carnem suam tibi dando, et se hostiam vivam deo patri pro te in odorem suavitatis offerendo. Ergo domine discipulos tuos, quos corporis tui et sanguinis perceptione [2]) refecisti, variis consolationum sermonibus quasi cito ab eis separandus pie confortabas, pacem tuam eis tribuens, et deum patrem pro eis et cunctis, qui in nomine tuo credituri erant, exorans. Cepisti quoque tristari et mestus esse, cum patrem tuum, ut calicem passionis a te au- (folio 41 v) ferret, rogabas, ita ut in agonia factus sudor tui virginei corporis sicut gutte sanguinis in terram defluerent. Vnde tibi consolatio vite nostre, unde tibi tanta tristicia? Nunquid ad hoc non veneras, ut pro nobis mortem subires? Utique domine. Sed hanc etiam infirmitatem pro nostra salute in te assumpsisti, ne, cum anxietate laboramus, desperatione frangamur, sed pocius ex tua tristicia, quam homo perferre voluisti, sublevemur. Ab angelo quoque te, qui es angelorum dominus, confortari volebas, ut nobis solatium tuum adesse in angustiis constituti non dubitaremus. Nihil domine pretermittebas, quod saluti nostre salubre esse sciebas. Interim lupis illis rapacibus super te cum gladiis et fustibus quasi super latronem irruentibus, et te velut agnum mansuetissimum ad victimam ducentibus, pollutas manus tibi iniciunt, et innocentes manus tuas vinculis crudeliter astringunt, colaphis te cedentes, et amabilem faciem tuam (folio 42 r) sputis et alapis inhonorantes. Conviciis etiam amaris et blasphemiis [1]) te inhoneste afficiunt, et iudici Pilato te offerunt, legis sue te destructorem, et hominum seductorem proclamantes. Judicaris iniuste, iudex iuste, ab his, quorum os maledictione et amaritudine plenum est, flagellaris ab eis, quorum veloces pedes sunt ad effundendum sanguinem, corona spinea caput tuum sacratissimum pungitur, et ludibriosa veste confusione plena illuderis inclite Ihesu. His non contenti, extra urbem ad locum, quo crucifigendus eras, crucem tuam sacris humeris tuis impositam te ipsum portare fecerunt, et in conspectu omnium absque ulla miseratione clavis te in ipsam confixerunt. Ingemisce anima mea et lacrimas funde super contritione huius viri fidelis, qui tantis despectionibus ab indignis indigne deluditur et dehonestatur. — (folio 42 v) O miserabile et omni lamentatione dignum spectaculum. [2]) Ubi nunc amici tui Ihesu bone, qui te consolari debuerant? Ecce omnes fugierunt, et te solum in tribulatione reliquerunt. Ecce torcular crucis calcasti solus, et nullus tecum de his, qui te (folio 43 r) dilexerant, remanserunt, sed undique velut agnus inermis ab impudicis canibus circumdaris. Nullus eorum, qui te circumsteterunt, tibi condolet, sed omnes te in cruce pendentem subsannant et irrident. Insaciabilis furor eorum tibi omnino non pepercit, et cum diceres: Sitio, spongiam aceto plenam ori tuo apponentes te potaverunt, et latus tuum, de quo sanguis et aqua nostre redemptionis emanavit, lancea perforant. Quasi ovis simplex ad occisionem ductus siluisti, penam, quam non promerebaris, nullam indignationis vocem emittens patienter sustinebas, et circa horam nonam voce magna clamans, beatum spiritum tuum patri tradidisti. Et cui perfidorum duricia non compatiebatur, elementa muta compaciebantur, cum sol et luna radios suos subtraxerunt, dies in noctem versus est, petre scisse sunt, terra mota est, et velum templi divisum est per medium, et universa creatura te creatorem suum in cruce mortuum cernens contremu- (folio 43 v) it, et usui impiorum se negavit. Heu me miserum! Tabescit pre dolore cor meum intrinsecus, quia commissa mea pavesco, et ante te domine valde erubesco, cum te video non pro te, sed pro meis sceleribus tantis iniuriis iniuste affectum. O mira circa nos tue pietatis dignatio domine Ihesu. Quis unquam pro fidelissimo amico suo pateretur hec, que pro servis tuis pati dignatus es? Vespertina vero hora adveniente, obtinuit Joseph ab Arimathya ab impio iudice, ut sanctum corpus tuum, quod iam mortuum fuerat, ad sepeliendum sibi traderetur, et veniens cum Nichodemo te in monumentum novum cum linteis et aromatibus deposuerunt. Compatere anima mea viro isti innocenti et iusto, viro honorabili et optimo, qui in sepulchrum velut homicida propriis vulneribus miserabiliter dilaceratus, et suo sanguine undique perfusus, modicum ibidem pausaturus deponitur. Beati, qui sacratissima membra tua domine Ihesu propriis manibus compo- (folio 44 r) nere meruerunt. Felices multum, qui sanctum corpus tuum sacro cruore aspersum sindone munda et sudario involvere, et aromatibus condire, et in sepulchrum collocare meruerunt. Intuere, quantus sit iste, quem in gremio tuo fovere meruisti terra [1]) quondam maledicta, sed nunc, ex quo deificum hominem in te suscepisti, sanctificata. Ipse est, inquam, creator tuus, qui te pro peccatis hominum ante maledixerat, et nunc pro nobis natus, passus et in te sepultus iterum te corporis sui attactu benedixit. Suscipe cum exultatione hunc fructum benedictum, terra quondam arida et spinosa, sed nunc eius sepultura pinguefacta et consecrata. Attende anima mea et quasi in speculo contemplare hunc beatum virum, qui quasi abiectus et despectus in monumento quiescit, et beata anima eius claustra inferni penetrans, draconem magnum, qui universo mundo dominabatur, potenter ligavit, et captivos suos inde redemit. Adverte (folio 44 v) diligenter omnia, que per te passus est, et ex medullis cordis eum laudare non cesses. Et nunquid domine Jhesu vita nostra, sic in morte permanere te decebat? Nunquid a beata deitate tua, que latebat in te, que quasi ad tempus dormire visa est, sic derelinquendus eras, et non continuo suscitandus? Quid nobis profuisset, quod mortem pro nobis pertulisses, nisi et resurgendo vitam, quam perdideramus, nobis reparares? Et vere domine sic fecisti. Incorrupta nanque et inmaculata caro tua non vidit corruptionem, quia tercia die divinitatis tue potentia a somno mortis excitatus non solus ipse resurgere voluisti, sed etiam multa corpora sanctorum, qui dormierant, tecum surrexerunt, ut eo plures testes tue beate resurrectionis haberes. O stupenda et predicanda novitas, o admirabile et a seculis inauditum prodigium! Mors enim, que per universum orbem regnabat, per tuam gloriosam mortem vincitur, per tuam preciosam mortem (folio 45 r) devicta succubuit. O inimica et humano generi odiosa mors, quid in salvatore nostro, quem quasi unum ex nobis crudeliter invasisti, nisi dampnationem perpetuam incurristi. Ecce insultamus tibi. Confundere nunc et erubesce, et ad ignominiam tuam per unius hominis mortem prostrata ingemisce, [2]) invisa omnibus viventibus amara mors. Veniet ipso qui, te conculcavit, auxiliante hora desiderata, cum gaudentes tibi magis insultabimus dicentes: Ubi est mors victoria tua? Ubi est mors stimulus tuus? Tunc in eternum destrueris, ut ultra non regnes super terram, cum omnium communis erit resurrectio. Et nunc dominator domine tuam benignitatem pia devotione deprecamur, ut, qui hanc corpoream mortem tua virtute superasti, mortem anime in nobis extinguere digneris, ut corpore et mente per tuam pietatem mundati, beate traditionis tue et passionis, sepulture quoque, et gloriose resurrectionis tue veneranda sollem- (folio 45 v) nia dignis laudibus honorare, et tui sacrosancti corporis et sanguinis misterio per tuam gratiam participari mereamur, ut per hoc sacramentum intus et exterius saginati, quandoque ad illius resurrectionis ventura gaudia leti perveniamus, ubi supernis civibus associati tua inenarrabili gloria perhenni felicitate perfruamur. Qui cum deo patre et spiritu sancto vivis et regnas deus in eterna secula seculorum. Amen. —

Pietatem tuam domine Jhesu Christe humili prece deposcimus, ut sicut in monumento post passionis tue acerbitatem requiescere voluisti, ita et nos gloriose tue sepulture memoriam agentes, post huius vite labores in eterna beatitudine requiescere facias, ubi vultus tui delectabili visione semper perfruamur. Qui cum deo pa(tre) etc. —

(Folio 109 ^{v} Zeile. 21) Stimulus dilectionis.[1] — Ihesum Nazarenum a Judeis innocenter condempnatum, a gentibus cruci affixum Christiani divinis honoremus obsequiis. Salvatoris infirma nos, qui Christi sumus, reverenter venerari, amanter amplecti, fortiter imi- (folio 110 ^{r}) tari dignum est, salubre et honorificum. Hec sunt enim instrumenta fortissima, quibus omnipotens virtus et investigabilis sapientia dei restaurationem mundi potenter ac mirifice operata est, et usque modo operatur. Christus dominus minoratus est ab angelis, ut nos equaret angelis. Et quis propter Christum non se humiliet? Christus dominus pro peccatis nostris crucifixus est, et crucis amara amatoribus suis dulcoravit, mortuus est, et mortem enecavit, ut viveremus per illum, et quis non amet Christum dominum? Quis non patiătur pro ipso? Christus per crucis ignominiam ad superne claritatis gloriam transivit, et data est ei pro sua reverentia a deo patre omnis potestas in celo et in terra, ut adorent eum omnes angeli dei, et in nomine eius omne genu flectatur celestium, terrestrium et infernorum. Ubi est ergo gloriatio tua, Christiane, nisi in nomine crucifixi domini tui Jhesu Christi, in nomine, quod est super omne nomen, in quo, qui benedictus est super terram, benedicetur? Gloriamini in nomine sancto eius filii redempcionis, date honorem salvatori vestro, qui magna fecit in nobis, et magnificate nomen eius, mecum dicentes: Adoramus (folio 110 ^{v}) te Christe rex Israel, lux gentium, princeps regum terre, domine Sabaoht, virtus omnipotentis dei fortissima. Adoramus te preciosum precium redemptionis nostre, hostia pacifica, que sola odoris tui inestimabili suavitate patrem, qui in altis habitat, ad respiciendum humilia inclinasti, et filiis ire placabilem reddidisti. Tuas Christe miserationes predicamus, tue suavitatis memoriam cum habundantia eructuamus, tibi Christe sacrificium laudis immolamus pro multitudine bonitatis tue, quam ostendisti nobis semini nequam, filiis sceleratis et perditis. Cum enim adhuc essemus inimici tui domine et mors antiqua in omnem carnem iniquum exerceret dominum, cui omne semen Adam lege primordialis culpe erat obnoxium, recordatus es uberis misericordie tue, et prospexisti de sublimi habitatione tua in hanc vallem plorationis et miserie. Vidisti afflictionem populi tui, et adtactus dulcore caritatis intrinsecus apposuisti cogitare super nos cogitationes pacis et redemptionis. Et quidem, cum esses filius dei, deus verus, deo patri sanctoque spiritui coeternus, et consubstantialis, lucem habitans inaccessi- (folio 111 r) bilem, portansque omnia verbo virtutis tue, non despexisti in hoc nostre mortalitatis ergastulum altitudinem tuam inclinare, ubi nostram et gustares et obsorberes miseriam, nosque preparares ad gloriam. Parum fuit caritati tue ad consumandum opus nostre salutis, Cherubin aut Seraphin, aut unum ex angelis destinare, ipse ad nos venire dignatus es per mandatum patris, cuius nimiam caritatem experti sumus in te. Venisti, inquam, non locum mutando, sed presentiam tuam nobis per carnem exhibendo. Descendisti a regali solio sublimis glorie tue in humilem et abiectam in oculis suis puellam, primo virginalis continentie voto sigillatam. In cuius sacrosancto utero sola spiritus sancti inenarrabilis[1]) virtus et concipi te fecit, et nasci in vera humanitatis natura, ita ut nec maiestatem divinitatis in te, nec integritatem virginitatis in matre violaret nativitatis occasio. O amanda, o admiranda dignatio! Deus inmense glorie vermis contemptibilis fieri non despexisti. Dominus omnium conservus servorum apparere voluisti. Parum tibi visum est, patrem nobis te esse, etiam domine frater noster esse dignatus es. Et tu domine universorum, qui nullam habes indigentiam, inter ipsa nativitatis (folio 111 v) tue inicia non horruisti abiectissime paupertatis degustare incommoda. Ut enim ait scriptura, tibi, cum nascereris, non erat locus in diversorio, neque cunabula, que teneritudinem tuam exciperent, habuisti. sed in vili presepio sordentis stabuli, tu, qui terram palmo concludis, involutus panniculis reclinatus es. Et hoc ipsum a brutis animalibus mater tua mutuo accepit. Consolamini, consolamini, qui in sordibus paupertatis enutrimini, quia vobiscum deus in paupertate. Non cubat in deliciis splendidi cubiculi, nec enim invenitur in terra suaviter viventium. Quid ultra gloriaris o dives lutea res in volutabro lecti picti et delicati, cum rex regum suo recubitu stramenta pauperum honestare maluerit?

Quid dura strata detestaris, cum tener infantulus, in cuius manu sunt omnia, tuis sericis, tuis plumis duras iumentorum stipulas preelegerit? Sed et tenella hec tua Christe infantia a persecutorum gladiis tuta non fuit. Adhuc enim inter dulcia matris ubera sugens dependebas, quando aparuit angelus in somnis Joseph, dicens: Surge et accipe puerum et matrem eius et fuge in Egyptum, et esto ibi (folio 112 r) usque dum dicam tibi. Futurum est enim, ut Erodes querat puerum ad perdendum eum.[1]) Jam extunc Jhesu bone pati cepisti. Non solum autem illam infantie tue vexationem in te ipso pertulisti, sed et mortem in pusillis tuis, quorum multa milia inter mamillas matrum pro te Herodis trucidavit inmanitas. Infantia vero teneriori decursa discende humiliter veritatis nobis exemplum prebuisti. Non enim sedisti cum concilio vanitatis, sed in medio doctorum interrogans et audiens illos, cum tamen dominus scientarium tu esses, atque ipsa dei patris sapientia. Sed quam obedientie nobis formam prestitisti, dum parentum imperio tu imperator mundi humiliter subditus extitisti. At[2]) ubi robustioris etatis plenitudo advenit, missurus manum ad fortia egressus in salutem populi tui, ut gigas fortis ad currendam viam tocius nostre miserie. Et primum quidem, ut per omnia fratribus te assimilares, servum tuum baptizantem peccatores in penitentiam tanquam peccator adisti. Baptizari te postulasti, innocens agne dei, quem nulla peccati stilla unquam maculavit. Baptizatus es non te in aquis, sed aquas in te sanctificans, ut per eas sancti- (folio 112 v) ficares nos. De baptismo in desertum in spiritu fortitudinis egressus es, ut et vite solitarie in te non deesset exemplum. Solitudinem ac ieiunium quadraginta dierum, famis acerbitatem, temptamenta illusoris spiritus equanimiter tolerasti, ut omnia hec nobis tolerabilia efficeres. Demum venisti ad oves, que perierant domus Israhel, divini verbi lampadem palam extollens ad illuminationem orbis terre, et regnum dei annuntians cunctis obtemperantibus verbo. Sermonem sequentibus signis confirmasti, virtutem divinitatis ostendisti, in cunctis male habentibus omnia omnibus gratis exbibens, que saluti ipsorum congruerent, ut omnes lucrifaceres. Sed obscuratum est insipiens cor eorum domine, et proiecerunt sermones tuos retrorsum, neque adtenderunt ad omnia mirabilia, que operatus es in eis, exceptis perpaucis nobilibus athletis, quos inter infirma et abiecta mundi elegisti, ut per ipsos fortia et alta mirifice expugnares. Nec solum ingrati gratuitis beneficiis tuis extiterunt, sed et contumeliis affecerunt te dominum dominantium, et fecerunt in te, quecunque voluerunt. Te enim facien- (folio 113 r) te in eis opera dei, que nemo alius fecit, quid dixerunt? Non est hic homo a deo, in principe demoniorum eicit demonia, demonium habet, seducit turbas, vorax est, potator vini, amicus publicanorum et peccatorum. Quid fles, quid suspiras o homo dei, dum sustines verborum iniurias? Non audis, quanta propter te in dominum deum tuum ceciderunt obpropria? Si patremfamilias Beelzebub vocaverunt, quantomagis domesticos eius? Et hec quidem et similia blasphemantes, et aliquotiens lapidibus te inpetentes, Jhesu bone, pacienter sustinuisti, et factus es coram eis sicut homo non audiens, et non habens in ore suo redargutiones. Novissime autem et iustum sanguinem tuum a discipulo tuo filio perditionis triginta argenteis appreciati sunt, ut precipitarent animam tuam in mortem sine causa. Et te quidem perditissimi traditoris tui perfidia non latebat, quando in cena ablutionis eciam coram ipso genu flexo procumbens maledictos pedes eius, veloces ad effundendum sanguinem tuum, sanctissimis manibus tuis attrectare, lavare et extergere dignatus es. Et adhuc extento collo ambulas o terra et cinis! Adhuc te superbia supra te (folio 113 v) elevat, adhuc inpacientia exagitat. Intuere humilitatis et mansuetudinis speculum dominum Jhesum, universe creature factorem, tremendum iudicem vivorum et mortuorum, ante pedes hominis etiam traditoris sui genua incurvantem. Disce, quia mitis est, et humilis corde, et confundere in superbia tua, erubesce inpacientiam tuam. Hoc quoque mansuetudinis tue erat, domine, quod perfidum illum in cetu fratrum palam detegere, et confundere noluisti, sed leniter ammonitum accelerare iussisti, quod parabat. In omnibus his non est aversus furor eius a te, sed egressus foras satagebat circa frequens maleficium. Quomodo cecidisti de celo, lucifer, qui mane oriebaris? In deliciis paradisi gloriosus apparuisti, civium celi socius, et verbi divini conviva? Quomodo ergo reputatus es inter filios tenebrarum? Qui nutriebaris in croccis, cur amplexatus es stercora? Tunc clarificata est familia tua Christe in modum societatis angelice. Tunc demum divinissimi eloquii uberrima inundatione felix ille conventus ex ore tuo domine potatus est, si quidem corruptus ille vere foras missus fuerat, quem huius limpidis- (folio 114 r) simi liquoris infusione sciebas indignum. —

Dato autem karitatis et pacientie salutari mandato, et disposito fratribus regno patris tui, ad locum proditori tuo notum cum illis divertisti, sciens omnia, que ventura erant super te. Ibi anime tue tristiciam, quam ex imminente passione sponte assumpsisti, sicut et cetera, que passus es, in auribus fratrum profiteri non erubuisti, dicens: T r i s t i s e s t a n i m a m e a u s q u e a d m o r t e m.[1]) Positis quoque in terra genibus procidisti in faciem tuam, orans in agonia et dicens: A b b a p a t e r, m i p a t e r, s i p o s s i b i l e e s t, t r a n s e a t a m e c a l i x i s t e.[2]) Et augustias quidem cordis tui certissime indicabat sudor ille sanguineus, qui orationis tempore de sanctissima carne tua guttatim decurrebat in terram. Dominator domine Jhesu, unde anime tue hec tam vehemens tristicia, unde tanti sudoris anxietas, et tam anxia supplicatio? Nonne voluntarium omnino patri sacrificium obtulisti, et nichil invitus pertulisti? Utique domine! Arbitramen autem, quod et hec ad consolationem infirmorum menbrorum tuorum assumpsisti, ne forte desperet quis, si caro infirma remurmurat, ubi ad passionem promptus est spiritus. Nimirum et ut maioris erga te (folio 114 v) amoris et gratitudinis stimulos haberemus, naturalem carnis infirmitatem eiusmodi indiciis in te expressisti, quibus doceremur, quia vere languores nostros portasti et non absque sensu doloris passionum sentes percurristi. Vox enim illa vox carnis fuisse videtur, non spiritus, ex eo, quod subiunxisti: Spiritus quidem promptus est, caro autem infirma. Quam promptus enim ad passionem fuerit spiritus tuus, evidenter ostendisti, quando venientibus una cum proditore tuo viris sanguinum, et querentibus animam tuam cum laternis et facibus et armis per noctem, ultro occurristi, et signo, quod acceperant a duce flagicii, te ipsum manifestasti. Nam accendentem ad osculum sanctissimi oris tui cruentam bestiam aversatus non es, sed os, in quo dolus inventus non est, ori, quod habundavit malicia, dulciter applicuisti. Innocens agne dei, quid tibi et lupo illi? Que coniunctio Christi ad Belial? Sed et hoc benignitatis tue erat domine, ut omnia illi exiberes, que pravi cordis pertinaciam emollire potuissent. Nam et veteris amicicie illum commonuisti dicens: Amice, ad quid venisti? Et horrore sceleris sui cor impii ferire voluisti, cum dicebas: Juda, osculo filium hominis tradis? (folio 115 r). Et ecce Philistum super te Samson. Non illos a te absterruit, quod in hora comprehensionis tue omnipotenti brachio terre eos allisisti, non quidem defensionis causa, sed ut cognosceret humana presumptio, nichil se posse adversum te, nisi quantum permitteretur a te. Et quis audiat sine gemitu, qualiter in illa hora homicidas manus tibi iniecerunt, et innocentes manus tuas, Jesu bone, vinculis constringentes te agnum mansuetissimum nichil obloquentem ad instrar latronis contumeliose traxerunt ad victimam? Sed nec tunc misericordiam super inimicos tuos distillare favus dulcedinis tue, Christe, cessavit. Nam et mutilatam a discipulo tuo aurem inimici tangens sanasti, ac defensoris tui zelum a lesione trahentium te conpescuisti. Maledictus furor eorum, quia pertinax, quem nec maiestas miraculi, nec pietas beneficii potuit confringere. Concilio malignantium adversus te pontificum presentatus es, et veritatem, prout oportuit, confessus quasi de blasphemia adiudicatus es morti. Amantissime domine, quanta illic indigna a propria gente pertulisti. Vultum tuum honorabilem, in quem desiderant angeli prospi- (folio 115 v) cere, qui omnes celos adinplet leticia, quem deprecantur omnes divites plebis, polluti labii sui sputis inquinaverunt, sacrilegis manibus ceciderunt, velo operuerunt in derisionem et te dominum universe creature tanquam servum contemptibilem colaphizaverunt. Adhuc autem et animam tuam incircumciso cani deglutiendam tradiderunt. Vinctum siquidem ante faciem Pilati presidis te perduxerunt, postulantes supplicio crucis interimi te, qui peccatum non noveras, et virum homicidam donari sibi, agnum lupo, aurum luto postponentes. O indignum et infelix concambium. Et quidem non ignorabat impius ille per invidiam hec in te fieri, nec tamen abstinuit temerarias a te manus, sed replevit amaritudine animam tuam sine causa. Illudendum Herodi te misit, illusum recepit. Nudum in conspectu irrisorum astare te iussit, nec pepercit amarissimis verberibus virgineam carnem tuam divellere plagas plagis, livores livoribus crudeliter infligens. Electe puer domini dei mei, quid tanta amaritudine, quid tanta confusione dignum commiseras? Prorsus nichil. Ego homo perditus, totius contricionis, totius confusionis tue tibi causa extiti. Ego domine (folio 116 r) uvam acerbam comedi, et dentes tui obstupuerunt, quia, que non rapuisti, tunc exsolvebas. In omnibus his non est saciata perfidorum Judeorum impietas. Novissime autem in manus incircumcisorum militum devolutus es, morte turpissima consummandus. Parum erat sacrilegis illis crucifigere te, nisi prius et ipsi replevissent illusionibus animam tuam. Quid enim de illis ait scriptura? Et congregaverunt ad eum universam cohortem in pretorium et exuentes eum vestimentis suis, induunt eum tunicam purpuream, et clamidem coccineam circumdederunt ei. Et plectentes coronam de spinis, imposuerunt capiti eius, et harundinem in dextera eius, et genu flexo illudebant ei dicentes: Ave rex Judeorum. Et dabant ei alapas et expuentes in eum acceperunt harundinem, et percutiebant caput eius. Et postquam illuserunt ei, induerunt eum vestimentis suis et duxerunt, ut crucifigerent baiulantem sibi crucem. Et perducunt illum in Golgatha, et dabant ei vinum myrratum bibere cum felle mixtum, et cum gustasset, noluit bibere. Tunc crucifixerunt eum, et cum eo duos latrones hinc et hinc, medium autem Jhesum. Jhesus au- (folio 116 v) tem dicebat: Pater dimitte illis, quia nesciunt, quid faciunt. Postea sciens Jhesus, quia omnia consummata erant, ut scriptura consummaretur, dicit: Sitio. Et currens unus ex eis acceptam spongiam implevit aceto et inposuit harundini et dabat ei bibere. Cum ergo accepisset acetum, dixit: Consummatum est. Et clamans voce magna, dixit: Pater mi! in manus tuas conmendo spiritum meum et inclinato capite emisit spiritum. Tunc unus militum lancea latus eius aperuit, et continuo exivit sanguis et aqua.[1]) Expergiscere nunc anima mea, excutere de pulvere, et contemplare attentius virum hunc memorabilem, quem ecce in speculo evangelici sermonis quasi presentem intueris. Attende anima mea, quis est iste, qui ingreditur, habens imaginem quasi regis et nichilominus servi despectissimi confusione repletus? Coronatus incedit, sed ipsa eius corona cruciatus est illi, et mille puncturis speciosum verticem eius divulnerat. Regali purpura induitur, sed potius in ea despicitur, quam honoretur. Sceptrum manu gestat, sed eo ipso reverendum caput eius feritur. Adorant coram illo positis in terra genibus, et regem conclamant, et conti- (folio 117 r) nuo ad conspuendum amabiles genas eius subsiliunt, maxillas palmis concutiunt, et honorabile collum exhonorant. Vide anima mea, quomodo per omnia vir iste coartatur et spernitur! Sub crucis onere dorsum incurvare iubetur, et suam ipsius portare ignominiam. Od locum deductus supplicii, mirra potatur et felle, in crucem sublevatur et dicit: Pater dimitte illis, quia nesciunt, quid faciunt.[1]) Qualis est hic, qui in omnibus pressuris suis nec semel os suum aperuit, ut aut querele, aut excusationis aut comminationis, aut maledicti verbum adversus maledictos tanes illos proferret, et novissime verbum benedictionis, quale a seculo non est auditum, super inimicos suos effudit? Quid hoc viro mansuetius, quid benignius anima mea vidisti? Adhuc autem attentius eundem intuere, quia et grandi ammiratione et tenerrima compassione dignus apparet.

Vide nudum et verberibus laceratum in medio latronum cruci ignominiose ferreis clavis affixum, aceto in cruce potatum, et post mortem lancea in latere vulneratum, et copiosos sanguinis rivos ex quinque vulneribus manuum, pedum et lateris effundentem. (folio 117 v) Fletum deducite oculi mei et liquesce anima mea igne compassionis super contritione amabilis viri istius, quem in tanta mansuetudine tantis vides affectum doloribus. Et iam quidem infirma eius enima mea vidisti et miserta es, nunc et maiestatem eius attende et miraberis. Quid enim ait scriptura? A sexta autem hora tenebre facte sunt in universa terra usque ad horam nonam, et obscuratus est sol et velum templi scissum est a summo usque deorsum. Et terra mota est, et petre scisse sunt. et monumenta aperta sunt et multa corpora sanctorum, qui dormierant, surrexerunt.[2]) Qualis est hic, quia et celum et terra compatiuntur ei, cuius et mors mortuos vivificat? Cognosce anima mea, cognosce, hic est dominus Jhesus Christus salvator tuus, unigenitus filius dei, verus deus, verus homo, qui solus sub sole sine macula inventus est. Et ecce, quomodo cum sceleratis reputatus est, et quasi vir leprosus et novissimus virorum estimatus est, et tanquam abortivum, quod proicitur a vulva, sic proiectus est ab utero matris sue infelicis synagoge. Iste formosus pre filiis hominum, quam deformis pro filiis hominum factus est. Siquidem vulneratus est propter (folio 118 r) iniquitates nostras, attritus est propter scelera nostra et factus est holocaustum suavissimi odoris in conspectu tuo pater eterne glorie, ut averteret indignationem tuam a nobis et consedere sibi nos faceret in celestibus. Respice domine sancte pater de sanctuario tuo et excelso celorum habitaculo, et intuere hanc sacrosanctam hostiam, quam tibi offert magnus pontifex noster, sanctus puer tuus dominus Jhesus pro peccatis fratrum suorum et esto placabilis super multitudine malicie nostre. Ecce vox sanguinis nostri fratris Jhesu clamat ad te de cruce. Quid enim est domine, quod pendet in ea. Pendet, inquam, quia preterita quasi presentia coram te sunt. Cognosce pater. Tunica filii tui veri Joseph hec est. Fera pessima devoravit eum, et conculcavit in furore suo vestimentum eius, et omnem decorem illius reliquiis cruoris inquinavit, et ecce quinque scissuras lamentabiles in eo dereliquit. Hoc est domine vestimentum, quod in manu Egyptie meretricis innocens puer tuus dereliquit,[1]) meliorem estimans iacturam pallii, quam pudicicie magisque eligens spoliatus a carnis pallio in carcerem mor- (folio 118 v) tis descendere, quam pro mundi gloria adulterine voci aquiescere. Illi inquam voci, qua dictum est: Hec omnia tibi dabo, si procidens adovaveris me.[2]) quod utique esset domire cum adultera. Et nunc domine pater scimus, quia vivit filius tuus et ipse dominatur in tota terra Egypti, immo in omni loco dominationis tue. Eductus enim ad inperium tuum de carcere mortis et inferorum et attonsus mortalitatis comam, mutata veste carnis in inmortalitatis decorem refloruit, et cum gloria suscepisti eum. Subnervavit diri Pharaonis inperium et cum triumpho nobili virtute propria celos penetravit, et ecce gloria et honore coronatus in dextera maiestatis tue assistit vultui tuo pro nobis Frater enim et caro nostra est. Respice domine in faciem Christi tui, qui tibi usque ad mortem obediens factus est, nec recedant ab oculis tuis cicatrices eius in perpetuum, ut memineris, quantam pro peccatis nostris satisfactionem ab eo susceperis. Utinam domine appendas in statera peccata, quibus iram meruimus et calamitatem, quam pro nobis passus est innocens fili- (folio 119 r) us tuus, certe hec gravior apparebit ac magis digna, ut propter ipsam effundas misericordiam tuam super nos, quam sint illa, ut pro ipsis contineas in ira misericordias tuas. Gratias tibi domine pater referat omnis lingua super habundantia pietatis tue, qui unico filio cordis tui non pepercisti, sed pro nobis illum tradidisti in mortem, ut tantum tamque fidelem advocatum haberemus in celis coram te. — Et tibi domine Jhesu, fortissime zelotes, quid gratiarum, quid retributionis digne retribuam, ego homo pulvis et cinis, et vile figmentum? Quid enim pro mea salute facere debuisti, et non fecisti? Ab imo pedis usque ad summum verticis totum in aquas passionum te dimersisti, ut me totum de illis extraheres, et intraverunt usque ad animam tuam. Nam et animam tuam in mortem perdidisti, ut meam perditam mihi redderes. Et ecce duplici me debito obligasti. Nam et pro eo, quod dedisti, et pro eo, quod mei causa perdidisti, debitor tibi sum. Et pro mea quidem anima bis a te mihi data, semel in creatione, semel in redemptione, quid magis iuste tibi reddam, quam ipsam non habeo? Pro tua autem preciosa anima ita contribu- (folio 119 v) lata, quid ab homine digne rependi possit non invenio? Nam si celum et terram et omnem ornatum eorum pro ea possem rependere, certe nec sic usque ad mensuram debiti ullatenus attingerem. Ut autem idipsum, quod et debeo et possibile mihi est, tibi retribuam, tui domine muneris est. Diligendus mihi es toto corde, tota anima, tota mente, tota virtute, et tua mihi sequenda vestigia, qui mori pro me dignatus es. Et quomodo fiet istud in me, nisi per te? Adhereat anima mea post te quia tota virtus eius pendet ex te. — Et nunc domine redemptor meus, te ut verum deum adoro, in te credo, in te spero, et quibus possum desideriis ad te suspiro, adiuva inperfectionem meam. Ad tue passionis gloriosa insignia, in quibus salutem meam operatus es, totum me inclino. Tue victoriose crucis regale vexillum in nomine tuo Christe adoro. Tuum spineum diadema, tuo rubentes sanguine clavos, tuo sacro lateri inmersam lanceam, tua vulnera, tuum sanguinem, tuam mortem, tuam sepulturam, tuam victoriosam resurrectionem et glorificationem Christe supplex adoro, et glorifico. Odor enim vite mihi spirat in om- (folio 120 r) nibus his. Horum vivifico odore spiritum meum domine a peccati morte resuscita. Horum virtute ab astuciis Sathane me custodi, meque conforta, ut et iugum mandatorum tuorum suave mihi fiat, et onus crucis, quod post te baiulare me iubes humeris anime mee leve sit atque portabile. Que est enim fortitudo mea, ut iuxta preceptum tuum mundi pressuras tam multiplices invicto animo sustineam? Numquid pedes mei tanquam cervorum, ut te velocem cursorem per spinas et confraga passionum consequi valeam. Sed audi, queso, vocem meam, et inclina super servum tuum suavem illam crucem, que lignum vite est, his qui apprehenderint eam, et ut semper curram alacriter, portabo infatigabiliter eam, que ab inimicis est, crucem post te. Illam, inquam, divinissimam crucem humeris meis inpone, cuius latitudo est karitas super omnem creaturam se extendens, cuius longitudo eternitas, cuius sublimitas omnipotentia, cuius profundum inscrutabilis sapientia est. Confige illi manus meas et pedes meos, et totam passionis tue formam servo tuo indue. Da, obsecro, mihi continere ab operibus carnis, que odisti et facere iusticiam, quam dilex- (folio 120 v) isti, et in utroque tuam querere gloriam, et sinistram quidem meam clavo temperantie, dexteram vero clavo iusticie in illa sublimi cruce fixam arbitrabor. Da menti mee iugiter meditari in lege tua, et omnem cogitatum iactare in te, et dextrum pedem meum eidem ligno vite prudentie clavus affiget. Da, ut ministram spiritus mei sensualitatem nec enervet labentis vite infelix felicitas, nec conturbet perennis vite previa felix infelicitas et sinister quoque pes meus fortitudinis clavo in cruce tenebitur. Ut autem et spinarum capitis tui aliqua in me similitudo appareat, detur, obsecro, menti mee et salubris penitentie conpunctio et aliene miserie conpassio et stimulus zeli emulantis, quod rectum est coram te, et ad te convertar in erumpna mea, dum triplex mihi configitur spina. Libet, ut et spongiam per arundinem ori meo porrigas, et aceti amaritudinem gustui meo adhibeas. Libet, ut per scripturas tuas rationi mee conferas gustare et videre, quoniam florens hic mundus tanquam spongia inanis est, et omnis concupiscentia eius aceto amarior. Ita, pater, in me fiat, ut calix iste aureus (folio 121 r) Babylonis inebrians omnem terram nec inani me splendore seducat, nec falsa dulcedine inebriet, quemadmodum eos, qui tenebras lucem, et lucem tenebras, amarum dulce et dulce amarum arbitrantur. Vinum mirratum cum felle mixtum suspectum michi est, pro eo, quod tu ex eo bibere noluisti, forte quia nimiam acerbitatem invidie et nequicie crucifixorum tuorum indicabat. — Tue quoque vivifice morti servum tuum domine configura faciens in me, ut moriar quidem peccato secundum carnem, vivam autem iusticie secundum spiritum. Ut autem integram crucifixi imaginem portare me glorier, illud quoque, quod post mortem tuam insaciabilis malicia impiorum in te exercuit, hac in me similitudine exprime. Vulneret cor meum vivus et efficax sermo tuus, penetrabilior omni lancea acutissima et pertingens usque ad interiora anime mee producat ex ea tanquam a dextro latere meo vice sanguinis et aque amorem tuum domine et fratrum meorum. Postremo et munda syndone prime stole spiritum meum involve, in qua requiescam ingrediens ad te in locum tabernaculi ammirabilis, et abscondas me donec pertranseat furor tuus. Die autem tercio post diem laboris, post diem (folio 121 v) simplicis glorie mane prima sabbati perpetui inter filios tuos me indignum resuscita, ut et in carne mea videam claritatem tuam, et adinplear leticia vultus tui, o salvator meus et deus meus. Veniat, veniat, oro, tempus, ut, quod nunc credo, revelatis oculis tandem aspiciam, quod nunc spero et a longe saluto apprehendenda, quod pro viribus meis desidero, ulnis anime mee amplectar, ac deosculer, et in amoris tui abysso totus absorbear, o salvator meus et deus meus! Sed nunc interim benedic anima mea salvatorem tuum, et magnifica nomen eius, quod est sanctum et sanctissimis deliciis plenum. O quam bonus et suavis es domine Jesu anime querenti te. — Jesu redemptor perditorum, salvator redemptorum, spes exulum, laborantium fortitudo, anxiati spiritus latitudo, anime lacrimose et post te in sudore currentis dulce solatium et suave refrigerium, corona triumphantium, unica merces et leticia omnium supernorum civium, uberrime fons omnium gratiarum. inclita proles summi dei, summe deus, te benedicant omnia, que sunt in celo sursum et que in terra deorsum. Magnus tu et magnum nomen tuum o inmarcescibilis decor dei excelsi, et purissima claritas lucis eterne, vita (folio 122 r) omnem vitam vivificans, lux omne lumen illuminans et conservans in perpetuo splendore, mille millena lumina fulgurantia ante thronum divinitatis tue a primevo diluculo. O eternum et incessabile, clarum et dulce profluvium fontis absconditi ab oculis omnium mortalium, cuius unda sine ortu, cuius profundum sine fundo, cuius altum sine termino, cuius latitudo incircumscriptibilis, cuius puritas inperturbabilis. Eructavit te cor dei altissimi de sue profunditatis inpenetrabili abysso, vita vitam, lux lucem, deus deum, eternus eternum, inmensus inmensum ac per omnia sibi coequalem et de plenitudine tua omnes accepimus. Tu enim largissime fons omnis boni septemplicis gratie preciosum flumen de thesauris tuis emittis,[1]) cuius dulcore suavi huius nostri maris, quo iactamur amaram salsuginem nostre infirmitati mitigare dignaris. Flumen olei leticie, flumen vini meracissimi, torrens ignei vigoris, spiritus paraclytus a te et patre par utrique in orbem terre profunditur omnia replens omnia continens.[2]) Spiritus ex te, spiritus ex patre unus ex ambobus, unum cum ambobus, uniens ambos, utpote amborum individua connexio unificum gluten, amplexus indissolubilis, osculum inmediatum, amor incessabilis et pax omnem sensum exuperantes. Hic est torrens voluptatis tue, domine (folio 122 v), quo delicatam illam et gloriosam civitatem Jherusalem, que sursum est, iugiter potas, et letabunda ebrietate facis estuare, ut tibi iubilent ymnum incessabilem lucida illa et flammea organa in voce exultationis et confessionis et sono epulantis. Eius desiderabilibus guttis refocillari sitibunde fauces exulis populi tui domine iugiter expectant. Sinito pater, ut et catelli bibant de stillis que cadunt de mensa dominorum suorum. Rorate celi desuper et nubes pluant mustum,[3]) illud domine, quo estuare fecisti inclitas primicias populi tui in insigni die sollempnitatis nostre. Illo quesumus igneo stillicidio prega.(?)[4]) innova, illumina, inflamma, exhilara, confirma, et uni corda credentium tibi, ut sint unum, unum sapiant, unum unanimiter requirant, et apprehendant, et videant, ac benedicant te deum deorum in Syon. Sit tibi inclite Jesu cum deo patre et spiritu sancto, sancte et individue trinitati gloria et gratiarum actio, honor et imperium in secula seculorum. Amen. —

Lobgedicht zu Ehren des Erlösers.

Jesum[1]) nulla tibi mea mens oblivio tollat,
Nulla tibi Jesum vel[2]) blanda in aspera tollant.
Dilige Jesum, querito Jesum mens mea solum,
Dulcius illo, suavius illo nil habet orbis.
5. Dulcior est[3]) favo Jesus, preciosior auro,
Clarior est[4]) sole Jesus, immensior orbe. (folio 123 r)
Quicquid habet magnum mundus, quicquid speciosum.[5])
Maiestate tua minus est altissime Jesu.
Cuncta supergrederis, nec[6]) mirum[7]) cuncta creasti.
10. Surge, levare anima, devotum concute pectus,
In Jesu laudes, quantas potes, exere vires,
Tange[8]) mei cordis fibras manus omnipotentis,
Fac modulos dulces, da carmen amabile nasci,
In cithara,[9]) deus alme, tua da, quod tibi reddam.
15. Inclite Jesu, splendide Jesu, maxime regum,
Que tibi digna satis dicam preconia laudum.
Credimus, esse deum te Jesu teque coevum
Esse patri, qui te eterna genuit genitura.
Unus in usia es cum patre, sed alter ab ipso,
20. Occulto miroque modo soli tibi noto.[10])
Par patri, cum patre pari, regnas dominatu,
Mens patris es, sermo, sapientia, splendor, imago,
Dextera, vox, virtus, humerus, manus, omnia portans,
Tu lux, tu vita, via, clavis, ianua vite,
25. Principium,[11]) finis, alpha et meta, stantque caduntque[12])
Jussu cuncta tuo, concludis cuncta pugillo,
Te locus omnis habet, sed non includeris[13]) ullo,
Totus ubique manes, nec circumscriberis usquam,
Omnia prospectas,[14]) potes omnia, cuncta gubernas,
30. Sub te curvatur, quicquid super[15]) ethra levatur.
Concio ter terna, tibi servit in urbe superna,
Exultant iubilantque tibi deus organa celi, (folio 123 v)
Organa viva sonant tibi laudum perpete cantu.[16])
Omnes etherei cives tibi mente inhiantes
35. Te sanctum clamant, regem dominumque fatentur.
Jesu tota tibi famulatur machina mundi,
Et tamen ad mundi dignatus es ima venire,
Et tamen his nostris voluit tua gloria claustris
Innecti miseramque pati sortem miserorum,
40. Ut caperes captos, ut libertatis honore
Servos donares, servilia membra subisti
Libera[17]) maiestas tua carnis sumpsit habenas,
Virginis in gremio carnem induit[18]) ordine miro,
Qua patereris, qua capereris, qua morereris,[19])
45. Quod nostre sortis infirmum est, omne tulisti

Preter peccati labem, que non cadit in te.
Non dedignata est maiestas summa reponi
Inter panniculos et fasciolas pueriles
Presepis septo vagitus edere dulces.
50. Lactavit, que progenuit te, sacra puella.
Celitus impletis aluit te virgo mamillis,
Hic quoque nature solitus stupet ordo super te[1])
Sugere[2]) virgineum pectus tibi contigit uni
Virginei lactis ope pastus es o pater orbis.
55. Quod prior[3]) intuleras matri de matre bibisti.
Qui solus pascis, quecunque sub ethere vivunt,
Artari sitis atque famis pena voluisti,
Lassari voluit tua virtus omnia portans (folio 124 r)
At[4]) non in sese, sed in adiuncta sibi carne.
60. Blasphemas hominum linguas placide[5]) tolerasti,
Denique et hostiles incursus gentis iniquie
Vincula captivi fustesque manusque prophanas,
Crimina falsa, alapas, colaphos turpesque salivas,
Purpuree vestis ludibria,[6]) spinea serta[7])
65. Flagra malignorum sanctam vellentia carnem
Me miserum pro me,[8]) pro me deus, ista tulisti.
Non tu peccasti, sed nostris debita culpis
Pondera portasti, velut attrectabilis agnus,
Asperitatis habens nihil, immo per omnia lenis.
70. Nulla minantis, nulla querentis, verba dedisti,
Sermo excusantis nullus, tibi murmura[9]) nulla.
Et quis sufficiet mirari vel[10]) misereri.
Tantis Christe malis repletum te sine causa.
Tam[11]) pacienter tamque benigne cuncta ferentem,
75. Sprevit et irrisit te rex, te preses iniquus
Jesum dampnavit, silusti, sustinuisti,
Plebs mala conclamans te suscipit,[12]) ut leo predam.
Tu rosa cum spinis, tu cum latronibus insons
Cum paleis triticum, cum luto aurum reputaris,
80. Ipse crucem baiulans deduceris inter iniquos.
Quomodo nunc[13]) memorem raptum tibi vestis honorem,
Quomodo nudatum memorabo nobile corpus,
Et dispertitum sub ludo sortis amictum,
Quomodo fixa cuci loquar electissima membra. (folio 124 v)
85. Tam[14]) sanctas mundasque manus ferro violatas,
Tam[15]) sanctos mundosque pedes ferrum patientes,
Tam[16]) sanctum tam dulce latus ferro laceratum?
Tristibus et letis mihi[17]) sunt hec omnia mixta
Vror[18]) enim, dum te considero sic cruciatum,
90. Sic male tractatum, me letor ab hoste redemptum.

Hoc quoque non modicum me sauciat, urit et hoc me.
Latronum medius pendebas morte propinqua
De cruce distillans preciosi sanguinis undam[1])
Questus es ardorem sitis, o plasmator aquarum.
95. Ergo quid invenit solaminis illa querela?
Gens fellita nimis tribuit tibi pocula fellis.
Acrior ipsa suo potu porrexit acetum.
Agne dei tu qualis ad hec tam pessima nunquid
Perversis perversus eras et amarus amaris?
100. Non, sed conpatiens cecis benefactor iniquis
Vox tua, vox dulcis, et aromate suavior omni
Ad secreta patris ascendit pro sceleratis[10])
Ignosci[2]) miseris, orabas, nec sine fructu.
Jesu dulcedo, dulcissima porta salutis
105. Tale[3]) reliquisti nobis speculum bonitatis
Ut subportetur, ut ametur sic inimicus.
Et[4]) veniam sera prece trux homicida recepit,
Ut peccatori tua gratia spem daret omni.
Omnia fecisti, dixisti, sustinuisti.
110. Que nostram possent operari Christe salutem (folio 125 r)
O pietas, o mira tui pacientia cordis.
Qui post tantorum fluctus ymbresque malorum
Et calicem mortis assumere non rennuisti.
Inclinans sanctum caput emigrare dedisti
115. Inmaculatam animam, summa dulcedine plenam,
Sola fecisti, sola deus hec bonitate.
Nunquam peccati valuit te pungere spina,
Mortis spina tamen peccatis debita solis
Sponte recepta tibi modicum potuit dominari.
120. Sic passus, sic mortuus es, mors, ut moreretur,
Ut mors electis moreretur, passus es ipsam.
O laudande nimis et semper amande redemptor,
Hec mihi commemoro deus, hec mihi colligo, ligna,[5])
Quorum congerie tuus ardeat ignis aput me,
125. Plorans plorabo, plangam, suspiria ducam,
Pro Jesu, quem non video nec sensibus ullis
Precipio, Jesu, te cogito, predico, scribo.
Ardeo corde super te tota fluctuo mente.
Te querens nec te inveniens hoc orbe maligno
130. Heu me, quis mundus ostendet te mihi Jesu.
Iste miser, quem nunc colo, quamvis sit spaciosus.
Sole tui vultus caret estque mihi quasi carcer,
Undique me prohibens a luce tue faciei.
Si totam lustrem terram,[6]) si flumina cuncta,
135. Si mare percurram, nusquam occurris mihi Jesu.

Aera [1]) perspicio, celos et sidera cerno, (folio 125 v)
At [2]) nusquam Jesum, cuius desidero vultum,
Vultum Christe tuum quero semperque requiram.
Tu me fecisti, tu matris ab ubere victu
140. Pavisti carnisque mihi tegimenta [3]) dedisti.
Nunquam te vidi, sed verba fidelia sepe
Audio, quod summe [4]) reverendus sis et amandus.
Tota mihi scriptura tuam clamat bonitatem,
Que pro me passus fueris mala, quo precio me
150. Emeris a morte mihi, qua patefeceris arte
Introitum celi, que serves premia servis [5])
Danda [6]) tuis. Hec omnia sunt mihi fomes amoris,
Quo presens fieri tibi gestio corde patenti.
Et quid agam pater, ut videam, deus, ut videam te?
155. Quo faciem vertam, quorsum te querere pergam?
Quam prope, quam procul es, ades hic, tamen es mihi longe,
Quando videndi teque fruendi vis mihi nulla est.
Sepe vocasti, sepe vocas me, quatinus ad te
Accelerem, saciesque tui me lumine vultus.
160. Estque mihi, tu scis, veniendi prompta voluntas,
Sed teneor captus multoque gravamine pressus.
Surgere nitor, sepe relabor, sicque fatigor,
Nulla quies sine te, sine te mihi gaudia nulla.
Quod vivo sine te, non est mihi vita, sed est mors,
165. Et quid mirandum, si quam circumfero mortem.
Non amo, teque meam preciosam quero salutem,
Tu solus mea summa salus, tu pax mea solus, (folio 126 r)
Tu mihi divicie, tu gloria, tu mihi laus es.
Panis es et potus et plena refectio solus.
170. Omnes delicie sine te sunt absque sapore
Tecum nemo male, sine te nemo bene vivit.
Jesum, qui nescit, quod solum est utile, nescit,
Jesum, qui nescit et se nescit, miser ille,
Jesum, quisquis habet, habet omnia, qui caret ipso
175. Infelix et inops nec sese possidet ipsum.
O Jesu nomen, o nomen amabile multum,
Sanctum nomen ave, sine quo salvatio nulla,
Suavis [7]) odor, dulcis sapor est in nomine Jesu,
Omnia pigmenta non sunt tam dulcia, non sunt
180. Tante virtutis, non sunt tam plena salutis.
Ungit et exhilarat, sanat languentia corda,
Curat [8]) egros, mortem pellit, Sathane premit arma.
Tartara tota pavent virtutem nominis huius
Cuncti celorum cives hoc nomen adorant
185. Vere de superis hoc nomen prodiit ad nos,

In quo tanta salus est, in quo gratia tanta.
Masticet hoc,[1]) terat hoc[2]) semperque revolvat apud se
Mens tua serve dei, quam dulce est atque salubre.
Non maneas rectus audito nomine Jesu
190. Flecte genu, depone caput sub nomine sancto[3])
Ad Jesu nomen tu pectoris intima pande.
Ignea vis huius mihi nominis esse videtur.
Grata sagitta mihi est, gratum prebet mihi vulnus (folio 126 v)
Et quid agam? Quo me vertam gratissime Jesu,
195. Qualiter inveniam, sine quo nunquam bene vivam?
Quod peto, quod summe desidero, quomodo fiet?
Vel quando fiet, quod amanti flagito corde,
Ut[4]) tandem rumpas hec vincula, que retinent me,
Ut carnem solvas hanc, que me separat a te.
200. Hoc me circumstans peccatum tollere cures,
Et[5]) foris inveniam te, quem desidero solum.
Mi[6]) pater appropies, videam te cominus ipsum,
Te videam, sicut pulchra est tua gloria Christe.
Te videam plene mundato lumine cordis
205. Ulnis leta suis tua te amplectatur[7]) imago.
Spiritus hic, quem tu plasmasti, quem reparasti,
Morte[8]) tua redeat, totum se colligat[9]) in te,
Sorbeat illum dulce, profundum luminis almi.
Ille sinus pater, ille sinus tuus accipiat me,
210. Qui recreat lassos, qui reddit viribus egros.
Introeam deus, introeam, quid differor[10]) ultra?
Quid foris expecto, iam longo tempore pulso?
Audi pulsantem pater, audi vociferantem[11])
Multa foris sensi mala, multa foris mala sensi.
215. Heu me! non est, qui iuvet, aut qui liberet hinc me.
Que[12]) miser hic mundus habet, horrida sunt et amara,
Cuncta mihi, mentem lacerant, me cuncta fatigant.
Non solum vereor malo, que mala sunt manifesta
Et bona pertimeo, quia, que sunt prospera mundi (folio 127 r)
220. Incautos fallunt et sunt quasi recia mortis.
Ridet[13]) et oscula fert[14]) hec fallax gratia mundi,
Multa blanditur dulcedine, grandia[15]) spondet.
Ebriat et saciat, capit et ligat atque trucidat
Principio leta, sed fine probatur[16]) amara,
225. Hinc est suspectus mihi mundus et hinc odiosus[17])
Ipse gravis mihi sum, mihi sum contrarius ipse,
Que scio, que volo, non facio bona, nec[18]) mihi virtus
Sufficit, ut[19]) faciam, sed, que non approbo mente,
Hec ago, me fugio, me persequor, hostis ego sum
230. Ipse mihi, carnem mens impugnat, caro mentem.

Multa deus sensi, contraria sencio multa,
Inter cuncta tamen nihil est, quod sic cruciet me,
Aut sic sollicitet velut hoc, quod separor a te.
Summa mali pater ista mei est, quod gloria magna,
235. Gloria sancta deus tua sic absconditur a me,
Sic mihi celatur, sic sum peregrinus ab illa.
Hoc in me lacrimas parit, hoc suspiria ab intus
Suscitat, hoc proprie[1]) generat mihi tedia vite.
Egra mihi est anima languens et amore liquescens
240. Illo, quem spiras ad corda fidelia Christe,
Ipsa est mi domine tua, quam dignatio sponsam
Nominat, atque utinam facias hoc nomine dignam.
Non sitibundus aquam sic appetit, aut ita panem
Esuriens cupit, aut umbram sic lassus in estu,
245. Ut faciem tua sponsa tuam cupit optime Jesu. (folio 127 v)
Illam dilectam faciem tua querit amatrix,
Que replet totum festivo lumine celum,
Deliciosa magis paradiso deliciarum.
Ille voluptatis decor omni clarior orbe,
250. Quem[2]) paradisus habet ex lignis, fructibus, herbis,[3])
Floribus omnigenis, et lene fluentibus undis.
Ille, inquam, varius, decor et splendor paradisi
Est velut obscurus immo quasi nullus[4]) habetur
Ante tuam faciem siquis tibi comparet[5]) illum
255. Tu superexcellens paradysus es atque voluptas
Celestis,[6]) populi, tu manna beatius illo,
Quod pluit e celo veteri tua gratia plebi.
Quam felix gustus,[7]) tua qui sapit intima Jesu.
Quam felix visus, tua qui videt abdita Jesu.
260. Gaude virgo parens in tante prolis honore,
Exulta, que tale decus celo peperisti.
Ecce vides natum iam summe glorificatum,
Qui tecum modicus fuit et pauperrimus olim,
Ille tui domina quondam fuit incola ventris
265. Ubera traxit, lactea suxit pocula de te.
Et nunc ille tibi est vite dator atque salutis[8])
Quem panni texere tui, quem prona gerebas
In medio ulnarum gremio, quem leta fovebas[9])
Jam[10]) cum celicolis ipsum reverenter adoras,
270. En[11]) quem vidisti gladio transfixa doloris.
Concissum virgis, clavis et militis asta (folio 128 r)
In cruce distentum, mortis pressum dominatu.
Quem talem mater planxisti tempore amaro
Aspice, quam letis splendoribus ecce coruscat.
275. Aspice quantus honor, que gloria, quanta potestas

Sublimat veneranda tuam virguncula prolem.
Felix et leta sis omne Maria per evum.
Per quam leticie fons es, susceptus [1]) in orbe.
Eternum vive, per quam renovatio vite
280. Principium sumpsit, que prima parens veteravit.
Spiritus erroris Eve dedit, Eva marito
Edulium mortis misere primordia sortis
Hinc gemimus, flemus, patimur, dissolvimur omnes.
Pneuma dei tibi virgo dedit sanctum benedictum.
285. Tu verbo carnem nobis verbum et caro vitam
Servasti virgo, quod perdidit illa virago.
Que cor leve mala vorax nos perdidit omnes.
Sobria mens sincera fides fructusque Marie
Fecerunt veram mundo lucescere vitam.
290. Ergo tibi iubilet celestis curia tota.
Organa cuncta dei iubilent tibi virgo sacrata.
Tota [2]) super terram gaudens hec vinea Christi
Letarum semper laudum tibi vina [3]) propinet.
Iste tuus, qui te describit carmine servus.
295. Te mediante tuo post [4]) hec [5]) mala secula nato
Appropiet tandem, quod amat, videat teneatque.
Hac [6]) duce preveniar omni [7]) salvator apud te. (folio 128 v)
Te duce preveniar apud [illum] [8]), qui genuit te.
O rex, o summi tu principis unice fili. [9])
300. Qui super alta sedes Cherubin, quem [10]) Seraphin ardens [11])
Orat, quem throni metuunt omnesque noveni
Spirituum cetus iudex iustissime rerum
Mente veni placida Jesu facieque serena
Omnibus appare populis sperantibus in te.
305. Et tua [12]) nobiscum sit pax in fine dierum.
O Jesu tibi centeno ter carmine lusi
Non levitate quidem ductus, sed amore coactus,
Quando ferebar equis, pupugi calcaribus istis
Mentem, ne lente meus iret amor pater ad te.
310. Premia, quando voles, mea, si merui, mihi reddes. —

Da famulo tuo abbati nostro Simoni queso domine salutem mentis et corporis et perpetuis consolationibus reple cor eius, ut tua protectione relevatus tibi pia devocione placeat et tua semper beneficia consequatur. —

Pro amico. — Sancta trinitas et vera unitas, que fecisti celum et terram et quidquid in eis est, in tuam sanctam et singularem custodiam committo corpus et animam famuli tui abbatis nostri Simonis, cogitationes, verba, et omnes actus eius et castitatem anime et corporis, ut eum ab omnibus inimici defendas insidiis, ut nunquam in eorum potestatem tradas neque hic neque in futuro, sed ei gratiam tuam in omni tempore adesse concedas et scribe nomen eius in libro vite tu ipse, ut nunquam oblivioni tradatur. [1]) —

---

6. Ein Lobgedicht auf das hl. Kreuz.

(Folio 11 r). — Ave crux. Ave crucifixe. Ave crux sanctificationis. Ave sanctificator crucis pontifex summe. Ave altare dedicatum in sanguine testamenti eterni. Ave sacrificium laudis, hostia placationis, victima exulteronis, holocaustum sacre pinguedinis, thimiama suavissimi odoris coram deo Sabaoth. Ave mensa deliciarum. Ave panis angelorum et hominum. Ave discus edulii salutaris. Ave caro beate immolationis. Ave torcular salvifici laboris filii dei. Ave botrus electe vallis, intacti uteri fructus, unde perennis leticie nobis eliquatum est vinum. Ave precium mundi. Ave precii preciosa statera. Ave vita. Ave arbor vite. Ave lignum victorie, quo mortem vita contrivit. Ave mortis triumphator, vite reparator, rex Israel. Ave tabula optimi auxilii, unicum remedium naufragii nostri. Ave naufragorum pie liberator, nauta noster, naulum nostrum, portus noster, salus nostra Christe Jesu. Crucis tue adoratores, passionis tue amatores, o pastor fidelissime sancti signaculi tui invicta virtus, a cunctis vite periculis ab animarum detrimentis, a demonum horrendis incursibus sine fine custodiat et precedat hoc vexillum agonis tui tuas domine inbecillos oviculas, quas redemisti usque dum introducas nos ad ovile beate pausationis, quod preparasti diligentibus te o salvator et deus noster amabilis et gloriose, quem toto corde adoramus et benedicimus viventem et regnantem cum deo patre et spiritu sancto in secula seculorum. Amen.[2]) —

---

7. Briefe Eckberts.

1. Epistola Ecberti ad Reinoldum Coloniensem electum. — (Folio 120 v) Viro inclito domino R. sancte Coloniensis ecclesie electo, E. servus Christi in omni prosperitate presenti novissima providere. Lumen soli, aquas mari addere superfluum est, ita nimirum uberi sapientie tue monita exigui sensus me adhibere necessarium non est. Scribo tamen hec, non ut satisfaciam necessitati, sed caritati, que ad loquendum aliquid domino meo me urget, ne forte sopita aut extincta videatur. Ipsa est, que in diebus adolescentie nostre conglutinavit mentes nostras, quando in scola electissima nostri amabilis doctoris domini Ade viri eminentissimi tam vita quam scientia simul dulces ca-

piebamus cibos philosophice doctrine [1]), et erat nobis sicut studium unum, ita ideintitas voluntatum. Ad altitudinem sacerdocii magni vocatus es domine mi expavesce. Locus, qui te expectat, sanctus et terribilis est, et multis cessit in ruinam, aliquantis etiam in resurrectionem. Sanctus est et sanctos requirit, amatores Christi, vicarios Petri, successores veros Materni, Severini, Heriberti, Kuniberti, Annonis et his similium, qui et vite sanctitate et fideli amministratione dispensationis sibi credite collocari cum principibus celi meruerunt. In diebus etenim sacerdotii sui non suam, sed domini gloriam quesierunt, et fideliter in domo eius laboraverunt, verbum evangelicum propagare, religionem sanctam firmare, iustificare (folio 121 r) plebem, sanctificare clerum, construere et locupletare ecclesias et cenobia, ac modis omnibus cultum dei ampliare, sicut et hodie testantur inclita gesta eorum. Propter quod indulcata est in ore posteritatis memoria eorum tanquam mel, et quasi opus pigmentarii suavitate plena est in celo et in terra. Si ergo amas gloriam et nomen excelsum, horum emulare sanctitatem, humilitatem indue, actus imitare, et reddet tibi iustus iudex, sicut et illis, thesauros inestimabilis glorie, et nomen honorabile coram angelis et hominibus, quod nulla unquam oblivione delebitur. Multi [2]) sapientes secundum carnem, multi nobiles, multi potentes in cathedra illa te antecesserunt, sed non in pluribus eorum beneplacitum erat deo. Erant autem [3]) homines amantes se ipsos, et non apposuerunt cor suum, ut iuxta debitum officii sui magnificarent coram hominibus eum, a quo omnis paternitas in celo et in terra nominatur. Indulgere autem carni, deliciose ociari, pompatice incedere, questui intendere, magnificare parentes, hoc erat illis episcopari. Monimenta sui quidam ex eis, ne nichil fecisse viderentur, reliquerunt in rupibus sive in ruribus ad ocium electis, structuras lapidum, modice utilitatis, aut concupiscibiles formas celiis ac penicillis curiose laboratas. Beatius autem erat eis, ab illis lapidibus, qui congruunt edificio (folio 121 v) superne civitatis, testimonium sibi conquisisse pietatis et religionis, ut, cum defecissent, recipere eos possent in eterna tabernacula. Melius episcopari te opto, o inclite dierum istorum. Feliciter, ut dicunt, incedis, utinam bene, non enim omne, quod feliciter, bene. Felicitas mundi porrexit tibi manum, et amplexata est te, et inisti fedus cum ea. [4]) Sed ne queso per omnia credideris ei, quia fallax est, quia cordium excecatrix est. Habet iocunda principia, sed amarissimi sunt exitus eius. Prestat divicias, prestat honores, et fomenta voluptatis. Et hec, quid sunt nisi poculum aureum in manu meretricis magne, plenum vino abhominationis, quo inebriat omnem terram? Nonne etenim ab isto poculo bibunt omnes gentes avariciam, superbiam et luxuriam, fontes universe iniquitatis, bibunt et commoventur, et mortifero sopore obpressi obliviscuntur domini creatoris sui. Quod si dixerit tibi: Bibe tu quoque et consopire, queso te, ne audias illam. Memento Dalile et Samsonis. Mollitus est fortis ille, et insipiens blandimentis fornicarie et tradidit in manus eius fortitudinem suam. Sopitus est in sinu dolose et privavit sanctificatione Nazareum, et tradidit amatorem suum in manus inimicorum, sicque devolutus est ad ignominiam[1]) cecitatis et mole. Erudiat parabola intel- (folio 122 r) lectorem. At si aut non vis aut nequis solvere vinculum federis, quo astrictus es felicitati mundane, illud summopere caveto, ne dominetur tibi, sed potius tu illam sapienter in servitutem redige, et serviat tibi in omne opus bonum et sanctum. Si enim legitime ac prudenter ea usus fueris, multum fructum pie et iuste operationis ex ea suscipies, similisque eris prophete, qui iuxta preceptum domini fornicarie mulieri copulatus legittimam ex ea prolem suscepit. Si ad pauperum regulam animum inclinare non potes, illam saltem divitum regulam observa, quam eis prescribit doctor gentium Tymotheo mandans et dicens: D i v i t i b u s h u i u s s e c u l i p r e c i p e n o n s u b l i m e s a p e r e,[2]) neque sperare in incerto diviciarum, sed in deo vivo, qui prestat nobis omnia habunde ad fruendum, bene agere, divites fieri in operibus bonis. Facile tribuere, communicare, thesaurizare sibi fundamentum bonum in futurum, ut apprehendat veram vitam, formam indue, non illius presumtuosi potentis, cuius elevatum est cor supra hominem, et per superbiam fenum, ut bos comedere promeruit, sed potentis patriarche, quem nec opulentia terrena nec allocutio divina sue inmemorem conditionis fecit, sed quid esset, humiliter recognovit dicens: Loquar ad dominum meum, cum sim pulvis et cinis. Non emuleris divitem illum (folio 122 v) purpuratum, qui epulabatur cottidie splendide, et erumnoso pauperi ciborum extrema dare contempsit, sed eum, qui suscepto ad prandium. Ecce dimidium bonorum meorum do pauperibus, et siquid aliquem defraudavi, reddo quadruplum. Sis procul a vestigiis principis, qui flagellavit innocentem, cui non erat adiutor, et contumelia affectum tradidit in manus incircumcisorum ad crucifigendum, at illius nobilis et iusti divitis tibi placeat exemplum, qui solvit a clavis circumfixum et conditum aromatibus involvit sindone munda, et pacifice sepelivit. Hoc autem imitaberis factum, eripiens inopem de manu fortiorum eius, egenum et pauperem adiripientibus eum, et fovens pio solamine eos, qui amaro sunt animo et concussos in pace constituens. Judicem elegit te deus populo suo, et asscivit te in numerum eorum, quos magni nominis sui fecit esse consortes, ut computeris inter deos et tu. Siquidem sunt dii multi et domini multi. Ac ne magnitudo tanti nominis extollat te, memento, quoniam et ipsos deos diiudicat deus. Da honorem nuncupationi sancte, neque sinas, quantum in te est, venerandum nomen contraria adiectione profanari. Absurdum enim est et abhominabile, ut in eodem conveniant nomen deitatis et denominatio iniquitatis.

Quomodo enim conveniet, ut quis dicatur deus iniquus, aut deus (folio 123 r) superbus aut aliquid huiusmodi? Nomen itaque dei ad imitationem dei te provocet, in quo iniquitas non est, neque mali species ulla. Sit preciosa in conspectu tuo o iudex iusticia super aurum et argentum et super omne munus, pro quo iustificatur impius, et iusticia iusta aufertur ab eo. Memento sermonis domini dicentis per prophetam: Si separaveris preciosum a vili, quasi os meum eris. Esse itaque poteris os domini patens veritati, et fiducialiter loquens verbum illius, si preciosum a vili, sanctum a prophano, iusticiam a cupiditatis negotio disiungas, neque ea utaris ad collectionem pecuniarum, que intereunt, sed ad correctionem animarum, que perpetim in celo fulgebunt. Dico autem hec, quia passim mos iste obtinuit duces gregis dominici, ut misceant preciosum vili et servire cogant iusticiam cupiditati, dum questus causa, aut quod iustum est, execuntur, aut quod iniquum est, specie recti palliantes, amplum iniusticie prebent locum. Zelus etenim domini in mentibus eorum elanguit, et non est, qui negotiis Christi sincere intendat. Non est, qui insudet purgandis ab iniquitate animabus subditorum, quas mercatus est Christus anima sua, sed purgandis a lucello loculis eorum inminent cuncti. Nam si nummosi eruperit uspiam odor marsupii, penes hominem, (folio 123 r) cui non est adiutor, continuo ibi oculos Argi, ibi manus Briarei, ibi spingis ungues exerceri videmus. Evigilant astucie, multiplicantur calumnie, effundit artes et vires dira rapacitas, ut evellatur, et eruatur miser nummus a latibulis suis. Hunc qui argute venari, sapientissimus habetur in generatione hac. Omnino nimis invaluit amor habendi, cuius causa tanta fit adtricio, tanta in causis concertatio, quique tam frequentes parit venditiones iusticie dei, et totum orbem litigiis implet. Sapientium quoque avertit corda post se, et apostatare eos facit, et beatus, qui non fuerit scandalizatus in eo. Trita querela sanctorum est ex antiquo, omnes, que sua sunt, querunt, non que Jhesu Christi, et adhuc locus magnus est querele huic. Ergo ne tam vilia sunt, ut requiri non debeant, que tanti fecit sapientia altissimi? Atque utinam ita sua quererent vicarii Christi, ut non etiam aliena supra modum appeterent, essentque suis contenti stipendiis, sicut olim a precursore militibus definitum est, ut salvi fieri possent. Id autem quasi perfectissimum sit, inpossibile sibi arbitrantur, et dure incumbunt populo dei, quem vindemiat omnis potestas, et quasi scelus ei reputatur, aliquid possidere. Nichil enim usui miserorum relinquitur, nisi labor et dolor, quibus residuum tributi tollit exactio, (folio 124 r) residuum exactionis extollet calumnia, residuum calumnie devorat predatio, residuum predationis delet vastacio. —

Inolevit autem et speciale malum quoddam intus in penetralibus Jhesu lamentabile nimis a cuiusdam Symonis sive Jezi cupiditate inductum, quod ecclesiasticas valde inquietat columbas, et contemtibilem facit decorem earum. Nam et he sua venditione et sua emtione questum prestare coguntur non mediocrem dispensatoribus suis. O presumptionem detestandam recte animadvertentibus hec. Quid enim? Iniuriatus est Christus, et omnes, ut iustum est, detestamur, iniuriatur spiritus sanctus, et non detestabimus. Numquid ignota est nobis inter Christum et spiritum sanctum equalitas? Sicut ergo abhominamur venditionem Christi, sic abhominemur venditionem spiritus sancti. Quod enim uni ex donis eius factum fuerit, sibi imputat factum, et in donis suis sanctus venditur spiritus, sicut in minimis suis leditur Christus. Ve mundo a negociatione huiusmodi! Ve terre ab avaricia regentium eam, ve ab inopia recti! Venit egestas, que precedet faciem iniqui, ut scriptura predixit. Videmus nimirum nunc similia his, que olim vidit propheta, cum dixit: Aspexi terram, et ecce vacua erat et nichili, et celos et non erat lux eis. Vidi montes et movebantur, et omnes colles turbati sunt. Vacuam (folio 124 v) esse necesse est a bone operationis fructibus terram, plebem videlicet dominicam, quia obtenebrati sunt celi, per quos illuminari debuerat doctrinis celestibus, et spiritalis vite exemplis. Defecit enim sanctitas a sanctificatis et verbum domini a dispensatoribus veritatis. O inopiam planctu et gemitu dignam! Si talis est defectus in celis nostris, quantum esse necesse est in terra! Si occuli ecclesie caliginosi sunt, quid consequens est iuxta sententiam salvatoris, nisi ut totum corpus tenebrosum sit? Moventur[1]) montes[2]), qui stillare debuerant dulcedinem, et quomodo non commovebitur subiacens terra? Ecce enim effusa est contentio super principes principalis ecclesie, que omnium mater est, et sciderunt unitatem summi sacerdocii, ruperunt vinculum pacis ecclesiastice, ita ut invicem mordeant, invicem se interficiant, anathemathizando alterutrum. Est tamen incertum, que duarum partium percutiat in gladio Petri, cum nec possit in partes dividi, nec indivisus sibi adversari. Unde fit, ut non iam correctionis dulcedinem, sed dissensionis amaritudinem amarissimam propinent omnibus terris. Et omnes, inquit, colles turbati sunt. Ecce enim ex illorum vesano motu non modica turbatio derivata est in omnes subditos illis. Ecclesiarum patres, qui, cui parti magis assentiendum sit, ignorantes, ipsi quoque (folio 125 r) sibi invicem maliciose adversantur, alterutrum se abhominantur, odiisque et detractionibus se invicem persequuntur.[3]) Sed et montes et colles seculi, reges et optimates omnium regnorum suo motu suaque turbatione calicem ire dei universe terre propinant furiose eam concutiendo ac devorando, quicquid in ea residuum est, turbinis et grandinis, et est videre miseria undique. Hec dicens querelam magis fero, quam narrationem, quippe cum melius mala mundi agnoscas, qui et frequentius ea experiris quam ego, quem abscondit dominus a conturbatione hominum in abscondito, quod placuit ei. Non autem me latet [1]) cuncta, que patitur mundus adversa iusto dei iudicio a culpis filiorum hominum provenire, maxime ab iniquitate iudicantium terram. Placeat autem gratie superne, que ordinavit fieri te unum ex illis, singularem inter eos te facere in sanctitate et insticia coram ipso omnibus diebus tuis. Oriaris inter ceteros quasi stella matutina in medio nebule, et emergat tecum iusticie cultus, cuius defectus tanto ubique maior est, quanto minus animadvertitur. Sit annus placabilis domino omne tempus principatus tui, et floreat per te gratia pacis in populo dei. Convalescat, quoad potest, per sapientiam a deo tibi datam religio ecclesiastica, que usque ad desperationem infirmata est pene ubique (folio 125 v) in professoribus suis. —

Ante autem omnia electissime principum circumspectionem proprie conversationis te habere necesse est, ut inreprehensibilis sis et ut nemo careat fama nominis tui. Que est enim felicitas, diviciis affluere, honoribus mundi pollere, et ad hec sordidum nomen habere? Oportet, inquit apostolus, episcopum bonum testimonium habere ab his, qui foris sunt. Id autem non extrinsecus adiacentium ostentatione, sed virtuosa conversatione comparandum est, siquidem hec et vulgi iudicio commendabilis est. Si enim cottidie sericis indumentis Grecorum arte laboratis, si Ruthenis pellibus, que auri et argenti precio preferuntur, carnem perituram adornes, non ex eo tam laudabilis, non tam graciosus eris in conspectu dei et hominum, quam si modestia, mansuetudine, benignitate, sobrietate, sanctimonia, sine qua nemo videbit deum, aliisque huiusmodi virtutibus, quibus carere episcopum non licet, honestus incedas. Mediocris fortune homines cum viciis suis delitescere, et vituperationem effugere possunt, quorum nomen nec vicio nec virtute multum solet dilatari. —

At vos, qui in sublimitate estis constituti, ut verbis apostoli utar, spectaculum facti estis et angelis et hominibus et cuncti (folio 126 v) gressus vestri observantur in celo et in terra. Facta dictaque vestra innotescunt omnibus, diiudicantur ab omnibus, et multorum subiacent laudationi aut vituperationi. Sicut ergo celare non potest sol eclipsim luminis sui, nec luna maculam suam aut defectum a subter ambulantium visu, sic nec vobis excessus vestros abscondere possibile est, et a cognitione multitudinis aspicientis sursum ad exempla superiorum. Unde et plurimum nocumenti operatur in populo vita prelatorum, si forte reprehensibilis sit. Quod olim quoque de rectoribus populi sui per prophetam causatus est dicens: Facti estis in laqueum speculationis et rete expansum super Thabor. Propter quod meminerit dominus meus per omnia examinatum se exhibere familie Christi, ut non sit in offensionem, sed in emendationem omnibus pusillis et magnis, doctis et indoctis, sicut decet ministrum evangelii dei. Veniat in mentem cingulum duplex, quo summus pontifex in lege precingitur, uno[1]) quidem subtus in subuncula linea, altero foris in humerali, ut nichil habeas fluxum intus in desideriis anime, nichil remissum foris in operatione. Memento, humerali adstringendum esse racionale, anulis aureis vitraque iacinctina, ut bonorum celestium inspectione opera tua racione et racionem (folio 126 ᵛ) operibus coaptes, nec unquam ab invicem dissentire permittas. Doctrinam et veritatem racionali contra pectus locando inscriptam recole, ut racione mediteris iugiter, que vera sunt et meditata edoceas. Et ne putes ocium tibi permissum esse, quo torpeas et vaces a negotio veritatis, et non clames iugiter vel ore vel opere super montem excelsum, ad quem vocatus es. Lege, quod tunica iacinctina summi pontificis subtus in fimbriis habet tintinnabula aurea et mala punica, ut audiatur sonitus eius, sive ingrediatur sive egrediatur sanctuarium in conspectu domini, ne moriatur. Ne ergo in scandalum mortis tibi sit silentium veritatis, neque aliquando penitens dicas: Ve michi, quia tacui, operam dato, ut sonorus sit introitus et exitus tuus coram domino semper. Sonent iugiter apud te sacri verbi aurea tintinnabula ad paradisum malorum punicorum et delicias premiorum eternorum invitantia plebem regiminis tui, totusque vocalis incedas melius summo pontifice legis. Sonorus ad deum, sonorus sis ad homines, non sono metalli sine mente, sed voce gubernata spiritu vite. Voce predicationis argue, obsecra, increpa, erudiendos illumina, voce recte operationis illuminatos consumma. Voce benedictionis (folio 127 ʳ) gloriam domini magnifica, voce deprecationis gratiam eius tibi populoque concilia. —

Ut enim ait divinus ariopagita: Oportet illuminatores suum superexcellentem lumen supervehere in eos, qui digni sunt lumine. Supervehit autem superexcellentem lumen suum illuminandis, qui eis preter illuminationem doctrine etiam excellentis vite in seipso exempla demonstrat, et quibus bene docendo invehit cognitionem veritatis, eisdem laudabiliter operando supervehit amorem bonitatis, quo ipse pre ceteris lucet, ut sic dupliciter illuminando consummet. Consummationem autem glorificationis tue faciat dominus in eo, ut pro lamina aurea continente ineffabile nomen domini, que novissime secundum legem aptanda erat fronti summi pontificis, ad completionem decoris sui addat tibi per manum veri Moysi gloriam eternitatis signatum perfecta cognitione sancti nominis sui, quod nemo novit, nisit qui accipit. Ipsum est inclitum diadema sanctorum cum Christo regnantium, quo sine fine coronari te opto princeps honorande. Vale![2]) —

8. Epistola Ecberti ad eundem abbatem. [1])

(Folio 119 r). Domino R. venerando abbati de Reinhusen, quod est interpretatum munda domus, frater Ecbertus Sconaugensis monachus in plenitudine dierum bonorum recumbere cum Abraham, Ysaac et Jacob in regno celorum. Senior electe grates multas vobis referimus de vestra benigna visitatione, qua per litteras vestras suavia quedam olfactoriala caritatis visitare nos de longinquo voluistis, ignotas vobis personas me videlicet et ancillam domini Elizabeth sororem meam, tam secundum carnem quam secundum spiritum. Sicut ex litteris vestris perpendo, auditum habetis undecunque, quia manus domini sit cum illa, et operetur magnalia sua mirifice in ea, scitote indubitanter, quoniam ita est. Scio plerosque hec gratanter audire et gratias agere gratie dei super his, que dicuntur de illa, multos quoque eadem diffidenter audire et spernere quasi figmenta mulierum, non illis inputet deus. Ego vero si figmentis subservirem, ac meo testimonio ea fulcirem, proculdubio aut cecitatis aut dementie convinci possem. Cecus quippe essem, si hii quidem, qui absentes sunt, recte dinoscerent, et vere figmenta esse perciperent (folio 119 v) ea, que referunter de illa, ego vero, qui cottidie cuncta comperio, que accidunt in ea, recte hec diiudicare non valerem. Demens vero iudicari possem, et vivens in infernum descendere dignus essem, si illam non secundum veritatem ambulare sciens, ficte sanctitati me admiscerem, et mendacia in populo dei scribendo propagare studerem. Satis mihi gloria mundi arridebat, satis plena manu rerum temporalium copias supernus provisor michi fundebat, dum adhuc essem canonicus in ecclesia Bunnensi. Si nunc, ex quo me totum conieci in gremium domini, et solo ipsius amore, nulla necessitate, nulla coactus infirmitate, monasticam vitam ab annis novem amplexatus sum, reciacula mendaciorum texo, pro captando michi ac sorori mee vento inanis glorie aut vili lucello temporalis subsidii, sim ego, quod absit, iudicio dei et hominum velut sal, quod evanuit, et ad nichilum valet ultra, nisi ut proiciatur foras, et conculcetur ab hominibus ut lutum plateorum. — Et nunc venerande pater, si testimonium meum recipitis, credite, quia vera est bona illa fama ancille domini, et per manum meam scripta sunt magnalia dei, que lectitantur de illa. Fateor autem, quia multa magnifica ac valde miranda, et que multorum edificationi proficere possent, in negligentiam ire permisi, tum pro mali- (folio 120 r) cia detrahentium, que tedio et inercia me affecit, tum pre occupatione claustralis negotii, tum etiam pre penuria pergameni. Illud autem latere vos nolo, quod preter visiones celestium secretorum et allocutiones angelorum et sanctorum, quibus frequenter potitur, hanc illi gratiam prestitit deus, ut cum sit indocta et nullam dictandi ac latine loquendi periciam unquam ab homine acceperit, sepe absque omni premeditatione subito proferat epistolas ad ecclesias sive ad personas, quas vult salutare, et de aliqua re necessaria commonere. Ex quibus etiam illa est, quam nunc per nuncium vestrum dirigit vestre paternitati. Apud prepositum Palidensem cognatum nostrum invenietis librum viarum dei et alia quedam, que sunt ab Elizabeth. De epistola, quam ego conscripsi domino Reinoldo Coloniensi electo, interrogavit me nuncius vester, scitote, quod scripsi eam in claustro, dum torquerer gravi dolore artetice passionis. Si delectamini in scripturis meis, exquirite librum dictaninis mei, quem nuper eidem Coloniensi transmisi contra hereses katarorum. Salutat vos dominus Hildelinus abbas noster, vir religiosus ac timens deum, et orationum vestrarum petit communionem. Oro, ut et ego et soror mea participes simus orationum vestrarum. [1] —

---

9. An Reinald v. Köln (Bruchstück).

Sed nondum, mi domine, intra viscera ecclesie pax vestra recepta est, adhuc mater passionis quasi torsiones intrinsecus sentiens in hunc modum gemebunda congeminat: Ventrem meum doleo, foris pax, intra predatio. Pacem negociatores habent, sed nondum super filios pacis pax requievit. Ecce enim pene ubique ministri ecclesie debita se consolatione privati conquiruntur. Sicut enim ipse nosti, ita a domino ab initio ordinatum est, ut de altari viverent, qui altari deservirent. Et ut rata hec esset ordinatio, per manus regum ac principum locupletem fecit ecclesiam, ut absque solicitudine corporalis nutrimenti milites Christi orationi ac lectioni scripturarum intenderent. Sed ecce in his temporalibus ordinatur ista, usque quaque evacuari cernitur, maxime per dispensatores ac dispensatrices ecclesiarum, qui constituti sunt super familiam domini, ut dent illis cibum in tempore. Hi enim dum curant, que sua sunt, bona ecclesiarum aut per incuriam [2] negligunt, aut in suis voluptatibus consumunt, aut in laicas manus pro seculari favore, aut obsequio conferunt, atque ita de absconditis filiorum adimplent ventres alienorum. Siquis autem filiorum petierit panem, pro pane lapidem, aut scorpionem, aut serpentem illi porrigunt, dum aut duram obiurgationem, aut preurgentem lesionem ingerunt, aut versutam excusationem pretendunt. Unde fit, ut ministros ecclesie propriis stipendiis militare, aut si hec non habent, aliena impudenter mendicare aut succis faucibus mestos deo laudes concrepare oporteat. Atque hac occasione omnes pene ecclesias divine laudis organa suspenduntur, et nemo considerat, vix in unaquaque ecclesia tribus aut quatuor ministrantibus continue, aliis urgente necessitate ad congnatos et notos, sive ad negociationes suas discurrentibus. Verti me alio, et apposui cor meum, ut huius tam generalis ruine causas intelligerem. Inspexi clericorum ecclesias, ac reperi in eis enormitates grandes et innumeras. Vidi claustra virginum, quorum alia rectius viscarium, id est aucupium Satane appellaverim, et ecce ignis alienus cuncta vastavit, lilia castitatis aruerant, et deplorandus universo orbi animarum interitus ubique apparuit. Omnia ergo considerans, et prefate ruine causas intellexi, et domini patientiam vehementer admiratus sum. Circumspexi autem et sustinui, qui simul mecum contristaretur super omnibus malis his, et vix unum de mille reperi, qui dignus haberetur inscriptione Thav. Si itaque in his diebus suscitavit nobis deus Machabeum, qui a finibus nostris gladium coerceat, utinam et patriarcham nobis suscitet, qui a sanctificatis domino alienarum avium nostrum prohibeat. Utinam et phineam nobis suscitet, qui et enormitates et conclamationes tabernaculorum domini, districtui iudicii pugione confodiat. Hec autem omnia in vobis, mi domine, opto concurrere, ut vera et integra pax ecclesie dei per vos restituatur.[1]) —

10. Salutatio ad infantiam salvatoris nostri.

— (folio 33 r). — Sanctam et inmaculatam humanitatem tuam Jesu nostra redemptio devote salutamus, totis mentibus amplectimur, per quam revocati sumus ad patriam nostram, de qua dirus furor serpentis antiqui parentes nostros infeliciter precipitaverat. Divinissimam incarnationem tuam, prout possumus, honoramus, splendor patris unice, per quam iugum captivitatis nostre evasimus et qui filii ire fuimus, in adoptionem filiorum dei meruimus transformari. Salve in virginali utero eterne divinitati unita salvatoris nostri preclarissima humanitas. (folio 34 r) Salve carnis nostre tegmine velata, ad nos egressa summa et sempiterna divinitas. Salve ineffabiliter spiritus sancti potentia virginee carni copulata domini nostri incorrupta humanitas. Salve, in qua habitavit plenituto divinitatis corporaliter. Salve, in qua absque mensura requievit spiritus sancti gratia. Salve a deo patre consecrata filii dei mundissima humanitas. Salve supra angelos exaltata et supra celos celorum elevata Christi illibata humanitas. Salve, quam non tetigit originalis culpe contagio, nec fuscavit aliqua nostre corruptionis macula. Salve ab omni sorde aliena. Salve purior celo, sole et luna splendidior, et cunctis astris fulgentior. Salve coruscantibus gemmis preclarior. Salve auro argentoque probato lucidior et micantibus margaritis nitidior. Salve liliis candidior, rosis vernantibus pulchrior et omnibus floribus campi speciosior. Salve lacte et melle dulcior et omnibus aromatibus preciosis preciosior. Salve (folio 34 v) precellens omnes creaturas, que sunt in celo et in terra. Salve vivificatrix nostra. Salve illuminatrix tocius ecclesie catholice splendidissima humanitas. Salve, per quam redempti sumus, per quam sanctificati, per quam filii ecclesie per sacramentum regenerationis efficimur. Salve, per quam salvamur, per quam deo vivimus, per quam ipsi in vinculo pacis unimur, redemptoris nostri sincerissima humanitas. Gaude mundi domina, que huius purissime humanitatis templum esse meruisti. Gaude et letare virgo virginum, in cuius virginea carne beata deitas huic alme humanitati se voluit sociare. Iocundare celorum regina, in cuius sacratissimo utero hec felix humanitas iocundum habitaculum invenit. Gaude et exulta summi patriarche nobilissima proles, que hanc sacrosanctam humanitatem fovere et tuis virgineis uberibus lactare meruisti. Salve in eternum benedicta fecundissima virginitas, per quam fructum vite et gaudium (folio 35 r) salutis eterne percepimus. Salve, que verbum ineffabile a patre eternaliter procedens sancti spiritus operante virtute in te suscipere meruisti. Salve inpregnata a spiritu sancto castissima virginitas. Salve, que sola digna inventa es a seculis, nobis promissum dei filium huic mundo proferre. Salve, que pre cunctis mortalibus gustare meruisti, quam dulcis, quam suavis est dominus excellentissima virginitas. Salve angelicos choros transcendens. Salve supra omnes virgineas acies sublimata, intemerata virginitas. Exurge iam tandem rutilans aurora, felicis diei prenuntia, veri solis splendorem seculo tenebris infidelitatis depresso productura.

Emerge florida virguncula, profer nobis unici patris unicum, cuius vultum desiderat universa terra. Veni iam et noli tardare promisse nobis a prophetis puer illustrissime, puer splendide, veni visitare nos in pace. Egredere per auream portam virginalis aule, rex noster, rex fortis et potens (folio 35 v) rex regum et dominus dominantium, egredere ut gygas, ad expugnandos ferocissimos impetus sevientis inimici. Progredere princeps regum terre corona splendidissima coronate, veni ad salvandos eos, quos dira calamitas hostis antiqui sauciavit. Egredere de sanctuario virginalis thalami, pontifex summe, pontifex dignissime, uncte a deo patre oleo exultationis pre participibus tuis, veni sanctifica eos, qui parati sunt occurrere tibi. Veni hostia salutaris hostia vera et viva, ut auferas scelera et delicta fratrum tuorum. Veni de excelso celorum habitaculo propiciator mundi, ut nos deo patri, cuius iram meruimus, reconcilies. — Puericie tue integritatem etatis nostre sanctificator, divinis honoramus obsequiis, in cuius ortu nature nostre reparantur et totus mundus restauratur. Salve puer benedicte ad redemptionem nostram de sinu patris in uterum virginis ineffabiliter descendens.

Salve puer venerande, per uterum inviolate (folio 36 r) genitricis in mundum tanquam sponsus de thalamo procedens. Salve patris unigenite, sine conceptione carnali ad nos feliciter progresse. Salve puer gloriose, cuius nativitas divinis miraculis illustratur. Salve puer sanctissime, cuius ortum celestis curia huic mundo innotescit. Salve puer egregie, in cuius ortu stella nova radians primitias gentium fulgore sue lucis salubriter inflammavit. Salve puer amabilis, puer desiderabilis, omni suavitate melliflua dulcior. Salve reclinate in presepio, pannis involute, requisite a pastoribus, honorate a Magis misticis muneribus. Salve sol iusticie, per quem exortum est in tenebris lumen rectis corde. Salve cibus angelorum, cuius dulcedine omnes electi in eterna beatitudine reficiuntur. Salve panis vite. Salve celestis vite manna absconditum, cuius gustu sapidissimo in te credentium mentes recreantur. Salve fructus vite, per quem vite eterne dulcedinem gustavimus. Salve adolescens mansuetissime, omnium (folio 36 v) virtutum decore adornate. Salve iuvenis sapientissime, cuius baptismate abluimur et sanctificamur, cuius doctrina aurea eterne vite saporem nobis propinavit. —

Salve salus nostra et redemptio. Salve ianua vite. Salve decus angelorum. Salve patriarcharum gaudium. Salve apostolorum et prophetarum fundamentum. Salve martirum signifer. Salve confessorum gloria. Salve virginum corona. Salve sponsus ecclesie. Salve omnium electorum eterna requies et vera beatitudo. Beatam infantiam tuam inclite Jhesu adoramus, per quam ad vitam perpetuam renascimur. Beatam pueriiciam tuam agne dei laudamus, per quam nobis aditus regni celestis aperitur. Beatam adolescentiam tuam optime Jesu predicamus, per quam renovatur ut aquile nostra iuventus. Juventutem tuam gloriosissimam Jhesum benigne glorificamus, per quam nove regenerationis sumpsimus exordium. Veni nobis pacifice, auctor pacis et pietatis, veni visitare corda nostra visitatione tua (folio 37 r) benignissima, veni pax nostra et tranquillitas. Veni verus oriens illuminare eos, qui in tenebris et in umbra mortis sedent, veni liberare nos de potestate inimici, veni in adiutorium populo tuo, quem redemisti precioso sanguine tuo. Qui vivis et regnas per omnia secula seculorum. —

Oratio: Domine Jhesu Christe, qui nostri causa formam visibilem assumens humilis in hunc mundum venire dignatus es, concede, quesumus, ut omnes, qui huius adventus tui desiderio accenduntur, et sacre nativitatis tue primordia celebrare nituntur, futuri adventus tui terrorem non sentiant, sed magis optata gaudia consequi mereantur. Per te salvator mundi, qui cum patre et spiritu sancto vivis et regnas per omnia secula. —

---

11. Verschiedene Lobreden.

A) Ad S. Johannem B. — (folio 26 r). Ave puer inclite, ad precurrendum salvatorem feliciter nate. Ave puer electe. Ave puer speciose. Ave puer inmaculate. Ave puer innocens, filius gracie Johannes. Ave felix puer per angelum Gabrielem prenuntiatus. Ave beate puer in materno utero sancti spiritus ymbre perfusus. Ave gaudium parentum. Ave (folio 27 r) sterilis patris ac matris unica proles. Ave in matris vulva exultans ad presentiam dei genitricis Marie. Ave, in cuius ortu divina miracula coruscant. Ave prudens adolescens, labem nivei pudoris nesciens. Ave virginitatis speculum. Ave exemplum continentium. Ave castitatis amator. Ave custos discipline. Ave iuvenis gloriose, spernens mundum cum suis voluptatibus. Ave calcans seculum cum suis diviciis. Ave fidei documentum. Ave correctio morum. Ave penitentie via. Ave vox clamantis in diserto. Ave prophetarum excellentissime. Ave preco iusticie preparans Christo plebem perfectam. Ave clarum decus ecclesie. Ave verus Israhelita. Ave sacerdos egregie. Ave levitici generis nobilissimum germen. Ave consummatio legis et prophetarum. Ave nove gratie principium. Ave heremita magne. Ave fortis athleta contra potentes huius seculi. Ave calicem domini per effusionem sacri sanguinis bibens. Ave summe trinitatis contemplator. (folio 27 v) Ave par angelis. Ave flos patriarcharum. Ave gemma prophetarum. Ave apostolorum conviva. Ave consors martirum. Ave concivis confessorum. Ave virginum collega. Ave precursor domini sacratissime. Ave in natis mulierum virorum insignissime. Ave Christum digito demonstrans. Ave precedens ipsum in spiritu et virtute Helie. Ave baptista venerande. Ave martyr preciose. Ave prepotens celorum celigena. Ave lucerna ardens et lucens, que mundum tenebris infidelitatis depressum ad cognoscendum verum fidei lumen perduxisti. Ave margarita fulgida, radians mirifice in conspectu divine maiestatis. Ave splendidum iubar, refulgens magnifice coram deifico sole. Ave amice agni incontaminati Jesu Christi, beatissime Johannes. Beata infantia tua matris in visceribus a deo consecrata. Beata puericia tua, puerilis levitatis ignara. Beata adolescentia tua ab omni corruptione carnis aliena. Beata iuventus tua (folio 28 r) heremitica sanctitate illustrata. Felix ingressus tuus beate puer in hunc mundum, felix ortus tuus, per quem approximavit mundo vite eterne dulcedo. Gaudet universalis ecclesia de tuo desiderabili adventu, quia exinde salutis sumpsit exordium. Cuius multimodas preces suscipere digneris benedicte dei, quas tibi de diversis mundi partibus porrigit, et ne retrahas auxilium ab ea, quam aurea doctrina illuminasti. Devotionis nostre intentio aures tue pietatis pulsat veritatis amator, ut ipsum nobis reconcilies, quem huic seculo venturum prenuntiasti. Virginei et sanctissimi corporis tui integritas faciat nobis virginis filium placatum, quem sacris manibus in Jordanis fluvio baptizare meruisti, dominum nostrum Jesum Christum, qui cum patre et spiritu sancto vivit et regnat in secula seculorum. Amen.

B) Lobrede auf Maria, Johannes den Täufer und Johannes den Evangelisten. — (folio 132 r) O virgo Theodochos. O virgo ewangelista. O virgo baptista. o alma mater. unigeniti dei. o summe contemplator ineffabilis verbi. o electe precursor propiciabilis agni. ad vos clamito. ad vos supplex suspiro. ad vos totum cor meum suspendo, intendite. obsecro, mihi. Date. queso, manum suffragii vestri supplicanti vobis vermiculo homini, et intervenite pro me apud illum virginem agnum, quem immaculato calle sequimini, quocunque ierit. Illum, o Maria, quem verum deum, verum hominem in intemerata ventris tui aula feliciter baiulasti, illum o Johannes, supra cuius sacrum pectus in cena recubuisti, illum o Johannes, quem beatis manibus in Jordanis lavacro baptizans attrectasti, illum, inquam, Jesum dulcem, Jesum amabilem, Jesum pium et suavem michi queso placatum efficite. Illi hanc fragilem et plenam erumnis vitam meam committite. Inclinate, obsecro, benignum vultum eius in me supplicantes ei, ut ad me divertat, sibi soli me sanctificet, sibi reclinatorium gratum in spiritu meo consecret, ut requiescere possit in me spiritus eius et ego in eo perenni quiete perfungar, neque unquam in eternum ab eius dulcissima commoratione disiungar. O Maria plena gratia, o Johannes et Johannes, gratissimi filii gratie, per illam caritatem vos obsecro, qua vos et in hac vita mortali (folio 132 v) ille dilectus ex dilecto specialiter dilexit quaque vos illum et vos in invicem dilexistis, ut non deflectamini in eternum a me, sed communem mei curam gerere dignemini per omne tempus mei incolatus et diem defunctionis mee celesti gratia illustrari a domino michi impetretis, ut non sit subitus neque mihi inprovisus, sed super omnes dies, quos vidi super terram, festivus mihi sit et gratiosus in devotione sancta et letabunda cordis mei conpunctione, et vestra desiderabili visitatione ac beatorum spirituum presentia, qui pariter vobiscum o desiderantissimi, mei animam meam deducant ab hoc carcere calamitoso ad latitudinem glorie celestis, ut videam deum deorum in Syon prestante domino nostro Jesu Christo. Qui cum deo patre et spiritu sancto vivit et regnat deus per infinita secula seculorum. Amen. — Gloria mulierum etc. Virgo electe etc. Virgo immaculate etc. Hec si vis subiunge. —

Salve Maria gemma pudicicie, de qua mundo illuxit sol iusticie salve pia mater Christianorum, succurre filiis ad filium regem angelorum. Virgo solamen desolatorum spes et mater benigna orphanorum. Succurre filiis ad filium regem angelorum[1])

C) In annuntiatione S. Marie. — (Folio 47 [r]). — Emitte domine sancte pater omnipotens eterne deus in virgineum uterum verbum ante secula ex te genitum, ut redimas de interitu genus humanum, et tue divine substantie eos conformes, quos ad imaginem tuam dignatus es creare. Intuere et respice populum tuum dominator domine deus, et mitte nobis unicum filium tuum, qui congreget et revocet dispersos Israhel in terram suam. Descende de celis, ne moreris unicum verbum patris, veni et incarnare principium de principio, lux de luce, lumen de lumine, placare filiis sceleratis, quia ecce venit tempus miserendi eius, qui te misit in mundum ad redimendum nos in brachio extento. Ecce prestolatur desiderabilem adventum tuum virgo tibi devota, et supplici devotione totus mundus tuam (folio 48 [r]) preclaram et ineffabilem per spiritum sanctum conceptionem in ea perfici deposcit. Demittere nova progenies inclitum germen domus Israhel a regalibus sedibus in terram, cui ante maledixeras propter infelicem transgressionem primi parentis, ut sanctificemur ex te, et benedicatur nomen tuum in secula, cum receperis tuam perditam prolem. Procede nubes candidissima, viror inmarcescibilis, nitor incomparabilis, lapis angularis, precise de monte sine manibus, imple mundum gloria tua, sociare desolatis civibus tuis, quos iam diu deserueras. Infundere placide ros celice, pluvia salutaris, ymber fecundissime, in virgineum vellus, quod carnis vicia ignorat, nec attrahit sibi corruptibilis corruptionis aliquam maculam. Coadunare virginee carni stillicidium novellum liquor purissime, fons uberrime, manans de corde al- (folio 48 [v]) tissimi, panis angelorum, vita hominum, refectio omnium in te credentium. Prepara thalamum tuum virgo inmaculata et suscipe cum exultatione hunc fructum benedictum, quem deus pater misit in mundum, ut per ipsum salvetur et cognoscibilis nobis fiat per te unica proles unici patris et unice matris Jesus Christus deus et dominus noster, qui vivit et regnat cum eodem deo patre et spiritu sancto per omnia secula seculorum. Amen.

D) In tempore dominice passionis. — (folio 48 [v]) Lauda anima mea dominum, lauda deum tuum, quia ecce instat tempus redemptionis tue, tempus, quo salvator tuus Jesus innumerabilium despectionum opprobria gratis pro te sustinuit, et ad ultimum suo precioso sanguine te redemit in cruce. Et nunc primum admirare potentie eius inmensitatem et tunc veneraberis eius humilitatis preclara insignia. Dominatur celo et terre et (folio 49 [r]) universis, que celi ambitu continentur, et ecce, sicut in evangelii texto legitur: appropinquante hora passionis eius ante sex videlicet dies Pasce Jerosolimam veniens aselli dorso invehitur, qui sua dominatione totum regit orbem et a turbis populorum suscipi non dedignatur, cui angeli serviunt, cui celestium potestatum sublimitates obsequntur. Et nunc magis ac magis aspice et vide. Jesus iste quanta compassione generis humani pulsetur, qui nec sacratissimorum suorum membrorum incurvationem ad suorum servorum pedum lavationem subtrahit. Sicut enim legis in sua sacratissima cena, quam novissime cum discipulis suis accepit, sacrum sancti corporis sui et sanguinis sui misterium piis manibus eius tradidit, deinde linteo se precingens pedes eorum lavit et ipso, quo erat precinctus linteo extersit. Et ut (folio 49 v) perfecit omnia, que locutus est per servos suos prophetas, ipsa nocte a discipulo suo traditus est in manus iniquorum. Et ipsa die, hoc est Parasceve, hora diei sexta hic innocens agnus, qui prefigurabatur in agno, quem immolabant filii Israel, dum de Egyptia servitute sunt liberati, immolatus est pro nostris sceleribus in cruce. Et quemadmodum illi ad vesperum hec omnia compleverunt, ita et hic agnus noster inmaculatus et pius circa horam diei nonam, declinante iam die ad vesperam misterium sue victoriosissime passionis consummavit, dum inclinato capite emisit spiritum, ubi et unus circumastantium lancea latus eius aperuit, unde continuo sanguis et aqua in redemptionem salutis nostre emanavit. Quid miserabilius unquam, quid crudelius anima mea perspexisti? Ecce iste innocens homo, qui peccatum non (folio 50 r) fecit, nec inventus est dolus in ore eius, ecce, quam despectus et exanimis et velud homicida proprio cruore undique aspersus, ex quinque vulneribus pedum et manuum et virginei lateris eius in sepulchrum deponitur. Domine deus meus, quid promeruisti, ut talia tantaque sustineres? Utique nichil. Ego perditus homo propter mea peccata, sed per tuam gratiam reparatus. Quid agam? Quid dicam? Quid tibi pro his omnibus retribuam? Vere domine deus meus lingua humana deficit ad reddendas tibi laudes super magnitudine beneficiorum tuorum, que eis a te sunt collata. Exuperat enim omnem sensum et rationem hominum habundantia pietatis tue, et non est, quid tibi pro his retribuat pulvis et vile figmentum. Siquidem ad adoranda passionis tue divina misteria mens mea prompta esset, si non delictorum meorum ictibus pulsarer. Sed licet pro tanti regis victoria mi- (folio 50 v) nus laudator inveniar, tamen in quantum mihi possibile est, te benedicent omnia interiora mea, dilecte puer domini mei et laudabo te in voce exultationis et confessionis. Nunquid enim mihi non es laudandus, qui in mortem tradidisti preciosam animam tuam propter me et me participem divinitatis tue fecisti, carnem tuam nobis ad manducandum et sanguinem ad bibendum tradens? Nunquid ero imparatus ad adorandam tuam spineam coronam et flagellationem durissimam, quorum punctionibus tuum dilectum caput et venerabile corpus a tuis illusoribus innocenter atteritur et deluditur? Nunquid etiam ingratus ero tibi Jesu bone pro amaritudine, quam pro meis sceleribus patienter sustinuisti, acetum cum felle mixtum assumendo, quod cum spongia ori tuo benedicto sevientium Judeorum dementia porrexit? (folio 51 r) Sed siquid michi deest in laudatione huius tue largissime bonitatis, quam inmoderate experta sum, in me suppleat, queso, domine illa tua pia dignatio, qua ipsam mortem, qua voluntarie subisti, gloriose resurgendo vicisti, ut copiose repleatur os meum laude tua in beneplacito tuo redemptor et deus et deus meus, fac me tua intima dulcedine refici, botre suavissime, quem in cruce appensum in figura illius, quem duo Israelite in phalanga suspensum gestaverunt, toto corde adoramus et benedicimus. Fac me inebriari calice passionis tue, uter nove repletus musto benedictionis, ut insensibilis reddar huic mundo et in tuo conspectu nichil inpuritatis in me admittam. Et ut tue preclare resurrectionis gloria, que mane prima sabbati facta est, me participem facias, queso, ut in me mortem anime extingue- (folio 51 v) re digneris, ut post huius mundi tenebras in lucem perpetue felicitatis perducar a te, qui es omnium gloria sanctorum, cui laus et gratiarum actio sit in sempiterna secula seculorum. Amen. —

Omnipotens sempiterne deus, qui filium tuum dominum nostrum super pullum asine sedere fecisti, et turbas populorum vestimenta vel ramos arborum in via sternere et Osanna decantare in laude ipsius docuisti, da, quesumus, ut illorum innocentiam imitari possimus et eorum meritum consequi mereamur. Per. —

E) In assumptione domine nostre. Oratio. — (folio 51 v) — Tuam magnificam gloriam, qua super omnes choros angelorum sublimari meruisti, domina totius orbis, decus virginum, sancta et inmaculata virgo Maria, laudare gestit animus meus, sed cum inmensitatem potentie tue, qua celo dominaris et terre mecum considero, nimium tremebunda ad laudis tue preconium accedo, quam sic ho- (folio 52 r) nor divine dignationis illuminavit. Adest enim illa preclara dies, que nobis illuxit plena gaudio et leticia, qua illa beata angelorum curia et celestis palacii luminosa caterva in exultatione armisone vocis et iocunditate inenarrabili te suam dominam et reginam usque ad solium superne glorie elevavit. Et que est fortitudo mea comparatione illarum sublimissimarum potestatum, super quas elevata est magnificentia tua imperatrix celi et terre, ut sustineam ante faciem tuam serenissimam, sub qua curvantur potestates celi et terre, cuius claritati cedunt astrorum micantia luminaria, cuius pulchritudinem sol et luna mirantur, cuius vultum deprecantur omnes divites plebis. Si te ille celestis conventus non sufficit digne honorare, quanto magis ego vermiculus, qui illorum comparatione estimor favilla stuppe, que a ven- (folio 52 v) to raptatur et dispergitur. Sed inde fiduciam te laudandi et deprecandi meus accipit spiritus, quod misericordiarum mater mitissima nuncuparis et es, et non dedignaris levare faciem tuam super egenum et pauperem et humiliatum corde. Unde et ego infima dei creatura oculos meos ad tue celsitudinis thronum levo, et in quantum valeo, tuam beatam migrationem de hoc seculo tota mente veneror, toto corde amplector, tuam regalem dominationem totis viribus collaudo, tuam laudabilem virginitatem, qua celum et terram pre cunctis adornas, toto affectu diligo. Te diligat cor meum, ament te omnia interiora mea, te benedicat anima mea in voce exultationis, fac me perpetua virgo illius dulcedinis gustare saporem, quo te inebriavit divina sapientia, cum stillicidium sue divine pietatis tibi infudit, cum dei filium ineffabiliter concipere (folio 53 r) meruisti. Fac in me emicare aliquam scintillulam illius divinissimi et sanctissimi ardoris, quem habuisti, cum in tuo utero portasti creatorem seculorum, te amantium ardor inextinguibilis, te querentium desiderium insaciabile. Fac me illius suavissime suavitatis vel modica recreatione confortari, qua tua felix et preciosa anima est recreata, cum in plenitudinem sanctorum cum gaudio est recepta, venustatis purpuree flos delectabilis et inmarcescibilis. Fac me totius pietatis fons inperturbabilis illius exultationis et leticie consortem, qua beatus spiritus tuus exultavit, cum die quadragesimo corpore simul et anima ultra quam nostre humanitatis est natura pervenire meruisti. Illam tuam ineffabilem magnificentiam, qua te suam electissimam sponsam et matrem secundum carnem dominus et salvator ad celi palacium digno honore advexit, celestes et terre (folio 53 v) potestates honorificent, infernales metuant et contremiscant, et benedicat omnis caro sanctum et amabile nomen tuum totius mundi illuminatrix. Chorus nove Jerusalem suscipe hanc celestem sponsam cum summa exultatione, quam de laboribus et angustiis huius vite ereptam in thalamum superne habitationis sublimis dei maiestas adduxit. Gaudete in ea et exultate cuncti celi cives, quia vobis nova lux est exorta, cum eam pater luminum de hoc mundo ad celeste regnum de tenebris huius vite in suum admirabile lumen vocavit. Congratulamini ei omnes, qui eam sincero affectu diligitis, quia et laus nominis eius et regalis potentia eius universa, que celi ambitu continentur, perlustrat. Letetur pia mater in hac iocunda solempnitate,[1]) in qua usque ad throni celsitudinem intemerata mater et virgo processit atque in regni solio (folio 54 r) sublimata post Christum gloriosa resedit. Gaudeat, inquam, merito celum et exultet terra de transitu tam potentis regine, quia exinde nobis est salus aucta, cum introivit in sancta sanctorum ad interpellandum pro nobis potificem summum unicum filium suum dominum nostrum, quem pro nostris reatibus exorare dignetur felix et inclita virgo, cum quo vivit et regnat eternaliter per infinita secula seculorum. Amen. —

Omnipotens sempiterne deus, pietatem tuam humiliter deprecor, ut sicut beatam deigenitricem Mariam in hora sanctissime dormitionis sue per beatum Johannem evangelistam suum virginalem custodem visitasti, ita et me indignam famulam tuam in hora, que ceperit anima mea a corpore separari, eius pia consolatione letificare digneris. Per. —

Deus, qui pro salute mundi cruci appensus et morti iam proximus (folio 54 ᵛ) beatam virginem matrem tuam sancto Johanni evangeliste commendasti, da nobis eorum pure dilectionis, qua se invicem dilexerunt, percipere gratiam, ut te sincero mentis affectu semper diligere mereamur. Qui cum deo. —

Deus, qui per beatum archangelum Gabrielem gaudium incarnationis tue beate Marie semper virgini innotescere voluisti, da nobis, quesumus, eius intercessione gaudere, quem ad hoc nostre salutis negotium singularem ministrum eligere dignatus es. Qui vivis et regnas cum deo patre etc. —

Domine Jesu Christe, qui beato precursori tuo Johanni tantam gratie tue largitatem contulisti, ut te in maternis visceribus adhuc positum ipse quoque in matris utero clausus agnosceret et ad presentiam tuam spiritus eius exultaret, presta, quesumus, ut per eius intercessionem te veraciter agnoscere et pura mente diligere mereamur. Qui cum deo patre etc. —

F) De S. Laurentio et Vincentio. — (folio 28 ʳ) Duo preclari iuvenes potestatem regiam contempnentes Laurentius et Vincentius, (folio 28 ʳ) gloriosi levite palmis victorie insigniti fulgent in celis, quorum precibus apud ipsum adiuvari mereamur, pro cuius fide viriliter dimicantes roseum cruorem fundere non dubitaverunt. —

Oratio. Deus, cuius spiritu confortati beati levite: Laurentius et Vincentius supplicium ignis vicerunt, presta, quesumus, ut omnes, qui nobili eorum triumpho congaudent, incendium ignis eterni te adiuvante mereantur evadere. Per. —

G) Item de S. Laurento et Vincentio. — Insignes levite, amatores laudabilis vite Laurentius et Vincentius gaudent in celis amicti stolis inmortalitatis. Christi bellatores fortissimi, constantissimi tyrunculi, coronati sunt coronis splendidis, remunerati dignis premiis. Summo Romanorum episcopo Syxto beatissimo te hortante beate Laurenti laurum victorie promeruisti. Is, cum a Decio imperatore Christianorum persecutore iussus esset duci ad supplicium, et iam extremum vite haberet terminum, cepisti post eum flebiliter clamare: Noli me pater derelinquere. Ecce (folio 29 ʳ) enim thesauros tuos, quos apud me habui reconditos, iam expendi pauperibus, ne fierent ludibrium sacrilegis gentibus. Noli, inquit Sixtus, flere, fili mi dilectissime, post triduum me sequeris, et glorioso certamine non carebis. Hec audientes impiissimi carnifices mox tyranno crudeli referunt verba tua Decio imperatori. Traderis in custodiam Ypoliti. aperis oculos Lucilli, ipsum Ypolitum ac domum eius ad veram fidem revocas. et aquis salutaribus renovas. Illudis prefectum Valerianum. dum inducias queris ad ostendendum thesaurum. quem piis manibus iam dudum distribueras pauperibus. Exardescit subito dirus furor principum. traheris ad supplicium. flagellaris scorpionibus. sed non cedis. ut sacrifices demonibus. Inde fustibus crudeliter mactaris. et lamminis ferreis ardentibusque ureris. sed maiori voce Christum confiteris. et insanos iudices contempnis. Maiora mox tibi tormenta adhibent. plumbatis te torqueri iubent. sed nihil eorum profuit vesania. quia Christi confortaris gratia. Iterum inter- (folio 29 v) rogatus. sed non convictus. flagellaris scorpionibus. militem Romanum convertis. et ipsum per martirium ad celeste regnum permittis. Ministri Sathane victi et confusi. et tenebris infidelitatis oppressi. noctu te suis conspectibus fecerunt presentari. De progenie tua te interrogantes. et Christiane fidei professionem ex ore tuo audientes, velut lapides duri et insensati lapidibus sanctum os tuum fecerunt contundi. Vince noster levita, vince serpentis antiqui nociva venena. quia non erit tibi impossibile. caput ipsius conculcare. Illi ergo nichil proficientes. et in sua malicia perdurantes a diabolo fortiter igniti. craticule te velut piscem inermem fecerunt imponi. Cui carbones ardentes subponentes. et te velut hostiam immolantes. estimabant se te posse vincere. et suorum deorum culturis subiugare. Sed magis ac magis Christum confitens. et ipsorum seviciam irridens in craticula verus Christi cibus assatus invictus tuus spiritus celo est redditus. Hoc impii persecutores vi- (folio 30r) dentes. et se illusos et convictos dolentes ipsa nocte ad palacium fugierunt. et corpus tuum defunctum super cratem et carbones reliquerunt. Quod a fidelibus in ipso crepusculo raptum. et digna veneratione sepultum, divinis laudibus semper honoratur, et ut dignum est. perpetua memoria commendatur. Sic in Romana urbe. venerande archidiacone. cursum tuum feliciter consummasti. ad eum properans. pro quo fideliter certasti. Hic finis vite tue beate Laurenti. sed et tuus exitus huic non fuit dissimilis sancte Vincenti fidei constantia coequales et glorioso certamine consimiles. — Persecutionis nanque seva rabie ubique graviter intonante. cum beato Valerio presule veram fidem non destitisti publice predicare. Hic in Cesar Augusta urbe consistens et iam seniles annos gerens. te in archidiaconum promovit. et verbi curam commisit. quia ipse impeditioris lingue fuit. Cognita autem vestra religione Dacianus preses rabidior cane insania mentis cepit agitari. et catenis constrictos (folio 30 v) fecit vos in ima carceris trudi. Ibi maximo pondere ferri onerati. et famis miseria aliquandiu vexati. cum iam vos putaret defecisse, suis vos conspectibus fecit astare. Inquisiti, cur idolis non sacrificaretis, et eis cervices vestras non inclinaretis, episcopus, quia impedite fuit lingue, te pro nostra fide fecit presidi responsum dare. Aggressus mox iniquum iudicem, rugientem ut leonem, verbis ardentibus reddis testimonium vere fidei Christianorum. Tu, inquit, infelix Daciane diabolica armaris deceptione, qui primo parentis gustum necis optulit, et eum pessima fraude decepit. Huius tu invidiam imitans lupe ferocissime fidem nostram conaris impugnare, sed dei virtute et potentia tua cicius edomabitur nequicia. — Debachare fili diaboli, et a meo cruciatu cessare noli, senties in me auxilium dei mei, cum videris me nullatenus posse vinci. Christum filium dei si contempseris, et ipsi non sacrificaveris, eternis penis subiacebis, et perpetuo igne in inferno (folio 31 r) concremaberis. Tunc ira fervida commotus, miser Dacianus episcopum tuum iussit exiliari et te suo iudicio fecit reservari. Cepit fortiter clamare, milites et carnifices urgere, ut virgis et fustibus adessent, et tuum sanctum corpus absque ulla miseratione dilacerarent. Scindere ira tua per medium bestia cruentissima, vincet te noster Vincentius per gloriosa certamina, cuius pedibus conculcaberis, et perpetua morte dampnaberis. Filii iniquitatis assunt, nec tibi ullo modo parcunt, et cum te fustibus incipiunt torquere, vires eorum statim defecere. — Facies eorum sudorem emittunt, omnes ad terram fessi cadunt, insultas Daciano presidi, confortaris gratia Christi. Fremere terribiliter cepit, cuius cor diabolus possedit, vires, inquit, vobis resumite, et hostem rebellem fortius cruciate. Nihil his terroribus moveris, sed Christum maiori voce confiteris, seviciam eius irridens, et tormenta despiciens. Ille se videns nihil proficere, ignis supplicium te fecit subire illius inflammatus igne, qui perpetua manet (folio 31 v) in morte. Lectus ferreus et ignitus adducitur, carbones vivi subiciuntur, ipsum ultro conscendis, quia divina protectione ubique gubernaris. Torqueris, flagellaris, exureris, sed invictus tuus spiritus permanet immobilis. Interim Dacianus, rugiens ut leena non recte tua sollicitus de pena, cum te iam defecisse putaret, recurrentes milites inquisivit, quid ageres. Non vincitur, inquiunt, sed magis confortatur, quid agamus, nescimus, quia ecce omnes victi sumus. Turbatur et confunditur iudex ille iniquus moxque te carceris horribilis fecit includi tenebris. Fragmina quoque testarum tibi subspargi fecit acutarum, et ut nullius consortio fruereris vel colloquio miscereris mandavit. Sed ecce quicquid excogitavit ad ignominiam, tibi convertitur ad gloriam, quia obscuritas noctis iocunditas fit lucis radiantis. Carcer testa exasperatus, floret floribus vernantibus, et hominum exclusus solatio, angelorum mulceris alloquio. Exulta levita venerande, exulta Christi miles fortissime in desiderato lumine, quod tibi per obsequium (folio 32 r) angelicum fulget in carcere. Exterriti nimium custodes lumen celicum aspicientes dominum Jesum adorabant, et tuam gloriam magnificabant. Hec cognoscens tyrannus crudelissimus Dacianus trepidus iussit corpus tuum blande foveri. quia estimabat denuo in te posse tormenta renovare. Sed malicia eius est illusa. quia membra tua lecto reposita, anima tua preciosa celestibus est mox civibus sociata. Gaudeat celestis curia de tam preclara margarita. que suo sanguine consecrata supernis choris est coniuncta. Sceleratissimus ergo homicida comperiens transitum tuum beate levita dolet se fore convictum. nec sue vesanie fuisse satisfactum. Inerme igitur corpus tuum in apertum fecit proici campum. quasi illud a feris et avibus non posset salvare, qui illud pridem fecerat varia tormenta vincere. Ergo. qui putabantur tua sacra membra debere consumere. ceperunt volucres et bestie tibi obsequium prebere. ut perpenderent omnes mitis feris se esse crudeliores. Igitur preses (folio 32 v) pudorem suum ultra non ferens. et se victum in omnibus cernens. fluctibus te decrevit inmergi. quia nec defunctum vidit te posse superari. Desiste furere adversus martirem nostrum iudex sevissime. quia velis. nolis, gloria martirii non carebit. Mole ergo mire magnitudinis corpus tuum innexum. et ut. diximus. aquis marinis inmersum ante transnatavit maria. quam illi navigo. quivissent attingere littora. Quod a quedam religiosa femina per divinam revelationem repertum, et dignis laudibus tumulatum devotione fidelium ubique veneratur. et digna reverentia honoratur. Sic undique beati martires Christi presentia confortati. et velut aurum purissimum in camino tribulationis decocti iudices vobis supplicia inferentes vicistis. et magistri eorum Sathane caput contrivistis. Fidei pinguedine saginati. et calice inebriati. cibus ipsius esse meruistis. pro quo sanguinem vestrum fundere non dubitastis. Gaudete nunc in ipso et exultate ardentes lucerne. gemme coruscantes preciosi martires (folio 33 r) Christi invicti commilitones perpetuo splendore radiantes. Delicie vestre sunt ipse agnus pro nobis occisus. iocunditas vestra est eternum regnum eius. pro quo sicut oves ad victimam ducti estis. et velut agni innocentes occisi estis. Gaudeat universalis ecclesia de vestra gloriosa corona, sacer chorus angelicus et ordo propheticus. patriarcharum et apostolorum caterve. congaudeant vestre victorie. Rubicunda agmina martirum. nitor confessorum et decor virginum vestre glorie coniubilent et ymnum decantent. — Laudis vestre preconium resonet in ore omnium. qui roseo cruore purpurati possedistis gaudia celi. Nunc vos precamur micantia luminaria. humiliter vos obsecramus. candelabra ante dominum iugiter lucentia. ut pro nobis apud ipsum interveniatis. cuius ardore inflammati extinxistis ignea tela inimici. Exaudi nos sancte Laurenti. subveni nobis beate Vincenti. attendite nos vobis supplicantes. et aures vestras crebra prece pulsantes. Extinguite. quesumus noxios calores viciorum (folio 33 v) rubiginem. in nobis accendentes serene vestre facies. vultum nobis iusti iudicis reddant placabilem. ut post hanc vitam paradisi gaudia adipisci mereamur, ipso prestante et ad iuvante, in cuius sempiterno convivio eternaliter sollempnizatis, et indefessa laude ipsi ymmum iubilationis decantatis. Per infinita secula seculorum. Amen. —

H) De spiritu sancto. — (Folio 46 v). — Spiritus sancte, consubstantialis et coeternus patri et filio, suavis caritas eorundem tibi commendo animam meam et corpus meum. Accende in me, calor purissime, ignem, qui non extinguitur in eis, quos tua gratia consolari non desistit. Summa dulcedo et summa suavitas, deliciosa voluptas eterne quietis, tua fervida dilectione adimpleantur viscera anime mee. Ure renes meos et cor meum igne caritatis tue flamma divinissima, ardens (folio 47 r) et lucens in cordibus piorum, ut per te frigescat et liquescat in me, quicquid est perversum et indignum coram te, fac me sapere dulcedinem divini amoris tui, amor sobrie, carbo inextinguibilis, et fac me torrente voluptatis tue inebriari, ut non hauriant illam noxiam maculam sensus mei, sed semper sint parati ad obediendum voluntati tue domine deus meus. Veni voluptuosus auster, perfla ortum cordis mei, ut nichil in eo remaneat, quòd tue contrarium sit maiestati. Esto mihi umbraculum diei ab estu viciorum et temperamentum de malarum temptatione cogitationum, ut non succumbam sublevi iugo Christi, domine deus meus. Illustrator te querentium teque desiderantium, veni in çor meum, et eius cecitatem tua virtute depelle, ut lumen tuum splendidum et indeficiens sincero mentis aspectu iugiter aspicere valeam, et peccatorum meorum remissionem a te, qui es omnium delictorum remis- (folio 47 v) sio, percipere merear domine deus meus. Qui cum patre et eius unigentito domino nostro Jesu Christo vivis et gloriaris unus et verus deus per omnia secula seculorum. Amen. —

I) Ad proprium angelum. — (Folio 100 r). — Superne curie civis, angele sancte, qui ad custodiam fragilis vite mee deputatus es, tibi gratias ago de tua fideli custodia, qua me ab infantia mea custodire dignatus es, tu es dulcissimus et amantissimus dominus meus et meum est omni honore te prosequi et corde amplecti tuam purissimam sanctitatem. O candidum et inmarcescibile lilium celestis paradisi, rutilum sidus superioris firmamenti, viva gemma corone regis eterni, mi domine indulge michi, siquid umquam in conspectu tuo deliqui et veniam michi delictorum meorum posce a domino, insidiantes mihi hostes repelle in omni periculo anime mee et corporis mihi semper assiste, orationes meas adiuva, ut acceptabilles sint in conspectu domini sicut suavitatis iñcensum, omnem vitam meam deo meo commendo, in die defunctionis mee adesto mihi cum electis sociis tuis, et impetra mihi a domino, ut felix et acceptabilis et honestus fiat exitus meus, et suscipe . . . . animam meam supplicem tua [1]) present . . . . in vitam eternam. Amen. —

Sacer ordo virginum, quam facta est magna felicitas tua. Celi decus inclitum, lux (folio 100 v) est in Syon serenitas tua. Casta generatio, clara sodalitas, popule spectabilis gaude. Leta iubilatio, plena iocunditas tibi sit exercitus sancte. Ave maledictum evasisti, anguem veteranum contrivisti sola dei gratia. ‖ Mundum blandientem contempsisti, mundum sevientem superasti virtute mirifica. ‖ Nova bella novo more peregisti, mira nostro seculo prelia ostendisti. ‖ Sine manu, sine armis decertatur ipso mortis calice laurea comparatur. ‖ Vincunt, vincunt femine sexu annis tenere, vincunt pacientia. Jesus mentes solidat, durum omne mitigat ipso possunt omnia. ‖ Inter feros enses impiorum rivos fundunt sanguinis animo immobili. ‖ Inter mites ulnas angelorum letas spirant animas cum triumpho nobili. ‖ Videte dulces angeli, videte et miramini rubrum Jesu vestimentum inter torcularia. ‖ In in menbris patitur, quod passus olim scribitur, victimatur, cruentatur per sanctorum vulnera. ‖ Iam gaudete clare lampades, vos electe Christi virgines, semper vivi flosculi empyrici paradisi. ‖ In vos munda vascula duplex fulget gloria Jesu agni candidi Christi regis purpurati. ‖ Illum illum virgines lete subsequimini quocumque perrexerit. ‖ Illi melos optimum, quod est vobis proprium, chorus vester iubilet. ‖ Jesu lumen luminum, decus et laus virginum pace inter lilia, inter rosas accuba. (Folio 101 r). Inter consimillimas gratulare gemmulas ymnis te perhennibus omnis laudet spiritus.[1]) — O dulcissime amator, o dulcissime amplexator, adiuva nos custodire virginitatem nostram. Nos sumus orte in pulvere, heu, heu, et in crimine Ade valde durum est contradicere, quod habet gustus pomi, tu erige nos salvator Christe. Nos desideramus ardenter te sequi, o quam grave nobis miseris est te inmaculatum, te innocentem regem angelorum imitari. Tamen confidimus in te, quod tu desideres gemmam requirere in putredine. Nunc advocamus te sponsum et consolatorem, qui nos redemisti in cruce. In tuo sanguine copulate sumus tibi cum desponsatione repudiantes virum et eligentes te filium dei. O pulcherrima forma, o suavissimus odor desiderabilium deliciarum semper suspiramus[2]) post te in lacrimabili exilio, quando te videamus et tecum maneamus. Nos sumus in mundo, et tu in mente nostra, et amplectimur te in corde quasi habeamus te presentem. Tu fortissimus leo rupisti celum descendens in aulam virginis et destruxisti mortem edificans vitam in aurea civitate, da nobis societatem cum illa et permanere in te o dulcissime sponse, qui abstraxisti nos de faucibus diaboli primum parentem nostrum seducentem. — — —

(Folio 107 r)

Angele sancte dei, qui me regis, hec loquor ad te
Percipe mente pia tibi, que loquor angele sancte.

Sanctus es et purus et confirmatus in evum,
Ut te nulla queat pessundare ius tenebrarum
5. Agmina lucis. conditor orbis quando creavit
Interioris sidera celi. quando locavit,
Ut rutilarent et iubilarent eius honori.
Corruit insignis princeps de luminis aula
Mortifex ille draco, dum se cervice superba
10. Extulit ad summa, cecidit proiectus ad ima.
Esse deo similis inflata mente cupivit
Et sibimet similis merito remanere nequivit
Spiritibus cunctis excelsior, ecce sub omni
Vermiculo vili miser est et honoris egenus,
15. Intulit infelix dampum plorabile celis
Cum sacri numeri tot secum milia traxit.
Quos illi fecit socios inflatio stulta.
Hos quoque iunxit ei comites proiectio dura.
Tunc electe dei, tunc illa ruina probavit
20. Vos, qui ter terno distinguitis ordine celum.
Nec tamen illa pedes movit temptatio vestros,
Quando patrem lucis gens illa miserrima gratis
Liquit, et auctori tenebrarum et mortis adhesit.
Noluit, ut potuit libertats vestra moveri
25. Ut malegrata suo se declinaret ab ortu.
Hinc meruit nec posse quidem mens nostra reflecti
(Folio 107 ᵛ)
A facie, quam leta videt. cui semper inheret.
Luminis eterni faciem gens sancta videtis
Optima pars vobis placuit. pars optima vobis.
30. Est data, que tolli nequit amplectentibus illam.
Et nunc, mi frater, tu fili luminis almi
Anxia sunt ad te michi verba, fideliter audi.
Custodem divina michi te gratia fecit,
Inter erumpnosi tam multa pericula mundi
35. Estque michi, tu scis. in te fiducia grandis.
Inmaculate puer fidam michi porrige dextram.
Pergimus ad patriam pariter bone ductor et ecce
Hec, qua me ducis, arta est via plena laboris,
Quomodo conveniat in ea nos pergere nosti.
40. En ego sum tenebre, tu lux, tu prospice caute
Omne, quod inpedit. omne, quod artat iter gradientis.
Sunt hortes mihi, sunt laquei, sunt scandala multa,
Que mihi pugnas atque [1]) ruinas cuncta minantur.
Hinc pavor, hinc labor, hinc suspiria sunt mihi crebra,
45. Hinc anime languor, hinc tedia sunt mihi vite,

Hinc me sepe vides fluido tibi corde rebellem.
Sepe vides mestum, lassum, lapsumque sub hoste.
Sum caro, care puer, non me fugias neque spernas,
Sed mihi conpaciens o frater amabilis esto.
50. Exere vires, sterne latrones, scandala tolle,
Exilara mestum, trahe lassum, protege lapsum,
Suggere consilia mihi semper et insere vires,
(Folio 108 r)
Quas dedit illa tibi virtus, que sustinet orbem.
55. Nota est in summo tua vox dulcissima celo.
Exalta pro me clamorem, dicito pro me
Omne, quod ipsa tibi pietatis viscera dictant,
Fratribus angelicis me notificare memento,
Ad quos humane spectat custodia vite.
60. Per quos accepta sint in celis mea vota.
Et per eos in me spiret deus optima queque
Lux archangelica per te michi fiat amica.
Servet corpoream Raphaelis cura salutem.
Firment infirmam Gabrielis fortia mentem
65. Migrantem lenis sinus excipiat Michaelis
Nec me virtutum lateant archana sacrarum,
Sed quod agunt mire, tandem pateat mihi clare.
Ordo potestatum collaudetur michi tecum.
Qui mihi compaciens hostilia comprimit arma.
70. Portio sit per te mihi cum primatibus aule
Qui sanctas sanctam ducunt ad bella phalanges,
Reddatur notus sacer ille mihi dominatus.
Qui dominatur, nec maculatus crimine fastus
Archistrategas non vi, sed amore gubernans
75. Sint accessibiles per te celsi michi throni.
In quibus alta sedens maiestas iudicat orbem.
Fac, queso, per eos sit iudicium mihi clemens,
Fusio donetur sapientifice mihi lucis
Et sit cum Cherubin mihi plena scientia per te.
(Folio 108 v)
80. Ardeat in me celicus ignis, flamma suavis,
Et sim cum Seraphin divino ignitus amore.
Omnibus emphyrii cultoribus et paradisi
Civibus o domine pia funde precamina pro me.
Et cum me fallax mundus dimerserit iste.
85. Me sacer ille velit fratrem [1]) conventus habere.
Et foris inveniam, quod amo, quod quero, quod opto
Lumen inenarrabile, lumen amabile, lumen,
Quod non deficiet, quo celi regia fulget.
Quod deus est, quod vera salus, quod vita piorum est.
90. Queso, reveletur per te michi, queso, paretur

Accessus per te michi liber ad atria vite.
Non malus occursus, non accusatio nequam,
Non fremitus mordax mihi, te ducente resistant
Vermis edax et flamma vorax et amara caligo.
95. Trux facies Sathane non sint mihi, queso, timor [1])
Et tu, ne timeam, prope sis mihi fide sodalis.
Angele vivens, gemmula candens, stellula splendens
Occurrat fratrum mihi blanda tuorum
Qui mihi leticie prestent solamina, qui me
100. Aucto pacifico statuant in lumine sancto,
In quo spectatur divini gloria vultus,
In quo laudatur dominans super omnia Christus.
Cuius in aspectu sanctorum milia gaudent,
Qui mortis victor, vite verissimus auctor,
105. Summus in arce dei sedet eternumque sedebit.
(Folio 109 r)
Lumen amictus ei, cuius splendor faciei,
Omnia celica replet agalmata lumine sacro,
Non habet in sanctis similem, quem flamea sanctum
Milia proclamant, nec sanctum dicere cessant.
110. Illo divino nichil est divinius agno.
Omne, quod est pulchrum, quod amabile, quodque suave,
Omne, quod est altum, quod magnum, quod metuendum
Vincit in excelsis, et toto vincit in orbe.
Hunc mi frater ama, lauda, reverenter adora
115. Inter pennosos, inter fratres oculosos.
Cursilis atque [2]) alacer mandata pii patris imple
Mandavit de me tibi mandatum speciale,
Quod bene cepisti, bene cansummare memento,
Vas sanctum, vas electum, vas nobile multum,
120. Presta, que te replet, abunde defluat in me
Sacra fluenta boni iugiter capis ore libenti,
Que tibi fons vite transfundit, sed mediate.
Nam primos primo symmistas ordine terno
Distinctos sacra theletarchis inebriat ex se,
125. Infundens illis sua dulcia non mediate.
Nil medium inter eos et mellifluam deitatem,
Prima ierarchia felix capit oscula prima
Hinc amat, hinc sapit, hinc diiudicat omnia prime,
Altera, que terno nichilominus ordine constat,
130. Officio prime divina karismata gustat,
Tercia, de cuius mi frater es ordine terno.
(Folio 109 v)
Per primam mediamque capit celestia dona
Non, ut in his finem faciat de fluxio sancta.

Sed per eos ad nos veniat, qui lutea vasa
135. Incolimus, sed imago tamen sumus omnipotentis.
Ergo pii fratres non nos contempnite viles,
Nos cinis et cenum sumus et genus illud egenum
Pro cuius vita summus se misit ad ima.
Nos quoque nunc ad nos descendite, queso, iuvandos
140. Iam gaze vestre plenos aperite saccellos.
Deliciis vestris arentia corda rigate
Convive celi deica pinguedine pleni
Convive sancti divino nectare leti,
Ferte citi, ferte de celo xenia vite.
145. Ferte citi, ferte de vita pocula vite
Nobis, qui cavea clausi sumus hic peregrina,
Pascite fractos, solvite vinctos, ducite lassos
Sitque vigor nobis per vos ad vos veniendi.
Et nunc pax tibi sit et vita iuvencule dulcis
150. Cuius amore pio sum ductus ad hec metitandum
Floreat et leta in eternum tua vita. —

---

12. Verschiedene Gebete.

A. Oratio ad proprium angelum. — (Folio 130v). — Sancta et immaculata creatura beate angele dei, qui ad custodiam fragilis vite mee deputatus es, attende, queso, ad me et loquar ad dominum meum, cum sim pulvis et cinis. O custos fidelissime, o dulcissime comes peregrinacionis mee, quid faciam tibi? Quomodo condignas grates tibi rependam pro omnibus, que fecisti mihi, qui ab infancia mea mihi fideliter adhesisti et a multis malis me custodisti, sicut tibi mandavit de me pater celestis. Heu me domine mi, in quantis te offendi, quam multa peccata te inspiciente commisi et inhonoravi te magnum et immortalem ministrum viventis dei, qui poteras in momento perdere vitam meam in mortem. Sed pius et mansuetus fuisti semper in me, sicut et qui misit te dominus et me peccante siluisti, dissimulasti videre te peccata mea, distulisti penam et expectasti penitenciam. Si autem non ad omne delictum prolapsus est meus, non meis viribus, sed gratie dei attribuo et tue benignitati, qui emulatus es me dei emulacione amantissime domine mi. Et ecce non est in meis viribus, retribuere tibi, sed ipse pater luminum supernorum, qui te condidit gloriosum et innocentem et ab inicio in innocencia tua te conservavit, sicut scit, sicut potest, sicut te decet obedienciam tuam, quam in me custodisti, remuneret. Et nunc ego paupercula et abiecta plasmatio obsecro te preciosa et nobilis crea (folio 131 v) tura angele sancte, innocens, impollute, iuvenis floride et inmarciscibili decore virginalis mundicie spectabilis, ut non despicias vilitatem meam, que nota est tibi. Non me in eternum derelinquas o pulcher et amabilis domine, sed a luto isto profundo, in quo infixa sum, omnibus modis erigere me satagas. Adiunge familiarius te mihi custos bone, quia ecce insidie mihi sunt undique. Stemus simul, simul curramus in viis domini. Et quis contradicet nobis? O fortis adleta dei, extende manum tuam super omnes adversantes mihi, dissipa virtutem eorum, ne unquam letentur super me dicentes: prevaluimus adversus eam. In quacunque hora videris imminere mihi periculum corporis aut anime, non te detineat dulcis illa contemplatio, qua vultui dei semper intendis, quin assis mihi velociter, ut eruas me. In tempore orationis mee domine frater aperi mihi celos, ut audiantur in excelso gemitus mei et proficiscantur verba mea in aures domini Sabaoth et scribantur lacrime mee ante faciem domini. Jn tempore illo, illo tempore magne angustie mee, quando peccatrix anima mea corruptibilem hanc tunicam exuere iubebitur, veni benedicte dei, veni in auxilium mihi. Venias, queso, non solus, sed et de fratribus tuis aliquos tecum adducere non dedigneris. Suscipite nudum et inermem spiritum meum o fortes et expediti vernaculi celestis palacii et protegite eum, ne saucietur ab armigeris nequi- (folio 131^{v}) cie, ne absorbeatur a rugentibus preparatis ad escam. Procul me fidi comites deducite ab igne, qui non extinguitur, a verme, qui non moritur, a puteo, qui non saciatur, ab horroribus sempiternis. Quod si vitari non potest caminus examinationis, vestra ope mitigetur, velocius transeatur, et sic in domum domini letantes eamus. Preveniat, queso, oratio vestra faciem tremendi iudicis, ut serenam et placidam primo intuitu inveniam et audiam vocem redemptoris mei dicentem mihi: Veni, electa mea, ascende superius. Tunc et ego creatura interior communicare incipiam vestris sanctissimis deliciis, quas possedistis ab inicio. Panem vestrum vivum et eternum non iam figuris involutum ipso donante manducabo, et deifica pinguedine saginabitur anima mea, ut vivat in eternum. Tunc solvendum est vinculum lingue mee, ut valeam expedito et pleno ore ymnizare domino deo canticum laudationis perfecte in fortitudine infatigabili in caritatis ardore sempiterno, in gaudio, quod oculus non vidit, nec auris audivit, nec in cor hominis ascendit. Quod vestro interventu prestare dignetur, qui vivit et regnat verus deus per infinita secula seculorum. Amen. —

B. Oratio de S. Trinitate. (Folio 25^{r}). Domine deus pater domini nostri Jesu Christi, quem tibi coeternum ante secula ineffabiliter genuisti, tuam omnipotentiam humiliter imploro, ut sicut me a curis secularibus abstractam tuo servitio mancipasti, ita quoque me a delectationibus eius et viciis absolvere digneris. Aufer a me piissime pater omnem carnalitatem et omnia impedimenta Sathane, ne laqueis illius succumbam, ne gaudeat de me inimicus meus. Nota tibi est domine fragilitatis mee miseria, et nisi auxilium porrigas, fraudes illius evadere nequeo. Comprimantur, obsecro, domine, dextera potentie tue omnes conatus eius contra me, conforta me in bonis operibus, ut laudem dicam nomini tuo in omnia secula seculorum. Amen. —

Verbum patris altissimi, fili dei unigenite, manens cum ipso essentialiter in una deitate, qui humanum genus redempturus per virgineum uterum intemerate matris ad nos de celis descendere dignatus es, repel- (folio 25ᵛ) le a me, precor, omnem carnalem concupiscentiam, munda mentem meam de malarum temptatione cogitationum, infunde cordi meo dulcedinem amoris tui, ut te sincero affectu diligam omnibus diebus vite mee. Concede mihi benigne Jesu in presenti veniam de peccatis meis, ut post hanc vitam pura conscientia tibi presentari merear cum his, qui nomen tuum laudare non cessant in omnia secula seculorum. Amen. —

Spiritus sancte, procedens a patre et filio eternaliter, qui conceptum unigeniti dei in utero virginali tua potentia ineffabiliter operatus es, exaudi me indignam famulam tuam, et da mihi fortitudinem contra omnia temptamenta huius vite, munda me ab omni inquinamento carnis et spiritus, repelle a me tristiciam noxiam, et reple me iocunditate spiritali consolator merentium spiritus paraclite. Spiritus sancte, qui super dominum baptizatum in columbe specie apparuisti, ablue, obsecro, sordes peccatorum meorum, et tribue mihi innocen- (folio 26ʳ) tiam, castitatem, simplicitatem, humilitatem, patientiam, conversationem perfectam, perseverantiam in bonis operibus, inspirator omnium bonorum operum spiritus paraclite. — Spiritus sancte, qui in linguis igneis super apostolos descendisti, extingue, queso, et expelle flammas nocivas de pectore meo, et accende cor meum igne caritatis tue, ut te perfecte diligere et digne laudare merear spiritus paraclite in omnia secula seculorum. Amen. —

O gloriosa et individua trinitas, tue tremende maiestati cervices meas inclino, tue incomprehensibili divinitati flecto genua mea cordis mei, tue ineffabili pietati commendo me ipsam, et omnes actus meos, vitam meam, finem vite mee, omnes angustias et necessitates anime et corporis mei. De quacunque tribulatione clamavero ad te, subveni mihi clemens et misericors deus, et ne tardes venire in adiutorium mihi. Attende domine ad me et guberna omnes sensus meos, expande alas protectionis tue super me, defende me ab omnibus periculis, qui (folio 26ᵛ) salvos facis sperantes in te. Laudo nomen tuum pater metuende, adoro te fili venerande, invoco te spiritus alme, summa et sempiterna trinitas et inseparabilis unitas, exaudi me peccatricem, et concede mihi, ut ante diem et horam exitus mei de corpore per veram penitentiam et puram confessionem tibi satisfaciam, et particeps efficiar sacri corporis et sanguinis domini nostri Jesu Christi, et salutifero unctionis oleo muniar, ut secura de hoc seculo transiens desiderantissima tua gloria iugiter perfrui merear. Qui solus in trinitate perfecta vivis et gloriaris deus per infinita secula seculorum. Amen. —

C. Pro amico oratio. — (Folio 45 v). — Sancte spiritus consolatio et refugium omnium ad te clamantium, exaudi me indignam famulam tuam pro famulo tuo N. (Folio 46 r) attentius supplicantem, accende in eo, precor, flammam veri ardoris, qua salubriter accensus te cognoscere pura mente, et tibi mundo corde et corpore servire valeat. Sancte spiritus, scrutator renum et cordium, quem nihil potest latere, mentem eius tua pia visitatione illustra, ut te perfecte agnoscens per tuam gratiam liberari mereatur ab angustiis anime et corporis, et tibi deo nostro sacrificium laudis contrito et humiliato corde immolare mereatur. Spiritus paraclite, fons vite, ignis ardens in cordibus piorum, te supplex adoro, tuam ineffabilem pietatem magnifico, exaudi me pro famulo (a) tuo (a)[1]) N. obnixius orantem et presta, ut, quod pio desiderio a te expetierit, celeri consequatur effectu. Infunde unctionem tuam sancte spiritus eius sensibus, ut nihil preter te sapiat, nihil diligat, expelle ab eo omnem carnalem delectationem et omnium viciorum rubiginem ab eo absterge, et non paciaris eum a te in perpetuum separari, caritas patris et filii, quem adoramus (Folio 46 v) et glorificamus viventem et regnantem cum eodem patre et eodem eius unigenito deo nostro in eterna secula seculorum. Amen. —

Deus, qui es sponsus et corona tibi placentium virginum, respicere dignare super nos indignas famulas tuas, quas tibi per manus domini Hillini archiepiscopi desponsasti, et anulo fidei subarrasti, ut corpore pariter et mente renovate consecrationis huius insignia digna reverentia venerari et tuis castissimis amplexibus semper inherere mereamur. Qui cum deo patre. etc.

---

13. Ymnus de sancto Gregorio.

(Folio 133 r). Fulget in celis celebris sacerdos, stella doctorum rutilat in astris, fidei sacre radios per orbis climata spargens. Israhelita pius et fidelis hac die iunctus angelis in alto regis superni meruit serenum cernere vultum. Cive tam claro Syon o superna leta dic laudes, domino salutis iubila tellus meritis protecta presulis almi. Hic fidem sacram vigilanter firmat, arma errorum subigit potenter, maculas morum lavat et repellit dogmate claro. O gregis Christi speculator alme, norma pastorum, monachorum gemma, speculum cleri, pater orphanorum sancte Gregori. Tu dei nobis faciem placato donet, ut nobis veniam reatus, dona virtutum ferat, et perhennis gaudia vite. Gloria patri genitequi proli et tibi compar utriusque semper spiritus alme deus unus omni tempore seculi. Amen. —

Collecta. — Deus, qui beatum Gregorium pontificem tuum virtute patientie in infirmitatibus roborasti, quique eius doctrinis mundum illuminasti, da nobis et virtutum eius fieri imitatores et gratie participes. Per[1]).

Abt Emecho von Schönau.

§. 1. Abt Emecho von Schönau.

Auf Ekbert folgte als dritter Abt Emecho. Die Verhältnisse seiner Herkunft, Geburt, Ausbildung und wann er nach Schönau als Mönch kam, sind unbekannt. Der Name Emecho erscheint in der Familie Leiningen.[1]) Wildgrafen, Schmidtburg, Veldenz und Kirchberg mehrmals. Emecho war sicher aus einer edlen Familie und vielleicht einer der genannten entsprossen. Er ward Mönch in Schönau und Schüler des Abtes Ekbert. Für seine literäre Thätigkeit sind wir auf dessen Werke und das Wenige, das Trithem auf Grund derselben angibt, angewiesen. Trithem sagt im catalogus illustrium virorum (ed. 1495 in kl. 4°: Exemplar aus Schönau in der Bibliothek zu Wiesbaden) p. 25: Emicho, abbas Schonaugiensis cenobii, ordinis divi patris Benedicti, Treverensis diocesis, Eckeberti supradicti abbatis quondam auditor atque discipulus, vir in divinis scripturis studiosus et eruditus, secularis quoque literature non ignarus: ingenio promptus et clarus eloquio, non minus vita quam scientia insignis. Scripsit tam metro, quam prosa multa preclara opuscula, de quibus tamen pauca in noticiam meam pervenerunt. Legi opusculum eius de laudibus dive virginis Helizabeth Schonaugiensis. Item sermones multos et varios. Et quedam alia minora non inutilia. Cetera, que composuit, in manus nostras non venerunt. Claruit sub Eckeberto abbate anno domini millesimo ducentesimo vel circa. — In dem liber de scriptoribus ecclesiasticis erwähnt Trithem des Emecho's nicht. — Alle Angaben der Schriftsteller über Emecho beruhen auf Trithems Worten. Wilhelm Eysengrein in seinem gegen Flacius Illyricus geschriebenen und von Volusius fortgesetzten Catalogus testium veritatis locupletissimus (Dilingae 1565 in kl. 4°) sagt p. 107 v unter Anderm: Eckberti auditor quondam atque discipulus, vir doctissimus, nec ulli theologorum secundus, moribus, pietate, religione, atque dignitate maxime illustris, de laudibus divae virginis Elisabeth abbatissae(!) Schonaugiensis doctissimos commentarios perfecit. Sermones quoque plures ad populum habitos scripsit. — Gesner in der Bibliotheca instituta et collecta a Conrado Gesnero fortgesetzt von Simler und Fries (Zürich 1583 in Folio bei Froschover gedruckt) p. 214 erwähnt auf Grund Trithems des Emecho. — Die Magdeburger Centuriatoren (historia ecclesiastica 3, 598 nennen den Emecho auf Grund von Trithems Catalogus illustrium virorum, bei denselben erscheint Emecho im polemischen Sinne als Schriftsteller gegen die römische Kirche. Der Jesuit Anton Possevinus wiederholt in seinem apparatus sacer. ed Cöln 1608 folio 1. p. 503 die Worte Trithems über Emecho, handelte aber bereits 1. 500 über einen Abt Einico von Schönau, indem er auf Grund des Molanus und Baronius zwei Personen aus Emecho macht. Auf Possevinus verweist Ziegelbauer in de re litter. ord. S. Bened. 3. 566. — Trithem gibt an, Emecho habe unter Abt Ekbert geblüht, widerspricht sich aber dann durch den Zusatz: 1200 oder um diese Zeit. Abt Ekbert starb jedoch bereits 1184. Bucelinus in seiner Germania sacra gibt als Todesjahr 1208 an, welcher Angabe Chevalier im Répertoire des sources historiques p. 641 s. v. folgte und Emechos Zeit von 1185—1207 ansetzt. Emecho erscheint nicht in zwei Schönauer Urkunden von 1167—1170. Derselbe war entweder vor 1197 gestorben oder er hatte an seinen Nachfolger Simon, einen Neffen Elisabeths sein Amt abgetreten. Am 20. Jan. 1197 und im Jahre 1198 erscheint Simon als Abt von Schönau in Urkunden des Klosters Arnstein. (Herquet, Urkundenbuch des Klosters Arnstein. Wiesbaden 1883 1. p. 15 und 16). Am Schlusse eines offenbar von Ekbert herrührenden Werkchens in Ms. D. befindet sich eine Bitte für Abt Simon, die andeuten dürfte, dass sich Emecho von der Würde zurückgezogen habe und allerdings erst Anfangs des 13. Jahrhunderts gestorben sei. Der Abt Simon ist der nämliche, der den in Cod. 324 in München erhaltenen Brief schrieb, er ist auch wohl identisch mit dem nach dem Arnsteiner Seelbuch zum 24. Juni erwähnten Abt dieses Namens. (Nass. Annal. 16. p. 130). Auch er bekleidete die Abtswürde nicht lange, nach Bär, Ms. Geschichte von Eberbach resignirte er und trat als Mönch in den Cisterzienserorden. 1213 erscheint ein Abt Baldemar von Schönau (Beyer, Mittelrh. Urkb. 3, 22). —

---

§. 2. Die Werke Abt Emecho's von Schönau.

Dieselben sind meist ungedruckt und in 2 Handschriften in Ms. B. und Ms. D. enthalten. Wir führen als solche auf:

1) Ein Lobgedicht auf Elisabeth, beginnend Salve felix Elisabeth etc. Die Herausgeber der Cölner Ausgabe der Schriften Elisabeths liessen 1628 solches unter den Elogia als Nr. VII. aus einem lib. bibl. Schonaugiensis abdrucken und zwar mit dem prosaischen Schlusse. Dieses Buch der Schönauer Bibliothek ist entweder Ms. B. oder der von C. de Visch 1630 in Schönau gesehene Membrancodex, aus dem Ms. B. geflossen. Der Abdruck der Cölner Ausgabe stimmt mit Ms. B. nicht überein. Henriquez druckte in seinem 1630 in Antwerpen erschienenen menologium p. 200 das Gedicht wieder ab, liess aber den prosaischen Schluss weg. Den dritten Abdruck, von dem Cölner Abdrucke abweichend, mit dem prosaischen Schlusse lieferte P. Hermann Crombach in seiner Ursula vindicata 1647 p. 53—54, dessen Varianten wir angeben. Ein weiterer Abdruck nach den Acta sanct. befindet sich in Daniel Thesaurus hymnolog. 2, 195 Nr. CXCVII. Professor D. Nebe liess das Gedicht in Nass. Annal. 8, 236 abdrucken und fügte eine metrische Uibersetzung bei, sein Abdruck stimmt weder mit der Cölner Ausgabe noch Ms. B. Auch die Bollandisten hatten p. 605 das Gedicht nach dem Cölner Abdrucke in ihre Acta S. S. Juni III. aufgenommen, ebenso liess es Migne in seiner Patrologia (ser. latina) 195, col. 117 aufnehmen. Die Cölner Ausgabe, Henriquez und Crombach schreiben das Gedicht dem Emecho zu, ebenso C. de Visch (1630). Henriquez sagt: Eamdem (Elisabeth) his antiquis carminibus laudat Emicho, abbas Schonaugiensis, ordinis Cistertiensis(!). — Das Gedicht ist ein officium auf Elisabeth ehedem in Schönau zu ihrer Verehrung im Gebrauche, darauf deutet auch der prosaische Schluss als Gebet an Elisabeth. Wir drucken das Gedicht aus Ms. B. neu ab. Ob der prosaische Schluss Emicho angehöre, oder späterer Zusatz sei, ist schwer zu entscheiden, solche Fürbitten zuzufügen, war nichts Ungebräuchliches, als Anhängsel an ein officium zu Ehre einer Heiligen sogar geradezu üblich.

2) Eine legendenartige Lebensbeschreibung des Abts Ekbert in Ms. B. enthalten, bisher ungedruckt. Emecho nennt sich hierin Schüler Ekberts, aus Begeisterung für seinen Lehrer unternahm er diese Arbeit, die leider wenig historische Momente enthält, aber manche Stellen der Visionen Elisabeths erklärt und über Ekberts literäre Thätigkeit verschiedenen Aufschluss gibt. Dieses Werkchen erwähnt Trithem nicht, doch war dessen Existens bekannt. Fabricius in bibl. med aevi 2, 94 sagt: Emicho post Echertum abbas Schoenaugiensis ordin. Benedict. circa a. 1190. Eius rythmi in laudem S. Elisabethae Schonaugiensis editi in actis Sanct. tom. 3. Junii 18 p. 605—606. Vitam illius, quam memorat Cangius, non vidi, et quod de laudibus Elisabethae Trithemius cum Emichonis huius sermonibus commemorat, nihil fortasse intelligitur a rhytmis illis di-

versum. Die hier erwähnte Vita ist offenbar unser Schriftchen. Eine weitere Handschrift davon ist uns nicht bekannt geworden, doch stand das Schriftchen auch in dem erwähnten von C. de Visch 1630 in Schönau gesehenen Membrancodex, da Visch die am Schlusse der Vita befindlichen Verse: Non erit equalis etc. erwähnt und sie in diesem jetzt verlorenen Codex vorfand.

3) Eine Lobrede auf Elisabeth: Hoc tibi carmen protulit, etc. vielleicht das in Schönau zu Ehren Elisabeths übliche Officium. Mit 2 Anhängen. Item Emecho de beata Elisabeth und: Oratio de eadem ad s. trinitatem. In Ms. D. erhalten und hieraus in Ms. B. übergegangen. Ungedruckt. Diese an historischen Angaben ganz arme, aber erhabene Lobrede ist jedenfalls mit dem Werkchen: de laudibus dive Helisabeth Schon. des Trithem identisch, sie legt ein glänzendes Zeugniss von dem regen Eifer Emechos für die Verehrung Elisabeths ab und ist zugleich die Handhabe, dass dem Emecho die Schriftchen Nr. 1 und 2 angehören, da sich manche Ausdrücke in den drei Schriftchen vollständig decken. Die beiden von Emecho verfassten Schriftchen zum Lobe Elisabeths trugen jedenfalls nicht wenig zur Verbreitung ihres Ansehens bei, leider fehlen in denselben alle historischen Angaben über Elisabeth, die Emecho zu seiner Zeit noch hätte einflechten können. Emecho nennt sich in keinem dieser Schriftchen Abt, er verfasste solche offenbar noch unter seinem Lehrer Ekbert.

4) Trithem erwähnt als weitere Schriften Emecho's dessen Reden. Eine Handschrift derselben ist uns unbekannt.

Die Schriften Abt Emecho's von Schönau.

1. Lobgedicht auf Elisabeth von Schönau.

(Folio 172 r) Salutatio devota subscripta ad felicem Elisabeth in Schonaugia quiescentem.[1]) —

Salve felix Elisabeth odorfiera rosa, in dei mirabilibus virgo satis famosa. —

Salve viarum domini devota contemplatrix, simulque individue trinitatis amatrix. —

Salve Marie virginis filia singularis. Nam ab ea in[2]) extasi crebro visitabaris. —

Salve, cuius aspectui sancti apparuere. Nam eos festis singulis meruisti videre. —

Salve fons plenus, rivulus scientie divine, guttas stillans mellifluas deifice doctrine. —

Salve vernans arbuscula silve Schonaugiensis, circumdata ramusculis visionum (folio 172 v) inmensis. —

Salve, cui celi ianue aperte videbantur, secretaque celestia inibi monstrabantur. —

Salve abs [1]) ruga speculum, in quod desiderabant, celigene [2]) prospicere. nam multum te amabant. —

Salve, que clausa pixide [3]) sacramenti vidisti, clam vere [4]) carnis [5]) speciem corporis Jesu Christi. —

Eya nunc benignissima, in celis sublimata, que es, ut pie credimus sis nobis advocata. —

Defende hoc cenobium nosque inhabitantes. Mei, rogo, memineris nosceque te amantes. —

O virgo, fac, ut iugiter religio accrescat, in nostro monasterio ne profectu decrescat. —

Repelle, queso, demonum cunctas illusiones, angelorumque obtine nobis munitiones. —

Cuncta nobis contraria tu ora mitigari, prospera quoque tempora exopta nobis dari. —

O virgo devotissima, virtutibus decora, apud deum altissimum rogamus elabora. —

Ut nos ad se recipiat, cum hinc egrediemur, prestetque nobis premium, quo eterne letemur. —

Deo patri sit gloria eiusque sacro nato, equalique spiritui gloria sit beato. Amen. [6]) — —

O sponsa Christi nobilis. O mater venerabilis intercede pro nobis ad dominum regem angelorum, quem semper puro corde dilexisti, in cuius amplexibus sine fine permanes ut remittat nobis omnia, quecunque in ipsum peccavimus, tribuens nobis fervorem amoris sui sanctissimi, et post exilium brevissime vite mansionem celestis habitaculi. Amen. —

Subveni nobis Elisabeth, virgo sanctissima, eterni regis sponsa nobilissima, in cuius aula spendescis sicut stella fulgentissima, esto miseris refugium in omnibus necessitatibus ac tribulationibus. Amen. —

Ex revelationibus eiusdem: Scio autem et sepius mihi revelatum est a domino, quod benedixit dominus locum istum singulari benedictione et non deficiet in eo laus eius et cultus eius usque in novissimum tempus, vos ergo singularem ei gratiarum actionem semper exhibite pro eo, quod specialiter locum istum pre aliis claustris honoravit per eam gratiam, quam in me operari dignatus est etc. [7]) —

2. Die Lebensbeschreibung Abt Ekberts von Schönau.

(Folio 164 r). Opusculum istud de disputatione contra Judeos de matre et filio etc. non perfecit auctor ipsius operis, quia heu! morte preventus est. et non reliquit sui similem in hac vita, qui conclusionem aptam huic operi posset invenire. Huius excessum multi et precipue illi, qui digni fuerunt, eius magisterio erudiri, et eius beate presencie feliciter interesse, deflent. Revera vero iste beatus digne in memoriam vertitur hominum, qui ad gaudium transiit angelorum, quod in hac peregrinatione solo corpore constitutus cogitatione et aviditate et tota animi intentione in illa eterna prima conversatus est. Spiritus etenim sancti gratia hunc ab infancia capaci intelligencia erudivit, ut omnium librorum, tam divinorum, quam secularium, scientiam ei pre multis suis coetaneis donaret. Que licet, sicut scriptum est: scientia inflat, multos ad interitum trahat, tamen hunc memorabilem virum nunquam in aliquam huius seculi vanitatem per illicita desideria potuit demergere. Non enim ambulavit aliquando in vanitate, nec festinavit in dolo pes eius, cuius cor nunquam huius seculi perversitas a rectitudine laudabilis vite potuit avertere, nunquam mentem eius vane glorie cupiditas pulsavit. (folio 164 v) In illa vita, in qua primum conversatus est, videlicet in clericatu, innocentiam suam, domino se protegente, puram et immaculatam custodivit, et multos suos preclaris moribus informavit, lascivitatem [1]) quam alii amabant, declinans, ingentem animi constanciam cunctis demonstrans, ita ut multi eum non solum vicini, verum etiam remoti ferventer amarent, et eius faciem videre desiderarent. Huius erat soror illa venerabilis et famosa virgo Elisabet, quam divina pietas ad multorum edificationem in Sconaugiensi cenobio dignatus est visitare. His autem primum cum ipsa fieri incipientibus, nuncium post ipsum cum voluntate domini abbatis et tocius conventus direxit, quia adhuc in clericali habitu apud ecclesiam Bunnensem erat, ipsique cuncta, que circa ipsam gesta sunt, per ordinem replicavit, quod hunc pre ceteris suis familiaribus singulari dilectione sibi artius astrinxerat. Qui universa magnalia, que dominus noster cum ipsa operatus est, diligenter perscrutans, ea, que fidelium utilitati congruere videbat, conscripsit, ea vero, que legentibus non prodesse sciebat, omnino reticuit. Dum vero sepius ad eam visitandi gratia veniret, frequenter hortabatur eum ad sacrum ordinem sacerdotii ascendere, quod adhuc in diaconatus officio erat. Ipse vero diversas causas timoris sui pretendens, tam arduam rem aggredi nondum audere fatebatur. Que die quadam inter missarum solemnia, cum suo more archana secretorum domini per spiritum contemplaretur, fecit mentionem de eo coram domina nostra sancta Maria, quam sepissime videre consueverat. Que respondit ei, sicut in libro visionum eius invenitur: Dic servo meo, noli timere, fac, quod facturus es, et redde rationem de servitio meo, quod mihi facere debueras, et non fecisti. Eo tempore, cum hec agerentur, Romam causa peregrinationis adire disposuit, et ibi apud dominum apostolicum hunc sacrum ordinem aggredi temptavit, quod et factum est. Nam sociis secum assumptis, qui et ipsi eandem peregrinationem adierunt, Romam venit, domno apostolico causam itineris patefecit, et eius voluntate huius sacri ordinis dignitatem honestissime suscepit. Regebat tunc Romanam ecclesiam Adrianus papa et Treverensem Hillinus archiepiscopus, et erat in anno, quo Fredericus rex cum exercitu Romam ingressus ab (fol. 165ʳ) eodem papa consecratus est imperator.[1]) Interim vero, cum Rome moraretur, predicta soror eius Elisabeth quadam nocte gravissima infirmitate laborabat, et vidit in visione eundem fratrem suum cum clava stantem et magnum conflictum cum diabolo habentem, qui vehementi impetu innumerabiles sagittas iniecit in eum. Ille vero econtra viriliter resistebat, quod omnino ab eis ledi non potuit. Ad ultimum vero iniecit in eum igneas sagittas preacutas, e quibus unam totis viribus iniecit in eum, que paululum adhesit corpori eius, cuius invasione, ut ei videbatur, debilitatus est et usque ad genua laberetur, sed tamen renisus luctamine vehementi iterum restitit. Ad ultimum visum est ei, quod quidam venerandus vir venit, quem intellexit esse venerabilem abbatem, patrem nostri monastici ordinis, sanctum Benedictum, afferens ei monachi cucullam et baculum pastoralem, et dicebat ei: In hoc vince. Sicque confortatus omnem illam maligni hostis infestacionem superavit. Post Pasca reversus a Roma, cum divina misteria apud sorores in festo ascensionis domini celebraret, post lectionem evangelii, cum staret in oratorio eadem soror eius cum ceteris sororibus ad orationem, venit vox de celo ipsa sola audiente cum terrore vehementi, que vox tercio sic est locuta: Veni, veni, veni! et suscipiet te dextera mea. Postea in festo Penthecostes ipsa eadem soror eius vidit in visione arborem pulcherrimam secus maius altare fratrum diversis floribus ornatam et copiosis fructibus dilatatam, ad cuius áspectum valde delectabatur. Que cum angelum domini, qui ei astabat, interrogaret, quam significationem hec arbor, quam viderat, haberet, dixit ei: Fratrem tuum hec arbor significat. Diversi flores et maturi fructus et viriditas foliorum eius sunt diverse virtutes eius et sana doctrina, qua multos fideliter erudiet. Hortare eum, ut seculo abrenunciet, quia eum dominus in suum familiare ministerium ad multorum edificationem elegit. Que cum timeret tale aliquid ei referre, quia (folio 165ᵛ) sciebat, eum ab infancia delicate educatum, distulit aliquandiu ei hanc revelationem intimare. Non post longum tempus angelus domini severo aspectu eam intuens dixit: Quare non hortaris fratrem tuum, pro quo devotissimas orationes ad dominum effundis, ut abrenunciet seculo? Cui illa respondit: Timeo domine, ne rigorem regule nostre in ieiuniis et vigiliis et in abstinenciis possit sustinere. Et ille respondit: Noli timere, quia ego in his omnibus eius ero promptus adiutor. Ipsa vero in hoc verbo confortata, cum ei de hac re mentionem faceret, vidit in spiritu angelum domini prope eum assistere et exhortantem eum ad hanc ipsam abrenunciationem. Qui statim per voluntatem domini sermonibus eius acquiescens a deo constantem assensum prebuit, ut nec semel postea ad deliberationem se converteret, quid pocius foret eligendum, scilicet utrum in clero permaneret vel pocius monastice professionis novitatem arriperet. Reversus itaque Bunnam, ut de rebus suis ordinaret, familiaribus suis, quos sincero semper affectu dilexerat, secretum propositi sui detexit. Quo cognito et admirantes tanti viri subitam mutationem considerantes, qualis in clero fuisset et esse posset, ignorantes vero et timentes, qualis in monastica vita futurus esset, suadere ei ceperunt, ut in via certa et bona, quam ingressus fuisset et quam novisset, securus curreret et ignotum vivendi genus non attemptaret. Ipse vero constanter in suo proposito perseverans, nulla ratione se ab hac intentione avelli posse respondit. Quibus auditis considerantes etiam verbum a domino exisse, nichil ultra adiicere [1]) temptaverunt. Et ipse omnia, que huic erant mutationi congrua, acceleravit et cum multa hilaritate conversationem et habitum priorem abitiens nove vite austeritatem ingredi non pertimuit. In predicto igitur monasterio Sconaugie professionem fecit sub abbate sancte conversationis domino Hildelino, sub cuius etiam provisione et regimine sanctimoniales erant, inter quas predicta virgo sancta Elisabeth soror eiusdem beati viri domino famulabatur. Tam vigilanti itaque studio (folio 166 r), quod aggressus fuerat, amplecti cepit, ut omnes eum, tam domnus abbas, quam eciam ceteri fratres et sorores miro affectu venerarentur. In scripturis sanctis, quas semper amabat, iugi meditatione invigilabat, orationi ferventer instabat, quas pro summis deliciis amabat, assiduis lectionibus cunctos edificabat. Unde factum est, ut fumus optimi odoris ab ipso undique procederet, dum specialem gratiam, quam a domino in clara scientia acceperat, omnibus ad se venientibus infatigabiliter est impertitus, divini verbi pabulo eos pie reficiens, et consolatione benigna cunctos confortans. Denique multorum animos, qui minus dominum ex corde dilexerant, ex eo, quod de ipso neque profunda neque alta sapere, nec alta perscutari valebant, ad dilectionem ipsius et pie matris eius mirifice accendit, sicut optime in sermonibus ipsius et in libellis, quos de ipso domino Jesu et ipsius pia matre edidit, evidenter perspici potest. Cuius cor non accendatur ad dominum Jesum in dulcedine verborum illius libelli, qui intitulatur stimulus dilectionis? [2]) Quem illa eius melliflua verba, que ad ipsum dominum de sua sacra humanitate nec non de ipsius beata passione et resurrectione in ipso libello protulit, ad lacrimas non emolliant? Ignitam cordis eius dilectionem ad ipsum dominum Jesum, quis non admiretur, [1]) in verbis illius, in quibus ad ipsum ardentissimo desiderio proclamavit in alio libello sic dicendo: Verbum mihi est ad te o rex seculorum Christe Jesu? Sed et elegantiam sermonum eius de ipsius pia matre, qui legit, non excitet ad diligendum eam, de evangelio videlicet Luce: Missus est Gabriel angelus et de cantico Magnificat, quod ipsa in spiritu sancto pronunciavit. Sed et alia plura et innumerabilia, que de ipso et de ipsa ad laudem et gloriam eorum ad multorum edificationem conscripsit, quis dinumeret, in quibus suum intimum affectum, quem ad ipsum et ad ipsam habuit, omnibus in palam protulit et multos post se ad sui imitationem traxit. In omnibus his Pauli verbis poterat dicere: Vir iste per omnia laudabilis. Imitatores mei estote, sicut et ego (folio 166 [v]) Christi. Re etenim vera notum est omnibus, qui eum noverant, multos post se et sermonibus et piis moribus fideliter traxisse, dum laudabilem vitam in ipso cernebant, in qua usque ad terminum vite sue ipsi [2]) domino, quem toto corde diligebat, sine querela famulabatur. Cum autem appropinquaret tempus, quo predictus abbas domnus Hildelinus iam se ab hac vita speraret cito decedere, rogabat sepius iam dictam virginem s a n c t a m E l i s a b e t, ut a domino impetraret, ut ostenderet ei, qualem mercedem pro laboribus suis esset consecuturus a domno. Que cum non post multos dies in festo ascensionis domini inter missarum solempnia in extasim venisset, et super hac re dominum deprecaretur, angelus domini transtulit eam et collocavit in paradisum paradisorum et ostendit ei sedem preclarissimam inestimabiliter ornatam. Dixitque ad eam angelus domini: Hec est sedes, quam pro meritis suis magister tuus promeruit, et cito mercedem hanc pro suis laboribus recipiet. Alteram quoque sedem prope illam non tam splendidam ostendit ei, de qua dixit: Hec est sedes fratris tui, quam promerebitur a domino, et dicito ei, quia quo plus laboraverit, eo splendidius eam possidebit. Non post longum tempus idem prefatus abbas ab hac vita decessit, et omnium consensu domino volente ipse in locum eius successit. Sed hunc honoris apicem magis pro onere, quam pro aliquo temporalis vite commodo suscepit, quippe qui maioris cuiusdam ecclesie dignitatem, ad cuius curam ab archiepiscopo Coloniense et episcopo Traiectense accersiebatur refutavit. Ipsius namque iam dicte ecclesie in Traiectensi diocesi constitute priores eum sibi in patrem spiritalem elegerunt, sed ipse talem honorem pro domino respuens paupertatem, in qua fuerat conversatus, magis amplectabatur. Suscepto itaque regimine Sconaugiensis cenobii cuncta provide et prudenter secundum datam sibi a domino gratiam disponebat, ita ut nichil eorum, que intrinsecus agenda erant, circa religionem et cultum dei negligeret et nichilominus exteriosa non tantum provide conserva (folio 167 r) ret, sed etiam ad augmentum extenderet. Ab his igitur etiam qui foris erant, diligi quam plurimum et honorari meruit, quoniam in sacrarum scripturarum scientia eum pollere videbant et quod hanc moribus et vite sanctitate adornaret. Accidit itaque frequenter, ut ad negocia ecclesiastica, ubi de sacris scripturis erat conferendum, invitaretur. Vnde factum est, ut vice quadam Magontiam venire rogaretur propter examinandum quosdam, qui de katarorum heresi erant. Cum enim Pinguiam obsessa quedam a demone femina adducta fuisset, ut ibi a domino curaretur per preces domine Hildegardis apud sanctum Rupertum, demon non sua, sed domini voluntate ductus kataros quosdam, numero circiter quadraginta, Magontie habitantes prodidit et ubi habitarent et ubi mortuos suos sepelissent, occulte edixit. Cum igitur indicia omnia, que predixerat, vera fuissent inventa et illi de fide sua interrogarentur, tam caute tergi versando responderunt, ut hereticos eos esse deprehendi non posset, quo usque idem Eckebertus abbas advocatus ad subterfugia consueta eos declinare non passus, errorem eorum et heresim manifestavit. Multa etenim de secta eorum noverat, quoniam, dum adhuc Bunne maneret, quidam de hac heresi familiares se ei fecerant, sperantes in sectam suam se eum abducere posse. Ab his itaque frequenter ad eum venientibus multa de eorum erroribus cognovit, unde et librum postea contra heresim hanc edidit in signum, rationibus quibus errores katarorum confutavit evidentissime. Manifestati itaque et convicti per ipsum et deprehensi in erroribus suis, qui erant Magontie, eiecti sunt de civitate universi, uno excepto, qui heresiarcha inter eos fuerat et magister annis pluribus, qui errorem suum detestatus, ad fidem catholicam rediit, deo gratias agens de anime sue a morte liberatione. In diebus illis, cum eius vita laudabilis celebris ab omnibus haberi cepisset, et iam virtutum eius insignia ubique nota fierent, dominus noster, quem toto corde desiderabat, quasi nolens eum ultra in huius seculi erumpnis fatigari, de (fol. 167 v) eius laborioso certamine eum feliciter eduxit. Ante biennium vero, cum de hac vita esset transiturus, audite sunt voces in cenobio prefato a fratribus et sororibus, per quas poterant futuram eius mortem prenoscere. Anno quoque ipso, quo finivit istam vitam, in festo Palmarum cum se ante crucem dominicam, sicut moris est, prosternere deberet, ipsa sancta crux, non aliquo vento neque aliquo impulsu mota, ante ipsum in faciem cecidit, unde nimis ipse et nos exterriti sumus admirantes, quid ista portenderent. Alia quoque plura prodigia nobis sunt ostensa, per que potuissemus advertere magnam nostri loci desolationem. Sed non sperabamus aliquid tale eventurum, quod adhuc in etate satis matura beatam vitam ducebat, sed, heu, quasi raperetur a nobis, ita insperate ablata est amabilis facies eius a nobis et sana doctrina, qua multorum corda confortaverat, obscurata est, et quasi ad nichilum redacta. Cum enim libellum quendam contra iudeos de domino Jesu et eius pia matre edidisset et iam in finem conclusionem aptare deberet, antequam perficeret ipsum opus, quasi subito elapsa est a nobis margarita nostra, decidit vultus eius quasi lilium, quod, cum florem suum emiserit, cito marcescit, et dolorem omnibus nobis intollerabilem de suo excessu reliquit. Quis enim se a dolore continere posset, cum talem virum, cui quasi columpne firme et stabili innitebatur ecclesia nostra, infelix mors nobis violenter abstulit? O odiosa mors, quantum nos tua infelix calamitas de huius beati viri transitu perturbavit. Sed nostra infelix calamitas, eius, ut ita dicam, felix felicitas fuit, quod de huius mundi turbinibus eductus, stola inmortalitatis et iocunditatis est indutus. Pro paupertate, quam amabat, divicias glorie consecutus in eterna gloria quiescit in pace cum his, qui reliquerunt omnia et secuti sunt dominum. Possumus dicere de eo, sicut de quodam beato viro legitur: Eckebertus hic pauper et modicus, celum dives ingreditur. Et nunc anima beata, anima a domino electa, choris celestibus iuncta, exulta in domino Jesu, quem toto corde, tota virtute dilexisti. Jocundare nunc in laude eius, quem, dum in corpore manebas, laudare usque ad finem vite tue non cessabas. Fructa nunc illic [1]) (folio 168 r) iubilum dulcem, ad quem totis viribus suspirasti, et ex intimo corde gemitus ad ipsum emisisti. Et nunc plena quia cordis leticia frueris in aspectu pulchritudinis eius, pater venerande, pater amande, ne obliviscaris filiorum tuorum et filiarum tuarum, quas in erumpnis huius seculi nosti laborare, ut pater ille sempiternus, qui tibi preparavit sedem in celestibus, nos quoque ad sua pascua perducere dignetur, ut letemur et nos tecum in celesti gloria per infinita secula seculorum. Amen. —

N o n e r i t e q u a l i s t i b i , n o n [2]) S c o n a u g i a t a l i s f l o s e r a t e g r e g i u s ; r e q u i e s c a t s p i r i t u s e i u s . A m e n. —

---

3. Lobrede auf Elisabeth von Schönau.

(Folio 139 r) H o c t i b i c a r m e n p r o t u l i t E m e c h o m e n t i f i d e l i E l i s a b e t h f e l i x a d l a u d e m c u n c t i p o - t e n t i s. — Te gloriosus apostolorum chorus, te prophetarum laudabilis numerus, te martirum candidatus laudat exercitus, tibi omnes electi voce confitentur unanimi, beata trinitas unus deus, — V). Quis deus magnus, sicut deus noster, tu es deus, qui facis mirabilia. —

Magnus es domine deus noster, excelsus et inmensus, non respiciens personam hominum, nec attendens vultum potentium, sed abiecta et contemptibilia mundi eligens, superbos deiciens, et humiles exaltans. Magnitudinem potentie tue, quis sufficiet enarrare? Occulta consiliorum tuorum, et profunda misteriorum tuorum, quis capiet? Non invenietur quisquam dignus super terram, qui comprehendere[1]) queat admiranda opera tua occultorum cognitor deus, nisi quem spiritu tuo repleveris, et cui volueris ea revelare. Abscondisti enim hec a sapientibus et prudentibus, et revelasti ea parvulis illis nimirum, qui se ipsos despiciendo (Folio 139 v) et terrena calcando per studium celestis discipline tibi adherere elegerunt.[2]) Inbecillitatem igitur nostram considerantes, et tam ardua et profunda penetrare non valentes omnipotentiam tuam secundum posse nostrum honoramus et laudamus conditor et rector universe creature tue domine deus noster. Sed quas tibi laudes poterit exhibere putredo et filius hominis vermis, quem contremiscunt potestates celi et terre? Vile figmentum, qualiter te idonee collaudare poterit, cuius magnificentiam sancta et innocens creatura angelica expavescit? Sed licet non sit speciosa laus in ore peccatoris, fiduciam nobis prestat ad laudanda magnalia tua pia dispensatio bonitatis tue, qua nos consolari dignatus es in beata famula tua Elisabet, que misericordie tue plenitudine abundanter visitari meruit et confortari. Ab ineunte enim etate secundum beneplacitum voluntatis tue vitam eius conservasti et usque ad tempus beate migrationis eius (Folio 140 r) de corpore non deseruisti eam, sed, ut pater filiam, sic enutristi eam multitudine dulcedinis tue. Vino amoris tui cor eius inebriasti, ut te sincera mente diligeret, et dedisti ei fortitudinem calcandi ea, que sunt in mundo, et patientiam contra omnes adversitates et angustias huius vite. Omni tempore vite sue humilis et abiecta fuit in oculis suis, unde meruit, ut sinum pietatis tue ei tam copiose expanderes[3]), ut abscondita ab antiquis temporibus misteria ei manifesta faceres. Quam incomprehensibilia sunt iudicia tua scrutator renum et cordium, deus, quam investigabiles vie tue rex seculorum. Quis enim audiens non admiretur clementiam bonitatis tue, quod homini carnis onere obvoluto trinam et individuam maiestatem tuam, quam angeli in celo contremiscunt, dignatus sis patefacere? Sed hoc domine ad laudem et gloriam nominis tui facere voluisti, ut non deficiat laus tua de ore hominum. Subvenisti enim in hoc fragilitati nostre (Folio 140 v) ne a gratia tua nos inmunes estimemus. Et hoc domine pietati tue non suffecit, sed omnia quoque sacramenta redemptionis nostre mentis eius oculis non es aspernatus demonstrare, annuntiationem videlicet filii dei per angelum Gabrielem, incarnationis eius mirabile misterium, trium Magorum adorationem, baptismi ablutionem, sed et passionis eius et crucis contumelias, sepulture quoque et gloriose resurrectionis eius ascensionisque in celum glorificationem adventumque spiritus sancti super apostolos in igneis linguis. Adhuc eciam quiddam preclarum et inauditum ad confirmationem catholice fidei non despexisti ei revelare mutationem videlicet panis et vini in altari in veram speciem carnis et sanguinis domini nostri Jesu Christi. Quam copiosus es in misericordia pater misericordiarum et deus[1]) tocius consolationis, quam benignus, quam suavis omnibus diligentibus te in veritate. Quis tam preclara et stupenda opera tua, que in hac fideli famula tua ad consolationem[2]) et salutem plurimorum operatus es considerans, non expavescat et laudem dicat nomini tuo domine deus noster? (Folio 141 r) Sed et hoc insigne et inusitatum miraculum, quod paternitas tua in ea declaravit, non est silendum. Cum enim nullam vel parvam intelligentiam divinorum voluminum haberet, ita scriptis et litteris undique directis corda hominum rigavit, ut, qui forsan nesciret, omni tempore vite sue litterarum studiis eam vacasse putaret. Obscuras etiam et ad intelligendum difficiles scripturas tua gratia nobis per eam aperuit. Super his autem omnibus et aliis, que cum illa per tuam misericordiam gesta sunt, nullo favore pulsabatur, nichil unquam de meritis suis iactanter presumebat, sed cuncta bonitate tue humiliter attribuebat collaudans te assidue pro universis beneficiis tuis, quibus eam mirabiliter pietas tua glorificare consueverat. Sit nomen tuum benedictum in omnia secula fons misericordie, qui tale decus nobis ad illuminationem fidelium tuorum destinare voluisti. —

Et nunc o domina nostra Elisabet virgo deo devota, gaude et letare, que sic exaltari a domino meruisti pre cunctis (Folio 141 r) participibus tuis. Lauda deum tuum filia Syon, qui te in vas electionis assumpsit, et abscondita a seculis tibi reservavit. Non solum enim ipsum regem celorum, sed et reginam celi et omnes supernos cives, novem videlicet ordines angelorum, patriarcharum et prophetarum laudabilem numerum, gloriosum apostolorum chorum, martirum candidatum exercitum, confessorum et virginum innumerabilem multitudinem per spiritum frequenter aspicere solebas. Hos omnes in circuitu throni in sua gloria consistentes distincte et ordinatim perspicere meruisti. Singulos quoque in suis festivitatibus videre, et sacris eorum çolloquiis confortari consueveras. Crucis etiam admirabile signum, sed et spiritus sanctus in specie columbe tibi crebro apparuit. Penas quoque reproborum et mansiones electorum, diversitates etiam purgatorii ignis et quibus medelis his, qui in ipso detinebantur, subveniri posset, pia dignatio domini te cognoscere fecit. Quid enim fuit, quod tibi non patefecit pater ille celestis deus (Folio 142 r) et dominus noster in omni domo sua? Nisi ei placita fuisset vita tua, non tantis honoribus te dignam fecisset. Puro mentis affectu et simplici corde eum quesisti et invenisti. Sed ecce cum divinam potentiam in te laudamus filia Jerusalem, ingemiscimus et suspiramus, quia amabilis facies tua nobis est ablata, quod dulci tuo affatu ultra nobis non licet perfrui. Heu qualem consolationem, qualem dulcedinem, qualem iocunditatem in te amisimus filia summi regis, qui desiderabili tuo aspectu privati sumus. Lucida stella, que nebulas ignorantie nostre depellabas, quomodo sic obscurata es! Lucerna ardens et lucens, que nos melliflua doctrina illuminabas, quomodo sic extincta es? Radius corusce lucis, per quem hactenus mirifice iocundati sumus, qualiter evanuisti ex oculis nostris? Speculum, per quod secreta celestia intuebamur, et gemma rutilans in decore magnifico qualiter elapsa es de manibus nostris! Constat plane, quia mundus non fuit dignus tali (Folio 142 v) margarita, tali lapide precioso. Sed nos, qui de amissione tua non inmerito dolemus, de beata consummatione tua et felicitate premiorum tuorum gaudere debemus, certi, quod non desinas orationibus adiuvare, quos dulciflua exhortationum tuarum affluentia confortare solebas. Exulta nunc felix et digna deo anima in claritate superne patrie, requiesce in cubilibus patris tui, quia concupivit rex decorem tuum. En quod semper optabas, quod semper desiderabas, iuncta es ei in celis, quem in terris posita tota devotione et pia animi intentione dilexisti. Inmorare nunc in amplexu eius gloriosa virgo, qui te precioso sanguine redemit, cui iocundum habitaculum in tua virginitate preparasti et ortum deliciarum, in quo suaviter requiesceret, plantasti odoriferis arboribus spirantem, et speciosis violarum, rosarum et liliorum floribus vernantem. Per ortum deliciarum intelligimus tuum mundissimum corpus, per odoriferas (Folio 143 r) arbores diversarum virtutum germina ex te procedentia, per violas cordis tui non fictam humilitatem, per rosas ferventem caritatem, qua in deum spiritus tuus ardenter ebulliebat, per lilia candorem tue gratissime virginitatis exprimimus. Lectulum floridum in hoc orto ad pausandum dilecto tuo sponsa dei collocaveras, quia terrenis curis postpositis, ad contemplanda sola celestia mentis intuitum defixum semper habebas. Circa hunc lectulum aromata diversi generis congregaveras, inter que precipue thus et mirra ultra omnem suavitatem redolebant. Per bene olentia aromata famam boni odoris de te undique procedentem, per thus largissimas et deo acceptas tuas orationes, et ubertatem lacrimarum tuarum in contricione spiritus prolatas accipimus. Per myrram vero mortificationem carnis tue, cui non permisisti ullum vicium dominari, et miram abstinentiam ciborum et potuum, vigiliarum quoque et ieiuniorum indefessam fatigationem, sed et virginei (Folio 143 v) corporis tui duram afflictionem intelligimus. Hac virtutum varietate circumamicta deo dilecta virgo poculum aureum sponso tuo prebuisti, et potasti eum vino amoris tui, et valida intentione cordis tui, qua fortiter in eum mens tua exardescebat. Ut autem tales fructus hic ortus deliciarum produceret, ymber sancti spiritus eum fecundavit, et umbra potentie sue eum protexit, ne alicui malo pateret accessui. Sed cum his et huiuscemodi venerandis ac deo placitis actibus vigilanter insisteres, non te subtrahebas a dulci familiaritate tecum conversantium, sed ut pia mater spiritalibus eos epulis indesinenter reficere solebas. Non solum autem ipsis, sed etiam longe remotis, per litteras monita salutis dabas. Jn monasteriis sub cura patrum spiritalium degentes, ut se invicem diligerent, ac bonis operibus studerent, et humiliter sibi prelatis subessent hortabaris. In seculo commanentes divites, ut elemosinis insisterent, pauperes, ut egestatis onus patienter subportarent (Folio 144 r) instruebas. Stantes, ut in melius proficerent, lapsos, ut resurgerent, admonebas, et orationum tuarum larga subsidia eis impendere non despiciebas. Omnibus etiam ex longinquis partibus edificationis causa ad te currentibus verbum vite propinabas, et salubri consilio corda eorum accendebas, ut a deo fructum boni operis consequerentur. Pro his et cunctis laboribus tuis retributionem dignam tibi reddere dignetur consolator merentium deus, et non deleantur de libro vite innumerabiles fatigationes tue, quas ab annis adolescentie tue pro ipso patienter sustinuisti. Non autem ambigimus, quin pro eis placidam et quietam mansionem possederis in terra viventium, et potens sis adiuvare nos in conspectu eius cuius templum esse meruisti. Convertatur, obsecramus, gloriosa facies tua ad nos, memorare nostri domina in requie tua, quia dominus benefecit tibi. Salva quidem tibi sunt tua premia, nostri pocius miserere, quos in exilio huius mortalitatis inmatura morte preventa infeliciter (folio 144 v) desolatos dereliquisti. Certi beata virgo de tua felici requie precamur ut ipsum pro nobis interpelles, qui te gloria et honore coronavit, deum et dominum nostrum, cuius potestas et imperium permanet in omnia secula seculorum. Amen. — Benedictus es domine deus noster, qui facis mirabilia magna solus, qui tantam benignitatis tue abundantiam in hac beata famula tua Elisabet dignatus es ostendere. Sit tibi laus et gratiarum actio omnipotens deus, qui tam fulgidam lucernam donasti nostro seculo. Benedicant nomen tuum in omnia secula, qui plurimam benedictionis tue gratiam per eam percipere meruerunt. Maiestatem tuam collaudent omnes, ad quos fama bonitatis tue, quam in ea pietas tua declaravit, pervenerit. Laudes tibi inmensas referat omnia creatura tua conditor celi et terre, qui sperantes in te tantis sublimas honoribus. Tibi decus et imperium, tibi gloria et potestas, tibi laus et iubilatio in sempiterna secula, o beata trinitas deus. Benedictio et claritas et sapientia (folio 145 r) et gratiarum actio, honor, virtus et fortitudo deo nostro in secula seculorum Amen. —

Item Emecho de beata[1]) Elisabet. — Sydus eximium nobis in Sconaugiensi cenobio illuxit, et crevit in lucem magnam, radios suos per lata terrarum spacia spargens, ita ut omnes, quorum deus corda tetigerat, salubriter illuminaret. Scintilla modica in medio nostri emicuit, que se paulatim in fulgorem magnum dilatans pectora se querentium feliciter inflammavit. Arbuscula tenuis circa rivos nostre mortalitatis plantata germinavit, que tam late ramos suos expandit, ut circumquaque ad se venientium mentes gustu suavissimo fructuum suorum reficeret. Fons parvus de terra nostre habitationis emanavit, qui in flumen magnum crescens civitatem dei letificavit, et potabilem se cunctis prebuit, ut omnium ad se currentium arida corda potu delectabili irrigaret. Flos purpureus emersit in areola nostra, cuius (folio 145 v) spiramine ita sunt universi in circuitu saciati, ut undique circumfluerent ad attrahendum sibi tante dulcedinis odorem. His omnibus te non incongrue assimilamus nostra dulcis Elisabet, requies laborum nostrorum, delectatio vite nostre, dulcedo amaritudinis nostre. Beata vita tua, que tantis laudibus recolitur, tantis virtutibus decoratur, et tam miris actibus adornatur. Felices valde, qui huius syderis luce perfundi, et huius scintille splendore digni fuerunt irradiari. Felices multum, qui huius arbuscule fructum gustaverunt, quibus datum est secus illam requiescere, et decidentia ex ea fraglantia folia ad posterorum salutem colligere. Felices procul dubio iudicandi, qui huius fontis haustu recreari, et huius floris odore fulciri meruerunt. Sed venit hora, et nunc est, cum hoc preclarum sydus proh dolor obumbratum est, scintilla ardens subtracta est, arbuscula florida decisa heu! non comparet, stillicidium lucidi fontis manare cessavit, gratiosus flos noster emarcuit, et non est nobis ultra spes intueri tam admirandam (folio 146 r) lucem, tam suavi fructu refici, tali aqua potari, et tali flore delectari, quia ad horam nobis datum est, in eius lumine exultare. Unde lamentationem flebilem super te ingeminamus, o domina nostra Elisabet, suavitas nostra, desiderabile germen nostrum, recreatio mentium nostrarum, et dulcius est nobis super te fletibus incumbere, quam suavi cibo potuque epulari. Exultandum siquidem nobis erat de beato transitu tuo, quia evasisti miserabiles miserias huius vite, sed, cum repente nobis in memoriam redit dulcis tua conversatio, qua pie nobiscum conversabaris, liquescit animus noster super te, dolor ingens exuperat omne gaudium nostrum, ita ut nobis promptius lacrime ad maxillas, quam leticia in cor ascendant. Consoletur nos, obsecramus, candida virginitas tua apud deum nostrum, mundicia cordis tui ascendat ad aures domini, ut inclinet misericordiam suam[2]) super eos, quos in erumnis infelicis huius seculi deservisti. Ecce velut catuli ad ianuas dominorum suorum prostrati ad pedes domini iacemus, et cottidie expectamus, ut aliquas micas (folio 146 v) consolationum suarum nobis porrigat. Esto nobis propiciatrix apud ipsum domina nostra, quia non est tibi difficile, quecunque volueris, ab eo impetrare. Converte blandam faciem tuam ad concaptivos tuos, et ne deseras eos in necessitatibus et angustiis, quorum tibi cognita est miseria. Confidimus enim, quod non desistas, nos in conspectu domini adiuvare, que in terris posita opem sedulam nobis impedere non despexisti. Faciat nos dominus deus noster consortes gaudiorum tuorum, que particeps fuisti laborum nostrorum. Qui vivit et regnat per infinita secula seculorum Amen. —

Oratio de eadem ad s. trinitatem. — Domine deus noster, qui inter cetera potentie tue miracula, que in beata virgine Elisabet operatus es, tuam quoque ineffabilem et incomprehensibilem maiestatem mentis eius oculis manifestare non despexisti, tuam omnipotentiam humiliter imploramus, ut anime eius tranquillam et quietam mansionem inter beatorum spiritus donare digneris, quam in hoc corruptibili corpore positam claritas tui luminis copiose illustrare solebat. Qui in trinitate perfecta vivis et regnas deus per omnia secula seculorum.[1])

Anmerkungen.*)

Die Visionen der heiligen Elisabeth von Schönau.

Erstes Buch.

p. 1. [1]) Crombach, Ursula vindicata p. 718: Praefatio Egberti abbatis in revelationes S. Elisabethe. — [2]) indubitatum. Cr. — [3]) munificentia. Cr. — [4]) autem fehlt. Cr. — [5]) Dieser Prolog fehlt im Pariser Druck. Derselbe beginnt: Prologus Egberti abbatis in librum Elizabeth virginis coenobite Sconaugiensis. Fuit in diebus etc. Wir notiren die Lesarten des Drucks ohne, die der Mss. mit Anführung ihrer Bezeichnung. — [6]) Ms. F. Incipit liber visionum Elizabeth ancille Christi. (roth geschrieben). — [7]) annos tres et viginti. — [8]) incarnationis dominice millesimo centesimo quadragesimo secundo. Ms. F. — [9]) siquidem. — [10]) aliis. Ms. F.

p. 2. [1]) aliquando alitus. Ms. F. — [2]) excessum et. — [3]) divina. — [4]) invenire. — [5]) utpote que esset. — [6]) exiguam. — [7]) quam. Ms. F. — [8]) exposuit singula. Ms. F. — [9]) illius fehlt. — [10]) Der Anfang der Visionen scheint einer Homilie des hl. Bernard (in der Pariser Folioausgabe seiner Werke von 1513 folio 300 r) nachgebildet zu sein. Diese Homilie beginnt: Petis a me fili charissime, quatinus ex lectione etc. — [11]) me frater, per. — [12]) que magnifice operatus est dominus in me, ac tuum. — [13]) attende mi dilecte. — [14]) noverit. Ms. F. — [15]) Ms. B. attribuens, von einer Hand saec. XVI. in attribueres geändert. — [17]) nomen suum magnificari. Ms. F. — [18]) intuendam Ms. F. — [19]) hoc arrogantie. Ms. F. — [20]) ascribi.

p. 3. [1]) videantur aliquatenus adtinere. Ms. F. — [2]) putantur Ms. F. — [3]) tibi nunc. — [4]) Ms. B profuissem (!) — [5]) me proximam. — [6]) nec sic omnino. Ms. F. — [7]) michi intelligo. Ms. F. — [8]) aperiam, deinde. Ms. F. — [9]) qua. Ms. F. — [10]) in. — [11]) Psalm. CXIII. — [12]) me ammoneri. — [13]) tanto languoris obruerer labore. — [14]) michi paralisis. Ms. F. — [15]) gloriam gaudium est cordi. Ms. F. —

p. 4. [1]) deus, sed. Ms. F. — [2]) 1152 fiel Pfingsten auf den 18. Mai, der Zustand Elisabeths dauerte eine Woche, d. i. bis zum 25. Mai. — [3]) fierem, unde. Ms. F. — [4]) Ms. B. posta. — [5]) Ms. B. mea fehlt, ebenso im Druck. — [6]) mihi ipsi. — [7]) accumulabam. — [8]) me ambulare. — [9]) hec etiam tanto. Ms. F. — [10]) Igitur. Ms. F. — [11]) illud, et legi. Ms. F.—

---

*) Auf Wunsch der Redaction der „Studien“ folgen die Anmerkungen zum Texte hier und nicht unter dem Texte, um das sonst eintretende allzustarke Zerreissen des Textsatzes zu vermeiden. —

[12]) effuderat. Ms. F. — [13]) me hesitare. Ms. F. — [14]) beatissima. — [15]) tederet me etiam. Ms. F. — [16]) Confitebor. Ms. F. — [17]) tu nisi. Ms. F. — [18]) paulo minus. Ms. F. —

p. 5. [1]) 29. Mai. — [2]) autem. Ms. F. — [3]) in. — [4]) miserabiliter iacebam. Ms. F. — [5]) Lucas, 22, 3. — [6]) porrecta. — [7]) septies in die illo. Ms. F. — [8]) 30. Mai. — [9]) procidi Ms. F.

p. 6. [1]) spiritum meum. Ms. F. — [2]) in extasi facta vidi dominam. — [3]) plena et cetera. Ms. F. — [4]) Lucas 1. — [5]) contra. Ms. F. — [6]) 1. Juni. — [7]) Ms. B. te von späterer Hand eingefügt. — [8]) crux in celo magna. Ms. F. — [9]) 2. Juni. — [10]) Expleta oratione. Ms. F. —

p. 7. [1]) sacellum, wie der Druck meist statt capella des Ms. A. und B. hat, auch liest der Druck stets capitulum, die Ms. capitolium. — [2]) sororibus circa me. Ms. F. — [3]) 5. Juni. — [4]) mire. Ms. F. — [5]) pervenit ad me. Ms. F. — [6]) 6. Juni. — [7]) de sancta cruce. — [8]) de cruce missa. Ms. F. — [9]) et me prostrassem in oratione. — [10]) oratione. Ms. F.

p. 8. [1]) Ms. B. vere (!). — [2]) Ms. B. cenam. — [3]) capitolio. Ms. F. — [4]) mihi. Ms. F. — [5]) columba illa ostenderet. Ms. F. — [6]) 23. Juni. — [7]) fulgor. Ms. F. — [8]) dominici. Ms. F. — [9]) in festo. Ms. F. — [10]) 26. Juni. —

p. 9. [1]) orationes et subiunxissem: Ecce quam bonum et quam iocundum habitare fratres in unum. Sicut unguentum in capite, quod descendit in barbam barbam (! Aaron. Hec est vera fraternitas, que vicit mundi crimina. Christum secuta est inclyta, tenens regna celestia. Et insuper: Si coram hominibus tormenta passi sunt, deus tentavit eos, tanquam aurum in fornace probavit eos, et quasi holocausta accepit eos. Cum inquam hec explevissem, rogavi. — [2]) apparere mihi. Ms. F. — [3]) 29. Juni. — [4]) vultibus ad me. Ms. F. — [5]) certavi et cetera. Ms. F. — [6]) Timoth. 2, 4—7. — [7]) intoneretur. — [8]) processisset: Purifica. Ms. F. — [9]) sederat. Ms. F. — [10]) 8. Juli. — [11]) 10. Juli. — [12]) hos. — [13]) 11. Juli. — [14]) 13. Juli. — [15]) 15. Juli. — [16]) 17. Juli. — [17]) 22. Juli. —

p. 10. [1]) Die Pariser Ausgabe gibt folio 121 v am Rande an: Joseph, Nicodemus; die Bollandisten vermuthen: angelos nach Lucas, 24, 4: Ecce duo viri und Johannes 20, 11: Vidit duos angelos sedentes. — [2]) aurea crux. Ms. F. — [3]) ante iam. Ms. F. — [4]) 24. Juli. — [5]) die Bollandisten vermuthen: in sequenti dominica (25. Juli) als Tag der Kirchweihe Schönaus. —

p. 11. [1]) 1. Aug. — [2]) 3. Aug. — [3]) 5. Aug. — [4]) 7. Aug. — [5]) Digna und Merita. — [6]) 8. Aug. — [7]) 9. Aug. — [8]) circumfulsa. Ms. F. — [9]) et fehlt in Ms. F. — [10]) est in sequenti anno in dominica. — [11]) Am 27/28. Juli 1152. — [12]) formidare. Ms. F. — [13]) summitates primo. Ms. F. — [14]) laude. Ms. F. — [15]) titulo. — [16]) apparebat. Ms. F. — [17]) Ms. A. velaminibus auf Rasur von einer Hand des 13. Jahrhunderts. —

p. 12. [1]) valeo. Ms. F. — [2]) circumfulsa radiebat. Ms. F. — [3]) crucis signum. Ms. F. — [4]) incepit, veni. — [5]) circumfulsum. M. F. — [6]) scilicet. Ms. F. — [7]) die Bollandisten vermuthen: videlicet ante inventionem sancti Stephani; damals fiel Stephanstag aber auf d. Sonntag 3. Aug. 1152. — [8]) quam. — [9]) correpta. — [10]) Ms. B. quod. — [11]) iam propriis oculis aspexisti. Ms. F. — [12]) 13. Aug. — [13]) invicte. —

p. 13. [1]) gratia tua omnino. Ms. F. — [2]) esse me cognoscam. Ms. F. — [3]) 14. Aug. — [4]) letare filia Sion, quia. — [5]) 14. Aug. — [6]) eam fehlt in Ms. F. — [7]) circuitu eius. Ms. F. — [8]) titulo, — [9]) dominum in excelsis et. Ms. F. — [10]) aperuit. Ms. F. — [11]) 15. Aug.

p. 14. [1]) 16. Aug. — [2]) spiritale gaudium. Ms. F. — [3]) vos fehlt in Ms. F. — [4]) vos. — [5]) vobis. — [6]) dilexerimus. Ms. F. — [7]) donum. Ms. F. — [8]) ad. — [9]) Joann. 1, 2—15. — [10]) 29. Aug. — [11]) protuli. —

p. 15. [1]) et fehlt in Ms. F. — [2]) ut simul me. Ms. F. — [3]) promissionibus. — [4]) Im Drucke beginnt hierauf liber II. revel. mit neuer Capiteleintheilung. — [5]) 14. Sept. — [6]) fulgoris, quod non. Ms. F. — [7]) Ms. B. est michi. — [8]) 29. Sept. — [9]) Apoc. 8. — [10]) Ms. B. Ibi autem: der Druck hat: Ibi. — [11]) vidi speciem. Ms. F. — [12]) infunderetur. Ms. F. — [13]) agebantur. — [14]) biberet. Ms. F. — [15]) est in. Ms. F. —

p. 16. [1]) sorores loquentes cum eo. Ms. F. — [2]) deus et quia. Ms. F. — [3]) 10. Oct. — [4]) legi post matutinas. Ms. F. — [5]) 11. Oct. — [6]) more in extasi essem. Ms. F. — [7]) martirii. Ms. F. — [8]) 21. Oct. — [9]) 31. Oct. — [10]) antea. Ms. F. — [11]) nunciatum est. Ms. F. — [12]) 1. Nov. –

p. 17. [1]) Ms. B. capite fehlt, ebenso im Drucke. — [2]) statimque verba hec arripui. Ms. F. — [3]) tolli. Ms. F. — [4]) 2. Nov. — [5]) autem. Ms. F. — [6]) penis. Ms. F. — [7]) quomodo. — [8]) bonum. Ms. F. — [9]) etiam ignorare frater. Ms. F. — [10]) Wahrscheinlich sind Theodorich oder Helid die Verwandten Elisabeths gemeint. — [11]) Quod. Ms. B. —

p. 18. [1]) pertingit ad celos. Ms. F. — [2]) 25. Dec. — [3]) iam fehlt in Ms. B. ebenso im Drucke. —

p. 19. [1]) Et. Ms. F. — [2]) divino. Ms. F. — [3]) 26. Dec.. — [4]) 27. Dec. — [5]) 1. Jan. 1153. — [6]) 6. Jan. — [7]) 2. Feb. —

p. 20. [1]) Magnificavit. Ms. F. — [2]) 7. März. — [3]) Ms. A. circuentem (!). — Ms. F. circueuntem. — [4]) Math. 14. — [5]) Joannes, 10. — [6]) 8. März. — [7]) Druck: laterales lapidei videbantur et triangulares. — [8]) igneum. Ms. F. —

p. 21. [1]) ante. Ms. F. — [2]) 15. März. — [3]) gratia. Ms. F. — [4]) Postulabam autem. Ms. F. — [5]) forsitan. Ms. F. — [6]) Vom 18 März an. — [7]) 22. März 1153. — [8]) 25. März 1153. — [9]) 26. März. —

p. 22. [1]) Math. 25, 34 — [2]) Math. 25, 41. — [3]) der Satz: Cumque — manifestam fehlt in Ms. F. — [4]) 12. April. — [5]) Math. 27, 23. — [6]) veni. Ms. F. — [7]) Ms. B. quondam (!). —

p. 23. [1]) Ms. B. videre (!). — [2]) 16. April. — [3]) Druck: sacello. — [4]) celebrandum erat. — [5]) descendere. Ms. F. — [6]) Post hec vidi — — — et positis in terram. — [7]) hoc ita ter. Ms. F. — [8]) est fehlt. — [9]) tanquam. Ms. F. — [10]) Ms. B. ab eo fehlt, ebenso im Drucke. — [11]) Math. 17, 66. —

p. 24. [1]) decurrere. Ms. F. — [2]) Math. 26, 48. — [3]) ad. Ms. F. — [4]) Et. Ms. F. — [5]) cf. Acta SS. Juni 3. p. 623. Note b.) — [6]) die Bollandisten lesen: et mors. — [7]) Druck: dei. —

p. 25. [1]) 19. April. — [2]) Ms. A. quid (!). — [3]) coram eis. Ms. F. —

p. 26. [1]) 28. Mai. — [2]) eos. Ms. F. — [3]) sublevatus. — [4]) Lucas, 24, 50. — [5]) 7. Juni. — [6]) verbum populo dei. Ms. F. — [7]) Diese Angabe ist richtig, nach den Zeitangaben begannen die Gesichte Elisabeths 1152 am 18. Mai und reichen bis hierher zum 23. Mai 1153, ein volles Jahr umfassend. Nach dem Druck sind es zwei Jahre, was nicht stimmt, wesshalb die Lesart des Drucks p. 11 Note 10 (in sequenti anno) falsch ist.

p. 27. [1]) 10. Aug. 1153. — [2]) 15. Aug. — [3]) 1. Nov. — [4]) 14. Sept. (das Jahr unbestimmt, offenbar 1153.) —

p. 28. [1]) Demnach war Ekbert damals noch Diacon in Bonn. cf. cap. LIX. woselbst Ekbert Diacon genannt wird. — [2]) Kloster Dierstein (jetzt Oranienstein) Benedictinerordens, vielleicht eine von Schönau aus mit Nonnen beschickte Gründung. Die Bollandisten vermutheten Dorsten in

Westfalen. — [3]) Dierstein stand demnach im Verhältnisse der Confraternität mit Schönau; afflictio ist offenbar das Gebet für die Seele der Verstorbenen. — [4]) In Ms. F. folgen nun die Cap. 6. und 7. von lib. vis. 3. und folgendes dem Ms. A. und B. fremde Capitel folio 27 v—29 r: Fuerunt in collegio fratrum nostrorum duo iuniores fratres, qui de cenobio se exituros et ad secularia reversuros invicem condixerant. Erat autem alter illorum innocentis vite et a puericia in monasterio educatus, alter vero ab armigeri officio ad claustrum sese contulerat. Datum itaque michi est, ut per spiritum viderem fratrem illum innocentiorem, quocunque in loco versabatur, et duos spiritus nequam in humana specie adherentes ei. Et alter quidem secus eum deambulans apprehenso vestimento (folio 28 r) eius huc et illuc eum distrahere videbatur, et aliquotiens de manu eius visus est elabi, sed rursus eum apprehendens, maiori diligentia tenebat. Alter vero humeris eius insidens, sepius ad aurem eius sese inclinavit, et cum inde caput retraheret, quasi cum leticia et plausu horribilem flammam de ore profundebat in altum. Et hec quidem, sive extra ecclesiam incederet, sive infra sacris altaribus assisteret, circa illum videre non cessabam. Accidit autem die quadam, ut cum quibusdam fratribus ad mansionem nostram accederet, et stuctoribus retectorii nostri interesset. Ego igitur cum per spiritum eum adesse viderem, volebam etiam corporis sensibus experiri presentiam eius, quo magis de spiritali visione certificarer, apertaque fenestra vidi illum astantem. Quo advocato, rogavi, ut paulisper consederet mecum. Cepi itaque perscrutari conscientiam eius, et utrum aliqua temptatione vexaretur, inquirere. Quo dissimulante propter verecundiam instititi magis, et cepi tangere sermone, que volvebat in animo, et dixi: Noli dissimulare frater, quoniam deus saluti tue providens occulta tua revelavit, ut ad penitentiam te revocaret. Omnibus ergo modis persuadeo, ut que facere cogitasti, dimittas, et confessionem peccatorum tuorum acceleres. Quod si deo te misericorditer te revocanti non consentis, hoc tibi certissime predico, quoniam eterne dampnationi tradendus es. Cum hec et multa huiusmodi studiose prosequerer, conpunctus est lacrimis (folio 28 v) totumque illud perniciosum (Fehlt etwas, etwa consilium) suum et alterius fratris, qui hunc seducere conabatur, aperuit, et quoniam in ipsa nocte, que tunc instabat, fugam inire proposuissent, confessus est. Eatenus autem ad cor eius locuta sum, ut mitras et laqueos atque huiusmodi istrumenta secularis lascivie, que latenter sibi conquisierant, afferret ad me, et arbitrio meo contraderet. Diligenter itaque de confessione admonitum illum dimisi, et que michi adtulerat, in loculo reposui cogitans omnia ignibus concremare. —

Cum autem sedula essem in orationibus et lacrimis pro eo, die quadam post matutinas sedebam in oratorio, et confitebar domino in psalmis. Factum est autem, dum essem in cursu legendi, ut odorem quendam omni delectamento plenum sensu corporeo perciperem, et confortatum est cor meum vehementer. Cum igitur cousque in psalmis processissem, ut legerem: D o m i n u s i l l u m i n a t i o m e a e t s a l u s m e a, q u e m t i m e b o. D o m i n u s p r o t e c t o r v i t e m e e, a q u o t r e p i d a b o, astitit in conspectu meo satan speciem habens quasi hominis, sed deformis vehementer. Ego igitur nichil omnino trepidans cum fidutia eum allocuta sum dicens: Adiuro te per deum patrem et filium et spiritum sanctum, ut dicas mihi, que sciscitabor a te. Quid negociaris cum fratre nostro? At ille cum indignatione caput movens, ait: Multociens me contristasti. Et dixi: In quo te contristavi? Qui ait: In eo vehementer me contristasti, quod fratri illi (folio 29 r) consilium de confessione dedisti. Ego enim sum, qui verecundium ei incutio, ut peccatum suum non audeat confiteri. Insuper et laqueos, quos ei dedi, tu illi abstulisti. Et dixi: Tunc illi dedisti vile fantasma.

Certe in confusionem tuam ignibus omnia illa concremabo. Iterum autem interrogavi eum dicens: Quid est impiissime, quod de eo facere cogitasti? Qui ait: De claustro eum extrahere volui, si permitteres. Et dixi: Quidnam de illo faceres, si eum foris haberes? Qui ait: Mulierem speciosam preparavi, quam dare illi cogitavi. Nichil enim in illo sic odiosum mihi est, ut virginitatis integritas, quam habet. Qua si eum privassem, facile de cetero illi dominarer. Interrogavi autem illum et de alio fratre, qui simili temptatione laborabat, quidnam futurum esset de illo. Et respondit: Meus est ille, non sic facile eum tolles a me. Ad ultimum autem, cum discessurus esset a me, quasi in ira magna sic ait: Reddam tibi vicem, et quantum me in hac re contristasti, tantum et ego te contristabo. His dictis evanuit, et anxium me vehementer in verbo illo reliquit. Et vere, quod dixit, opere etiam impius ille complevit in quodam fratre, quem postea seduxit, sed et in fratre ille, de quo dixit: Meus est, voluntatem suam complevit. Post non multum enim temporis, subrepto equo domini abbatis, in obligationes iniquitatis declinavit. — Bemerkt sei hierzu, dass dieses Capitel jedenfalls ächt und den von Ekbert aufgezeichneten Visionen eigenthümlich ist, zudem solche Klostergeschichten nichts Seltenes waren, aber um auf die Zucht in Schönau kein schiefes Licht zu werfen, bei der Anlage von Ms. A. unterdrückt ward. Dieser Umstand spricht dafür, dass Ms. F. eine Abschrift vom ersten Entwurf der Visionen durch Ekbert sein kann. — [5]) 24. Dez. 1153. (das letzte angegebene Datum ist der 1. Nov. 1153.) — [6]) super Ms. F. — [7]) aurem in uterum virginis Ms. F. —

p. 29. — [1]) Cf. Acta S. S. Juni 3, 624 Note i. — [2]) Dieser Verwandte ist Ekbert, Elisabeths Bruder, Diacon in Bonn. Die von Emecho verfasste Vita desselben stimmt in ihrer Angabe mit dieser Erzählung überein. — [3]) 27. Dec. (1153). — [4]) Ms. B. imperavit (!).

p. 30. — [1]) 28. Dec. — [2]) Math. 3, 17. — [3]) 2. Feb. 1154.

p. 31. — [1]) congregate. Ms. F. — [2]) statim iterum. Ms. F. — [3]) astantes. Ms. F. — [4]) discessit. Ms. F. — [5]) 25. März. cf. Acta S. S. p. 628 note a.

p. 32. — [1]) leviores. — [2]) pulvillum. Ms. F. — [3]) tecum. Noli. Ms. F.

p. 33. — [1]) 28. März. — [2]) recedit. Ms. F. — [3]) qui. Ms. F. — [4]) 29. März 1154. — [5]) Ms. B. in fehlt, ebenso im Drucke. — [6]) 31. März. — [7]) Math. 3, 2. — [8]) Math. 8, 12. — [9]) 4. April 1154. — [10]) Ms. B. limine(!).

p. 34. — [1]) Joann. 7, 37. — [2]) sicut. Ms. F. — [3]) 25. April. — [4]) contingerent. Ms. F. — [5]) Ms. B. maiores.

p. 35. — [1]) Es folgt eine $^2/_3$ der Seite einnehmende Federzeichnung in Roth und Schwarz. In einem grossen Kreise befinden sich 4 sich durchschneidende und den Hauptkreis berührende kleinere Kreise. Die ganze Fläche des grossen und der kleinen Kreise ist mit rothen Tupfen besät. — In Ms. B. fehlt diese Zeichnung, aber es ist ein Blatt für solche freigelassen. — [2]) 23. Mai. — [3]) 27./28. Juni. — [4]) ergo. Ms. F.

p. 36. [1]) Non. Ms. F. — [2]) extasim vite. Ms. F. — [3]) Ms. B. igitur fehlt.

p. 37. [1]) Ms. B. unam (!), auch Ms. A. hatte unam, welches in una gebessert ist. — [2]) existimavi Ms. F. — [3]) ingressi. Ms. F. — [4]) Hierauf folgt: Factum est etiam in una dierum etc. — [5]) Ms. A. menbra(!).

p. 38. [1]) superposuit. Ms. F. — [2]) quem. Ms F. — [3]) ut. Ms. F. — [4]) autem Ms. F.

p. 39. [1]) negligentiam meam. Ms. F. — [2]) tue. Ms. F. — [3]) fatigatione. Ms. F. — [4]) Liber primus explicit Ms. F. in rother Schrift.]

Liber visionum secundus.

p. 40. ¹) Ms. A. Rothe Schrift. Ein schön gezeichneter Initial B eröffnet den Text. Siehe das beigegebene Fascimile. — Das Ms. F. hat Folio 45 ʳ bis 46 ʳ noch folgende Einleitung zu Buch II. der Visionen. — Incipit prophennium libri secundi. — Tua sunt hec benigne Jhesu opera, tue pietatis vera testimonia sunt hec. Quid enim est domine tener huius mundi vermiculus homo, quia innotescis ei, aut quia dignum ducis super eum aperire oculos tuos. (folio 45 ᵛ) Terra et cinis est, lutee mansionis habitator et in multis delinquens apud te omni tempore, veruntamen et super huiuscemodi ponere spiritum tuum non aspernaris. Et cum tue limpidissime puritati non satis dignum receptaculum illa formosissimarum virtutum superexcellens mundicia, que in celis est, nichilominus tamen et mortalium te mentibus dignaris inserere, et mansionem in eis habere delectaris in eis inquam domine, qui diligunt te. Ita pater imples antiquum sermonem, quem dixisti: Delicie mee esse cum filiis hominum. Quam multa est dignatio tua super eos o zelator humani generis benigne Jhesu. Non enim vel etas, vel sexus, vel conditio, vel quicquam extrinsecus adiacens in eis despectum tibi est, sed solam devoti cordis humilitatem metuis. Is enim maximus apud te est, qui apud semetipsum est minimus. Tu desideriis querentium te cum multitudine benedictionis occurris, immo et ipsa desideria prevenis, dator et remunerator gratie tue, dux, comes et socius currentium ad te. Si motus fuerit pes eorum, ades, et supponis manum tuam, ne collidantur. Si doloribus afficiuntur, ubera consolationum tuarum ut pia mater extendis ad illos. Si tribulantur, iuxta es, et alligas contriciones eorum, si despectui habentur in oculis superborum, tu illos honorificas, (folio 46 ʳ) et exaltas. Quos non nunquam ad tantam celsitudinem sublevas, ut supra, quam patiatur mortalium infirmitas, gloriam tuam illis reveles, et archana secretorum tuorum eciam in terra positis communices. Magna et mirabilia in pusillo grege tuo domine operaris super omnium regum et magnatum seculi magnificentiam, qui non amat te domine Jhesu, anathema sit. Benedictum nomen tuum Jhesu, virtus et claritas sanctorum, unigenite dei, cuius regnum solidum et immobile permanet in eternum Amen. — Liber secundus incipit. — Benigna est etc. — ²) cum. Ms. F.

p. 41. ¹) 14. Mai 1155. — ²) Ms. B. ex fehlt. — ³) Ms. B. decem fehlt.

p. 42. ¹) Ms. B. eius (!).

p. 43. ¹) correptionem. Ms. F. — ²) Ms. B. eos (!).

p. 49. ¹) Ms. A. quendam (!).

p. 50. ¹) Hier ist offenbar Ekbert zu verstehen. Adam war Lehrer desselben, siehe Ekberts Brief an Erzb. Reinald von Dassel zu Köln. — ²) Ms. A. tanta (!) vexatione (!). Ms. B. tantam vexationem.

p. 51. ¹) Ms. B. super. — ²) Ms. B. ac magis fehlt.

p. 52. ¹) Ms. B. hat zuerst Cap. 18, dann erst 19, Ms. A. ist hierin verschrieben, da die Vision auf Johannes und Pauli (26. Juni) der von Peter und Paul (29. Juni) in der chronologischen Folge vorher geht.

p. 53. ¹) Ms. A. Diese Ueberschrift ist von anderer Hand als der des Schreibers. — Die Cap. 31 und 32 sind auch in Ms. C. als Einschiebsel des liber viarum dei, ebenso im Drucke als Anfang und erstes Capitel des liber über die 11.000 Jungfrauen, ebenso in Ms. F. folio 91 ʳ—92 ᵛ enthalten. Dieser Umstand deutet darauf hin, dass das Ms. C. und die Handschrift, die dem Drucke zu Grunde gelegen, eine gleichartige Textrecension und ähnliche Eintheilung besassen. Wir notiren die Lesarten des Ms. C. und die wenigen des Ms. F. — Die Ueberschrift in Ms. F.

lautet: Revelatio de resurrectione sancte Marie. — [2]) Elisabeth ancille domini. Ms. C. — [3]) vidit in Sconaugiensi cenobio. Ms. C. — [4]) de. Ms. C. — [5]) Ms. A. permonita (!). — [6]) etiam in. Ms. C. — [7]) ideirco fehlt in Ms. C. — [8]) anni illius. Ms. C. — [9]) qui me. Ms. C. — [10]) me fehlt in Ms. C. — [11]) ut. Ms. C. — [12]) sic. Ms. C. — [13]) lectulo meo. Ms. C. — [14]) Ms. C. und Ms. F. circumfulsum. — [15]) intelligebam ipsum esse salvatorem. Ms. C. — [16]) celorum fehlt in Ms. C.

p. 54. [1]) mi fehlt in Ms. C. — [2]) hec fehlt im Ms. C. — [3]) tibi est. Ms. C. — [4]) in celum assumpta est domina nostra. Ms. C. — [5]) hec fehlt in Ms. C. — [6]) sciscitata sum iterum, Ms. C. — [7]) hac vita. Ms. C. — [8]) qua. Ms. C. — [9]) Ms. B. domina mea. — [10]) hoc. Ms. C. — [11]) debet in populo divulgari hoc. Ms. C. und Ms. F. — [12]) nomen meum. Ms. C. — [13]) suum et qui me specialiter diligunt, ut ex. Ms. C. — [14]) hoc mihi specialem laudem. — [15]) specialem retributionem recipiant. Ms. B. — [16]) verbum hoc fehlt in Ms. C.

p. 55. [1]) huiusmodi fehlt in Ms. C. — [2]) tunc fehlt in Ms. C. — [3]) In Ms. C. folgt der letzte Abschnitt des liber viarum dei: Cum essent pene consummati etc. siehe daselbst.

Liber Visionum tercius.

p. 56. [1]) Diese Ueberschrift in Ms. A. von einer Hand saec. 15. (roth). — [2]) In Ms. C. folio 128 v als Theil des liber über die 11.000 Jungfrauen ist dieser Abschnitt enthalten. Wir notiren die Lesarten. — cuiusdam urbis. — [3]) autem fehlt. — [4]) festo die. — [5]) quasi. — [6]) esse fehlt. — [7]) illuminatio urbi.

p. 57. [1]) Alie (auf Rasur, offenbar stand aliis). — [2]) arbores. — [3]) erant in ripa (letztere zwei Worte auf Rasur von gleicher Hand). — [4]) inde. — [5]) sanctorum agmina. — [6]) ordine fehlt. — [7]) linelis (!) (ursprünglich stand lineolis; das o verkratzt.) — [8]) erant trium colorum varietate. — [9]) inferiore. — [10]) vero fehlt. — [11]) beate fehlt. — [12]) splendent celico colore.

p. 58. [1]) Limina candida. — [2]) est designatio. — [3]) et fehlt. — [4]) hec urbs est. — [5]) habitat (auf Rasur). — [6]) est fehlt. — [7]) operum fructum afferant. — [8]) alveum vides consita fluminis. — [9]) circuitu. — [10]) et fehlt. — [11]) michi fehlt. — [12]) insitas, darüber von gleicher Hand als Variante: infixas. — [13]) viveret ipse dominus salvator noster.

p. 59. [1]) effumdentes (!). — [2]) sancti fehlt. — [3]) eius sancti. — [4]) Ms. A. illuminantes (!), von der Hand des Schreibers in illuminantis verbessert. — [5]) passionibus attriti. — [6]) cum. — [7]) etiam fehlt. — [8]) lucidior magis. — [9]) ecclesiam dei. — [10]) Undeutlich, ob margaritum oder margaritarum. — [11]) dei. — [12]) Multi quidem ab (auf Rasur) infidelitate. — [13]) erumpnosa, die gleiche Hand setzte als Variante darüber: criminosa. — [14]) sancte fehlt. — [15]) Unde bene ad. — [16]) bene fehlt. — [17]) que prius non videram.

p. 60. [1]) et. — [2]) queque. — [3]) huius fehlt. — [4]) Hierauf folgt im Ms. C. ein Brief Elisabeths an: Domino V. venerando abbati de Lacu soror Elysabeth etc., der ganze übrige Theil des liber III. fehlt in Ms. C. — [5]) Dieses Capitel steht in Ms. C. vor obigem Stücke auf folio 121 r. — [6]) nobis fehlt. — [7]) mentis excessum. — [8]) Ms. B in doppelt. — [9]) diffusis capillis per humeros. — [10]) dextera. — [11]) terribilis.

p. 61. [1]) ita ut. — [2]) lacrimare. — [3]) de caligine. — [4]) scire desiderabam. — [5]) illa fehlt, — [6]) omnipotentis dei. — [7]) vides virginem. — [8]) ita in.

— [9]) Ms. B. pess mus. — [10]) Ms. A. terrarum (!). — [11]) ei fehlt. — [12]) terra. — [13]) deus. — [14]) post hec fehlt. — [15]) ageretur. —

p. 62. [1]) interrogationi mee respondit. — [2]) dominus voluit fieri. — [3]) tota. — [4]) quam vidisti fehlt. — [5]) secundum carnem fehlt. — [6]) spiritus sancti gratia est. — [7]) Ms. B. ira (!). — [8]) dei. — [9]) iam totus. — [10]) Hierauf folgt im Ms. C. der Anfang des liber revel. III mit den Worten: Assumpsit me. — [11]) Dieses Cap. ist theilweise in Form eines Briefes Elisabeths an einen Abt von Laach im Ms. C. auf folio 132 v enthalten. Siehe über den Anfang die Briefe Elisabeths am Schlusse. Wir notiren die Lesarten des Ms. C. für Cap. V. — [12]) et fehlt. — [13]) quasi fehlt. — [14]) et fehlt. — [15]) et fehlt. — [16]) pretermittenda. — [17]) prius. — [18]) fueram premonita. — [19]) illo doctore ecclesie magno Horigine. — [20]) et fehlt. —

p. 63. [1]) autem. — [2]) scripturis meis (!). — [3]) agitur. — [4]) non est revelandum. Ueber die Fortsetzung des Briefes cf. die Briefe Elisabeths am Schlusse. — [4]) non est revelandum. — [5]) Bricht in Ms. C. ab. — Dieses Cap. VI. ist auch in Ms. F. enthalten. — [6]) Oculi cordis mei. Ms. F. — [7]) Cap. VIII. auch in Ms. F. enthalten. — [8]) dicam. Ms. F. —

p. 64. [1]) Impossibile est enim ea homini. Ms. F. — [2]) Que sunt etiam ale, quibus venturus est adhuc.

p. 65. [1]) spiritus sancti. Ms. F. — [2]) immiserunt. Ms. F. — [3]) Joann. 3, 5. — [4]) Joann. 3, 36. —

p. 66. [1]) Röm. 1, 17. — [2]) videt. Ms. F. — [3]) iam intelligis. Ms. F. —

p. 67. [1]) Isaie 63, 1. — [2]) Ms. B. und Ms. F. secuntur. — [3]) sunt Ms. F. —

p. 68. [1]) Ms. A. ursprünglich: in mortem redierunt, corr. in redierunt mortem, (!) wie auch Ms. B. hat. —

p. 69. [1]) Deut 32, 8. — [2]) ibid. —

p. 70. Ms. B. sermonem. — [2]) Coloss. 2, 15. — [3]) Dieser Brief ist in Trithems chron. Hirsaug. ed. Freher 1601 folio p. 152—154, sodann in Blanckwalt, Hildegardis epistolae. Cöln 1566. 4° p. 111, in Eisengrein, catalogus testium veritatis und in den Acta sanct. Juni 3, 607 (aus Trithem., chron. Hirsaug.) abgedruckt. Er befindet sich auch, ein Beweis seiner Echtheit, im grossen Hildegardiscodex zu Wiesbaden, ebenso Hildegards Antwort. (Nr. 86 und 87) — Wir notiren die Varianten nach dieser Handschrift. Die Ueberschrift daselbst heisst: Elisabeth magistra in Sconaugia Hildegardi. — [4]) Hild. venerabili. — Am Rande von Ms. A. steht von späterer Hand: Hildegardi s. abbatissae elisabeth. — [5]) Ms. Hildeg.: monacha et magistra sororum, que in Schonaugia sunt. —

p. 71. [1]) derident. — [2]) fugiat. — [3]) eius. — [4]) michi sacramenta. — [5]) Ms. A. terra. Ms. Hildeg. terram. — [6]) Das Eingeklammerte in Ms. A. von einer Hand saec. 15 oder 16, ebenso im Papiercodex am Rande vom Schreiber desselben zugefügt, fehlt in Ms. Hildeg. Ob Zusatz oder aus einem anderen Codex? — [7]) et ad. — [8]) Dieser auch in Cod. Hildeg. vorkommende Ausdruck deutet darauf hin, dass Elisabeth bei Abfassung dieses Briefes noch Nonne war, der Zusatz am Anfange des Briefes in Cod. Hildeg., der Elisabeth als magistra bezeichnet, aber in Ms. A. und B. fehlt, ist in Rupertsberg zur Bezeichnung Elisabeths späterhin entstanden. — [9]) scripto. — [10]) Precepitur. — [11]) 4. Dec. —

p. 72. [1]) Math. 3, 2. — [2]) non sic, sed sinistre locuti sunt: Factum est etc. die ganze Rede bis pag. 73 Mitte der Seite fehlt in Ms. Hildeg. —

p. 73. [1]) studiose fehlt. — [2]) ipso, novit deus, ignorante. — [3]) quam. — [4]) indignationis sue iram. — [5]) dixit. — [6]) irrisionem. —

p. 74. [1]) evenerunt. — [2]) suggesserit. — [3]) Zusatz in Ms. Hildeg. Gratia Christi vobiscum Amen. — Ebenso schliesst Trithems Abdruck. —

[4]) Dieser Brief steht ebenfalls in Ms. F. als Responsio Elysabeth de eisdem kataris auf Hildegards Schreiben: Visio sororis Hildegardis contra kataros. und in Ms. C. auf folio 126 r unter anderen Briefen Elisabeths als Anhang an den liber de XI. m virg. — Wir notiren die Lesarten von Ms. C. und Ms. F. — [5]) dei digitus. Ms. C. — [6]) verba. Ms. C. und Ms. F. — [7]) Hildigardis in Ms. C., wie in demselben durch den ganzen Brief. — Fehlt in Ms. F. — [8]) te elegit. Ms. C. — [9]) cavernis. Ms. C. — [10]) iusticie. Ms. C. — [11]) sicut acthenus. Ms. C. — [12]) dominus in vineam suam operarios. Ms. C. — [13]) eos fehlt in Ms. C. — [14]) elanguit. Ms. C. — [15]) in ecclesia sua invenit. Ms. C. — [16]) de fehlt in Ms. C. — [17]) eos. Ms. C. — [18]) quod et. Ms. C. — [19]) olim fehlt in Ms. C. — [20]) dei lacerantes Ms. C. — secreto illam lacerare cupientes. Ms. F. — [21]) populum. Ms. C. — [22]) oculte mire. Ms. C. — [23]) fuerit scandalizatus M. C. und Ms. F. — [24]) Psal. 40, 9. — [25]) evigilate. Ms. C. — [26]) qui. Ms. C. —

p. 75. [1]) Petr. 5, 8. — [2]) interpellet. Ms. C. offenbar ist interpellat zu lesen. — [3]) autem fehlt in Ms. C. — [4]) qualiter fehlt in Ms. C. — [5]) meum qualiter. Ms. C. — [6]) resistere voluntati tue. Ms. C. — [7]) enim verbum (enim durchstrichen) Ms. C. — [8]) hoc fehlt in Ms. F. —

p. 76. [1]) verba flammantia. Ms. F. — [2]) agunt. Ms. F. — [3]) que. Ms. F. — [4]) deum patrem omnipotentem. Ms. F.

p. 78. [1]) Soweit reicht in Ms. F. der Brief Elisabeths. — [2]) Ms. B. super.

p. 79. [1]) Ms. A. häufig, so auch hier circuiens. —

p. 80. [1]) Prov. 24, 16. — [2]) Psal. 103, 18. —

p. 81. [1]) Zach. 4, 10. — [2]) Jacob. 2, 20. — [3]) Cant. 5, 11.

p. 82. [1]) Ms. B. quia. — [2]) Ms. B. eius (!). — [3]) Jes. 26, 10. —

p. 83. [1]) Coloss. 2, 3. — [2]) Joann. 14. 6. — [3]) Psal. 18, 9. —

p. 84. [1]) Psal. 147, 15. — [2]) Jes. 11, 1. — [3]) Math. 5, 8. — [4]) Joann. 1, 1. —

p. 85. [1]) Joann. 16, 33. — [2]) Jerem. 4, 19. — [3]) ibid. — [4]) ibid. 4, 18, 19. — [5]) Jerem. 1, 20. — [6]) Jerem. 31, 20. — [7]) Ms. A. und B. i. als Abkürzung.

p. 86. [1]) Ephes. 2, 20. — [2]) Ezech. 3, 9. — [3]) Am Rande von Ms. A. mit kleiner Schrift des 13. od. 14. Jahrh. in Urkundenschrift: Petrus epistola secunda capitulo secundo. — [4]) Joann. 4, 37. —

p. 87. [1]) Ms. B. factus (!). — [2]) Ms. A. ferrum quod, quod ist radirt. — [3]) Ms. B. ad fehlt. — [4]) Auf folio. 82 v und 83 r folgt in Ms. A. ein Lobgesang auf den hl. Michael, dessen Verehrung eine hohe in Schönau war, geschrieben von einer Hand des 13. Jahrh. mit Neumen, beginnt: Consurgat, quesumus, domine Michael archangelus etc. Auf folio 83 v befindet sich ein blattgrosses Gemälde. Auf braunem Grunde erhebt sich das Bild eines stehenden Mannes in blauem faltigem Gewande, mit greisem Haare und Heiligenschein um das Haupt, im Munde hält er ein entblöstes Schwert, in der Linken einen Schlüssel, in der Rechten ein Scepter, von den nackten Füssen gehen 3 Strahlen oder Wege aus, von links nach rechts: Grün, Blau, Braun, am Ende des mittleren blauen Strahls liegt demüthig bittend eine Frauensperson, offenbar Elisabeth. Das Ganze hat Kunstwerth. Dann folgt folio 84 v der liber viarum dei. —

Der liber viarum dei.

p. 88. [1]) Der liber viarum dei ist auch in Ms. C. und Ms. F. enthalten. Alle nicht näher bezeichneten Lesarten entstammen dem Ms. C., woselbst das Buch die Ueberschrift führt: Liber viarum dei. — altissimi fehlt. — [2]) et dei vivi fehlt. — [3]) 1156. 3. Juni. — [4]) vero eius. — [5]) clavim et in. — [6]) vero quasi fehlt. — [7]) regium, ebenso der Druck und Ms. F. — [8]) montis eiusdem, ebenso der Druck und Ms. F. — [9]) prefati viri. — [10]) ab fehlt. —

p. 89. [1]) erat amplior ceteris, habens latitudinem planam. — [2]) inspicerem. — [3]) ait. — [4]) 10. Juni. — [5]) et fehlt. — [6]) prefata. — [7]) sed fehlt, an der Stelle Rasur. — [8]) mee prime, das mee theilweise mit braunerer Tinte aus- und unterstrichen. — [9]) claritatis fehlt. — [10]) purpurea, das e verkratzt.

p. 90. [1]) est de ore eius processura sententia, feriens. — [2]) in manu dextera apparuit. — [3]) ipse solus aperit ianuam. — [4]) claudit et claudit. — [5]) Ms. A. B., Ms. F. de Druck zweimal claudit. (Apoc. 3, 7.) — [6]) accepisse se. — [7]) Math. 28. — [8]) Coloss. 2. — [9]) quia vie singule. — singule vie. Ms. F. — [10]) celum. — [11]) in fehlt. — [12]) curarum secularium. — [13]) Ms. B. utrumque. — [14]) hec via. — [15]) sapienter et legitime.

p. 91. [1]) ei fehlt in Ms. C. und Ms. F. wie im Drucke. — [2]) Ms. C. planiceis (!). — [3]) apte fehlt. — [4]) mihi. — [5]) et ad. — [6]) se stringentes. — Ms F. hatte constringentes, corr.: confringentes. — [7]) suam fehlt. — [8]) multo fehlt. — [9]) sanctificati.

p. 92. [1]) malitiam seculi. — [2]) Adolescentum. — [3]) hec est. — [4]) suum fehlt. — [5]) 1156. 25. Juli. — [6]) poterat non estimari. — [7]) et fehlt. — [8]) Ms. B. considerat. — [9]) lecto. — [10]) cum fehlt. — [11]) igitur nunc. — [12]) nominavit vos. — [13]) filios, ebenso der Druck. — [14]) vos fehlt. — [15]) noster. Ms. F. — [16]) Ms. A. undeutlich id est. — [17]) sunt fehlt. — [18]) habitant.

p. 93. [1]) autem fehlt. — [2]) Dorsa eorum verterunt. — [3]) impudenter fehlt. — [4]) deo. Ms. C. und Ms. F. — [5]) mundi sunt. — [6]) eis facere. — [7]) populus fehlt. — [8]) huiusmodi. Ms. C. und Ms. F. — [9]) foris. — [10]) eos ista. — [11]) vobis fehlt. — [12]) deifico lumine.

p. 94. [1]) faciem fehlt. — [2]) verbis vestris et exemplis. — [3]) exsufflavit. — [4]) delectamini. — [5]) Ms. B. existimat. — [6]) oculos vestros ab aspectu veri luminis. — [7]) angelus domini, qui. — [8]) que (!). — [9]) nonnulli. — [10]) adiecit. — [11]) Ms. A. uperbia (!) der Raum für S. freigelassen. — [12]) olim deus et salvator.

p. 95. [1]) fletus erit. — [2]) proderunt. Ms. F. — [3]) Ms. B. superbis (!). — [4]) die quadam, cum beati. — [5]) 29. Sept. — [6]) ita tamen ut. Ms. C. und Druck. — ita ut tantum Ms. F. — [7]) severitate magna. — [8]) Ms. A. undeutlich, ob declinant oder declinavi, Ms. C. und der Druck haben declinant. — [9]) his incoavit. — [10]) oppressi sunt curis. — [11]) sint. — [12]) regnum dei se posse. — [13]) dirigit. Ms. C. diriget Ms. F. — [14]) frequentare. — [15]) omni dignos honore. — [16]) eorum, ebenso der Druck. — [17]) defendat (!). — [18]) Ms. B. et in. — [19]) inserviunt necessitatis. — [20]) vestra opera.

p. 96. [1]) et (!). Druck: et ne quis gravetur. — [2]) possidentes. — [3]) eos fehlt in Ms. F. — [4]) domini fehlt. — [5]) sanctorum (!). — [6]) scripturam sancti spiritus. — [7]) suum fudit sanguinem. — [8]) Hur.

p. 97. [1]) timebat. — [2]) ignibus elegerunt orrendis. — [3]) suorum, leonibus. — [4]) preoccucurrerunt Ms. C. precurrerunt Ms. F. — [5]) surrexit. Ms. C., Ms F. und der Druck. — [6]) datus est. — [7]) fieri fehlt. — [8]) Christi agni. — [9]) figuram. — [10]) Ms. B. percepistis. — [11]) continetis vos a.

— [12]) adiecit dicens. Ms. C. und Ms. F. — [13]) est natus. — [14]) nequam et flagellum, denudatio, colaphus, alapa, sputum et spina. — [15]) eius sanguinis. — [16]) et fehlt. — [17]) et fehlt. — [18]) plus. — [19]) et fehlt.

p. 98. [1]) gladios et ignes. — [2]) poterat. — [3]) clarificati. — [4]) qui. — [5]) est. — [6]) habeas substantiam huius mundi sub pedibus et gloriam. — [7]) et fehlt. — [8]) fortitudo tua in. — [9]) Ms. A. persecutionem, Ms. C., Ms. F. und Druck persecutione. — [10]) et fehlt. — [11]) claritate. — [12]) stillam de situla excussam super. — [13]) eius fehlt. — [14]) sibi ita te. — [15]) in fehlt, ebenso in Ms. F. und im Drucke.

p. 99. [1]) Ursule sociarumque. — 21. Oct. — [2]) interrogavi angelum instructorem meum. — [3]) respondetis (!) [undeutlich] ait. — [4]) potest appellari. — [5]) erga ipsum intus. — [6]) illis fehlt. — [7]) et fehlt. — [8]) hoc erat quidem. Ms. C. erat fehlt in Ms. F. — [9]) eorum. — [10]) domine mi. — [11]) exhortatione. — [12]) contemplari me. — [13]) Ms. A. sublima (!). — [14]) exaudivit.

p. 100. [1]) pertinere fehlt. — [2]) quia fehlt. — [3]) esset. — [4]) in indignationibus. — [5]) erigitur, qui pro. — [6]) eius. — [7]) attendere. — [8]) quod. — [9]) multitudo angelorum. — [10]) in fehlt. — [11]) vobis annuntio. — [12]) leticie sempiterne. Ms. C. sempiterne leticie Ms. F. — [13]) facti sunt consortes.

p. 101. [1]) in fehlt. — [2]) sunt caliginis voragini horrende. — [3]) illistrari (!). — [4]) ab fehlt. — [5]) absumi. — [6]) habetis correctionis. — [7]) enim est. — [8]) etiam opus. — [9]) ut fehlt. — [10]) concesso vobis. — [11]) Ms. B. addat. — [12]) Ms. B. und Ms. C. distinguunt. — [13]) sermone. — [14]) invicem.

p. 102. [1]) precipue. — [2]) infirmitatem. — [3]) patientia portet et nolite. — [4]) invicem. — [5]) pravos mulier. — [6]) se illi, ebenso der Druck. — [7]) in coniugio. — [8]) in numero magno (radirt, aber noch lesbar). — [9]) Arrogantiam (!). — [10]) super. — [11]) consumunt, que. — [12]) indientium (!). — [13]) poterant, inde. — [14]) indignamini. — [15]) suorum. — [16]) utilis est, nisi, ebenso der Druck.

p. 103. [1]) commessatione. — [2]) ebrietate. — [3]) Ms. B. ex fehlt. — [4]) implere. — [5]) Ms. B. de profundis. — [6]) evanescit. — [7]) hoc fehlt. Ms. F. hec. — [8]) dico vobis, ebenso der Druck. — [9]) invicem fehlt. — [10]) filias vestras et. — [11]) Ms. A. Beneficientie (!). — [12]) sermone domini. — [13]) per eam. — [14]) Ms. A. und Ms. F. similitudinem. — [15]) Ms. A. hec, corr. von späterer Hand hoc. Ms. B., Ms. C., Ms. F. und der Druck haben hoc. — [16]) coniugatos videtur pertinere, cum et eorum Ms. C. pertinere videtur. Ms. F. — [17]) fuerit. — [18]) est adhuc ad me. — [19]) uxorem. — [20]) proximi uxorem. — [21]) eorum est. — [22]) maturescant fehlt. — [23]) hanc maturescant.

p. 104. [1]) adiecit. — [2]) divino iudicio, ebenso der Druck. — [3]) interrogarem. Ms. F. — [4]) suo (!). — [5]) Adhoquod (!). — [6]) habentes formam. — [7]) vera esset in eis. Der Druck hat: in eis vera. — [8]) inpugnant. Ms. F. — [9]) cataros. — [10]) domini. — [11]) non possit esse. — [12]) coniunctionis legitime. — [13]) Ms. A. hec, corr.: hoc. Ms. C., Ms. F. und der Druck: hoc. — [14]) respondit adiceus. — [15]) deo Ms. C. potest, bonum est et gratum est domino. Ms. F. — [16]) qui. — [17]) reprehendi. — [18]) quod. — [19]) Ms. B. est fehlt. — [20]) aut — [21]) illorum. Ms. F.

p. 105. [1]) hoc. in Ms. A. zu hoc corr. — [2]) vite. — [3]) oculos paululum. — [4]) per eam. — [5]) et fehlt. — [6]) castimoniam. — [7]) prudentia fehlt. Ms. C., Ms. F. caritate, pudicitia, prudentia. — [8]) ageretur misse. — [9]) apocalipsis fehlt in Ms. F. — [10]) sancti. — [11]) supra. — [12]) novit, ebenso der Druck. — [13]) narrabo. — [14]) quas considerare. — [15]) sine. ebenso der Druck. — [16]) inpatientie unquam. — [17]) martires isti. — [18]) coronati sunt in conspectu domini. Ms. C. coronati sunt glorificati in conspectu domini. Ms. F. — [19]) preierunt. Ms. B. — [20]) informare debent.

p. 106. [1]) tamen permanet. — [2]) Ms. B. extende. — [3]) inmerge eam. — [4]) emundare. — [5]) operibus, ebenso der Druck. — [6]) manus tua pulcra et munda est? — [7]) tamen. Ms. F. — [8]) omnino fehlt. — [9]) Der protestantische Pfarrer A. Ullrich führt in seinem Schwallbuch: Die Landes- und Kirchengeschichte des Herzogthums Nassau etc. ed. II., wo er sich von p. 200—209 und p. 317 in wenig historischer Weise über unsere Elisabeth frivole, vom gehässigsten Geiste getragene Bemerkungen erlaubt p. 317 diese Stelle: Sic est — decorem an und sagt: „Hierauf erhielt sie (Elisabeth) die den Geist der Sittlichkeit jener Zeit charakterisirende Antwort: Sic est etc. Wir glauben, dass diese Stelle weniger die Sittlichkeit des Mittelalters beleuchten wird, als dass der Pfarrer sich durch seine Fahnderei auf Stellen, die das Mittelalter in protestantisch-gehässigen Geiste durchhecheln helfen sollen, bei allen gerechten Geschichtsschreibern selbst charakterisirte. So schreibt man keine Geschichte. Zum Glück ist das Buch jetzt abgängig geworden, richtige Angaben über das Mittelalter konnte dasselbe nie verbreiten. — [10]) multi tamen. — [11]) non quamvis ad. — [12]) in. — [13]) ut ad. — [14]) Ms. B. et. — [15]) me benigne. — [16]) 31. Juli 1157. — [17]) interroga me, et. — [18]) Ms. A. doctiori (!) Ms. C. und Ms. F. doctore. — [19]) sum. — [20]) dixisti proxime. — [21]) ad. — [22]) reputabitur. — [23]) et fehlt.

p. 107. [1]) vero etiam fehlt. Ms. C. postmodum vero. Ms. F. — [2]) virginitas. — [3]) perducit — [4]) huius vite. — [5]) stimulum. — [6]) sui corporis. — [7]) eum evitare. — [8]) hoc fehlt. — [9]) propter. — [10]) sit fehlt. — [11]) Ms. B. vitatur. Ms. C. evitatur culpa. — [12]) oret hoc, ut. — [13]) et. — [14]) In Ms. F. von Salvator — noster Neumen über den Worten. — [15]) illi fehlt.

p. 108. [1]) virtute. — [2]) vestra. — [3]) ipse fehlt. — [4]) ad vos castos (!) — [5]) et fehlt.,— [6]) Ms. B. decori (!). — [7]) Ms. B. occultu (!) — [8]) civibus. — [9]) choros. — [10]) nimis fehlt in Ms. C. und Ms. F. — [11]) tenet. — [12]) angelicas turbas. — [13]) mei ministri. — [14]) est. — [15]) Quare. — [16]) extendere sponsum. — [17]) et. — [18]) dilicias (!). — [19]) gaudium. — [20]) hoc. — [21]) hoc canticum.

p. 109. [1]) Ms. A. inbecillicitas (!) Ms. B. und Ms. C. imbecillitas. — [2]) reputemini. — [3]) hoc. Ms. C. und Ms. F. — [4]) oculos. — [5]) multudo. (!) — [6]) diligentum plane. — [7]) ille vestes. — [8]) oportet habere. — [9]) et fehlt. — [10]) signum est. — [11]) Ms. B. beate fehlt. — [12]) mihi tunc. — [13]) quem. — [14]) est fehlt. — [15]) hec fehlt. — [16]) virgo constringat. —

p. 110. [1]) rursus. — [2]) aliquos. — [3]) vestem nuptialem. — [4]) bona operari. — [5]) accipient. — [6]) vestem nuptialem. — [7]) aurem tuam. — [8]) domino. — [9]) in. — [10]) plus. - [11]) speciosior. — [12]) et decorem. — [13]) possum considerare. — [14]) Ms. A. atitudo, der Raum für L. freigelassen.

p. 111. [1]) quod a spinis et impedimentis libera est. — Ms. F. libera sit. — [2]) se se. — [3]) est. — [4]) eorum. — [5]) celestem sponsum. — [6]) Angusta (!). — [7]) angusta (!) — [8]) est non in his. — [9]) ad. Ms. C. und Ms. F. — [10]) Ms. B. his fehlt. — [11]) 24. Feb. — [12]) mi fehlt. — [13]) iam fehlt. — [14]) inplevi; ebenso der Druck. — [15]) Christum. — [16]) cogitatum vestrum in. Ms. C. cogitatum vestrum Ms. C. — [17]) quam ipse prestare dignetur, qui. — [18]) imputas (!) — [19]) communi oratione. — [20]) ac fehlt. — [21]) intimare. — [22]) desiderii mei angelus.

p. 112. [1]) anime fehlt. — [2]) evigilare et evangelizare eos. — [3]) autem facti sapientes. — [4]) Ms. B. moveri. — [5]) iniquitates. — [6]) mundum, vendentis. — [7]) hereditate mea. — [8]) inveniunt.

p. 113. [1]) voluntatem vestram in. — [2]) omnibus. — [3]) implerent. — [4]) Offenbar 1158. — [5]) de eis dominus, ebenso der Druck. — [6]) dicto eum festinatione ad altare accessit. — [7]) hoc, ebenso das Ms. F.

p. 114. [1]) magnus ecclesie prelatis. — [2]) ammonebo. — [3]) cordis eorum fehlt. — [4]) qui videntur pacifici et boni. — [5]) iracundiam (!) — [6]) ammoneri bonos oportet. — [7]) et perversos fehlt. — [8]) visitasset me. — [9]) noctis fehlt. — [10]) accipitis. — [11]) rectoribus. — [12]) si eo liberius non peccarent. — [13]) autem fehlt. — [14]) altera. Ms. F.

p. 115. [1]) Ita ne domine mi, quod. Der Druck hat: ut, quod presbyteri. — [2]) pronuntiantur. Ms. F. — [3]) vel fehlt. — [4]) Ueberschrift in Ms. F. Sermo ad seculares principes (roth). — [5]) et iusticiam fehlt. — [6]) me scire. — [7]) iterum tollendi ea, qua hora voluero? — [8]) Ms. B. subsistunt fehlt.

p. 116. [1]) Ms. A. beneficientie (!). — [2]) quid vos. — [3]) meorum. — [4]) mee. — [5]) meas fehlt. — [6]) omni populo meo opresso. — [7]) ut. — [8]) iudices — [9]) et fehlt. — [10]) et et (!) — [11]) qua. — [12]) in celis est. — [13]) populi. — [14]) vestro. Ms. F. — [15]) sanctum oleum.

p. 117. [1]) vos cruciari. — [2]) que. — sempiternum fehlt. — [3]) in fehlt. — [4]) in fehlt. — [5]) sua. — [6]) glorificasti. — [7]) primatibus. — [8]) infernorum principum. — [9]) meum, in. — [10]) inhonorastis. Ms. C. und Ms. F. — [11]) eorum. — [12]) In Ms. C. folgt hier die rothe Ueberschrift: Sermo septimus de via viduatorum. — [13]) apparuit mihi angelus et acthenus sermonem verborum istorum adiectione complevit. — [14]) placate (!) Ms. B.

p. 118. [1]) illius. — [2]) In Ms. C. fehlt diese Summarie. — [3]) Ms. B. und Ms. F. vestro. — [4]) volueris. — [5]) habetis. — [6]) amictu vestro. — [7]) Ms. A. und Ms. F. Cui. Ms. C. Cur. — [8]) ex. — [9]) enutritis. — [10]) delciis et fehlt. — [11]) vestro. — [12]) magis fehlt. — [13]) vos ultra. — [14]) In Ms. C. fehlt diese Summarie. — [15]) Ms. B. unicum (!). — [16]) 11. Juli. — [17]) illo die. — [18]) capitoli Ms. C. (theilweise auf Rasur) Ms. F. capituli. — [19]) mater est. — [20]) Quod et si. — [21]) vobis necessaria.

p. 119. [1]) extinxerunt nimia afflictione. — [2]) suam fehlt. — [3]) semetipsos. — [4]) sunt fehlt. — [5]) sed et si. — [6]) Ms. F. exsuperat. Ms. A. exuperat. — [7]) confundaris. — [8]) erudientem disciplinam. — [9]) considera. — [10]) capitolo (das i des ursprünglichen capitolio radirt). — [11]) 22. Juli. — [12]) sermonem presentem. — [13]) conclusit. — [14]) vitam tuam. — [15]) Quod ipse. — [16]) Diese Stelle ist in Ms. C. abgekürzt und lautet theilweise anders. — [17]) esset. — [18]) 25. Juli. — [19]) paternas eius ammonitiones. — [20]) grata dei benedictione. — [21]) Diese Summarie fehlt in Ms. C.

p. 120. [1]) apparuit michi. — [2]) novum. — [3]) initiavit dicens: — [4]) et fehlt. — [5]) malignis et nulli parcet etati. Ms. F. — [6]) acceperit. — [7]) preciosus (!). — [8]) in celo proprium signum et. — [9]) autem in. — [10]) in eo inquinata. preciosus (!) Ms. B. — [11]) ab eo fehlt. — [12]) oportet (vom Schreiber des Ms. C. eingefügt). — [13]) fratribus meis et conservis. —

p. 121. [1]) et fehlt. — [2]) et fehlt. — [3]) scurrilitatis. — [4]) tanquam fehlt. — [5]) Hec vie vestre est. — [6]) ambulate immaculati in ea. — [7]) dominus noster fehlt. — [8]) Diese Summarie fehlt in Ms. C. — [9]) sermo per angelum. — [10]) 14. Aug. — [11]) visitavit me angelus. Ms. F. — [12]) volo. — [13]) ut. — [14]) suam fehlt. — [15]) et fehlt. — [16]) Ms. B. nos (!). — [17]) penam non evadent omnino — [18]) parentibus suis, quia. — [19]) facerent. — [20]) hoc. Ms. C. und Ms. F. — [21]) Ms. B. pravus (!). — [22]) in fehlt. — [23]) mucula intrabit in regnum dei. — [24]) illorum est. — [25]) perire, quod. —

p. 122. [1]) durius. — [2]) paciuntur. Ms. F. — [3]) eos fehlt. — [4]) in fehlt. — [5]) abstrahite. — [6]) voluntati proprie. — [7]) bonos mores. — [8]) 22. Aug. — [9]) vobis fehlt. — [10]) In Ms. C. folgt ein Capitel von circa 2 Blatt mit der Summarie: Visio Elisabeth ancille domini, quam vidit in Sconaugensi cenobio de resurrectione beate virginis matris domini. In anno, quo mihi per angelum domini annuntiabatur — — annuntiationis solempnitatem. Dann folgt erst das Cap. XX des liber viarum dei wie in Ms. A. Cum essent etc. Das Cap. XX. fehlt hier im Drucke, steht aber in lib. IV. f. 139 r als Capit. I. des liber viarum dei. Ms. F. hat folio 90 v nach Cap. 19 noch folgende Stelle: Adiuro per dominum et per angelum eius omnem, qui transscripserit librum istum, ut diligenter eum emendet, et hanc adiurationem codici suo asscribat. Dann folgt: Cum essent. Diese adiuratio steht auch im Drucke, sie ähnelt der am Schlusse des Werkchens Ekbert Sermones contra cataros. — [11]) 29. Juni 1158. — [12]) ammonitiones. Ms. C. Ms. A. ammonionem (!). — [13]) sacras. — [14]) divinas. — [15]) intelligite. — [16]) audite et suscipite. —

Liber revelationum Elisabeth de sacro exercitu virginum Coloniensium.

p. 123. [1]) Summarie in Ms. C. Sermo Elisabeth de XI. milibus virginum aliisque martiribus, qui passi sunt inter eas. — [2]) Die Figuren des grossen Initials V. (cf. praef. pag. XXV.) scheinen denen des Siegels des Cassiusstifts in Bonn saec. 12., abgebildet in Lacomblet, Archiv 2, 80, nachgebildet zu sein, das Siegel zeigt ebenfalls 2 Personen (Cassius und Florentius) mit der Palme in der Hand und die andere erhoben. Möglich ist, dass Ekbert das ihm bekannte Siegel zur Vorlage für die Anfertigung des Initials benützen liess. — [3]) Ms. B. affectis (!). — [4]) Wir notiren nebst denen von Ms. C. (ohne Bezeichnung) und F. auch die Varianten des Crombachischen Texts (Cr.) (Ursula vindicat ap. 719 ff.) — ego fehlt. Cr. — [5]) hi. Cr. — [6]) qui fehlt. Cr. — [7]) id fehlt. Cr. — [8]) recipiet (Vom Schreiber des Ms. C. eingefügt). — [9]) his. — [10]) ibi. Cr. — [11]) ordinatum fuerat. — [12]) in fehlt im Ms. B. — [13]) Gerlaco. Druck. —

p. 124. [1]) eius adventu. — [2]) sua. Cr. — [3]) levi. Ms. C. leto. Cr. — [4]) agerentur. — [5]) ego ipsa. — [6]) Ms. B. vobiscum. — [7]) ageretur. — [8]) magna gloria. — [9]) suscipiendum martyrium. — [10]) eius fehlt. Cr. — [11]) multo. — [12]) adductus (!). Cr. — [13]) sodalitas beata. — [14]) Propterea (!). — [15]) comperi quiddam. — [16]) sepulcra. Cr. — [17]) singulis. — [18]) ex fehlt. Cr. — [19]) dignoscebantur. Cr. — dinnoscebantur. Ms. C. — [20]) quoque. —

p. 125. [1]) mecum fehlt. Cr. — [2]) revelationes a domino. — [3]) expectabantur. Ms. F. — [4]) beatorum fehlt. — [5]) 28. Oct. 1156. — [6]) dum officium misse de ipsis ageretut. (!) — [7]) mihi fehlt. — [8]) in celum. Cr. — [9]) Ms. B. fideles (!). — [10]) Die hl. Verena, eine andere als die Elisabeths, wird in Zurzach in der Schweiz verehrt. Ihre 1005—1032 abgefasste Legende ist auszugsweise bei Pertz, mon. script. 4, 457 gedruckt, Baumann gab im Anzeiger f. schwäb. Geschichte 1877, Nr. 2 p. 288 Varianten hierzu. cf. Neues Archiv 3, 126 cf. acta sanct. ed. Bolland. September 1, p. 157 über diese Schweizer Verena. Von der Schönauer Verena ist sonst nichts bekannt. — [11]) initiavit nos. — [12]) propterea que. — [13]) est fehlt. — [14]) Dieser Satz steht in Ms. C. nach dem folgenden Satze. — [15]) manifeste faceret. — [16]) hoc fehlt. — [17]) expectandum. Cr. — [18]) ad fehlt.

p. 126. [1]) passionis nostre. — [2]) inde (auf Rasur, ursprünglich stand unde). — [3]) martyrium cum eis. — [4]) perrexerunt. Cr. — [5]) Ms B. respondit fehlt. — [6]) quid. Cr. — [7]) cognoscens. — [8]) titulorum unus, qui. — [9]) Sanctus fehlt. Cr. — [10]) Romam (!) (auf Rasur). — [11]) omnibus. Cr. — [12]) et iam. Cr. — [13]) nonus decimus. — [14]) quam plurimas. Cr. — [15]) nobiscum fehlt. —

p. 127. [1]) obscuri facti sunt nobis. — [2]) cf. Beilage Nr. 5. Note. — [3]) in die. — [4]) hec. — [5]) altera. Ms. F. — [6]) visa est michi. — [7]) peregre fehlt. Cr. — [8]) suam. Ms. F. — [9]) gentis sue. — aliquot. Cr. — [10]) iura (!). — [11]) ex magna ea parte. — [12]) autem fehlt. —

p. 128. [1]) titulus talis erat. — [2]) Maurisius. — [3]) nobis fehlt. — [4]) Maurisius. — [5]) duobus annis. — [6]) — de genere fehlt. — [7]) illius. Cr. — [8]) ei maximum. — [9]) Hinc. Cr. — [10]) secum fehlt. — [11]) cum eis martirium. — [12]) fueram ab ea. Ms. C. — [13]) ab ea fehlt. Cr. — [14]) erant. — [15]) talem formam habentes. — [16]) Folianus. — [17]) Ravenniensis. — [18]) et fehlt. — [19]) fuerant in. — [20]) habuerunt obvium. — [21]) erant. — [22]) iterum fehlt. — [23]) Ob hier rexit zu lesen? — [24]) ita fehlt. —

p. 129. [1]) significat. — Ms. C. und Cr. — [2]) que in. — [3]) literam A. et. — [4]) et fehlt. — [5]) magnoque. Cr. — [6]) astricta est. — [7]) Quid. — [8]) regis? — [9]) tunc fehlt. Cr. — [10]) Ueber das so gedeutete Monogramm cf. Crombach pag. 734 Note i. In Ms. F. ist am Rande von folio 90 v das Monogramm roth gezeichnet. — [11]) sexte. Cr. — [12]) Ms. A. B. und C. Angelica (!) — [13]) cui nomen erat fehlt. Cr. — [14]) e. Cr. — [15]) discesserat. — [16]) a deo fehlt. — [17]) beatissime Ursule. — [18]) Ob rexisse zu lesen? —

p. 130. [1]) in qua tunc erat. — [2]) illius. Cr. — [3]) fideles se appellari. — [4]) Ms. B. dic (!). — [5]) Item fehlt. Cr. — (i) tem (!) Ms. C. — [6]) requisivissem. Cr. — [7]) hoc. — [8]) et dictum. — [9]) regina fehlt. — [10]) eorum. — [11]) susceperunt pro Christo. — [12]) advenit locum. — [13]) hec — [14]) respondit; ita fehlt. — [15]) Ekbert erinnert hierbei an den Gebrauch, bei Taufe der Neubekehrten in den ersten Jahrhunderten die heidnischen Namen beizubehalten. Jedoch auch Namensänderungen kamen vor. cf. Ruinart, acta mart. 441, Nr. 1, Eusebius, hist. eccles. lib. 8, cap. 11., Baronius, annal. ad a. 259. — [16]) vel. — [17]) multis aliis. —

p. 131. [1]) eorum. — [2]) adscriberentur. Cr. — [3]) Gerasina. Cr. — [4]) sacras virgines. — [5]) sepe rogata sum et mu'tum. — [6]) esse. — [7]) oportunitatem habuissem et voluntatem interrogandi. — [8]) quod. Cr. — [9]) sancti. — [10]) ipse michi. — [11]) ergo. Cr. — [12]) Andream apostolum. — [13]) inquires (auf Rasur). — [14]) que fehlt. Cr. — [15]) Ms. B. erat fehlt. — [16]) nomen erat. — [17]) domina fehlt. — [18]) sit nominis. — [19]) dixit. — [20]) vero fehlt. Cr. — [21]) Undeutlich; qm in Ms. A. und Ms. C. vielleicht ist quantum zu lesen, wie der Druck hat — [22]) quod esset filium regis. — [23]) hec autem cum. — [24]) de fehlt. — [25]) fuisset. Cr. — [26]) sepe omnia. — [27]) mihi fehlt. — [28]) 6. Dec. — [29]) ageretur. — [30]) indicaretur. Cr. —

p. 132. [1]) Gerasina. Cr. — [2]) de qua interrogas fehlt. — [3]) dei. Cr. — [4]) regem fehlt. — [5]) esset primo. Cr. — [6]) mitissimum ebenso der Druck und Ms. F. — [7]) Maurisii. — [8]) Ms. B. Dorotheus erat. — [9]) autem fehlt. — [10]) cum patre suo fehlt. Cr. — [11]) voluntatem suam et filie sue (Das suam getilgt). — [12]) direxit ei et. — [13]) requirebat auxilium (auxilium radirt) eius audire et auxilium. — [14]) Aurea et Victoria. — [15]) filiarum suarum. — [16]) Cuius. — [17]) miraris. — [18]) dispensatione (auf Rasur). — [19]) deus. Ms. C. und Ms. F. — [20]) Ms. A. associati (!). —

p. 133. [1]) gentis fehlt. — [2]) in. — [3]) ait. Ms C. und Ms. F. — [4]) adhoc. Cr. — [5]) in diebus istis. — [6]) dignum. Cr. — [7]) Crombach und die Acta sanct. October haben hier noch ein Einschiebsel aus dem Ms. Weierensi (Prämonstratenserabtei Weier.) — [8]) Christi fehlt. — [9]) ita accepi. — [10]) unius anni. — [11]) pene completis. — [12]) Ms. A. und B. eorundum (!). — [13]) 21. Oct. — [14]) divino officio. — [15]) mentis, Ms. C. und Ms. F. — [16]) apparuerunt — [17]) eidem (!). — [18]) insigniti. Cr. — [19]) adhuc desiderium. — 20) aliquid fehlt. Cr. — 21) interrogandi aliquid. — 22) valde. Cr. und Ms. F. — 23) sensim (!). Cr. — 24) illas. —

p. 134. 1) vestra fehlt. Cr. — 2) respondit michi. — 3) dei fehlt. Cr. — 4) domino. — 5) passionis nostre ordinem. — 6) illi duo. — 7) Ravenniensis. — 8) in illo loco. — 9) se fehlt. Cr. — 10) id. Cr. — 11) autem ipse. — 12) notabilem. Cr. — 13) vestri fehlt. — 14) inngeremur. Cr. — 15) magis mori. — 16) venerabilis. — 17) Ms. F. ei. — ei preceptum. Ms. C. — 18) omni. — 19) illo. — 20) in nobis fehlt. — 21) dei Cr. — 22) illis. Cr. —

p. 135. 1) est fehlt. — 2) adhuc fehlt. — 3) Ms. A. und B. superaverant, Ms. C. und F. supereraut. — 4) eam (!) Ms. A. Ms. C. ea. — 5) Ms. A. interroganem (!) von späterer Hand in interrogacionem gebessert. — 6) domina mea. — 7) renovaverit. Cr. — 8) ei fehlt. Vor: Et nunc hat das Weierische Ms. nach Crombach 745 note 6 noch ein Einschiebsel. — 9) Das Cap. XXII. fehlt in Ms. C. und Ms. F. sowie im Drucke. Dasselbe ist mit engerer Schrift, braunerer Tinte und mehr Abkürzungen aber scheinbar noch von der Hand des Schreibers von Ms. A. eingetragen. In Ms. C. folgt nach Amen: Post hec transactis diebus non paucis, quodam tempore cum essem orans in medio sororum, aperuit dominus os meum et pronuntiavi in impetu spiritus verba hec non ex me, sed ex ipso et sancto angelo eius dicens. Hierauf folgt der Brief Elisabeths an den Abt v. Deuz (Nr. 5 der Briefe pag. 141). Mit gleicher Einleitung und zugleich mit Brief 5 fangen die Briefe in Ms. F. an. — 10) Dieses Stück gehört eigentlich zu den Briefen Ekberts, da dasselbe aber bei der Paragraphirung als Cap. 22 bezeichnet ist, geben wir es hier. — 11) Ueber Kloster Steinfeld cf. Geschichte der Stadt Münstereifel und der nachbarlichen Ortschaften von Jak. Katzfey (Köln, 1854 bis 1855. 8°. 2 Bde.) Band 2, p. 189; der hier genannte V. ist Probst Udalricus sive Ulricus von Steinfeld (1160, † 1170), Nachfolger Eberwins, er war früher Scholaster zu Münstereifel. cf. ibid. 2, p. 220 und 1, 183. Der Brief dürfte in die Jahre 1160—1164 gehören. Ueber den hl. Potentinus cf Einleitung und Katzfey, 2, 206, 215. — 12) Ms. B. Elisabeth.

p. 136. 1) Ms. A. und B. cetis (!).

p. 137. 1) 26. Dec. —

p. 138. 1) Ms. A. und Ms. B. declivo (!). — 2) Rothe Schrift. — 3) Hierauf folgt in neuer Spalte das opusculum istud de disputatione contra iudeos, resp. eine Vita Ekberti auctore Emechone. Der Schreiber des Papiercodex wollte offenbar das opusculum contra iudeos hier anfügen, fand aber den Inhalt desselben vielleicht unpassend zum Contexte der Handschrift und fügte die Vita bei. —

Die Briefe der heiligen Elisabeth von Schönau.

p. 139. 1) In Ms. A. sind die Briefe ohne Ueberschriften enthalten, die Briefe in Ms. B. besitzen dagegen meistentheils Ueberschriften und kennzeichnen dadurch die Empfänger der Schreiben. Wir führen die Ueberschriften aus Ms. B. jedesmal an. — 2) Druck: illiterata. — 3) Cl. Bausendorf in Metzer Diöcese. — 4) Druck: erant et. — 5) Ueberschrift in Ms. B. Epistola prima Lodowico monacho post abbati apud sanctum Eucharium Treveris edita. — 6) Ms. B. Lodewico. — 7) Ms. B. Elisabeth. —

p. 140. 1) Ms. B. Ueberschrift: Epistola abbati in Busindorff et fratribus suis missa. — Auch in Ms. F. enthalten. — 2) Druck: evagetur. — 3) Ms.

B. Ueberschrift: Epistola domino Hillino archiepiscopo Treverensi. — Druck: Elisabeth humilis ancilla Christi Hillino archipiscopo Trevirensi gratiam dei. — Auch in Ms. F. enthalten. — [4]) Ms. F. a domino. — [5]) Ms. F. morientur et tu iudicium dei portabis. — [6]) Nec te lateat, quod. Druck. — [7]) designatus. Druck. — [8]) Ms. B. mei sui (roth durchstrichen). —

p. 141. [1]) meorum et nomen novum, quod. Ms. F. — [2]) Ms. B que. Druck: quod. — [3]) Ms. B. Ueberschrift: Epistola abbati Tuiciensi et fratribus eius. Dieser Brief steht ausser in Ms. F. auch in Ms. C. dessen Lesarten wir notiren. — [4]) Abt Gerlach v. Deuz erscheint urkundlich 1147 bis 1153 (Lacomblet N. R. Vrkb. 1, Nr. 357, 359, 373) lebte aber bis 1161, ihm folgte Hartbertus oder Harbernus. — [5]) parvula. Ms. C. — [6]) magne fehlt in Ms. C. und im Drucke. — [7]) superbia et iudicia falsa, invidia et scismata et alia vicia, Ms. F. — [8]) animam. Ms. C. — [9]) dicendum est vobis. Ms. C. — [10]) Levit. 19, 2. — [11]) et bene fehlt. Ms. C. — [12]) bene fehlt. Ms. C. — [13]) decet sanctos. Ms. C. und Ms. F. Druck: sicut decet sanctos. — [14]) orantes pro vobis. Ms. C. — [15]) domini gregem. Ms. C. — [16]) eos fehlt in Ms. C. — [17]) Cor. 2, 9. — [18]) In Ms. C. und Ms. F. folgen die Worte: Simili modo posuit deus verba hec in labiis meis in tempore illo (Ms. F. alio): Quedam parva scintilla (Briefe Nr. X). — [19]) Ms. B. Ueberschrift: Item alia epistola eidem abbati directa, in qua eum consolatur de negligentia quadam, que accidit eis in sacramento divino. Auch in Ms. C. folio 125 v und Ms. F. enthalten. — [20]) Ms. B. Elisabeth. — [21]) Ms. C., Ms. F. und der Druck: conspectu eius. — [22]) Ms. C. enim fehlt. — [23]) suum fehlt in Ms. C. — [24]) consolationem potestis. Ms. C. —

p. 142. [1]) facturum. Ms. F. — [2]) accipientis. Ms. C. — [3]) reconditum est. Ms. C. — [4]) Ms. B. sit fehlt. — [5]) in conventu fehlt in Ms. C. — [6]) Ego in vice. Ms. C. und Ms. F. — [7]) poni. Ms. C. — [8]) et fehlt. Ms. C. — [9]) habent necesse. Ms. C. — [10]) hoc. Ms. C. und Druck. — [11]) quod Ms. C. — [12]) certum hoc. Ms. C. — [13]) adversus eos facient. Ms. C. — [14]) Ms. B. Ueberschrift: Epistola abbati de Schenheim (!) et fratribus eius directa. — [15]) Druck: G. — [16]) Druck: Othinhensis cenobii soror. — [17]) Ms. B. und Druck: Elisabeth. — [18]) Ms. A. hatte nostris, sehr undeutlich in vestris corrigirt. Ms. B. vestris. Druck: tuis. — [19]) Druck: tuam. — [20]) Joann. 14, 6. — [21]) Druck: civitatem sanctam.

p. 143. [1]) Ms. A. und B. tarde (!) Druck: tardi. — [2]) Ms. B. Ueberschrift: Epistola fratribus in Nuwiburch edita; Druck: Nurenburgo (!). — [3]) Ms. B. sicut. — [4]) Druck: suum. — [5]) Druck: vos.

p. 144. — [1]) Ms. B. Ueberschrift: Epistola sororibus Anturnacensis cenobii. — Auch in Ms. F. enthalten: Ueberschrift: Sororibus A. — [2]) Ms. B. Elizabeth. Ms. F. Humilis ancilla Christi E. sororibus. — [3]) Domino, iterum dico, gaudete et delectabuntur. Ms. F. — [4]) Ms. A. similia, Ms. F. similibus. — [5]) Ms. A. ambulare, Ms. F. ambulate. — [6]) Ms. B. und Druck: et fehlt. — [7]) Druck: auditrices. — [8]) Ms. F. et. — [9]) factricis Druck. — [10]) ipsius. Ms. F. — [11]) Oder parare, (wie in allen Briefen am Schlusse) zu lesen. — [12]) Ms. B. Ueberschrift: Epistola sororibus in Bunna. Auch in Ms. F. enthalten, Ueberschrift fehlt. — [13]) mala. Ms. F.

p. 145. [1]) enim. Ms. F. — [2]) Druck: habetis. — [3]) Druck: vobis. — [4]) Druck: invenietis. — [5]) dignetur nobis. Ms. F. — Der Brief Nr. 10 passt zu den Verhältnissen des Klosters Dietkirchen bei Bonn trefflich, Erzb. Reinald von Köln reformirte 1166 das Kloster (Günther, cod. Rhenomosell. 1, 181.) Ficker, Reinald von Dassel, p. 146 Nr. 121. — [6]) Ms. B. Ueberschrift: Epistola sororibus sanctarum virginum in Colonia. Auch in Ms. F. enthalten. Ad sorores Col. Simili modo posuit deus in labiis meis verba hec in tempore alio: Quedam etc. Der Brief ist auch in Ms. C. f. 126 r, wo derselbe wie im Ms. F. eingeleitet, er ist an das Ursulastift in Köln gerichtet, dem damals Gepa von Dassel, Schwester Reinalds vorstand. Die Zucht war daselbst jedenfalls unter dieser und einer andern Gepa eine gelockerte geworden, was die Ermahnungen Elisabeths veranlasste, ein Beweis für die Echtheit des Briefes, der in die Jahre 1156—1163 als Zeit, in der sich Elisabeth mit den 11.000 beschäftigt, fällt. Cf. Acta sanct. Oct. 9. 229 C. — E, wo der Brief ebenfalls abgedruckt ist. — 7) magne fehlt in Ms. C. — 8) movetur a vento. Ms. C. — 9) sunt filie mee, dicit dominus. Ms. C. — 10) terra. Ms. C. — 11) vos accusant. Ms. C. Ms. F. vos accusant et coram. — 12) Ms. B. hatte maculastis, welches in maculatis verändert, Druck: maculatis. Ms. F. maculastis locum meum. — 13) Druck: antestatrices. — 14) Ms. C. und Ms. F. ostium vestrum. — 15) Ms. C. ibi esse. Druck: ei tunc esse. — 16) Ms. C. regno patris sui. — 17) Ms. B. Ueberschrift: Epistola sororibus in Diersteyn.

p. 146. 1) Druck: ubi. — 2) Ms. B. Ueberschrift: Epistola abbatisse de Ditkirchen (bei Bonn). — 3) Ms. A. di. — 4) Ms. B. Dieckirchen (!). — 5) Ego Elizabeth. Druck. — 6) Druck: in eis. — 7) Druck: mittet ea. — 8) Ms. B. sui fehlt. — 9) Ms. B. ibi odor. — 10) Von da an fehlen in Ms. B. die Ueberschriften der Briefe.

p. 147. 1) Druck: comparari. — 2) Ms. B. et fehlt. — 3) Ms. B. suorum et. — 4) Ms. B. und Druck: ullam fehlt. — 5) Ms. B. possint a. Ms. A. ursprünglich possunt, corr. possint. — 6) Ms. B. suspirantur.

p. 148. 1) Nach der Ueberschrift im Drucke ist dieser Brief an die Aebtissin von Dietkirchen gerichtet. — 2) Druck: Elizabeth. — 3) Math. 5, 48. — 4) Luc. 10, 16.

p. 149. — 1) Ms. B. vos fehlt. — 2) folio 153 ist durch Papier ersetzt, der Text Abschrift des Pariser oder Kölner Druck von einer Hand des 18. Jahrhunderts. — 3) Ms. B. et adduxit cum ipsis in. — 4) Dieser Brief ist vielleicht an den Abt Reinard von Reinhausen gerichtet, es ist aber auch wiederum darin von einer mater veneranda als Angeredeten die Rede. — 5) requiescet Ms. B. — 6) Ms. B. sicut.

p. 150. 1) Ms. B. pater. — 2) Ms. B. anima vestra. — 3) Procul dubio. Ms. B. — 4) Ms. B. sua. — 5) Ms. B. conversus (!) — 6) benignus et misericors est et. Ms. B. — 7) Ms. B. und Druck: N. — 8) adlethe. Ms. B. — 9) quoniam. Ms. B. — 10) dieser Brief steht auf einem eingehefteten Pergamentblatte in 8⁰ von einer Hand des 13. Jahrhundert. — 11) Druck: Elizabeth. — 12) Dieser letzte Satz von einer Hand des 18. Jahrh., die noch zugefügte: Finis libri epistolarum S. Elisabethae, der Druck schliesst: Epistolarum Elizabeth virginis libri quinti finis. — 13) In Ms. F. enthalten.

p. 152. 1) Undeutlich ob nostrum oder vestrum zu lesen. — 2) Abt Fulbert von Laach.

p. 153. 1) Ms. C. petioni (!). — 2) festivitate zu ergänzen. — 3) Diese Ueberschrift roth. — 4) Ms. orationiobus (!) — 5) Ms manssura (!).

p. 154. 1) Aus Cod. Palat. Vindob. 2245 folio 52 v lin. 10. — 2) Diese Ueberschrift steht in Ms. C. oben am Rande des Blattes von gleicher oder gleichzeitiger Hand. — 3) Ms. C. von anderer Hand darüber gesetzt: Symon. — 4) Es stand cuius, der Schreiber setzte als Variante darüber: qualis. — 5) Ms. niserabile (!).

p. 155. 1) Simon schrieb diesen Brief als Abt von Schönau, als solcher er in Herquet, Arnsteiner Urkb. 1, 16 zum Jahre 1198 erscheint. Ueber seine Vergangenheit haben wir die Vermuthung, dass er eins mit dem 1166

*

bis 1186 erscheinenden Propst Symon des St. Gereonsstiftes in Köln ist und wie Ekbert Diacon in Bonn, Stiftsprobst in Köln war und hierauf Mönch und Abt zu Schönau ward, zu seiner Abtszeit 1198 passt diese Annahme ganz gut, der Stiftsprobst Simon verschwindet nach 1186 aus den Kölner Urkk. cf. Lacomblet, Niederrh. Urkb. 1, Nr. 413 bis 502. — [2]) Die Grenze von Francien und Schwaben wird im Württembergischen Urkb. 2, 87 in einer Urk. von 1024 als vom süddeutschen Mühlgau gebildet bezeichnet, der Schreiber der Schönauer Ueberlieferung schrieb demnach ganz im Geiste alter Eintheilung nach Völkerstämmen, die er jedenfalls einer ältern Aufzeichnung über die Gründung Schönaus entnahm. — [3]) Ms. glorifica consolatione, letzteres Wort radirt. — [4]) Ms. cuisdam (!). — [5]) Ms. exstiterant, cuius et ipse Truthuinus satelles erat fidissimus, durchstrichene Worte. — [6]) Ms. bei qui ergänzt am Rande: scilicet Hermannus. — [7]) Ms. dum, von einer Hand saec. 16. Darüber: dominicum. — [8]) Dass der Cultus und die Reliquien St. Florins aus der Schweiz stammen, ersieht man aus Ildef. v. Arx, Geschichte von St. Gallen, 1, 23 und Note G. Die Kirche St. Florins stand in Ramunsch oder Remosch in Bündten nach einer Urk. von 930 in bibliotheca Zurlauben. Von da hatten jedenfalls Herzog Hermann und Graf Drutwin die Reliquien erhalten. Die Legende St. Florins bietet keine deutschen Züge und Ortsangaben.

p. 156. [1]) Ms. totidem, welches von späterer Hand in tantum corr. — [2]) Unleserlich durch Correctur, am Rande steht von anderer Hand; coevi, corvi, zu lesen ist im Texte nach co . . vi. — [3]) Undeutlich ob loca oder locum. — [4]) Ms. nobilem Truthuinum baronem victorem, von anderer Hand corr. wie im Texte. — [5]) Offenbar zu lesen Benedictinorum. — [6]) Eingefügt von einer Hand saec. 15. Tercio tunc laudis pulsabant sidera grandes prestante

p. 157. [1]) Aus Ms. Nr. 20 der Landesbibliothek zu Wiesbaden.

p. 160. [1]) Aus Ms. F. folio 127 r—131 v.

p. 161. [1]) Lies: Higinus. — [2]) Lies: Fabius. — [3]) Lies: Miltiades und vergleiche den catalogus episcoporum urbis ex chronici Liberiani edit. Mommseniana et Lipsiana repetitus bei Kraus, Roma sotterranea ed. II. p. 593 ff.

p. 163. [1]) 3 Worte im Ms. verkratzt. — [2]) Bricht ab. — [3]) Andere Hand mit blasserer Tinte. Aus Ms. Nr. 7 der Landesbibliothek zu Wiesbaden.

p. 164. [1]) Dieser Zusatz bei jedem Monate von anderer Hand in schwarzer Tinte. Das gesperrt gedruckte rothe Schrift im Text.

p. 166. [1]) Dieser und der folgende Eintrag von anderer Hand.

p. 170. [1]) Aus Ms. Nr. 43 der Landesbibliothek zu Wiesbaden.

p. 172. [1]) Aus Ms. D. folio 152 r—155 v.

p. 174. [1]) Aus Ms. Nr. 43 der Landesbibliothek zu Wiesbaden.

p. 175. [1]) Aus dem nie besiegelt gewesenen Original Perg. im Besitze des hist. Vereins zu Wiesbaden.

p. 176. [1]) Ms. zweimal mentis (!). — [2]) Ms. indu dutum (!).

p. 177. [1]) Der Initial fehlt wie meist in diesem Abschnitte. Vielleicht Adonay.

p. 178. [1]) Lücke von einem Wort, dasselbe gelöscht.

p. 179. [1]) Aus dem grossen Hildegardiscodex zu Wiesbaden, gedruckt in (Blanckwaldt) sanctae Hildegardis epistolarum liber p. 114—115. Dieser Brief fehlt in Cardinal Pitra's Ausgabe der Schriften Hildegards.

p. 180. [1]) Der hier mitgetheilte Abtscatalog Schönaus ist weder vollständig noch richtig und nur wegen einiger Bemerkungen abgedruckt. Auch der in der metropolis ecclesiae Trevericae ed. Stramberg 1, 611 ff. enthaltene Abtscatalog entbehrt der Aebte von 1296—1457. Im Staatsarchiv zu Wiesbaden befindet sich ein anderer Catalog aus dem Ende des 17. Jahrhunderts von Abt Mertes verfasst unter den Processacten des Klosters. Abt Hildelin starb am 5. Dec. (Arnsteiner Seelbuch in Nass. Annal. 16, 202, metropolis. 1, 611, Acta sanct. ed. Bolland. Oct. 9, 166 Note k. cf. auch Gudenus, cod. 1. 103, 2. 15, Mittelrhein. Urkb. 1, Nr 597, Kremer orig. Nass. 2, 160, 163, 176, 179, Marx, Gesch. des Erzstiftes Trier, 2, 1, 453 f.) Abt Hildelin lebte beim Tode Elisabeths (18. Juni 1164) noch, seinen nahen Tod sagte Elisabet nach Ekberts vita am Christihimmelfahrtstage (jedenfalls 1164, mithin am 21. Mai) voraus. Frühestens starb Hildelin Ende 1164. rund 1165/66. — Emecho starb oder resignirte vor 1197, da 1197 und 1198 ein Abt Simon, Neffe Elisabeths, Abt war (metropolis ecclesiae Trevericae, 1, 612, Gudenus, cod. 2, 26, 28, Kremer, orig. Nass. 2, 213 f., Mittelrhein Urkb. 2, Nr. 163, Herquet, Arnsteiner Urkb. 1, p. 15). Simon starb am 17. Feb. (Nass. Annal. 16, 66), das Jahr ist unbekannt, fällt aber vor 1211: In diesem Jahre und 1212 erscheint in zwei Urkk. (Rettung der Freiheiten des Klosters Schönau Beilage Nr. 2, 67 und Kremer, orig. Nass. 2, 246, 252) ein Abt Rüdger, dem Baldemar vorherging und auf Simon folgte, dann erst Rüdger. — [2]) Baldemar hatte resignirt und erscheint bei Günther cod. 2, 111. 12, 13 als quondam abbas als Zeuge. Auf Rüdger (Rutgerus) folgte Abt Lambert (1266 bei Herquet, Arnsteiner Urkb. 1, 39 Nr. 41 oder es ist nach Rüdger noch ein anderer bis jetzt unbekannter Abt gefolgt). — [3]) Abt Melchior erscheint 1483 bei Hontheim prodr. 1, 1206. Er starb nach dem Schönauer Seelbuche 1502 (nicht 1492 wie „Studien“ 1883 im Abdrucke des Seelbuchs steht), nachdem er wohl 1492 resignirt hatte, da nach Görz. Reg. der Erzb. von Trier p. 284 am 5. Feb. 1493 zu Koblenz Abt Johann v. Schwelm dem Erzb. Johann II. v. Trier den Eid leistete. (Notiz im Temporale.) Nach „Studien“ 1884, 3, 45 starb 1485 am 22. Juni ein Abt Adam v. Schönau, der unbekannt ist und vielleicht der resignirt habende Vorgänger Melchiors war.

p. 181. [1]) Aus Bucelinus, Germanica sacra 2, 170 (ed. 1662), der diesen Abtscatalog jedenfalls aus Schönau erhielt.

p. 184. [1]) Ueber die Passio der hl. Ursula (bei Crombach p. 1—18 oder Kessel, p. 168—195 gedruckt) sagt Crombach p. 19 Absatz 2: Dico igitur, hanc narrationem, quam Surius inseruit tomo 5. videri a vetustate et veritate maxime commendabilem. Jam enim ante quingentos annos orbe toto celebrata, quater vel quinquies a S. Elisabetha nomine passionis S. Ursulae laudatur; eodem saeculo anonymus vocat eam: antiquam passionem, uterque ad eam velut pharum scriptionem suam dirigit: eandem explicat et confirmat: eodem longe ante quingentos annos in ecclesiis die natali eius solebat lectitari, ut vetustissima metropolitanae Coloniensis ecclesiae lectionaria et breviaria sexcentis, quaedam etiam, ut arbitror, octingentis annis antiquiora demonstrant, quam ideo Molanus primariam S. Ursulae historiam nominat. et compendio brevi Sigebertus contexuit. auxit eandem illustrioribus adiunctis Vincentius Belluacensis, S. Antoninus, Petrus Esquilinus, Philippus Bergomensis, et Bonfinius, e quibus postea S. R. ecclesia lectiones proprias Ursulanas anno 1550 delibatas inseruit breviario Romano tunc, cum adhuc festo duplici undecim millium virginum natalis orbe toto celebraretur. — Nach den Analecta Bollandiana. 1884. III., 1. p. 5—20. Historia ss. Ursulae et sociarum eius etc. Aus dem Brüsseler Mss. Nr. 831—34 und 891 ist diese Legende. Regnante domino nicht die älteste, wie auch ich auf ältere Angaben hin glaubte, sondern die zweitälteste und beruht auf der in Anal. Bolland. 3, 1, p. 5—20 abgedruckten ältesten um 969—976 geschriebenen Fassung. — [2]) Nach einem mit obigem Titel und vielen handschriftlichen Anmerkungen versehenen, mit Papier durchschossenen Exemplar eines Trierer Gelehrten. Ein gedrucktes Ex. besitzt die Bibliothek in Wiesbaden nicht.

p. 185. [1]) Ueber Richardus Anglicus cf. Baronius in notis ad 21. Oct., Schultingius, bibl. ecclesiastica 2, f. 272 r, Possevinus, apparatus sacer f. 255, 2, 325, Miraeus, chronicon Praemonstratense f. 112 und 158., Oudinus, comment. 2, col. 1521—23. — Vossius, de hist. lat. p. 426. — Le Paige, bibliotheca Praemonstratensis (ed. Paris 1643, folio) p. 305, 514, Gesner, bibliotheca, p. 726.

p. 232. [1]) Lucas, 1, 38. — [2]) ibid.

p. 240. [1]) Lucas, 23, 34.

p. 251. [1]) Ms. indito, corr. von späterer Hand: inditum.

p. 252. [1]) Ms. ascendit, corr. von späterer Hand: accendit.

p. 253. [1]) Ms. compellit, corr. von späterer Hand: compellat. — [2]) Joann. 1, 17. —

p. 255. [1]) Math. 17, 5. — [2]) Math. 28, 18.

p. 259. [1]) Ms. michi, vom Schreiber in ad corr. — [2]) Ms. ad te, vom Schreiber in tecum corr. — [3]) Ezech. 2, 1. — [4]) Dan. 8, 16. — [5]) Ms. vidisset, corr. vidissem. — [6]) Apoc. 1, 17. — [7]) Math. 17, 6. —

p. 261. [1]) Hebr. 1, 2.

p. 263. [1]) Adliges Nonnenkloster, Augustinerordens. cf. Marx, Geschichte des Erzstifts Trier, 1, 2, 239—244. — [2]) Druck irrig: Bude. — Ms. A. Gyde mit o über dem y.

p. 264. [1]) affluebant. — [2]) Dr. previdisti. — [3]) Dr. und Ms. B. rationes. — [4]) animas nostras. — [5]) quoniam. — [6]) Ms. B. optimi. (!) — [7]) quippe que bonum. — [8]) animadvertitur. — [9]) Ms. B. Rui (!). — [10]) Ms. B. teneritudines (!).

p. 265. [1]) tibi fehlt im Drucke. — [2]) faciet. — [3]) charissime. — [4]) quemadmodum. — [5]) 31. Mai 1164. — [6]) gratificari. — [7]) nobis per omnem. — [8]) 2. Juni. — [9]) 3. Juni. — [10]) Diese Stelle ist ein sicherer Beweis für die Existenz der Ursulalegende bei Abfassung des Schreibens an die Andernacher und stimmt zu der in der Ursulalegende erwähnten Uebertragung von Gebeinen der 11000 nach Schönau (1156). — [11]) Ms. B. festine (!).

p. 266. [1]) nichil molestie de cetero. — [2]) in omnibus malis. — [3]) meo. — [4]) Vere. — [5]) sufficienter fehlt. — [6]) tali pro eo afflictione. — [7]) Ich ergänze hier nach dem Druck und Ms. B. dominus. — [8]) In Ms. A. ist ein Blatt ausgeschnitten und durch Papier ersetzt, auf dem folgenden Pergamentblatte steht rechts oben: Folium hoc iam reparatum anno 1701 die 27 Juni, quod fuerat de pergameno et aliquis homo idiota exsciderat e tam sacro libro. Der auf Blatt 134 ergänzte Text stammt aus dem Drucke. — [9]) Ms. B. est dominus mecum. — [10]) Ms. B. per cunctos. — [12]) Druck und Ms. B.: lacrimam.

p. 267. [1]) Ms. B. communia. — [2]) Ms. B. diffisi sunt et. — [3]) vera. — [4]) adieci.

p. 268. [1]) Hec. — [2]) Abt Hildelin. — [3]) dilectissime. — [4]) super. — [5]) per totum. — [6]) sanctissimum. — [7]) sepe. — [8]) recepit. — [9]) ter.

p. 269. [1]) illic. — [2]) et e converso, quantum potuit seipsam humiliavit. — [3]) eas. — [4]) tibi. — [5]) percepisti. — [6]) possis. — [7]) tuum. — [8]) dic. — [9]) potes. — [10]) te. — [11]) habueris. — [12]) tibi. — [13]) aperi. — [14]) cf. lib. vis. 1, cap. LXXIX p. 39. — [15]) divulgetis. — [16]) Druck und Ms. B. que.

p. 270. [1]) Druck und Ms. B. magna fehlt. — [2]) Druck und Ms. B. sponte fehlt. — [3]) te. — [4]) denomines. — [5]) Die Bezeichnung prioratum bedeutet die zweite Vorsteherin (etwa submagistra) nach Elisabeth der Meisterin, keine Priorin. — [6]) vobis fehlt. — [7]) quoniam fehlt. — [8]) esse domino, et quod. — [9]) Zwischen Elisabeths Tod und dem Schreiben an die Andernacher muss demnach soviel Zeit vergangen sein, dass die Wahl und Bestätigung der Nachfolgerin Elisabeths erfolgte und dieselbe im Amte war. — [10]) pro fehlt.

p. 271. [1]) Nunquid ista ita se habent? — [2]) Ms. B. moriar. — [3]) et fehlt. — [4]) qui (!). — [5]) qui post eam omnia. — [6]) Diese Stelle ist bedeutungsvoll für die Aechtheit der Visionen und deren Existenz 1164—65. — [7]) Ms. B. diligentissime. — [8]) Ms. B. omnibus. — [9]) animi.

p. 272. [1]) autem fehlt. — [2]) ores. — [3]) similiter. — [4]) deo fehlt. — [5]) tibi. — [6]) presentes. — [7]) tua. — [8]) te. — [9]) vobis fehlt. — [10]) vos omnes. — [11]) Druck und Ms. B. bonus est.

p. 273. [1]) exultet terra. — [2]) fuerat. — [3]) Psal. 96, 1. In Schönau stand nach dem Ms. D. der Cultus des angelus proprius in hohem Flore. — [4]) Bemerkenswerthe Stelle für das Vorhandensein des liber viarum dei. — [5]) temporalem mortem. — [6]) Druck und Ms. B.: in lecto.

p. 274. [1]) et fehlt. — [2]) Ms. A. und B. exercitu (!). — [3]) omnibus. — [4]) domini. — [5]) filie. — [6]) manens. — [7]) ac. — [8]) Der Druck gibt diese Stelle als Verse wieder, die solche wohl sind, die einzelnen Strophen des Drucks sind hier durch Striche abgetheilt. — [9]) Te decet laus et honor domine. — [10]) et fehlt.

p. 275. [1]) hec. — [2]) alio. — [3]) non a me tollunt. — [4]) pigritabat. — [5]) Druck und Ms. B. dilectissimo. — [6]) Druck und Ms. B. et fehlt.

p. 276. [1]) eius. — [2]) me construere. — [3]) prudentia. — [4]) et fehlt. — [5]) qui.

p. 277. [1]) et fehlt. — [2]) decimoquarto. — [3]) sibiipsi. — [4]) Nach Ekberts Angabe starb Elisabeth am 18. Juni (XIV Cal. Julii, nach p. 276 war der Todestag ein Freitag VI feria). Im Jahre 1164 war der 21. Juni ein Sonntag, der Todestag müsste daher der 19. Juni sein, was nicht stimmt, da die XIV kal. Julii der 18. Juni sind. Allerdings besser stimmt 1165 als Todesjahr, der 20. Juni war ein Sonntag, der 18. Juni ein Freitag, beides passt zu Ekberts Angaben völlig. Im Protest dagegen stehen aber die Angabe Ekberts, dass Elisabeth im 13. Jahre ihrer Heimsuchung starb, nebstdem die Schönauer bis ins 15. Jahrhundert zurückgehenden Traditionen. Elisabeth hatte ihre erste Vision am 18. Mai 1152, von da bis 18. Mai 1164 sind gerade 12 Jahre verflossen, 1164 am 18. Juni befand sich dieselbe im 13. Jahre ihrer Heimsuchung, 1165 18. Juni wäre bereits das 14. Jahr. Wir sahen aber aus Ekberts Angaben p. 24. und p. 89, dass derselbe beim Rechnen der Visionsjahre sehr genau verfuhr und dürfen seiner Angabe als des 13. Jahrs unbedingt Glauben schenken. Diese Angabe kommt mehr in Betracht als die Angabe feria sexta. Das Schreiben de obitu ist nicht direct nach Elisabeths Tod verfasst, keineswegs eine Benachrichtigung an die Verwandten in Andernach, dass Elisabeth starb, sondern eine Art Denkschrift über die letzten Lebensumstände und die nähern Details des Todes Elisabeths zur Benachrichtigung an die Andernacher und andere Interesseuten. Dasselbe fällt in den Zeitraum eines Jahrs nach Elisabeths Tod, so etwas schreibt man zudem nicht in der Eile, bucht dasselbe und schickt solches in Reinschrift ab. Jedenfalls war eine kürzere Benachrichtigung an die Andernacher vorhergegangen, oder diese sandten ein Trostschreiben über Elisabeths Tod und erbaten sich die nähern Details über ihr Lebensende. Unter dem nicht mehr ganz frischen Eindrucke konnte die feria sexta ganz gut statt feria V. entstehen. Wir halten auf Grund der Angabe Ekberts des XIII Jahrs der Heimsuchung und der früherhin verzeichneten Schönauer Zeugnisse 1164 für das Todesjahr so lange, bis bessere

Beweise dieses für 1164 oder 1165 ausschliesslich feststellen. Hat 1165 auch etwas für sich, so stimmen Ekberts Angaben verbunden mit den Schönauer Traditionen für 1164. — [5]) tota illa. — [6]) conversationi. — [7]) domini. — [8]) Beatrix Gattin Roberts v. Lurenburg, damals bereits Wittwe. — [9]) altari domino omnibusque. — [10]) Die Kirche des Männerklosters. — [11]) quarto decimo Calendas Julii, feria sexta, hora nona, anno domini millesimo centesimo sexagesimo quarto. — [12]) dei fehlt.

p. 278. [1]) cf. p. 39. Dieser Satz: Ut autem — descripta est fehlt im Drucke. Derselbe schliesst (Maiuskelschrift): De transitu Elizabeth foelicis virginis cum Christo perpetua benedictione libelli. Nach Angabe des Drucks dauerte Elisabeths Heimsuchung 13 Jahre 18 Tage vom 31. Mai 1152—18. Juni 1164, welche Angabe falsch ist, da die Visionen am 18. Mai 1152 begannen. Das Ms. B hat noch folgende Stelle nach descripta est: Transiit ex hoc mundo venerabilis et deo dilecta virgo sponsa Christi Elisabeth XIIII kal. Julii etatis sue anno XXXVI. visitationis autem sue anno XIII. Et requievit in pace VI feria, hora nona anno domini MCLXIIII°. Itaque o splendida Christi pulchra — — secula seculorum Amen wie p. 138. — [2]) Migne, patrol. 195, 106, o rex. — [3]) presumo. — [4]) te fehlt. — [5]) gestiens desiderio cordis mei. — [6]) me. — [7]) diversorium tuum. — [8]) lecto. — [9]) satias. — [10]) O quam. — [11]) nec. — [12]) eius. — [13]) fragrantiam. — [14]) et. — [15]) suaviam odoramentorum. — [16]) et concupiscentias. — [17]) degustatio. — [18]) meus. — [19]) amet. — [20]) illum. — [21]) Nonne. — [22]) Abs te enim habet omnis creatura, quidquid hobet. — [23]) pretii. — [24]) excellis. — [25]) Quid est omnis creatura quid ipsa lux nisi tenebre ad tui comparationem?. — [26]) terram. — [27]) dieser Satz: Viro — tu es fehlt. — [29]) oleo es.

p. 279. [1]) suavior et gratior. — [2]) pretio pulchrum et. — [3]) domine. — [4]) claritate tue. — [5]) sardius et. — [6]) iaspis et. — [7]) berillus, sapphirus et. — [8]) offenbar ist ad zu lesen. — [9]) complenda. — [10]) meant et. — [11]) obedientie. — [12]) Dieser ganze Satz fehlt. — [13]) ardent. — [14]) lucent. — [15]) odorificentiam. — [16]) et fehlt. — [17]) montes a te. — [18]) tu. — [19]) infundis. — [20]) istis. — [21]) electris (!). — [22]) iudicium. — [23]) O dominator. — [24]) Fastus. — [25]) preconceptam. — [26]) Ms. E. dei. — [27]) in fehlt.

p. 280. [1]) te fehlt. — [2]) et dicat. — [3]) Psal. 134, 6. — [4]) Nach Migne ist opus zu ergänzen. — [5]) dum tam. — [6]) Ms. E. placiti. — [7]) huius. — [8]) assimilamur. — [9]) nutu. — [10]) Das hebräische mi ka el (Wer ist wie Gott). — [11]) Ms. E. sapientiam (!). — [12]) Ms. E. Si. — [13]) aquas. — [14]) fluunt. — [15]) Jn. — [16]) Fixi. — [17]) et fehlt. — [18]) deserviens. — [19]) pedogoga. — [20]) nobis fehlt. — [21]) etiam. — [22]) tuis fehlt. — [23]) patris. — [24]) constricta. — [25]) Ms. E. multi, corr. von späterer Hand: multum.

p. 281. [1]) reputata sunt. — [2]) cuncta tu. — [3]) michi fehlt. — [4]) es michi. — [5]) terram, nisi te solum?. — [6]) Dieser Satz fehlt. — [7]) et. — [8]) estimavi. — [9]) super terram fehlt. — [10]) quidquam in mundo. — [11]) te? Vae mihi misero!. — [12]) Christum Jesum. — [13]) distuli. — [14]) versari. — [15]) et. — [16]) delectari. — [17]) defluxerunt. — [18]) audierunt. — [19]) et. — [20]) quando. — [21]) Sed abeant. — [22]) tempora mea. — [23]) permanere. — [24]) Fac. — [25]) quem. — [26]) querite. — [27]) in celum. — [28]) habebat locum. — [29]) processit. — [30]) cesus et. — [31]) perfusus. Non est ubi in. — [32]) pependit sceleratorum. — [33]) plenus. — [34]) appropinquabit.

p. 282. [1]) coronatus gloria et. — [2]) plenus. — [3]) omni potentatu. — [4]) terra. loi. — [5]) dei. — [6]) singulorum. — [7]) Uranica curia. — [8]) eius. — [9]) Jesu fehlt. — [10]) adimpleta. — [11]) Gaudete. — [12]) vestrum. — [13]) exprobari. — [14]) deputari. — [15]) ei fehlt. — [16]) pedibus eius. — [17]) gaudii sueque. — [18]) suis. — [19]) summa fehlt. — [20]) sanctificatore. — [21]) omnes fehlt. — [22]) nunc videtis, nunc tenetis. — [23]) requiescitis. — [24]) vestri fehlt. — [25]) Cui. — [26]) omnes fehlt. — [27]) celicolas sit uberrimum gaudium nisi tibi, O Maria, virgo perpetua, virgo virginum. — [28]) luminis. — [29]) susceptivas. — [30]) tuo igitur. — [31]) Jesu sola. — [32]) magno valde.

p. 283. [1]) Maria. — [2]) o beata. — [3]) auctoris. — [4]) elevare o. — [5]) qualicunque. — [6]) iunge. — [7]) in fehlt. — [8]) conversare. — [9]) luminibus eius. — [10]) O Jesu. — [11]) amaritudinibus. — [12]) Castus est. — [13]) Sobrius est. — [14]) nullo. — [15]) recto. — [16]) equanimus. — [17]) securus, in persecutione securissimus, inter. — [18]) semper est. — [19]) vivus. — [20]) gaudet et. — [21]) amplecti. — [22]) O Jesu, amanti te dulcedo mellis — [23]) Ms. E. suavitatis, corr.: suavitas. — [24]) degustantium. — [25]) mentium gustantium. — [26]) O Jesu. — [27]) suave vinum. — [28]) Ms. E. hatte: te amet, te delectetur, von späterer Hand eingeschaltet: in te. — [29]) amet, te queret, in te. — [30]) conveniens. — [31]) concaleat. — [32]) carbo ignitus. — [33]) anime mee; ut in die consummationis mee consummatus inveniatur ante te. In die, qua exui me iubebis tunica ista mortali, quam nunc circumfero, custodiat me visitatio tua, circumdet me dilectio tua et fiat anime mee quasi vestimentum decoris tui. — [34]) ut habeant.

p. 284. [1]) consumit. — [2]) te fehlt. — [3]) et in. — [4]) immobile. — [5]) Migne, patrologia 195, 103: signum. — [6]) et super. — [7]) que te beavit. — [8]) et ficus. — [9]) serenior his, qui fidei et charitatis te intuentur aspectu! O gloriosum et sanctissimum signum! Quid hoc est miraculi, quod in te accidit? Jam pridem maledictum et horribile erat nomen tuum, et erat signum damnationis et ignominie, furibus et homicidis addictum: nunc autem signum es glorie et benedictionis. Et ecce a novissimis hominum magno et mirabili saltu usque ad celos summos ascendisti, ita ut honorandos etiam regum vertices possideas. — [10]) contabescat. — [11]) incurvantur. O crux, te omnes angeli dei in excelsis honorificant. — [12]) vacuavit. — [13]) vere fehlt. — [14]) enim.

p. 285. [1]) illud fehlt. — [2]) Christus fehlt. — [3]) te fehlt. — [4]) gratissimi. — [5]) hostia. — [6]) et. — [7]) terrena celestibus. — [8]) Es folgt noch bei Migne: Contra auctorem vite princeps mundi bellaturus, per te armatus processit, sed in caput eius te retorsit manufortis noster Christus Jesus, concidit cervicem peccatoris, et divisit inter ipsum et humani generis massam, cuius se caput esse gloriatus est et facta est ruina eius magna, et ablatum est opprobrium de Israel. — [9]) quantomagis et. — [10]) Ms. D. et et (!). — [11]) incurvamus et. — [12]) cruentis manibus. — [13]) qui te consecravit fehlt. — [14]) nomine domini mei Christi.

p. 286. [1]) dominum deum suum.

p. 287. [1]) Am Rande beigefügt: amici. — [2]) Ms. annucies (!). — [3]) Rothe Schrift.

p. 289. [1]) Am Rande non atten . . . beim Beschneiden des Buches verstümmelt. — [2]) Ms. te morti te (!).

p. 290. [1]) Ms. tradederis (!). — [2]) Ms. perceptionem (!).

p. 291. [1]) Ms. blaphemiis (!). — [2]) Es folgt eine Miniatur des 12. Jahrhunderts, Christus am Kreuze darstellend.

p. 292. [1]) Nach terra Rasur, zu lesen ist noch mer. — [2]) prostrata ingemisce auf Rasur von anderer Hand.

p. 293. [1]) Diese Schrift Ekberts ist in sancti Bernardi abbatis opera ed. Mabillon, 2, col. 649 (ed. Paris 1690 folio) gedruckt und hieraus in Migne, patrol. 184 wiederholt. Der Abdruck weicht vom Texte des Ms. D. stark ab und bietet wenig Gutes.

p. 294. [1]) Ms. inenarrabis (!).

p. 295. [1]) Math. 2, 13. — [2]) Ms. Ad (!).

p. 296. [1]) Math. 26. 38. — [2]) Math. 26, 39.

p. 298. [1]) Math. 27, 27.

p. 299. [1]) Lucas, 23, 34. — Math. 27, 27. — [2]) Marc. 75, 33.

p. 300. [1]) Ms. dereliquid (!). — [2]) Math. 4, 9.

p. 303. [1]) Ms. Enittis (!). — [2]) Ms. ocontinens (!). — [3]) So das Ms. nicht iustum, wie im Liede es heisst. — [4]) Ms. pga.

p. 304. [1]) Dieses Stück folgt in Ms. D. unmittelbar auf den Stimulus dilectionis (p. 303) von gleicher Hand, als ein Anhängsel desselben in Versen, wenn auch der Stimulus einen selbständigen Schluss hat. In Ms. E folgt dieses Stück auf Ekberts Meditationes. Ich notire die Lesarten von Ms. E. Der Text krankt noch an verschiedenen Stellen, da eine andre spätere Hand manches in Ms. D. entfernte und änderte. — Ms. E. Jesum nulla te. — [2]) te Jesum te blanda t'aspera. Man ersieht deutlich, dass die Vorlage, aus der Ms. E. floss, Ms. D. copirte, denn das i mit Strich darüber in Ms. D. ist sehr hoch t-artig ausgefallen und ähnelt der Strich mehr einem Apostroph, so dass sich die Lesart t'aspera bildete. — [3]) que. — [4]) es. — [5]) preciosum. — [6]) nam. — [7]) miram, corr. miro. — [8]) Frange. — [9]) Ms. D. chitara, die letzte Hälfte des Worts auf Rasur von späterer Hand mit braunerer Tinte. — [10]) nato (!) — [11]) Ms. D. princium (!). — [12]) cadentque. — [13]) concluderis. — [14]) prospiciens. — [15]) ad. — [16]) cantum. — [17]) Ms. D. Libera, das a von späterer Hand auf Rasur. — [18]) Ms. E. induit, vom Schreiber corr.: induis. — [19]) Ms. F. pateris (!). — merereris, von anderer Hand corr.: morereris.

p. 305. [1]) Ms. E. Sic quo etc. In Ms. D. die Worte ordo super te von späterer Hand auf Rasur. — [2]) Ms. D Surgere, corr. von späterer Hand: sugere. — [3]) Ms. E. prius. — [4]) Ms E. Et. — [5]) Ms. E. placidus. — [6]) Ms. E. virginea. — [7]) Ms. E. sancta (!). — [8]) Ms. E. pro nobis. — [9]) Ms. E. murmurat, corr. vom Schreiber murmura. — [10]) Ms. E. ut. — [11]) Ms. D. Nam, corr. von späterer Hand tam. Ms. E. Nam (!). — [12]) Ms. E. suscipere. — [13]) Ms. E. nec. — [14]) Ms. E. Nam (!). — [15]) Ms. E. Nam (!). — [16]) Ms. E. Nam (!). — [17]) Ms. E. mistis hec. — [18]) Oror. Ms. E.

p. 306. [1]) Ms. E. undas. — [2]) Ms. E. Agnosce, corr. von späterer Hand: Ignosce: Ms. D. hatte Ignosce, corr. vom Schreiber: Ignosci. — [3]) Ms. E. Male. — [4]) Ms. E. hat die Anfangsbuchstaben der Verse 106 und 107 verwechselt und liest Et supportetur und Ut veniam. — [5]) Ms. E. hec me colligo degna (!). — [6]) Ms. E. tamen lustrem te terram.

p. 307. [1]) Ms. E. Cetera. — [2]) Ms. E. Et. — [3]) regimenta (!) Ms. E. — [4]) summo. Ms. E — [5]) senis. Ms. E. — [6]) Ms. E. Manda. — [7]) Ms. E. Quavis (!). — [8]) Ms. E. Purat.

p. 308. [1]) Ms. E. hic. — [2]) Ms. E. hic. — [3]) Ms. D. sancto. auf Rasur von späterer Hand. — [4]) Ms. E. Et. — [5]) Ms. E. Et. — [6]) Ms. E Si. — [7]) amplectat (!). Ms. E. — [8]) Ms. E. Sorte (!). — [9]) Ms. E. colligit, corr. von späterer Hand: colligat. — [10]) Ms. E. differo. — [11]) Ms. D. fociferantem (!). — [12]) Ms. D. corr. von späterer Hand, das ursprüngliche unlesbar. — [13]) Ms. E. Videt (!). — [14]) fert fehlt. Ms. E. — [15]) Ms. E. grandine (!). — [16]) Ms. E. probabitur, corr. vom Schreiber: probabuntur. — [17]) ociosus (!) Ms. E. — [18]) Ms. E. nec fehlt. — [19]) Ms. E. non.

p. 309. [1]) Ms. E. propere (!). — [2]) Ms. E. que (!). — [3]) habet (!) Ms. E. — [4]) Ms. D. nulus (!). — [5]) Ms. E. comparat. — [6]) Ms. E. Electis. — [7]) Ms. E. iustus. — [8]) Ms. E. amator. — [9]) prona gerebas. Ms. E. — [10]) Ms. E. Nam (!). — [11]) Ms. E. In.

p. 310. [1]) est susceptor. Ms. E. — [2]) Vota. Ms. E. — [3]) Ms. E. viva (!). — [4]) Ms. D. poste (!). — [5]) hic. Ms. E. — [6]) Ms. E. Fac, corr. vom Schreiber: Hac. — [7]) Ms. E. o mi- — [8]) Ms. D. illum von späterer Hand ergänzt. — [9]) Ms. E. filii (!). — [10]) que. Ms. E. — [11]) ardis. Ms. E. — [12]) Ms. E. tu.

p. 311. [1]) Diese beiden Absätze in Prosa fehlen in Ms. E. — [2]) Unten am Rande steht von gleicher Hand in sehr abgeriebener Schrift: Commemores (?) tui Eckeberti Elisabeth.

p. 312. [1]) Adam der Lehrer Ekberts und Reinalds ist Adam von St. Victor. Derselbe ist Zeitgenosse Hugo's von St. Victor und lehrte an der Schule daselbst. Er schrieb Sequenzen, die aus Clichtoveus elucidarium ecclesiasticum. Basel (Froben) 1517 folio in Migne, patrol. 196, 1433. gedruckt sind und in den Thematas sowie den Anschauungen mit denen Ekberts übereinstimmen, so dass Ekbert dieselben benützte. cf. über Adam Migne 196, 1421 aus Martène et Durand, collectio ampliss, 6, 220. Er war ein Engländer. p. 1422 steht dessen Epitaphinschrift. Es ist damit sicher gestellt, dass Ekbert und Reinald aus der Schule der Victoriner zu Paris hervorgingen. Ekberts Werke tragen den Stempel dieser Schule. Ueber dieselbe Migne, patrol. 175, 50, 52. Dass Ekbert zugleich den Hugo von St. Victor, einen Grafen von Blankenberg, geboren 1096 zu Hartingam in Sachsen, gestorben 11. Feb. 1139 zum Lehrer hatte, ist trotz der Annäherung der Ansichten beider nicht anzunehmen, wohl kann aber dieses mit Richard von St. Victor, gestorben 10. März 1173, der Fall gewesen sein. Hugo, Adam und Richard waren regulirte Chorherren. — [2]) Von da an in Flacius, testes veritatis und Wolf, lectiones gedruckt. — [3]) Flacius: enim. — [4]) Soweit Flacius.

p. 313. [1]) Ms. F. ignonimm (!) das m radirt. — [2]) Timoth. 6, 17.

p. 315. [1]) Von an wieder bei Flacius und Wolf gedruckt. — [2]) Flacius: omnes mentes. — [3]) Soweit Flacius und Wolf.

p. 316. [1]) Ms. F. latent, der Strich über e aber radirt.

p. 317. [1]) Ms. F. una (!) — [2]) Dieser Brief gehört ins Jahr 1159/60 als Begrüssungsschreiben des neuerwählten Reinald v. Köln, zu dem Ekbert in freundschaftlichem Verkehre von Jugend auf stand. Die Wahl Reinalds fällt in die zweite Hälfte des Februar oder in den März 1159, Reinald datirt eine Urk. bei Lacomblet, Urkb. 1, 413 im Jahre 1166. 19. Feb. als gegeben anno electionis septimo. cf. Ficker, Reinald v. Dassel p. 119. In der Natur der Sache liegt es, dass das Schreiben bald nach der Wahl abgefasst und übermittelt ward.

p. 318. [1]) Reinhard v. Reinhausen. Nach Carl Jul. Böttcher Germania sacra (Leipzig. 1874. 8°) p. 491 war Reinhausen ein 1099 gestiftetes Canonicatstift bei Göttingen, jetzt Pfarrdorf. Bucelinus, Germania sacra 1, 75 nennt als ersten Abt des Kl. Reinhausen Reinhard, was nicht stimmt, und macht dasselbe zu einem Kloster Benedictinerordens. Ekbert kannte den Reinhard vielleicht von seinen Studien zu Hildesheim her. Reinhard erscheint als Abt in einer Urk. von 1144 bei Leibnitz, script. 1, 706. cf. Erhard, Regesta hist. Westfaliae 2, 17. Nr. 1645 (16. Oct. 1141) und 1148 in einer Urk. Erzb. Heinrichs I. von Mainz bei Leyser, hist. com. Eberstein. p. 85. Reinhard war selbst Schriftsteller, nach Leibnitz a. a. O. 1, 703 schrieb er Reinhardi Reinehusensis abbatis opusculum de familia Reinhardi episcopi Halberstadensis.

p. 319. [1]) Aus Ms. F. Folio 119 r— 120 r. Einen weitern Brief richtete Ekbert an Probst Ulrich v. Steinfeld cf. pag. 135—138. — Ueber Probst Ulrich v. Steinfeld cf. Caesar. Heisterb. 1, 228. derselbe war ein gelehrter Mann und stand deshalb in solchem Verkehr mit Ekbert. — [2]) Flacius iniuriam, wir verbessern mit Prof. Nebe: incuriam.

p. 320. [1]) Aus Flacius, testes veritatis und Wolff, lectiones. — Dem Flacius lag ein anderer Codex als Ms. F. vor, der zwei Briefe an Reinald enthielt. Die Schlussbemerkung zu den Briefen lautet bei Flacius und Wolf lect. mem.: Catal. imper. Fried. I. Barb. papa. Alex. 3, ut supra und deutet vielleicht auf ein Registraturbuch aus dieser Zeit hin. Der Text des Flacius weicht etwas von dem des Ms. F. ab. Flacius nennt den Ekbert Abt, aber nur proleptisch, da ihm derselbe nur als Abt nicht auch als Mönch Schönaus bekannt war, auf diese Bezeichnung ist kein Gewicht zu legen, Ekbert schrieb den ersten Brief (des Ms. F.) sicher, den zweiten (Flacius'sches Bruchstück) mit Wahrscheinlichkeit als Mönch an Reinald von Köln. Die Uebersetzung der von Flacius mitgetheilten Briefbruchstücke fügen wir nach Lautenbach, catal. testium veritatis (1573) f. CCXLIII v—CCL v nebst der Verdeutschung der Einleitung des Flacius über Ekbert hier an:

Eckbertus der Benedicter Apt. — Eckbertus Benedictiner ordens, Apt zu S. Florin, dem Bisthumm Trier zugehörig, vnd S. Elisabethen (danon auch bald sol gesagt werden) Bruder, hat gelebt vmb das jar 1160. Hat auss hohen eyfer, vnd nicht geringer kunst (wie es dieselbigen Zeit haben geben können) viel dings geschriben. Vnder andern auch Brieff, deren ich doch nicht viel gesehen hab. In denselbigen findet man etliche stück zu vnsern fürnemen sehr dienstlich. Dann in einem Brieff an den Bischoff zu Cölln, schreibet er von der verschwendung der Kirchengüter, vnd von der zerrüttung der zucht in den Clöstern, Also. — Lieber Herr inwendig in der Kirchen ist noch kein frid angenommen, die Mutter empfindet noch grosse Marter in dem Leyb, vnd lasst einen seufftzen vber den andern, Mein bauch thut mir wehe, mein bauch thut mir wehe, von aussen ists gutgemach, von jhnen aber eytel Rauberey.

Die hendler haben noch gut gemach, aber den fridsamen kindern kan noch kein frid gedeyen. Sintemal die Kirchendiener allenthalben klagen, sie mögen jre gebürliche ergetzung nit haben dann wie du selber weist, so ist es anfencklich von dem Herren also geordnet worden, daz die dess Altars pflegen, dess Altars auch geniessen sollen, (Corinth. 9) vnd damit diese verordnung im schwangk blibe, hat er durch freigebigkeit der König vnd Fürsten, die Kirchen reich gemacht, damit die kriegsknecht Christi one alle sorgfeltigkeit der leiblichen narung, dem gebett vnd der heiligen schrifft obligen kündten, Aber man sihet wie dise ordnung zu vnsern zeiten so gar abgehet, sonderlich durch die Kirchenschaffner vnd Kirchenschaffnerin, so vber dess herren Haussgesind bestellet sind, dass sie jnen zu rechter zeit speiss geben solten.

Dann dieweil sie nur jrer schantz warten, so verliederlichen sie endtweder vnbillicher weise der Kirchengüter oder verschwenden sie zu jhrer wollust, oder aber verwenden sie nach gunst jres gefallens auff die Leyen, vnd füllen von der Kinder innerlichem schatz frembder leut beuch, wenn aber der Kinder eins brodt heischet, so geben sie jm statt dess brods, endtweder einen stein, oder einen Scorpion, oder ein Schlangen, schelten sie dieweil, oder thun jnen sonst ein grosse schmach an, oder bringend sonst ein listige endtschüldigung herfür, das macht dass die Kirchendiener entweder auff jren eignen solt dienen, oder wo sie nichts haben, anderstwoher erbettlen, oder mit truckner kelen, vnd trawrigem hertzen jr lobgesang verrichten müssen.

Damit ligt schier in allen Kirchen das Göttlich lobgesang darnider, vnd dencket jm niemandt nach, in einer jeden Kirchen sind kaum drey oder vier, die stets auffwarten, die andern treibet die noth, dass sie entweder zu jren freunden vnd bekannten, oder zu jrer handtierung sich verlauffen müssen.

Ich hab mich vmbgesehen, vnd bey mir selber gedacht, was doch dise gemeine verwüstung möchte verursachen, ich hab der Clericken Kirchen besichtiget, vnnd grosse vnd mancherley vnrichtigkeit darinnen befunden.

Ich hab die Jungfrawen Clöster besehen, deren ich etliche wol des Teuffels vogelherdt oder vogelstell nennen möchte, dann ein vnordenliche brunst hat alles verunreiniget, der schmuck der keuscheit ist dahin, vnd sihet man allenthalben in der gantzen welt, das kleglich verderben der seelen, Darumb hab ich jm allenthalben nachgesunnen, der vrsach gemelts jammers wargenommen, vnd mich heftig vber des Herren gedult verwundert.

Ich hab aber fleissig wargenommen, vnd acht gehabt, wer jme doch neben mir disen vnfall lasse leid sein, vnd hab vnder tausenden kaum einen gefunden, der da würdig were, dass man jhm das Thau anschribe. Dieweil vns dann Gott in disen tagen einen Machabeer erwecket hat, der das Schwerdt von vns hinweg tribe, so were wol zu Wünschen, dass er vns auch einen Ertzvatter erweckte, der die frembde schnebelichte Vögel von den heiligen dess Herren abtribe, Auch dass er vns einen Phineam erweckte, der die vnordnung vnd verwüstung der hütten dess Herren mit aussgerecktem Schwerdt abschaffete, wolte nun Gott lieber Herr dass jhr dise stuck alle sampt an euch hettet, damit doch die Kirch widerumb zu einem rechten, und volkommenen friden kommen möchte.

Sonst in einem andern Brieff eben an denselbigen Bischoff schreibet er von den Bischoffen seinen vorfaren, vnd den spaltungen zwischen den Römischen Bäbsten: Viel klugen nach dem fleisch, viel Edlen, viel gewaltiger sind vor dir in dem stuel gesessen, aber Gott hat an jren viel keinen wolgefallen gehabt. Dann sie waren solche Menschen, die sich selbs liebeten, vnd jr Hertz nicht dahin richteten, dass sie vermög jres ampts für den menschen den preiseten, welcher der rechte vatter ist vber alles was da Kinder heisset, in Himmel vnd auff erden. Aber dem fleisch nachhengen, für die lange weil spaciern vnd müssig gehn, prechtig herein tretten, dem gewinn nachstellen, den eltern herfür helffen, daz war jr Bischofflich ampt, jren etliche, damit sie nicht darfür gehalten würden, als hetten sie nichts gethan, haben jr gedechtnus in stein gehawen, oder auff dem Feldt, da sie jr weil pflegten zuuertreiben, mit kleinem nutz, grosse steinhauffen, oder lustige bilder mit meisseln vnd penseln fein fleissig zugericht. Es were aber jnen besser angestanden, wann sie jnen ein gut zeugknus der frömmigkeit vnd Religion von den steinen so zu dem baw der Himmlischen Statt gehören, erlangt hetten, von welchen sie in die ewige hütten kündten aufgenommen werden, wann sie hetten sollen darben.

Ich wolte du versehest dein Bisthumb besser, der du zu vnsern zeiten namhafftig bist, sie sagen es gehe dir glücklich vnd wol, Ach das dirs auch rechtschaffen gienge, dann es ist nit alles rechtschaffen, was glücklich ist, das glück der Welt hat dir die hend gebotten, vnd dich vmbfangen, vnd du hast einen bundt mit jhm gemacht. Vnd baldt hernach: die berg so da lieblich solten triefen, bewegen sich, wie solt sich dann die erdt vnden nicht auch bewegen, dann die Obersten der Hauptkirchen die aller Mutter ist, sind vnachtsam worden, vnnd haben die einigkeit des höchsten Presterthums zerstört, dass band des friedens in der Kirchen zerrissen, das sie sich vnter einander beissen, Morden vnd verbannen, vnd ist doch noch vngewiss, welches theil vnter jnen S. Peters schwerdt füre, dieweil es sich nicht zertheilen lest, vnnd auch vngetheilet nicht wider sich selber ist, daher kompts, dass sie jetzt einander nicht freundtlich straffen, sondern sich mit verbittertem hertzen hefftig vnter einander zancken.

Die hügel, spricht er, sind vnruwig, dann sihe durch jre vngestümmigkeit vnd vnsinnigkeit, hat sich nit ein kleine vnrhu erhebet vnter allen Vättern der Kirchen so jhnen unterworffen sind, die nicht wissen, mit welcher parthei sie es halten sollen sie thun auch selb einander zu trotz vnd zu leidt, verfluchen, neiden, und verleumbden einander.

Diese Briefe Ekberts an Reinald von Köln, kennzeichnen ihn als Schüler der Victoriner, die ähnlichen Ansichten über die Gebrechen der Zeit in den Schriften ihrer Schule (Hugo v. St. Victor und Richard) niederlegten. cf. Richard von St. Victor und Johannas Ruysbrock, Zur Geschichte der mystischen Theologie von Dr. J. G. V. Engelhardt. Erlangen, 1838. 8⁰., p. 9 ff. — Dass aber Ekberts Urtheile über die Gebrechen seiner Zeit keine übertriebenen waren, ersieht man aus den Angaben des etwas frühern Hugo v. St. Victor bei Lautenbach, test. veritatis (1573) folio CLII v.

p. 324. [1]) Bis subiunge von einer Hand saec. 12. Von da an bis angelorum andere Hand. Die Stelle von Salve Maria an sind 7 Verse; eine Seqnenz. Am Schlusse steht von ersterer Hand: Also dikke, so dv lisis diz gedihte, so salt du bidin gudis ekkibrehte. — Als Verse gedruckt lautet die Seqnenz:

Salve Maria gemma pudicie,
De qua mundo illuxit sol iusticicie.
Salve pia mater Christianorum,
Succurre filiis ad filium regem angelorum.
Virgo solamen desolatorum.
Spes et mater benigna orphanorum,
Succurre filiis ad filium regem angelorum.

p. 328. [1]) Ms. sollepnitate (!).

p. 333. [1]) Die letzte Hälfte der Seite durch starken Gebrauch abgerieben und durch Schweiss beschmutzt, eine Hand saec. 16 besserte mit anderer Tinte nach, doch ohne dass der alte Texte unleserlich ward, je ein Wort ist an den zwei durch Punkte angedeuteten Stellen unlesbar, da verkratzt.

p. 334. [1]) Die durch Striche abgetheilte Stelle findet sich so durch rothe Initialen abgetheilt, es sind offenbar Verse. — [2]) Ms. supiramus (!).

p. 335. [1]) Ms. adque (!).

p. 336. [1]) Ms. fatrem (!).

p. 337. [1]) Ms. timore, das e verkratzt. — [2]) Ms. adque (!).

p. 341. [1]) Ueber den beiden o der Endsilben ein a geschrieben.

p. 342. [1]) Damit ist die Reihe der kleinern Werkchen Ekberts noch nicht erschöpft, den ziemlich beträchtlichen Rest werde ich in meinem Buche: „Das Gebetbuch der hl. Elisabeth von Schönau,“ nach der Originalhandschrift des 12. Jahrhunderts (Ms. D.) mit den Miniaturen in Lichtdruck und die Hymnen mit den Neumen in Facsimile herausgeben.

Abt Emecho von Schönau.

p. 343. [1]) cf. Pfeiffer, Germania 5, 317.

p. 346. [1]) Wir notiren die Varianten des Crombach'schen Abdruckes (p. 53—54 der Ursula vindicata). — Diese Ueberschrift fehlt. — [2]) in fehlt.

p. 347. [1]) absque. — [2]) Coelicole. — [3]) Diese Stelle bezieht sich auf das geschlossene Gefäss, das die hl. Hostien enthielt. Noch im 12. Jahrhundert war es Sitte, dass das Gefäss, in dem dieselben aufbewahrt wurden, in der Kirche über dem Altare hing. cf. Wilhelmi monachi chronicon in Mathaeus, vetera analecta 2, 456 zu 1156 und Caesarius Heisterb. dial. ed. Strange, 2, 177. — [4]) veri. — [5]) carnis fehlt. — [6]) Die beiden letzten Verse: Deo patri — Amen fehlen. — In Ms. B. sind die hier als Langzeilen oder Doppelverse gedruckten Verse als Halbzeilen geschrieben mit je einem blauen und rothen Initial. In Halbzeilen sind alle frühern Drucke. — [7]) Dieser Absatz kleinere Schrift, aber von gleicher Hand; am Schlusse zwei Zeilen ausradirt. Die Stelle ist nicht aus den Revel., sondern aus dem Schreiben de obitu p. 272.

p. 348. [1]) Ms. lascivientatem (!).

p. 349. [1]) 1155.

p. 350. [1]) Ms. addicere, von einer Hand des 16. oder 17. Jahrhunderts corr. adiicere. — [2]) Am Rande von einer Hand des 18. Jahrhunderts: Liber stimulus dilectionis Eckberti abbatis.

p. 351. [1]) Ms. admiratur, corr. admiretur. — [2]) Ms. ipso corr.: ipsi.

p. 353. [1]) Ms. illi i. — [2]) Ms. non, eine spätere Hand schrieb darüber nunc.

p. 354. [1]) Wir notiren die Lesarten von Ms. B. — apprehendere. — [2]) eligerunt (!). — [3]) expandes (!).

p. 355. [1]) Ms. B. deus fehlt. — [2]) Hier ist wohl et zu ergänzen, in Ms. D. ist der Rand und ein Stück von dem s. des salutem weggeschnitten beim Binden.

p. 358. [1]) Ms. B. sancta. — [2]) Ms. B. suam fehlt.

p. 359. [1]) Ms. B. Amen.

Personen- und Ortsregister.

Druckfehler, Berichtigungen und Zusätze.

a) Druckfehler.

Trotz der von mir gelesenen und von der Redaction der „Studien“ in zweiter Revision durchgesehenen peinlichen Correctur haben sich in Folge meiner nicht allzu deutlichen Handschrift und demgemäss entsprechenden Correcturen, sowie Verschiebungen von Lettern bei dem besten Willen der wackeren Druckerei folgende Druckfehler in den Text eingeschlichen, die ich vor der Benützung des Buches zu verbessern bitte.

p.	VII.	Zeile	4	von	unten	lies statt	Neugar: Neugart.
p.	VIII.	„	6	„	oben	„ „	Nr. 4: Nr. 3.
p.	XI.	„	8	„	unten	„ „	foecurda: foecunda.
p.	XI.	„	4	„	„	„ „	Germanii: Germania.
p.	XI.	„	3	„	„	„ „	nobila: nobili.
p.	XIV.	„	5	„	„	„ „	commentar,: commentar.
p.	XXIII.	„	9	„	„	„ „	Wieshaden: Wiesbaden.
p.	XXXI.	„	9	„	„	„ „	Visionis: Visiones.
p.	XXXIV.	„	4	„	oben	füge nach	Sconaugia ein: cenobio.
p.	XXXV.	„	12	„	„	lies statt	2: 3.
p.	XXXV.	„	10	„	unten	lies statt	Guillelmo: Gwillelmo.
p.	XXXV.	„	7	„	unten	„ „	*das*: *der*, welcher Druckfehler sich noch mehrmals findet. — (*Das* liber statt *der* liber.)
p.	XXXVI.	„	5	„	„	streiche	die Zahl LXVII als doppelt.
p.	XXXVII.	„	11	„	„	setze nach	92 v einen Strichpunkt.
p.	XXXIX.	„	15	„	„	lies statt	incarnationis: incarnatione.
p.	XXXIX.	„	14	„	„	„ „	dem: der.
p.	XLI.	„	1	„	oben	tilge die	Notenziffer [1]).
p.	XLI.	„	17	„	„	tilge das	zweite der.
p.	XLIII.	„	4	„	unten	lies statt	128: 118.
p.	XLVI.	„	14	„	oben	„ „	Scönau: Schönau.
p.	XLVIII.	„	17	„	„	„ „	virginea: virgines.
p.	LXIX.	„	7	„	unten	„ „	annuciatione: annunciatione.
p.	L.	„	2	„	„	„ „	Vorlade: Vorlage.
p.	LII.	„	8	„	„	„ „	Elisahets: Elisabeths.
p.	LIII.	„	18	„	„	„ „	einer: eine.
p.	LIV.	„	9	„	„	„ „	Schoenaugiensis: Schonaugiensis.
p.	LVII.	„	2	„	„	„ „	*sich man*: *man sich*.
p.	LIX.	„	7	„	„	„ „	gedruckte: gedruckten.

*

p. LX. Zeile 4 von oben lies statt 2, 562, 3: 2, *563*.
p. LX. „ 5 „ unten ergänze nach illustratae: a.
p. LXI. „ 10 „ oben lies statt *v*on: *n*on.

p. 1 Zeile 2 von oben lies statt Ec*k*berti: Ec*ke*berti.
p. 6 „ 3 „ unten streiche das Komma nach perseverans.
p. 7 „ 21 „ oben setze nach arbitror ein Komma.
p. 7 „ 24 „ „ lies statt: a*u*gustias: a*n*gustias.
p. 7 „ 26 „ „ ebenso.
p. 7 „ 13 „ unten setze nach videram ein Komma und streiche das Komma nach egrediens.
p. 9 „ 13 „ oben lies antece*d*ente.
p. 11 „ 8 „ unten lies statt chor*ns*: chor*us*.
p. 14 „ 10 „ oben streiche den Doppelpunkt und setze einen Punkt. Nach Item setze einen Doppelpunkt.
p. 17 „ 16 „ unten lies statt p*t*uribus: p*l*uribus.
p. 18 „ 19 „ „ „ „ iocundi*d*ate: iocundi*t*ate.
p. 21 „ 21 „ „ „ „ *t*estivitatem: *f*estivitatem.
p. 21 „ 20 „ „ „ „ *s*anquam: *t*anquam.
p. 21 „ 18 „ „ „ „ *i*udorem: *s*udorem.
p. 21 „ 17 „ „ „ „ *idem: diem.*
p. 22 „ 4 „ oben „ „ mise*r*ime: mise*rr*ime.
p. 24 „ 20 „ „ „ „ *a*crimis: *la*crimis.
p. 24 „ 22 „ „ „ „ *li*nfernus: *i*nfernus.
p. 25 „ 3 „ „ „ „ *t*ons: *f*ons.
p. 25 „ 20 „ unten „ „ accu*r*entes: accu*rr*entes.
p. 29 „ 1 „ „ „ „ po*s*tatem: po*test*atem.
p. 30 „ 3 „ „ vor Factum ist die Capitelzahl LXIV. einzuschalten.
p. 30 „ 6 „ oben lies statt: consil*iis*: consil*iis*.
p. 34 „ 20 „ „ „ „ null*um*: null*um*.
p. 34 „ 26 „ „ streiche das Komma nach instruendo.
p. 34 „ 14 „ unten lies statt qua*tor*: quat*uor*.
p. 34 „ 6 „ „ „ „ ret*io*: ret*ro*.
p. 35 „ 20 „ „ „ „ inci*c*erem: inci*p*erem.
p. 35 „ 10 „ „ „ „ h*ac*: h*ec*.
p. 39 „ 5 „ „ „ „ misericordi*am*: misericordi*a*.
p. 40 „ 1 Ueberschrift „ „ visio*nn*um: visio*n*um.
p. 40 „ 15 von oben tilge das Komma nach deditis.
p. 40 „ 5 von unten setze nach arbitror ein Komma.
p. 41 „ 7 „ oben „ „ eius „ „
p. 43 „ 4 „ unten lies statt fatigat*a*: fatigat*e*.
p. 45 „ 6 „ „ „ „ nim*us*: nim*is*.
p. 46 „ 14 „ „ „ „ pulche*r*imis: pulche*rr*imis.
p. 47 „ 9 „ „ „ „ qu*ie*bus: qu*i*bus.
p. 47 „ 10 „ „ setze nach tuis ein Komma.
p. 48 „ 18 „ oben „ „ dei „ „
p. 48 „ 20 „ „ „ „ dixi „ „
p. 48 „ 26 „ „ tilge nach es das Komma.
p. 48 „ 11 „ unten lies statt sole*s*: sole*o*.
p. 51 „ 8 „ oben „ „ acce*s*ure: acce*ss*ure.
p. 53 „ 5 „ „ ergänze nach illa: festivitatis.
p. 58 „ 3 „ „ tilge nach est das Komma.
p. 62 „ 20 „ oben lies statt sequ*ie*nti: sequenti.
p. 62 „ 12 „ unten füge nach dignata ein: *est*.
p. 63 „ 3 „ oben setze nach etiam ein Komma.
p. 64 „ 23 „ „ lies statt 61 [r]: 61 [v].
p. 64 „ 15 „ unten setze nach eorum ein Komma.

p. 67	Zeile	6	von	unten	lies statt sciebeant: sciebant.
p. 69	„	19	„	„	füge nach dei ein: et.
p. 69	„	5	„	„	lies statt contunuo: continuo.
p. 70	„	2	„	oben	streiche das Fragezeichen nach hedis.
p. 70	„	18	„	unten	lies statt defendatur: defenditur.
p. 72	„	14	„	„	„ „ poteritis: poteris.
p. 73	„	7	„	„	„ „ venerint: evenerint.
p. 75	„	22	„	„	setze nach redempturum ein Fragezeichen.
p. 75	„	18	„	„	„ „ eum „ „
p. 76	„	20	„	„	„ „ esse „ „
p. 76	„	9	„	„	„ „ mortuos „ „
p. 77	„	22	„	„	lies statt intraut: intrant.
p. 78	„	13	„	oben	„ „ circumeuntem: circueuntem.
p. 79	„	5	„	unten	„ „ circumeunti: circueunti.
p. 79	„	4	„	„	„ „ circumiens: circuiens.
p. 81	„	22	„	oben	„ „ ablutis: ablutio.
p. 82	„	7	„	„	setze nach veritas ein Fragezeichen.
p. 83	„	20	„	unten	„ „ agonizanti einen Doppelpunkt.
p. 83	„	6	„	„	lies statt *idem: id est.*
p. 86	„	6	„	oben	„ „ doctrinas: doctrinis.
p. 86	„	15	„	„	streiche nach politus das Komma.
p. 86	„	11	„	unten	setze nach metit das Zeichen [4]).
p. 86	„	1	„	unten	lies statt *et: est.*
p. 96	„	2	„	oben	„ „ neccessitatem: necessitatem.
p. 97	„	4	von	unten	„ „ facti: facte.
p. 98	„	2	„	oben	„ „ sanctornm: sanctorum.
p. 98	„	17	„	„	„ „ retrata: retracta.
p. 99	„	5	„	„	„ „ beatorum: beatarum.
p. 99	„	12	„	unten	„ „ corum: coram.
p. 100	„	3	„	oben	„ „ *tertius: quartus.*
p. 106	„	12 u. 13	„	unten	sind verstellt. Es muss heissen: in octava beati Johannis[16]) iterum se mihi presentasset, etc. Zeile 12 ist ganz zu tilgen. Die Note 15 gehört zu me in Zeile 13.
p. 107	„	19	von	oben	setze nach contrahunt ein Komma.
p. 110	„	9	„	„	„ „ odornate: adornate.
p. 112	„	10	„	unten	setze nach prohibui ein Komma.
p. 114	„	12	„	oben	lies statt adminitionis: admonitionis.
p. 116	„	7	„	unten	streiche nach ab das Wort: *in.*
p. 116	„	7	„	„	lies statt impuditie: impuditicie.
p. 117	„	14	„	oben	„ „ vestorum: vestrorum.
p. 118	„	20	„	„	„ „ vie: vite.
p. 119	„	9	„	„	„ „ resoluti: revoluti.
p. 122	„	7	„	„	„ „ estris: vestris.
p. 122	„	7	„	unten	„ „ bnia: quia.
p. 123	„	6	„	oben	„ „ illa: illo.
p. 130	„	10	„	unten	„ „ respondit: respondi.
p. 132	„	23	„	„	„ „ conciliis: consiliis.
p. 138	„	7	„	„	„ „ illi: ille.
p. 138	„	1	„	„	„ „ Omes: Omnes.
p. 141	„	16	„	oben	setze nach est einen Doppelpunkt.
p. 141	„	9	„	unten	tilge nach pro den Strich.
p. 142	„	5	„	oben	lies statt coculcatum: conculcatum.
p. 143	„	4	„	„	tilge nach diligentia das Komma.
p. 143	„	3	„	unten	lies statt faceritis: feceritis.
p. 145	„	21	„	oben	setze nach dominus einen Punkt statt Doppelpunkt.
p. 146	„	11	„	„	lies Dietkirchen ego, statt Dietkirchen. Ego.

p. 150 Zeile 15 von oben lies statt dil*et*issimis: dil*ect*issimis.
p. 150 „ 6 „ unten „ „ Hildegard*es*: Hildegard*is*.
p. 153 „ 4 „ oben „ „ m*ir*abiliter: m*iser*abiliter.
p. 155 „ 18 „ „ „ „ s*an*tissimii: s*anc*tissimi.
p. 156 „ 22 „ unten „ „ cler*i*que: cler*ici*que.
p. 158 „ 9 „ „ „ „ *eius*: *eis*.
p. 159 „ 17 „ „ „ „ et Italie: et *toti* Italie.
p. 159 „ 14 „ „ „ „ astante*n*: astante*m*.
p. 175 „ 1 „ oben „ „ Welte*r*ode: Welte*rr*ode.
p. 175 „ 22 „ unten „ „ Welte*r*ode: Welte*rr*ode.
p. 175 „ 5 „ „ „ „ diaco*ro*rum: diaco*no*rum.
p. 176 „ 13 „ „ „ „ qu*e*: qu*em*.
p. 177 „ 8 „ oben „ „ *si*: *sed*.
p. 177 „ 9 „ „ setze nach flamma ein Komma.
p. 177 „ 17 „ „ tilge nach ubique das Komma.
p. 177 „ 19 „ „ „ „ tue „ „
p. 177 „ 19 „ unten lies statt a*t*: a*d*.
p. 177 „ 17 „ „ „ „ 149 *v*: 149 *r*.
p. 177 „ 17 „ „ „ „ *sanctis*: *scis*.
p. 177 „ 14 „ „ setze nach necessitatibus ein Komma.
p. 177 „ 10 „ „ „ „ regnas „ „
p. 177 „ 5 „ „ tilge das Wort: et.
p. 178 „ 2 „ oben setze nach conversum ein Komma.
p. 178 „ 2 von „ „ „ adoro „ „
p. 178 „ 8 „ „ lies statt in mortalitatis: i*m*mortalitatis.
p. 178 „ 10 „ „ „ „ sancti: sanct*is*.
p. 178 „ 16 „ „ setze nach gloriam ein Komma
p. 178 „ 17 „ „ „ „ adiuvare „ „
p. 178 „ 3 „ unten „ „ quoque „ „
p. 179 „ 1 „ oben lies statt *H*am: *N*am.
p. 179 „ 17 „ „ „ „ *T*am: *J*am.
p. 179 „ 16 „ „ „ „ di*c*i: di*e*i.
p. 179 „ 16 „ unten „ „ *H*unc: *N*unc.
p. 179 „ 13 „ „ tilge das erstere: illi.
p. 180 „ 2 „ „ lies statt religio*ss*ime: religio*sissi*me.
p. 181 „ 11 „ oben „ „ mi*ss*errime: mi*s*errime.
p. 183 „ 3 „ „ „ „ D*a*s: D*e*s.
p. 183 „ 18—21 von oben tilge die Striche, diese Schriften gehören nicht dem Hermann v. Steinfeld zu.
p. 183 „ 15 von unten lies statt succintoribus: succinct*io*ribus.
p. 186 „ 9 „ „ „ „ 15*1*0: 15*4*0.
p. 187 „ 1 „ oben „ „ E*g*bert: E*k*bert.
p. 187 „ 19 „ „ „ „ *N*enologium: *M*enologium.
p. 187 „ 4 „ unten „ „ abbat*e*: abbat*i*.
p. 187 „ 3 „ „ „ „ egregi*e*: egregi*o*.
p. 189 „ 8 von oben lies statt B*i*navianae: B*u*navianae.
p. 189 „ 10 „ oben „ „ *om*: *Dom*.
p. 189 „ 12 „ „ „ „ *doc*ése: *dioc*èse.
p. 189 „ 17 „ „ „ „ mo*ns*: mo*ins*.
p. 190 „ 5 „ „ „ „ renovan*dos*: renovan*tes*.
p. 190 „ 6 „ „ „ „ Manicha*ee*is: Manicha*e*is.
p. 190 „ 17 „ „ „ „ 115*6*: 115*9*.
p. 190 „ 19 „ unten „ „ Ber*m*garien: Ber*n*garien.
p. 190 „ 8 „ „ „ „ Literargeschichte: Liter*ä*rgeschichte.
p. 193 „ 4 „ oben „ „ pro*g*iere: pro*d*iere.
p. 195 „ 18 „ „ „ „ sanct*o*: sanct*a*.
p. 197 „ 10 „ „ „ „ Rein*old*: Rein*alds*.

p. 197 Zeile 10 von oben lies statt F*eber*: Febr.
p. 197 „ 1 „ „ „ „ ih*m*: ihm.
p. 198 „ 2 „ unten füge nach *sich* ein: *gegen*.
p. 200 „ 5 „ „ lies statt *10*. Juni 12. Juni, statt Pa*d*ua: Pa*v*ia.
p. 201 „ 8 „ oben „ „ Ekber*ths*: Ekber*ts*.
p. 204 „ 20 „ „ „ „ Rein*o*ld: Rein*a*ld.
p. 207 „ 9 „ „ „ „ 2, 53: *253*.
p. 209 „ 5 „ „ „ „ 14*89*: 14*94*.
p. 211 „ 23 „ „ setze nach sunt ein Komma.
p. 213 „ 10 „ „ lies statt 7 v: 7 r.
p. 213 „ 23 „ „ „ „ 8 v: 8 r.
p. 216 „ 3 „ „ füge nach sancte ein: *dei*.
p. 218 „ 4 „ unten lies statt *12,*: *12, 244*.
p. 219 „ 11 „ „ „ „ Duran*t*: Duran*d*.
p. 219 „ 6 „ „ „ „ Karthäuserklost*er*: Karthäuserkloster*s*.
p. 219 „ 5 „ „ tilge die Worte: *Nr. 27*.
p. 219 „ 4 „ „ lies statt Batt*on*'s: Batt*onn*'s.
p. 220 „ 2 „ oben „ „ 145*0*: 145*8*.
p. 220 „ 8 „ „ „ „ Ekberts: Ekberts, *da* auch.
p. 222 „ 13—14 „ „ „ „ streiche den Satz: Der Abdruck Fabers — — in Wiesbaden fehlen. Wie ich ersehe, hat die Ausgabe Fabers keine Summarien für das Schreiben de obitu.
p. 223 „ 3 von unten lies statt *h*eilige: *H*eilige.
p. 224 „ 10 „ oben „ „ 5, col.: 2, 5, col.
p. 225 „ 1 „ „ „ „ *158* r: *164* r.
p. 225 „ 12 „ unten „ „ *dritte*: *vierte*.
p. 225 „ 3 von unten lies statt rec*h*tigen: ri*c*htigen.
p. 226 „ 3 „ „ „ „ co*mplenta*tiver: co*ntempla*tiver.
p. 227 „ 12 „ oben „ „ C*e*ntexte: C*o*ntexte.
p. 231 „ 10 „ unten „ „ *s*emetipsam: *t*emetipsam.
p. 233 „ 2 „ „ „ „ *fi*sti: *fui*sti.
p. 236 „ 14 „ „ „ „ *ex t*unc: *ext*unc.
p. 238 „ 6 „ oben „ „ gaude*m*t: gaude*n*t.
p. 238 „ 22 „ „ „ „ impo*sis*sibilia: impo*ss*ibilia.
p. 240 „ 23 „ unten „ „ progeni*e*: progeni*es*.
p. 241 „ 15 „ oben „ „ mi*ss*ericordia: miséricordia.
p. 248 „ 14 „ unten „ „ *fin*erorum: *inf*erorum.
p. 250 „ 5 „ „ „ „ appropinqu*ans*: appropinqu*as*.
p. 254 „ 9 „ oben setze nach suffecisse ein Komma.
p. 254 „ 24 „ unten „ „ prefiguraverunt ein Komma.
p. 255 „ 13 „ oben ist wohl amplectatur zu lesen, die Abschrift des Ms. E. fügte das n ein.
p. 256 „ 4 „ „ lies statt altissim*us*: altissim*i*.
p. 256 „ 10 „ unten „ „ *ca*deret: *cre*deret.
p. 257 „ 16 „ „ „ „ q*n*i: q*u*i.
p. 257 „ 4 „ „ Im Ms. stand das griechische Wort mit lateinischen Lettern, die Hand des Abschreibers setzte solches in griechischen Lettern darüber.
p. 258 „ 6 „ oben lies statt *c*on: *n*on.
p. 258 „ 6 „ „ Im Ms. stand: Quam, was ebenfalls richtig ist.
p. 258 „ 11 „ unten lies statt q*n*adam: q*u*adam.
p. 259 „ 22 „ oben „ „ viri*f*ortes: viri *f*ortes.
p. 259 „ 23 „ „ „ „ videre*n on*: vide*re non*.
p. 260 „ 14 „ „ „ „ loque*ni*: loque*ndi*.
p. 260 „ 9 „ unten füge nach meminit ein Komma ein.
p. 260 „ 7 „ „ lies statt leti*c*ie: leti*t*ie.

p. 261 Zeile 7 von unten „ „ pararadisi: paradisi.
p. 263 „ 5 „ oben setze nach virgo ein Komma und tilge das nach quod.
p. 263 „ 10 „ „ setze nach bonis ein Komma.
p. 263 „ 16 „ unten lies statt ot: et.
p. 263 „ 2 „ „ tilge nach suave den Strich.
p. 268 „ 12 „ oben lies statt in dulgeat: indulgeat.
p. 269 „ 15 „ unten „ „ quibusdam: quibusdam.
p. 270 „ 21 „ „ „ „ nt: ut.
p. 271 „ 2 „ „ „ „ beneficientia: beneficentia. Das Ms. A. hat irrig beneficientia.
p. 271 „ 22 „ „ schalte nach mee ein Komma ein.
p. 272 „ 3 „ „ tilge nach bonus das Komma.
p. 276 „ 3 „ oben lies statt elemosianas: elemosinas.
p. 276 „ 4 „ unten tilge nach prestolarer das Komma.
p. 277 „ 18 „ „ lies statt ut: et.
p. 279 „ 11 „ oben tilge nach implenda das Komma.
p. 279 „ 21 „ „ lies statt innoscue: innocue.
p. 281 „ 13 „ unten „ „ querite: queritis.
p. 282 „ 5 „ oben „ „ desiderabiii: desiderabili.
p. 282 „ 10 „ „ tilge nach vestro das Komma.
p. 282 „ 18 „ „ lies statt roceres: proceres.
p. 283 „ 9 „ „ „ „ indeficentem: indeficientem.
p. 285 „ 4 „ „ „ „ Christe: Christus.
p. 285 „ 16 „ „ „ „ permisti: peremisti.
p. 286 „ 10 „ „ „ „ summus: summis.
p. 288 „ 3 „ unten „ „ recurares: recusares.
p. 290 Zeile 13 von unten tilge nach tibi das Komma.
p. 292 „ 17 „ oben lies statt per: pro.
p. 292 „ 10 „ unten setze nach ipso ein Komma und tilge dasselbe nach qui.
p. 293 „ 14 „ oben setze zur Ueberschrift die Zahl 7.
p. 295 „ 11 „ oben lies statt quam: quoque
p. 295 „ 18 „ unten „ „ exbibens: exhibens.
p. 296 „ 9 „ „ „ „ augustias: angustias.
p. 297 „ 12 „ oben „ „ accendentem: accedentem.
p. 299 „ 11 „ „ „ „ Od: Ad.
p. 299 „ 16 „ „ „ „ tanes: canes.
p. 300 „ 9 „ „ setze nach ea ein Fragezeichen.
p. 300 „ 19 „ oben lies statt adoraveris: adoraveris.
p. 300 „ 20 „ „ „ „ domire: dormire.
p. 302 „ 9 „ unten „ „ apprehendenda: apprehendam.
p. 303 „ 9 „ „ tilge nach mustum das Komma.
p. 304 „ 8 „ oben „ „ speciosum den Punkt.
p. 305 Vers 54 setze nach orbis ein Komma.
p. 305 „ 61 lies statt iniquie: inique.
p. 305 „ 72 setze nach misereri ein Komma.
p. 305 „ 73 setze nach causa ein Fragezeichen.
p. 305 „ 76 lies statt silusti: siluisti.
p. 305 „ 84 „ „ cuci: cruci.
p. 306 „ 123 tilge nach colligo das Komma.
p. 308 „ 216 tilge nach amara das Komma.
p. 308 „ 224 setze nach amara einen Punkt statt des Komma's.
p. 309 „ 256 tilge nach Celestis das Komma.
p. 311 „ 5 von oben (Ueberschrift) lies statt 6: 8.
p. 311 „ 17 „ unten lies statt inbecillos: inbecilles.
p. 311 „ 12 „ „ (Ueberschrift) lies statt 7: 9.
p. 315 „ 7 „ oben lies statt detestabimus: detestabimur.
p. 315 „ 13 „ unten „ „ dul edinem: dulcedinem.

p. 315	Zeile	4	von	unten	tilge nach est das Komma.
p. 316	„	13	„	„	lies statt 126 v: 126 r.
p. 319	„	22	„	„	„ „ conqu*ir*untur: conqu*er*untur.
p. 319	„	16	„	„	„ „ ordinat*ur*: ordinat*io* und tilge nach ista das Komma.
p. 319	„	4	„	„	„ „ *su*ccis: *si*ccis.
p. 319	„	3	„	„	„ „ oport*ent*: oport*eat*.
p. 320	Zeile	1	von	oben	lies statt co*ng*natos: co*g*natos.
p. 320	„	17	„	„	tilge nach domini das Komma.
p. 321	„	4	„	unten	setze nach integritatem ein Komma.
p. 322	„	15	„	„	lies statt Jhes*um*: Jhes*u*.
p. 323	„	15	„	oben	„ „ d*i*serto: d*e*serto.
p. 326	„	7	„	„	tilge das Wort sui nach sanguinis, das im Ms. durch untergesetzte Punkte (undeutlich) als getilgt angedeutet ist.
p. 329	„	5	„	„	ist wohl qua zu lesen, das Ms. hat que.
p. 329	„	23	„	unten	füge vor Duo ein *A)*.
p. 329	„	13	„	„	lies statt Lauren*to*: Lauren*tio*.
p. 332	„	20	„	oben	navig*o*: navig*io* und tilge das Komma nach diesem Worte.
p. 332	„	20	„	„	ist qu*a*dam zu lesen gegen quedam des Ms.
p. 332	„	12	„	unten	tilge nach caterve das Komma.
p. 333	„	1	„	oben	füge nach ad die Trennungsstriche ein. (adiuvante).
p. 333	„	19	„	unten	lies unigen - ito.
p. 333	„	9	„	„	lies statt veniam: veniam.
p. 333	„	6	„	„	„ „ acceptabi*ll*es: acceptabi*l*es.
p. 334	„	24	„	„	„ „ pace: pa*s*ce.
p. 335	Vers	15	von	unten	lies statt dam*pu*m: damp*nu*m und setze nach celis ein Komma.
p. 335	„	24	„	„	lies statt liberta*ts*: liberta*s*.
p. 335	„	26	„	„	„ „ *no*stra: *ve*stra.
p. 335	„	42	„	„	„ „ ho*r*tes: ho*s*tes.
p. 336	„	71	„	„	„ „ sanct*am*: sanct*a*.
p. 337	„	95	„	„	ist wohl sit zu lesen, das Ms. hat sint.
p. 337	„	133	„	„	lies statt de *f*luxio: de*f*luxio.
p. 338	„	151	„	„	füge nach leta ein *sit*.
p. 338	Zeile	16	von	unten	setze nach celestis ein Fragezeichen.
p. 342	„	5	„	oben	lies statt genitequ*i*: genitequ*e*.
p. 344	„	11	„	„	„ „ apparat*ns*: apparat*us*.
p. 344	„	9	„	„	tilge das Wort: wohl.
p. 344	„	8	„	unten	lies statt 24. Juni: 17. Feb. und lies 16, p. 66, statt: 16, p. 130. Zugleich tilge die Worte: nach Bär — Cistercienserorden — als Verwechslung Bärs.
p. 346	„	13	„	„	füge nach Schonaugia ein: *corpore*.
p. 346	„	12	„	„	lies statt odo*rf*iera: odo*ri*fera.
p. 347	„	3	„	oben	tilge nach desiderabant das Komma.
p. 347	„	15	„	unten	setze nach permanens ein Komma.
p. 350	„	6	„	„	lies statt pers*cu*tari: pers*cru*tari.
p. 352	„	2	„	oben	lies statt exteri*osa*: exteri*ora*.
p. 252	„	3	„	„	setze nach etiam ein Komma und tilge dasjenige nach foris.
p. 352	„	3	„	unten	ist wahrscheinlich statt advertere: animadvertere zu lesen.
p. 353	„	15	„	„	lies statt qu*a*s: qu*o*s.
p. 354	„	7	„	„	setze nach nostre ein Komma.
p. 355	„	18	„	„	lies statt 141 r: 141 v.
p. 357	„	18	„	„	setze nach precamur ein Komma.

p. 357 Zeile 9 von unten lies statt *col*audent: *coll*audent.
p. 358 „ 17 „ „ lies statt 146 v: 146 r.
p. 358 „ 3 „ „ lies statt deser*vi*sti: deser*ui*sti.
p. 359 „ 7 „ oben lies statt imp*e*dere: imp*en*dere.

Zu dem § 1 von Ekbert p. 196 ist folgendes noch nachzutragen:
Die Anmerkungen zu p. 44—47 wurden übersehen und folgen p. XLVII. nachträglich. —

Widmann hat in Nass. Annal. 1883 Band 18, p. 35 nochmals eine Stelle über die Grabinschrift Elisabeths, die nichts neues bietet. Ob die Programmschrift von G. Terwelp, Geschichte des Klosters St. Thomas bei Andernach etwas für Elisabeth bietet, weiss ich nicht, dieselbe war mir nicht zugänglich.

b) Berichtigungen und Zusätze.

Mein druckfertiges Manuscript ging am 13. August 1883 an die Redaction der „Studien" ab, seitdem haben sich durch weitere Benützung von mir früher unzugänglichen Büchern und Bekanntwerden einzelner Details folgende Berichtigungen und Zusätze ergeben.

Zu p. VI. Ausser den hier genannten Bibliotheken sind noch zu nennen die in Berlin, Würzburg (Prof. Dr. Kerler), das K. Staatsarchiv in Königsberg, denen ich hiermit meinen Dank für Ihre geschätzten Bemühungen ausspreche.

Zu p. VIII. Zeile 13 von oben: Ueber die Blüthe Schaffhausens schrieb ein Chronist am Oberrhein um 1079: Eo tempore in Alemannia tria monasteria primo instituta egregie pollebant: s. Blasii in nigra silva, s. Aurelii in Hirsaugia, s. Salvatoris in Schaffhausen, quod navium domus dicitur. cf. Urstisius german. script. Tom. 2, p. 83 und 1. p. 353 od 1083. — Ob das neue Werk: Baumann, F. L., die ältesten Urkunden von Allerheiligen in Schaffhausen, Rheinau und Muri in: Quellen zur Schweizer Geschichte. III. Band 2. Abtheil. Basel 1883 etwas über die Beziehungen Schaffhausens zu Lipporn und Schönau enthält, wissen wir nicht, das Buch kam uns nicht zu Gesicht. Auch Rüger, Chronik der Stadt und Landschaft Schaffhausen war mir unzugänglich.

Zu p. XIII. Zeile 7 von oben streiche die Bemerkung: (offenbar als Prior des Nonnenklosters). Der Prior claustralis oder claustri war der Stellvertreter des prior maior, er befasste sich mit den innern Angelegenheiten des Klosters, wachte über Studien, Arbeiten und Erholungen der Mönche, über ihr Benehmen, er machte täglich die Runde im Kloster, ebenso nach dem Schlafengehen. cf. Studien 1883, 2 p. 243.

Zu p. XV. Zeile 14 von unten streiche das Wort „Freundes" und setze: homo ignorans et illiteratus.

Zu p. XVI Zeile 14 von oben. Der in Schönau stattfindende Kram- und Viehmarkt wird jährlich zur Erinnerung an die Kirchweihe Schönaus (St. Jakob) am Montag nach St. Jacobstag abgehalten, nicht am 30. Juli. Ein Jahrmarkt zur Erinnerung an die Kirchweihe von Welterod (wohin Strüth als Filial gehört) wird jährlich zu Strüth am Montag nach Peter und Paul als Kram- und Viehmarkt gehalten. Die Kirche zu Welterod hat als Patronen Peter und Paul. Andere Jahrmärkte als diese besitzen Schönau und Strüth nicht.

Zu p. XIX. Herr Pfarrer Rudersdorf in Schönau theilte mir mit, Herr Pfarrer Schlitt in Eltvil im Rheingau habe ein Stückchen vom Schädel der hl. Elisabeth abgebrochen und 1878 damit Versuche bei Louise Lateau gemacht. Als Pfarrer Schlitt mit der Reliquie zu derselben trat, lächelte dieselbe, wie sie zu thun pflegte, wenn man das Gloria patri etc. vor ihr zu beten anfängt. Ich erwähne dieses hier, nicht als Beweis der Aechtheit des Schädels, sondern als Merkwürdigkeit.

Zu pag. XX. Note. Nach Gudenus, Sylloge p. 30 der Vorrede entstand der Brand zu Schönau 1723 im November ex incauto ictu bombardae in tectum stramineum vicinae casulae displosae.

Zu p. XXII Zeile 17 von unten streiche die Worte: und Emecho, und lies: unter dem Abte Ekbert.

Zu pag. XXIV. Absatz 1. Die Bezeichnung des geschwänzten e durch ein cursives e im Texte konnte nicht ausgeführt werden, da der Satz dadurch unschön geworden wäre, es steht daher für e und geschwänztes e stets gewöhnliches e.

Zu der pag. XXVII. gegebenen Beschreibung von Ms. B. fügen wir noch folgende Details hinzu. Das Ms. hat 175 neugezählte Blatt, von denen 1—2, 3 r, 4, 39 v, 45, 60 v 88 v 119, 145, 173 r 175 v leer sind. Enthält: folio 3 v Prolog Ekberts, 5 r — 44 v liber I vis. 46 r — 60 r lib. II vis., 61 r — 88 r lib. III vis., 89 r — 128 v liber viarum dei, 120 r — 133 v liber revelationum de sacro exercitu etc., 134 r — 144 v Briefe, 146 r—157 r Schreiben de obitu, 158 r — 164 r Incipit registrum in libros visionum beate Elisabeth, capitulum primum wie p. 138 abgedruckt, 164 r—168 r Opusculum istud de disputatione etc. (Vita Ekberts), 168 r—172 r Lobreden auf Elisabeth, 172 r—172 v Gedicht auf Elisabeth.

Zu pag. XXXVIII. — Dass das Mainzer Domcapitel nicht 1163, sondern erst später, etwa 1173 der Hildegardis Schrift de Catharis begehrte, geht ausser dem darüber bemerkten noch aus folgendem hervor. Im Jahre 1162 am 23. Juni ward Erzb. Arnold von den Mainzern ermordet, am 31. März 1163 kam Kaiser Friedrich I. nach Mainz zur Bestrafung der Bürger und blieb bis zum 18. April. Jedenfalls war diese Zeitperiode nicht zu einem Catharergericht geeignet, denn die Befestigungen der Stadt waren vom Kaiser geschleift worden.

Ein Pendant zu diesem Verlangen der Mainzer Domherrn, die Schrift Hildegardis gegen die Catharer zu besitzen, haben wir an den Mönchen Eberbachs. Prior Meffrid schrieb an Hildegard und bat um Abschrift ihrer Schrift über die Conversen des Cistercienserordens, worunter jedenfalls der Hildegardis Schrift ad griseos monachos verstanden ist. Auch hier hielt man eine Schrift Hildegards für die beste Anleitung zur Hilfe. cf. Bär, Gesch. v. Eberbach 1, 248 ff. Auch hier ist in dem grossen Wiesbadener Hildegardiscodex und demnach in der Kölner Ausgabe 1566 die Schrift ad griseos monachos dem Bittschreiben Meffrids um diese Schrift gleichsam als Antwort nachgesetzt, hier wie 1173 an die Mainzer Domherren sandte Hildegard ihre bezüglichen Schriften als Antwort, die beide früher verfasst sind.

Da Hildegards Brief an Elisabeth für Juli 1163 feststeht, so gehört Elisabeths zweites Schreiben als Antwort darauf in die nämliche Zeit, was zum Auftreten der Catharer in Köln (August 1163), gegen die sich Elisabeth an Hildegard wendete, passt.

Zu pag. XLII. — Wegen der Königsberger Hdschft. schrieb ich am 18. Juni nach Königsberg, erfuhr aber, dass die fragliche Handschrift bereits 1875 an die K. Bibliothek in Berlin abgegeben worden sei. Der Codex 358 trägt jetzt in Berlin die Signatur: Ms. lat. theol. folioNr. 483. Er ist Pergament, saec. 14. in 2 Columnen von einer festen Hand geschrieben und gehörte dem Kloster Pelplin in Mecklenburg. Er enthält einen alten Index auf Rückseite von Blatt 1 aufgeklebt mit der Angabe: In hoc volumine istius libri continentur: Primo: Liber viarum dei. Item revelaciones beate Elysabeth virginis de XI. milibus virginibus. etc. etc. Blatt 2 beginnt der Text: Incipit liber viarum dei, qui annunciatus est etc. wie im Drucke von 1513 f. 129 r, der liber de XI. mil. geht ohne Titel im Texte fort col. 1—50 mit dem Drucke übereinstimmend bis folio 142 Zeile 22, worauf in 2 halben Spalten ein Abschnitt: Post hec infra octavam diem eiusdem festivitatis. — — Ursula beata iterum aspectui meo se offerre est dignata etc. Schluss: sicque mortuus est. Eintrag: (Subscriptio) Liber sancte Marie virginis matris dei in Pelpelin (roth). Gleicher Eintrag steht folio 2 von einer Hand saec. 16: Liber B. Mariae in Pölplin. — Der Codex enthält demnach die dem Drucke zu Grunde liegende Textrecension.

Zu pag. XLVII. — Wegen der Pariser Ausgabe 1500. 8⁰. schrieb ich nachträglich nach Wien und Würzburg. Herr Dr. Gödlin von Tiefenau in Wien bemerkte mir, dass die Bibliothek daselbst diese Ausgabe nicht besitze, dass eine solche jedenfalls nicht existire, da wenigstens nach Renouard der erste Druck des Henry Estienne, damals noch mit Hopilius als Buchdrucker etablirt, vom Jahre 1502 datire. Aehnliches sagte mir bereits Herr Dr. v. d. Linde in Wiesbaden. Auch die Würzburger Bibliothek kennt den Druck nicht. Die Existens der Ausgabe kann recht gut gestrichen werden, da jedenfalls Faber keine Reise nach Deutschland zur Herausgabe gemacht hätte, wenn die Firma Estienne bereits 1500 das opus gedruckt hätte. Die Ausgabe 1513 ist demnach editio princeps. Auch in keinem bibliographischen Handbuche findet sich der Druck von 1500 erwähnt.

Zu pag. XCI. Zur Literatur über Elisabeth ist noch nachzutragen: Martyrologium Romanum ad novam Kalendarii rationem et ecclesiasticae historiae veritatem restitutum. Gregorii XIII pont. max. iussu editum. Accesserunt notationes atque tractatio de martyrologio Romano. Auctore Baronio Sorano etc. Coloniae Agrippinae MDCIIII. 4⁰. p. 387. 18. Junii, h. Elizabeth virginis. De ea et Molanus in additio: ad Usuardum atque eius atque acta scriptis mandata per Ecbertum monachum, itemque Einichonem (!) abb. ipsius laudes scripsisse tradit Trithem. lib. de vir. illustr. ord. S. Bened. lib. 2, cap. 120, pluribus autem lib. 3, cap. 315. Obiitque (ut ait) domini 1165. — p. 669 sagt er über die Ursula. 21. Oct. Ursulae et soc. De iisdem Beda, Wandelbertus et alii recentiores hac die. Harum sanctarum virginum historiam diversimodo a diversis auctoribus scriptum reperimus, sive a Rogerio Cistertiensi (ist Elisabeths Ursulalegende) sive a Richardo Premonstratensi (ist Hermanns von Steinfeld Legende), aut ab incertis auctoribus, ut quae descripsit Mombritius tom. 2., Petrus in catal. lib. 9, cap. 87, Claudius Rota c. 154, Bonfinius de rebus Hungar. decad. II, lib. 5, aut quae uberius recitat Sur. tom. 5. etc. —

Durandi rationale divinorum. (Ex. in Mainz, Titel fehlt. Schlussschrift: Explicit rationale di | vinorum officiorum. Impressum argenti- | ne Anno dni. M. cccc. xciii. Finitum sexta | feria ante festum Marie magdalene.) Folio CCXLI r. De assumptione beate Marie virginis. Hieronymus dicit, quomodo beata Maria assumpta fuerit, sive in corpore sive extra corpus, nescio, deus scit. Augustinus vero dicit, quod in corpore veritas tamen est, quod primo assumpta est in anima, utrum vero corpus in terra remanserit, incertum habetur et melius est, pie dubitare, quam aliquid circa hoc temere diffinire, pie tamen credendum est, eam taliter fuisse assumptam. Verum quedam religiosissima mulier Elizabeth nomine de partibus Saxonie asseruit, sibi revelatum fuisse, quod post XL dies post assumptionem anime assumptum fuisse corpus et idem composuit quendam tractatum, qui tamen non est auctenticus. Refert Ehirius, quod beata virgo, quando Christum concepit, erat annorum XIV, et in XV ipsum peperit, et cum eo mansit annis XXXIII et post mortem Christi supervixit annis XXIIII. Et secundum hoc tempore obitus sui erat annorum LXXII. — Wilhelm Durand schrieb sein Rationale im Jahre 1286. —

Die christliche Mystik von J. Görres. Regensburg und Landshut, 1836 ff. 8⁰. Band 2, 130 f. über Elisabeth. — Band 1, 325—26 über Hermann v. Steinfeld, citirt ist dessen Leben von Chr. van der Sterre 1627. Acta sanct. April, 7, 690. — Ein für das Verständniss der Visionen und Seelenzustandes Elisabeths unentbehrliches Werk von Gehalt und Tiefe. —

Bibliotheca Mariana alphabetico ordine digesta et in duas partes divisa, qua auctores, qui de Maria deiparente virgine scripsere. — — auctore Hippolyto Marraccio. Romae MDCXLVIII. 8⁰. 2 Bände.

p. 359. Elisabetha Schonaugiensis. (Auf Trithem beruhend.) Erwähnt de assumptione deiparae virginis opusculum, sed non in Romana ecclesia comprobatum (inquit Joannes Belethus in lib. de divinis officiis cap. 146). Verweiset auf Durandi rationale, Baronius, martirolog. und Antoninus chron. Tod zu 1165. —

Caesarius v. Heisterbach schrieb ein ungedrucktes Werk: Volumen diversarum visionum seu miraculorum, dessen Anhang A. Kaufmann in seinem Caesarius v. Heisterbach ed. II, p. 163—169 edirte. Handschriften davon besitzen Bonn und Soest (Neues Archiv 1883, 8, 408.) In der Hoffnung in diesem Ms. noch etwas über Elisabeths Visionen, die Caesarius kannte, zu finden, schrieb ich am 19. Juni 1884 an die Universitätsbibliothek zu Bonn und bat um eine Durchsicht des Codex: Libri miraculorum des Caesarius, leider war derselbe zur Herausgabe verliehen. — Dass Caesarius die Visionen Elisabeths kannte, geht daraus hervor, dass er in seinem dial. mir. 2, 46 deren Visio de assumptione anführt.

Stadlers Heiligenlexikon konnte ich nicht auftreiben, wie denn zu bedauern ist, dass mir keine an alter und neuer katholischer Literatur reiche Bibliothek zur Benützung stand, meist wurden in frühern Zeiten die katholischen Schriften beim Anschaffen in den Bibliotheken übersehen und bilden jetzt nicht mehr ausfüllbare Lücken. Manche Ausgabe konnte ich nur kurz benützen, wesshalb mehrmals nach verschiedenen Ausgaben citirt ist. —

Zu pag. XCVI. Auch Hildegardis zeichnete ihre Gesichte auf Wachstafeln auf. In dem Wiesbadener kleinen Sciviascodex erscheint Hildegardis abgebildet, wie dieselbe auf eine Wachstafel die durch ihre Stirne eingehende Flamme der göttlichen Offenbarungen aufzeichnet. Das Bild ist in Steindruck der Ausgabe Card. Pitras beigegeben. In dem Heidelberger Sciviascodex (Salem. X. 16.) aus dem Ende des 12. Jahrhunderts befindet sich nach Wattenbach das Schriftwesen im Mittelalter (Leipzig 1871) p. 168 ein Bild ähnlicher Art, auch hier das Aufzeichnen auf Wachstafeln und das Uebertragen durch einen lauschenden Mönch auf Pergament. cf. auch Schmelzeis, Hildegardis 316. — Noch im 14. und 15. Jahrhundert waren die Wachstafeln im Gebrauche als Schreibmaterial. cf. (Förstemann) Neue Mittheilungen aus dem Gebiet der histor. antiq. Forschungen (Thüringisch-sächsischer Verein) 10, 1. 145—204 und Correspondenzblatt des Gesammtvereins 1864, 4, 39 für das 14. Jahrhundert.

Zu pag. XCIII. Wie mir ein gelehrter Arzt, dem ich den Zustand während der Visionen Elisabeths mittheilte, sagte, so litt Elisabeth an Hysterie und hing ihr Zustand mit der Geschlechtsreife zusammen. Die Beschreibung des Zustandes vis. 1, cap. 1—2 stimmt hierzu, die Steifheit der Glieder (vis. I, cap. 3, 67 p. 5 und 67), die Lähmung, die auch die Zunge traf, p. 4 der Ekel vor den Speisen, die sie nur tenuissime geniessen konnte. Elisabeth so wenig als die Schönauer begriffen diesen Zustand und schrieben ihn überirdischem Einflusse zu. Hysterische Merkmale sind noch die Anwendung von Medicin, die den Zustand verschlimmerte und die Visionen zur Zeit der Nüchternheit (p. 79). Dadurch wird Elisabeths Zustand ein leicht erklärlicher und ihre Visionen sind damit einem überreizten Seelenleben, das durch körperliche Zustände veranlasst ward, zuzuschreiben. —

Zu pag. CVI. Eine wissenschaftliche Biographie Elisabeths in deutscher Sprache existirt nicht, noch Niemand hat sich darum Mühe gegeben, da die Schwierigkeiten bislang zu gross waren, das einzige ist Professor Nebe's Arbeit in Nass. annal. 8. Die Bemerkung des Herrn Dr. v. d. Linde in dessen Buch: Die Handschriften der k. Landesbibliothek zu Wiesbaden s. v. Elisabeth (Nr. 3 und 4), dass Decan König zu Nastätten die Biographie Elisabeths schrieb, ist demselben von schlecht belehrter Seite übermittelt worden, König war damals (1877) längst tod und dachte zugleich nie an derartiges, wie genaue Erkundigungen ergaben. Eine Biographie Elisabeth, die die von mir gegebenen Materialien und kritischen Details benützte und aus dem lateinischen Texte der Visionen ergänzte, würde ich mit Freuden begrüssen, ebenso thut Noth eine gediegene Uebersetzung.

Zu pag. CXI. Note. Zur Beurtheilung, ob und wie die Revelationen Elisabeths mit den spätern Mystikern zusammenhängen cf Görres, Mystik. Regensburg und Landshut 1836. 8⁰. — Die deutsche Mystik im Predigerorden (von 1250—1350) nach ihren Grundlehren, Liedern und Lebensbildern aus handschriftlichen Quellen von Dr. C. Greith. Freiburg i. B. 1861. 8⁰. — Heinrich Suso's Leben und Schriften, herausgegeben von Melchior v. Diepenbrock, mit einer Einleitung von J. Görres. Regensburg. 1829. — Taulers Predigten. 1508. — Franz Pfeiffer, deutsche Mystiker des vierzehnten Jahrhunderts. Leipzig 1845. — Heinrich Denzinger, von der religiösen Erkenntniss. — Böhringer, Fr., Die deutschen Mystiker des 14. und 15. Jahrhunderts. Zürich, 1855. — Lasson, A Meister Eckhart der Mystiker. Zur Geschichte der religiösen Speculation in Deutschland. Berlin. 1868. — Schmid, Die Gottesfreunde. Jena 1854. — Helfferich, A. Die christliche Mystik in ihrer Entwicklung und in ihren Denkmalen. 2 Bände. Gotha 1842. —

Zu pag. CXX. Absatz II. Die Lehre, dass Gott seine Gnadenwirkungen durch Offenbarungen und Belehrungen besonders hervorragenden Personen zu Theil werden lässt, ist alt und reicht in die vormessianische Zeit zurück. Als Beispiele dafür Joel 2, 28, auch nach Christus fand dieses statt. Beispiele: Act. 2, 17, der hl. Joseph, die hl. 3 Könige, Petrus und Paulus, Quadratus, Bischof von Athen, Melito, Bischof von Sardes (seine Schriften in Pitra spicilegium Solesmense 2). Auch Martyrer hatten Gesichte über die Zeit und Art ihres Todes, selbst Heiden vor ihrer Bekehrung (Origenes contra Celsum 1, cap. 46), die hl. Perpetua (Ruinart acta martyrum ed. Ratisb.) — Die Art und Weise, Belehrungen durch Gesichte zu empfangen und in diesem Gewande schriftlich niederzulegen ist alt, Ekbert bediente sich dieser Methode, die Belehrungen Elisabeths wiederzugeben, da dieser solche auch in dieser Gestalt durch ihre Phantasie erhalten hatte. Es findet sich in ihren Gesichten der reiche symbolische Bilderkreis der altchristlichen Kirche, der Hirte, der Bau des himmlischen Jerusalems (lib. vis. 3, cap.) und anderes, was ich den Theologen überlasse. In dieser Weise ähnelt Elisabeths Anschauung der des Hermas. cf. Studien 1883, II, p. 446—448, wo die zahlreiche Literatur angeführt ist. Dass wir Elisabeths Visionen nicht für göttliche Offenbarungen, sondern nur für religiöse Schwärmerei im überirdischen Gewande ansehen, da dieselben vielfach unglaublich sind und historischen Ereignissen widersprechen, wird der alten Lehre von Visionen als göttlichen Offenbarungen keinen Abbruch verursachen. Wir halten uns hierin an die denkwürdigen Worte Cardinal Pitra's in Analecta sacra 8, p. XV praef. wo derselbe über Revelationen spricht: Caeterum quisque novit, privatis revelationibus, etiam fide dignissimis liberum esse prorsus credere vel non credere. Etiam quando ab ecclesia approbantur, non accipiuntur, ut citra dubium credendae, sed tanquam probabiles. Neque applicandae sunt ad resolvenda quaestiones historicas, physicas, philosophicas aut theologicas, quae inter doctores controvertuntur. Sane fas est a revelationibus huiusmodi vel approbatis recedere, cum solido rationum fundamento maxime si contraria sententia inconcussis constat documentis et certa experientia. Man legte den Visionen Elisabeths vom historischen Standpunkte zu viel Glauben bei, weil man solche für göttliche Offenbarungen hielt und verwarf solche dann, als sich die geschichtlichen Verstösse zeigten, ganz und gar. Elisabeths Visionen haben nur dann Werth für den Historiker, wenn man solche vom historischen Standpunkte ihrer Entstehungszeit betrachtet. Bei dieser Bemerkung haben wir namentlich Elisabeths Ursulalegende im Auge, denn die Visionen, der liber viarum dei und die Briefe Elisabeths bieten historisch beleuchtet keinen Anstoss. Aber auch die Ursulalegende hat ihren Kern, der historische Berechtigung in sich trägt und gilt auch von ihr das Wort Mabillon's in dessen praef. von Acta sanct. ord. sancti Benedicti: Il faut avoir beaucoup de respect et de déférence pour les traditions des églises, et quoiquil s'y mesle assez souvent des circonstances fabuleuses, que la substance enest ordinairement véritable. —

Zu pag. CXXVI. — Elisabeth erscheint nicht in den Mainzer Brevierausgaben, Venedig 1495. kl. 8⁰. und Lyon 1507, 12⁰. und dem Trierer Breviarium ed. Lyon 1515. Eine allgemeine kirchliche Verehrung ward der Elisabeth in der Mainzer und Trierer Diöcese nicht im Mittelalter zu Theil, was in dem Streben der Diöcesen, an den alten längst in die Proprien eingeführten Heiligen festzuhalten, seinen Grund haben mag. —

Zu pag. CXXVII. — Schönau erhob zwar die Gebeine Elisabeths, was nach kirchlicher Anschauung nur mit Personen von hervorragend tugendreichem heiligmässigem Wandel oder erwiesenen Wundern am Grabe derselben zu geschehen pflegte, benützte aber den Besitz der Reliquien nicht zur Einführung von Wallfahrten. Sehr nahe hätte es gelegen hierfür sich vollständige Ablässe zu verschaffen, aber Schönau zog den Privatcultus Elisabeths und die Beobachtung der Klosterstille einer zwar im Geiste des Mittelalters anerkannten aber geräuschvollen und jedenfalls auch den Verdacht des Geldgewinns mit sich bringenden Einführung eines kirchlichen Gebrauchs von Wallfahrten vor. Dass Schönau von der allgemeinen Rheinstrasse ablag, konnte diesen Wallfahrten keinen Abtrag thun, die Gläubigen hätten das vom Rheine gar nicht so entfernte Schönau so gut gefunden, als heute noch abgelegene Wallfahrtsorte, wenn auch die Lage eines Rupertsbergs viel passender war zu Wallfahrten als die Schönaus. Dass Reliquien Elisabeths an andere Klöster und Kirchen gegeben wurden, ist wenig wahrscheinlich, wenigstens war alle Mühe Reliquien Elisabeths in gedruckten Reliquien-Verzeichnissen zu finden, vergeblich. Von Hildegardis dagegen waren Reliquien auch anderwärts vorhanden z. B. in Kl. Heilsbronn und in Naumburg in der Wetterau. — Die Zeitperiode, wann die Gebeine Elisabeths erhoben wurden, dürfte das 15. Jahrhundert sein, als unter Abt Johann Schwelm (1493—1510) die Kirche Schönaus bauliche Veränderungen erfuhr. —

Zu pag. CXXVIII. — In dem Nassauischen allgemeinen Landes-Kalender (Eine Erneuerung des früheren Nass. Landeskalenders) Wiesbaden, Bechtold 4⁰. erscheint Elisabeth Aebt. v. Schönau zum 18. Juni als Heiligentag des Festkalenders der Katholiken. —

Zu p. 16. cap. XXIX. 1167 fand die feierliche Erhebung der Gebeine der Märtyrer Cassius und Florentius durch Erzbischof Reinald von Cöln statt. (Günther, codex Rhenomosell. 1, 387.) Reinald nennt in der Erhebungsurkunde noch neben obigen beiden Märtyrern den Mallusius. Helinand Cistercienser zu Froimont Ende des XII. und Anfangs des XIII. Jahrh. nennt in seiner Passio s. Gereonis et aliorum m. m. nur den Cassius und Florentius. cf. Lacomblet, Archiv für die Geschichte des Niederrheins 2, 76, 79. Die Existenz von Mallusius ist dunkel, auch das Siegel des Cassiusstifts in Bonn zeigt nur 2 Heilige: Cassius und Florentius. Die Translatio s. Cassii, Florentii atque Malusii fand nach dem Cölner Domseelbuch bei Lacomblet 2, 12 am VI Non. Mai statt. Jedenfalls ist diese Translatio von der von Elisabeth erwähnten Dedicatio verschieden, Elisabeths Worte (lib. I vis. 29) sprechen zwar für die Existenz des Mallusius als dritten bisher unbekannten und auch in spätern Urkunden nicht erscheinenden Patron des Cassiusstifts, dieselbe sieht zuerst 3 Männer als Patronen, entscheidet sich aber doch für die zwei bisher üblichen (Cassius und Florentius).

Zu p. 28, cap. LVI. Dieses ist die erste Erwähnung des Benedictinerinnenklosters Dirstein, bisher war das erste Vorkommen nicht weiter als 1211 (Günther, cod. 2, 104) nachzuweisen, cf. über das Kloster Vogel, Beschreibung von Nassau p. 765.

Zu pag. 35, cap. LXXV. Am 13. Mai 1154 bedrohte Papst Anastasius IV. mittelst der Bulle: Qui paterne iniquitatis den Grafen Ruprecht und Arnold von Laurenburg und dessen Mutter Beatrix von Limburg mit der Excommunication, weil dieselben, wie schon Ruprecht I., Ruprechts II. Vater und

Gatte der Beatrix, gegen das Bisthum Worms sich in dem Besitze der Veste Nassau zu behaupten suchten. Auf dem Lande Ruprechts ruhte das Interdict, was auch Schönau als Anhänger mitbetraf. Am 1. April 1159 kam der Vergleich zwischen Worms und den Laurenburgern zu Stande. cf. Vogel, Nassau p. 300—301, der aber 1254 statt 1154 und 1158 statt 1159 angibt, Hennes, Grafen von Nassau (ed 1843) p. 224, Schliephake, Geschichte von Nassau, 1, 187. ff. 253 ff. Nass. Annal. 16, 209 Note. Das Interdict war demnach wirklich nach unserer Quelle auf das Gebiet der Grafen gelegt worden, dauerte aber jedenfalls nicht lange oder es rührte von den früherhin, wann ist unbekannt, auf Graf Ruprecht I. verhängten Kirchenstrafen (Interdict und Bann) her, die am Ende der Bulle Papsts Anastasius (bei Vogel a. a. O. p. 300 Note 1) genannt sind. Ruprecht I. war in diesem Banne vor Ausstellung der Urk. (13. Mai 1154) gestorben. Schönau kam nicht allein durch sein Schutzverhältniss zu den Laurenburgern-Nassauern sowie durch die Hinneigung zu dem Kaiser und dessen Anhängern, wozu auch die Laurenburger zählten und Friedrichs I. Kämpfe in Italien mitfochten, in dieses für das Kloster gewiss unangenehme Theilnehmen am Interdict, doch dauerte die Anhänglichkeit an den Kaiser trotzdem fort, wozu Ekberts Einfluss jedenfalls das Seine beitrug. Kaiser Friedrich I. besiegelte 1170 eine für das Kloster geschehene Schenkung des Conrad v. Boppard zu Lipporn, die auch Ekbert als Abt mit Arnold II. von Trier bezeugte. Friedrich I. weilte damals am Rheine und dürfte das Kloster und seine Anhänger damals besucht haben. cf. Schliephake 1, 279.

Zu p. 44. Z. 45. Ms. B. Hunc (!).

Zu p. 45. Z. 36. Luc. 1, 28.

Zu p. 46. Z. 22. Ms. B. qui.

Zu p. 46. Z. 35 Ms. B. pigillum (!).

Zu p. 48. Z. 16. Ms. B. agnovi eos.

Zu pag. 49. cap. XXI. Der hier genannte Graf Rubert ist Ruprecht I. von Laurenburg, Gemahl der Beatrix, die auch bei Elisabeths Tod anwesend war. Rupert I. starb im Banne und ist deshalb nach Ansicht der Kirche so schwer bestraft. Elisabeths Ansichten stimmen völlig zu den Urkunden, da Rupert I. am 13. Mai 1154 bereits als todt erwähnt wird, Elisabeth diese Vision 1156 im Herbste hatte. Die hier über die Schicksale Ruperts nach dessen Tod und dessen Strafe geübte Freimüthigkeit der Sprache der noch lebenden Gattin gegenüber ist nicht auffallend. Das Mittelalter besass einen Freimuth, den Grossen der Erde die Wahrheit ins Gesicht zu sagen, den wir jetzt nicht mehr kennen. So nennt Dante in seiner divina comedia, inferno X. V. 118. f. den Kaiser Friedrich II. und den „Cardinal“ (Ubaldini) als unter den Ketzern in der Hölle befindlich.

Zu pag. 50. cap. XXII. Der hier genannte Cleriker Gerard ist vielleicht mit dem von Caesarius v. Heisterbach dial. mir. 1, 121 erwähnten Gerardus aliquando Bonnensis scholasticus, dann Mönch in Heisterbach, einerlei. —

Zu pag. 56 und 85 ff. Sprachforscher machen wir auf die naturwissenschaftlichen Namen in Elisabeths Schriften aufmerksam. Sie erwähnt fast aller Edelsteine, ferner des magnes, sulphur, crystallus, ferrum, calybs, welche alle und noch mehr auch Hildegardis kennt. Mehrere Pflanzen- und Thiernamen werden erwähnt, von Krankheiten das Wechselfieber febris tertiana und quartana, paralysis (der Zunge), als Arzneimittel cynnamomum. Die den Edelsteinen beigelegten mystischen Beziehungen finden sich auch bei Hildegards medicinischen Schriften und im Hortulus deliciarum der 1195 gestorbenen Aebtissin Herrad von Landsberg. cf. Nass. Annal. 6, 1, 89 Note. Ueber Aebtissin Herrad auch Lorenz und Scherer, Geschichte des Elsasasses 1, 37—38. — Auch Ekbert nennt in seiner Schrift: Meditationis de Jesu et Maria verschiedene Edelsteine. cf. pag. 279, in seiner Salutacio ad s. crucem im Eingang ebenfalls naturwissenschaftliche Bezeichnungen. cf. p. 284.

Zu pag. 101 Zeile 12 von unten. Nach Caesarius dial. 1, 160 war es im 13. Jahrhundert üblich, sich in der Zeit der 40tägigen Fasten der Frauen zu enthalten.

Zu pag. 127. Die Einschiebung des Papstes Cyriacus in Elisabeths Ursulalegende ist vielleicht keine absichtliche Fälschung, sondern mehr eine Verwechslung. Papst Pontianus ward nach Sicilien verbannt und leistete Verzicht auf die Würde; es folgte ihm Antherus oder richtiger Anteros, der nur 41 Tage im Amte war und noch vor Pontianus starb. Vielleicht ist Pontianus mit Cyriacus verwechselt. Nach Elisabeths Ursulalegende p. 127 cap. VIII. folgte ja Anterus auf Cyriacus. Dem entgegen hat der Schönauer Papstcatalog p. 161 den Pontianus, Antherus und dann erst den räthselhaften Cyriacus. cf. über die Päpste Pontianus und Anteros Krauss, Roma sotterranea, ed. II. p. 158 und 595. Ueber den liber pontificalis ed. Mommsen Correspondenzblatt 1864, 10, 87.

Zu pag. 129. Der Gebrauch, auf christlichen Epitaphien den Namen, Vornamen und Beinamen der Verstorbenen (das römische Dreinamensystem), oder den Namen des Vaters beizufügen, ist selten und kommt schwerlich nach dem dritten Jahrhundert mehr vor. Doch setzte man seit dieser Zeit nicht den Namen, den der Verstorbene in der bürgerlichen Gesellschaft trug, sondern den in der Taufe erhaltenen auf den Grabstein, seit dem vierten Jahrhundert verschwinden die Angaben beider Namen. Der Martyrer Petrus Balsamus erwiderte auf die Frage nach seinem Namen, er heisse Balsamus, nach seinem Taufnamen aber Petrus (Ruinart, acta mart. 411 Nr. 1) cf. auch Eusebius, hist. eccles. VIII, cap. 11 und Baronius annal. ad ann. 259. Nebenbei blieb aber auch das Beibehalten der heidnischen Namen auch nach der Taufe in Kraft. Ein solches Beispiel wie hier der Name Axpara, ist in der christlichen Therminologie unbekannt, der Name daher gemacht.

Zu pag. 139. Während des Drucks schrieb ich nochmals nach Wien an die k. k. Hofbibliothek, glaubend, dass der dortige Codex Nr. 488 mehr Ueberschriften über den Briefen Elisabeths oder noch andere Briefe derselben enthalte. Meine Hoffnung war jedoch vergeblich, auch in diesem Codex fehlen bei den letzten Briefen die Summarien. Ich lasse hier ein Schema der Briefe, wie solche Cod. Pal. 488 in Wien hat, folgen. Dasselbe wurde mir durch Herrn Dr. Alfred Göldlin von Tiefenau, Scriptor der k. k. Hofbibliothek in fast facsimileartiger Genauigkeit mitgetheilt, wofür ich diesem gefälligen Herrn hier öffentlich meinen Dank ausspreche.

Liber VI de epistolis, quas pronunciavit etc. (roth). Ex episcopatu Metensi de abbatia, que etc. — Prima epistola, quam pronunciavit in spiritu dei etc. (roth). L. Christi servo. E gratiam dei, admoneo te amice dei, ut iuste etc. — Epistola secunda abbati de Busindorf. (roth.) — W. abbati de Busindorf E. gratiam dei. Serve dei etc. — Hillino archiepiscopo civitatis Trevirensium. (roth.) Quedam parva scintilla emissa de sede magne etc. — Abbati Tuiciensi et fratribus eius. (roth.) Venerabili abbati G. salutem anime sue, et etc. — Eidem abbati (roth). Domino G. venerabili abbati ecclesie dei, que est in Tuitio etc. — Epistola abbati de Othenheim et fratribus suis. (roth.) Domino B. venerabili abbati de Othinheim soror E. de Sconaugia etc. — Epistola fratribus in Nuwinburc. (roth.) Vos qui in Nuwinburch habitaculum construxistis etc. — E. humilis ancilla Christri sororibus cenobii Anternacensis etc. — Vox tonans in cor Elizabeht ancilla domini locuta est etc. — Virginibus sacris in Colonia (roth). — Quedam parva scintilla emissa de sede magne maiestatis etc. — Sororibus in Dirstein (roth). Ecce admoneo vos filie karissime ambulare in via etc. — J. (nicht E. wie Codex Ms. A. hat) dilectissime abbatisse de Dietkirchen. Ego etc. — Dilecta mea accipe queso cum gratiarum actione verba etc. — E. humilis ancilla Christi dilectissime cognate sue ac venerabili magistre G. etc. — E. humilis ancilla Christi R. dilecto suo omne gaudium etc. — Hieran schliesst sich im Codex an: Virginibus sanctis in Anternacensi cenobio (roth) Ecbertus de obitu sancte Elizabet. — Der Wiener Codex umfasst daher 15 Briefe, die in gleicher Reihenfolge auch in Ms. A. und Ms. B. stehen, Brief 16 von Ms. A. und B. fehlt. Die Briefe im Wiener Codex sind in Cap. 1—12 eingetheilt, die Capitelzahlen 1—3 fehlen, ebenso die XIII—XV. Cap. XII. ist Brief 11 an die Nonnen in Dirstein. In Nr. 15 der Briefe (Cap. XVI von Ms. A und B) sind im Wiener Codex die Initialen R. L. H. von Ms. A. und B. oder R. L. N. des Drucks ausgeschrieben als: Rudolfo, Luggero, Hermanno. An wen die Briefe 9, 13, 14 und 15 gerichtet sind, bleibt eine offene Frage, da ausser diesen drei Codices (Ms. A. Ms. B. und Nr. 488, die sämmtliche Briefe 1—15 resp. 16 enthalten) mir kein weiterer derartiger Codex bekannt ist.

Zu pag. 139 cap. II. Der hier in der Ueberschrift von Ms. B. genannte Mönch Ludwig des Euchariusstifts bei Trier ist der nämliche, der 1171—89 nach Beyer, Urkb. 49—136 Abt dieses Stiftes war. Derselbe erhielt auch von Hildegardis einen Brief. Schmelzeis, Hildegardis p. 221. b. Nach Brower et Masen, metropolis 1, 408—9 stand er bereits 1168 seinem Kloster als Abt vor. — Ludwig besuchte Hildegardis öfters auf dem Rupertsberg und nahm an der Aufzeichnung ihrer Schriften Theil. cf. Schmelzeis p. 85, 310 Vielleicht besuchte derselbe auch Elisabeth und veranlasste so den Briefwechsel mit derselben. — Das Euchariusklostér ist St. Mathias Benedictinerordens bei Trier.

Zu pag. 140. cap. III. Die hier genannte Abtei Busendorf ist Bosendorf oder Bouzonville in Lothringen zwischen Saarlouis und Metz, an die auch Hildegardis einen Brief richtete. cf. Schmelzeis, Hildegardis p. 228. — Der Abt Walter, an den dieser Brief Elisabeths gerichtet ist, war 1186 bereits tod. Beyer, mittelrhein Urkb. 2, p. 121, Nr. 81.

Zu pag. 142 cap. VII. Die hier genannte Abtei Odenheim ist die bei Joannis, 3, 92, Baur, hess. Urkb. 2, 620 und Beyer, mittelrhein. Urkb. 2, 240 Nr. 203 erwähnte und liegt im Grossherzogthum Baden im Oberamt Bruchsal, 1122 von Bruno Erzbischof von Trier und dessen Bruder Poppo Gaugraf im Kreich- und Elsenzgau gestiftet, Benedictinerordens, später weltliches Ritterstift. cf. A. J. V. Heunisch, Beschreibung des Grossherzogthums Baden (1836) p. 157.

Zu pag. 143. cap. VIII. Es gab verschiedene Klöster Neuburg. Leider gibt der Brief nicht an, ob das Neuburg, an das derselbe gerichtet ist, eine Abtei oder Probstei war. An Klosterneuburg bei Wien ist wohl nicht zu denken. Eine Abtei Neuburg, gegründet von Erzbischof Gero v. Cöln, lag in Sachsen. cf. Trithem, chron. Hirs. 1, 114. und Ludewig, rel. manuscript. 2, 371. Ein anderes Neuburg lag in Baiern, ein drittes bei Heidelberg, dieses war eine Benedictinerprobstei, dann ein Frauenkloster nach der Regel St. Benedicts cf. Trithem. chron. Hirs. 1, 185, Schannat, hist. ep. Wormat, 1, 175, Joannis 3, 92, ein viertes in der Wetterau Benedictinerprobstei. cf. Bernhard Wetterauische Alterthümer (1734) 2, wo die Geschichte des Klosters abgehandelt ist. Wir müssen die Frage, an welches Neuburg der Brief gerichtet war, offen lassen, denken aber vorerst an Neuburg in Sachsen oder an das bei Heidelberg. — Strange in seinem dialogus miraculorum Caesarii Heisterbac. 2, p. 224 Note 8 sagt: Novum castrum, Mönch-Neuburg, iuxta oppidum Bernburg. — Dieses Neuburg war eine Benedictinerabtei. cf. ibid. p. 224 cap. XI. —

Zu pag. 152. Ueber Abt Fulbert von Laach (1155—1169). cf. Das Kloster Laach. Geschichte und Urkunden-Buch. Ein Beitrag zur Special-Geschichte der Rheinlande von Dr. Jul. Wegeler. Bonn 1854. p. 21—22„ wonach derselbe 1152—1177 Abt war, doch lässt sich nur die Zeit 1155—1169 urkundlich nachweisen. cf. Nass. Annal. 16. 213. Note zum 30. December. Er starb nach Wegeler, Laach p. 127 und 305 am 30. December, welchen Tag auch das Arnsteiner Seelbuch angibt. — Nach Bucelinus, Germania sacra 2, 202 starb er 1177. Rossel in Bär, Geschichte v. Eberbach 1, 682, Note gibt sein urkundliches Erscheinen bereits zu 1152 an.

Zu pag. 181. Zur Ursulaliteratur ist noch nachzutragen: Joh. Adam Bernhards Wetterauischer Alterthümer partis specialis I. Abtheilung, Enthaltend eine historische Beschreibung der vormals in der Wetterau gelegenen Benedictiner-Probstey Naumburg S. Crucis et s. Ciriaci etc. Hanau 1734. 4⁰. p. 46, 47, 48, 49. Er sagt p. 48: Ja schon anno 1164 (?) hielte Cornel Bindelsack in einem Schreiben ad Oswaldum Zischium die Hist. de 11000 virgin. pro mera fabula, vid. Petri Viselbecci Chron. Huxariense apud Paulini p. 24. Man kann indessen weiter davon nachschlagen den sel. Andream Schmid in seiner dissert. de Historia sec. III. variis fabulis maculata p. 36. Lilienthal de soloecismo literario p. 351. Erwähnt ist noch: Ricobaldi histor. pontificum Rom. ad an. 240 für Papst Ciriacus.

Zu pag. 196. Zur Ekbertliteratur ist nachzutragen: Bibliotheca Mariana alphabetico ordine digesta et in duas partes divisa, qua auctores, qui de Maria deiparente virgine scripsere. — — auctore P. Hippolyto Marraccio. Romae MDCXLVIII. 8⁰. 2 Bände. 1, 356. Echbertus Schonaugiensis (auf Trithem beruhend). Er kennt als Schriften Ekberts: Super magnificat — super missus est librum unum. Meditationes de Jesu et Maria librum unum, scripsit etiam, ut in sua bibliotheca ecclesiastica refert Cornelius Schultingus, Soliloquia ad b. Mariam. Cui et Richardus a S. Laurentio lib. 1. de laudibus virginis cap. 2, adscribit deprecationem illam ad Mariam virginem, quae extat apud d. Bernardum hoc exordio: Mentem et oculos pariter etc. — (S. Bernardi opera ed. Mabillon 2, col. 687—690.) — Possevinus, Anton. apparatus sacer ad scriptores veteris et novi testamenti etc. Coloniae Agrippinae. 1608 folio p. 495 (auf Trithemius beruhend). — Chronicon generale ordinis s. Benedicti monachorum patri archae undecim ultra seculis emensum etc. auctore R. P. Antonio de Yepes — — a R. P. Thoma Weiss — — latine translatum et auctum. Coloniae Agrippinae MDCLXXXV. folio. — Von der spanischen Ausgabe konnte ich kein Exemplar erhalten, von der lateinischen nur Band 1—2. (Mainz), erwähnt von Bucelinus, annal. Bened. 2, 6. Ueber Ekbert.

Zu pag. 197. Ekbert ist in den Visionen erwähnt als Canonicus zu Bonn am 1. November 1153 (p. 28), 24. December 1153 (p. 29), am 15. Aug. 1154 (p. 38), seine Romreise fällt in das Jahr 1155, am 5. Mai feierte er in Schönau bereits als Priester das hl. Messopfer (Vita Ekberti), vor 1. November 1155 erscheint er als Priester. (p. 50.) Elisabeth hatte die sie zur Annahme der Priesterweihe seitens Ekberts auffordernde Vision am 23. December 1153 (p. 29) vor 1. November 1155 erscheint er als Priester (p. 50). Eine Vision auf Pfingsten 1155 (15. Mai) forderte Elisabeth nach der Vita Ekberti auf, dessen Eintritt in den Orden zu veranlassen. Diese Vision fehlt in den von Ekbert aufgezeichneten Visionen Elisabeths, da der bescheidene Mann dieselbe „reticuit“. Die Vision erhielt sich aber mündlich in Schönau und kam so zu Emecho's Kenntnis.

Zu pag. 202. Bonn war ein Hauptsitz der Catharer, auch zu Caesarius von Heisterbach Zeit waren solche daselbst verbreitet. cf. dialogi miracul. 1, 309. —

Zu pag. 207. Ueber die Catharer und die damit verwandten Sectirer handelt sehr ausführlich Friedrich Hurter, Geschichte Papst Innocenz III. (Hamburg 1834. 8⁰) II, 209 ff. welcher p. 211 Note 326, 213 Note 338 und öfter Ekberts sermones erwähnt. Mehrere daselbst erwähnten Quellenschriften, die ich soeben nicht zur Hand habe, dürften weiter noch zur Prüfung der Angaben Ekberts über die Catharer in Betracht fallen.

Zu pag. 220. Wie ich nachträglich aus Battonns Catalog ersehe, ist das Frankfurter Ms. das Werk S. Bonaventuras; der hl. Bonaventura schrieb zwei Werkchen: Jncendium amoris. Anf. Evigilans vero animam etc. gedruckt in Sancti Bonaventurae operum tomus septimus Lugduni MDCLXVIII folio p. 184—191 und: Stimulus amoris p. 192—246 ibid. Nach Trithem beginnt der stimulus amoris mit den Worten: Currite gentes undique. Die Lyoner Ausgabe hat noch einen Prolog, beginnt aber das Werk mit diesen Worten.

Zu pag. 223. Ob Ekbert die Schriftchen 2—4 nebst denen von Nr. 6 an als Mönch oder als Abt verfasste, steht nicht fest, da alle Angaben hierüber fehlen, wahrscheinlich schrieb er solche als Abt, — er starb über der Abfassung der Schrift contra Judeos — aus seiner literarischen Thätigkeit als Mönch lassen sich feststellen: Die Visionen, der liber viarum dei, die Ursulalegende, das Schreiben de obitu, die Sermones contra Catharos, die Briefe; die eigentliche Reinschrift der Visionen dürfte aber in Ekberts Abtszeit fallen. Dass die Arbeit aber kurz nach dem Tode Elisabeths bereits existirte, sagt Ekbert in dem Schreiben de obitu ausdrücklich, (pag. 271) er habe dieses Alles mit eigenen Händen geschrieben. Herausgegeben d. i. in Abschriften an andere Klöster gegeben waren 1164 vor Elisabeths Tod der liber viarum dei (in Pölden), die Sermones contra Catharos, die Briefe an Reinald, Probst Ulrich von Steinfeld und Reinhard von Reinhausen (cf. p. 311). Der liber viarum dei ist frühestens 1160 geschrieben, spätestens 1163/64 (vor Elisabeths Tod vollendet und bereits herausgegeben). 1159/60 begann das Schisma, unter dessen Einfluss der Schluss des liber viarum dei geschrieben ist, der scheinbar später angehängte Brief an die drei Erzbischöfe von Mainz, Cöln und Trier, gleichsam als Empfehlung zugefügt (pag. 122), drückt den Einfluss der Kirchenspaltung aus. Unter gleichem Einflusse ward Ekberts Brief an Reinald (gewählt Februar oder März 1159) verfasst und demselben übermittelt. (1159/60).

Zu pag. 220. Der alte Druck der sermones Ekberts hat 80 Blatt zu 32 Zeilen. P. 75r schliesst Ekberts Schrift ab, es folgt 75v—78v das Excerptum de Manichaeis ex Augustino, 79r ist leer, 79v—80r steht die Stelle aus Raphael Volaterrano. Ueber den Druck von 1530 cf. Solger, Biblioth. 3. Nr. 493. —

Zu pag. 224. Die von Trithem angeführten laudes salvatoris sind wahrscheinlich Ekberts Schrift: Salutacio ad infantiam salvatoris nostri und nicht dessen stimulus dilectionis. Auch ist möglich, dass die Meditatio cuiusdam hominis de Jesu mit dem opusculum de disputatione contra Judeos identisch ist. In der Schrift Meditatio ist viel von den Juden die Rede, was zu dem Titel disputatio contra Judeos stimmt (Vita). Allerdings hat diese Schrift entgegen der Angabe der vita einen Schluss. Der Titel der Schrift Ekberts: Salutacio ad sanctam crucem dürfte dem der Schrift des hl. Rhaban Maurus: de laudibus sanctae crucis nachgebildet sein. cf. Rhabanus Maurus, de laudibus sanctae crucis ed. A. Henze. Lipsiae 1847. folio. Nicht unwahrscheinlich ist es, dass bei der Verwirrung in den Angaben, die den stimulus dilectionis als stimulus amoris dem hl. Bernard und dem hl. Anselm zuschreiben, der ächte stimulus dilectionis Ekberts auch in ältern Ausgaben der Werke St. Bernards (Paris 1572, 1586, 1615. Antwerpen 1576, Venedig 1616, Paris 1640, Lyon 1641, 1679.) und in Anselmi Cantuariensis opera (opuscula s. l. et a. Incunabel 4⁰. Hain 1136. opera Paris 1549. Köln 1573, 1612, Lyon 1630, Paris 1675, 1721, Venedig 1744) gedruckt ist. Dieses nachzuweisen fehlen mir die betreffenden Ausgaben. Ein Stimulus amoris b. Anselmi ward 1507 in Cöln in 12⁰ gedruckt, jedenfalls das Werkchen Ekberts. Wir wiederholen nochmals Ekberts stimulus dilectionis gehört nur ihm, nicht dem hl. Bernard oder Anselm von Canterbury zu, seine meditatio de Jesu ist von den meditationes St. Bernards (Migne, patrol. 184, col. 485—508: Multi multa sciunt etc.) verschieden und hat nichts mit den meditationes vitae Christi von Bonaventura (opera 6, 334: Inter alia virtutum et laudum) gemein, seine Meditationes de Jesu und Maria sind von Anselm und Bernards gleichartigen soeben bezeichneten Werkchen verschieden und haben nichts mit dem soliloquium des Hugo von St. Victor (Soliloquium in modum dialogi (um 1473 folio Hain, 9028) zu thun, ebenso ist die dem hl. Bernard zugeschriebene meditatio in passionem et resurrectionem domini (Migne 184, 741. Noli timere filia Sion) von Ekberts meditatio de Jesu verschieden. In Migne, patrol. 184, 954—966 ist Ekberts Werkchen: stimulus dilectionis gedruckt. Vielleicht findet sich Ekberts Schrift: In principium evangelii Johannis ebenfalls in einer ältern Ausgabe mittelalterlicher patres und ist dort einem andern zugeschrieben, dass dasselbe 1622 in Cöln gedruckt sei, beruht jedoch auf einem Irrthum, die Bibliotheken zu Wien, Würzburg, Mainz, Darmstadt, Wiesbaden, besitzen diese Ausgabe nicht, kein Bibliograf führt solche an.

Zu pag. 226. Dass Ekbert das carmen paraeneticum ad Reinaldum, das in Mabillons Ausgabe der Werke St. Bernards Paris 1690 folio II abgedruckt ist, verfasst haben kann, geht aus einer Stelle desselben hervor. Col. 896 heisst es:

Accipe scriptorum super hec monumenta meorum,
Quae tibi monstravi, quae dulciter insinuavi,
Non ea corde gravi videas, sed mente suavi.
Quidquid enim scripsi, multum tibi proderit ipsum,
Si via virtutis delectat iterque salutis.

Dieses konnte sich auf Ekberts Sermones und deren Widmung an Reinald beziehen. Das Beglückwünschungsgedicht beginnt: Cartula nostra tibi, Reinalde salutes. —

Zu p. 227. — Ausser den Schriften St. Bernards dürfte Ekbert noch folgende Autoren benützt haben: Den Dionysius Areopagita, vielmehr des Johannes Scotus Erigena lateinische Interpretatio operum Dionysii Areopagite (in Opera Dionysii Areopagitae. Köln, 1530 folio), Origines, Eusebius, Beda, St. Augustinus, Usuard's martyrologium (acta sanct. ed. Bolland. Juni 6 und 7), die Schriften Hugo's, Adams und Richards von St. Victor, des Anselmus Cantuariensis, den Otto Frisingensis, die Schriften des Irrlehrers Valentin, die des Manes, wenn er seine Angaben nicht aus dem hl. Augustinus schöpfte, den Melito, episcopus Sardensis, der auch de assumptione b. Marie schrieb (cf. Pitra, spicilegium Solesmense. Paris 1855. 8⁰. II. und II. praef. XXXI. seine Schrift über die Verehrung Gottes in chronicon Alexandrinum ad 236 Olymp. ed. du Cange, Paris. 1688 folio, seine Fragmente in Gallandii bibl. patr. I.) Vielleicht war der für die Ursulalegende eingesehene Papstcatalog der liber pontificalis des Anastasius bibliothecarius (ed. Busaeus, Mainz, 1602). Diese Aufzählung lässt sich bei aufmerksamer Vergleichung jedenfalls noch vermehren. Die Benützung dieser Schriften wirft auf Ekberts Belesenheit wie auch auf die zu seiner Zeit in Schönau vorhandenen Bücherschätze das glänzendste Licht.

Zu p. 254. — Der hier genannte Valentinus ist jener Irrlehrer, der 140 n Chr. nach Rom kam, dort wegen seiner gnostischen Lehren mit dem Kirchenbann belegt ward und hierauf eine gnostische Gemeinde auf der Insel Cypros gründete. Seine Briefe in Clement. strom. 2, 260, 344, 3, 444, seine Homilien 4, 584, 6, 236, seine Commentare und Abhandlungen in Grabii, spicileg. II. (griechisch und lateinisch). — Ueber den Irrlehrer Valentinus cf. Christoph. Sandii, nucleus hist. eccles. exhib. in historia Arianorum tribus libris comprehensa, quibus praefixus est tractatus de veteribus scriptor. eccles. ed. II. Coloniae. MDCLXXVI. 4⁰. 2 Bde. 1, p. 72.

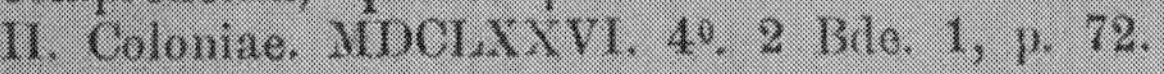

Inhalts-Verzeichnis.

Anlagen.

Die Schriften der Aebte Ekbert und Emecho von Schönau.

Die Schriften Ekberts von Schönau.

Abt Emecho von Schönau.

Die Schriften Abt Emecho's von Schönau.

I. O. G. D.

Reprint Publishing

FÜR MENSCHEN, DIE AUF ORIGINALE STEHEN.

Bei diesem Buch handelt es sich um einen Faksimile-Nachdruck der Originalausgabe. Unter einem Faksimile versteht man die mit einem Original in Größe und Ausführung genau übereinstimmende Nachbildung als fotografische oder gescannte Reproduktion.

Faksimile-Ausgaben eröffnen uns die Möglichkeit, in die Bibliothek der geschichtlichen, kulturellen und wissenschaftlichen Vergangenheit der Menschheit einzutreten und neu zu entdecken.

Die Bücher der Faksimile-Edition können Gebrauchsspuren, Anmerkungen, Marginalien und andere Randbemerkungen aufweisen sowie fehlerhafte Seiten, die im Originalband enthalten sind. Diese Spuren der Vergangenheit verweisen auf die historische Reise, die das Buch zurückgelegt hat.

ISBN 978-3-95940-012-1

Faksimile-Nachdruck der Originalausgabe

Printed in Germany
by Amazon Distribution
GmbH, Leipzig